Spannungsfeld Flüchtlinge

Christel Kumbruck
(Hrsg.)

Spannungsfeld Flüchtlinge

Ein psychologischer Blick auf Engagierte und die Dialogkultur

Hrsg.
Christel Kumbruck
Hochschule Osnabrück
Osnabrück, Deutschland

ISBN 978-3-658-35498-5   ISBN 978-3-658-35499-2   (eBook)
https://doi.org/10.1007/978-3-658-35499-2

Die Deutsche Nationalbibliothek verzeichnet diese Publikation in der Deutschen Nationalbibliografie; detaillierte bibliografische Daten sind im Internet über http://dnb.d-nb.de abrufbar.

© Springer Fachmedien Wiesbaden GmbH, ein Teil von Springer Nature 2022
Das Werk einschließlich aller seiner Teile ist urheberrechtlich geschützt. Jede Verwertung, die nicht ausdrücklich vom Urheberrechtsgesetz zugelassen ist, bedarf der vorherigen Zustimmung des Verlags. Das gilt insbesondere für Vervielfältigungen, Bearbeitungen, Übersetzungen, Mikroverfilmungen und die Einspeicherung und Verarbeitung in elektronischen Systemen.
Die Wiedergabe von allgemein beschreibenden Bezeichnungen, Marken, Unternehmensnamen etc. in diesem Werk bedeutet nicht, dass diese frei durch jedermann benutzt werden dürfen. Die Berechtigung zur Benutzung unterliegt, auch ohne gesonderten Hinweis hierzu, den Regeln des Markenrechts. Die Rechte des jeweiligen Zeicheninhabers sind zu beachten.
Der Verlag, die Autoren und die Herausgeber gehen davon aus, dass die Angaben und Informationen in diesem Werk zum Zeitpunkt der Veröffentlichung vollständig und korrekt sind. Weder der Verlag noch die Autoren oder die Herausgeber übernehmen, ausdrücklich oder implizit, Gewähr für den Inhalt des Werkes, etwaige Fehler oder Äußerungen. Der Verlag bleibt im Hinblick auf geografische Zuordnungen und Gebietsbezeichnungen in veröffentlichten Karten und Institutionsadressen neutral.

Planung/Lektorat: Joachim Coch
Springer ist ein Imprint der eingetragenen Gesellschaft Springer Fachmedien Wiesbaden GmbH und ist ein Teil von Springer Nature.
Die Anschrift der Gesellschaft ist: Abraham-Lincoln-Str. 46, 65189 Wiesbaden, Germany

Vorwort

Zunächst einmal ist zu betonen, dass diesem Herausgeberwerk eine qualitative empirische Studie voranging, die vom Sozialwissenschaftlichen Institut der EKD gefördert wurde. Der Titel dieser Untersuchung lautet: „Zivilgesellschaftliches Engagement: Was bewegt Menschen in Deutschland dazu, sich im Rahmen der Flüchtlingsthematik zu engagieren?" Gegenstand der Studie war das Engagement in der Flüchtlingshilfe und der öffentlichen Flüchtlingsskepsis, die miteinander verglichen wurden. Wir als Forschungsgruppe wollten durch den Vergleich das Verhalten, die Werte und Motive, aber auch Sinnkonstruktionen kennenlernen, mit denen die gegensätzlich Engagierten ihr Engagement begründen. So wollten wir eine Forschungslücke im Bereich des zivilgesellschaftlichen Engagements schließen. Unter dem Titel „Flüchtlingsaufnahme kontrovers" sind die Ergebnisse im Nomos-Verlag veröffentlicht worden (Kumbruck et al. 2020).

In der Zeit der Fertigstellung des Manuskripts zu dem vorliegenden Buch (Juni 2021) sind erste Ergebnisse einer von Psychologen, Soziologen und Politikwissenschaftler/innen der Universität Münster durchgeführten quantitativen Studie (Back et al. 2021) veröffentlicht worden, die unsere Ergebnisse bestätigen. In ihrer Studie in vier europäischen Ländern (Deutschland, Polen, Frankreich und Schweden) identifizierten sie jeweils zwei sich gegenüberstehende Bevölkerungsgruppen, die Präferenzen der „Offenheit für Neues" (sog. „Entdecker") und für „Sicherheit" (sog. „Verteidiger") zeigten. Die Begrifflichkeiten unterscheiden sich von den von uns gefundenen, aber entsprechen sich inhaltlich weitestgehend. Die westlichen Gesellschaften sind demnach von diesem Werte- und Zugehörigkeitsgegensatz stark geprägt.

Unsere qualitative Studie zum Flüchtlingsengagement war der erste Teil einer Gesamtstudie durch das SI-EKD. Das SI-EKD baute darauf eine quantitative Befragungsstudie auf (Sinnemann und Ahrens 2021), die ebenfalls die Ergebnisse bestätigt, indem sie Wertepräferenzen der Flüchtlingshelfer/innen und -skeptiker/innen vergleicht. Bei den Helfer/innen steht „die Offenheit für Neues und bisher Ungewohntes" ganz vorne, bei den Skeptiker/innen das „Streben nach Sicherheit" (Ahrens et al. 2021, S. 29).

Unsere Motivation zu diesem Buch

Auch wenn sich die empirischen Befunde im ersten Buch nah am Forschungsprozess entlang orientierten, konnten wir auch aus „leseökonomischen" Gründen nicht alle Themen vertiefend behandeln. Das hier vorgelegte Buch gibt uns die Chance, aus psychologischer Sicht vertieft mit dem empirischen Material (insbesondere Interviewzitate, Erfahrungs- und Unterscheidungsdimensionen) der Studie zu arbeiten. Als Lesehilfe sei angemerkt, dass hier alles, was direkt auf das empirische Material dieser Studie zurückzuführen ist, also *Originalzitate* oder *Verdichtungen* davon, in diesem Buch kursiv geschrieben ist. Zitate von Wissenschaftler/innen dagegen sind in „Normalschrift" wiedergegeben, gekennzeichnet durch Anführungszeichen. Das empirische Material und die Erkenntnisse entsprechen dem Band von 2020 (Kumbruck et al. 2020); die Kenntnis dieses Buchs ist aber für das Verständnis des vorliegenden Buches nicht notwendig, wenngleich zusätzlich informativ. Im Folgenden werden die Unterschiede der beiden Bücher herausgestellt:

Vertiefung weiterer Themen Im Unterschied zu unserem ersten Buch zur Thematik Flüchtlinge und Engagement (Kumbruck et al. 2020) werden in diesem Buch viele Themen rund um die **Polarisierung der Kommunikation** behandelt (Kap. 7 „Sprache und Kommunikation" von Christel Kumbruck) und (Kap. 8 „Brückenbauen und Konsensbildung" von Christel Kumbruck und Marvin Vogt).

Der direkte Einbezug der Leserschaft Das Besondere am vorliegenden Band, der von mehreren Autorinnen und Autoren verfasst wurde, ist der direkte Einbezug bzw. die direkte Adressierung der Leserschaft. Es war uns ein Anliegen, die Leser/innen immer wieder aus der passiven Rezipient/innen-Rolle herauszulocken und aktiv an der Auseinandersetzung zum jeweiligen Thema und der Lösungssuche zu beteiligen. Deshalb haben wir in Kap. 3 („Portraits der interviewten Engagierten" von Marvin Vogt) Portraits von Engagierten vorangestellt, damit sich die Leser/innen auch vorstellen können, um welche Persönlichkeiten es sich bei den interviewten Engagierten konträrer Ausrichtung handelt, und diese Bilder das anschließende Lesen begleiten können. So werden in Kap. 4 („Die Frage nach dem Warum – Warum sich Menschen engagieren?" von Maik Dulle) und Kap. 5 („Erfahrungen aus dem Engagement" von Marvin Vogt) immer wieder Bezüge zu diesen Personen hergestellt und die Leser/innen angeregt, beispielsweise die Motive und Werte der Personen selbst weiter zu ergründen. In Kap. 7 („Sprache und Kommunikation" von Christel Kumbruck) und Kap. 8 („Brückenbauen und Konsensbildung" von Christel Kumbruck und Marvin Vogt) werden Übungen formuliert, die dazu anregen, negative Entwicklungen in Gesprächen selbst nachzuvollziehen und positives Kommunikationsverhalten zu erproben. In Kap. 9 („Gesellschaftliche und kulturelle Rahmung der Polarisierung" von Christel Kumbruck) kann ein Beispiel zu Entwicklungen in der Gesellschaft auf eigene Erfahrungen übertragen werden. In

Kap. 10 („Schritte in eine Dialogkultur" von Christel Kumbruck) finden sich viele Übungsbeispiele zur Erweiterung der kommunikativen Kompetenz.

Vogel- und Froschperspektive Außerdem nutzt der vorliegende Band ergänzend zum Vorgehen in der ersten Veröffentlichung einerseits die Vogelperspektive, andererseits die Froschperspektive.

Konkret ist damit gemeint, dass die Vogelperspektive sich etwas über die Ebene der empirischen Ergebnisse erhebt und versucht, die empirischen Ergebnisse in einen größeren Zusammenhang jenseits konkreter Engagierter einzuordnen:

- Kap. 1 („Einleitung in die Thematik" von Maik Dulle) gibt den politischen und gesellschaftlichen Prozess 2015/16 bis 2020 rund um die Flüchtlingsthematik wieder und rahmt damit die konkreten empirischen Ergebnisse der Studie, nämlich zum Flüchtlingsengagement als Helfer/in und als Skeptiker/in. Hier finden sich auch weitere Hinweise zum Forschungsprozess.
- In Kap. 2 („Flüchtlingsaufnahme im gesellschaftlichen Spannungsfeld: Geflüchtete und Aufnahmegesellschaft" von Laura Reckmann) werden die Rahmenbedingungen Flucht und Flüchtlingsbewegungen sowie die Reaktionen der Aufnahmegesellschaften als sozio-historische Konstanten beschrieben.
- Schließlich geht es in Kap. 9 („Gesellschaftliche und kulturelle Rahmung der Polarisierung" von Christel Kumbruck) um die Einordnung der empirischen Ergebnisse in sozio-kulturelle Veränderungsprozesse als gesellschaftliche Rahmenbedingungen.

Die Froschperspektive schaut dagegen auf einzelne Individuen und ihre ganz spezifischen subjektiven Sichtweisen:

- In Kap. 3 („Portraits der interviewten Engagierten" von Marvin Vogt) werden konkrete Engagementaktivitäten anhand von Portraits der Engagierten dargestellt.
- Kap. 7 („Sprache und Kommunikation" von Christel Kumbruck) befasst sich mit Kommunikationsprozessen der Engagierten beider Orientierungen und legt einen Schwerpunkt auf individuelle Argumentationsweisen. Es wird aufgezeigt, wie auf diese Weise Dialogbarrieren entstehen, aber auch Dialogchancen immanent sind, die nur kein Gegenüber ergreifen will.

Quer zu den Vogel- und Froschperspektiven finden sich in diesem Band zwei weitere Perspektiven, nämlich eine Analyse- und eine Lösungsperspektive.

Analyseperspektive Diese ordnet die empirischen Ergebnisse in psychologische Theorien und Modelle ein. Das empirische Material begründet hier aber auch selbst entwickelte Modelle bzw. Weiterentwicklungen speziell für die Engagementthematik. Dabei geht es um die psychologischen Grundfragen nach dem Denken, Fühlen und Verhalten:

- Psychologische Erklärungen für spezifische Engagementformen von Engagierten beruhen auf dem Verständnis der Zusammenhänge zwischen Motiven, Wertehintergründen und dem daraus resultierenden unterschiedlichen Verhalten, wie in Kap. 4 („Die Frage nach dem Warum – warum sich Menschen engagieren?" von Maik Dulle) gezeigt wird.
- Kap. 5 („Erfahrungen aus dem Engagement" von Marvin Vogt) ergründet die Emotionen der Engagierten, die zu einem spezifischen Engagement führen, aber auch die Emotionen, die durch das Engagement erst entstanden sind.
- Die unterschiedliche Ausrichtung der Engagierten in Bezug auf die Flüchtlinge findet sich auch in differierenden Wahrnehmungs- und Denkprozessen sowie Denkwelten (Kap. 6, „Denkprozesse, Denkweisen und Denkwelten der Engagierten" von Maik Dulle).

Lösungsperspektive Es zeigte sich schon nach der ersten Auswertung (Kumbruck et al. 2020), dass ein inhaltlicher Fokus auf problematische Dialogprozesse und damit verbundene, fast durchgängige Polarisierungen der beiden Gruppen gerichtet werden muss. Dabei geht es nach der Analyse der Kommunikationsprozesse in Kap. 7 um die Frage, wie Lösungen dafür gefunden werden.

- Kap. 7 („Sprache und Kommunikation" von Christel Kumbruck) zeigt Ansatzpunkte zur Depolarisierung in der Kommunikation auf.
- In Kap. 8 („Brückenbauen und Konsensbildung" von Christel Kumbruck und Marvin Vogt) geht es auf Spurensuche nach Gemeinsamkeiten der Engagierten der beiden Seiten. Diese Gemeinsamkeiten werden als Ansatzpunkte für ein mögliches Streitgespräch genommen. Dabei bedarf es immer der begleitenden Moderation, um in einen Konsens zu führen, der beide Sichtweisen als Komplemente integriert. Hier wird auch die Rolle von Brückenbauer/innen thematisiert.
- Auch das der gesellschaftlichen Polarisierung gewidmete Kap. 9 („Gesellschaftliche und kulturelle Rahmung der Polarisierung" von Christel Kumbruck) verweist auf Lösungswege. Diese liegen allerdings auf der Lösungsebene von Politik und Gesellschaft.
- Schließlich wird in Kap. 10 („Schritte in eine Dialogkultur" von Christel Kumbruck) ein Lösungsraum entwickelt, wie eine Gesellschaft in eine Dialogkultur kommen kann. Die Vorschläge haben ihren Schwerpunkt auf einem Bildungsauftrag, der hilft, dass die Individuen den konfliktlösenden konstruktiven Umgang miteinander in Anlehnung an ein Ethos als demokratische Bürger von klein auf internalisieren. Auch neu hinzugekommene Menschen (z. B. Flüchtlinge) eignen sich diesen Umgang mit anderen an. Hierzu spielt die Vision einer plurikulturellen Gesellschaft mit Rechten,

aber auch Pflichten in Form von Spielregeln der Gesellschaft und den Mitbürgern gegenüber eine wichtige Rolle. Auch auf die Grenzen dieser Lösungswege wird verwiesen.

Die der Selbstreflektion und dem Üben dienenden Abschnitte werden durch gesondert formatierte Abschnitte mit der Überschrift „Beispiel zur Reflexion" kenntlich gemacht.

Fakten oder Meinungen? Da die Kommunikation rund um das Thema Flüchtlingsengagement sowohl in der Gesellschaft als auch bei unseren Interviewteilnehmer/innen mit vielen „Wahrheiten" umgehen muss, haben wir uns daran gemacht, für den Schluss des Buches noch einen Anhang zu erstellen: **„Zahlen, Daten und Fakten zu ausgewählten Themen"** (Elias Bork).

Anhand der Beiträge dieses Werkes zeigt sich, dass psychologische Ergebnisse auch relevant für Zivilgesellschaft und Politik sind. Angemerkt sei noch, dass nach Definition des BAMF nur Geflüchtete mit anerkanntem Asylanspruch nach der Genfer Flüchtlingskonvention als Flüchtlinge zu benennen sind; im Alltagssprachgebrauch werden die Begriffe indes nicht unterschieden. Wir gehen davon aus, dass die Aussagen unserer Interviewpartner/innen in Alltagssprache sind und verwenden ebenso die Worte Flüchtlinge und Geflüchtete synonym.

Wir hoffen, Ihre Neugierde geweckt zu haben und dass Sie anregende Stunden mit diesem Werk erleben.

Die Autor/innen
Elias Bork, Maik Dulle, Christel Kumbruck, Laura Reckmann, Marvin Vogt

Literatur

Ahrens, P-A., Lämmlin, G. & Sinnemann, M. (Hrsg.). *Geflüchtete willkommen? Einstellungen und Engagement in der Zivilgesellschaft*. Baden-Baden: Nomos.

Back, M., Echterhoff, G., Müller, O., Pollack, D. & Schlipphak, V. (2021). Workingreport: Von Verteidigern und Entdeckern: Ein Identitätskonflikt um Zugehörigkeit und Bedrohung. Münster: Universität Münster. https://www.uni-muenster.de/imperia/md/content/religion_und_politik/aktuelles/2021/workingreport_verteidigerentdecker.pdf.https://dx.doi.org/10.17879/97049506223

Kumbruck, C., Dulle, M. & Vogt, M. (2020). *Flüchtlingsaufnahme kontrovers. Einblicke in die Denkwelten und Tätigkeiten von Engagierten*. Band 1. Baden-Baden: Nomos.

Sinnemann, M. & Ahrens, P.-A. (2021). *Flüchtlingsaufnahme kontrovers. Relevanz von Motiven, Werten, Religion und Politik bei Engagierten*. Band 2. Baden-Baden: Nomos.

Inhaltsverzeichnis

1 **Einleitung in die Thematik** 1
   Maik Dulle

2 **Flüchtlingsaufnahme im gesellschaftlichen Spannungsfeld:
   Geflüchtete und Aufnahmegesellschaft** 29
   Laura Reckmann

3 **Portraits der interviewten Engagierten** 59
   Marvin Vogt

4 **Die Frage nach dem Warum – warum sich Menschen engagieren** 85
   Maik Dulle

5 **Erfahrungen aus dem Engagement** 109
   Marvin Vogt

6 **Denkprozesse, Denkweisen und Denkwelten der Engagierten** 163
   Maik Dulle

7 **Sprache und Kommunikation** 183
   Christel Kumbruck

8 **Brückenbauen und Konsensbildung** 217
   Christel Kumbruck und Marvin Vogt

9 **Gesellschaftliche und kulturelle Rahmung der Polarisierung** 237
   Christel Kumbruck

10 **Schritte in eine Dialogkultur** 285
   Christel Kumbruck

11 **Anhang Zahlen, Daten, Fakten** 315
   Elias Bork

„Zu guter Letzt: Wir sagen Danke" 341

Herausgeber- und Autorenverzeichnis

Über die Herausgeberin

Prof. em. Dr. Christel Kumbruck ist promovierte und habilitierte Arbeits- und Organisationspsychologin und Arbeitswissenschaftlerin. Von 1998 bis 2009 hatte sie Vertretungs- und Gastprofessuren an der TU Hamburg-Harburg, der Universität Hamburg, der Universität Klagenfurt und der HS Osnabrück. Weiter war sie als DFG-Projektleitung an der Universität Kassel und als Unternehmensberaterin, Coach und Trainerin tätig. 2009 übernahm sie die Professur für Wirtschaftspsychologie an der HS Osnabrück, nachdem sie den Studiengang Wirtschaftspsychologie mit aufgebaut hatte. Ab 2018 war sie als Projektleiterin für den qualitativen Teil des Projekts „Zivilgesellschaftliches Engagement: Was bewegt Menschen in Deutschland dazu, sich im Rahmen der Flüchtlingsthematik zu engagieren?" an der HS Osnabrück verantwortlich. Neben ihren Forschungsschwerpunkten in den Bereichen Arbeits- und Organisationspsychologie, interkulturelle Wirtschaftspsychologie und Pflegearbeitsforschung beschäftigt sie sich als Wissenschaftlerin mit gesellschaftspolitischen Themen.

Autorenverzeichnis

Elias Bork Technische Universität Dresden, Dresden, Deutschland

Maik Dulle markstones Institute, Universität Bremen, Bremen, Deutschland

Christel Kumbruck Hochschule Osnabrück, Osnabrück, Deutschland

Laura Reckmann Hochschule Osnabrück, Osnabrück, Deutschland

Marvin Vogt eye square GmbH, Berlin, Deutschland

Einleitung in die Thematik

Maik Dulle

1.1 Zivilgesellschaftliches Engagement: Die Geschehnisse der Jahre 2015–2020 – eine Chronologie

Silvester 2015/2016 in Köln.
Kaum ein anderes Jahr in der nahen Vergangenheit ging in Deutschland mit einem ähnlichen großen Skandal zu Ende (beziehungsweise hat damit angefangen) als die Kölner Silvesternacht. Laut Bericht des Ministerium für Inneres und Kommunales NRW kam es in der Silvesternacht auf der Domplatte in Köln zu einer Vielzahl von Übergriffen auf Frauen, begonnen durch Personen, die aus dem „nordafrikanischen/arabischen Raum stammen" (Ministerium für Inneres und Kommunales NRW 2016, S. 1). Die mediale Berichterstattung beschrieb den Jahresumschwung unter den Titeln *„Die Silvesternacht von Köln"* (ZEIT 2016a), *„Übergriffe in Köln"* (Süddeutsche Zeitung o. J.), oder *„Der Kölner Silvesterskandal"* (Merkur 2016). Ohne die konkreten Vorkommnisse dieser Silvesternacht überhaupt weiter zu schildern, sind sich die Autoren sicher, dass ein Großteil der Leser/innen bereits nach der Lektüre des ersten Satzes in diesen Zeitungen eine Assoziation, eine Meinung oder eine Einschätzung zu dem Vorfall hatte.

M. Dulle (✉)
markstones Institute, Universität Bremen, Bremen, Deutschland
E-Mail: maik.dulle@uni-bremen.de

© Springer Fachmedien Wiesbaden GmbH, ein Teil von Springer Nature 2022
C. Kumbruck (Hrsg.), *Spannungsfeld Flüchtlinge*,
https://doi.org/10.1007/978-3-658-35499-2_1

▶ **Weiterführende Informationen:** Um sich ein umfassendes Bild der Geschehnisse zu machen, empfiehlt der Autor, sich mit den beiden unabhängigen Berichten des NRW-Landtages und des parlamentarischen Untersuchungsausschusses zu beschäftigen. Diese können als PDF unter den folgenden Links heruntergeladen werden:
- https://www.landtag.nrw.de/portal/WWW/dokumentenarchiv/Dokument/MMV16-3585.pdf
- https://www.landtag.nrw.de/portal/WWW/dokumentenarchiv/Dokument/MMD16-14450.pdf

Wenige andere Vorfälle der jüngeren Vergangenheit erhitzten die Gemüter in Deutschland derart wie *die Kölner Silvesternacht*. Die enorme Polarisierung zeigte sich an vielen verschiedenen Indizien. *Die Silvesternacht* wurde in etlichen Talk-Shows, Zeitungen und Nachrichtenportalen thematisiert und war das beherrschende Thema im Zeitraum 2016–2017 (Arlt und Wolling 2017, S. 325). In der Gesellschaft wurde hitzig darüber diskutiert – Stichwort: *eine Armlänge Abstand* (Süddeutsche Zeitung 2016a). Auf Kanälen wie YouTube und teilweise auch auf Nachrichtenportalen wurden die Kommentarfunktionen für Beiträge zu dem Thema gesperrt, und in sozialen Netzwerken feindeten sich Unbekannte öffentlich an (UNHCR 2018). Die Autoren Christian Wiermer und Gerhard Voogt brachten Ende 2016 ein Buch mit dem Titel *„Die Nacht, die Deutschland veränderte"* heraus (Voogt und Wiermer 2016). Der Titel lässt bereits erahnen, welche weitreichenden Folgen die Vorkommnisse der *Silvesternacht in Köln* nach sich zogen, sowohl für die Geflüchteten samt deren Ansehen in der Gesellschaft als auch für die deutsche Gesellschaft selbst. Die *Kölner Silvesternacht* wurde als sinnbildlicher Aufhänger gewählt, denn dieses Ereignis verdeutlicht viererlei:

> 1) Zwangsläufig beschäftigt man sich mit der Thematik.
> 2) Die Thematik bringt es mit sich, dass man automatisch Stellung bezieht bzw. sich eine Meinung bildet.
> 3) Es wird trotz fehlender, relevanter Informationen Stellung bezogen bzw. sich eine Meinung gebildet.
> 4) Die Thematik hat hohes gesellschaftliches Spannungspotenzial und fordert zur Positionierung auf.

Diese vier Punkte treffen auf viele Aspekte der Flüchtlingsthematik zu und sind maßgeblich mitverantwortlich für die angespannte gesellschaftliche Lage (dies gilt damals – ab 2015 – wie auch heute noch). Die Anspannung resultiert dabei aus verschiedenen, individuellen Bewertungsprozessen der ersten drei Punkte. Punkt vier ist die Konsequenz des Prozesses.

Neben der Silvesternacht wurde die Flüchtlingsthematik von weiteren Vorkommnissen begleitet, die der Thematik ab Sommer/Herbst 2015 eine ganz eigene, unvergleichbare Dynamik gaben. Auf wichtige Ereignisse in den Jahren 2015–2020 soll hier

1 Einleitung in die Thematik

nochmals eingegangen werden, obwohl viele dieser Ereignisse sicherlich allgemein bekannt sind. Dennoch wird die Chronologie der jüngeren Vergangenheit noch einmal aufgerollt; dies soll eine gemeinsame Informationsausgangslage schaffen und nicht als wertendes Protokoll gesehen werden.

Ausgangspunkt ist hier der August 2015. Am 19.08.2015 korrigiert der damalige Außenminister Thomas de Maizière die Flüchtlingsprognose für das Jahr 2015 von 450.000 auf 800.000 Asylsuchende (ZEIT 2015). Diese korrigierte Prognose zeigt bereits, dass das Ausmaß der Zuwanderung bereits früh unterschätzt wurde. Zur gleichen Zeit macht der in Dresden gegründete Verein „Patriotische Europäer gegen die Islamisierung des Abendlandes (PEGIDA)" mit groß angelegten Straßendemonstrationen in Dresden auf sich aufmerksam. Die gesellschaftliche Verunsicherung über das bevorstehende Unbekannte ist zu diesem Zeitpunkt bereits deutlich spürbar.

Am 21.08.2015 kommt es zu Ausschreitungen in Heidenau. Rechtsextreme versuchen, den Erstbezug einer Flüchtlingsunterkunft zu verhindern. Auch in den folgenden Tagen werden die Krawalle fortgesetzt. Dabei werden insgesamt 31 Polizisten verletzt (FAZ 2015). Die Eskalationsstufe der Gewalt ist höher als bei den Anti-Flüchtlingsunterkunft-Protesten in Freital (Süddeutsche Zeitung 2015a) und wird von der Politik verurteilt (Bundesregierung 2015a).

Vier Tage später, am 25.08.2015, setzt das Bundesamt für Migration und Flüchtlinge (BAMF) die Dublin-III-Verordnung für in Deutschland ankommende Syrer als Reaktion auf den seit 2011 in Syrien wütenden Bürgerkrieg (Wolff 2014, S. 247) aus. Damit können flüchtige Syrer/innen in Deutschland Asyl beantragen, auch wenn sie in einem anderen Land EU-Boden betreten haben.

▶ Information Dublin III: Die Dublin-Übereinstimmung von 1990, die besagt, dass jede/r Migrant/in sich in dem Land registrieren muss, in dem er/sie EU-Boden betritt, wurde durch die Verordnung (EU) Nr. 604/2013 (Dublin III) ersetzt (einsehbar unter https://eur-lex.europa.eu/legal-content/DE/TXT/?uri=CELEX:320 13R0604).

Vor dem Hintergrund dessen, was zuvor in Heidenau geschah, war der Zeitpunkt vom BAMF unglücklich gewählt. Als Grund für die Aussetzung wurden vonseiten des BAMF humanitäre Gründe genannt. Indes war die Aussetzung nicht rechtlich bindend, sondern als Leitlinie konzipiert, um die Verfahrensgeschwindigkeit zu erhöhen und auch die EU-Mitgliedsstaaten an den Außengrenzen zu entlasten (Bundesregierung o. J.). Nun konnte jedoch der Eindruck erweckt werden, dass sich Deutschland über bestehendes EU-Recht hinweggesetzte. Dies war nicht der Fall, da die Verordnung Dublin III in Artikel 17 (Verordnung (EU) Nr. 604/2013 – Dublin III) eine Souveränitätsklausel/Ermessensklausel enthielt, in der geregelt war, dass Staaten auch eigene Lösungsansätze im Rahmen der Verordnung nutzen können. Dennoch ist das Vorgehen von Behörden und Regierung – die intransparente Kommunikation zur Aussetzung der Verordnung – zu bemängeln. Angesichts dieser kritischen Situation waren Sensibilität und „Fingerspitzengefühl" für den richtigen (kommunikativen) Umgang nicht ausreichend vorhanden.

Diese Feststellung gilt auch für weitere, noch folgende Vorkommnisse im Rahmen der Flüchtlingsthematik. In letzter Konsequenz ist es nachvollziehbar, dass es für viele den Anschein hatte, dass sich das BAMF über bestehende EU-Verordnungen willkürlich hinwegsetzt. Doch das Aussetzen einer Verordnung macht die Flüchtlingsthematik noch lange nicht so greifbar wie die folgenden konkreten Ereignisse:

Nur zwei Tage später (27.08.2015) wird von der Polizei auf einer Autobahn bei Parndorf in Österreich ein LKW mit 71 erstickten Geflüchteten entdeckt. Der LKW ist verlassen, die Fahrer begingen Fahrerflucht (Süddeutsche Zeitung 2015b). Spätestens mit diesem Ereignis brennt sich die Flüchtlingsthematik in die Köpfe der Deutschen. Die *Flüchtlingskrise* wird nun nicht mehr mit einer abstrakten prognostizierten Zahl (wie z. B. 800.000) oder dem Aussetzen einer Verordnung assoziiert, vielmehr sind deren dramatische Auswirkungen auf einmal greifbar nah und klopfen an die deutsche Grenze.

Kurz nach der LKW-Tragödie führt Angela Merkel ihre jährliche Sommerpressekonferenz durch (31.08.2015), auf der sie die drei Worte sagte, die vermutlich noch jeder im Kopf hat: „Wir schaffen das!" (Bundesregierung 2015b). Dieser generelle positive Appell, der die Deutschen auf die bevorstehenden Ereignisse einschwören sollte, sollte im Laufe der Entwicklung der *Flüchtlingskrise* seine positive Note verlieren und wird Angela Merkel sicherlich auch nach ihrer Kanzlerschaft noch anhaften. Für viele sind diese drei Worte heutzutage ein großer Aufreger. Kaum eine Person in Deutschland wertet Merkels damalige Aussage im Nachhinein ausschließlich positiv, denn viele Deutsche hätten sich transparente Kommunikation/Information anstatt einer Durchhalteparole gewünscht (Raue 2017, S. 124 f.).

Nur drei Tage später (03.09.2015) geht ein Bild durch die Medien, welches ebenfalls hohen symbolischen Charakter für die *Flüchtlingskrise* erlangt: Der kleine tote Junge, der ertrunken am Strand liegt. Das Bild erregt international viel Aufsehen (positiv wie auch negativ). Bei dem Jungen handelt es sich um Aylan Kurdi, geboren in Kobane und verstorben bei dem Versuch seiner Eltern, mit ihm aus Syrien über die Türkei nach Europa zu fliehen (Süddeutsche Zeitung 2015c).

In den ohnehin schon turbulenten September fällt am 04.09.2015 ein weiteres Ereignis, welches von vielen Zeitungen, aber oftmals auch von Einzelpersonen, als „Merkels Grenzöffnung" (ZEIT 2016a) tituliert wird. Inwiefern die Entscheidung der Bundeskanzlerin rechtens war oder auch nicht, darüber wird viel diskutiert. So gibt es Beiträge, die zu dem Schluss kommen, dass die *Grenzöffnung* noch im Rahmen der Legalität lag (z. B. Windoffer 2016, S. 55), es gibt Beiträge, die nicht klar Stellung beziehen (Wissenschaftlicher Dienst des Bundestags 2017), und es gibt Beiträge und Vorstöße, die die *Grenzöffnung* als Rechtsbruch bewerten (AfD Karlsruhe 2018). Diese Diskussion soll hier nicht vertieft werden. Vielmehr sind die Geschehnisse und die Folgen dessen für das weitere Verständnis dieses Buches interessant.

Zurück zu der Frage: Was verbirgt sich hinter dem Begriff der *Grenzöffnung?* Anfang September 2015 stranden 3000 (ZEIT 2016a) Geflüchtete am Hauptbahnhof in Budapest. Die rechtskonservative Regierung Ungarns weigert sich, diese gestrandeten Geflüchteten aufzunehmen, obwohl es rechtlich laut Dublin III (ab 01.01.2014 in Kraft getreten) ihre Aufgabe gewesen wäre (Dublin III Verordnung 2014). Deutschland und Österreich

1 Einleitung in die Thematik

beschließen, aus humanitären Gründen die Geflüchteten untereinander aufzuteilen und den Geflüchteten die Einreise zu ermöglichen. In diesem Zusammenhang kommt ein Teil der Geflüchteten vom Bahnhof Budapest per Zug nach Deutschland. Bei ihrer Ankunft (05.09.2015) am Münchener Bahnhof werden sie von einer Vielzahl deutscher Bürger/innen herzlich empfangen. Pressebilder dieses Ereignisses werden als Sinnbilder für den Begriff *deutsche Willkommenskultur* verwendet. Gleichzeitig warnt Horst Seehofer bereits einen Tag nach der Ankunft (06.09.2015 auf einer CSU-Veranstaltung) der Geflüchteten vor einer Überforderung der Gesellschaft: „Das hält auf Dauer keine Gesellschaft aus" (ZEIT 2016a). Nichtsdestotrotz verzeichnen die ehrenamtlichen Organisationen und Kommunen ab Herbst 2015 einen Anstieg von freiwillig Engagierten im Bereich der Flüchtlingshilfe (BMFSFJ 2018). Die Stimmung gegenüber den Geflüchteten wird mehrheitlich als positiv, herzlich und hilfsbereit beschrieben (Rada 2016, S. 32 ff.). Es scheint so, als würde den vorherigen negativen Schlagzeilen weniger Gewicht beigemessen. Die eher positiv wahrgenommene Stimmung in Deutschland sollte aber binnen weniger Monate (September 2015 bis Silvester 2015/2016) kippen.

Am 03.10.2015 zünden zwei junge Männer ein Wohnhaus an, in dem syrische Geflüchtete untergebracht sind. Den beiden Männern wird später im Rahmen des Gerichtsurteils eine „fremdenfeindliche Haltung" attestiert (ZEIT 2016b). Am 17.10.2015 wird ein Messeranschlag auf die Kölner Politikerin Henriette Reker verübt. Zu diesem Zeitpunkt ist die parteilose Politikerin die Sozialdezernentin der Stadt und unter anderem verantwortlich für die Organisation von Flüchtlingsunterbringungen (Süddeutsche Zeitung 2016b). Reker überlebt den Anschlag, der als Zeichen gegen die Flüchtlingspolitik gelten sollte, nur knapp (LTO 2017). Während des Freundschaftsspiels Frankreich gegen Deutschland am 13.11.2015 (Endstand 2:0) in Paris kann man im Rahmen der TV-Übertragung durch die öffentlich-rechtlichen Sender einen lauten Knall vernehmen. Dies sind die Vorzeichen für die Anschläge, die Mitglieder des islamischen Staates später am Abend in der Stadt verüben. An diesem Tag sterben in Paris 130 Menschen (NZZ 2015). Im Rahmen der Suche nach Tätern und Komplizen geraten gerade die direkten Nachbarstaaten Frankreichs in größter Alarmbereitschaft. In diesem Klima der Verunsicherung kommt es anderthalb Monate später zu den verhängnisvollen Ereignissen der Silvesternacht 2015/2016. Vor diesem Hintergrund werden vor allem auch kritische Stimmen gegenüber Flüchtlingen stärker wahrgenommen, die Diskussion zwischen Flüchtlingshelfer/innen und Flüchtlingsskeptiker/innen verschärfen sich (Egg 2017, S. 303) und Teile der Bevölkerung lehnen die Willkommenskultur öffentlich ab. Auf die Ereignisse reagierend sagt Angela Merkel auf dem kurz darauffolgenden alljährlichen Neujahrsempfang der Industrie- und Handelskammer Magdeburg am 7.01.2016: „Wir müssen die Zahl der Flüchtlinge, die zu uns kommen, spürbar reduzieren" (Bundesregierung 2016a). Die indirekt angekündigten Gegenmaßnahmen werden dann relativ zeitnah umgesetzt. Am 17.03.2016 erlässt das Bundeskabinett das Asylpaket II. Dieses Paket beinhaltet unter anderem den Abbau von Abschiebungshindernissen und die Beschleunigung von Entscheidungsverfahren (Bundesregierung 2016b). Als weitere Maßnahme zur Regulation der Flüchtlingsanzahl wird am 18.03.2016 das EU-Türkei-Abkommen mit der Türkei geschlossen. Mit Zustimmung zu diesem Abkommen verpflichtet sich die Türkei, „die rasche Rückführung aller Migranten zu akzeptieren, die keinen internationalen Schutz benötigen und von der Türkei aus nach Griechenland einreisen, und alle in türkischen Gewässern aufgegriffenen irregulären Migranten zurückzunehmen" (Deutscher Bundestag 2016). Da die Europäische Union bis Ende 2018 der Türkei für die Umsetzung des Abkommens vertraglich 6 Mrd. € zusichert (Europäische Union 2016), wird das Abkommen später medial oftmals als erkaufter Deal dargestellt (z. B. Küstner 2018). Am 01.02.2017 wird eine weitere komplementierende Maßnahme namens „Starthilfe Plus" vom Bundestag hinzugefügt (Deutscher Bundestag 2018). Das Rückkehrprogramm soll „insbesondere für diejenigen Personen, deren Erfolgschancen im Asylverfahren sehr gering sind, einen finanziellen Anreiz schaffen, die Entscheidung zur freiwilligen Rückkehr möglichst schon im Asylverfahren, spätestens jedoch innerhalb der Ausreisefrist zu treffen. Es soll aber auch für diejenigen Asylsuchenden, deren Chancen im Asylverfahren nicht ganz so gering sind, die jedoch lieber wieder in ihr Heimatland zurückkehren würden, eine Rückkehr und einen Neuanfang im Herkunftsland erleichtern" (BMI 2017). Und tatsächlich zeigt das Maßnahmenpaket der Bundesregierung Wirkung: Waren im Jahr 2015 noch 476.649 Asylantragssteller registriert worden, so halbiert sich im Vergleich die Anzahl der Anträge 2017 auf 222.683 Asylanträge (Statista 2020). Der Rückgang der Antragssteller/innen steht im Zusammenhang mit der geschlossenen Balkanroute (Brücker et al. 2016, S. 3). Dennoch nutzen viele Flüchtlinge den Seeweg (Mittelmeerroute), um aus Afrika nach Europa zu gelangen. Deswegen verlängert der Bundestag am 29.06.2017 die Beteiligung der Bundeswehr an der Mittelmeer-Operation „Sophia". Das eigentliche Ziel der Mission, an der 950 deutsche Marinesoldaten/innen beteiligt sind, ist es, gegen Menschenhandel/-schmuggel vorzugehen (Deutscher Bundestag 2017). Dennoch muss die Bundeswehr, entgegen der eigentlichen Zielsetzung, viele Flüchtlinge aus Seenot retten. Durch die Mission „Sophia" und vor allem deren späteres Aussetzen (31.03.2019) erlangt die Seenotrettung mediale Aufmerksamkeit. Gerade die private Seenotrettung und die Handlungen von Kapitänen privat finanzierter Rettungsschiffe (z. B. Claus-Peter Reisch und Carola Rackete) werden in diesem Zusammenhang kontrovers diskutiert

▶ **Weiterführende Personeninformationen**
Claus-Peter Reisch war Kapitän des privaten Seenotrettungsschiffes Lifeline. Ihm wurde 2018 vorgeworfen, dass sein Schiff nicht ordnungsgemäß registriert ist. Deshalb wurde die Lifeline beschlagnahmt und Claus-Peter Reisch in Malta angeklagt.

Carola Rackete war Kapitänin des privaten Seenotrettungsschiffes Sea Watch 3. Ihr wurde 2019 vorgeworfen, ohne Genehmigung in den Hafen von Lampedusa eingefahren zu sein und dabei ein Patrouillenboot der italienischen Hafenpolizei touchiert zu haben. Daraufhin wurde sie in Sizilien angeklagt.

In Deutschland wird das Jahr 2017 gegen Ende (27.12.2017) durch den Mordfall an der 15-jährigen Mia V. aus Kandel überschattet (der Fall von Mia V. ist exemplarisch

1 Einleitung in die Thematik

aufgegriffen). Sie wird von ihrem Exfreund, einem afghanischen Mann, der 2016 nach Deutschland eingereist war, erstochen. Er wird zu achteinhalb Jahren Haftstrafe verurteilt (Süddeutsche Zeitung 2018a). Als Reaktion auf den Mord formt sich die Bewegung „Kandel ist überall". Die Bewegung erlangt deutschlandweite Aufmerksamkeit mit folgender Forderung auf ihrer Homepage:

> *„Frauen und Mädchen werden in den letzten Jahren durch die unkontrollierte Zuwanderung aus frauenverachtenden Kulturen immer häufiger Opfer von schweren Straftaten wie Vergewaltigung und Mord. Aber zunehmend werden auch Jungen und Männer von Migrantengruppen angegriffen – wie etwa in Bonn oder Wittenberg. **Diese Entwicklung muss gestoppt werden! Die Politik muss endlich handeln!**" (Kandel ist überall o. J.).*

Spätestens nach der Tat und eben auch durch Bewegungen wie „Kandel ist überall" weitet sich die Kriminalitätsdiskussion auf ganz Deutschland aus. Es wird diskutiert, ob Flüchtlinge generell eine höhere Kriminalitätsbereitschaft haben und ob sich durch den Zuzug der Geflüchteten die Sicherheitslage in Deutschland verschlechtert hat. Die Talkshow „Hart aber fair" mit Moderator Frank Plasberg erlebt als Reaktion auf die Sendung „Flüchtlinge und Kriminalität" vom 04.06.2018 einen Shitstorm (Wimalasena 2018). Die Diskussion dazu bezieht sich auf die Formulierung: „Junge Männer, geflohen vor Krieg und aus archaischen Gesellschaften – für viele hierzulande Grund zu Sorge und Angst. Können solche Flüchtlinge überhaupt integriert werden? Wie unsicher wird Deutschland dadurch?" Weiter angeheizt wird die Diskussion durch den Mord an Daniel H. aus Chemnitz am 26.08.2018. Daniel H. wird an diesem Tag erstochen, ein syrischer Flüchtling wird schuldig gesprochen (MDR 2020). Daraufhin kommt es zu Gedenkprotesten (und Gegenprotesten), die in teilweise gewaltsamen Ausschreitungen zwischen der Polizei und den Protestierenden enden. Ein Teil der Protestierenden des Gedenkprotests wird dabei dem rechten Spektrum („Pro Chemnitz") zugeordnet, während der Gegenprotest vom Bündnis „Chemnitz Nazifrei" organisiert wird (Spiegel 2018). In ganz Deutschland wird danach von Hetzjagden in Chemnitz gesprochen, auch wenn diese bis heute nicht eindeutig bestätigt sind (Deutscher Bundestag 2019). Neuere Erkenntnisse (26.08.2019), basierend auf Chatprotokollen, gehen davon aus, dass sich Rechte zu „Jagden" verabredet haben könnten (Süddeutsche Zeitung 2019a). Die Hetzjagd-Debatte wird letztlich auch dem Präsidenten des Bundesamts für Verfassungsschutz, Hans-Georg Maaßen, zum Verhängnis. Seine Aussage, dass es keine Belege für Hetzjagden in Chemnitz gebe und es sich um Fehlinformationen handele (Süddeutsche Zeitung 2018b), sowie die öffentliche Empörung über diese Aussage veranlassen den Innenminister Horst Seehofer dazu, Maaßen im November 2018 in den Ruhestand zu versetzen (Süddeutsche Zeitung 2018c). Ungeachtet der Vorkommnisse ist festzuhalten, dass Flüchtlinge im Durchschnitt häufiger strafauffällig werden als Deutsche (Süddeutsche Zeitung 2019b). Dies gilt es nicht zu verheimlichen, und trotzdem muss man bei solchen statistischen Aussagen Vorsicht walten lassen, denn 1) handelt es sich bei den begangenen Straftaten größtenteils um Delikte wie Konflikte untereinander, Schwarzfahren oder Diebstahl (Walburg 2020) und 2) sind ein Großteil der

Geflüchteten junge Männer (34 % der Geflüchteten). Diese Gruppierung begeht kulturübergreifend generell mehr Straftaten (Kersten 2013, S. 14). Beispielsweise fällt auch unter deutschen jungen Männern die Strafauffälligkeit im Vergleich zu anderen Altersgruppen am höchsten aus (Oberwittler 2015, S. 134). Statistisch ist es dabei wichtig zu beachten, dass die Prozentsatz der flüchtigen jungen Männer (34 % der Geflüchteten) weitaus höher ist als der Anteil junger Männer in der deutschen Gesamtbevölkerung (7,8 %). Da Männer in diesem Alter generell häufiger strafauffällig werden, ist die Beachtung dieses Umstandes in den Statistiken (wie der polizeilichen Kriminalstatistik) wichtig und sollte bei einer Bewertung berücksichtigt werden (Walburg 2020; siehe hierzu auch Kapitel 11.3 in „Anhang Zahlen, Daten, Fakten"). Der Rückschluss, dass die Geflüchteten per se kulturell bedingt eher zu Straftaten neigen, ist somit falsch (Süddeutsche Zeitung 2019b).

Ungeachtet der Wahrscheinlichkeit für das Begehen einer Straftat ändert sich nichts an der Tatsache, dass die wahrgenommene Bedrohung in Deutschland gestiegen ist (Reisin 2019). Außerdem wird das Jahr 2018 von einem bundesweiten Skandal begleitet: der „BAMF-Affäre". Thematisch geht es bei der Affäre darum, dass in der BAMF-Außenstelle Bremen systematisch unrechtmäßige Entscheidungen über eine Vielzahl von Asylanträgen getroffen worden sein sollen. Konkret wird eine Mitarbeiterin der Außenstelle beschuldigt. Die Affäre weitet sich im Mai 2018 so weit aus, dass sich Bundesinnenminister Seehofer einschaltet. Am 23.05.2018 wird der Außenstelle Bremen auf Anweisung von Seehofer untersagt, weitere Asylentscheidungen zu treffen (Adelhardt et al. 2018). Sechs Tage später entschuldigt sich der Innenminister für die Affäre (WiWo 2018). Die Aufklärung der Affäre dauert auch 2019 noch an. Im Rahmen der Aufklärung werden die positiven Entscheide der Außenstelle ab dem Jahr 2000 überprüft. Die Anzahl der unzulässigen Bescheide war aber nicht auffällig hoch (Adelhardt und Peters 2019). Ende 2020 wird darüber hinaus bekannt, dass entlastendes Material zum BAMF-Skandal in den Ermittlungen nicht berücksichtigt wurde und dadurch die Möglichkeit besteht, dass der Skandal künstlich „aufgebauscht" wurde (Adelhardt und Eckstein 2020).

Mit Ende 2018 teilt das Bundesministerium für Inneres (BMI) mit, dass die Flüchtlingsobergrenze von 220.000 nicht erreicht wurde (BMI 2019). Doch gibt die UN Refugee Agency an, dass Ende 2018 erstmals über 70 Mio. Menschen weltweit auf der Flucht sind (UNHCR 2019). Auch für 2019 erwartet das BMI, dass die Obergrenze für 2019 nicht erreicht wird (Leubecher 2019). Dies liegt auch daran, dass die Maßnahmen zur Abschiebung seit 2016 regelmäßig verschärft wurden. Im Rahmen des Asylpakets II (März 2016) wurden schnellere Abschiebungen ermöglicht (Marx 2020). Weitere Maßnahmen wie der begrenzte Familiennachzug, die Handhabung „sicherer Herkunftsländer" und die erweiterte Abschiebehaft hatten ebenfalls Einfluss auf die Zahl der Asylanträge (Marx 2020). Am Ende des Jahres 2019 sind letztlich 165.938 Asylanträge beim BAMF eingegangen (BAMF 2019).

Das Jahr 2019 wird von mehreren Gewaltverbrechen erschüttert, die die mediale Berichterstattung zum Thema Flüchtlinge noch einmal emotional aufladen. Nachdem der Regierungspräsident des Bezirks Kassel, Walter Lübcke (CDU) am 02.06.2019 in seinem Haus von einem deutschen Täter aus rechtsextremen Gesinnungsgründen ermordet wurde (Presseportal 2019a), wird nur knapp eineinhalb Monate später, ebenfalls in Hessen, am 22.07.2019 ein Eritreer von einem Deutschen angeschossen. Auch dieser Tat soll eine rechtsextreme Motivation zugrunde liegen (Süddeutsche Zeitung 2019c). Nur sieben Tage (29.07.2019) später tötet ein gebürtiger Eritreer, der über mehrere Jahre in Zürich wohnte, einen kleinen Jungen, indem er ihn vor einen einfahrenden Zug stößt (Süddeutsche Zeitung 2019d). Im Oktober 2019 kommt es zu einer weiteren Gewalttat. Ein 28-jähriger Deutscher versucht in eine Synagoge einzudringen, um dort einen Anschlag zu verüben. Als dies nicht gelingt, erschießt er auf der Flucht mehrere Personen. Der Täter gesteht, dass er aus antisemitischen Gründen handelte (Tagesschau 2020). Weiter wird Ende des Jahres 2019 das Kirchenasyl durch Behörden weniger toleriert, sodass von einer „Verschärfung beim Kirchenasyl" die Rede ist (Informationsverbund Asyl & Migration 2019).

Am 19 Februar 2020 erfolgt dann eine weitere antisemitische Gewalttat. In mehreren Bars werden neun Personen, hauptsächlich mit Migrationshintergrund, von einem 43-jährigen Mann erschossen. Zuhause erschießt der Täter dann seine Mutter, danach auch sich selbst. Als Motiv wird Fremdenfeindlichkeit vom Innenministerium Hessens angegeben (Süddeutsche Zeitung 2020).

Anfang 2020 erreicht das Corona-Virus Deutschland. Das Virus breitet sich auf der ganzen Welt rasant aus und entwickelt sich rasch zu einer Pandemie. Im Zuge dessen werden neben der Schließung von Schulen, Restaurants und Geschäften das Tragen einer Maske, Abstandsvorschriften sowie Kontaktbeschränkungen angeordnet (BMG 2020). Gleichzeitig hat das Virus auch Einfluss auf die Flüchtlingsthematik. Durch die Schließung von Grenzen gibt es keine neuen Asylanträge, Rückführungen konnten nicht stattfinden und die Migrationsberatung musste neu organisiert werden (BAMF 2020; Marx 2020). Dies führt zu generellen Hemmnissen des Asylprozesses. Darüber hinaus lässt sich festhalten, dass die Flüchtlingsthematik nicht verschwunden ist oder an Aktualität verloren hat, aber durch das Corona-Virus ein wenig in den Hintergrund gerückt ist.

Blickt man zusammenfassend auf fünf Jahre *Flüchtlingskrise (2015–2020)* zurück, ohne sich dabei zu stark auf die 2020 begonnene Corona-Pandemie zu fokussieren, so fällt auf, dass die anfangs sehr positive Stimmung zur Flüchtlingsthematik relativ schnell abgeklungen bzw. in einigen Fällen auch in das Gegenteil umgeschwungen ist. Der Appell „Wir schaffen das" wird nach den negativen Vorkommnissen und den teilweise mangelhaft gehandhabten Asylprozessverfahren kaum mehr rein positiv, teilweise sogar als höhnisch verstanden. Dabei gehen die Geschehnisse mit einer ganz generellen Entwicklung einher: der Veränderung Deutschlands vor 2015 bis 2020. Dabei lassen sich vier ganz generelle Veränderungen ausmachen.

▶ **Beobachtbare Veränderungen im Zusammenhang mit der Flüchtlingsthematik**

- Veränderung Nummer I: **Das Straßenbild.** In den Straßen öffnen Läden (Lebensmittelläden, Shisha-Bars, Imbisse etc.), die von Geflüchteten betrieben werden (Tagesspiegel 2015). Auch ist ein Anstieg von neu eröffneten Moscheen in Deutschland zu verzeichnen (Stolz 2020). Darüber hinaus ist es wahrscheinlicher geworden, auf der Straße, in Geschäften, Supermärkten oder in den öffentlichen Verkehrsmitteln auf Geflüchtete zu treffen und fremde Sprachen zu hören. Das ist bedingt durch den Zuzug von ca. 1,9 Mio. (Anzahl der Asylanträge; Statista 2020) Geflüchteten seit 2015 (größtenteils aus Staaten wie Syrien, Irak, Iran, Türkei und Afghanistan), die Anteil am alltäglichen Leben nehmen.
- Veränderung Nummer II: **Die Medienberichterstattung zum Thema Flüchtlinge.** Die Medienberichterstattung wurde gerade zu Beginn der Flüchtlingsthematik als manipulativ und voreingenommen kritisiert. So analysiert Haller (2017, S. 136), dass die Berichterstattung kongruent zur Flüchtlingspolitik der Regierung verlief. Vonseiten der Gesellschaft wurden flüchtlingskritische Texte zur Hochkonjunktur des Wortes Willkommenskultur mit Shitstorms belegt. So entstand der Eindruck, dass lediglich eine positive Meinung gegenüber der Thematik gesellschaftlich erwünscht und geduldet werde. Als Beispiel sei hier der Shitstorm gegen die *ZEIT* im Rahmen des Pro-Kontra-Textes zur Seenotrettung angeführt (ZEIT 2018). Und dennoch zeigt dieser Text zur Seenotrettung, dass ein Wandel hin zu kritischen Texten in der Berichterstattung stattfand (z. B. das 2017 erschienene Buch Insight Islam von Constantin Schreiber).
- Veränderung Nummer III: **Die Gesellschaft.** Die Thematik polarisiert die deutsche Gesellschaft. So ergab eine Forsa-Umfrage im Sommer 2019 unter 5000 Teilnehmer/innen, dass die Zuwanderung und Integration als großes Problem in Deutschland gesehen wird (Presseportal 2019b). Diese Problemwahrnehmung führt dazu, dass sich die Gesellschaft spaltet. Entweder steht man auf der Seite der Flüchtlingshelfer/innen oder auf der Seite der Flüchtlingsskeptiker/innen. Zwischen diesen Seiten gibt es einen Raum, aber dieser ist sehr klein. Diese Neigung, unbedingt für eine Seite Stellung zu beziehen, zeigt sich besonders in der öffentlichen Dialogkultur. Proteste und Gegenproteste sind zur Alltäglichkeit geworden. Kandel ist überall, Pro-Chemnitz-Gedenkdemonstration, Merkel-muss-weg-Demonstration und Pegida stehen die Wir-sind-mehr-Demonstration (#wirsindmehr 2018) oder die #unteilbar-Demonstrationen (unteilbar o. J.) gegenüber. Aus Freund/innen werden aufgrund unterschied-

licher Ansichten politische Kontrahenten (ZEIT 2017). Fehden zwischen Privatpersonen in sozialen Medien gehören zum Alltag. Bezeichnungen wie „Gutmenschen" oder „Nazi" werden inflationär und vorschnell genutzt (Fischer 2019). Dies alles sind Indikatoren für eine Verrohung der Diskussionskultur und in letzter Konsequenz eben auch für eine Verrohung der Gesellschaft. So ist es nicht verwunderlich, dass sich diese Verrohung auch im Rahmen der Corona-Thematik fortsetzt bzw. teilweise noch deutlicher auftritt. Passend dazu prognostiziert der Zukunftsforscher Horst Opaschowski, dass die deutsche Gesellschaft bis 2030 deutlich aggressiver werden wird (Welt 2019).

- Veränderung Nummer IV: **Die zivilgesellschaftlichen Engagementfelder.** Das Engagement in Deutschland konnte auch vor Beginn der *Flüchtlingskrise* 2015 als hoch eingeschätzt werden. Im Rahmen des Freiwilligensurveys 2014 gaben 43,6 % der Befragten an, dass sie sich freiwillig engagieren. Weiter ergab die Befragung, dass das Interesse an zukünftigem Engagement ebenfalls hoch war (Simonson et al. 2017a, S. 21 f.). Mit dem Zuzug einer Vielzahl von Geflüchteten tat sich ein neues Engagementfeld auf, welches es in dieser Breite vorher nicht gegeben hatte. Die ankommenden Geflüchteten waren auf die Engagierten angewiesen (Sprachvermittlung, Freizeitgestaltung, Behördengänge, Arztbesuche, formelle Dinge, Wohnungssuche, Arbeitsvermittlung ...). So kam es, dass sich der Fokus des Engagements von bereits zuvor in anderen Bereichen Engagierten auf die Flüchtlingsthematik verschob. Gleichzeitig regte sich Widerstand gegen die Flüchtlingspolitik der Bundesregierung. Das Kundtun dieser Kritik ist ein weiteres Engagementfeld, welches es zuvor in dieser Form noch nicht gegeben hat.

Der Fokus dieses Buches wird im weiteren Verlauf auf der Vielfalt des zivilgesellschaftlichen Engagements (Begriffsdefinition siehe Abschn. 1.3) liegen. Verbunden damit werden auch die Beweggründe und Motive der einzelnen Engagierten näher beleuchtet.

1.2 Grundlage für dieses Buch

Wie kamen die Autor/innen dazu, dieses Buch zu schreiben bzw. was maßen sie sich an, über dieses viel diskutierte Thema zu wissen, was noch nicht Teil der öffentlichen Debatte ist?

Zur Beantwortung dieser Frage ist ein Rückblick auf den Anfang des Jahres 2018 nötig. In Zusammenarbeit mit dem Sozialwissenschaftlichen Institut der Evangelischen

Kirche Deutschland (SIEKD; https://www.siekd.de/) unter der Leitung von Prof. Dr. theol. Gerhard Wegner hatte Prof. Dr. Christel Kumbruck einen Projektantrag zur Realisierung eines gemeinsamen Projektes verfasst. Das Projekt umfasste zwei Teile: Als erstes sollte eine qualitative Untersuchung unter der Leitung von Prof. Dr. Kumbruck (Hochschule Osnabrück) durchgeführt werden. Auf den Ergebnissen aufbauend führte das SIEKD im zweiten Abschnitt des Projektes eine quantitative Untersuchung durch (Sinnemann und Ahrens 2021). Mit Zuspitzung der Flüchtlingsthematik (siehe Abschn. 1.1) wurde die Notwendigkeit einer Studie zum zivilgesellschaftlichen Engagement durch steigende gesellschaftliche Relevanz nochmals untermauert. Ein weiterer Antrieb für diese Arbeit war die Art und Weise, wie undifferenziert, vorurteilsbehaftet und verurteilend die Flüchtlingsthematik (und alle angrenzenden Themenfelder) medial wie auch sozial diskutiert wurde. Der daraus resultierende Forschungs- und Aufklärungsbedarf war Grundlage für das im April 2018 an der Hochschule Osnabrück gestartete qualitative Projekt mit dem Titel *„Zivilgesellschaftliches Engagement: Was bewegt Menschen dazu, sich im Rahmen der Flüchtlingsthematik zu engagieren?"* Um diese Frage beantworten zu können, sollten besonders Werte, Motive sowie lebensweltliche Begründungszusammenhänge in einem (sozial-)psychologischen Kontext betrachtet werden. Als große Herausforderung war dem Forscherteam klar, dass das zivilgesellschaftliche Engagement gerade durch die unterschiedlichen zivilgesellschaftlichen Engagementarten (z. B. Straßendemonstrationen vs. Sprachunterricht für Geflüchtete) eine große Vielfalt, aber auch Ambivalenz aufweist. Dieser Umstand war ein weiterer, ausschlaggebender Beweggrund, dass das Projekt durchgeführt wurde. Dabei sollten sowohl Flüchtlingshelfer/innen als auch Flüchtlingsskeptiker/innen in der Studie zu Wort kommen. Als Forschungsansatz wurde ein interdisziplinäres Vorgehen gewählt, in dem Kenntnisse aus verschiedenen Disziplinen kombiniert und zudem verschiedene Methoden (Fokusgruppen, Repertory-Grid-gestützte narrative Interviews (Kumbruck und Derboven 2013) eingesetzt wurden.

▶ **Informationen zur Methodik:**
Die Methodik des Repertory-Grid-Interviews geht zurück auf die Theorie der persönlichen Konstrukte nach Kelly (1955). Kelly geht davon aus, dass sich Menschen als aktive Forschende innerhalb ihrer Umwelt („man the scientist") die Realität durch subjektive Vergleichsprozesse konstruieren. Praktisch umgesetzt heißt das, dass den Befragten in einem Repertory-Grid-Interview zwei Elemente gegeben werden, die diese dann aufgrund der Ähnlichkeit/Verschiedenheit vergleichen sollen. Auf Grundlage der Vergleiche werden dann Unterscheidungsdimensionen gebildet, die für die Wahrnehmung der Interviewten von Bedeutung sind.

Die Methodik der narrativen Interviews nutzt einen flexibel handhabbaren Interviewleitfaden, sodass ein echtes Gespräch entsteht und der Interviewpartner

Prioritäten setzen kann. Das Interview wird aufgenommen und transkribiert und dann mittels der hermeneutischen Kernsatzanalyse (Leithäuser und Volmerg 1988) ausgewertet. So konnten aus den narrativen Interviewdaten Kernsätze gewonnen werden, die dann zu den Erfahrungsdimensionen der Engagierten verdichtet wurden. Die Daten aus den Repertory-Grid-Teilen wurden darüber hinaus mithilfe einer Hauptkomponenten-Analyse, unter Zuhilfenahme der Programme Idiogrid und GridSuite, ausgewertet. Die Daten aus den narrativen Interviews wurden mit den Daten des Grid-Interviews in einem weiteren Schritt zusammengeführt. Dadurch gelang den Forschern/innen eine ganzheitliche Betrachtung des Forschungsthemas Flüchtlingsengagement.

Unter Fokusgruppen versteht man eine Gruppeninterviewmethode, bei der die Interviewteilnehmer/innen miteinander kommunizieren, sich befragen, ihr Wissen teilen, kommentieren und sich austauschen. Dadurch können das Wissen und die Erfahrungen der Interviewten exploriert werden (Kitzinger 1995).

Das Projektteam umfasste neben der Projektleitung einen wissenschaftlichen Mitarbeiter und drei studentische Hilfskräfte. Nach einer kurzen theoretischen Einarbeitungszeit begann im Mai 2018 die Feldforschungsphase (siehe Abb. 1.1). Hierfür wurden in einem ersten Schritt vier Fokusgruppeninterviews durchgeführt. Zwei Fokusgruppengespräche fanden im Süden und zwei im Osten Deutschlands statt. Dabei wurde jeweils eine Gruppe von Flüchtlingshelfer/innen und eine Gruppe von Flüchtlingsskeptiker/innen in jeder Region interviewt.

▶ An dieser Stelle soll darauf hingewiesen werden, dass die Begriffe Flüchtlingshelfer/innen und Flüchtlingsskeptiker/innen nicht wertend gemeint sind. Die Begriffe dienen lediglich der Differenzierung von verschiedenen Standpunkten der Studienteilnehmenden. Die Begrifflichkeiten werden auch im weiteren Verlauf des Buches genutzt.

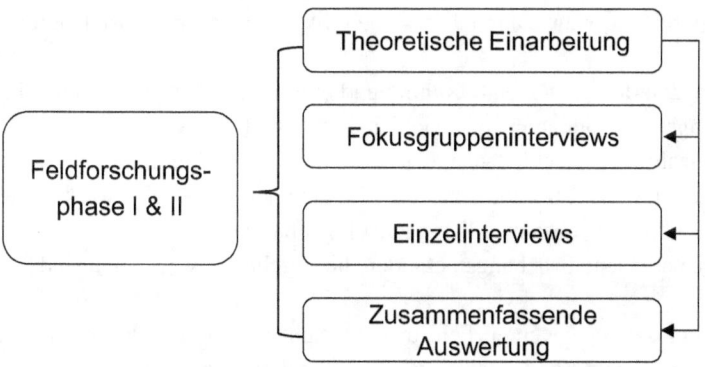

Abb. 1.1 Verkürzte Darstellung der qualitativen Teilstudie im Verbundprojekt mit dem SIEKD

Die erste Feldforschungsphase diente dazu, sich der Thematik zu nähern und einen ersten Überblick über wichtige Themen und Ansichten zu erlangen. Dem Forschungsteam war es wichtig, das „Ohr an den Engagierten zu haben" und keine abgehobene, wirklichkeitsferne Forschung zu betreiben. Das ist auch der Grund, warum in der Phase der Fokusgruppeninterviews die Interviewteilnehmer/innen frei erzählen konnten, was sie in ihrem Engagement erlebt haben, was sie bewegt und welche Chancen und Probleme sie hinsichtlich der Thematik sehen. Eine weitere Zielsetzung der Fokusgruppeninterviews war es, einen möglichst umfassenden Blick über alles Wichtige zu erlangen, um die nachfolgenden Interviews (Einzelinterviews in Forschungsphase II) darauf aufbauen zu können. Somit waren die Gruppeninterviews auch eine Annäherung der Forscher/innen an das Feld der Engagierten selbst, um die Themen der Engagierten zu verstehen, die Sensibilität für die Themen zu erhöhen und einen Einblick in die Welt der Engagierten zu erlangen.

Zusammenfassend konnten in vier Fokusgruppen 18 Personen interviewt werden. Für die Länge der Interviews wurden zwei Stunden angesetzt, wobei die Interviews mit Vor- und Nachbereitungszeit diesen zeitlichen Rahmen sprengten. Nach Abschluss der Gruppeninterviews im Juli 2018 wurde den Forscher/innen bereits klar, dass sie die Komplexität der Thematik unterschätzt hatten. Es wurde eine große Menge an Datenmaterial gesammelt. Im Rahmen der Interviews zeigte sich, dass jede/r Engagierte ihre/seine ganz eigene Geschichte hat. Weiterhin waren die Beweggründe für das Engagement im Rahmen der Flüchtlingsthematik stark individuell eingefärbt. Die Möglichkeit der Kontaktaufnahme nach dem Interview wurde von vielen Engagierten in Anspruch genommen, weil sie „im Interview noch etwas vergessen hatten."

Um tiefer in die Thematik einzutauchen und auch um den Engagierten mehr Platz für ihre „eigene Engagementgeschichte" einzuräumen, wurden in der Feldforschungsphase II von August 2018 bis November 2018 deutschlandweit 22 Einzelinterviews geführt. In dieser Stichprobe waren vielfältige Konfessionen und Berufsgruppen vertreten und die Altersspanne erstreckte sich von Anfang 20 bis Ende 70 (aus Datenschutzgründen sind keine genaueren Angaben möglich). Instrument war eine Kombinationsmethode (Kumbruck und Derboven 2013) aus tiefenpsychologischem Einzelinterview und Repertory-Grid-Interview. Durch diese Methodik konnte gewährleistet werden, dass

a) den Engagierten genügend Raum und Offenheit für ihre ganz individuellen Erfahrungen, Meinungen und Ansichten eingeräumt wurde,
b) eine Vielzahl von verschiedenen, detaillierteren Eindrücken gewonnen werden konnte,
c) das Interview der Komplexität des Engagements gerecht werden konnte, insbesondere, dass es lebensweltlich nachvollziehbar wurde,
d) durch verschiedene Erhebungsmethoden die Ergebnisse verlässlich sind.

Nach Abschluss der zweiten Feldforschungsphase wurden die gewonnenen Daten zunächst von mehreren unabhängigen Forscher/innen separiert analysiert und

1 Einleitung in die Thematik

ausgewertet. Danach wurden die Ergebnisse im Rahmen mehrerer Forschungswerkstätten zusammengetragen.

▶ **Information Forschungswerkstatt:** Unter einer Forschungswerkstatt wird eine Interpretationsgemeinschaft verstanden, in der unabhängige Forscher/innen mögliche Ergebnisse analysieren und diskutieren und sich dabei dem subjektiven Sinn der Aussagen immer mehr annähern. Somit können sie sich wissenschaftlich, im Rahmen der Qualitätskontrolle, absichern (Gramespacher et al. 2009).

Durch dieses Vorgehen konnte die Qualität der Ergebnisse gesichert werden. Die Ergebnisse des Forschungsprojekts bilden das Fundament dieses Buches. Bei den Darstellungen und Ausführungen in diesem Buch handelt es sich demnach nicht um rein subjektive Eigeninterpretationen oder Meinungen der Forschenden, sondern vielmehr um die Interpretation der gewonnenen Daten aus einem Forschungsprojekt, bei dem konkret mit vielen verschiedenen Engagierten gesprochen wurde. Die Ergebnisse dieser Studie sind Gegenstand und empirische Basis der Ausführungen in diesem Sammelband. Auf das empirische Material wird in Form von Interviewzitaten u. ä. im Text verwiesen.

▶ **Kennzeichnung der O-Töne:** Die O-Töne entstammen entweder den Fokusgruppeninterviews (FG) oder den Einzelinterviews (EI) aus der Studie von Kumbruck, Dulle und Vogt (2020). Weiter sind die O-Töne ausschlielich in kursiver Schrift dargestellt und die Bezeichung am Ende ist ein Hinweis auf die Herkunft des O-Tons. So stehen EI3 oder FG3 stellvertreten für Einzel-/Fokusgruppeninterview 3

Es handelt sich dabei um andere Themen sowie thematische Vertiefungen und Einordnungen des empirischen Materials als in dem zum Zwecke der Darstellung der gesamten Untersuchung im Nomos-Verlag erschienenen Buch (Kumbruck et al. 2020).

1.3 Zum Verständnis von zivilgesellschaftlichem Engagement

Die Differenzierung von Begrifflichkeiten ist vor den Geschehnissen der letzten Jahre (2015–2019) von großer Wichtigkeit, da die „Flüchtlingsdiskussion", ähnlich wie das Verständnis von verschiedenen Begrifflichkeiten, von Anfang an durch fehlende Differenzierung vorbelastet war. Das mag auch daran liegen, dass der Begriff „zivilgesellschaftliches Engagement" auf den ersten Blick zweifelsohne ein sperriges Konzept ist. Viele von Ihnen werden nun denken, dass diese Form des Engagements gleichbedeutend mit dem Begriff Ehrenamt ist. Diese Annahme spiegelt ein grundsätzliches Problem wider, das uns (den Autoren dieses Buches) im Rahmen unserer Forschungsarbeit und Ihnen bei der Lektüre dieses Buches des Öfteren begegnen wird: Es besteht eine Abweichung von dem, was öffentlich unter bestimmten Begrifflichkeiten verstanden wird und was diese theoretisch (oder auch gesetzlich) bedeuten. Dies führt nicht nur zu Unverständlichkeiten im Kontext der Engagementthematik, sondern birgt auch die Gefahr von Konflikten, Missverständnissen und kommunikativen Problemen. Deshalb wird an dieser Stelle darauf verwiesen, dass auch im Rahmen der Engagementforschung viele Begrifflichkeiten verwendet werden, deren Bedeutung wenig exakte Unterscheidungskraft zukommt. Beispiele hierfür sind u. a. Begriffe wie Engagement, Ehrenamt, soziales Engagement, zivilgesellschaftliches Engagement und Freiwilligenarbeit. Um ein grundlegendes Verständnis zu Beginn dieses Buchs zu schaffen, was die Autoren unter verschiedenen Engagementbegrifflichkeiten verstehen, werden die verschiedenen Konzepte für dieses Buch genauer definiert und voneinander differenziert.

- *Freiwilligenarbeit:* Dieses Konzept stellt klar die handelnde Person in den Fokus. Grundvoraussetzung für diese Form der Tätigkeit ist dabei, dass eine Person aus freien Stücken dazu bereit ist, sich einzubringen. In diesem Kontext beschreibt die International Labour Organisation (ILO 2012) Freiwilligenarbeit als „unbezahlte, nicht vorgeschriebene Arbeit". Da diese Definition aber einen stark arbeitswissenschaftlichen Fokus besitzt, wurde der Begriff der Freiwilligenarbeit im Freiwilligen-Survey 2014 durch das weiter gefasste Konzept des freiwilligen Engagements ersetzt (Simonson et al. 2017b, S. 36 f.). Aus diesem Grund wird der Begriff, der als Vorläufer zu nachfolgenden Konzepten wie Ehrenamt und Engagement verstanden wird, in den weiteren Kapiteln nicht explizit aufgegriffen.
- *(Klassisches) Ehrenamt:* Freiwilligenarbeit kann in Form eines Ehrenamtes ausgeübt werden. Über die Kriterien der Unentgeltlichkeit und Freiwilligkeit (siehe Freiwilligenarbeit) hinaus hebt der Begriff des Ehrenamts vor allem die Übernahme eines Amtes hervor. Ein Amt kann nur dann übernommen werden, wenn gewisse organisatorische Strukturen vorhanden sind (Winkler 1988, S. 46; z. B. in einem Sport-, Musik- oder Kunstverein). Eine wesentliche Einschränkung durch den Begriff ergibt sich dadurch, dass das Ehrenamt zwar freiwillig ausgeführt wird, aber dennoch mit einer gewissen (meist moralischen) Verpflichtung und Verantwortung gegenüber anderen verbunden ist. In der heutigen schnelllebigen Zeit wird der Begriff dementsprechend spontanen Aktionen und Tätigkeiten nicht mehr gerecht. Die Teilnahme an einer Demonstration kann beispielsweise auch spontan (nicht direkt an ein politisches Engagement gekoppelt) erfolgen, da man gerade in der Nähe und neugierig bezüglich der Botschaft ist. Ein weiteres Beispiel wäre eine einmalige Unterstützung bei Kultur- oder Sportveranstaltungen (als Ordner/in etc.). Eine Person in einer solchen Situation würde sich vermutlich nicht als Ehrenamtliche/r beschreiben.
- *Neues Ehrenamt:* Während das (klassische) Ehrenamt stark auf das Amt in einer Organisation fokussiert war („ich trage etwas bei im Rahmen des Amtes"), lässt das Konzept des neuen Ehrenamts auch Platz für einen individuellen Fokus (Was gibt mir das Ehrenamt?; Igl 1994, S. 14). Dennoch ist der Begriff problematisch, da durch die Einteilung (klassisches) Ehrenamt vs. neues Ehrenamt die Differenzierung nicht erhöht wird und die Begrifflichkeiten eher noch ungreifbarer werden. Deshalb wird vom Gebrauch des Begriffs in diesem Buch abgesehen.

- *Engagement (generell):* Der Begriff des Engagements stammt aus der psychologischen Motivationsforschung. Konkret ist mit Engagement ein positiver Zustand beschrieben, der sich durch Hingabe, Vitalität und Absorbiertheit (im Sinne von Flow-Erleben, Im-Flow-Sein) auszeichnet (Schaufeli und Bakker 2003, S. 5). Bereits in der Motivationsforschung wird Engagement als Rahmenkonzept betrachtet. Dementsprechend wird der Begriff Engagement, um Licht in das Begriffschaos zu bringen, von den Autoren dieses Sammelbandes bevorzugt. Die verschiedenen Formen werden nachfolgend differenziert.
- *Bürgerschaftliches Engagement:* Wenn man von bürgerschaftlichem Engagement spricht, spricht man gleichzeitig von Bürger/innen in einem gesellschaftlichen Rahmen. Neben den Kriterien Unentgeltlichkeit, Freiwilligkeit und der nicht zwangsweise nötigen Möglichkeit, ein Amt im Rahmen der eigenen Tätigkeit zu übernehmen, spricht man von bürgerschaftlichem Engagement, wenn das Engagement in der Öffentlichkeit (und nicht in der Familie) stattfindet und dabei konform geht mit dem Gemeinwohl und der demokratischen Grundordnung der Bundesrepublik (Braun 2001, S. 83). Auch wenn auf den ersten Blick das Konzept ausgereifter wirkt, gibt es einige Einschränkungen. Beispielsweise ist der Begriffsbestandteil „bürgerschaftliches" stark auf den/die einzelne/n Bürger/in ausgerichtet. Gruppenphänomene (Pegida oder Wir sind mehr-Demonstration) werden damit nur eingeschränkt erfasst. Weiter ist der Begriff der Gemeinwohlorientierung problematisch, da er einen wertenden Charakter impliziert. Es stellt sich die Frage: Wer möchte bewerten, was gut für das Gemeinwohl ist und was wiederum nicht? Kann diese Bewertung überhaupt von einzelnen engagierten Personen geleistet werden? Und was ist mit friedlichen Demonstranten, die Sitzblockaden durchführen? Ab wann ist das Gemeinwohl bedroht und welches sind die geltenden Kriterien für eine solche Einschätzung?

    Darüber hinaus ist ein weiteres Kriterium, dass das bürgerschaftliche Engagement konform mit der demokratischen Grundordnung der Bundesrepublik ist. Zu dieser Grundordnung gehören ebenfalls alle Gesetze der Bundesrepublik Deutschland, die von der Gesellschaft anerkannt und akzeptiert werden. Darunter fällt beispielsweise auch die Schulpflicht (Duden Recht A-Z 2015). Die Bewertung der *Fridays-for-Future*-Demonstrationen, bei denen Schüler/innen innerhalb der regulären Schulzeit für das Klima und gegen den Klimawandel demonstrieren, wird an dieser Stelle jedem Einzelnen überlassen. Dennoch würden die demonstrierenden Schüler/innen laut der Definition des bürgerschaftlichen Engagements nicht als Engagierte anerkannt, da sie gegen die Schulpflicht verstoßen und zivilen Ungehorsam ausüben.
- *Zivilgesellschaftliches Engagement:* Der Terminus zivilgesellschaftliches Engagement vereint die Kriterien der Freiwilligenarbeit und des bürgerlichen Engagements und soll darüber hinaus politische Beteiligung und soziales Engagement in einem Begriff greifbar machen. Zivilgesellschaftliches Engagement wird dementsprechend von der engagierten Person aus freien Zügen geleistet, es ist selbstorientiert, die Person möchte sich nicht durch die Tätigkeit materiell bereichern (die Tätigkeit wird folglich nicht als klassische Erwerbsarbeit wahrgenommen),

die Tätigkeit findet im öffentlichen, zivilgesellschaftlichen Raum statt (BMSFJ 2016; Olk und Hartnuß 2011, S. 146), umfasst alle Gruppen und Personen, die sich kooperativ, Face-to-Face oder auch im Online-Raum (z. B. durch Petitionen) engagieren. Dabei wird durch den Begriff vor allem die Vielfalt von engagierten Tätigkeiten hervorgehoben, ohne diese dabei subjektiv im Rahmen der Gemeinwohlorientierung bewerten zu wollen. Eingeschlossen werden durch diese Definition ebenfalls alle Formen des bürgerlichen, sozialen, politischen, ehrenamtlichen, freiwilligen, sportlichen und Online-Engagements, auch wenn sie nicht direkt den Vorstellungen der Mehrheitsgesellschaft entsprechen, solange nicht gegen das Prinzip der psychischen und physischen Gewaltfreiheit verstoßen wird bzw. das Engagement keinen destruktiven Charakter aufweist (z. B. gewaltverherrlichende Plakate; das Werfen oder mutwillige Zerstören von Gegenständen). Neben der Vielfaltorientierung fokussiert sich der Begriff auch auf die Gemeinsamkeiten zwischen engagierten Personen und schließt alle Gruppen, die sich im zivilgesellschaftlichen Raum bewegen, mit ein (z. B. auch *Fridays for Future*). Damit stellt der Begriff zivilgesellschaftliches Engagement einen Sammelbegriff dar, der die verschiedenen Formen des Engagements, die die oben genannten Kriterien erfüllt, anerkennt und nicht ausschließt. Die Autor/innen dieses Sammelbandes beziehen sich im weiteren Verlauf des Buches auf den Begriff des zivilgesellschaftlichen Engagements und die dahinterliegende Definition, wenn sie von Engagement schreiben.

1.4 Was dieses Buch will und was es nicht will

Was dieses Buch will
Ganz generell sollen in diesem Buch sowohl Flüchtlingshelfer/innen als auch Skeptiker/innen der Flüchtlingspolitik gleichermaßen in einem psychologischen Kontext betrachtet werden. Dabei soll vor allem auf die Werte, Motive, Denkweisen, Beweggründe, Sinnkonstruktionen und Kommunikationsstile der Engagierten eingegangen werden.

Warum wurde die Einteilung der Engagementbegriffe vorgenommen und die Bedeutung von Flucht im Rahmen der Einleitung dieses Buches erläutert? Neben der Schaffung eines einheitlichen Begriffsverständnisses verweist die Ausdifferenzierung der Begrifflichkeiten auf ein Grundproblem im Rahmen der Flüchtlingsthematik. Obwohl Differenzierung, Dialog und Fairness von allen Seiten gefordert werden, wird von allen Beteiligten in den seltensten Fällen selbst differenziert oder fair diskutiert. Oft beschränken sich die Engagierten auf die eigene, subjektiv wahrgenommene Wahrheit und nehmen diese als allgemeingültig und objektiv an. Genau an diesem Punkt möchten die Autor/innen ansetzen. Es geht maßgeblich darum, die Wahrnehmung und das Bewusstsein dafür zu fördern, dass viele Aspekte, die im Rahmen der Flüchtlingskrise für „die Wahrheit" gehalten werden, ein Produkt aus subjektiven Wahrnehmungen und situativen Faktoren sind. Das soll nicht heißen, dass diese Wahrnehmungen schlecht sind. Im Gegenteil: Die unterschiedlichen Wahrnehmungen der Thematik sind für

Dialoge und Diskussionen enorm wichtig. Dennoch sollte man sich bei der Bewertung dieser Wahrnehmung bewusst machen, dass es die eine Wahrheit nicht gibt und nicht geben kann. Wir sprechen an dieser Stelle von menschlicher Wahrnehmung. Diese ist so individuell wie die Menschen selbst. Der Schriftsteller Leo Tolstoi sagte einmal: „Es gibt keine Fakten. Es gibt nur unsere Wahrnehmung davon." (Forschelen 2017, S. 430).

Und obwohl die Wahrnehmung eines jeden Menschen individuell verschieden ist, schließen sich Menschen zu Gruppen zusammen. Im Volksmund wird von *Gleichgesinnten* gesprochen. Dies ist so nicht ganz richtig. Denn völlig gleichgesinnt sind diese Menschen nicht, sie schließen sich lediglich nach dem Prinzip der größten Nähe zusammen. Ähneln sich die Meinungen, Ansichten und Einstellungen von verschiedenen Personen oder Gruppen, so ist die Wahrscheinlichkeit groß, dass diese sich zusammenschließen (vgl. *Minimalgruppen-Paradigma;* Tajfel 1970). Dementsprechend müsste korrekterweise das Wort „Gleichgesinnte" durch „Ähnlichgesinnte" ersetzt werden. Diese Konkretisierung verweist auf eine Hauptaussage dieses Buches: Ein „Wir gegen Die" kann es nicht geben, wenn selbst innerhalb einer Interessensgruppe die Wahrnehmung von verschiedenen Thematiken individuell verschieden ist. Dabei ist es wichtig, dass allen Beteiligten die Individualität ihrer eigenen Wahrnehmung bewusst ist. Dies ist auch der Grundstein für das Verständnis von anderen Meinungen (innerhalb wie auch außerhalb der eigenen Gruppe).

Wie bereits aus dem vorherigen Abschnitt ersichtlich, handelt es sich um eine psychologische Betrachtungsweise der Flüchtlingsthematik und des damit verbundenen Engagements. In diesem Buch wird es keine philosophischen oder politologischen Ansätze geben. Im Rahmen der psychologischen Auseinandersetzung mit dem Thema bemühen sich die Autor/innen, größtmögliche Neutralität und wissenschaftliche Objektivität an den Tag zu legen. Das bedeutet, dass die Ergebnisse und Interpretationen in diesem Buch auf den erhobenen Interviewdaten von realen Engagierten fußen. Es ist daher nicht übertrieben zu sagen, dass die Autor/innen „ihre Ohren nah an den Engagierten" hatten (angelehnt an die Aussage „das Ohr am Bürger haben" aus einem der Fokusgruppeninterviews). Die besagten Daten sollen möglichst ohne Vorurteile und nah an der Lebenswelt der Teilnehmenden ausgewertet werden. Da die Ergebnisse konkret die Wahrnehmung der Engagierten widerspiegeln, besteht kein Anspruch auf absoluten Wahrheitsgehalt.

Alle Quellen und Statistiken werden transparent und nachvollziehbar dokumentiert. Dadurch sind die Leser/innen dazu angehalten sich selbst ein Bild zu machen.

Beim Thema Statistiken fiel den Autor/innen auf, dass die interviewten Engagierten ein generelles Bedürfnis hatten, ihre Meinungen mit Zahlen zu untermauern. Hier gilt scheinbar der altbekannte Grundsatz „Zahlen lügen nicht". Bosbach und Korff (2011) halten mit ihrem Buch *„Lügen mit Zahlen: Wie wir mit Statistiken manipuliert werden"* dagegen und verweisen darauf, dass viele Statistiken so angelegt sind, dass sie willentlich verwirren und teilweise Fehlschlüsse aktiv fördern sollen (Bosbach und Korff 2011, S. 11).

▶ **Weiterführende Information:** An dieser Stelle sei auf die Checkliste zur Überprüfung von Statistiken in dem Buch von Bosbach und Korff (2011) verwiesen. Ebenfalls abrufbar unter der Seite https://www.luegen-mit-zahlen.de/dasbuch?c=checkliste.

Zudem gibt es einige Stolpersteine bei der Interpretation von Statistiken. So können beispielsweise Stichproben eine Vielzahl von Untergruppen enthalten (z. B. verschiedene Altersgruppen, Deutsche [West/Ost], Migranten, Flüchtlinge, Asylbewerber, abgelehnte Asylbewerber, gesetzlich-illegale Einwanderer), die separiert betrachtet werden müssen. Dies widerspricht aber der menschlichen Natur, die dazu neigt, Komplexität reduzieren zu wollen (Dopplinger 2014, S. 6). Dass dies zu Fehlern führt, zeigt sich beispielhaft daran, dass selbst Berufsgruppen wie Ärzte und Arzteanwärter/innen beim Thema Statistik ins Schlingern geraten (Järvinen 2016; Jenny et al. 2018; Wegwarth und Gigerenzer 2011; zur Problematik des Interpretierens von Statistiken siehe auch das Beispiel der Kriminalitätsstatistik im Kapitel 11.3 in „Anhang Zahlen, Daten, Fakten").

Darüber hinaus soll in diesem Abschnitt ein Begriff aufgegriffen werden, der bereits den Anfang dieses Kapitels bestimmt hat: **Differenzierung.** Es zeigen sich Parallelen zur Forderung nach fairem Dialog. Es wird gleichermaßen von allen Seiten mehr Differenzierung gefordert und keine schnelle Verurteilung. In Wahrheit hält man sich selbst kaum an diese Forderung. Eine konsequente Differenzierung der Begriffe Flüchtlinge, Asylbewerber/innen, Migrant/innen wird in keinem Kontext vollzogen. Es besteht oft eine Abweichung zwischen dem, was beispielsweise in der öffentlichen Debatte einerseits und unter der rechtlichen Definition dieser Begriffe andererseits verstanden wird. Des Weiteren scheint Differenzierung auch bei der (politischen) Einschätzung von Einzelpersonen und Gruppen ein Fremdwort zu sein. Sobald die Flüchtlingsthematik aufgegriffen wird, ist die simplifizierte, politische Einschätzung rechts/links nicht weit, und auch die Wörter Nazi oder Gutmensch gehen in diesem Zusammenhang vielen Beteiligten leicht über die Lippen. Die starke Emotionalisierung des Themas führt dazu, dass die Emotionen überhand nehmen und die sachliche Denkweise aussetzt. Es werden Dinge gesagt, die mit Differenzierung wenig zu tun haben. Bei den Engagierten zeigt sich in der Selbstwahrnehmung das sogenannte *Blinde-Fleck-Phänomen* (Johari-Fenster; Luft und Ingham 1961). In diesem speziellen Fall sinkt mit steigender Emotionalisierung die Differenzierungsfähigkeit der Engagierten, ohne dass diese sich dem Umstand zwangsläufig bewusst sind. An diesem Punkt darf sich jede/r Leser/in gerne selber fragen, ob ihm/ihr das beschriebene Szenario nicht auch schon einmal selbst begegnet ist.

Zu rechtlichen und weiteren Fachbegriffen rund um das Flüchtlingsgeschehen sei im Übrigen auf das Kapitel 11: Anhang Zahlen, Daten, Fakten verwiesen.

Ein weiteres Ziel dieses Buches ist es folglich, die Wahrnehmung der Leser/innen für (eigene und generelle) Wahrnehmungsprozesse zu sensibilisieren, zum Nachdenken über das eigene Verhalten anzuregen und dadurch einen Beitrag zur differenzierten Betrachtung des Engagements im Rahmen der Flüchtlingsthematik zu leisten. Dies soll für Einzelpersonen wie auch für Gruppen gelten. Um die diesbezügliche Selbstreflexion zu stärken, finden sich Anregungen in und vor allem am Ende der Kapitel.

Überrascht hat die Autor/innen die Komplexität, die Verschiedenheit und gleichzeitig die Einzigartigkeit des Engagements der Interviewteilnehmer/innen. Obwohl oberflächlich, auf dem Papier betrachtet, die Engagierten ähnliche Tätigkeiten im Rahmen des Engagements ausübten, so waren die Hintergründe und Beweggründe äußerst verschieden. Zur Verwunderung der Autor/innen selbst waren die engagierten Individuen untereinander kaum zu vergleichen – natürlich gab es Übereinstimmungen zwischen den Engagierten, aber jedes Interview war geprägt von der Individualität der engagierten Person. Deshalb ist es ein weiteres Ziel dieser Ausarbeitung, den Leser/innen den Facettenreichtum der deutschen Engagementlandschaft im Rahmen der Flüchtlingsthematik aufzuzeigen. Dabei richtet sich dieses Buch sowohl an die Engagierten selbst als auch an thematisch interessierte Personen.

Was die Autor/innen konkret nicht wollen bzw. was dieses Buch nicht leisten kann
An dieser Stelle sei gesagt, dass die Autor/innen keine Debatte über eindimensionale Unterstellungen und Einteilungen lostreten wollen. Dies widerspricht dem Grundsatz aus dem vorherigen Abschnitt *„Was dieses Buch will"*, dass die Wahrnehmung der einzelnen Engagierten individuell ist. Das bedeutet auch, dass keine Debatte über *Altruismus vs. Egoismus, Gutmensch vs. Vernunftmensch, Rechts vs. Links* geführt wird. Diese eindimensionalen Einteilungen wären zu simpel und würden der Komplexität der Thematik nicht gerecht werden. Diese Annahme muss dem/r Leser/in ebenfalls im Hinterkopf präsent bleiben, wenn es in diesem Buch zu Gruppenbeschreibungen kommt. Wenn beispielsweise von Flüchtlingshelfer/innen gesprochen wird, ist damit lediglich gemeint, dass sich das Engagement der Person auf den Bereich der Unterstützung einzelner geflüchteter Menschen richtet. Demgegenüber bezieht sich das Engagementfeld der Flüchtlingsskeptiker/innen auf die Flüchtlingspolitik und damit eher auf den systemischen, politischen Bereich. Dabei ist zu beachten, dass die Begriffe Helfer/innen und Skeptiker/innen der Flüchtlingspolitik nicht wertend gemeint sind. Die Begriffe dienen lediglich der Differenzierung von verschiedenen Standpunkten bzw. Engagementfokussierungen. Die Autor/innen wollen mit dieser Einteilung klarmachen, dass die Handlungsansätze des Engagements verschieden sind, nicht aber eine Gruppe verurteilen oder bewerten.

Die ausgewerteten Interviews sind von Engagierten für Engagierte. Dementsprechend findet man in diesem Buch eine authentische Spiegelung dessen, was Engagierte bewegt. Im Rahmen dieser Spiegelung wird es weiterhin keine Wertung geben, welche Gruppierungen oder Personen im Recht sind. Dieses Buch soll nicht dazu dienen, Legitimation für individuelle Ansichten und Meinungen bereitzustellen.

Abschließend sei gesagt, dass dieses Buch den/die Leser/innen nicht belehren und schon gar keine Meinung aufzwingen will. Neben den Ausführungen der Autor/innen sind die Leser/innen angehalten, sich ein eigenes Bild als praktisch aktivierte Leser/innen zu machen. Sollte Ihre Interpretation nicht mit der der Autor/innen übereinstimmen, dann ist das völlig legitim. Deshalb würde sich das Autorenteam in diesem Zusammenhang über Feedback von Ihnen freuen.

1.5   Aufbau des Buchs

Nach dieser Einleitung folgt in Kap. 2 ein Überblick über die Bedeutung von Flucht und die Einordnung verschiedener Migrationsbewegungen im historischen und gesellschaftlichen Kontext Deutschlands. Nach diesen einführenden Kapiteln werden in Kap. 3 Einzelportraits von einzelnen Engagierten der Untersuchung dargestellt. Durch die Einzelportraits können sich die Leser/innen einen Einblick verschaffen, wie das Engagement der einzelnen Interviewteilnehmer/innen konkret aussieht und Einblick in deren Hintergründe, Beweggründe, Motivationen und Ansichten erlangen. Das Kap. 4 widmet sich der Frage nach dem Warum. Ganz konkret: Warum engagieren sich die Menschen, die im Rahmen der Untersuchung interviewt wurden? Dafür werden verschiedene Einflussfaktoren wie Vorerfahrungen, Werte und Motive miteinander verbunden. Darauf aufbauend wird in Kap. 5 auf die emotionalen Erfahrungen eingegangen, die die Engagierten im Rahmen ihrer Tätigkeit gemacht haben. Es werden Themen wie Zufriedenheit, Horizonterweiterung, Mitbestimmung, Zusammengehörigkeitsgefühl, Grenzen des Engagements und Unsicherheiten behandelt. Es folgt eine Gegenüberstellung verschiedener Denkwelten von Flüchtlingshelfer/innen und Flüchtlingsskeptiker/innen in Kap. 6. Anschließend wird in Kap. 7 auf die Sprache und die Kommunikationsstrategien zwischen diesen beiden Gruppen eingegangen, bevor in Kap. 8 die Dialogchancen zwischen Helfer/innen und Skeptiker/innen ausgelotet werden. In Kap. 9 wird versucht, den gesellschaftlichen Kontext mit seinen ökonomischen, sozialen und kulturellen Herausforderungen zu verstehen, der die Menschen in eine polarisierte Stimmung versetzte, wie sie insbesondere im Kapitel zum Thema Kommunikation deutlich wurde. Außerdem wird der Frage nachgegangen, was sich gesellschaftlich ändern müsste, um die Polarisierung aufzuweichen. Das Buch konkretisiert in Kap. 10 dieses Ziel mit einem Bildungsauftrag an die Gesellschaft. Dieser beinhaltet zum ersten ein gemeinsames Verständnis von Demokratie, dass Grundrechte um Grundpflichten ergänzt sein sollten. Zum zweiten wird in einem Kompetenzmodell gezeigt, welche Elemente zu einem dem Gemeinwesen förderlichen Kommunizieren und Zusammenleben in einer demokratischen Gesellschaft unter der Bedingung unterschiedlicher kultureller Prägungen vermittelt werden müssen. Das Kapitel endet mit einem Ausblick, in dem die Ergebnisse des Buches eingeordnet werden.

Darüber hinaus findet sich im Anhang eine Sammlung von Hintergrundfakten (statistische Fakten, rechtliche Bestimmungen und Definitionen von Begrifflichkeiten). Als abschließende Bemerkung bleibt noch anzufügen, dass die einzelnen Kapitel themenfokussiert sind, aber in engem Bezug zueinanderstehen.

Literatur

Adelhardt, C. & Eckstein, P. (2020, 10. November). *Vorwürfe gegen Ermittler: Neue Wendung in sogenannter BAMF-Affäre*. https://www.tagesschau.de/investigativ/ndr/bamf-bremen-skandal-101.html.

Adelhardt, C. & Peters, S. (2019, 28. März). *BAMF-"Skandal" wird immer kleiner*. Das Erste. https://daserste.ndr.de/panorama/archiv/2019/BAMF-Skandal-wird-immer-kleiner,bamf204.html.

Adelhardt, C., Stalinski, S. & Stempfle, M. (2018, 20. August). *Chronologie der BAMF-Affäre: Was passierte wirklich?* Tagesschau. https://www.tagesschau.de/inland/bamf-chronologie-101.html.

AfD Karlsruhe. (2018, 14. Mai). *Organklage gegen Merkels illegale Grenzöffnung*. https://karlsruhe.afd-bw.de/aktuelles/news/13005/Organklage+gegen+Merkels+illegale+Grenz%C3%B6ffnung

Arlt, D. & Wolling, J. (2017). Die Flüchtlingsdebatte in den Medien aus der Perspektive der Bevölkerung: Veränderungen von Nutzungsmustern, Erwartungen, Bewertungen und Einstellungen zwischen 2016 und 2017. *Media Perspektiven*, *2017*(6), 325–337. https://www.ard-werbung.de/fileadmin/user_upload/media-perspektiven/pdf/2017/0617_Arlt_Wolling.pdf.

Bosbach, G. & Korff, J. J. (2011). *Lügen mit Zahlen: Wie wir mit Statistiken manipuliert werden*. München: Heyne.

Braun, S. (2001). Bürgerschaftliches Engagement – Konjunktur und Ambivalenz einer gesellschaftspolitischen Debatte. *Leviathan*, *29*(1), 83–109. https://doi.org/10.1007/s11578-001-0007-9.

Brücker, H., Schewe, P. & Sirries, S. (2016). Eine vorläufige Bilanz der Fluchtmigration nach Deutschland. *Aktuelle Berichte*, *2016*(19), 1–22. http://doku.iab.de/aktuell/2016/aktueller_bericht_1619.pdf.

Bundesamt für Migration und Flüchtlinge (BAMF). (2019, Dezember). *Aktuelle Zahlen*. https://www.bamf.de/SharedDocs/Anlagen/DE/Statistik/AsylinZahlen/aktuelle-zahlen-dezember-2019.pdf?__blob=publicationFile&v=3.

Bundesamt für Migration und Flüchtlinge (BAMF). (2020, 2. Juni). *Migrationsberatung während der Corona-Krise*. https://www.bamf.de/SharedDocs/Meldungen/DE/2020/20200602-am-mbe-ohne-kontakt.html.

Bundesministerium des Inneren, für Bau und Heimat (BMI). (2017, 31. Januar). *Stärkere Unterstützung für freiwillige Rückkehrer*. https://www.bmi.bund.de/SharedDocs/pressemitteilungen/DE/2017/01/starthilfe-plus.html.

Bundesministerium des Inneren, für Bau und Heimat (BMI). (2019, 23. Januar). *185.853 Asylanträge im Jahr 2018 – 16 Prozent weniger als im Vorjahr*. https://www.bmi.bund.de/SharedDocs/pressemitteilungen/DE/2019/01/asylzahlen-2018.html.

Bundesministerium für Familie, Senioren, Frauen und Jugend (BMFSFJ). (2016). *Zweiter Engagementbericht. Demografischer Wandel und bürgerschaftliches Engagement: Der Beitrag des Engagements zur lokalen Entwicklung. Zentrale Ergebnisse*. Berlin: Deutscher Bundestag.

Bundesministerium für Familie, Senioren, Frauen und Jugend (BMFSFJ). (2018). *Engagement in der Flüchtlingshilfe Ergebnisbericht einer Untersuchung des Instituts für Demoskopie Allensbach*. Berlin: Deutscher Bundestag.

Bundesministerium für Gesundheit (BMG). (2020). *Coronavirus-Pandemie (SARS-CoV-2): Chronik der bisherigen Maßnahmen und Ereignisse*. https://www.bundesgesundheitsministerium.de/coronavirus/chronik-coronavirus.html. Abgerufen am 10.01.2021.

Bundesregierung. (o. J.). *Was macht Europa?*. https://www.bundesregierung.de/breg-de/themen/migration-und-integration/was-macht-europa--317168. Abgerufen am 08.01.2021.

Bundesregierung. (2015a, 23. August). *Ausschreitungen in Heidenau: „Null Toleranz gegenüber Rassismus".* https://www.bundesregierung.de/breg-de/bundesregierung/staatsministerin-fuer-kultur-und-medien/aktuelles/-null-toleranz-gegenueber-rassismus--447584.

Bundesregierung. (2015b, 31. August). *Im Wortlaut: Sommerpressekonferenz von Bundeskanzlerin Merkel.* https://www.bundesregierung.de/breg-de/aktuelles/pressekonferenzen/sommerpressekonferenz-von-bundeskanzlerin-merkel-848300.

Bundesregierung. (2016a, 7. Januar). *Rede von Bundeskanzlerin Dr. Angela Merkel beim Neujahrsempfang der Industrie- und Handelskammer Magdeburg am 7. Januar 2016 in Magdeburg.* https://www.bundesregierung.de/breg-de/service/bulletin/rede-von-bundeskanzlerin-dr-angela-merkel-797874.

Bundesregierung. (2016b, 17. März). *Asylpaket II in Kraft: Kürzere Verfahren, weniger Familiennachzug.* https://www.bundesregierung.de/breg-de/aktuelles/kuerzere-verfahren-weniger-familiennachzug-370360.

Deutscher Bundestag. (2016, 24. Mai). *EU-Türkei-Abkommen zur Migrationsbekämpfung.* http://dipbt.bundestag.de/doc/btd/18/085/1808542.pdf.

Deutscher Bundestag. (2017, 29. Juni). *Bundestag verlängert Einsatz der Bundeswehr im Mittelmeer.* https://www.bundestag.de/dokumente/textarchiv/2017/kw26-de-bundeswehr-mittelmeer-sophia-511692.

Deutscher Bundestag. (2018, 12. Juli). *Rückkehrprogramm Starthilfe Plus.* https://dip21.bundestag.de/dip21/btd/19/031/1903151.pdf.

Deutscher Bundestag. (2019, 7. Juni). *Scharfe Debatte über „vermeintliche Hetzjagden" in Chemnitz.* https://www.bundestag.de/dokumente/textarchiv/2019/kw23-de-hetzjagden-chemnitz-643430.

Dopplinger, U. (2014). Verhaltensweisen und Medien: Änderungen der Habitusformen durch den Gebrauch von neuen Medien in Österreichs Schulen. *Medienimpulse, 52*(1). https://doi.org/10.21243/mi-01-14-12.

Dublin III. (2014). *Verordnung (EU) Nr. 604/2013 des Europäischen Parlaments und des Rates vom 26. Juni 2013 zur Festlegung der Kriterien und Verfahren zur Bestimmung des Mitgliedstaats, der für die Prüfung eines von einem Drittstaatsangehörigen oder Staatenlosen in einem Mitgliedstaat gestellten Antrags auf internationalen Schutz zuständig ist.* https://eur-lex.europa.eu/legal-content/DE/TXT/?uri=CELEX:32013R0604. Abgerufen am 09.01.2021.

Duden Recht A-Z. (2015). *Fachlexikon für Studium, Ausbildung und Beruf* (3. Aufl.). Berlin: Bibliographisches Institut. Lizenzausgabe Bonn: Bundeszentrale für politische Bildung.

Egg, R. (2017). Kölner Silvesternacht 2015. *Forensische Psychiatrie, Psychologie, Kriminologie, 11*(4), 296–303. https://doi.org/10.1007/s11757-017-0439-y.

Europäische Union. (2016, 19. März). *EU-Turkey Statement: Questions and Answers.* https://ec.europa.eu/commission/presscorner/detail/en/MEMO_16_963.

Facebook. #wirsindmehr. (2018). *Offizielle Facebookseite.* https://www.facebook.com/wirsindmehrwsm/. Abgerufen am 10.01.2021.

Forschelen, B. (2017). Kommunikation und Sprache. In B. Forschelen (Hrsg.), *Kompendium der Zitate für Unternehmer und Führungskräfte. Über 5000 Aphorismen für Reden und Texte im Management* (S. 419–477). Wiesbaden: Springer Gabler.

Frankfurter Allgemeiner Zeitung (FAZ). (2015, 22. August). *Proteste in Heidenau. Maas verurteilt Ausschreitungen gegen Flüchtlinge.* https://www.faz.net/aktuell/politik/inland/polizei-beendet-blockade-vor-fluechtlingsheim-in-heidenau-13763126.html.

Gramespacher, E., Albert, K., Hunger, I., & Lüsebrink, I. (2009). Forschungswerkstätten – Basis für qualitative Forschung. *Leipziger Sportwissenschaftliche Beiträge, 50*(1), 98–119.

Haller, M. (2017). *Die „Flüchtlingskrise" in den Medien.* Frankfurt am Main: Otto Brenner Stiftung.

Igl, G. (1994). *Rechtsfragen des freiwilligen sozialen Engagements: Rahmenbedingungen und Handlungsbedarf, Gutachten.* Stuttgart: Kohlhammer.

Informationsverbund Asyl & Migration. (2019, 14. Oktober). *Weitere Verschärfungen beim Kirchenasyl und neue obergerichtliche Entscheidungen.* https://www.asyl.net/view/detail/News/weitere-verschaerfungen-beim-kirchenasyl-und-neue-obergerichtliche-entscheidungen/.

International Labour Office, I. L. (ILO). (2012). *Manual on the measurement of volunteer work.* Genf: International Labour Office.

Järvinen T. L. (2016). Labelling people as 'High Risk': A tyranny of eminence? *British journal of sports medicine, 50*(2), 77–78. https://bjsm.bmj.com/content/50/2/77.

Jenny, M. A., Keller, N., & Gigerenzer, G. (2018). Assessing minimal medical statistical literacy using the Quick Risk Test: a prospective observational study in Germany. *BMJ Open, 8*(8), 1–7. https://doi.org/10.1136/bmjopen-2017-020847.

Kandel ist überall. (o. J.). https://kandel-ist-ueberall.de/. Abgerufen am 09.01.2021.

Kelly, G. A. (1955). *The psychology of personal constructs (Vol. 1: A theory of personality).* New York: W.W. Norton & Co.

Kersten, J. (2013). *Gut und (Ge) schlecht: Männlichkeit, Kultur und Kriminalität* (Vol. 7). Berlin: De Gruyter.

Kitzinger, J. (1995). Qualitative research: introducing focus groups. *BMJ Clinical Research, 311*(7000), 299–302. https://doi.org/10.1136/bmj.311.7000.299.

Kumbruck, C. & Derboven, W. (2013). Das Repertory-Grid-gestützte narrative Interview als Methode zur Analyse der Bedeutung von spirituellen Ressourcen in der Pflege. *Wirtschaftspsychologie, 2, 3,* 5–15.

Kumbruck, C., Dulle, M. & Vogt, M. (2020). *Flüchtlingsaufnahme kontrovers. Einblicke in die Denkwelten und Tätigkeiten von Engagierten. Band 1.* Baden-Baden: Nomos.

Küstner, K. (2018, 3. April). *Zahlungen an Türkei: EU streitet über Flüchtlingsdeal.* Tagesschau. https://www.tagesschau.de/ausland/eu-tuerkei-197.html.

Leithäuser, T. & Volmerg, B. (1988). *Psychoanalyse in der Sozialforschung. Am Beispiel einer Sozialpsychologie der Arbeit.* Wiesbaden: Springer.

Leubecher, M. (2019, 25. August). *Migration und Deutschland: Die „Obergrenze" für Asylbewerber wird auch 2019 nicht überschritten.* Welt. https://www.welt.de/politik/deutschland/article199137315/Migration-Obergrenze-fuer-Asylbewerber-wird-nicht-ueberschritten.html.

LTO. (2017, 9. Januar). *BGH zu Reker-Attentat: Es bleibt bei 14 Jahren Haft für Frank S.* https://www.lto.de/recht/nachrichten/n/bgh-3str45416-beschl-bestaetigt-olg-urteil-reker-14-jahre-haft-attentat-henriette/.

Luft, J. & Ingham, H. (1961). The Johari Window: a graphic model of awareness in interpersonal relations. *Human Relations Training News, 5*(9), 6–7.

Marx, I. (2020, 5. September). *Seit Flüchtlingskrise 2015: So wurde die Asylpolitik verschärft.* Tagesschau. https://www.tagesschau.de/bilanz-fluechtlingspolitik-verschaerfung-101.html.

MDR. (2020). *Nach tödlichem Messerangriff 2018 in Chemnitz: Urteil nun rechtskräftig.* https://www.mdr.de/sachsen/chemnitz/chemnitz-stollberg/urteil-prozess-daniel-h-rechtskraeftig-100.html. Abgerufen am 09.01.2021.

Merkur. (2016, 5. Oktober). *Nach Kölner Silvester-Skandal: Behörden lehnen Feier zum Jahreswechsel ab.* https://www.merkur.de/welt/nach-koelner-silvesternacht-skandal-behoerden-lehnen-feier-jahreswechsel-ab-zr-6512854.html.

Ministerium für Inneres und Kommunales des Landes Nordrhein-Westfalen. (2016) *Bericht des Ministeriums für Inneres und Kommunales über die Übergriffe am Hauptbahnhof Köln in der Silvesternacht.* Düsseldorf: Landtag.

Fischer, E. (2019, 31. März). *Wenn „Nazis" gegen „Gutmenschen" stehen.* Mittelbayrische. https://www.mittelbayerische.de/region/cham-nachrichten/wenn-nazis-gegen-gutmenschen-stehen-20909-art1765831.html.

NZZ. (2015, 20. November). *Zahl der Toten steigt auf 130.* https://www.nzz.ch/newsticker/zahl-der-toten-bei-terroranschlaegen-in-paris-auf-130-gestiegen-1.18649956.

Oberwittler, D. (2015) Kriminalität. In T. Rahlf (Hrsg.), *Deutschland in Daten. Zeitreihen zur Historischen Statistik* (S. 130–141) Bonn: Bundeszentrale für politische Bildung.

Olk, T. & Hartnuß, B. (2011). Bürgerschaftliches Engagement. In T. Olk & B. Hartnuß (Hrsg.), *Handbuch Bürgerschaftliches Engagement* (S.145–162). Weinheim/Basel: Juventa.

Presseportal. (2019a, 17. Juni). *GBA: Mitteilung zum Stand der Ermittlungen wegen des Mordes zum Nachteil des Kasseler Regierungspräsidenten Dr. Walter Lübcke.* https://www.presseportal.de/blaulicht/pm/14981/4299760.

Presseportal. (2019b, 19. August). *Forsa-Aktuell: Klimawandel für die Deutschen das wichtigste Problem – Für Ostdeutsche ist das Thema Flüchtlinge wichtiger.* https://www.presseportal.de/pm/72183/4351716.

Rada, R. V. (2016). Zur Bedeutung des Wortes Willkommenskultur im deutschen Mediendiskurs. *Sprachtheorie und germanistische Linguistik*, 26(1), 17–43. http://www.elverdissen.de/~nodus/DATA/SGL_26'1.pdf#page=19.

Raue, S. (2017). „Wir schaffen das" – weil es nicht zu ändern ist?. In C. Bieber, A. Blätte, K.-R. Korte, N. Switek (Hrsg.), *Regieren in der Einwanderungsgesellschaft. Impulse zur Integrationsdebatte aus Sicht der Regierungsforschung* (S. 155 –161). Wiesbaden: Springer VS.

Reisin, A. (2019, 5. Juni). *Flüchtlingskriminalität: Kein Grund zur Dramatisierung.* Tagesschau. https://www.tagesschau.de/faktenfinder/inland/kriminalitaet-fluechtlinge-103.html.

Schaufeli, W. B. & Bakker, A. B. (2003). *Utrecht work engagement scale: Preliminary manual. Occupational Health Psychology Unit.* Utrecht: Utrecht University.

Schreiber, C. (2017). *Inside Islam: Was in Deutschlands Moscheen gepredigt wird.* Berlin: Ullstein.

Simonson, J., Vogel, C. & Tesch-Römer, C. (2017a). *Freiwilliges Engagement in Deutschland- Der Deutsche Freiwilligensurvey 2014.* Wiesbaden: Springer VS.

Simonson, J., Ziegelmann, J. P., Vogel, C. & Tesch-Römer, C. (2017b). Zentrale Ergebnisse des Deutschen Freiwilligensurveys 2014. *Freiwilliges Engagement in Deutschland*, 15. https://www.bmfsfj.de/resource/blob/93914/e8140b960f8030f3ca77e8bbb4cee97e/freiwilligensurvey-2014-kurzfassung-data.pdf.

Sinnemann, M. & Ahrens, P.-A. (2021). *Flüchtlingsaufnahme kontrovers. Relevanz von Motiven, Werten, Religion und Politik bei Engagierten.* Band 2. Baden-Baden: Nomos.

Spiegel. (2018, 1. September). *Chronologie zu Ausschreitungen in Chemnitz: „Das ist das Aufblühen von etwas Gefährlichem".* https://www.spiegel.de/politik/deutschland/chemnitz-chronologie-zu-den-ausschreitungen-in-sachsen-a-1226103.html.

Statista. (2020). *Anzahl der Asylanträge (insgesamt) in Deutschland von 1995 bis 2020.* https://de.statista.com/statistik/daten/studie/76095/umfrage/asylantraege-insgesamt-in-deutschland-seit-1995/. Abgerufen am 09.01.2021.

Stolz, M. (2020, 22. Januar). *Deutschland: Neue Moscheen.* ZEITMAGAZIN. https://www.zeit.de/zeit-magazin/2020/05/moscheen-muslime-deutschlandkarte.

Süddeutsche Zeitung. (o. J.). *Übergriffe in Köln.* https://www.sueddeutsche.de/thema/%C3%9Cbergriffe_in_K%C3%B6ln. Abgerufen am 20.12.2020.

Süddeutsche Zeitung. (2015a, 24. Juni). *Pegida-Hochburg: Proteste gegen Flüchtlingsheim in Freital bei Dresden.* https://www.sueddeutsche.de/politik/wohnort-von-pegida-gruender-lutz-bachmann-proteste-gegen-fluechtlingsheim-in-freital-bei-dresden-1.2535171.

Süddeutsche Zeitung. (2015b, 28. August). *Tote Flüchtlinge in Österreich: 59 Männer, acht Frauen, vier Kinder.* https://www.sueddeutsche.de/panorama/tote-fluechtlinge-in-oesterreich-59-maenner-acht-frauen-vier-kinder-1.2624860.

Süddeutsche Zeitung. (2015c, 3. September). *Flüchtlinge: Aylan Kurdi, drei Jahre alt, ertrunken im Mittelmeer.* https://www.sueddeutsche.de/politik/fluechtlinge-aylan-kurdi-drei-jahre-alt-ertrunken-im-mittelmeer-1.2633197.

Süddeutsche Zeitung. (2016a, 5. Januar). *Köln: Eine Armlänge Empörung.* https://www.sueddeutsche.de/panorama/koeln-eine-armlaenge-empoerung-1.2806458.

Süddeutsche Zeitung. (2016b, 2. Februar). *Anschlag auf OB-Kandidatin: Generalbundesanwalt erhebt Anklage gegen den Attentäter von Köln.* https://www.sueddeutsche.de/politik/anschlag-auf-ob-kandidatin-generalbundesanwalt-erhebt-anklage-gegen-den-attentaeter-von-koeln-1.2827571.

Süddeutsche Zeitung. (2018a, 3. September). *Rheinland-Pfalz: Achteinhalb Jahre Haft für Mord an 15-Jähriger in Kandel.* https://www.sueddeutsche.de/panorama/kandel-urteil-fall-mia-1.4114700.

Süddeutsche Zeitung. (2018b, 5. November). *Rede im Wortlaut: Maaßen kann sich Wechsel in die Politik vorstellen.* https://www.sueddeutsche.de/politik/maassen-rede-wortlaut-1.4197439.

Süddeutsche Zeitung. (2018c, 5. November). *Verfassungsschutz-Chef: Seehofer schickt Maaßen in den einstweiligen Ruhestand.* https://www.sueddeutsche.de/politik/maassen-ruhestand-seehofer-1.4197824.

Süddeutsche Zeitung. (2019a, 26. August). *Sächsisches Landeskriminalamt: Chatprotokolle zeigen Verabredung zu Hetzjagden in Chemnitz.* https://www.sueddeutsche.de/politik/chemnitz-rechtsextremismus-hetzjagden-maassen-1.4577009.

Süddeutsche Zeitung. (2019b, 7. August). *Flüchtlinge: Vernebelte Kriminalstatistik.* https://www.sueddeutsche.de/politik/fluechtlinge-kriminalitaet-statistik-1.4556323?reduced=true.

Süddeutsche Zeitung. (2019c, 23. Juli). *Ermittler: Schüsse auf Eritreer waren rassistisch motiviert.* https://www.sueddeutsche.de/politik/waechtersbach-schuesse-eritreer-1.4535969?utm_medium=email&sc_lid=92645481&sc_uid=qq1FbpGAnX&reduced=true&utm_content=www.sueddeutsche.de%2Fpolitik%2Fwaechtersbach-schuesse-eritreer-1.4535969&sc_src=email_867363&sc_llid=37960&utm_source=emarsys&utm_campaign=Espresso+am+Abend+23.+Juli+2019.

Süddeutsche Zeitung. (2019d, 30. Juli). *Getötetes Kind in Frankfurt: Haftbefehl wegen Mordes beantragt.* https://www.sueddeutsche.de/panorama/frankfurt-kind-zug-1.4545780.

Süddeutsche Zeitung. (2020, 20. Februar). *Gewalttat in Hanau: Was wir wissen – was wir nicht wissen.* https://www.sueddeutsche.de/politik/hanau-tote-schuesse-1.4805949?reduced=true.

Tagesschau. (2020). *Halle-Attentäter „voll schuldfähig".* https://www.tagesschau.de/inland/halle-attentat-synagoge-101.html. Abgerufen am 10.01.2021.

Tagesspiegel. (2015, 14. Dezember). *Supermärkte in Deutschland: Einkaufen wie in Damaskus – Neue Läden ziehen Flüchtlinge an.* https://www.tagesspiegel.de/gesellschaft/panorama/supermaerkte-in-deutschland-einkaufen-wie-in-damaskus-neue-laeden-ziehen-fluechtlinge-an/12719258.html.

Tajfel, H. (1970). Experiments in intergroup discrimination. *Scientific American, 223*(5), 96–103. https://www.jstor.org/stable/24927662.

UNHCR. (2018, März). *Die Gerüchteküche in den Sozialen Medien.* https://www.unhcr.org/dach/wp-content/uploads/sites/27/2018/03/UNHCR_Soziale-Medien.pdf. Abgerufen am 20.12.2020.

UNHCR. (2019, 19. Juni). *Global forced displacement tops 70 million.* https://www.unhcr.org/news/stories/2019/6/5d08b6614/global-forced-displacement-tops-70-million.html. Abgerufen am 10.01.2021.

unteilbar (o. J.). https://www.unteilbar.org/. Abgerufen am 10.01.2021.

Voogt, G. & Wiermer, C. (2016). *Die Nacht, die Deutschland veränderte. Hintergründe, Fakten und Enthüllungen zu den dramatischen Übergriffen der Silvesternacht in Köln.* München: Riva.

Walburg, C. (2020, 25. September). *Migration und Kriminalität – Erfahrungen und neuere Entwicklungen*. Bundeszentrale für politische Bildung (BPB). https://www.bpb.de/politik/innenpolitik/innere-sicherheit/301624/migration-und-kriminalitaet#%E2%80%9E03%E2%80%9C.

Wegwarth, O. & Gigerenzer, G. (2011). Risikokommunikation: Risiken und Unsicherheiten richtig verstehen lernen. *Deutsches Ärzteblatt, 108*(9), 448–451. https://www.aerzteblatt.de/pdf.asp?id=81152.

Welt. (2019, 29. August). *Zukunftsforscher: Deutsche werden einsamer und aggressiver.* https://www.welt.de/regionales/hamburg/article199333630/Zukunftsforscher-Deutsche-werden-einsamer-und-aggressiver.html.

Wimalasena, J. (2018, 5. Juni). *„Hart aber fair" in der Kritik: Suggestiver Teaser, suggestive Fragen*. TAZ. https://taz.de/Hart-aber-fair-in-der-Kritik/!5510366/.

Windoffer, A. (2016) „Wir schaffen das!" – Aktuelle Probleme des Flüchtlingsrechts vor dem Hintergrund politischen Steuerungsverlusts. *Menschenrechtsmagazin MRM, Heft 1,* 45–55. https://publishup.uni-potsdam.de/opus4-ubp/frontdoor/deliver/index/docId/9509/file/mrm16-01_web_2016-07-20_45-55.pdf.

Winkler, J. (1988). *Das Ehrenamt – Zur Soziologie ehrenamtlicher Tätigkeit dargestellt am Beispiel der deutschen Sportverbände*. Schorndorf: Hofmann.

WirtschaftsWoche (WiWo). (2018, 30. Mai). *Manipulierte Asyl-Entscheidung: Seehofer entschuldigt sich für BAMF-Affäre*. https://www.wiwo.de/politik/deutschland/manipulierte-asyl-entscheidungen-seehofer-entschuldigt-sich-fuer-bamf-affaere/22623374.html.

Wissenschaftlicher Dienst des Bundestags. (2017, 24. Mai). *Einreiseverweigerung und Einreisegestattung nach § 18*. Asylgesetz https://www.bundestag.de/resource/blob/514854/0bdb98e0e61680672e965faad3498e93/wd_3_109-17-pdf-data.pdf.

Wolff, H. (2014). Konsequenzen aus der humanitären Katastrophe in Syrien. In K. Barwig, S. Beichel-Benedetti & G. Brinkmann (Hrsg.), *Freiheit. Hohenheimer Tage zum Ausländerrecht 2013* (S. 247–253). Baden-Baden: Nomos.

ZEIT. (2015, 19. August). *Asylanträge: De Maizière rechnet mit 800.000 Flüchtlingen*. https://www.zeit.de/politik/deutschland/2015-08/fluechtlinge-zahl-de-maiziere-asyl.

ZEIT. (2016a, 23. Juni). *Was geschah wirklich?* https://www.zeit.de/zeit-magazin/2016/27/silvesternacht-koeln-fluechtlingsdebatte-aufklaerung.

ZEIT. (2016b, 28. Januar). *Rechte Gewalt: Brandstifter von Altena wird doch wegen Mordversuchs angeklagt*. https://www.zeit.de/gesellschaft/zeitgeschehen/2016-01/altena-fluechtlinge-feuerwehrmann-anklage-mord.

ZEIT. (2017, 28. Juni). *Flüchtlinge: Ohren zu und durch*. https://www.zeit.de/zeit-magazin/2017/27/fluechtlinge-migration-deutschland-positionen-streit.

ZEIT. (2018, 18. Juli). *Private Seenotrettung: Gut gemeint, aber nicht gut genug*. https://www.zeit.de/2018/30/private-seenotrettung-pro-contra-zeit-debatte.

Maik Dulle, M. Sc. ist studierter Arbeits- und Organisationspsychologe. Nach Studienstationen in Köln, Osnabrück und Warschau war er ab 2018 als wissenschaftlicher Mitarbeiter an der Hochschule Osnabrück im Projekt „Zivilgesellschaftliches Engagement: Was bewegt Menschen in Deutschland dazu, sich im Rahmen der Flüchtlingsthematik zu engagieren?" tätig. Aus dem Projekt entstand das Buch „Flüchtlingsaufnahme kontrovers. Einblicke in die Denkwelten und Tätigkeiten von Engagierten", bei dem Maik Dulle als Autor mitwirkte. Zu seinen Forschungsschwerpunkten gehören Thematiken wie zivilgesellschaftliches Engagement, Einflussfaktoren auf die Arbeitsmotivation, Online-Privatsphäre und die Wahrnehmung und Wertschätzung der Online-Privatsphäre. Seit Mai 2019 ist er als wissenschaftlicher Mitarbeiter und Doktorand Mitglied der Arbeitsgruppe Digitales Marketing von Prof. Dr. Maik Eisenbeiß an der Universität Bremen.

Flüchtlingsaufnahme im gesellschaftlichen Spannungsfeld: Geflüchtete und Aufnahmegesellschaft

Laura Reckmann

2.1 Einleitung

Wie im ersten Kapitel aufgezeigt wurde, richtet sich der Blick in diesem Buch auf die kontroversen Stimmen zum Thema Flüchtlingsaufnahme in Deutschland aus Sicht von Engagierten in der Zivilgesellschaft. Es sind die Stimmen von Menschen aus der deutschen Zivilbevölkerung, die sich für die Hilfe und Unterstützung von Flüchtlingen einsetzen oder versuchen, durch ihr Engagement die Flüchtlingsaufnahme zu begrenzen und eine generelle Verschärfung der deutschen Flüchtlingspolitik herbeizuführen. Bevor auf diese Flüchtlingshelfer/innen und Flüchtlingsskeptiker/innen, auf ihre Engagementerlebnisse, ihre Denkwelten und Ängste beim Ausüben ihres zivilgesellschaftlichen Engagements, aber auch auf ihre Dialogerfahrungen mit der jeweiligen „Gegenseite" weiter eingegangen wird und Chancen der Gesprächsannäherung vorgestellt werden, widmet sich dieses Kapitel den Geflüchteten und der Situation in der Aufnahmegesellschaft. Denn auch diese Menschen haben die Forschungsarbeit zu diesem Buch wesentlich mitgeprägt. Das vorliegende Kapitel zielt darauf ab, den empirischen Ausgangspunkt aufzuzeigen und gleichzeitig einen Perspektivenwechsel zu ermöglichen. Es handelt sich somit um einen einstimmenden Blick auf aktuelle Flüchtlingszahlen (siehe Abschn. 2.2) und Entwicklungen im Kontext von Erleben und Verhalten von Flucht (siehe Abschn. 2.3). Dieses Kapitel ist zudem ein erster Versuch, sich mit den Fragen zu beschäftigen, was die Geflüchteten auf ihrem Weg ins Aufnahmeland gerade auch aus psychologischer Perspektive zu bewältigen haben (siehe Abschn. 2.4) und inwiefern die

L. Reckmann (✉)
Hochschule Osnabrück, Osnabrück, Deutschland
E-Mail: reckmann.info@t-online.de

© Springer Fachmedien Wiesbaden GmbH, ein Teil von Springer Nature 2022
C. Kumbruck (Hrsg.), *Spannungsfeld Flüchtlinge*,
https://doi.org/10.1007/978-3-658-35499-2_2

Aufnahmegesellschaft kulturell durch den Zuzug von Menschen aus anderen Ländern beeinflusst wird (siehe Abschn. 2.5). Es zeigt sich, dass mit Blick in die Vergangenheit wie auch in die Gegenwart die Themen Gewaltmigration, Flucht, aber insbesondere auch die Aufnahme von geflüchteten Menschen als wiederkehrende, in der Zivilbevölkerung Kontroversen auslösende und geschichtlich prägende Ereignisse und Entwicklungen eines Landes auszumachen sind.

▶ Die Autorin orientiert sich in diesem Kapitel an der Darstellung der Erscheinungsformen von Migration des Migrationsforschers und Historikers Jochen Oltmer. Bei der Gewaltmigration handelt es sich um eine Form von „Migration, die sich alternativlos aus einer Nötigung zur Abwanderung aus politischen, ethno-nationalen, rassistischen oder religiösen Gründen ergibt (Flucht, Vertreibung, Deportation, Umsiedlung)" (Oltmer 2016, S. 19). Flucht ist dann als das „Ausweichen von einer lebensbedrohenden Zwangslage aufgrund von Gewalt" (Oltmer 2016, S. 25) zu verstehen.

Die Forderung nach einem Perspektivenwechsel als Lösungsansatz, um aus dem gesellschaftlichen Spannungsfeld herauszubrechen, richtet abschließend den Blick auf das Selbstbild und das Selbstverständnis Deutschlands als Einwanderungsgesellschaft (Abschn. 2.6). Hierzu werden einige Denkanstöße für die nationale und internationale Ebene aufgezeigt, wie der emotional aufgeheizte Umgang mit der Flucht- und Flüchtlingsthematik in der Aufnahmegesellschaft zukünftig entschärft werden kann.

2.2 Aktuelle Zahlen und Daten

Das Flüchtlingskommissariat der Vereinten Nationen (United Nations High Commissioner for Refugees, UNHCR) hat erstmalig seit Aufzeichnungsbeginn im Jahr 2019 den höchsten Stand an Geflüchteten vermeldet (UNHCR 2020a). Laut den offiziell veröffentlichten Berichtszahlen waren Ende 2019 weltweit über 79,5 Mio. Menschen auf der Flucht: 45,7 Mio. Binnenflüchtlinge und 26 Mio. anerkannte Flüchtlinge in Zufluchtsländern, wovon 20,4 Mio. Flüchtlinge unter dem UNHCR-Mandat gelistet werden und 5,6 Mio. palästinensische Flüchtlinge unter dem UNRWA-Mandat (United Nations Relief and Works Agency for Palestine Refugees in the Near East), 4,2 Mio. sind Asylsuchende (UNHCR 2020b). Damit sind nach Schätzungen des UNHCRs mehr als ein Prozent der Weltbevölkerung auf der Flucht, davon 40 % Kinder und Jugendliche unter 18 Jahren. Dieser 2019 veröffentlichte Global Trends Jahresbericht beschreibt in der siebzigjährigen Geschichte des Flüchtlingskommissariats der Vereinten Nationen eine neue zahlenmäßige Dimension.

Die Abb. 2.1 und die Tab. 2.1 zeigen diese Entwicklung der weltweiten Fluchtbewegungen am Beispiel der vergangenen Dekade (2010–2019) auf. Seit 2010 hat sich die Anzahl der Flüchtlinge und Vertriebenen verdoppelt. Im Vergleich zum Vor-

2 Flüchtlingsaufnahme im gesellschaftlichen Spannungsfeld ...

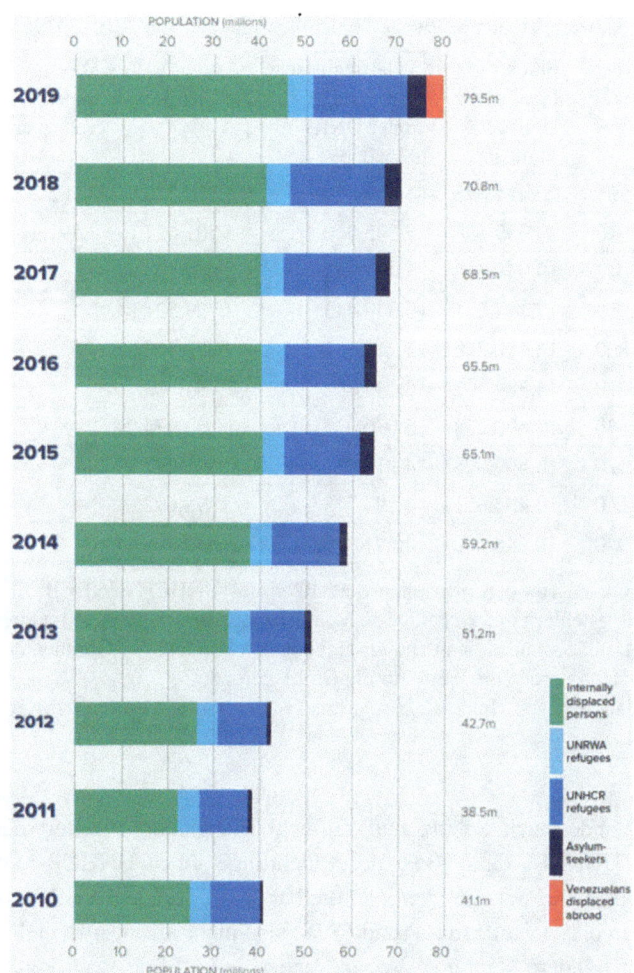

Abb. 2.1 Weltweite Fluchtbewegungen* (Original: Global forced displacement I end-year) aus dem Global Trends Report 2019 (zitiert in UNHCR 2020a, S. 7)

jahr sind fast 10 Mio. Menschen dazugekommen. Neu an der Darstellung der Statistik ist die explizite Benennung der 3,6 Mio. Vertriebenen aus Venezuela. Die Statistik dient an dieser Stelle als Impuls, sich im Kontext der gegenwärtigen Flucht- und Flüchtlingsthematik die globale Zahlendimension zu verdeutlichen. So zeigt sich auch im neuesten World Migration Report 2020 der Internationalen Organisation für Migration (IOM) ein deutliches Wachstum der Anzahl von Migrant/innen und Flüchtlingen im Vergleich mit der Erstpublikation aus dem Jahr 2000 (IOM 2019, S. 10).

An den Zahlen der Binnenflüchtlinge wird deutlich, dass Flucht überwiegend regional stattfindet und Geflüchtete bevorzugt in Nachbarländern oder in anderen Regionen

Tab. 2.1 Jahresendwerte zu den weltweiten Fluchtbewegungen von 2010–2019*

Jahr	Binnenvertriebene*/**	Flüchtlinge unter UNHCR-Mandat*	Palästinensische Flüchtlinge unter UNRWA-Mandat*	Asylsuchende*	Vertriebene aus Venezuela*	Gesamt
2019	45.668.305	20.414.675	5.629.829	4.170.548	3.582.202	79,5 Mio.
2018	41.313.940	20.359.556	5.545.540	3.501.627	2.592.947	70,8 Mio.
2017	39.949.042	19.940.568	5.442.947	3.089.503	–	68,5 Mio.
2016	40.269.750	17.184.291	5.340.443	2.729.521	–	65,5 Mio.
2015	40.438.800	16.110.280	5.241.257	3.223.460	–	65,1 Mio.
2014	37.853.220	14.384.302	5.149.742	1.794.703	–	59,2 Mio.
2013	33.340.830	11.698.238	5.030.049	1.162.934	–	51,2 Mio.
2012	26.387.120	10.497.028	4.919.917	941.497	–	42,7 Mio.
2011	22.441.240	10.403.951	4.797.723	895.692	–	38,5 Mio.
2010	24.981.940	10.548.900	4.691.079	835.969	–	41,1 Mio.

*Diese Werte stammen aus den offiziellen Statistiken des UNHCR (UNHCR 2021a, b, c). Aufgrund von Rundungsfehlern unterscheiden sich die Angaben in der Abb. 2.1 und in der Tab. 2.1. Je nach Nachkommastelle kann es dann zu Abweichungen kommen. Aus Gründen der besseren Lesbarkeit und Übersicht wurden die Werte für die Grafik gerundet.
**Diese Werte stammen vom Internal Displacement Monitoring Centre (IDMC) des Norwegian Refugee Council.

ihres Herkunftslandes nach Schutz und Zuflucht suchen. So beziffert das UN-Flüchtlingshilfswerk UNHCR, dass 73 % der Flüchtlinge unter UNHCR-Mandat und die Vertriebenen aus Venezuela in den unmittelbar angrenzenden Nachbarländern leben. Interessant ist an dieser Stelle, dass rund 68 %, also mehr als zwei Drittel dieser Gruppe, primär aus fünf Ländern stammen. Neben Venezuela (3,7 Mio.) gehören zu den Hauptherkunftsländern Syrien (6,6 Mio.), Afghanistan (2,7 Mio.), Südsudan (2,2 Mio.) und Myanmar (1,1 Mio.). Im Vergleich zum Vorjahr 2018 zeigt sich, dass sich an der Reihenfolge der Herkunftsländer kaum etwas geändert hat. Damals kamen ebenfalls über zwei Drittel (67 %) aller Flüchtlinge unter UNHCR-Mandat weltweit aus fünf Hauptländern, nämlich Syrien (6,7 Mio.), Afghanistan (2,7 Mio.), Südsudan (2,3 Mio.), Myanmar (1,1 Mio.) und Somalia (0,9 Mio.) (UNHCR 2020a, S. 3).

Die Statistik der von Flucht und Vertreibung betroffenen Menschen erreicht von Jahr zu Jahr neue Höchststände. Mit Blick auf die zahlenmäßige Entwicklung in Deutschland teilte das Statistische Bundesamt (Destatis) in einer Presseerklärung Ende Juli 2020 die aktuellen Registrierungszahlen des Ausländerzentralregisters (AZR) mit. So zählte das AZR Ende 2019 über 11,2 Mio. Ausländer/innen mit aktuellem Aufenthalt in Deutschland (AZR 2020; Destatis 2020, 2021). Die Zahl der Schutzsuchenden in Deutschland ist zwar weiter angestiegen, dennoch zeigt sich mit Blick auf die Ankunftszahlen in Europa ein kontinuierliches Sinken: Während 2017 noch 185.000 Ankünfte in Europa gezählt wurden, lag die Zahl 2018 bei 141.000. 2019 sank die Zahl auf 125.000 (Presse- und Informationsamt der Bundesregierung (BPA) 2020a). Bei Schutzsuchenden handelt es sich um Menschen auf der Flucht, die aus humanitären Gründen Schutz in Deutschland suchen. Sie werden meist mit dem Begriff der Geflüchteten umschrieben (LpB BW 2020). Je nach Schutzstatus im Ausländer- und Asylrecht sind weitere Formen zu unterscheiden. Asylberechtigte, Flüchtlinge oder subsidiäre Schutzberechtigte verfügen über einen anerkannten Schutzstatus, bei Asylbewerber/innen ist der Asylantrag noch nicht abschließend bearbeitet worden. Ihr Schutzstatus ist daher offen. Weitere Informationen zu den unterschiedlichen Begrifflichkeiten sowie zur rechtlichen Einordnung von Geflüchteten sind dem Anhang Teil 1 zu entnehmen. Anhand der Tab. 2.2 und 2.3 lässt sich das Wachstum in der vergangenen Dekade verfolgen.

Flucht tangiert aber nicht nur einzelne Individuen, sondern auch Staaten und Länder. Von der Ratifizierung der Menschenrechtskonventionen bis hin zur Verankerung von Gesetzestexten für Ausländer/innen, dem Zusammenschluss von Staaten in globalen Organisationen oder finanzieller Unterstützung von NGOs bzw. Initiierung eigener Projekte – es gibt eine Vielzahl an politischen Instrumenten und Handlungsmöglichkeiten im Kontext der Gewaltmigration. Nach Angaben des Auswärtigen Amtes (2019, Abs. 1) tragen „insbesondere die Staaten, die unmittelbar an die Krisenherde angrenzen, als Erstaufnahmeländer oder Transitländer die größte Last bei der Bewältigung der Flucht- und Migrationsbewegungen". Tatsächlich bestätigt sich diese Aussage mit Blick auf die derzeitigen Hauptaufnahmeländer im UNHCR-Jahresbericht. Als Hauptaufnahmeländer für das Jahr 2019 gelten neben der Türkei (3,6 Mio.) auch Kolumbien

Tab. 2.2 Bevölkerungsanzahl und Schutzsuchende in Deutschland von 2010–2019 (in Anlehnung an AZR 2020, zitiert in Destatis 2020)

Jahr*	Bevölkerungsanzahl insgesamt (jeweils zum 31.12. des Jahres)	Davon ausländische Bevölkerungsanzahl	Darunter Schutzsuchende
2019	83.166.711	11.228.300	1.839.115
2018	83.019.214	10.915.455	1.781.750
2017	82.792.351	10.623.940	1.680.700
2016	82.521.653	10.039.080	1.597.570
2015	82.175.684	9.107.895	1.036.235
2014	81.197.537	8.152.970	746.320
2013	80.767.463	7.633.630	613.925
2012	80.523.746	7.213.710	549.825
2011	80.327.900	6.930.895	505.925
2010	81.751.602	6.753.620	503.470

*Ab 2011 basieren die Daten auf dem Zensus 2011 ff., davor auf die Bevölkerungsfortschreibung aus der Volkszählung 1987.

Tab. 2.3 Schutzsuchende nach Schutzstatus von 2010–2019 (in Anlehnung an AZR 2020, zitiert in Destatis 2020)

Auflistung der Schutzsuchenden nach ihrem Status (jeweils zum 31.12. des Jahres)					
Jahr	Offen	Anerkannt			Abgelehnt
		Insgesamt	Befristet	Unbefristet	
2019	266.470	1.360.070	1.090.475	269.590	212.575
2018	306.095	1.283.225	1.017.760	265.465	192.430
2017	348.640	1.154.365	888.355	266.010	177.700
2016	574.945	867.500	599.235	268.265	155.120
2015*	349.810	547.935	285.805	262.130	138.495
2014	177.900	460.140	208.460	251.675	108.280
2013	110.335	410.570	174.110	236.460	93.020
2012	65.920	399.050	165.610	233.440	84.860
2011	47.130	373.875	151.045	222.825	84.920
2010	35.835	382.875	168.205	214.115	85.310

*Bei den Angaben zum Stichtag 31.12.2015 sind die im Jahr 2015 eingereisten Schutzsuchenden teilweise erst im Laufe des Jahres 2016 registriert worden. Demnach sind die Zahlen der Schutzsuchenden für diesen Zeitraum als zu niedrig einzuschätzen.

(1,8 Mio.), Pakistan (1,4 Mio.), Uganda (1,4 Mio.); Deutschland nahm 1,1 Mio. Menschen auf (UNHCR 2020a, S. 3).

In Bezug auf Deutschland führt das Auswärtige Amt (2019, Abs. 2) weiter aus: „Auch Zielländer stehen vor großen Herausforderungen. Viele Menschen, die vor Krieg und Verfolgung aus den Krisengebieten der Welt fliehen, suchen Schutz in den Mitgliedstaaten der Europäischen Union. Die Verpflichtung der Europäischen Union, Schutzbedürftigen zu helfen, ist in der Charta der Grundrechte und im Vertrag über die Arbeitsweise der Europäischen Union verankert. Deutschland bleibt für Schutzsuchende weiterhin Hauptzielland innerhalb der Europäischen Union".

Wie diese Herausforderungen konkret aussehen, damit beschäftigt sich u. a. eine vom Bundesamt für Migration und Flüchtlinge (BAMF) durchgeführte empirische Erhebung. In dieser untersuchte Grote (2018) im Kontext der Fluchtmigration in den Jahren 2014 bis 2016 Reaktionen und Maßnahmen in Deutschland. Der Autor stellte heraus, dass die hohen Ankunftszahlen an Geflüchteten in kürzester Zeit für Ausnahmesituationen und Überlastungen in den verschiedensten Erstaufnahmeeinrichtungen, Institutionen, aber auch bei Gerichten und in anderen Verwaltungsstrukturen in Deutschland gesorgt haben (Grote 2018, S. 5, 61). Gleichzeitig wurden aber auch neue Kooperationen sowie lokale Maßnahmen und Initiativen staatlicher sowie nichtstaatlicher Akteur/innen zur Entlastung und Sicherstellung einheitlicher Abläufe und Aufnahmeprozesse initiiert (Grote 2018, S. 5, 61). Die Studie veranschaulicht im Kontext des gesellschaftlichen

Spannungsfeldes, welche Zusatzbelastungen auf die jeweilige Aufnahmegesellschaft, v. a. auf die staatlichen Behörden, in kürzester Zeit zukommen können. Das Engagement der Zivilgesellschaft kann den Überlastungen entgegenwirken.

Im Rahmen der Berichtsveröffentlichung zu den Jahresendwerten 2019 zeigte sich der UN-Flüchtlingshochkommissar Filippo Grandi alarmiert und betonte, dass eine veränderte Realität zu beobachten sei (Grandi 2020; UNHCR 2020c, Abs. 4). Seit seiner Gründung im Jahr 1950 unterstützt das UNHCR Menschen dabei, ein neues Leben für sich aufzubauen. Es geht neben Flüchtlingen auch um Asylsuchende, Rückkehrer/innen und Binnenvertriebene. Das Flüchtlingskommissariat der Vereinten Nationen arbeitet auf Grundlage der 1951 verabschiedeten Genfer Flüchtlingskonvention, die bis heute das wichtigste internationale Dokument für den Flüchtlingsschutz ist (UNHCR 2020d). Laut der UNHCR (2020e) sind bis heute 149 Staaten dem Abkommen oder dem Protokoll von 1967 beigetreten, wobei die Mehrheit beides unterzeichnet hat. Seit 2018 ergänzt der Globale Pakt für Flüchtlinge (GCR) die Genfer Flüchtlingskonvention (UNHCR 2020f). Kernpunkte dieses Paktes sind vier zentrale Ziele, die die internationale Kooperation, Hilfe und Solidarität steigern sollen, um auf weltweiter Staatenebene auf diese Fluchtbewegungen reagieren zu können und ein gemeinsames internationales Verständnis im Umgang mit der derzeitigen Lage zu gewinnen (UNHCR 2018). Auch wenn der GCR rechtlich nicht verbindlich ist, ist er als wichtiges Instrument anzusehen, um die Mitgliedstaaten an ihre Pflichten im Rahmen dieser politischen Absichts- und Selbstverpflichtungserklärung zur fairen Verantwortungsübernahme und einer gerechten Verteilung der Geflüchteten zu erinnern (BPA 2018). Mit Blick auf die Zahlen mahnte der Hochkommissar Grandi, dass Flucht und Vertreibung weder als kurzfristige noch als vorübergehende Phänomene zu bewerten seien (Grandi 2020; UNHCR 2020c, Abs. 4).

Kritik an den Statistiken und insgesamt an der Zählweise des UN-Flüchtlingshilfswerks übt der Soziologe und Migrationsforscher Gerald Knaus in seiner aktuellen Publikation: „Die Botschaft ist seit Jahren die gleiche: Wenn es um Flucht geht, ist die Welt aus den Fugen. […] Doch *wo* sind die Geflüchteten, denen geholfen werden muss? Es ist wichtig, genauer hinzusehen, denn unter den mehr als 70 Mio. Menschen auf der Flucht werden sehr unterschiedliche Schicksale zusammengefasst […]" (Knaus 2020, S. 274). Für Knaus sind solche Statistiken Ausdruck unzulässiger Zahlen, missverständlich gewählter Kriterien und letztendlich fehlerhafter Darstellungen, die seit Jahren den Eindruck einer weltweiten, unkontrollierbaren Flüchtlingssituation entstehen lassen (Knaus, 2020, S. 274–279). So werden die gezählten Palästinenser/innen qua Geburt als Flüchtling bezeichnet, auch wenn sie gar nicht vor gewaltsamer Vertreibung fliehen (Knaus 2020, S. 276). Er kommt zu dem Schluss, dass aufgrund dieser methodischen Messfehler auch nicht alle gelisteten Menschen internationale Unterstützung benötigen. Sein Lösungsvorschlag ist es, eine jährliche Auflistung der „Flüchtlinge in Not" (Knaus 2020, S. 278) zu veröffentlichen, die tatsächlich auf internationale Hilfe angewiesen sind, um somit Handlungsbedarfe für die Staatengemeinschaft der Vereinten Nationen aufzuzeigen. Hier ist allerdings auch anzumerken, dass ohne klare Kriterien und

Erläuterungen der Begriff selbst missverstanden werden und letztendlich zur Verharmlosung der Fluchtgründe dienen kann.

Trotz aller Kritik an der methodischen Erhebung und Darstellung der Zahlen verdeutlicht der Nachweis von Migrations- und Mobilitätsbewegungen einmal mehr die Relevanz im Hinblick auf politische, gesellschaftliche, kulturelle sowie ökonomische und technische Fragestellungen weltweit. Im Folgenden geht es um die Auseinandersetzung darüber, welche historischen Erfahrungen und heutigen Eindrücke sich im Kontext von Gewaltmigration, Flucht und Flüchtlingsaufnahme finden lassen.

2.3 Historische Erfahrungen und heutige Eindrücke

Auch der Historiker, Migrationsforscher und Professor für Migrationsgeschichte am Institut für Migrationsforschung und Interkulturelle Studien (IMIS) an der Universität Osnabrück Jochen Oltmer bezeichnet die Migrationsthematik als eine wesentliche Herausforderung der Gegenwart und gleichzeitig Zukunftsthema auf globaler Ebene. Dazu gehört auch die Gewaltmigration als geschichtlich prägende und weltweit auszumachende Migrationsform, die v. a. durch Kriege oder Maßnahmen autoritärer Systeme ausgelöst wird und die Menschen früher wie heute dazu nötigt, ihren Aufenthaltsort zu verlassen (Oltmer 2016, S. 23 ff.; Oltmer 2017, S. 25 f.).

> „Formen von Gewaltmigration lassen sich dann ausmachen, wenn staatliche, halb-, quasi- und zum Teil auch nichtstaatliche Akteurinnen wie Akteure (Über-)Lebensmöglichkeiten und körperliche Unversehrtheit, Rechte und Freiheit, politische Partizipationschancen und Souveränität von Einzelnen oder von Kollektiven so weitreichend beschränken, dass diese sich zum Verlassen ihrer Herkunftsorte gezwungen sehen. Gewaltmigration kann dann als eine Nötigung zur räumlichen Bewegung verstanden werden, die keine realistische Handlungsalternative zuzulassen scheint" (Oltmer 2017, S. 25 f.).

Migration und Integration sind somit als Resultate historischer Entwicklungen und politischer Entscheidungen von Herkunfts- und Aufnahmeländern anzusehen, wobei Migration die Weltgeschichte in den vorangegangenen Jahrhunderten nachhaltig verändert hat (Oltmer 2016, S. 2, 7). Als Konsequenz ergibt sich für den/die Migrant/in eine Veränderung der eigenen Lebensgeschichte und für die Aufnahmegesellschaft ein sozialer Wandel.

Dass Menschen flüchten, ist historisch betrachtet kein neues Phänomen. Zahlreiche Belege finden sich mit Blick in die Literatur und Forschung, wo Massenflucht thematisiert wird – nicht nur in der deutschen Geschichte, sondern weltweit (z. B. Keller 2020; Oltmer 2016; Plamper 2019; Riecken et al. 2020; Robert Bosch Stiftung 2016). Auch in der Bibel spielt die Thematik Flucht und Fluchtverhalten sowohl im Alten als auch Neuen Testament eine fundamentale Rolle (Schröder 2016). Der Historiker Philipp Ther stellt fest, dass mit der Entwicklung der Weltgeschichte auch eine Geschichte der massenhaften Fluchtvorgänge einhergeht (Ther 2017, S. 13). Laut Ther (2017) spielen

Flüchtlinge für die Geschichte Europas eine prägende Rolle für die Weiterentwicklung des Kontinents. Er zeigt auf, dass die Geschichte der Flucht und der Flüchtlinge nachweislich nicht nur mit der europäischen, sondern auch mit der deutschen Geschichte verbunden ist.

Während Deutschland vor dem 20. Jahrhundert primär als Auswanderungsland angesehen und bezeichnet wurde, veränderte sich dieser Status aufgrund der beiden Weltkriege des 20. Jahrhunderts nachhaltig. Die Nachkriegszeit war durch massenhafte Folgewanderung in Millionenhöhe geprägt (Oltmer 2016, S. 24 f., 68 f., 81). Der Historiker Jan Plamper sieht den Perspektivenwechsel besonders in Bezug auf das „Deutschland im Jahr 1945, als es zur Drehscheibe der größten Migrationsbewegung der europäischen Neuzeit wurde" (Plamper 2019, S. 18). Zudem bezeichnet er das Jahr 1989, als Deutschland Ziel vieler osteuropäischer Geflüchteter war, als ein zweites großes Umbruchsjahr in der deutschen Geschichte (Plamper 2019, S. 18). Doch nicht nur die Folgen der Weltkriege, sondern auch die Auswirkungen durch die Kolonisation und Dekolonisation im späten 19. Jahrhundert und frühen 20. Jahrhundert gingen mit umfangreichen Fluchtbewegungen und Vertreibungen einher und machten Europa zu einem Zuwanderungsziel geflüchteter Menschen aus den ehemaligen Kolonialgebieten. Zudem markieren weitere vergangene Ereignisse wie beispielsweise die religiöse Verfolgung der Hugenotten in Frankreich und ihre Flucht und Einwanderung in Preußen im 17. Jahrhundert, dass die Flucht- und Flüchtlingsthematik mit der deutschen Historie konsequent verbunden ist. Letztendlich hat sich durch die zahlreichen Fluchtbewegungen auch das Bild ganzer Kontinente und Staaten nachhaltig verändert (Plamper 2019, S. 14). Mit Blick auf die vorausgegangenen Jahrhunderte kann aufgrund dieser Beobachtungen und Einschnitte die provokante Frage aufgestellt werden, wer heutzutage aufgrund der eigenen Familienabstammung überhaupt noch nachweisen kann, kein Nachkomme von Gewaltmigrant/innen oder Geflüchteten zu sein.

Dieses Gedankenexperiment leitet zum gegenwärtigen Weltgeschehen über. Im Kontext der heutigen, millionenfachen Fluchtbewegungen lässt sich bezugnehmend zu den Darstellungen der Historiker/innen festhalten, dass mit Beginn des syrischen Bürgerkrieges im Jahr 2011 eine der folgenreichsten und bis heute unkontrollierbarsten Gewaltmigrationen ausgelöst worden ist. Seit Kriegsbeginn steigen die Zahlen an Geflüchteten aus Syrien weiterhin stetig, wie die Schätzungen des UNHCR verdeutlichen (Hirseland 2015; UNHCR 2020a). Doch nicht der Kriegsausbruch allein ist als Ursache für die heutige Weltsituation auszumachen, sondern vielmehr auch die Kürzung der Geldzuschüsse durch die Geberländer wie Deutschland an die Vereinten Nationen (UN), die explizit für die Flüchtlingshilfe und v. a. für Lebensmittel und die (medizinische) Erstversorgung in den von der UN betriebenen Flüchtlingslagern bestimmt sind (Plamper 2019, S. 305). Die Geschehnisse im Jahr 2020 im griechischen Flüchtlingslager Moria auf der ostägäischen Insel Lesbos bestätigen bei Kritiker/innen des Camps (z. B. Ziegler 2020) den Eindruck von jahrelangem Missmanagement, Planlosigkeit und dem Versagen der europäischen Migrationspolitik (von Marschall 2020).

▶ In der Nacht zum 9. September 2020 ist bei mehreren gleichzeitigen Bränden das Flüchtlingslager Moria fast vollständig zerstört worden. Es handelte sich um das größte Flüchtlingslager in Griechenland und Europa. Im Oktober 2015 wurde das Flüchtlingslager ursprünglich als Registrierungsstelle für Asylsuchende eröffnet, im Frühjahr 2016 diente es dann als Lager, um das EU-Türkei-Abkommen (siehe Anhang Teil 1.1) umzusetzen. Das Lager stand in den letzten Jahren aufgrund chronischer Überfüllung, desaströser Lebensumstände und fehlender Hygienestandards ohne sauberes Wasser gerade bei Hilfsorganisationen immer wieder in der öffentlichen Kritik. Durch den Brand sind mehr als 12.500 Menschen obdachlos geworden, obwohl das Camp eigentlich gerade einmal für knapp 2800 Plätze ausgelegt ist. Die Ermittler/innen gehen von Brandstiftung aus, wobei die Täter/innen bis heute nicht gefasst sind. In Deutschland debattierte der Bundestag am 11. September 2020 in sehr emotionalen und hitzigen Wortbeiträgen über die Konsequenzen nach dem Brand und Maßnahmen zur Bewältigung der entstandenen humanitären Katastrophe sowie über den deutschen Beitrag zur Unterstützung der griechischen Regierung. Moria ist zu einem Sinnbild der ungelösten europäischen Flüchtlingsproblematik geworden (Deutscher Bundestag 2020; Panagiotidis und Pabst 2020; rbb 2020).

Wohin mit den vielen Menschen, die in völlig überfüllten Lagern leben? Die entstandenen Diskussionen und Debatten zur Aufnahme der Brandopfer zeigen erneut, dass rechtliche Vereinbarungen, Gesetze und Verteilungsschlüssel im Kontext der Asylpolitik nichts nützen, wenn Meinungsverschiedenheiten und ambivalente Einstellungen zur Aufnahmebereitschaft unter den Mitgliedstaaten das Umsetzen der EU-Entscheidungen erschweren oder gar zum Stillstand bringen. Gerade in den heutigen volatilen und angespannten Zeiten untergraben solche Alleingänge, wenn staatliche Übereinkünfte missachtet werden, nicht nur die demokratische Idee, sondern auch ein gemeinsames Werteverständnis im Umgang mit den Geflüchteten. „Die EU mag ein Bündnis für Wirtschaftspolitik sein, doch in Wertefragen finden die Staaten immer seltener eine gemeinsame Basis", so bewertet es der Journalist Mike Schier (2020, Abs. 3) in seinem Kommentar vor dem Hintergrund des Brandes im Flüchtlingsaufnahmelager Moria. Doch wie kann es eine europäische Lösung geben, wenn Europa in der Flüchtlingspolitik keine gemeinsame Sprache spricht oder auch nicht alle Mitglieder den Anschein erwecken, sie überhaupt sprechen zu wollen? Hinzu kommt die Beobachtung, dass die Dublin-Verfahren (siehe Anhang Teil 1.1) nicht bei allen Mitgliedstaaten konsequent umgesetzt und damit wissentlich EU-Vereinbarungen und Gesetze missachtet werden. Wie soll nun diese europäische Asylreform konkret aussehen, wenn die EU-Kommission und ihre Mitgliedstaaten seit Jahren vergeblich an einer Antwort arbeiten (Europäische Kommission 2020)? Es wundert nicht, dass der Ruf nach Orientierung und einer klar formulierten, transparent kommunizierten Strategie im Umgang mit den Geflüchteten in der Bevölkerung immer größer wird. An dieser Stelle sind Dialogchancen zwischen Befürworter/innen und Skeptiker/innen der Flüchtlingsaufnahme als wichtige Anknüpfungspunkte und neue Impulse für die Zivilgesellschaft von größter Relevanz, wozu auch die Forschung einen wesentlichen Teil beitragen kann (z. B. Hanewinkel und Oltmer 2017; Krause 2018; Kumbruck et al. 2020).

2.4 Flucht- und Flüchtlingsthematik als Forschungsgegenstand der Psychologie

Nicht nur in Deutschland und Europa hat die Auseinandersetzung mit der Flucht- und Flüchtlingsthematik wie Gewaltmigration, Flüchtlingsbewegungen und Asylpolitik, besonders im Jahr 2015, in der Politik, in den Medien und in der Öffentlichkeit an Aufmerksamkeit dazugewonnen, schon seit Jahrzehnten ist sie auch Untersuchungsgegenstand internationaler Forschungsaktivitäten und wissenschaftlicher Netzwerke (Kleist et al. 2019, S. 8 f.; Oltmer 2016, S. 7). In Deutschland ist ebenfalls ein deutlicher Anstieg an Forschungsaktivitäten festzustellen (Kleist et al. 2019, S. 7, 19). Auch in der Disziplin der Psychologie, als die empirische Wissenschaft vom Erleben und Verhalten des Menschen, lässt sich spätestens seit dem ereignisreichen Jahr 2015 ein stetiger Zuwachs an Publikationen, Studien, Forschungsprojekten und Forschungskooperationen feststellen (Sauer und Brinkmann 2016, S. 2). Das Untersuchen von Engagementarbeit im Kontext von Flucht und Flüchtlingen gehört zu einem Forschungszweig, der zunehmend an Popularität gewinnt. Nicht nur die Geflüchteten rücken in den Mittelpunkt des Forschungsinteresses, sondern immer mehr auch die Engagierten in den Aufnahmeländern (z. B. Brücker et al. 2016a, b; Grote 2018; Kumbruck et al. 2020; Rust 2019; Thönneßen 2019).

Wissenschaftliche, evidenzbasierte Forschung bietet die Chance, das Thema Flucht differenzierter zu betrachten. In der deutschen Literatur zeigen sich im Hinblick auf die Entwicklungen in der deutschen Gesellschaft ab dem Jahr 2015 vor dem Hintergrund der sogenannten Flüchtlingskrise und der damit assoziierten Flüchtlingswelle erste Publikationen, die sich vertiefend mit Motiven, Einstellungen, Erwartungen, Erfahrungen oder Zielen sowohl von Geflüchteten als auch von der Aufnahmegesellschaft ab diesem Zeitpunkt beschäftigen (z. B. Ahrens 2017; BMFSFJ 2017; Brücker et al. 2016a, b; Kumbruck et al. 2020). Hier sei insbesondere auf die seit 2016 initiierte und in regelmäßigen Wellen erhobene bundesweite Längsschnittbefragung, die sogenannte IAB-BAMF-SOEP-Befragung von Geflüchteten, verwiesen, bei der jährlich bis zu 5700 Geflüchtete wiederholt befragt werden, die zwischen Januar 2013 bis Dezember 2016 in Deutschland eingereist sind und einen Asylantrag gestellt haben. Mithilfe dieses Forschungsdesigns sollen Erkenntnisse über die Lebenssituation der Schutzsuchenden in Deutschland im Zeitverlauf gewonnen werden. Die Studie führt das Forschungszentrum des Bundesamtes für Migration und Flüchtlinge (BAMF-FZ) in

Kooperation mit dem Institut für Arbeitsmarkt- und Berufsforschung (IAB) der Bundesagentur für Arbeit (BA) sowie dem Sozio-oekonomischen Panel (SOEP) am Deutschen Institut für Wirtschaftsforschung Berlin (DIW) durch (BAMF 2021).

Zusätzlich gewinnen aus psychologischer Perspektive Fragestellungen an Relevanz, die untersuchen, inwiefern vorurteilsbehaftetes Denken sowie Ängste einen offenen Dialog im Rahmen der kontroversen Flüchtlingsaufnahmedebatten erschweren und letztlich sogar unmöglich machen, wenn der Blick von Gemeinsamkeiten als Basis für annähernde Gespräche weggelenkt und stattdessen das Durchsetzen der eigenen Position fokussiert wird (Kumbruck et al. 2020, S. 183–186).

2.4.1 Warum flüchten Menschen? – Ein psychologischer Erklärungsansatz

Aus psychologischer Perspektive beendet das Fluchtverhalten zunächst einmal einen Erregungszustand bedrohter Menschen – beispielsweise ausgelöst durch Angst oder eine konkrete Kampfsituation (Wirtz 2019). Hierbei handelt es sich um eine der beiden Reaktionen des von Cannon (1915) geprägten Erklärungsansatzes der Kampf-oder-Flucht-Reaktion. Die Entscheidung für Kampf oder Flucht hängt bei Menschen in Gefahrensituationen von der individuellen Anpassungsgeschwindigkeit ab, wozu körperliche und geistige Ressourcen benötigt werden, und von den mit der Situation einhergehenden emotionalen Reaktionen.

In Anlehnung an Festingers (1957) Theorie der kognitiven Dissonanz ist das Ziel des Fluchtverhaltens, einen unangenehmen Reiz oder ein bedrohliches Reizmuster abzuwenden, zu vermeiden oder zu beenden, um somit eine individuell bewertet harmonische Lebensordnung wiederherzustellen (Wirtz 2019). Hierbei helfen Warnstimuli bereits im Vorfeld das Treffen der Entscheidung, auf ein Vermeidungs- oder Fluchtverhalten zurückzugreifen. Diese Reaktionen sind angeboren und als Reiz-Reaktions-Muster typisch für das Verhalten von Tieren. Auch der Mensch reagiert auf eine Gefährdungssituation. Ob und wie er diese analysiert, um zu einer Entscheidung zu kommen, dafür gibt es unterschiedliche Erklärungen.

Nach Ansicht von Behaviorist/innen prägt das Situationslernen die Entscheidungsbildung, womit ein Großteil des Verhaltens durch einfache Lernprozesse erklärt werden kann (Gerrig 2016, S. 234 f.). Ein weiterer Erklärungsansatz ist das Gegenüberstellen und Abwägen von Kosten und Nutzen (Behrensen 2017, S. 23). Es zeigt sich jedoch mit Blick auf den psychologischen Erklärungsansatz, dass Instinktverschiebungen die vermeintlich rationalen, auf Kosten-Nutzen-Abwägungen basierenden kognitiven Entscheidungsprozesse ebenso wie auch das Reaktions-Verstärkungslernen überlagern können (Gerrig 2016, S. 228 f.). Die auf dem individuell aufgebauten Erfahrungsschatz basierenden Lerninhalte und das durch Lernprozesse konditionierte Verhalten treten dann in den Hintergrund. Zudem wirken positive wie negative Verstärker extensiv auf das Fluchtverhalten. Das bedeutet, dass sowohl positive als auch negative Verstärker die

Wahrscheinlichkeit erhöhen, ein bestimmtes Verhalten in der Folge von (vergangenen) gezeigten Reaktionen zu zeigen (Gerrig 2016, S. 219 f., 235). Hierzu gehören v. a. Erfahrungen aus Erlebnissen aus der Vergangenheit und die Erwartungshaltung an das Individuum innerhalb der eigenen kulturellen Gesellschaft (Schmidbauer 2017, S. 59 f.). Mit Blick auf die Geflüchteten zeichnet sich mit diesem psychologischen Erklärungsansatz ein sehr reaktiver Fokus auf das Fluchtverhalten ab in Form einer spontanen Reaktion und einer generellen Grundstimmung in Gefahrensituationen.

Das Rubikonmodell der Handlungsphasen nach Heinz Heckhausen und Peter M. Gollwitzer (1987) ist ein weiterer theoretischer Erklärungsansatz und damit eine mögliche Antwort auf die Frage, warum Menschen die Entscheidung treffen zu flüchten. Laut diesem motivationstheoretischen Modell, das anders als viele traditionelle Motivationstheorien hinsichtlich der Zielauswahl und der Zielrealisierung differenziert, muss ein Individuum zunächst einmal den sogenannten Rubikon als ausschlaggebendes Moment zur Intentionsbildung überschreiten, damit eine Handlungsreaktion folgt, die es zudem hinsichtlich der Zielerreichung sorgfältig abzuwägen und zu planen gilt (Achtziger und Gollwitzer 2019). Das Modell betrachtet also menschliches Handeln als eine chronologische Reihenfolge von vier Phasen – im Gegensatz zur Idee des oben genannten Reiz-Reaktions-Musters, das einen monokausalen Wirkungszusammenhang postuliert, indem ein Individuum sofort auf einen inneren und/oder äußeren Situationsreiz reagiert (Meitz 2016). Es zeichnet sich dadurch aus, dass die Phase der Motivation und der daraus resultierenden Intentionsbildung (Rubikon) nicht sofort in einer konfirmatorischen Haltung resultiert, um das Motiv auszuleben. Aufbauend auf dem Abwägen von Vor- und Nachteilen des Motivs oder (noch nicht realisierter) Wünsche in der prädezisionalen Phase hält das Individuum nach Überschreiten des Rubikons sein Ziel fest und beginnt in der zweiten Phase, der präaktionalen Phase, mit der Planung der Zielumsetzung (Achtziger und Gollwitzer 2021). Bevor es zur eigentlichen Handlungsinitiierung und -realisierung kommt (aktionale Phase), muss im Vorfeld geplant und entschieden werden, wann, wo und mit welchen Mitteln bzw. auf welche Art und Weise gehandelt werden soll, um das Ziel zu erreichen (Achtziger und Gollwitzer 2019). Vor dem Hintergrund dieser beiden Phasen (präaktional und aktional) ergibt sich für das Individuum die Möglichkeit, ein Motiv erst einmal so lange zurückzuhalten und sich auf andere zu fokussieren, bis sich dann ein günstiger Zeitpunkt für die Durchführung ergibt. Der Vorteil dieses Vorgehens ist also, mit verschiedenen Motiven und komplexen (problembehafteten) Umweltsituationen parallel umgehen zu können. Hierbei spielen insbesondere volitionale Prozesse als Ausdruck des bewussten Willens zur Umsetzung des gesetzten Ziels und ebendiese Strategien zur Selbststeuerung und Regulation eine entscheidende Rolle, um an dem Ziel festzuhalten und gesetzte Ziele umzusetzen, anstatt beispielsweise bei ersten Hindernissen aufzugeben (Achtziger und Gollwitzer 2021). Nach der Handlungsausführung folgt die Intentionsdeaktivierung. In der postaktionalen Phase, also der Bewertungsphase, werden Handlungsverlauf und Handlungsergebnisse hinsichtlich des Erfolgs evaluiert. Daraus werden final Schlussfolgerungen für zukünftiges Handeln gezogen (Achtziger und Gollwitzer 2009, S. 150–154).

Das Rubikonmodell der Handlungsphasen fokussiert sich somit nicht nur primär auf das Abwägen von Vor- und Nachteilen möglicher Handlungsoptionen, sondern auch auf die Zielrealisierung, die möglichen zu erwartenden Folgen der Zielsetzungen und die Erreichbarkeitswahrscheinlichkeit des Ziels. Übertragen auf die Fluchtthematik bedeutet dies, dass Menschen bis zu einem gewissen Zeitpunkt ihre Situation tolerieren und hinnehmen, bis sie dann aber handeln, um einen gewünschten Zielzustand (z. B. Sicherheit) zu erreichen. Nach dem Modell resultieren Fluchtverhalten bzw. Fluchtentscheidung also nicht aus einem spontanen Impuls heraus, sondern sind vielmehr Ergebnis eines oftmals längeren Abwäge- und Entscheidungsprozesses.

An dieser Stelle gilt es zu betonen, dass das Benennen von Fluchtursachen und die Fluchthintergründe selbst zunächst einmal nicht Forschungsgegenstände der Psychologie sind. Der psychologische Blickwinkel fokussiert sich auf das Erleben und Verhalten der Menschen auf der Flucht und untersucht hinsichtlich der Beweggründe Motive und Auswirkungen der Fluchtursachen und der Fluchtgründe auf das Individuum. Für alles das, was den Menschen zur Flucht bewegt hat und was aus der Flucht letztlich resultiert, werden psychologische Erklärungsmuster gesucht und angewandt. Aktuelle Forschung beschäftigt sich beispielsweise mit interkulturellem Stresserleben, Heimatlosigkeit, Kulturschock, Integration oder auch dem wachsenden Interesse an interkulturellen Kompetenzen (z. B. Genkova und Riecken 2020; Genkova et al. 2013; Kumbruck und Derboven 2015).

2.4.2 Erleben und Verhalten von Flucht mit Blick auf die Geflüchteten

„Wer Angst hat, wünscht sich tausendmal mehr als *Einsicht* in die Hintergründe seiner Angst eine schnelle *Lösung*. Diese Lösung lässt sich nach dem Diktat der Angst in zwei Richtungen finden. Die eine ist der Angriff auf das Bedrohliche und seine Symbole; die andere ist die Flucht an einen sicheren Ort" (Schmidbauer 2017, S. 17).

Die Vielfalt an Fluchtursachen und Kontextbedingungen erschwert die eindeutige Beantwortung, worin sich die Fluchtreaktion letztendlich begründet. Oftmals gibt es mehrere gleichzeitige Beweggründe für die Fluchtentscheidung, bedingt durch Faktoren wie Krieg, Terror, ethnische und religiöse Verfolgung oder auch Armut sowie andauernde Hungersnöte im Herkunftsland (Behrensen 2017; Brücker et al. 2016a, b; UNHCR 2020a). Im Rahmen einer qualitativen Untersuchung fanden Brücker et al. (2016a, b) in Gesprächen mit Flüchtlingen und Migrant/innen heraus, dass akut bestehende Lebensgefahr, aber auch eine fehlende Zukunftsperspektive aufgrund von Terroranschlägen oder auch Bedrohungen durch radikal-islamische Gruppen als zentrale Fluchtursachen genannt wurden, die die Befragten letztendlich zur Flucht motiviert haben. Insgesamt wurden im Zeitraum von November 2015 bis März 2016 123 Menschen aus 13 Nationen befragt (Brücker et al. 2016a, S. 6, b, S. 2). Die Mehrheit dieser Stichprobe kam aus Herkunftsländern wie Syrien, dem Iran, dem Irak oder Afghanistan, wobei Brücker et al.

betonen, dass ihre Ergebnisse aufgrund der Stichprobengröße und Methodik nicht auf alle in Deutschland lebenden Flüchtlinge und Migrant/innen übertragbar seien (Brücker et al. 2016a, S. 7). Zudem zeigen die Forscher/innen auf, dass die Entscheidung zur Flucht entweder spontan aufgrund aktueller Ereignisse getroffen wird oder ein langfristig geplanter Entscheidungsprozess ist, wobei eine eindeutige Zuordnung teilweise schwerfällt (Brücker et al. 2016a, S. 54 f.). Vor dem Hintergrund dieser Kategorisierung verweist Behrensen (2017, S. 24) darauf, dass die Flucht als spontaner Impuls eintreten kann, wenn das eigene Leben existenziell bedroht ist. Dem inneren Spannungszustand nachzugeben, erfordert schnelles und situatives Handeln. Auslöser für die Fluchtreaktion eines Menschen ist nach Schmidbauer (2017) Angst. Er beschreibt diese Angst als einen „Affekt, der während der frühen Kindheit reift und je nach Intensität und Verarbeitung Panik oder die zielgerichtete Suche nach einem sicheren Ort einleitet" (Schmidbauer 2017, S. 59).

Die Betonung der prägenden Wirkung der (oftmals unbewussten) Erfahrungen in der Kindheit findet sich insbesondere im Kontext der (interkulturellen) Entwicklungspsychologie wieder. Genkova (2019, S. 256) betont: „Was als gut und angemessen gilt, was einem in der Kindheit beigebracht wurde, prägt das Erleben und Verhalten". Die Entwicklung vom Kleinkind bis zum geschlechtsreifen Menschen ist durch eine Vielzahl an kulturellen Gegebenheiten geprägt wie dem Aufwachsen in einer kollektivistischen oder individualistischen Kultur (z. B. Hofstede 1983). Aber nicht nur die Angst und die mit ihr einhergehenden Muster frühkindlicher Erfahrungen beeinflussen die Bewältigungsform und damit die Fluchtentscheidung. Vielmehr spielt aus Sicht des Psychotherapeuten Schmidbauer (2017) die soziale Komponente als ein weiterer Einflussfaktor eine Rolle für die Fluchtbereitschaft. Die Hoffnung, mit der eigenen Familie einen Neuanfang zu beginnen, bewegt eine Vielzahl von Menschen, die Fluchtreise trotz allen Gefahren, psychischen Belastungen und langzeitlichen Folgeschäden sowie Traumata und dem unkalkulierbaren finanziellen Aufwand auf sich zu nehmen. Die Gründe dafür können ganz unterschiedlich sein, so wie die einzelnen Lebensgeschichten und Schicksalsschläge, die jeder einzelne Flüchtling erlebt hat und die ihn bewegten, die Entscheidung zur Flucht zu treffen (Bröse et al. 2018, S. VI). Teilweise sind unbegleitete minderjährige Flüchtlinge auch aufgrund eines Auftrags ihrer Eltern, sich zu retten und dadurch eine bessere Zukunft zu haben, auf der Flucht (Parusel 2015). Letztendlich verschafft die Flucht eine unmittelbare kurzfristige Erleichterung, einer in der Vergangenheit selbst erlebten oder zukünftig zu erwartenden, lebensbedrohlichen Gefahrensituation für Körper und Psyche zu entgehen, indem sich die Bedrohten von der Ursache wegbewegen und eine räumliche Distanz geschaffen wird.

2.4.3 Gewalterfahrungen und traumatische Erlebnisse auf der Flucht

Aufgrund von Gewalterfahrungen und traumatischen Erlebnissen während einer Flucht wie bewaffnete Übergriffe, Plünderungen, Vergewaltigungen oder Zwangsrekrutierungen benötigen viele Flüchtlinge nicht selten anschließend professionelle Hilfe und Unterstützung. „Mindestens die Hälfte der Flüchtlinge ist psychisch krank", titulierte die Bundespsychotherapeutenkammer ihre Pressemitteilung im Jahr 2015 und stellte auf Basis zweier empirischer Untersuchungen (vgl. Gäbel et al. 2006; Ruf et al. 2010) grafisch dar, welche traumatischen Erlebnisse in Deutschland lebende Flüchtlinge bzw. ihre Kinder in ihrem Heimatland oder auf der Flucht erlebt haben (BPtK 2015). Mit Blick in die Forschungsliteratur wird allerdings auch deutlich, dass Geflüchtete auch in den Aufnahmeorten verschiedenste Gewalterfahrungen erleben können. So erläutert Krause (2018) nicht nur mögliche Ursachen für Gewalterlebnisse in den Aufnahmeländern, sondern weist vor allem auf den empirisch nachgewiesenen Zusammenhang von Gewalterfahrungen und Schutzstrukturen vor Ort hin: „Vielmehr belegen Forschende, dass Gewalt mit den Schutzstrukturen zusammenhängt. Denn staatliche und humanitäre Akteure kreieren mit der Bereitstellung von Maßnahmen rechtliche, politische, wirtschaftliche und soziale Bedingungen, die zu struktureller Gewalt wie Ausgrenzung, Benachteiligung und Diskriminierung von Geflüchteten führen und in der Folge zu einem Anhalten oder Anstieg von physischer Gewalt beitragen können" (Krause 2018, S. 5).

Flucht symbolisiert zudem einen Bruch in der Lebensgeschichte und führt zu Identitätskrisen, die unmittelbaren Einfluss auf das allgemeine Wohlbefinden haben (Kumbruck und Derboven 2015, S. 10, 13; Reisenauer 2020, S. 140, 143; Weber und Steffens 2020, S. 197). Psychotherapeut/innen verweisen darauf, in welcher kritischen psychischen Verfassung sich Frauen und Männer, Kinder und Jugendliche in den Aufnahmeländern befinden und dass Handlungsbedarf besteht.

Expert/innen aus der Psychotherapie und Psychologie haben sich diesen Menschen und ihren Erlebnissen angenommen, sodass sich mittlerweile ein breites Forschungsfeld etabliert hat, das zudem Beratungs- und Behandlungsangebote impliziert. Aber die therapeutische Brille auf Geflüchtete birgt auch Gefahren in sich. So stellt Mlodoch (2017) heraus, dass insbesondere das Traumakonzept im Rahmen der Flüchtlingsthematik inflationär genutzt wird. Sie konstatiert, dass die Geflüchteten zu oft von der Gesellschaft durch die generalisierende „Traumabrille" (Mlodoch 2017, S. 17) betrachtet werden, was mit der Gefahr von Stigmatisierungen, Pathologisierungen und Vorverurteilungen in der Gesellschaft einhergeht. Dabei werden alle Geflüchteten als traumatisiert wahrgenommen, ohne die Vielzahl an möglichen Fluchtursachen oder den Einfluss von Resilienzfaktoren zu berücksichtigen (Mlodoch 2017, S. 18).

2.4.4 Fluchtprozess und Ziellandentscheidung

Der Fluchtprozess selbst wird vielfach als zielgerichteter, linearer Prozess verstanden. Dagegen betont Etzold (2019), dass auf Grundlage der internationalen Forschung Fluchtmobilität und Vertreibung nicht als linearer Prozess dargestellt werden können. Damit kritisiert er bisherige Modelle, in denen Flucht „häufig als zielgerichteter und direkter Weg von einem Herkunftsland in ein Aufnahmeland" (Etzold 2019, S. 4) verstanden wird (Etzold 2019, S. 4, 49). Nesterko und Glaesmer (2016) hingegen beschreiben den Fluchtprozess als ein Phasenmodell, der „im Herkunftsland mit einer mehr oder weniger ausgeprägten Planungsphase beginnt" (Sierau et al. 2019, S. 142) und in einem Aufnahme- bzw. Zielland endet. Kennzeichnend für diese Endphase des Fluchtprozesses ist die kulturelle Anpassung (Berry 1997, zitiert in Sierau et al. 2019, S. 142). Dieser Vorgang der Akkulturation ist ein Anpassungsprozess, der sowohl von den Migrant/innen als auch von der Aufnahmegesellschaft zu bewältigen ist. Dabei gibt es unterschiedliche Strategien, die zu mehr oder weniger Annäherung und Passung der beiden Kulturen führen. Der Akkulturationsprozess ist immer mit Belastung, Lernprozessen und Identitätsveränderungen verbunden (siehe Abschn. 9.5.2).

Einen umfassenden Einblick mit konzeptionellen Zugängen zur Thematik (Im)Mobilität von Schutzsuchenden bietet die Arbeit von Etzold (2019), die aktuelle Forschungsbeiträge und empirische Studienergebnisse vorstellt und Kritik an weit verbreiteten Modellen übt. In seinem Beitrag über die Fluchtmobilität von Menschen wird deutlich, dass beispielsweise das Thema Zwang nicht der einzige Faktor ist, der die Entscheidung zur Flucht beeinflusst, und dass die Geflüchteten in der Praxis meist mehrfach flüchten müssen (Etzold 2019, S. 12 f., 49). Es kommen eine Vielzahl an weiteren Einflussfaktoren hinzu, die bei der Zielstaatensuche entscheidend mithineinspielen. Scholz (2013) fand in ihrer Untersuchung zu Einflusskomponenten auf die Zielstaatensuche von Asylbewerbern heraus, dass es sich um einen mehrstufigen, komplexen Entscheidungsprozess handelt. Hierbei interagieren mehrere Faktoren wie rechtliche und demokratische Sicherheit, die die Befragten dem deutschen Demokratiesystem zuschreiben, Religionsfreiheit, eine funktionierende medizinische Versorgung oder auch Bildungschancen, die situationsabhängig unterschiedlich gewichtet werden und individuellen Präferenzen unterliegen und die letztendlich in einer Entscheidung resultieren (Scholz 2013, S. 5 ff., 128). Auch die Gewissheit, schon geflüchtete, ausgewanderte Mitglieder der eigenen Gruppe oder Familie vorzufinden, beeinflusst die Entscheidung über das Zielland (Wagner 2021).

Vor dem Hintergrund der Frage, warum Deutschland als Zielland ausgesucht wird, bestätigen Brücker et al. (2016a, b) in ihrer Untersuchung die zuvor vorgestellten Faktoren und fügen hinzu, dass insbesondere Werte wie die Achtung der Menschenrechte in Deutschland die Ziellandentscheidung wesentlich beeinflussen (Brücker et al. 2016a, S. 23). Diese Werte werden von Faktoren ergänzt, die die Existenz und Lebensqualität bestimmen, wie Brücker et al. (2016a, S. 11) ausführen: „Neben Sicherheit und Schutz werden auch die wirtschaftliche Stärke und die Qualität von Bildung und Ausbildung in Deutschland als wichtige Faktoren hervorgehoben, die für Deutschland als Zielland sprechen". Die Forschungsgruppe weist in ihrer Ergebnisdarstellung darauf hin, dass die Ziellandentscheidung – wie auch die Fluchtentscheidung – entweder spontan oder geplant stattgefunden hat. Dieser Gegensatz aus Spontanität und langfristiger Planung ist typisch für den gesamten Fluchtprozess der Schutzsuchenden. Letztendlich kann nur vor dem Hintergrund der jeweiligen Lebensgeschichte und den Rahmenbedingungen in der jeweiligen Entscheidungssituation eine eindeutige Antwort auf die Frage gefunden werden, warum Menschen flüchten und wieso sie sich für einen bestimmten Fluchtort entscheiden.

Auch Oltmer (2016) hat sich im Kontext der global beobachtbaren Fluchtbewegungen mit der Frage beschäftigt, welche Gründe dazu geführt haben, dass es 2015 zu einem zahlenmäßig enormen Anstieg an geflüchteten Menschen in Deutschland gekommen ist. Er identifiziert sechs wesentliche Faktoren (finanzielle Mittel, Netzwerke, Aufnahmeperspektiven, Aufhebung von Migrationsbarrieren, Auflösung des Dublin-Systems, Bundesrepublik Deutschland als Ersatz-Zufluchtsland), die in unmittelbarer Wechselwirkung zueinander stehen, und konstatiert, dass die Geflüchteten durch die Migration an Mobilität verlieren, was sich in der Einschränkung der individuellen Handlungsmacht und Bewegungsfreiheit nicht nur auf ihrem Fluchtweg, sondern auch in der Aufnahmegesellschaft zeigt und gleichzeitig auf ihre soziale Verletzbarkeit hinweist (Oltmer 2016, S. 128–133). Das Gefühl einer Benachteiligung aufgrund der Herkunft spiegelt sich in den Ergebnissen der aktuellen Befragungswelle des IAB-BAMF-SOEP wider (BAMF 2021): Die Forscher/innen fanden heraus, dass ein Teil der geflüchteten Menschen in Deutschland im Alltag gelegentlich auf Ablehnung stößt, wobei diese individuellen Erfahrungen aus Sicht der Forschungsgruppe nur begrenzt verallgemeinert werden können (de Paiva Lareiro et al. 2020, S. 15).

2.5 Flucht und Geflüchtete aus der Perspektive der Aufnahmegesellschaft

Die nachfolgenden Abschnitte widmen sich der Perspektive der Aufnahmegesellschaft. Hierbei stehen v. a. die Engagierten in der deutschen Zivilgesellschaft im Fokus. Aufbauend auf unseren Studienergebnissen (Kumbruck et al. 2020) lassen sich die Menschen charakterisieren: einerseits die, die sich für die Hilfe und Unterstützung von Flüchtlingen einsetzen, andererseits die, die versuchen, durch ihr Engagement die Flüchtlingsaufnahme zu begrenzen und eine generelle Verschärfung der deutschen Flüchtlingspolitik herbeizuführen. Die folgenden Ausführungen verdeutlichen, inwiefern die Aufnahmegesellschaft kulturell durch den Zuzug von Menschen aus anderen Ländern beeinflusst wird und wie dies im gesellschaftlichen Spannungsfeld sichtbar wird.

Abschn. 2.5.1 beschäftigt sich zunächst mit der medialen Aufbereitung der Themen Migration und Flucht und geht dann auf die wachsende Engagementbereitschaft in der deutschen Zivilgesellschaft ein. Es zeigt sich zudem ein Anstieg an Abgrenzungstendenzen innerhalb der Gesellschaft anhand von Kategorie- bzw. Gruppenbezeichnungen wie Flüchtlingshelfer/in, Flüchtlingsskeptiker/in oder Flüchtlingsgegner/in. Nicht zuletzt die Bezeichnung Deutschlands als Einwanderungsland sorgt bei den Engagierten für sehr emotionale, spannungsreiche und kontroverse Diskussionen. Deswegen bedarf es an dieser Stelle einer kritischen Auseinandersetzung mit dem Thema „Deutschland ein Einwanderungsland – Mythos oder Fakt?" (siehe Abschn. 2.5.2). Des Weiteren widmet sich ein Abschnitt der Bedeutung des Willkommenseins in der Aufnahmegesellschaft und der damit einhergehenden Notwendigkeit von Akzeptanz sowie der Entwicklung der jungen Willkommenskultur in Deutschland (siehe Abschn. 2.5.3).

Ein Blick in die Vergangenheit wie auch in die Gegenwart zeigt, dass die Themen Gewaltmigration, Flucht, aber insbesondere auch die Aufnahme von geflüchteten Menschen als wiederkehrende, in der Zivilbevölkerung Kontroversen auslösende und geschichtlich prägende Ereignisse und Entwicklungen eines Landes auszumachen sind. Das Interesse des Autor/innenteams an einem Perspektivenwechsel als Lösungsansatz, um aus dem gesellschaftlichen Spannungsfeld herauszubrechen, richtet abschließend den Blick auf die Fragen zum Selbstbild und zum Selbstverständnis Deutschlands als Einwanderungsgesellschaft (siehe Abschn. 2.6).

2.5.1 Darstellung des gesellschaftlichen Spannungsfeldes in den Medien und im Engagement

Kaum ein anderes Thema hat die mediale Berichterstattung so dominiert wie das gespaltene Stimmungsbild innerhalb der öffentlichen Diskussion rund um die Gewaltmigration und die Flüchtlingsfrage – nicht nur in Deutschland, sondern auch auf internationaler Ebene und insbesondere in Europa (z. B. Haller 2017; Kober und Kösemen 2019; NdM 2017). Die von der Otto Brenner Stiftung herausgegebenen Ergebnisse ihrer internationalen Vergleichsstudie zur Berichterstattung über Flüchtlinge in 17 Ländern im Zeitraum zwischen August 2015 und März 2018 vergleichen erstmalig die Darstellung über Migration und Flucht in den Medien in Europa und Russland (Fengler und Kreutler 2020; Schmieding 2020). So fand das Forschungsduo Fengler und Kreutler in ihrer Untersuchung u. a. heraus, dass Migrant/innen und Flüchtlinge in der Berichterstattung meist als Gruppe abgebildet werden und als Individuum bzw. Akteur/in eher eine untergeordnete Rolle spielen (Fengler und Kreutler 2020, S. 6). In der deutschen Berichterstattung überwiegt, wie in sonst keinem Vergleichsland, eine intensive mediale Darstellung der Themen Migration und Flucht mit Fokus auf das Inland, während in den meisten anderen EU-Staaten über Ereignisse im Ausland im Zusammenhang mit Flucht und Migration berichtet wird (Fengler und Kreutler 2020, S. 6, 32, 58; Schmieding 2020). Dieses Ergebnis einer diversen europäischen Berichterstattung mit unterschiedlicher Schwerpunktsetzung kann nach Ansicht der Forschungsgruppe eine mögliche

Antwort auf die Frage sein, weshalb die EU-weite politische Lösung im Umgang mit geflüchteten Menschen bis dato ausbleibt bzw. keinen Konsens findet.

> „Gerade aus deutscher Sicht birgt der Vergleich der 17 Länder viele Überraschungen – und Erklärungsansätze: Dass viele EU-Länder sich nach wie vor einer ‚europäischen Lösung' der Migrations- und Flüchtlingsfrage entziehen, mag nicht zuletzt in den gänzlich anders gearteten medialen Debatten dieser Länder begründet liegen. Dort finden Migration und Flucht eben nicht im eigenen und ins eigene Land, sondern ‚im Ausland' statt" (Fengler und Kreutler 2020, S. 58).

Trotz einiger methodischer Einschränkungen im Hinblick auf die Auswahl der analysierten Medien und die damit einhergehenden verkürzten Ergebnisse ist das Fazit der Untersuchung als relevant zu bewerten.

Die zweite Dekade des 21. Jahrhunderts ist aber nicht nur geprägt von den gesellschaftlich kontrovers diskutierten Flüchtlingsaufnahmedebatten, sondern auch vom zivilgesellschaftlichen Engagement in der Bevölkerung der Aufnahmegesellschaften, sich für oder gegen die Flüchtlingsaufnahme einzusetzen (siehe Kap. 1). Dies zeigte sich beispielsweise in der Hilfe und Unterstützung von Flüchtlingen oder in den Forderungen zur Begrenzung der Flüchtlingsaufnahme, um die Flüchtlingspolitik restriktiver zu gestalten (Kumbruck et al. 2020, S. 48–50, 183). Eine vom Bundesministerium für Familie, Senioren, Frauen und Jugend (BMFSFJ) in Auftrag gegebene zweistufige Studie hat sich, ausgelöst durch die Zunahme der Flüchtlingszahlen im Herbst 2015, mit diesem Engagement näher auseinandergesetzt (BMFSFJ 2018). Die vom Institut für Demoskopie Allensbach durchgeführte, repräsentative Erhebung kam u. a. zu dem Ergebnis, dass sich rund 55 % der deutschen Bevölkerung ab 16 Jahren in Form von aktiver Hilfe, öffentlicher Fürsprache oder auch Geld- und Sachspenden im Rahmen der Flüchtlingshilfe freiwillig engagiert haben. 2017 lag dieser prozentuale Anteil lediglich noch bei 19 % (IfD Allensbach 2017, zitiert in BMFSFJ 2017, S. 8, 11). Knapp ein Viertel der Befragten (24 %) gaben zudem an, dass sie als Flüchtlingshelfer/innen aufgrund ihres Engagements für geflüchtete Menschen angefeindet oder beleidigt worden sind (IfD Allensbach 2017, zitiert in BMFSFJ 2017, S. 10, 38, 45).

De Gues (2018, S. 11) weist auf eine von der Bertelsmann Stiftung in Auftrag gegebene Umfrage aus dem Jahr 2017 hin, der zufolge die Deutschen auch zwischen geflüchteten Menschen und Einwanderer/innen unterscheiden. Die Unterscheidung zwischen Menschen, die beispielsweise vor Krieg, Terror oder Verfolgung flüchten, und Menschen, die zum Arbeiten oder Lernen nach Deutschland einwandern wollen, hat Einfluss auf deren Akzeptanz in der Aufnahmegesellschaft: Während Einwanderer/innen zu 70 % „sehr" oder „eher" willkommen sind, ist dies bei Flüchtlingen nur zu 59 % der Fall (De Gues 2018, S. 11). Trotz dieses zunächst geringen prozentualen Unterschieds wird deutlich, dass mit Blick auf das Aufnahmeland und die dort lebende Gesellschaft ambivalente Tendenzen im Kontext kultureller Entwicklungsprozesse das gesellschaftliche Mit- und Untereinander prägen (Riecken et al. 2020, S. 13–18; Kumbruck und Derboven 2015, S. 104).

In der Psychologie wurde bereits von Allport (1954) postuliert, dass Menschen den Vertreter/innen anderer Nationen oder Kulturen häufig mit Vorurteilen und Abwehr gegenüberstehen, solange sie diese nicht persönlich kennenlernen (siehe Abschn. 6.2.3). Die Begegnung mit Andersartigkeit führt aber nicht nur zu Kategorisierungs- und Abwehrprozessen, sondern kann v. a. auf gesellschaftlicher und technologischer Ebene auch neue Impulse und Innovationen in ein Land bringen. Es benötigt aber Zeit, d. h. oftmals mehrere Generationen, bis sich diese Impulse auch als Motor für kulturelles Miteinander, Vielfalt und Akzeptanz auswirken. Ausdruck dieser kulturellen Vielfalt und Offenheit ist heute beispielsweise eine Vielzahl alltäglicher Begrüßungsrituale oder auch die Übernahme attraktiver Kulturangebote wie länderspezifische und kulturtypische Speisen in Restaurants und Schnellimbissen, die von den Deutschen gekauft, mit großer Beliebtheit besucht und in Anspruch genommen werden (Kumbruck und Derboven 2015, S. 49, 102, 105). Dadurch begegnen sich jüngere Generationen weniger förmlich als frühere Generationen. Allerdings ist zu betonen, dass diese Entwicklung nicht automatisch stattfindet. Vielmehr müssen Immigrant/innen und die Aufnahmegesellschaft gemeinschaftlich dahin arbeiten (siehe Abschn. 10.5).

2.5.2 Deutschland ein Einwanderungsland – Mythos oder Fakt?

Die Bezeichnung Deutschlands als Einwanderungsland, welches kulturelle Vielfalt willkommen heißt und Pluralismus offen gegenübersteht, Einwanderung sogar als einen „wesentliche[n, Anm. d. Verf.] Bestandteil gesellschaftlicher Entwicklung in Deutschland" (Riecken et al. 2020, S. 13) proklamiert, stößt in der Bevölkerung nicht nur auf Akzeptanz (Riecken et al. 2020, S. 13; Trebbe und Paasch-Colberg 2016). Allerdings zeigt die Gesetzeslage, dass sich Deutschland nach langen politischen Auseinandersetzungen inzwischen selbst formalrechtlich als Einwanderungsland versteht. Mit dem im März 2020 verabschiedeten Fachkräfteeinwanderungsgesetz ist ein „Rahmen für eine zukunftsorientierte und bedarfsgerechte Zuwanderung von Fachkräften aus Drittstaaten" (BPA 2020b, Abs. 1) geschaffen worden. Dennoch bezieht sich dieses Gesetz, wie an der Bezeichnung sichtbar wird, ausschließlich auf Fachkräfte, die zu Arbeits- und zu Ausbildungszwecken nach Deutschland einwandern (siehe Anhang Teil 1.1). Dieser Umstand macht es gerade den Flüchtlingsskeptiker/innen leichter, die Flüchtlingsaufnahme generell infrage zu stellen.

> „Eine Erkenntnis scheint gesichert: Sozial- und Systemintegration sind in hohem Maße vom Selbstverständnis der Einwanderungsgesellschaft abhängig. Das heißt, je nachdem, wie sich eine Einwanderungsgesellschaft selbst sieht, versteht und definiert, dementsprechend richtet sie ihre Migrations- und Integrationspolitik aus. In der Migrationsforschung wird diskutiert, welches Selbstverständnis eine Einwanderungsgesellschaft benötigt, um Integration positiv zu beeinflussen" (Riecken et al. 2020, S. 16).

2.5.3 Die deutsche Willkommenskultur

Kaum ein anderer Begriff ruft schlagartig eine solche Vielzahl an emotional aufgeladenen Bildern im Kopf hervor wie die Bezeichnung der Willkommenskultur (siehe Abschn. 1.1). „Willkommenskultur ist ein Begriff, der die Migrationsdebatte der letzten Jahre geprägt hat, aber im öffentlichen Verständnis unscharf geblieben ist", beschreibt es Orkan Kösemen (2017, S. 1) von der Bertelsmann Stiftung. Das Gefühl, willkommen zu sein, prägt das soziale Miteinander und gibt ein Gefühl von Heimatverbundenheit und Akzeptanz.

De Paiva Lareiro et al. (2020) fanden in ihrer Untersuchung zur Bedeutung des Willkommenseins in der Aufnahmegesellschaft heraus, dass sich einerseits das subjektiv wahrgenommene Willkommensgefühl der geflüchteten Menschen positiv auf ihre allgemeine Lebenszufriedenheit auswirkt. Andererseits hat der unmittelbare Kontakt zur Bevölkerung einen positiven Einfluss auf die Zufriedenheit der in Deutschland Schutzsuchenden. Eine zentrale Voraussetzung ist die Sprachkompetenz. Das Sprechen der deutschen Sprache ist förderlich für das Entstehen und den Ausbau von Kontakten zwischen den Geflüchteten und Personen der Aufnahmegesellschaft (de Paiva Lareiro et al. 2020, S. 15).

Die Entwicklung der jungen Willkommenskultur in Deutschland ist Untersuchungsgegenstand einer weiteren, von der Bertelsmann Stiftung in Auftrag gegebenen Studienreihe. Die zuletzt veröffentlichten, zentralen Ergebnisse verdeutlichen das derzeitige Stimmungsbild zwischen Skepsis und Pragmatismus. Unter Rückgriff auf die drei zuvor durchgeführten Erhebungen zeigt sich in der vierten Umfrage, dass die Bereitschaft zur Aufnahme geflüchteter Menschen leicht angestiegen ist, wobei sich knapp 50 % der Befragten gegen eine Flüchtlingsaufnahme aussprechen, da die Belastungsgrenze in Deutschland ihrer Meinung nach erreicht sei (Kober und Kösemen 2019, S. 9–13). Zudem besteht weiterhin eine hohe Skepsis gegenüber Migration in der deutschen Bevölkerung (Kober und Kösemen 2019, S. 9–13, 41).

2.6 Fazit

Mit Blick in die Vergangenheit wie auch in die Gegenwart zeigt sich, dass die Themen Gewaltmigration, Flucht und Flüchtlingsaufnahme von jeher die Menschheit begleiten. Die Konsequenzen und Auswirkungen vorangegangener Fluchtbewegungen prägen bis heute v. a. territoriale Grenzen sowie staatliche Entwicklungen – auch die von Deutschland. Aufgrund dieser historisch belegten Entwicklungen liegt es nahe, dass diese Themen auch zukünftig nicht wegzudenken sind. Um nun das gesellschaftliche Spannungsfeld, das insbesondere in den letzten fünf Jahren an polarisierendem Charakter zugenommen hat und eine Vielzahl an Menschen vor die Entscheidung stellt, sich als Flüchtlingshelfer/in oder Flüchtlingsskeptiker/in zu positionieren, in Zukunft zu entspannen, besteht dringender Handlungsbedarf. Ziel der Maßnahmen muss es insbesondere sein, die Schärfe aus der Kommunikation der beiden Gruppen herauszunehmen und Anfeindungen zu reduzieren, da sie dialoghemmend sind (siehe Kap. 7). Stattdessen soll eine Grundlage für ein faires, offenes Miteinander und einen Dialog auf Augenhöhe geschaffen werden (siehe Kap. 8 und 10). Doch wie könnte so ein Weg zu einer gemeinsamen Grundlage aussehen und gelingen?

Eine Möglichkeit ist auch an dieser Stelle ein Perspektivenwechsel. Für die Aufnahmegesellschaft ist es notwendig, sich nicht nur auf die Vorteile von Zuwanderung in Form von kultureller Bereicherung und neuem Wissen zu fokussieren, sondern sich im ersten Schritt auch mit den Sorgen und Ängsten der Einheimischen auseinanderzusetzen. Hier nimmt die Politik eine zentrale Rolle ein (siehe Kap. 9). Sie ist ein wichtiger Einflussfaktor für Aufklärung und muss eine Vorbildfunktion für den gesellschaftlichen Umgang mit den Flüchtlingen einnehmen, was wiederum Einfluss auf das Erleben und Verhalten der Zivilgesellschaft hat. Hierbei spielen qualifizierte rechtliche Entscheidungen über den Schutzstatus im Ausländer- und Asylrecht eine vorrangige Rolle, insbesondere den Schutz vor Gefahren für das Leben oder die Einwanderung in den Arbeitsmarkt. Zudem ist es notwendig, dass die Entscheidungen rasch umgesetzt werden. So sind für Personen mit Bleiberecht die Vermittlung von Sprachkompetenz und Eingliederung in den Bildungs- und Arbeitsmarkt als die nächsten unabdingbaren Schritte anzusehen, die der Akkulturation von Immigrant/innen wie auch der Aufnahmegesellschaft dienen.

Es zeigt sich zudem, dass Erfolg wie Misserfolg einer fairen Dialogkultur nicht zuletzt auch vom Selbstverständnis der Einwanderungsgesellschaft abhängig sind (Riecken et al., 2020, S. 3, 16). Was heißt es also, ein/e Deutsche/r zu sein? Was macht das Deutschsein aus? Formal-rechtlich lassen sich diese Fragen zunächst einmal mit den Regeln und Bestimmungen zur Einbürgerung beantworten, wo anhand eines Kriterienkatalogs festlegt wird, wann einer Person die deutsche Staatsbürgerschaft verliehen wird. In Deutschland gelten hierfür übergreifend das Abstammungs- und Geburtsortsprinzip. Das Schaffen eines Wir-Gefühls ist wiederum von den Vorstellungen der Zivilbevölkerung abhängig, was Deutschsein eigentlich ausmacht. Das heißt, Antworten auf diese und viele weitere Fragen zum Selbstbild Deutschlands als Einwanderungsgesellschaft können die Bürger/innen in der Gesellschaft nur zusammen finden. Dass diese Fragen die Menschen in Deutschland umtreiben, zeigen zum einen viele Äußerungen von Engagierten in unserer Studie (Kumbruck et al. 2020), aber auch einige Studien, die zur Lösung dieser Fragen beitragen wollen (z. B. Assmann 2020; Dorn 2019). Gleichzeitig ermöglicht ein solcher Perspektivenwechsel neue Dialogchancen mit Blick auf die gesellschaftliche Dialogkultur; er ist ein Zugang, um die Lücken in der deutschen Identität langfristig zu schließen und ein gemeinsames Verständnis einer kollektiven Identität zu definieren (siehe Kap. 10). Der mittlerweile wahrgenommenen Depolarisierung auf der einen und der Dialogmüdigkeit auf der anderen Seite könnten so neue Anreize gegeben werden für ein gemeinsames Zuhören und Miteinandersprechen auf Augenhöhe (siehe Abschn. 9.5). Mit Blick auf die Notwendigkeit von evidenzbasierter

Forschungsarbeit bringt es der Soziologe, Rechtsextremismusforscher und Gründungsdirektor des Instituts für Demokratie und Zivilgesellschaft (DIZ), Matthias Quent, auf den Punkt: „Die Öffnung wissenschaftlicher Erkenntnisse und Debatten für die Zivilgesellschaft ist dringend nötig, um Diskussionen zu versachlichen, Zusammenhänge zu beleuchten und akademische Diskussionen stärker mit der gesellschaftlichen Realität zu verknüpfen" (Quent 2019, S. 13).

Auf internationaler Ebene besteht dringender Handlungsbedarf dahingehend, wie im Kontext der weltweiten Fluchtbewegungen mit der daraus abgeleiteten Flüchtlingsfrage gemeinschaftlich umgegangen werden soll. Ein Flüchtlingsregime, so wie es Oltmer (2016, S. 133) fordert, muss eine globale, von den Staaten anerkannte und unabhängig aufklärende Funktion einnehmen mit ausreichenden finanziellen Mitteln und Personal. In diesem Zusammenhang gilt es als dringende Voraussetzung, dass sich die Staaten auf neue, zeitgemäße internationale Vereinbarungen verständigen und deren Normen und Werte auch gemeinschaftlich leben (Oltmer 2016, S. 133 f.).

Literatur

Achtziger, A. & Gollwitzer, P. (2009). Rubikonmodell der Handlungsphasen. In V, Brandstätter & J. H. Otto (Hrsg.), *Handbuch der Allgemeinen Psychologie – Motivation und Emotion* (Band 11, S. 150–156). Göttingen: Hogrefe.

Achtziger, A. & Gollwitzer, P. M. (2019, 3. September). *Rubikonmodell der Handlungsphase*. Dorsch: Lexikon der Psychologie. https://dorsch.hogrefe.com/stichwort/rubikonmodell-der-handlungsphasen.

Achtziger, A. & Gollwitzer, P. M. (2021, 8. März). *Volition*. Dorsch: Lexikon der Psychologie. https://dorsch.hogrefe.com/stichwort/volition.

Ahrens, P.-A. (2017). *Skepsis und Zuversicht. Wie blickt Deutschland auf Flüchtlinge?* Hannover: creo-media. https://www.siekd.de/wp-content/uploads/2018/06/Skepsis_und_Zuversicht.pdf.

Allport, G. W. (1954). *The nature of prejudice*. Cambridge: Addison-Wesley.

Assmann, A. (2020). *Die Wiedererfindung der Nation. Warum wir sie fürchten und warum wir sie brauchen.* München: C. H. Beck.

Ausländerzentralregister (AZR). (2020, 23. Juli). *Schutzsuchende nach Schutzstatus von 2007 bis 2019.* Destatis. https://www.destatis.de/DE/Themen/Gesellschaft-Umwelt/Bevoelkerung/Migration-Integration/Tabellen/schutzsuchende-zeitreihe-schutzstatus.html.

Auswärtiges Amt. (2019, 25. Juli). *Flucht und Migration*. https://www.auswaertiges-amt.de/de/aussenpolitik/europa/migration-inneres-justiz/migration/210010. Abgerufen am 28.09.2020.

Behrensen, B. (2017). *Was bedeutet Fluchtmigration? Soziologische Erkundungen für die psychosoziale Praxis.* Göttingen: Vandenhoeck & Ruprecht.

Berry, J. W. (1997). Immigration, acculturation, and adaptation. *Applied Psychology: An International Review, 46*(1), 5–34. https://doi.org/10.1080/026999497378467.

Bröse, J., Faas, S. & Stauber, B. (2018). *Flucht. Herausforderungen für Soziale Arbeit.* Wiesbaden: Springer VS.

Brücker, H., Kunert, A., Mangold, U., Kalusche, B., Siegert, M. & Schupp, J. (2016a). Geflüchtete Menschen in Deutschland – eine qualitative Befragung. Studie im Rahmen der IAB-BAMF-SOEP-Befragung von geflüchteten Menschen in Deutschland. *IAB-Forschungsbericht 09*, 1–145. http://doku.iab.de/forschungsbericht/2016/fb0916.pdf.

Brücker, H., Fendel, T., Kunert, A., Mangold, U., Siegert, M. & Schupp, J. (2016b). Geflüchtete Menschen in Deutschland: Warum sie kommen, was sie mitbringen und welche Erfahrungen sie machen. *IAB-Kurzbericht 15*, 1–12. https://www.econstor.eu/bitstream/10419/158491/1/kb2016-15.pdf.

Bundesamt für Migration und Flüchtlinge (BAMF). (2021, 4. Mai). *IAB-BAMF-SOEP-Befragung von Geflüchteten.* https://www.bamf.de/SharedDocs/ProjekteReportagen/DE/Forschung/Integration/iab-bamf-soep-befragung-gefluechtete.html?nn=283560.

Bundesministerium für Familie, Senioren, Frauen und Jugend (BMFSFJ). (2017). *Engagement in der Flüchtlingshilfe. Ergebnisbericht einer Untersuchung des Instituts für Demoskopie Allensbach.* Berlin: Bundesministerium für Familie, Senioren, Frauen und Jugend. Referat Öffentlichkeitsarbeit. https://www.bmfsfj.de/resource/blob/122010/d35ec9bf4a940ea49283485db4625aaf/engagement-in-der-fluechtlingshilfe-data.pdf.

Bundesministerium für Familie, Senioren, Frauen und Jugend (BMFSFJ). (2018, 7. Februar). *Engagement in der Flüchtlingshilfe. Ergebnisbericht einer Untersuchung des Instituts für Demoskopie Allensbach.* https://www.bmfsfj.de/bmfsfj/service/publikationen/engagement-in-der-fluechtlingshilfe-122012.

Bundespsychotherapeutenkammer (BPtK). (2015, 16. September). *Mindestens die Hälfte der Flüchtlinge ist psychisch krank. BPtK-Standpunkt „Psychische Erkrankungen bei Flüchtlingen".* https://www.bptk.de/mindestens-die-haelfte-der-fluechtlinge-ist-psychisch-krank/.

Cannon, W. B. (1915). *Bodily Changes in Pain, Hunger, Fear and Rage: An Account of Recent Researches into the Function of Emotional Excitement.* New York: Appleton.

De Gues, A. (2018). Vorwort. In Bertelsmann Stiftung (Hrsg.), *Wege aus der Flucht. Warum Menschen fliehen* (S. 11–14). Gütersloh: Bertelsmann Stiftung. https://www.bertelsmann-stiftung.de/fileadmin/files/BSt/Publikationen/Infomaterialien/IN_Wege_aus_der_Flucht_2018_06_14.pdf.

De Paiva Lareiro, C., Rother, N. & Siegert, M. (2020). Dritte Welle der IAB-BAMF-SOEP-Befragung von Geflüchteten. Geflüchtete verbessern ihre Deutschkenntnisse und fühlen sich in Deutschland weiterhin willkommen. Ausgabe 01I2020 der Kurzanalysen des Forschungszentrums Migration, Integration und Asyl des Bundesamtes für Migration und Flüchtlinge, Nürnberg. *Kurzanalysen des Forschungszentrums Migration, Integration und Asyl des Bundesamtes für Migration und Flüchtlinge, 01*, 1–19. https://www.bamf.de/SharedDocs/Anlagen/DE/Forschung/Kurzanalysen/kurzanalyse1-2020_iab-bamf-soep-befragung-sprache.pdf?__blob=publicationFile&v=7.

Deutscher Bundestag. (2020, 11. September). *Konsequenzen aus dem Brand im Flüchtlingslager Moria auf Lesbos verlangt.* https://www.bundestag.de/dokumente/textarchiv/2020/kw37-de-moria-791342.

Dorn, T. (2019). *deutsch, nicht dumpf. Ein Leitfaden für aufgeklärte Patrioten.* München: Pantheon.

Etzold, B. (2019). Auf der Flucht – (Im)Mobilisierung und (Im)Mobilität von Schutzsuchenden. State-of-Research Papier 04, Verbundprojekt ‚Flucht: Forschung und Transfer', Osnabrück: Institut für Migrationsforschung und Interkulturelle Studien (IMIS) der Universität Osnabrück/Bonn: Internationales Konversionszentrum Bonn (BICC), Juni 2019. *Flucht: Forschung und Transfer State-of-Research Papier 04*, 1–80. https://flucht-forschung-transfer.de/wp-content/uploads/2019/06/SoR-04-Benjamin-Etzold-WEB.pdf.

Europäische Kommission. (2020, 23. September). *Ein Neuanfang in der Migrationspolitik: Aufbau von Vertrauen und Schaffung eines neuen Gleichgewichts zwischen Verantwortung und Solidarität.* https://ec.europa.eu/commission/presscorner/detail/de/IP_20_1706.

Fengler, S. & Kreutler, M. (2020). Stumme Migranten, laute Politik, gespaltene Medien. Die Berichterstattung über Flucht und Migration in 17 Ländern. Ein Projekt der Otto Brenner

Stiftung. *OBS-Arbeitspapier, 39*, 1–68. https://www.otto-brenner-stiftung.de/fileadmin/user_data/stiftung/02_Wissenschaftsportal/03_Publikationen/AP39_Migration.pdf.

Festinger, L. (1957). *A Theory of Cognitive Dissonance*. Standford: Standford University Press.

Gäbel, U., Ruf, M., Schauer, M., Odenwald, F. & Neuner, F. (2006). Prävalenz der Posttraumtischen Belastungsstörung (PTSD) und Möglichkeiten der Ermittlung in der Aslyverfahrenspraxis. *Zeitschrift für Klinische Psychologie und Psychotherapie, 35*(1), 12–20. https://doi.org/10.1026/1616-3443.35.1.12.

Genkova, P. (2019). *Interkulturelle Wirtschaftspsychologie*. Berlin/Heidelberg: Springer.

Genkova, P. & Riecken, A. (2020). *Handbuch Migration und Erfolg. Psychologische und sozialwissenschaftliche Aspekte*. Wiesbaden: Springer.

Genkova, P., Ringeisen, T. & Leong, F. T. L. (2013). *Handbuch Stress und Kultur. Interkulturelle und kulturvergleichende Perspektiven*. Wiesbaden: Springer VS.

Gerrig, R. J. (2016). *Psychologie* (20. Aufl.). Hallbergmoos: Pearson.

Grandi, F. (2020, 18. Juni). *Briefing to the United Nations Security Council*. UNHCR. https://www.unhcr.org/admin/hcspeeches/5eebac3a4/briefing-united-nations-security-council.html.

Grote, J. (2018). *Die veränderte Fluchtmigration in den Jahren 2014 bis 2016: Reaktionen und Maßnahmen in Deutschland. Studie der deutschen nationalen Kontaktstelle für das Europäische Migrationsnetzwerk (EMN). Working Paper 79 des Forschungszentrums des Bundesamtes*. Nürnberg: Bundesamt für Migration und Flüchtlinge. https://www.bamf.de/SharedDocs/Anlagen/DE/EMN/Studien/wp79-emn-fluchtmigration-2014-2016-reaktionen-ma%C3%9Fnahmen-deutschland.pdf;jsessionid=A7E073791F68AF6F71C61791FBCEF2AC.internet281?__blob=publicationFile&v=19.

Haller, M. (2017). Die „Flüchtlingskrise" in den Medien. Tagesaktueller Journalismus zwischen Meinung und Information. Eine Studie der Otto Brenner Stiftung. *OBS-Arbeitsheft, 93*, 1–184. https://www.otto-brenner-stiftung.de/fileadmin/user_data/stiftung/02_Wissenschaftsportal/03_Publikationen/AH93_Fluechtingskrise_Haller_2017_07_20.pdf.

Hanewinkel, V. & Oltmer, J. (2017, 20. September). *Migration nach Deutschland: Aktuelle Herausforderungen und zukünftige Entwicklungen*. Bundeszentrale für politische Bildung (bpb). https://www.bpb.de/gesellschaft/migration/laenderprofile/256375/herausforderungen-und-entwicklungen.

Heckhausen, H. & Gollwitzer, P. M. (1987). Thought contents and cognitive functioning in motivational versus volitional states of mind. *Motivation and Emotion, 11*(2), 101–120. https://doi.org/10.1007/BF00992338.

Hirseland, K. (2015, 9. Juni). *Flucht und Asyl: Aktuelle Zahlen und Entwicklungen*. Bundeszentrale für politische Bildung (bpb). https://www.bpb.de/apuz/208003/aktuelle-zahlen-und-entwicklungen.

Hofstede, G. (1983). Dimensions of national cultures in fifty countries and three regions. In J. B. Deregowski, S. Dziurawiec & R. C. Annis (Hrsg.), *Explications in cross-cultural psychology* (S. 335–355). Amsterdam Lisse: Swets & Zeitlinger.

Institut für Demoskopie Allensbach (IfD Allensbach). (2017). *Veröffentlichte Studien: Studien/Berichte. Engagement in der Flüchtlingshilfe*. https://www.ifd-allensbach.de/studien-und-berichte/veroeffentlichte-studien.html?tx_studies_studieslist%5Baction%5D=search&tx_studies_studieslist%5Bcontroller%5D=Research&cHash=94ec651a685695dad801404a73658c9e. Abgerufen am 03.11.2020.

International Organization for Migration (IOM). (2019). *World Migration Report 2020*. Geneva: International Organization for Migration. https://publications.iom.int/system/files/pdf/wmr_2020.pdf.

Keller, H. (2020). Kindheit, Entwicklung und Migration. In P. Genkova & A. Riecken (Hrsg.), *Handbuch Migration und Erfolg. Psychologische und sozialwissenschaftliche Aspekte* (S. 153–168). Wiesbaden: Springer.

Kleist, J. O., Engler, M., Etzold, B., Mielke, K, Oltmer, J., Pott, A., Schetter, C. & Wirkus, L. (2019). Flucht- und Flüchtlingsforschung in Deutschland – Eine Bestandsaufnahme. Abschlussbericht, Verbundprojekt ‚Flucht: Forschung und Transfer', Osnabrück: Institut für Migrationsforschung und Interkulturelle Studien (IMIS) der Universität Osnabrück/Bonn: Internationales Konversionszentrum Bonn (BICC), Juni 2019. *Flucht: Forschung und Transfer Abschlussbericht,* 1–60. https://flucht-forschung-transfer.de/wp-content/uploads/2015/06/FFT-Abschlussbericht-WEB.pdf.

Knaus, G. (2020). *Welche Grenzen brauchen wir? Zwischen Empathie und Angst – Flucht, Migration und die Zukunft von Asyl.* München: Piper.

Krause, U. (2018). Gewalterfahrungen von Geflüchteten. State-of-Research Papier 03, Verbundprojekt ‚Flucht: Forschung und Transfer', Osnabrück: Institut für Migrationsforschung und Interkulturelle Studien (IMIS) der Universität Osnabrück/Bonn: Internationales Konversionszentrum Bonn (BICC), Juni 2018. *Flucht: Forschung und Transfer State-of-Research Papier 03,* 1–44. https://flucht-forschung-transfer.de/wp-content/uploads/2017/05/State-of-Research-03-Gewalterfahrungen-von-Fl%C3%BCchtlingen-Ulrike-Krause-1.pdf.

Kumbruck, C. & Derboven, W. (2015). Teil I Theoretische Grundlagen: Kultur. In C. Kumbruck & W. Derboven (Hrsg.), *Interkulturelles Training. Trainingsmanual zur Förderung interkultureller Kompetenzen in der Arbeit* (3. Aufl., S. 3–24). Berlin/Heidelberg: Springer.

Kumbruck, C., Dulle, M. & Vogt, M. (2020). *Flüchtlingsaufnahme kontrovers. Einblicke in die Denkwelten und Tätigkeiten von Engagierten. Band 1.* Baden-Baden: Nomos.

Kober, U. & Kösemen, O. (2019). *Willkommenskultur zwischen Skepsis und Pragmatik. Deutschland nach der „Fluchtkrise".* Gütersloh: Bertelsmann Stiftung. https://www.bertelsmann-stiftung.de/de/publikationen/publikation/did/willkommenskultur-zwischen-skepsis-und-pragmatik/.

Kösemen, O. (2017, 17. Dezember). *Migration fair gestalten. Willkommenskultur in Deutschland. Mehr als nur ein Modewort?* Bertelsmann Stiftung. https://www.bertelsmann-stiftung.de/de/publikationen/publikation/did/policy-brief-migration-willkommenskultur-in-deutschland/.

Landeszentrale für politische Bildung Baden-Württemberg (LpB BW). (2020, November). *Flüchtlinge und Schutzsuchende in Deutschland.* https://www.lpb-bw.de/fluechtlingsproblematik#c51007.

Meitz, T. (2016, 29. Juni). *Stimulus-Response- und Stimulus-Organism-Response-Modelle.* Dosch: Lexikon der Psychologie. https://dorsch.hogrefe.com/stichwort/stimulus-response-und-stimulus-organism-response-modelle.

Mlodoch, K. (2017). *Gewalt, Flucht – Trauma? Grundlagen und Kontroversen der psychologischen Traumaforschung.* Göttingen: Vandenhoeck & Ruprecht.

Nesterko, Y. & Glaesmer, H. (2016). Migration und Flucht als Prozess. *Trauma und Gewalt, 10,* 270–286. https://doi.org/10.21706/tg-10-4-270.

Neue deutsche Medienmacher (NdM). (2017, 11. Oktober). *Kritik an besorgten Wissenschaftler:innen (mit Reaktion und Replik). Studie „Die ‚Flüchtlingskrise' in den Medien".* https://neuemedienmacher.de/aktuelles/beitrag/pressemitteilung-neue-deutsche-medienmacher-kritisieren-besorgten-wissenschaftler.

Oltmer, J. (2016). *Globale Migration. Geschichte und Gegenwart* (3. Aufl.). München: C. H. Beck.

Oltmer, J. (2017). Das lange 20. Jahrhundert der Gewaltmigration. *Österreichische Zeitschrift für Geschichtswissenschaft, 28*(2), 24–48. https://doi.org/10.25365/oezg-2017-28-2-2.

Panagiotidis, E. & Pabst, V. (2020, 21. Oktober). *Die neuesten Entwicklungen. Brand im Flüchtlingslager auf Moria: Hilfsorganisation Oxfam kritisiert Zustände im neuen Lager auf Lesbos* als „schlimmer als Moria". Neue Züricher Zeitung. https://www.nzz.ch/international/das-fluechtlingslager-moria-steht-in-flammen-was-wir-wissen-und-was-noch-unklar-ist-ld.1575717.

Parusel, B. (2015, 9. Juni). *Unbegleitete Minderjährige auf der Flucht.* Bundeszentrale für politische Bildung (bpb). https://www.bpb.de/apuz/208007/unbegleitete-minderjaehrige-auf-der-flucht.

Plamper, J. (2019). *Das neue Wir. Warum Migration dazugehört. Eine andere Geschichte der Deutschen.* Frankfurt am Main: S. Fischer.

Presse- und Informationsamt der Bundesregierung (BPA). (2018, 19. November). *UN-Flüchtlingspakt: Gemeinsam für besseren Schutz der Schutzlosen.* Die Bundesregierung. https://www.bundesregierung.de/breg-de/suche/gemeinsam-fuer-besseren-schutz-der-schutzlosen-1551722.

Presse- und Informationsamt der Bundesregierung (BPA). (2020a, 16. Oktober). *Flüchtlingspolitik, Asylverfahren: Was tut die Bundesregierung im Bereich Migration und Integration?* Die Bundesregierung. https://www.bundesregierung.de/breg-de/suche/migration-und-integration-1657562.

Presse- und Informationsamt der Bundesregierung (BPA). (2020b, 1. März). *Fachkräfteeinwanderungsgesetz. Mehr Fachkräfte für Deutschland.* Die Bundesregierung. https://www.bundesregierung.de/breg-de/aktuelles/fachkraeteeinwanderungsgesetz-1563122.

Quent, M. (2019). *Deutschland rechts außen. Wie die Rechten nach der Macht greifen und wie wir sie stoppen können.* München: Piper.

Riecken, A., Genkova, P. & Martin Sanabria, A. (2020). Migration, Akkulturation und Integration: Warum sollten wir uns mit Erfolg beschäftigen? In P. Genkova & A. Riecken (Hrsg.), *Handbuch Migration und Erfolg. Psychologische und sozialwissenschaftliche Aspekte* (S. 3–30), Wiesbaden: Springer.

Reisenauer, E. (2020). Transnationale Identitätskonstruktion im Migrationskontext. In P. Genkova & A. Riecken (Hrsg.), *Handbuch Migration und Erfolg. Psychologische und sozialwissenschaftliche Aspekte* (S. 139–152). Wiesbaden: Springer.

Robert Bosch Stiftung. (2016, Juli). *Ausnahmesituation oder Normalfall? Die historische Dimension von Migration und was sie uns lehrt.* https://www.bosch-stiftung.de/de/news/ausnahmesituation-oder-normalfall-die-historische-dimension-von-migration-und-was-sie-uns.

Rundfunk Berlin-Brandenburg (rbb). (2020, 9. September). *Was ist das Lager Moria?* https://www.inforadio.de/programm/schema/sendungen/auf_den_punkt/202009/09/lager-moria-lesbos-fluechtlinge.html.

Ruf, M., Schauer, M. & Elbert, T. (2010). Prävalenz von traumatischen Stresserfahrungen und seelischen Erkrankungen bei in Deutschland lebenden Kindern von Asylbewerbern. *Zeitschrift für Klinische Psychologie und Psychotherapie, 39*(3), 151–160. https://doi.org/10.1026/1616-3443/a000029.

Rust, I. (2019). Zivilgesellschaftlich-ehrenamtliches Engagement für Geflüchtete und von Geflüchteten. Ein doppelter Schlüssel für gesellschaftliche Teilhabe. In R. Natarajan (Hrsg.), *Sprache, Flucht, Migration. Kritische, historische und pädagogische Annäherungen* (S. 175–202). Wiesbaden: Springer VS.

Sauer, M. & Brinkmann, H. U. (2016). Einführung: Integration in Deutschland. In H. U. Brinkmann & M. Sauer (Hrsg.), *Einwanderungsgesellschaft Deutschland. Entwicklung und Stand der Integration* (S. 1–22). Wiesbaden: Springer VS.

Schier, M. (2020, 12. September). Kommentar: Kleine Koalitionen statt großer Lösungen. *Der Patriot, Nr. 213*, S. 3.

Schmidbauer, W. (2017). *Helikoptermoral. Empörung, Entrüstung und Zorn im öffentlichen Raum* (2. Aufl.). Hamburg: Kursbuch.edition.

Schmieding, B. (2020, 14. Januar). *Studie zur Berichterstattung über Flüchtlinge. „Deutschland sticht absolut heraus". Susanne Fengler im Gespräch mit Bettina Schmieding.* Deutschlandradio.

https://www.deutschlandfunk.de/studie-zur-berichterstattung-ueber-fluechtlinge-deutschland.2907.de.html?dram:article_id=467831.

Scholz, A. (2013). *Warum Deutschland? Einflussfaktoren bei der Zielstaatssuche von Asylbewerbern. Forschungsbericht 19.* Nürnberg: Bundesamt für Migration und Flüchtlinge. https://www.bamf.de/SharedDocs/Anlagen/DE/Forschung/Forschungsberichte/fb19-warum-deutschland.pdf?__blob=publicationFile&v=14.

Schröder, L. (2016, 25. Dezember). *Weihnachten. Flucht ist das große Thema der Bibel.* RP Digital GmbH. https://rp-online.de/panorama/deutschland/flucht-ist-das-grosse-thema-der-bibel_aid-21183757.

Sierau, S., Nesterko, Y. & Glaesmer, H. (2019). Herausforderungen im Fluchtprozess unbegleiteter Jugendlicher. Eine entwicklungspsychologische Perspektive. *Kindheit und Entwicklung, 28*(3), 139–146. https://doi.org/10.1026/0942-5403/a000284.

Statistisches Bundesamt (Destatis). (2020, 23. Juli). *Migration und Integration: Schutzsuchende nach Schutzstatus von 2007 bis 2019.* https://www.destatis.de/DE/Themen/Gesellschaft-Umwelt/Bevoelkerung/Migration-Integration/Tabellen/schutzsuchende-zeitreihe-schutzstatus.html.

Statistisches Bundesamt (Destatis). (2021, 29. März). *Bevölkerung: Migration und Integration.* https://www.destatis.de/DE/Themen/Gesellschaft-Umwelt/Bevoelkerung/Migration-Integration/_inhalt.html.

Ther, P. (2017). *Die Außenseiter. Flucht, Flüchtlinge und Integration im modernen Europa.* Berlin: Suhrkamp.

Thönneßen, N.-M. (2019). Ehrenamtliche als Integrationslosten im totalen Flüchtlingsraum? Risiken und Chancen der Orientierung am Integrationsbegriff im Feld ehrenamtlicher Unterstützung für Geflüchtete. In M. E. Kaufmann, L. Otto, S. Nimführ & D. Schütte (2019). *Forschen und Arbeiten im Kontext von Flucht. Reflexionslücken, Repräsentations- und Ethikfragen* (S. 285–310). Wiesbaden: Springer VS.

Trebbe, J. & Paasch-Colberg, S. (2016, 9. Dezember). *Migration, Integration und Medien.* Bundeszentrale für politische Bildung (bpb). https://www.bpb.de/gesellschaft/medien-und-sport/medienpolitik/172752/migration-integration-und-medien.

United Nations High Commissioner for Refugees (UNHCR). (2018, 2. August). *Bericht des Hohen Flüchtlingskommissars der Vereinten Nationen. Teil II: Globaler Pakt für Flüchtlinge.* https://www.unhcr.org/dach/wp-content/uploads/sites/27/2018/11/GCR_final_GER.pdf.

United Nations High Commissioner for Refugees (UNHCR). (2020a). *Global Trends: Forced Displacement in 2019.* Copenhagen: Statistics and Demographics Section. UNHCR Global Data Service. https://www.unhcr.org/statistics/unhcrstats/5ee200e37/unhcr-global-trends-2019.html.

United Nations High Commissioner for Refugees (UNHCR). (2020b, 18. Juni). *Zahlen im Überblick.* https://www.unhcr.org/dach/de/ueber-uns/zahlen-im-ueberblick. Abgerufen am 28.09.2020.

United Nations High Commissioner for Refugees (UNHCR). (2020c, 17. Juni). *UNHCR Global Trends-Bericht: Ein Prozent der Weltbevölkerung auf der Flucht.* https://www.unhcr.org/dach/at/46805-unhcr-global-trends-bericht-ein-prozent-der-weltbevoelkerung-auf-der-flucht.html.

United Nations High Committee for Refugees (UNHCR). (2020d). *Geschichte von UNHCR.* https://www.unhcr.org/dach/de/ueber-uns/geschichte-von-unhcr.

United Nations High Committee for Refugees (UNHCR). (2020e). *Die Genfer Flüchtlingskonvention.* https://www.unhcr.org/dach/de/ueber-uns/unser-mandat/die-genfer-fluechtlingskonvention.

United Nations High Committee for Refugees (UNHCR). (2020f). *Der globale Pakt für Flüchtlinge.* https://www.unhcr.org/dach/de/was-wir-tun/globaler-pakt.

United Nations High Committee for Refugees (UNHCR). (2021a). *Refugee Data Finder. Population figures.* https://www.unhcr.org/refugee-statistics/download/?url=70Oq. Abgerufen am 31.01.2021.

United Nations High Committee for Refugees (UNHCR). (2021b). *Refugee Data Finder. Internally displaced persons.* https://www.unhcr.org/refugee-statistics/download/?url=3P3b. Abgerufen am 31.01.2021.

United Nations High Committee for Refugees (UNHCR). (2021c). *Refugee Data Finder. Palestine refugees under UNRWA's mandate.* https://www.unhcr.org/refugee-statistics/download/?url=MKh4. Abgerufen am 31.01.2021.

Von Marschall, C. (2020, 10. September). *Flüchtlingspolitik zwischen Versagen und Pragmatismus: Darum schaut Europa in Moria nur zu.* Der Tagesspiegel Online. https://www.tagesspiegel.de/politik/fluechtlingspolitik-zwischen-versagen-und-pragmatismus-darum-schaut-europa-in-moria-nur-zu/26173654.html.

Wagner, J. (2021, 26. Mai). *Migration nach Deutschland: Verlockendes Land.* ZEIT ONLINE. https://www.zeit.de/2021/22/migration-deutschland-anreize-zuwanderung-forschung-pull-faktoren-integration/komplettansicht.

Weber, S. & Steffens, M. C. (2020). Die Bedeutung sozialer Identitäten und Gruppenstereotype in Bezug auf Migration und Geschlecht. In P. Genkova & A. Riecken (Hrsg.), *Handbuch Migration und Erfolg. Psychologische und sozialwissenschaftliche Aspekte* (S. 191–204). Wiesbaden: Springer.

Wirtz, M. A. (2019, 26. April). *Fluchtverhalten.* Dorsch: Lexikon der Psychologie. https://dorsch.hogrefe.com/stichwort/fluchtverhalten.

Ziegler, J. (2020). *Die Schande Europas. Von Flüchtlingen und Menschenrechten.* München: C. Bertelsmann.

Laura Reckmann, B. Sc. ist studierte Wirtschaftspsychologin und angehende Kommunikationsmanagerin. Seit 2018 war sie im Projekt „Zivilgesellschaftliches Engagement: Was bewegt Menschen in Deutschland dazu, sich im Rahmen der Flüchtlingsthematik zu engagieren?" für die Bereiche interne Koordination, Interviewdurchführung sowie methodische Anwendung und Auswertung zuständig. Während ihres Bachelor- und Masterstudiums engagierte sie sich als studentische Hilfskraft in mehreren Forschungsprojekten der Hochschule Osnabrück und vertiefte so ihr Methodenwissen im Umgang mit verschiedensten qualitativen und quantitativen Verfahren.

Portraits der interviewten Engagierten

Marvin Vogt

3.1 Einleitung und Funktion der Portraits

Was bewegt Menschen dazu, sich innerhalb des Themas Flüchtlinge in Deutschland zu engagieren? Durch das qualitative Vorgehen in dieser Studie sollte eine größtmögliche Offenheit gegenüber den individuellen Motiven, Einstellungen und Gefühlen der Interviewten ermöglicht werden. Damit ist nicht nur gemeint, dass den Meinungen der Engagierten werturteilsfrei gegenübergetreten wurde, sondern es ging auch um Offenheit im empirischen Sinne. Die gewählten Methoden ließen den Teilnehmer/innen die Möglichkeit, in Bezug auf die Form so zu antworten, wie sie es für richtig hielten, und genau deshalb waren die Antworten so gehaltvoll für einen ersten Erkenntnisgewinn in diesem Themenbereich.

Es ist selbstverständlich, dass durch die Verschriftlichung der Interviews ein Teil der Authentizität verloren geht. Betonungen, Mimik und Gestik, allgemeiner Habitus sowie noch schwerer zu erfassende Aspekte wie z. B. die Gesprächsstimmung und -atmosphäre fließen im Moment des Interviews ein, lassen sich später aber nur äußerst schwer an andere Personen weitergeben. Weiter fehlen einer/m uneingeweihten Leser/in wichtige Hintergrundinformationen zu der interviewten Person selbst, die jedoch essenziell für das Bedeutungsverständnis einzelner Aussagen sein können. Erschwerend kommt hinzu, dass dieses Problem gerade an solchen Stellen am schwerwiegendsten wirkt, an denen der/die Interviewte ganz besonders wichtige, weil äußerst persönliche und teilweise

---

M. Vogt (✉)
eye square GmbH, Berlin, Deutschland
E-Mail: kontakt@marvin-vogt.de

© Springer Fachmedien Wiesbaden GmbH, ein Teil von Springer Nature 2022
C. Kumbruck (Hrsg.), *Spannungsfeld Flüchtlinge*,
https://doi.org/10.1007/978-3-658-35499-2_3

intime Gedanken äußert. Eine Wiedergabe dieser Passagen Dritten gegenüber wäre – selbst durch eine entsprechend detaillierte Interpretation eingerahmt – nicht zufriedenstellend.

Aus diesem Grund folgen in diesem Kapitel Portraits aller interviewten Engagierten, die es jeder/m Leser/in ermöglichen sollen, sich ein lebendigeres Bild der Teilnehmer/innen machen zu können. Für die Beantwortung der Frage nach dem „Warum", also der persönlichen Engagementmotive, spielt nämlich auch die jeweilige Person, also das „Wer" eine relevante Rolle. So verschieden wie die Engagementformen und die dahinterstehenden Beweggründe sind, so sind es auch die Engagierten selbst. Wie ein Portraitfoto auch, liefern die hier vorgestellten Portraits eine Momentaufnahme, die sicherlich nicht allumfassend ist und auch nicht sein kann. Sie basieren nur auf den Eindrücken während des jeweiligen Interviews, aus den biografischen Angaben der Teilnehmer/innen sowie natürlich auf dem im Interview Gesagten. Wir hoffen, dass dadurch die Reise durch dieses Buch und auch durch das gesamte Thema anschaulicher und konkreter wird, manche Aspekte bildhafter erscheinen und somit die Erfahrungen der Engagierten letztlich greifbarer werden.

3.2 Anmerkung zum Datenschutz

Der Schutz persönlicher Daten und Informationen der Teilnehmenden spielt in den Wissenschaften allgemein eine große Rolle. So fußen Umfragen, Experimente oder Beobachtungen in der Psychologie allein schon aus ethischen Gründen grundsätzlich auf der Freiwilligkeit der Teilnahme und der Zusicherung der Anonymität. Daher haben wir die hier vorgestellten Inhalte vor Veröffentlichung mehrmals und mit größter Sorgfalt kritisch reflektiert. Aus diesem Prozess heraus ergeben sich zwei Konsequenzen, die der Transparenz und Nachvollziehbarkeit halber hier kurz genannt werden sollen.

Kommentare und Äußerungen der Teilnehmenden, die konkrete Hinweise auf ihre Identität, Herkunft, Initiativen oder Familie, Freunde und Bekannte erlauben könnten, wurden entgegen der allgemeinen Handhabung nicht wortwörtlich in den finalen Text übernommen, sondern durch entsprechende allgemeinere Formulierungen ersetzt (z. B. „hier in meiner Stadt" anstatt „hier in München/Berlin/Hamburg/..."). Ebenso wurde mit Passagen verfahren, die zwar keine explizit persönliche Äußerung beinhalten, aber beispielsweise in der Summe an privaten Details einen möglichen Rückschluss auf eine Einzelperson hätten erlauben können. Während dieser Untersuchungen haben die Teilnehmer/innen uns immer wieder sehr intime Einblicke in ihr persönliches Leben gegeben. Diese Vertrautheit ist ein elementarer Bestandteil qualitativer Feldforschung und kann eben nur durch die hier genannten Mechanismen ermöglicht werden.

Gerade bei der quellennahen Arbeit mit vielen Originalzitaten kann viel an Authentizität und Nachvollziehbarkeit verloren gehen, wenn diese anonymisiert sind und komplett ohne Personenbezug für sich alleinstehen. Daher haben wir uns dazu entschlossen, in diesem Kapitel Pseudonyme zu verwenden, um so die Aussagen der

Teilnehmer/innen nach wie vor begreifbar zu lassen. Die hier verwendeten Namen sind dabei rein zufällig ausgewählt und zugeordnet worden und lassen keinerlei Rückschluss auf die tatsächlichen Namen zu. In den weiteren Kapiteln werden die Pseudonyme nicht weiter genutzt, um mögliche Rekonstruktionen der Identitäten zu verhindern.

3.3 Die Teilnehmer/innen – Portraits

Anke Hagenberg (30–40 Jahre)
Charakterisierung:

> *„Ich weiß, dass ich ein gutes und privilegiertes Leben habe, und das ist nicht selbstverständlich."*

Warum sie sich engagiert:

> *„Ich hatte einfach so ein Bedürfnis, zu helfen, und diese praktische Hilfe tue ich auch gerne."*

Frau Hagenberg ist verheiratet, hat mehrere Kinder und bezeichnet sich selbst als eine *„Vollzeit-Mami aus Überzeugung"*. In ihrem Engagement übernimmt sie Patenschaften für Flüchtlingsfamilien und hilft diesen bei den Hürden des Alltags, zu denen z. B. das Schreiben von Bewerbungen, Wohnungsbesichtigungen oder das Ausfüllen amtlicher Formulare gehören. In ihrem Leben ist es ihr wichtig, die Dinge möglichst konkret und begreifbar zu betrachten. Sie sieht sich als *„Anpackerin"*, die solche Dinge in die Hand nimmt, die sie auch tatsächlich ändern kann.

Durch diese pragmatische Einstellung, die insbesondere in ihrem Engagement eine wichtige Rolle spielt, ist das Handeln und Denken auf einer abstrakteren Ebene keine Option für sie. Sie möchte lieber unmittelbar involviert sein, da sie private und persönliche Begegnungen mit anderen Menschen wegen deren hohen Maßes an Greifbarkeit schätzt. Frau Hagenberg ist sich dessen bewusst, dass es ihr und ihrer Familie gut geht und dass sie viele Privilegien genießen, die andere Menschen in Deutschland nicht haben. Deshalb ist es ihr auch ein Anliegen, ihren Kindern das entsprechende Bewusstsein und Verständnis näherzubringen, dass ihre persönliche Situation nicht selbstverständlich ist und andere Menschen auf der Welt unter wesentlich schlechteren Bedingungen leben. Weiter möchte sie nicht nur an ein harmonisches Miteinander mit anderen Menschen appellieren, sondern dies auch entsprechend selbst vorleben und so zeigen, dass Integration funktionieren kann. Sie ist der Meinung, dass die aufnehmende Gesellschaft die Regeln für das Leben miteinander festsetzt und sich die Flüchtlinge im Grundsatz auch daran halten sollten. Allerdings kann in ihren Augen auch eine Annäherung von beiden Seiten sinnvoll sein, sodass nicht auf jeden einzelnen Kulturunterschied geschaut werden muss. Sie freut sich auf eine Zukunft, in der die Welt bunter und interessanter wird, wobei ihr eigener Migrationshintergrund, so ihre Aussage, dafür auch eine Rolle spielt. Mit dem Konzept der Nationalidentität kann sie nichts anfangen und findet es folglich auch falsch, wenn manche Menschen aus der reinen Tatsache, deutsch zu sein, Privilegien oder mögliche Sonderansprüche ableiten.

Sie scheint grundsätzlich eine sehr differenzierte Sichtweise auf Deutschland zu haben und verweist z. B. darauf, dass es auch innerhalb der Deutschen schon sehr viele unterschiedliche Traditionen und kulturelle Normen gibt. Entsprechend hat sie keinerlei Verständnis für das Engagement gegen Flüchtlinge und kritisiert die *„Verengung"* dieser Personen auf eine explizite Variante des Deutschseins. Zuweilen zeigt sie jedoch Verständnis für einzelne Forderungen der Flüchtlingsskeptiker/innen, vor allem in Bezug auf die kritische Sicht auf die Politik. Hier räumt sie ein, dass dort teilweise tatsächlich viele Fehler gemacht wurden. Die Wohnungsnot als Folge von falschen politischen Entscheidungen bezeichnet sie beispielsweise als klares politisches Versagen. Eine klare Grenze setzt sie bei solchen Personen, die verschwörungstheoretische Argumente anbringen.

Anja Fuhrmann (40–50 Jahre)
Charakterisierung:

„Ich bin generell sehr offen, aber selbst meine Offenheit hat gewisse Grenzen, z. B. wenn meine eigene Familie betroffen wäre."

Warum sie sich engagiert:

„Ich will einfach helfen."

Frau Fuhrmann ist eine gebildete, gut situierte und reflektierte Therapeutin, die sich selbst als Teil des *„Bio-Laden-Milieus"* sieht. Sie ist verheiratet und hat einen Sohn. Als handlungsorientiertes Prinzip steht bei ihr Offenheit gegenüber dem Unbekannten an erster Stelle. In ihrem Engagement zeigt sich dies vor allem in ihrem Wunsch nach Geselligkeit (Motiv). So sind ihr vor allem gemeinsame Aktivitäten wie z. B. Kochabende mit syrischen Flüchtlingen wichtig.

Sie hat zu den Flüchtlingen, die sie betreut, einen so guten und engen Kontakt, dass sie diese eher als ihre Freunde ansieht. Ausgangspunkt für ihre Tätigkeit ist der Wunsch, einfach helfen zu wollen. Die Gelegenheit dazu ergab sich eher zufällig. Sie sieht Multikulturalität grundsätzlich als etwas positives, nämlich als Chance, den eigenen Horizont zu erweitern. Ebenfalls von Bedeutung ist ihr, durch ihr Engagement aktiv in und für die Gesellschaft einzutreten, Rückgrat zu zeigen und mit ihrem Leben auch eine Vorbildfunktion einzunehmen, insbesondere ihrem Sohn gegenüber. Im Zusammenhang mit ihrem Sohn und ihrer Familie zeigen sich jedoch auch Ambivalenzen: Ihre Offenheit gilt nur, solange keine Nachteile für ihren Sohn zu befürchten sind. Beispiele dafür wären Sprachprobleme unter den Mitschüler/innen oder wenn sich seine schulischen Leistungen verschlechtern würden, weil seine Lehrer/innen sich aufgrund zusätzlicher Integrationsaufgaben weniger auf den Lehrplan fokussieren könnten.

3 Portraits der interviewten Engagierten

Wenn es um ihre konkrete Art des Helfens geht, ist für sie persönlich eine gewisse „Passung" in Bezug auf Status, Ansichten, Bildung, Humor, kulturelle Vorstellungen über die Rolle der Frau, Zuverlässigkeit und Pünktlichkeit eine wichtige Voraussetzung für die Zusammenarbeit mit Geflüchteten. Zugleich zieht sie ihre Grenze, wenn sie sich durch ihr Engagement zu sehr vereinnahmt fühlt, z. B. weil es zu unterschiedliche Familien-, Freundschafts- oder Zeitvorstellungen gibt. Wenn es dabei zu kulturellen Missverständnissen kommt, spricht sie diese an und versucht sich abzugrenzen. Eine weitere Einschränkung der Offenheit wird durch die Charakterisierung der Gegenseite (konkret Pegida & Co.) gesetzt: Sie fühlt sich bei deren Forderungen und Aggressivität unwohl und blendet diese daher eher aus. Die Gegenseite hat auch keinen offensichtlichen Bezug zu ihrem Engagement: Sie positioniert sich nicht ausdrücklich gegen etwas, sondern legt den Fokus eher auf ein offenes und tolerantes Miteinander. Ziel ihres Engagements ist es, ihren Teil zu einer gelungenen Integration beitragen zu können, d. h. eine Bleibeperspektive für Flüchtlinge zu schaffen, sodass diese hier leben und arbeiten können. Um dies zu erreichen, ist ihrer Ansicht nach sowohl die deutsche Sprache als auch eine qualifizierte berufliche Ausbildung wichtig.

Bernd Schmidt (50–60 Jahre)
Charakterisierung:

> *„Mir geht es um Mitbestimmung. Es geht darum, dass wir auch gefragt werden und die Politik nicht über unsere Köpfe hinweg entscheidet."*

Warum er sich engagiert:

> *„Ich will etwas verändern, auch mittels Polarisierung."*

Herr Schmidt ist verheiratet, arbeitet im Gebäudemanagement und definiert sich weniger über seinen Job als über sein persönliches Engagement, was ihm viel Freizeit abverlangt. Für ihn hat die sogenannte Flüchtlingskrise gesellschaftlich eine so große Tragweite, dass er sie nicht einfach ignorieren und unter den Tisch fallen lassen kann, sondern ganz bewusst in der Öffentlichkeit ansprechen möchte. Durch die vielen wahrgenommenen Flüchtlinge und Migranten/innen fühlt er sich gelegentlich fremd im eigenen Land. Ein Gefühl des Bekannten, des Zuhause-Seins und von Heimat ist ihm in seinem Leben jedoch sehr wichtig, was ihn auch zu seinem Engagement antreibt.

Für ihn hat es eine hohe Bedeutung, vor allem an politischen Entscheidungen partizipieren zu können, indem er angehört wird und im besten Falle mitentscheiden kann. Insbesondere bei der Flüchtlingsthematik in Deutschland ist ihm dies sehr wichtig. Multikulti ist für ihn nur ein schöner Begriff für eine Utopie: Einerseits ist er der Meinung, dass Menschen dazu grundsätzlich nur selten in der Lage seien, andererseits sieht er dieses Konzept mit einem Blick auf bestimmte Berliner Viertel als gescheitert an. Hieraus leitet sich auch eine gewisse Angst vor kriminellen ausländischen Clans ab, die in seinen Augen eine Folge fehlender Integration und Integrationsbereitschaft seien. Herr Schmidt beklagt, dass in den Medien Pegida-Demonstrant/innen immer mit Rechtsradikalen gleichsetzt werden, mit denen er nichts zu tun haben will und die er als *„Idioten"* und *„Trittbrettfahrer"* bezeichnet. Stattdessen wünscht er sich eine differenzierte Berichterstattung, die frei ist von Pauschalisierungen. Bei einer Dialogveranstaltung in seiner Stadt hat er persönlich sehr schlechte Erfahrungen gemacht, da seine Seite, obwohl sie explizit zur Diskussion eingeladen war, nur unzureichend zu Wort gelassen wurde und stattdessen eher einseitig über die positiven Aspekte von Flüchtlingszuzug gesprochen wurde. Hier erlebte Herr Schmidt ein weiteres Mal, dass alle Menschen mit Bedenken gegenüber Flüchtlingen bzw. der deutschen Flüchtlingspolitik pauschal als Nazis abgetan wurden.

Die Häufigkeit, mit der er auf Themen wie Rechtmäßigkeit, Regeln und Regelverstöße zu sprechen kommt, erweckt den Eindruck, dass sein allgemeines Sicherheits- und Ordnungsempfinden große Teile seines Denkens bestimmen, sodass ihm auch das Einhalten bestimmter Regeln beim Umgang mit Flüchtlingen äußert wichtig ist, wie z. B. die Achtung vor Polizei und Justiz, das Einhalten kultureller Regeln oder ein zwischenmenschlicher Anstand. Er fordert von allen Migrant/innen, dass sie sich in die deutsche Kultur integrieren, wobei er insbesondere das Erlernen der deutschen Sprache und die Akzeptanz der deutschen Kultur als wesentlich ansieht. Sein Wille zur Veränderung der gegenwärtigen Flüchtlings- und Migrationspolitik drückt sich auch darin aus, dass er plant, sich zukünftig aktiv in die Lokalpolitik einzubringen, um so konkrete Dinge vor Ort bewegen zu können. Außerdem tritt er in mehreren bürgerlichen Organisationen und Vereinen in Erscheinung, die sich auf verschiedenste Weise gemeinnützig engagieren und teilweise ebenfalls einen politischen Wandel fordern. Dabei ist für ihn auch ein leichtes Provozieren vertretbar, solange es dazu dient, in ein Gespräch über die ihm wichtigen Themen zu kommen. Von zu stark polarisierenden Personen bzw. deren Aussagen grenzt er sich jedoch ab, was auch zu einem zeitweiligen Ausstieg aus einem Verein geführt hatte. Auch lehnt er strikt jede Form von Gewalt ab.

Karin Pfeiffer (30–40 Jahre)
Charakterisierung:

> *„Etwas mit anderen Kulturen zusammen machen ist interessant, macht Spaß und bereichert unsere Gesellschaft."*

Warum sie sich engagiert:

> *„Die brauchen nun mal Hilfe, und da es sonst keine große Hilfe gibt, mache ich das."*

Frau Pfeiffer ist verheiratet und lebt zusammen mit ihrem Kind, jedoch getrennt von ihrem Mann. Sie arbeitet als Integrationstrainerin und ist über diesen Beruf auch zu ihrem privaten Engagement gekommen. Daran gefällt ihr besonders, dass sie immer wieder Neues und Interessantes erlebt und dort Hilfe leisten kann, wo sie gebraucht wird und sonst keiner hilft. Entsprechend meint sie, dass sie sich auch aus einer gewissen moralischen Verpflichtung heraus engagiert, weil die Flüchtlinge auf fremde Hilfe angewiesen seien. Konkret hilft sie zum einen durch ihr Engagement bei einer ehrenamtlichen Sprachvermittlung. Daneben setzt sie sich auch für die praktische Unterstützung im Alltag von Flüchtlingen ein. So engagiert sie sich auch persönlich bei einer geflüchteten Familie in ihrer Stadt und hilft dort bei den Dingen, die für Nicht-Deutsche zunächst schwierig oder unbekannt sein können. Sie steht dabei beim Stellen von Anträgen, Ausfüllen von Formularen und allgemeinen Fragen zum Leben in Deutschland zur Verfügung. Manchmal bietet sie auch einfach nur ein offenes Ohr für persönliche Probleme der Flüchtlinge an. Mittlerweile gibt Frau Pfeiffer zudem Einstiegs- und Willkommenskurse für Asylsuchende in kleineren Gruppen, in denen sie den Teilnehmer/innen sowohl die deutsche Kultur als auch das Rechtssystem näherbringt. Letztendlich ist ihre Motiv für all diese Tätigkeiten, dass Geflüchtete hier in Deutschland Fuß fassen und ein gutes Leben führen können.

Frau Pfeiffer sieht sich selbst als sehr offenen und toleranten Menschen und glaubt fest daran, dass andere Menschen auch die Möglichkeit haben sollten, ihre eigene Kultur (z. B. das Essen oder die eigene Religion) weiterzuleben. Ihre Wunschvorstellung ist eine Gesellschaft, in der viele verschiedene Kulturen friedlich nebeneinander existieren können. Sie setzt sich für Flüchtlinge ein, um ihren Teil dazu beitragen zu können. In ihrem Leben sind für sie besonders die Werte Offenheit, Toleranz und Lernbereitschaft wichtig. Auch eine allgemeine positive Grundeinstellung ist ein wesentlicher Teil ihres Selbstbildes, wodurch sich auch erklären lässt, warum sie die Flüchtlingskritiker/innen als egoistisch und *„in alten Strukturen verharrend"* ansieht.

In Bezug auf die Gesellschaft bemerkt sie einen klaren Rechtsruck, indem ihrer Meinung nach die Flüchtlinge sowohl von den Flüchtlingsskeptiker/innen als auch von den Medien als Sündenbock für alle Probleme dargestellt werden. Durch ihr Engagement möchte sie Farbe bekennen und dem bewusst etwas entgegensetzen. Die Integration kommt für sie allerdings dort an ihre Grenzen, wo ihr eigenes Kind in der Schule Nachteile dadurch erfahren würde, beispielsweise wenn die Lehrer/innen durch zu viele geflüchtete Kinder im Unterricht überfordert sein könnten.

Jan Gerber (30–40 Jahre)
Charakterisierung:

> *„Ich will Flagge bekennen gegen Rechts und die entsprechenden Gegendemonstrationen mit Musik aufwerten."*

Warum er sich engagiert:

> *„Wenn man schweigt, wäre das ein Eigentor."*

Herr Gerber ist verheiratet und arbeitet hauptberuflich in einer öffentlichen Einrichtung an seinem Wohnort. Er bezeichnet sich als linksliberal und hat selbst auch einen Migrationshintergrund. Er ist Gründer und Leiter einer multikulturellen Musikkapelle, die vor allem bei Veranstaltungen gegen Rechts auftritt und so ein Zeichen für eine vielfältige und tolerante Gesellschaft setzten möchte. Sein Ziel ist, dass er sich über die Musik auch am politischen Geschehen beteiligen kann. Initial kam sein Engagement zustande, als er sich bei einer Demonstration gegen Rechts gefragt hatte, wieso dabei in seiner Wahrnehmung viel zu wenig Menschen teilnahmen. Es ist ihm ein großes Anliegen, nicht zu schweigen, sondern aktiv zu werden und den Mund aufzumachen. Insbesondere möchte er, dass er durch seine Kapelle den Protest gegen Pegida und die AfD *„sichtbar machen"* kann, um so zu zeigen, dass die Menschen, die Flüchtlinge ablehnen, in der Minderheit sind. Deshalb ist es ihm auch ein besonderes Anliegen, bei den entsprechenden Gegenveranstaltungen immer wieder mit seiner Musikkapelle aufzutreten.

Sein Hauptmotiv ist es demnach, das negative Bild nach außen bzw. die skeptische öffentliche Wahrnehmung von Flüchtlingen und Ausländer/innen zum Positiven zu verändern. Dies scheint ihm sehr wichtig zu sein, weil er die Hoheit über deren Wahrnehmung nicht den konservativen und rechten Gruppierungen überlassen will. Indem er selbst und mit seiner Band Stellung bezieht und *„Flagge bekennt"*, versucht er den Meinungen der offeneren und toleranteren Menschen mehr Gewicht zu verleihen. Über das Medium Musik möchte er interkulturelle Begegnungen anbieten, ein Vorbild sein (Motiv) und anderen vorleben, dass Offenheit und Toleranz problemlos funktionieren. Die Grenze der Toleranz ist für ihn jedoch erreicht, wenn andere – auch Flüchtlinge – chauvinistisch oder antisemitisch auftreten. In dem Fall hält er es ggf. für angemessen, dass solche Menschen hier nicht weiter geduldet werden.

Herr Gerber erweckt den Eindruck eines offenen und herzlichen Menschen, der gerade heraus spricht und die Dinge klar beim Namen nennt. Grundsätzlich ist er der Meinung, dass man den Menschen bei dem Thema Flüchtlinge nicht abverlangen solle, sich in einer einzelnen Diskussion einig zu werden, denn dort seien die Fronten mittlerweile schlicht zu verhärtet. Sein Ansatz ist daher eher, *„Gemeinsamkeiten auf einer niedrigeren Basis zu finden"*. Dabei macht er das Zugeständnis, dass das Tolerieren von gegensätzlichen Meinungen generell schwierig sei, geübt werden müsse und dass er in dieser Hinsicht auch weiter an sich selbst arbeiten möchte. Er kritisiert, dass in seiner Stadt eben nicht nur Konservative oder Besorgte gegen Flüchtlinge demonstrieren, sondern dass sich auch Rechte und Rechtsradikale unter den Demonstrierenden befinden. Entsprechend ist einer seiner Beweggründe, diesen mit Protest Einhalt zu gebieten. Es sieht es als Pflicht eines jeden aufgeschlossenen Bürgers und Bürgerin an, in einer offenen Zivilgesellschaft darauf zu reagieren.

Simone Meister (40–50 Jahre)
Charakterisierung:

> *„Die Sicherheitslage hat sich verändert; es sind mittlerweile einfach zu viele Flüchtlinge hier."*

3 Portraits der interviewten Engagierten

Warum sie sich engagiert:

„Ich will die Leute wachrütteln und darüber aufklären, was in diesem Land passiert."

Frau Meister ist verheiratet, hat zwei Söhne und arbeitet im Gesundheits- und Pflegesektor. In einem Verein in ihrem Heimatort fungiert sie nach eigener Aussage als eine Art *„Gallionsfigur"*, indem sie diesen nach außen repräsentiere. Sie organisiert Treffen, Veranstaltungen etc., macht Medienarbeit und setzt sich im Rahmen von Genehmigungen mit Behörden auseinander. Hauptmotiv ihres Engagements ist es, für Transparenz zu sorgen und andere Menschen über die relevanten Themen, insbesondere die in ihren Augen übermäßige Aufnahme von Geflüchteten, aufzuklären. Sie kritisiert, dass es sowohl in der Politik als auch in der öffentlichen Berichterstattung an vorurteilsfreien und sachlichen Informationen fehle, die auch einmal die negativen Seiten der Integration bzw. deren Scheitern beleuchten. Auch erwartet sie mehr Mitsprache bei solchen Entscheidungen, die die Bürger/innen direkt betreffen, wie z. B. beim Flüchtlingszuzug. Sie verlangt in diesem Kontext *„echte Demokratie"* und meint damit vorrangig Volksentscheide wie in der Schweiz.

Sie möchte erreichen, dass weniger Flüchtlinge nach Deutschland kommen, und dass diejenigen, die bereits in Deutschland sind, möglichst schnell wieder in ihre Heimatländer ziehen. Von diesen Flüchtlingen, die bereits hier sind, fordert sie eine klare Anpassung an die deutsche Kultur. Grund für ihre Ablehnung von Flüchtlingen ist eine wahrgenommene erhöhte Kriminalität in ihrem Ort, die vor allem von einem einzelnen, schweren Gewaltverbrechen geprägt ist. Sie sieht die Politiker/innen, die Medien und den Rechtsstaat als verantwortlich für ihre Unzufriedenheit und fordert, dass sich in Deutschland schnellstmöglich etwas ändert, damit sie sich wieder sicherer fühlen kann. In ihrem Weltbild sind ihr die Bedeutung von Ordnung, Heimat, Geborgenheit, Sicherheit und einem *„Verstanden-Werden"* besonders wichtig. Das Wissen um die eigene Heimat, in der alles seinen gewohnten Gang nimmt und mit keinen Überraschungen zu rechnen ist, erfüllt bei ihr auch eine identitätsstiftende Funktion. Deshalb setzt sie sich durch ihr Engagement dafür ein, dass ihre Heimat so erhalten bleibt, wie sie ist. Sichtbar wird diese Heimatverbundenheit auch dadurch, dass sie für Treffen mit anderen Engagierten ihr Haus innen wie außen mit nationalen Devotionalien wie Deutschlandflaggen etc. schmückt. Zudem erlebt sie aus ihrer Tätigkeit im Verein ein Gemeinschaftsgefühl von Gleichdenkenden.

Grundsätzlich scheint Frau Meister sehr gefühlsorientiert zu denken, obwohl sie nach außen wie eine vernunftorientierte Pragmatikerin wirkt. Typisch hierfür ist auch ihre immer wieder geäußerte Irritation insbesondere in Bezug auf die Medien darüber, was nun *„stimmt"* oder *„gelogen"* sei. Ihr ist es sehr wichtig, dass man ihr bzw. ihrer Meinung offen gegenübertritt und dass sie von anderen verstanden wird. Sie betont daher auch, dass sie und ihre Familie nicht rechtsradikal seien, sondern *„ganz normale Menschen"*, die sich um die aktuelle Entwicklung sorgen. In der derzeitigen Debatte um das Thema Flüchtlinge hat sie nicht das Gefühl, dass andere ihre Meinung nachvollziehen können oder wollen. Durch diese empfundene Außenseiterrolle zeigt sich hin und wieder auch ein reaktantes Verhalten nach dem Motto: *„Jetzt erst recht"*. Dennoch löst der Gedanke an die Hilfsbedürftigkeit mancher Menschen bei ihr Unwohlsein und den Wunsch aus, etwas dagegen tun zu können. Dies schließt Menschen, die Hunger oder Krieg erleben müssen, und damit teilweise auch Geflüchtete mit ein.

Herbert Bauer (70–80 Jahre)
Charakterisierung:

> *„Man muss Minderheiten unter die Arme greifen, aber auch dann kann es noch viele Probleme geben."*

Warum er sich engagiert:

> *„Ich fühle mich als Mensch und als Christ dazu verpflichtet, anderen zu helfen."*

Herr Bauer ist verheiratet, war als evangelischer Pfarrer und Religionslehrer tätig und lebt mittlerweile im Ruhestand. Über seine berufliche Tätigkeit war er schon seit den 1980er Jahren immer wieder in den Themen Integration, Flüchtlinge und deren Unterstützung involviert. Hierbei spielten Austausch mit Israel und Betreuung von iranischen Geflüchteten eine wichtige Rolle. Er erlebte, dass die Geflüchteten, die nach Deutschland kamen, nur dank der Hilfe von Flüchtlingshelfer/innen überleben konnten. Auch heute noch setzt er sich in einer Initiative dafür ein, dass hier aufgenommene Flüchtlinge betreut, begleitet und in allen Lebensbereichen unterstützt werden. Das Motiv seines Engagements ist vor allem, dass er sich sowohl durch seine Religion als auch einfach aus einem menschlichen Mitgefühl heraus verpflichtet fühlt, anderen zu helfen. Dass er sich für Minderheiten einsetzt, hat für ihn auch einen Bezug zu seinem persönlichen Verständnis von Demokratie: dass nämlich jede/r Einzelne eine Stimme und die Kraft hat, etwas nach seinem/ihren Willen zu verändern. Auch möchte er damit ein Zeichen setzen und dadurch gegen einen wahrgenommenen Anstieg von antisemitischen Meinungen kämpfen. Bei seinem Flüchtlingsengagement verweist er auch auf eine geschichtliche Verpflichtung Deutschlands.

Seine generelle Denkweise macht einen sehr rationalen Eindruck, die grundsätzlich von pragmatischen Ansätzen geprägt zu sein scheint. Entsprechend ist sein persönliches Engagement vornehmlich an praktischen Möglichkeiten und einer einfach durchzuführenden Hilfe ausgerichtet. Ihm ist wichtig, dass Helfer/innen *„in der Realität leben"* und mit den jeweiligen problematischen Gegebenheiten rund um das Engagement umzugehen lernen. Bei Diskussionen zeigt Herr Bauer eine klare Positionierung und weiß diese, aus seiner langjährigen Berufserfahrung schöpfend, auch argumentativ zu verteidigen. Er macht aber auch das Zugeständnis, dass er manche Gedanken der Flüchtlingsskeptiker/innen verstehen könne.

Gelegentlich bremsen von ihm als misslungen erlebte Integrationsbemühungen seinen Optimismus, sodass er im Laufe der Zeit skeptischer geworden ist. Diese gescheiterten Bemühungen sorgen auch für eine gewisse Enttäuschung bei ihm. Er kritisiert und distanziert sich ausdrücklich davon, wenn nicht die individuellen Motive der Flüchtlingskritiker/innen berücksichtigt, sondern diese pauschal verurteilt werden. Einige Aspekte kann er dabei durchaus nachvollziehen, manches sieht er sogar ganz ähnlich, beispielsweise das Bilden von kriminellen Clanstrukturen oder dass die staatliche Kontrolle in manchen Bereichen misslänge. Er sieht mit Sorge, dass sich einige (auch der von ihm und seiner Organisation betreuten) Flüchtlinge nicht an Recht und Gesetz in Deutschland halten wollen würden und die Betreuer/innen sich oftmals nicht trauen, die Flüchtlinge diesbezüglich zu ermahnen. In diesem Zusammenhang stellt er fest, dass man heutzutage nicht mehr jede Meinung – egal ob falsch oder richtig – öffentlich sagen dürfe, weil man sofort verdächtigt würde, den Rechten zuzuarbeiten. Ansatzpunkte für ein eventuelles Aufeinander-Zugehen der verschiedenen Beteiligten sieht Herr Bauer z. B. darin, dass die akute Hilfsbedürftigkeit von Kriegsflüchtlingen besser nach außen kommuniziert und Nicht-Involvierten erklärt werden sollte.

Monika Hofmann (50–60 Jahre)
Charakterisierung:

> *„Es macht doch keinen Unterschied, wo jemand geboren ist. Wenn es jemandem schlecht geht, müssen wir Menschen zusammenhalten."*

Warum sie sich engagiert:

> *„Das war einfach so ein Gefühl in mir: Das muss man jetzt machen."*

Frau Hofmann ist eine selbstbewusste und freundliche Frau voller Tatendrang, die mit ihrem Partner zusammenlebt. Sie steht als Ansprechpartnerin für Flüchtlinge zur Verfügung und greift diesen bei diversen Fragen unter die Arme. Der Fokus ihrer Tätigkeiten liegt dabei auf der alltäglichen Hilfe für Geflüchtete, insbesondere bei Behördengängen, Arztbesuchen und anderen Terminen, die für Ausländer/innen ohne Deutschkenntnisse schwerer zu bewältigen sind. Zu ihrem Engagement ist sie spontan gekommen, da in unmittelbarer Nähe ihres Wohnorts eine Einrichtung zur Erstunterbringung geschaffen wurde.

Ihre Motivation ist vorrangig ihr inneres Bedürfnis, anderen und insbesondere den Flüchtlingen zu helfen. Ihr Engagement bringt ihr viel Spaß, und zudem gefällt ihr das Gefühl, dass sie an etwas Gutem beteiligt ist und ihren kleinen Teil dazu beitragen kann. Sie empfindet, dass bei der Integrationsarbeit alle etwas voneinander lernen können, insbesondere ein besseres gegenseitiges Verständnis und Toleranz, was ihr selbst in ihrem Leben auch wichtig ist. Sie ist davon überzeugt, dass alle Menschen gleich seien und daher auch als gleich angesehen werden müssten. Nationale Unterschiede sind ihr fremd, daher hegt sie auch Sympathien mit dem Konzept der *„Erdenbürger"*, bei dem erneut die gemeinsame Herkunft und Gleichheit betont wird. Dies ist ein wichtiger Grundpfeiler für ihr gesamtes Weltbild, welches sie auch als anzustrebendes Ideal definiert. Sie möchte in einer Welt leben, in der die Menschen einfühlsam sind und sich gegenseitig unterstützen. Die Empathie ist für sie auch in ihrem eigenen Leben von Bedeutung: Sich gegen Rassismus einzusetzen, wurde ihr schon von Kindheit an durch ihre Eltern beigebracht, was sie bis heute geprägt hat. Deshalb hat sie grundsätzlich auch kein Verständnis für rassistische oder fremdenfeindliche Einstellungen.

Spätestens dann, wenn mit Verschwörungstheorien argumentiert wird, ist ihre absolute Grenze für eine mögliche Annäherung an die Gegenseite erreicht. Frau Hofmanns Meinung nach ist mit den Flüchtlingsskeptiker/innen kein vernünftiger Dialog möglich, weil diese nicht an einer ehrlichen und konstruktiven Lösung interessiert seien. Entsprechend versucht sie auch, direkten Kontakt zu diesen zu vermeiden. Sie hat Angst, dass den Forderungen der Flüchtlingsskeptiker/innen irgendwann ernste Handlungen folgen könnten, und befürchtet dann ein *„Zurückkommen des Dritten Reichs"*. In Bezug darauf differenziert sie allerdings auch, dass längst nicht alle Flüchtlingskritiker/innen Rechtsextreme sind. Trotzdem empfindet sie deren Forderungen, gar keine Geflüchteten aufzunehmen, als zu *„plump"* und als nicht hilfreich.

Stefan Neustadt (40–50 Jahre)
Charakterisierung:

> *„Wenn man sich traut, über den eigenen Horizont hinauszudenken und die einzelnen Puzzleteile miteinander zu verknüpfen, kann man erkennen, was hier gespielt wird."*

Warum er sich engagiert:

> *„Ich will echte Demokratie; dass die Politiker den Bürgern wirklich zuhören und nicht alles alleine entscheiden."*

Herr Neustadt ist Musiker, Moderator und Produzent mit eigenem Tonstudio. Er ist geschieden und lebt allein. Für die Pegida-Kundgebungen produzierte er den Soundtrack und trat dabei auch schon mehrmals selbst auf. Darüber hinaus engagiert er sich in einer lokalen Initiative, die mit kreativen Protestaktionen einen Kurswechsel in der Flüchtlingspolitik anstrebt. Er hat aufgrund seiner eigenen kritischen Meinung über Flüchtlinge und Ausländer/innen schon teilweise extrem schlechte Erfahrungen gemacht; beispielsweise hat er deswegen sogar seinen vorherigen Job im Medienbereich verloren. Dies hat ihn nochmals in seiner Annahme bekräftigt, dass öffentlich und in der Gesellschaft ein Meinungsdiktat vorherrsche und abseits davon keine anderen Ansichten erlaubt seien. Die gesellschaftliche Spaltung, die die Flüchtlingsthematik in Deutschland mit sich gebracht hat, empfindet er als konstruiert und von einer einflussreichen, unbekannten Finanzelite aufgezwungen. Das Hauptmotiv seines Engagements ist es, das Gefühl der Demokratie, genauer noch das Bedürfnis nach politischer Mitbestimmung, zurückzuerlangen. Dieses Bedürfnis nach Partizipation ist ein elementarer Bestandteil

3 Portraits der interviewten Engagierten

seines Erlebens und Denkens. Herr Neustadt möchte, dass Politiker/innen „*das Ohr am Bürger haben*" und nicht über seinen Kopf hinweg entschieden wird, insbesondere bei der Flüchtlingsthematik.

Grundsätzlich erwartet er eine Anpassung der Flüchtlinge an die deutsche Kultur. Darunter versteht er besonders eine ähnlich hohe Arbeitsbereitschaft und -intensität, den Wunsch nach Fort- und Weiterbildung sowie den Willen, „*das Land voranbringen zu wollen*". Wenn dies erfüllt ist, sieht er keine Probleme darin, dass die Geflüchteten ihre eigene kulturelle Identität behalten und z. B. weiter den Islam praktizieren. Tendenziell fällt auf, dass sich sowohl seine Vorstellungen als auch seine Meinungen im Interview gelegentlich widersprechen, z. B. bei der kulturellen Anpassung oder bei der Frage, ob die deutsche Regierung Flüchtlingen helfen soll oder nicht. Hierzu betont er nämlich auch, dass bedürftigen Kriegsflüchtlingen (im Gegensatz zu Wirtschaftsflüchtlingen) effektiv geholfen werden müsse. Zum Einfluss fremder Kulturen äußert er seine Befürchtungen, einzelne Elemente aus der deutschen Kultur könnten verdrängt oder ersetzt werden.

Herr Neustadt ist darüber enttäuscht, dass andere ihn und seine Protestgruppen vorschnell als Nazis abstempeln, und wünscht sich ein höheres Verständnis für die einzelnen Forderungen und Beweggründe. Ihm ist es wichtig, eine allgemeine Dialogfähigkeit wiederherzustellen sowie die Bereitschaft, auch andere Standpunkte anzuerkennen. Dazu ist ihm auch eine (friedliche) Konfrontation als Mittel recht, da er die Ansicht vertritt, dass Konflikte – auch innerhalb einer Gesellschaft – nichts Schlechtes sein müssen, weil so konstruktive Lösungen entstehen können. Diese Konfrontation zeigt sich beispielsweise darin, dass er bei öffentlichen, flüchtlingskritischen Kunstinstallationen mitwirkte.

Ulrike Hahn (40–50 Jahre)
Charakterisierung:

> „*Ich habe nie geschrieben; ‚Kommt alle her'. Aber diese Menschen brauchen jetzt Unterstützung.*"

Warum sie sich engagiert:

> „*Als empathischer Mensch packe ich da an, wo Hilfe notwendig ist.*"

Frau Hahn ist verheiratet und arbeitet in der Erwachsenenbildung. Sie hat immer schon gezielt nach Möglichkeiten gesucht, sich und ihre Kompetenzen in etwas Sinnstiftendes einzubringen. Daher war es für sie naheliegend, ehrenamtlich Deutschunterricht und Alphabetisierungskurse für Geflüchtete zu geben. Außerdem organisiert sie gelegentlich Anti-Konfliktseminare für Flüchtlinge, welche sie auch selbst mitdurchführt. Sie glaubt daran, dass integrative Ansätze die einzig richtige Lösung sind, und möchte eine frühzeitige Intervention, damit Probleme möglichst gar nicht erst entstehen können. Eine gelungene Integration bedeutet für sie keinesfalls eine hundertprozentige Anpassung, sondern vielmehr das Verstehen der wichtigsten Elemente der deutschen Kultur.

Nicht verhandelbar sind für sie die deutschen Gesetze, und sie ist auch für klare Strafen und auch Abschiebungen, wenn Flüchtlinge kriminell werden. Sie fühlt sich unter den Helfer/innen wohl und mag es, dort mit Gleichgesinnten zusammenzuarbeiten. Frau Hahn ist sehr positiv gegenüber Veränderungen eingestellt und auch generell eine sehr offene Frau, die sich schnell in ungewohnten Umgebungen wohlfühlt. Dies begründet sie auch mit ihrer Sozialisation, nämlich einem Vater mit einem Beruf, der häufige Ortswechsel, auch ins Ausland, für die ganze Familie erforderte. Deshalb schätzt sie an ihrem Engagement auch, dass sie durch die verschiedenen Perspektiven immer wieder etwas Neues lernen kann. Hilfsbereitschaft und Empathie sind in ihrem Leben elementar und auch die Motive für ihre Flüchtlingsarbeit. Sie hat das Bedürfnis, anderen zu helfen und mag es auch, offen nach außen zu zeigen, dass sie sich als hilfsbereite Person identifiziert. Des Weiteren sieht sie in ihren Tätigkeiten etwas Positives, das sie für ihr Land tun kann.

Nachdem sie bei einer eskalierten Diskussion in ihrem Ort zwischen die Fronten beider Seiten geraten war, wurde sie nicht nur mehrfach beleidigt, sondern auch schon persönlich bedroht. Auch haben sich manche Personen aus ihrem persönlichen sozialen Umfeld wegen ihres Engagements für Geflüchtete von ihr abgewendet. Dies hat sie so sehr verängstigt, dass sie mehrere Wochen ihre Wohnung nicht verließ. Letztendlich wollte sie der Angst jedoch trotzen und den Skeptiker/innen keine Macht über ihr eigenes Leben überlassen. Grundsätzlich und aufgrund dieser Erfahrung sorgt sich Frau Hahn, dass der Nationalsozialismus wieder erstarken und letztlich zu einem *„Untergang der Demokratie"* führen könnte. Auch sieht sie ein Problem darin, dass die Medien in ihrer Berichterstattung Ängste und Vorurteile schüren, indem sie sich vornehmlich auf negative Meldungen beschränken. Obwohl sie selbst schon diese extremen Erfahrungen mit Flüchtlingskritiker/innen gemacht hat, ringt sie jedoch immer noch um eine Differenziertheit und auch um ein gewisses Verständnis für die Unsicherheiten und Sorgen der anderen Seite – auch, wenn sich diese ihrer Meinung nach zu sehr auf eine einzelne Perspektive versteift hätten. Sie betont jedoch auch Gemeinsamkeiten, so z. B., dass auch die Flüchtlingshelfer/innen vieles an der aktuellen Politik in Deutschland kritisieren würden. Entsprechend wünscht sie sich einen fairen und sachlichen Dialog ohne voreingenommene Meinungen, sodass auch Meinungsähnlichkeiten aufgedeckt werden könnten. Sie ist davon überzeugt, dass Einsicht und Perspektivenwechsel für beide Seiten möglich sind und dass Toleranz erlernbar ist.

Walther Freytag (70–80 Jahre)
Charakterisierung:

> *„Wir haben in diesem Land alles klar in Gesetzen geregelt, deshalb ist mir Gerechtigkeit wichtig."*

Warum er sich engagiert:

> *„Ich will den Betroffenen einfach die Möglichkeit geben, dass sie durch eine rechtliche Beratung ein faires Verfahren kriegen."*

3 Portraits der interviewten Engagierten

Herr Freytag lebt in einer Partnerschaft, ist Rentner und war jahrzehntelang als verbeamteter Jurist in den Bereichen Asyl- und Ausländerrecht tätig. Im Ruhestand suchte er nach einer Möglichkeit, sein Wissen sinnvoll für Andere einzubringen, und kam so zur ehrenamtlichen Flüchtlingshilfe. Dabei erstreckt sich sein Engagement auf zwei verschiedene Ebenen: Zum einen steht er Flüchtlingen wie auch anderen Engagierten mit seiner juristischen Expertise als Berater zur Verfügung. Zum anderen setzt er sich auch konkret in der individuellen Flüchtlingshilfe ein und betreut selber jüngere Geflüchtete auf ihrem Weg in Ausbildung und Beruf. Er war auch schon vor Ort zu Besuch in einem ausländischen Flüchtlingscamp, um sich ein eigenes Bild von der Situation dort machen zu können. Dabei zeigt er großes Mitleid mit den Geflüchteten und berichtet von schrecklichen Zuständen.

Das Motiv seines Engagements ist der Drang und Wunsch, Menschen in Not ein faires rechtliches Verfahren zu ermöglichen. Er empfindet es als extrem ungerecht, wenn Flüchtlinge Ansprüche, die ihnen eigentlich zustehen würden, wegen Unwissenheit nicht wahrnehmen. An seiner Arbeit schätzt er, dass er nicht nur etwas Gutes für die Geflüchteten tun, sondern auch umgekehrt etwas von ihnen lernen kann. Auch Erfolgserlebnisse machen ihn stolz, wie z. B. erfolgreich abgeschlossene Ausbildungen der von ihm betreuten Flüchtlinge. Unter Integration versteht Herr Freytag vorrangig, dass die Geflüchteten akzeptieren, dass es in Deutschland ggf. *„anders läuft als in ihren Herkunftsländern"*. Entsprechend verlangt er ein Mindestmaß an Lernwilligkeit und Bereitschaft, sich an die Regeln und Gesetze zu halten, die in der deutschen Gesellschaft herrschen. Dieses Einhalten und das generelle Vertrauen in die deutschen Gesetze bestimmen maßgeblich sein Denken und Handeln und sind mit Blick auf seinen Beruf auch nicht verwunderlich.

Er vermittelt grundsätzlich einen sehr rationalen und unvoreingenommenen Eindruck, insbesondere bei der Bewertung von rechtlichen Angelegenheiten. So unterscheidet er zwischen solchen Flüchtlingen, die intelligent und organisiert seien und auch den Willen mitbringen, etwas zu erreichen, und den anderen, bei denen dies nicht der Fall ist. Seine sachliche Perspektive konzentriert sich auf die Arten von Hilfe, die den Flüchtlingen auch nützen, weshalb er die andere Seite der Flüchtlingsskeptiker/innen eher ausblendet. In Diskussionen mit Kritiker/innen hat er schon negative Erfahrungen gesammelt. Gleichzeitig nennt er jedoch auch Themen, die auf eine politische Unzufriedenheit hinweisen: Er kritisiert beispielsweise die Bundesregierung wegen einer von ihm wahrgenommenen Intransparenz und einer unaufrichtigen Kommunikation. Er hätte sich gewünscht, dass der Bevölkerung von Anfang an reinen Wein eingeschenkt worden wäre über die Tatsache, dass die Aufnahme von Geflüchteten zwar richtig und notwendig sei, aber eben auch etwas kosten würde. Weiter beklagt er, dass rechtlich betrachtet beinahe jeder Bescheid des BAMF Fehler enthalte und dies nicht mit seinem Ziel vereinbar sei, gerechte und objektive Verfahren zu gewährleisten.

Dagmar Eisenmacher (40–50 Jahre)
Charakterisierung:

> *„Ich will doch nicht ausgenutzt werden! Wenn Menschen aber wirklich in echter Not sind, sollte man ihnen schon helfen."*

Warum sie sich engagiert:

> *„Es muss sich in Deutschland endlich etwas ändern."*

Frau Eisenmacher ist verheiratet und arbeitet hauptberuflich im Gesundheits- und Pflegesektor. Sie ist im Gespräch eher still und zurückhaltend. Passend hierzu bezeichnet sie sich selbst in Bezug auf ihr Engagement eher als Hintergrundfigur, die sich in der Bürgerinitiative in ihrem Wohnort um all die Kleinigkeiten kümmert, die eben anfallen. Dazu gehören organisatorische Tätigkeiten, Unterstützung bei Veranstaltungen oder auch einfache Dinge, beispielsweise Treffen mit Kaffee und Kuchen aufzuwerten.

An ihrer ehrenamtlichen Arbeit mag sie, dass sie eben nicht an vorderster Front stehen und agieren muss, aber trotzdem etwas Sinnvolles tun und sich so einbringen kann. Den Kontakt mit den ihr oftmals fremden Teilnehmer/innen während ihrer Aktivitäten schätzt Frau Eisenmacher sehr, insbesondere dass sie ihre Meinung zu Flüchtlingen hier offen sagen kann und bestätigt sieht. Sie möchte nicht das Gefühl haben, persönlich oder als Deutsche von anderen ausgenutzt zu werden. Konkret heißt dies: Sie befürchtet, dass Flüchtlinge, die nach Deutschland kommen, das Sozialsystem und die Gastfreundschaft ausnutzen könnten. Hieraus begründet sich auch, wieso sie sich in ihrem Verein gegen den Zuzug von Flüchtlingen einsetzt. Zentraler Punkt in ihrem Leben ist auch ein ausgeprägtes Gerechtigkeitsempfinden, welches auf einem tief verankerten Prinzip der Gegenseitigkeit fußt: *„Warum soll ich ihnen helfen, mir hilft auch keiner"*. Die Aussage deutet auf viele schlechte Erfahrungen in ihrem Leben hin und klingt sehr resigniert.

Generell basieren ihre Wahrnehmung und Beurteilung der Dinge um sie herum auf Denkstrukturen, die wenig Platz für Perspektivenwechsel oder neue Ideen lassen. Stattdessen wendet sie lieber die bekannten Einstellungen und erprobten Argumentationsstrukturen an, da sie sich hier „sicher" fühlt. Frau Eisenmacher würde sich nicht engagieren, wenn sie dabei nicht das Gefühl hätte, mit ihrem Ehrenamt auch einen persönlichen Vorteil zu erlangen. Daher schließt sie ein Engagement als Flüchtlingshelferin vehement aus, da sie darin keinen Mehrwert für sich selbst erkennen kann. Als Flüchtlingsskeptikerin hingegen hat sie nicht nur die Hoffnung, dass sich in Deutschland gesellschaftlich und politisch etwas ändern wird, sondern zudem noch die Vorteile und positiven Erlebnisse aus den persönlichen sozialen Kontakten, die sie als sehr angenehm erlebt. Sie ist froh darüber, hier endlich Gleichgesinnte zu treffen. Außerdem gefällt ihr die Vorstellung, dass sie mit ihrem Engagement etwas Gutes tut, insbesondere etwas Gutes für Deutschland.

3 Portraits der interviewten Engagierten

Yvonne Baum (50–60 Jahre)
Charakterisierung:

> *„Es ist lächerlich, was wir manchen Dingen an Bedeutung zugestehen, obwohl es so viel wichtigere, existenziellere Probleme auf der Welt gibt."*

Warum sie sich engagiert:

> *„Ich kann es doch immer wieder in der Bibel finden, dass jeder Fremde die gleichen Rechte und Ansprüche hat."*

Frau Zweig ist verheiratet und hauptberuflich als evangelische Pfarrerin in einer großen Flüchtlingserstaufnahmeeinrichtung tätig. Außerdem berät sie viele Kirchengemeinden im Hinblick auf Flüchtlingsbetreuungsfragen bis hin zu Kirchenasyl. Entsprechend ist ihre kirchliche Arbeit eng mit ihrem persönlichen Engagement verknüpft. Sie war als Gemeindeseelsorgerin tätig, aber als 2015 vermehrt Flüchtlinge nach Deutschland kamen, hat es sie gereizt, sich einer neuen beruflichen Herausforderung zu stellen.

Sie mag an ihrer Tätigkeit insbesondere den sozialen Austausch sowohl mit den Flüchtlingen als auch mit anderen Helfer/innen. Durch diesen Austausch hat sie auch gelernt, über den Tellerrand hinauszublicken. Sie ist stolz darauf, anderen durch ihr Engagement helfen zu können. Sie ist dankbar für die Herausforderung, sich in einem ihr ursprünglich unbekannten Bereich einsetzen zu können, und betont, dass sie sich dadurch auch *„beruflich neu erfinden"* konnte. Aus ihrem Glauben heraus ergibt sich das zentrale Motiv für ihr Engagement: Für sie ist es ein religiöser Grundsatz, dass alle Menschen gleichbehandelt werden sollten und die gleichen Rechte haben. Generell ist diese Einstellung in ihrem gesamten Leben von zentraler Bedeutung. Abseits davon vertritt sie mit Überzeugung jedoch auch die Ansicht, dass Flüchtlinge, vor allem gut integrierte, einen Mehrwert für die deutsche Gesellschaft und Wirtschaft bringen. In ihren Augen kann nur eine tolerante und offene Gesellschaft zukunftsfähig sein.

Frau Zweig empfindet auch einen gewissen Nationalstolz, was für Engagierte aufseiten der Flüchtlingshelfer/innen eher ungewöhnlich ist. Hierbei stellt sie vor allem das erlebte Willkommensgefühl und die Hilfsbereitschaft vieler Menschen in Deutschland in den Vordergrund. Sie hat durch ihr Flüchtlingsengagement auch einen neuen Blick auf alltägliche kleinere Probleme gewonnen. Sie berichtet davon, dass sie manche Dinge, die sie früher vermutlich aufgeregt hätten, mittlerweile gelassener sähe, weil sie sie in Relation zu den schlimmen Erlebnissen mancher Flüchtlinge setzen kann. Daraus resultiert auch eine verbesserte Wahrnehmung für kleine positive Dinge sowie Dankbarkeit und Wertschätzung dafür. Daher ist ihrer Meinung nach dieser Blick für das Wesentliche auch generell entscheidend in der Flüchtlingshilfe, da es in erster Linie um die unmittelbare Unterstützung von Hilfsbedürftigen ginge.

Denkt sie an die Flüchtlingsskeptiker/innen, so sagt sie, dass sie sich für deren Intoleranz häufig fremdschäme. Im Gegensatz zur einer Integrationsarbeit, die in ihren Augen die Flüchtlinge und Deutschland weiterentwickelt, bezeichnet sie das Protestieren der Kritiker/innen als „*persönliches Stagnieren*". Generell ist sie der Meinung, dass auf Provokationen nicht eingegangen, sondern stattdessen lieber versucht werden sollte, neutral und konkret an einer Sache zu argumentieren. Auch denkt sie, dass durch persönliche Kontakte sowie positive Erfahrungen mit Flüchtlingen bestehende Vorurteile größtenteils abgebaut werden könnten.

Daniel Fassbinder (30–40 Jahre)
Charakterisierung:

> „*Es ist einfach eine wissenschaftliche Erkenntnis, dass Integration gelingen und für alle gut sein kann.*"

Warum er sich engagiert:

> „*Ich habe denen kurz in die Augen geguckt und dachte nur: Mein Gott, was geht es denen dreckig.*"

Herr Fassbinder ist geschieden, hat zwei Kinder und arbeitet an einer Universität. Er hilft gelegentlich Flüchtlingen bei praktischen Dingen, z. B. nimmt er sie mit dem Auto mit, wenn sie für einen persönlichen Termin in eine andere Stadt müssen. Die Gelegenheit für sein initiales Engagement hat sich spontan ergeben. Er merkt an, dass dabei vor allem Mitleid mit den Geflüchteten und ein hohes Maß an Einfühlungsvermögen seinerseits ausschlaggebend waren. Auch hat er grundsätzlich den Wunsch, anderen helfen zu wollen. Sein Engagement für Geflüchtete macht ihm Spaß und verschafft ihm eine „*unheimliche Zufriedenheit*". Er mag daran besonders, dass er dadurch seinen Teil zu etwas Gutem beitragen kann.

Von anderen Menschen fordert er etwas mehr Wertschätzung für das, was Flüchtlingshelfer/innen leisten. Daher ist er ebenfalls der Meinung, dass die deutsche Geschichte, im Speziellen das Dritte Reich, eine besondere Verantwortung für die Bürger/innen geschaffen habe, und dass diese Vergangenheit bis heute eine wichtige Rolle spiele und auch spielen sollte. Herr Fassbinder distanziert sich jedoch von so etwas wie Nationalstolz oder Herkunftsdenken, da er persönlich mit diesen Konzepten nichts anfangen kann. Ihm ist vor allem wichtig, möglichst „*erkenntnisgeleitet*" zu handeln. Frühzeitiges und langfristiges Planen verschafft ihm zudem das Gefühl von Sicherheit und Beherrschbarkeit. In seinem allgemeinen Denken und Handeln spielen diese Faktoren eine herausragende Rolle. Das Gefühl, in gewisser Weise vorbereitet zu sein, wird grundsätzlich als angenehm erlebt und damit als Ziel angestrebt, während das Gefühl, ausgeliefert zu sein, extrem negativ bewertet und somit vermieden wird. Emotional versucht Herr Fassbinder, das Engagement und auch das gesamte Flüchtlingsthema nicht zu nah an sich heranzulassen, um so eine persönliche Grenze zu ziehen. Er unterscheidet dafür zwischen solchen Aspekten, die ihn unvermeidbar und persönlich betreffen (z. B. Flüchtlinge bei ihm vor Ort) und jenen Dingen, von denen er sich ausreichend distanzieren kann (z. B. Bürgerkrieg in Syrien als Fluchtursache).

Politisch vertritt er nach eigenen Aussagen zumeist linksliberale Ansichten, die sich u. a. auch darin zeigen, dass er nicht pauschal gegen Flüchtlingskritiker/innen ist, sondern auch gelegentlich versucht, ihre Perspektive einzunehmen. Grundsätzlich hält er die Flüchtlings- und Integrationsthematik jedoch für zu komplex, als dass einfache Versprechen durch Populisten/innen tatsächlich zu einer Lösung beitragen würden. Es zeigen sich bei ihm jedoch auch kleinere Überschneidungen mit den Flüchtlingsskeptiker/innen: Beispielsweise hat er selbst ebenfalls kein großes Vertrauen in die aktuelle Migrations- und Bildungspolitik und denkt nicht, dass dadurch die existenten Probleme gelöst werden könnten.

Sabine Fiedler (40–50 Jahre)
Charakterisierung:

„Wenn ich die Welt auch nur im Kleinen verändern will, kann ich nicht zuhause auf dem Sofa sitzen bleiben."

Warum sie sich engagiert:

„Ich halte es einfach für sinnvoll."

Frau Fiedler ist verheiratet, arbeitet als Juristin und engagiert sich neben ihrem Beruf, indem sie Patenschaften für Geflüchtete übernimmt. Dabei steht sie als Ansprechpartnerin für jegliche Anliegen ihrer Paten zur Verfügung und unterstützt neben vielen anderen Themen auch bei rechtlichen Themen und Behördenangelegenheiten. Sie hat gemeinsam mit ihrem Mann auch schon einen Flüchtling bei sich zuhause aufgenommen und so eine WG eröffnet. Sie ist grundsätzlich sehr hilfsbereit und freut sich darüber, wenn sie andere bei etwas unterstützen kann. Sowohl in Bezug auf die Sinnhaftigkeit und Wertschätzung als auch auf die Zeitintensität bezeichnet und sieht sie ihr ehrenamtliches Engagement als Zweitberuf.

Dass sie mit ihrer ehrenamtlichen Arbeit etwas Gutes und Sinnvolles tut, ist ihr Antrieb und Beweggrund. Auch möchte sie damit ein klares Zeichen gegen Pegida, die AfD und andere Flüchtlingskritiker/innen setzen. Zu ihrer Tätigkeit ist sie sehr spontan gekommen; sie selbst beschreibt diesen Moment als *„Jetzt reicht es mir, das ist mir alles zu doof"*. Diese Aussage beschreibt auch ihre allgemein anpackende, direkte und unkomplizierte Art, mit Dingen umzugehen. Grundsätzlich ist Frau Fiedler sehr offen gegenüber Unbekanntem, insbesondere ist sie neugierig gegenüber anderen Ländern, Kulturen und Traditionen. Durch die Auseinandersetzung mit fremden Kulturen lernt sie auch viel über sich selbst und typisch deutsche Eigenarten. Außerdem gefällt ihr, dass sie durch ihr Engagement *„tolle neue Menschen"* kennengelernt habe. Besonders wichtig ist ihr in ihrem Leben, für mehr Anerkennung und gegenseitigen Respekt zu sorgen, da sie dies als notwendige Basis für ein gutes Zusammenleben ansieht. In ihrem Handeln ist ihr die Unterscheidung zwischen direkter und indirekter Hilfe wichtig. Zum einen ist sie davon überzeugt, dass Geflüchtete, gerade in der ersten Zeit, unmittelbare und sehr praktische Hilfe benötigen, um sich in Deutschland zurechtzufinden. Zum anderen ist es jedoch auch ihr Ziel, die Flüchtlinge dazu anzuleiten, sich gegenseitig zu unterstützen und zu helfen. Diese Hilfe zur Selbsthilfe, die sie als indirekt beschreibt, ist das eigentliche Ziel ihres Engagements, da so die initiale Unterstützung durch die Flüchtlinge selbst vervielfältigt werden könne.

Im Interview erweckt sie den Eindruck, dass sie ihre eigene Positionierung und Meinung zum Thema Flüchtlinge jederzeit auch kritisch reflektieren kann. Auch nimmt sie gelegentlich die Perspektive der Geflüchteten ein, um sich besser in sie hineinversetzen zu können. Hin und wieder macht sie sich Sorgen um ihre eigene Zukunft, wobei auch die allgemeine gesellschaftliche Entwicklung in Deutschland eine große Rolle spielt. Hieraus resultiert für sie die Schlussfolgerung, dass sie den Flüchtlingen helfen sollte, damit es zukünftig eben keine Probleme gibt, z. B. durch eine gescheiterte Integration. Im Umgang mit Gegner/innen ist sie grundsätzlich tolerant gegenüber anderen Meinungen, zieht aber eine klare Grenze bei Rassismus oder diversen Verschwörungstheorien. Sie ist der Ansicht, dass unter den Kritiker/innen viele Menschen seien, die in irgendeiner Form zu kurz gekommen seien und nun ihren Frust auf die Flüchtlinge projizieren würden.

Klemens und Brigitte Kortig (70–80 Jahre)
Charakterisierung:

"Natürlich haben wir Angst vor dem Islam, vor den Schwarzen, vor Kriminellen."

Warum sie sich engagieren:

"Es sind einfach zu viele Flüchtlinge hier, und da muss man den Mut haben, das auch mal anzusprechen."

Herr und Frau Kortig sind miteinander verheiratet, mittlerweile in Rente und haben vorher beide im Gesundheitssektor gearbeitet. Sie sind wohlhabend und bezeichnen sich selbst als konservativ und sehr deutschlandverbunden. Herr Kortig war Mitglied in der AfD und kandidierte dort auch für einen Posten, bevor er jedoch wegen Meinungsverschiedenheiten die Partei verließ. Danach schrieb er einen öffentlichen Brandbrief an Angela Merkel, der bei ihm vor Ort eine gewisse Aufmerksamkeit erzeugen konnte. Er setzt sich auf verschiedenen Veranstaltungen und Aktionen dafür ein, dass Deutschland keine weiteren Flüchtlinge mehr aufnehmen solle.

Das zentrale Motiv seines Engagements ist der Wunsch, sich jederzeit seine eigene persönliche Meinung bilden zu können und diese unabhängig von der *"Mainstream-Meinung"* auch zu äußern. Obwohl er ansatzweise auch Mitleid mit den Geflüchteten zeigt, gilt sein Einsatz den deutschen Bürger/innen, die er vor möglichen Nachteilen aus der Aufnahme von Flüchtlingen bewahren will. Dabei sieht er insbesondere den Islam als potenzielle Gefahr für Deutschland an. Auch kritisiert er, dass in Deutschland schlicht eine zu große Anzahl an Flüchtlingen aufgenommen werde und diese Zahl in keiner

Relation mehr zur deutschen Bevölkerung stehe. Auch bei anderen Themen beruft er sich auf ein Gefühl von Unverhältnismäßigkeit. Konkrete Lösungsansätze oder Alternativen hat er jedoch nicht.

Frau Kortig teilt die Ansichten ihres Mannes und unterstützt ihn bei seinen Bestrebungen, sich aktiv für einen politischen und gesellschaftlichen Kurswechsel einzusetzen. Das Thema Flüchtlinge beschäftigt sie sowohl auf persönlicher (emotionaler) als auch auf gesellschaftlicher (rationaler) Ebene. Dass diese beiden Ebenen nicht sauber voneinander getrennt werden können, löst bei ihr ein Gefühl der permanenten Unsicherheit aus. Abseits ihrer Meinung gegen die Aufnahme von Flüchtlingen zeichnet sich bei ihr jedoch auch eine gewisse Empathie für notleidende Menschen ab. Dieser Zwiespalt verkompliziert ihre persönliche Situation noch zusätzlich. Frau Kortig fordert einen *„bunten Meinungsaustausch"*, bei dem ohne Vorurteile und ohne gesellschaftlichen Druck über die Themen Flüchtlinge und Migration geredet werden kann. Sie sieht jedoch nicht die Möglichkeit dazu, da sie insbesondere das Thema Flüchtlinge als gesellschaftliches Tabuthema wahrnimmt, bei dem es nur eine allgemein akzeptierte Meinung gebe. Auch hat sie Angst, dass sie für ihre Meinung als rechtsextrem oder als Nazi abgestempelt wird. Durch ihre Positionierung in der Flüchtlingsthematik haben beide den Kontakt zu einigen Freunden und Bekannten verloren, die sich von ihnen abgewendet haben, was insbesondere Frau Kortig schwer getroffen zu haben scheint.

Melanie Osterhagen (50–60 Jahre)
Charakterisierung:

„Mut zur Nähe."

Warum sie sich engagiert:

„Ich helfe gerne, und ich mag die Herausforderung, Neues und Fremdes kennenzulernen."

Frau Osterhagen arbeitet als Ärztin, ist verheiratet und hat zwei leibliche sowie ein adoptiertes Kind. Sie vermittelt einen pragmatischen und offenen Eindruck, und ihre direkte Art sorgt dafür, dass sie in beinahe allen Situationen lösungsorientiert denken und handeln kann. Dies gilt insbesondere, wenn es um politische oder gesellschaftliche Fragestellungen wie z. B. den Umgang mit Flüchtlingen geht. In ihrem Engagement organisiert sie verschiedene Events wie Fußballspiele, Ausflüge oder gemeinsames Kaffeetrinken für die Bewohner/innen eines Flüchtlingsheims in ihrer Nähe. Zu dieser Freiwilligenarbeit kam sie spontan. Auch steht sie für persönliche Anliegen der Geflüchteten mit Rat und Tat zur Seite und hilft diesen dabei, in Deutschland und der deutschen Kultur Fuß zu fassen.

Bei ihrer Unterstützung gilt für sie das Prinzip *„Hilfe zur Selbsthilfe"*. Sie lehnt es beispielsweise ab, aktiv eine Wohnungssuche für Flüchtlinge zu übernehmen, und bietet stattdessen an, diese bei ihrer Suche zu begleiten. Sie selbst sagt, dass sie den Flüchtlingen beibringen möchte, wie das Leben in Deutschland funktioniert, was oft ein engeres Verhältnis und eine emotionale Nähe nötig macht. Generell spielt das Thema Nähe in ihrem Leben eine wichtige Rolle. So versucht sie in der Regel immer, Nähe zuzulassen und aus dieser heraus zu agieren. Dies zeigt sich insbesondere in dem Ausspruch *„Mut zur Nähe"*, was sie auch als ihr persönliches Credo beschreibt. Allerdings erkennt sie an, dass aus dieser großen emotionalen Nähe auch das Potenzial entsteht, von anderen leichter oder häufiger verletzt zu werden. Frau Osterhagen ist wichtig, dass sie nicht nur gibt, sondern in einem Austausch mit anderen steht. Ihr Ziel ist, bei den Geflüchteten eine *„Bewusstseinserweiterung"* für Deutschland zu erreichen, sodass die eigene Kultur und Identität der Flüchtlinge nicht aufgegeben werden muss, sondern um deutsche Attribute erweitert wird. Allerdings stellt sie schon klar, dass deutsche Werte und Normen da übernommen werden sollten, wo diese menschenwürdiger oder gerechter sind als die der ursprünglichen Kultur. Gegenseitiger Respekt ist für sie die Basis und damit auch die Grenze ihres Engagements, wenn dies nicht gegeben ist. Mangelnder Respekt, z. B. Anfeindungen auf persönlicher Ebene, ist für sie zudem auch gegenüber anderen Flüchtlingshelfer/innen der Moment, in dem sie einen Dialog abbrechen würde.

Mit dem Konzept von Heimat und Heimatgefühl kann sie persönlich nichts anfangen, da sie sich teilweise im Ausland heimischer fühle als in manchen Orten in Deutschland. Multikulti ist für sie eine gesellschaftliche Bereicherung, da sich ihrer Meinung nach Gesellschaften immer schon verändert haben. Deshalb sieht sie in der Tatsache, dass viele aus anderen Kulturen nach Deutschland kommen, auch die Chance auf eine positive Entwicklung. An der Politik kritisiert sie die falsche oder mangelnde Kommunikation. Ihrer Ansicht nach sei dies häufig der Grund für Konflikte, was sie auch aus eigener Erfahrung bestätigen kann, da manche lokalpolitischen Entscheidungen an ihrem Wohnort den Bürger/innen nicht oder zu spät nahegebracht wurden und dadurch zu einer aufgeladenen Stimmung geführt haben. Teilweise denkt sie in diesem Punkt ähnlich wie die Flüchtlingsskeptiker/innen. Nichtsdestotrotz möchte sie sich immer lieber für ein Handeln anstatt für ein Wegschauen entscheiden; ein solches Wegschauen unterstellt sie der Gegenseite, in ihrer Wahrnehmung kommt dies jedoch einer allgemeinen Ablehnung gleich und bringt daher keinen Fortschritt.

Alexander Kohne (20–30 Jahre)
Charakterisierung:

> *„Die Stimmung im Land hat sich für mich zu sehr ins rein Positive aufgeheizt."*

Warum er sich engagiert:

> *„Ich will der deutschen Bevölkerung ein Stück Sicherheit zurückzugeben."*

Herr Kohne ist ledig und arbeitet im Einzelhandel. Neben seiner Arbeit setzt er sich für einen Richtungswechsel in der Flüchtlingspolitik ein, weshalb er auch in den Ortsverband der AfD eingetreten ist. Dort organisiert er Parteiveranstaltungen oder

Podiumsdiskussionen mit. Auch kann er sich vorstellen, für ein politisches Amt zu kandidieren. Er möchte mit seinem Engagement „*das Richtige*" für sich persönlich und auch für Deutschland tun, was konkret heißt, der aktuellen Regierung mit dem Aufzeigen einer anderen Richtung auf die Sprünge zu helfen. Er befürwortet es, dass statt einer Willkommenskultur und Integrationshilfe lieber Entwicklungshilfe direkt vor Ort geleistet wird.

Ein zentraler Antreiber seines Engagements ist die Angst vor Benachteiligung, die im Interview mit ihm vor allem an zwei Themen deutlich wird: Zum einen hat er durch den Zuzug von Flüchtlingen sein allgemeines Sicherheitsvertrauen und -gefühl verloren. Themen, die er dazu anspricht, sind u. a. das Gefühl von steigender Kriminalität, Angst vor Terror und dem Islam, Angst vor illegalen Einwanderern und dass sich darunter gesuchte Kriminelle befinden können. Zum anderen befürchtet er, dass es durch die Aufnahme von Geflüchteten zu finanziellen und sozialen Nachteilen für Deutsche kommen könnte, z. B. zu Bildungsunterschieden an Schulen. Das Hauptziel seines Engagements ist es daher, den ursprünglichen Zustand eines beruhigenden Sicherheitsgefühls wiederherzustellen. Er betont, dass er im Allgemeinen sehr offen sei, und gibt an, selbst auch Freund/innen mit Migrationshintergrund zu haben. Generell ist sein Leben stark von dem Wunsch nach Ordnung bestimmt. Das Gefühl, dass alles in seinen bekannten und geregelten Bahnen abläuft, ist für ihn sehr wichtig. Seine mehrmals genannte Offenheit und sein allgemeiner Wunsch nach Ordnung wirken teilweise wie ein Widerspruch, der schwer vereinbar scheint. Den Begriff Offenheit verwendet er häufig sehr auf sich bezogen, d. h. seine Forderung nach Offenheit meint eher: „Andere sollen offener gegenüber meiner Meinung sein".

Herrn Kohne stört vor allem die Reduzierung der AfD immer wieder nur auf das eine Thema Ausländer/innen. Er nimmt wahr, dass andere ihm und der AfD gegenüber mit zu vielen Vorurteilen eingestellt sind, weshalb er sich mit seinen politischen Ansichten oftmals unverstanden oder missachtet fühlt und keine Gelegenheit bekommt, sich inhaltlich zu erklären. Allgemein drückt er sich sehr gewählt aus und ist darauf bedacht, unverfänglich zu sprechen. Bei konkreten Themen vermeidet er es in der Regel, eine klare Stellung zu beziehen. Es entsteht der Eindruck, dass es die Hauptintention seines Engagements ist, die AfD gesellschaftlich und politisch „*ins rechte Licht zu rücken*"[recht im Sinne von richtig, Anm. d. Verf.] und so der als einseitig empfundenen Berichterstattung wenigstens etwas entgegensetzen zu können. In Bezug auf das öffentliche Bild seiner Partei fordert er einen fairen Dialog in kleiner, vertrauter Runde, bei dem die Emotionen außen vor bleiben und stattdessen sachlich und anhand faktisch nachweisbarer Tatsachen argumentiert wird. Auch wünscht er sich allgemein mehr Akzeptanz, politisch wie gesellschaftlich.

Peter Diederich (50–60 Jahre)
Charakterisierung:

> „*Dass jetzt ausgerechnet Flüchtlinge als Sündenbock dargestellt werden sollen, geht mir so auf den Sack.*"

Warum er sich engagiert:

„Ich bin da unter Menschen und kann mich für die Schwachen einsetzen."

Herr Diederich ist ein impulsiver und beherzt handelnder Single, der in einer leitenden Position im Bauwesen arbeitet. Er bezeichnet sich selbst, bevor er sein Engagement begann, als *„soziales Arschloch"*, das erst durch die regelmäßigen Kontakte mit anderen Helfer/innen und Flüchtlingen zu einem besseren Menschen geworden sei. Er engagiert sich in kleinen Gruppen zum interkulturellen Austausch und hilft auch als Springer bei der 1:1-Betreuung von Geflüchteten aus. Unter anderem setzt er sich dabei z. B. für einen schwulen Flüchtling ein, der von seiner Familie bedroht wird.

Durch seine sehr pragmatische Haltung möchte er lieber *„einfach anpacken"* und unmittelbar mit den Beteiligten zu tun haben, anstatt Verwaltungsaufgaben zu übernehmen. Besondere Bedeutung bei seiner Arbeit hat für ihn die Tatsache, dass er sich dadurch für benachteiligte Minderheiten einsetzen kann, die zu Unrecht für Geschehnisse verantwortlich gemacht werden. Er verurteilt die AfD dafür, dass sie in seinen Augen die Flüchtlinge pauschal für alles verantwortlich mache, was ihnen nicht passe. Dadurch sieht er seine Tätigkeit auch klar als etwas Gutes an. Ebenso tritt hierbei seine Fähigkeit zu Mitleid und Einfühlungsvermögen hervor. Neben diesem Aspekt ist sein größtes Motiv, dass er durch das Engagement soziale Kontakte aufbauen und pflegen kann. Die so erlebte Gemeinschaft und das Miteinander sind für ihn sehr wichtig, da er mit seinem vorherigen Selbstbild als Einzelgänger unzufrieden war und daran etwas ändern wollte. Vor seinem Engagement für die Flüchtlinge war er bereits in mehreren anderen Vereinigungen aktiv, u. a. in einem lokalen Verkehrsclub oder bei den Grünen. Grundsätzlich bringt er sich und seine Zeit gerne für andere Dinge ein. Allerdings kam es in der Vergangenheit auch schon dazu, dass er sich zu intensiv engagierte und dadurch zeitliche und emotionale Probleme auftraten. Daher versucht er mittlerweile, Grenzen zu ziehen und so ein vernünftiges Maß für sein Ehrenamt einzuhalten, um sich selbst vor Überbeanspruchung zu schützen.

Grundsätzlich ist Herr Diederich sehr offen gegenüber Neuem oder anderen. Seine Offenheit hört allerdings schlagartig dort auf, wo sie seiner Meinung zur Flüchtlingshilfe widerspricht, wodurch er gegenüber der Gegenseite beinahe keine Kompromiss- oder Diskussionsbereitschaft zeigt. Allgemein empfindet er Ärger und Ekel, wenn er Beiträge von AfD oder Pegida hört, und bezeichnet diese als *„Hetze"*. Diese Haltung hat er auch, weil er davon ausgeht, dass diese Menschen gar nicht an einer lösungsoffenen Diskussion interessiert seien, sondern nur ihre Vorurteile bestätigt wissen wollten.

Marvin Vogt, M. Sc. ist studierter Wirtschaftspsychologe und Konsumforscher. Nach einer Ausbildung zum Bankkaufmann studierte er mit einem Stipendium der Friedrich-Naumann-Stiftung für die Freiheit Wirtschaftspsychologie an der Hochschule Osnabrück. Seinen Master in Markt- und Konsumentenpsychologie schloss er mit Auszeichnung an der University of Sussex ab. Bereits während des Studiums war er in mehreren Forschungsprojekten involviert und konnte dabei praktische Erfahrungen mit verschiedensten qualitativen und quantitativen Verfahren sammeln.

2018 war er als wissenschaftlicher Mitarbeiter beim Projekt „Zivilgesellschaftliches Engagement: Was bewegt Menschen in Deutschland dazu, sich im Rahmen der Flüchtlingsthematik zu engagieren?" beteiligt. Seit 2020 arbeitet er als Research Consultant in einem Berliner Marktforschungsinstitut, das sich insbesondere auf implizite und psychologische Methoden spezialisiert hat. Seine Schwerpunkte sind die Markt-, Konsum- und Werbeforschung. Darüber hinaus interessiert er sich auch für Projekte zu politischen und gesellschaftlichen Fragestellungen.

Die Frage nach dem Warum – warum sich Menschen engagieren

4

Maik Dulle

In diesem Kapitel geht es darum, die verschiedensten Beweggründe der Engagierten näher zu beleuchten und dabei die Frage zu beantworten, warum sich Menschen engagieren bzw. was sie veranlasst, einem Engagement nachzugehen. Hierfür werden die wichtigsten Komponenten, die die Beweggründe erklären können, wie Motive, Werte u. a., miteinander verglichen und vernetzt. Darauf aufbauend wird ein konzeptionelles Modell entwickelt, welches diese Komponenten vereint. Dadurch soll die Wichtigkeit des Zusammenspiels verschiedener Komponenten in der Entstehung von zivilgesellschaftlichem Engagement betont und gleichzeitig sollen durch das Vorgehen die verschiedenen Komponenten voneinander unterschieden werden, um so eine differenzierte Betrachtung des individuellen Engagements zu ermöglichen. Folglich wird die Ausübung einer engagierten Tätigkeit als komplexer Vorgang dargestellt, der nicht generalisiert oder simplifiziert erklärt werden kann. Dabei wird dieses eher konzeptionelle Kapitel immer wieder mit Beispielen aus dem beschriebenen Projekt in Abschn. 1.2 von Kumbruck et al. (2020) angereichert. Abschließend erfolgt eine Zusammenfassung der Ergebnisse. Das Ziel dieses Kapitels ist es, eine Symbiose aus objektiven Erklärungsansätzen und Ursachen für das Engagement und subjektiven Beweggründen von Engagierten anhand der Anwendungsbeispiele zu schaffen.

M. Dulle (✉)
marktstonesInstitute, Universität Bremen, Bremen, Deutschland
E-Mail: maik.dulle@uni-bremen.de

© Springer Fachmedien Wiesbaden GmbH, ein Teil von Springer Nature 2022
C. Kumbruck (Hrsg.), *Spannungsfeld Flüchtlinge*,
https://doi.org/10.1007/978-3-658-35499-2_4

4.1 Was bewegt die Engagierten dazu, ehrenamtlich tätig zu werden? – Ein konzeptionelles Modell zur Erklärung zivilgesellschaftlichen Engagements

Auf den ersten Blick wirkt die Frage: Was bewegt Menschen dazu, ehrenamtlich tätig zu werden? relativ simpel. Aber ist diese Frage deshalb auf den zweiten Blick auch einfach zu beantworten? Im Rahmen der empirischen Untersuchung wurde festgestellt, dass das Engagement der befragten Skeptiker/innen der Flüchtlingspolitik und der Flüchtlingshelfern/innen durch ebenso viele gemeinsame, wie auch durch verschiedene, individuelle Faktoren beeinflusst wird.

> **Hintergrundinformation:** Ein weiteres Mal sei an dieser Stelle auf das Buch von Kumbruck et al. (2020) verwiesen, welches die Basis für die praktischen Ausführungen und Beispiele in diesem Kapitel bildet. Die Abkürzungen EI und FG stehen in diesem Zusammenhang für Einzelinterview und Fokusgruppe. Bei den gekennzeichneten Ausschnitten handelt es sich folglich um O-Töne von Engagierten, die im Rahmen der Studie erhoben wurden.

Die Annahme, dass die Verhaltensweisen im Rahmen des zivilgesellschaftlichen Engagements so individuell wie die Engagierten selbst sind, ist nicht übertrieben. Der einfachen Eingangsfrage liegt eine höhere Komplexität zugrunde als angenommen. Explizit zeigte sich dies dadurch, dass im Rahmen der Interviews des Projekts (s. Beispiel unten) die Frage nach den Gründen ihres Engagements selbst von Engagierten nicht immer eindeutig beantwortet werden konnte.

> **I:** *„Warum machen Sie das? Weil Sie sagten schon, es nimmt super viel Zeit in Anspruch. Unentgeltlich. Warum macht man das denn?"*
> **B:** *„Ja, ist eine gute Frage, weiß ich eigentlich nicht. Aber also das einzige, was ich halt sagen kann, ist, dass ich halt tolle Leute kennengelernt habe, also auch also nicht nur bei den Flüchtlingen, sondern eben auch tolle Leute, die sich engagieren, die ich sonst nicht kennengelernt habe, die auch nicht so sichtbar sind. Ja. Und deswegen mache ich halt auch weiter und ich halte das für sinnvoll. Weil ich denke immer, wir selber müssen uns halt überlegen, in was für einer Welt wollen wir halt leben. Und wenn ich halt die Welt irgendwie verändern will, und wenn es auch nur im Kleinen ist, kann ich mich halt nicht zuhause auf das Sofa setzen ..."* (EI XVII)

Oftmals benannten die Engagierten eine Vielzahl von Beweggründen für das eigene Engagement, oder die genannten Beweggründe waren sehr verschieden:

So bezog sich Bernd Schmidt (Portrait, siehe Kap. 3) auf die Flüchtlingskrise als konkrete Situation, die sein Engagement ausgelöst und beeinflusst hat. Er möchte mit seinem Engagement gesellschaftlich etwas bewirken.

> Die Portraits befinden sich im vorangegangenen Kap. 3 und beziehen sich ebenfalls auf die erhobenen Interviewdaten von Kumbruck et al. (2020).

Anja Fuhrmann (Portrait, siehe Kap. 3) hingegen wertschätzt Offenheit gegenüber anderen. Weiter treibt sie das Gefühl von Geselligkeit in ihrem Engagement an.

Karin Pfeiffer (Portrait, siehe Kap. 3) wiederum hatte bereits berufliche Anknüpfungspunkte mit Geflüchteten vor 2015. Für sie bedeutet Engagement, Spaß mit Menschen aus anderen Kulturen zu haben, und es bietet ihr die Möglichkeit, Neues zu lernen.

Dass es nicht den einen Grund gibt, sondern viele Beweggründe, die Engagement beeinflussen, deckt sich mit Befunden weiterer Forscher/innen (Hacket und Mutz 2002, S. 39; Haumann 2014, S. 4; Simonson et al. 2017, S. 25). Verkompliziert wurde die Ausgangssituation für die Forschung darüber hinaus dadurch, dass selbst wenn sich Personen innerhalb derselben Gruppierung/Organisation engagierten, ihr Engagement und die damit verbundenen Erfahrungen häufig sehr verschieden aussahen. Mit Blick auf diese Beispiele zeigt sich, dass ein Ansatz gefunden werden muss, mit dessen Hilfe sich die verschiedenen Beweggründe differenziert erfassen lassen. Gleichzeitig muss der Ansatz eine wechselseitige Beeinflussung verschiedener Beweggründe zulassen, da sich in der Befragung der Engagierten gezeigt hat, dass es für sie jeweils nicht den EINEN Grund, sondern eine Vielzahl von individuell-interagierenden Gründen für ihr Engagement gibt, die nicht immer zeitlich stabil sind. Als Grundlage für diesen Ansatz wird auf die psychologische Motivationstheorie zurückgegriffen, da diese eine große Nähe zu zivilgesellschaftlichem Engagement aufweist (Puffer und Meindl 1995, S. 361). Konkret gehen Latham und Pinder (2005, S. 487) davon aus, dass Faktoren wie Werte und Ziele die Motivation, einer Tätigkeit nachzugehen, und das Verhalten maßgeblich beeinflussen. Diesen Grundlagen folgend wurde ein interaktives konzeptionelles Modell zur Erklärung von zivilgesellschaftlichem Engagement entwickelt. Das Modell besteht aus vier individuellen, internalen Einflussfaktoren und einem externen, kontextuellen Einflussfaktor (siehe Abb. 4.1). Der interaktive Charakter des Modells wird dadurch unterstrichen, dass sich die einzelnen Faktoren in gegenseitiger Abhängigkeit befinden, miteinander interagieren können und dabei nicht starr miteinander verbunden sind (siehe graue Pfeile).

Individuelle Werte bilden die „Wurzeln" des Modells. Sie legen die grundlegenden Überzeugungen einer Person fest. Obwohl Werte als zeitlich stabil gelten (Inglehart 1985, S. 102), gibt es einen theoretischen Exkurs darüber, inwiefern die Annahme der Stabilität Geltung verdient (Rokeach und Ball-Rokeach 1989) und unter welchen Annahmen sich Werte verändern können. Scott und Evans (2010, S. 150) gehen davon aus, dass intensive Erfahrungen (engl. „peak experience") dazu führen, individuelle Werteausprägungen zu formen. Übereinstimmend mit diesen Ergebnissen und den Berichten der Engagierten unserer Untersuchung wird in dem Modell davon ausgegangen, dass Werte durch die Vorgeschichte und Erfahrungen der Engagierten in Nuancen beeinflusst werden können. Aus der Interaktion von Werten, Vorgeschichte und Erfahrungen bilden sich die Motive der Engagierten. Dadurch sind Motive näher am Verhalten der Engagierten als die grundlegende Werteausprägung. Motive werden in dieser Betrachtung als Antriebskräfte gesehen, die Werteüberzeugungen in Handeln übersetzen. Um dieses Handeln gerichtet ausüben zu können, muss sich die engagierte Person Ziele

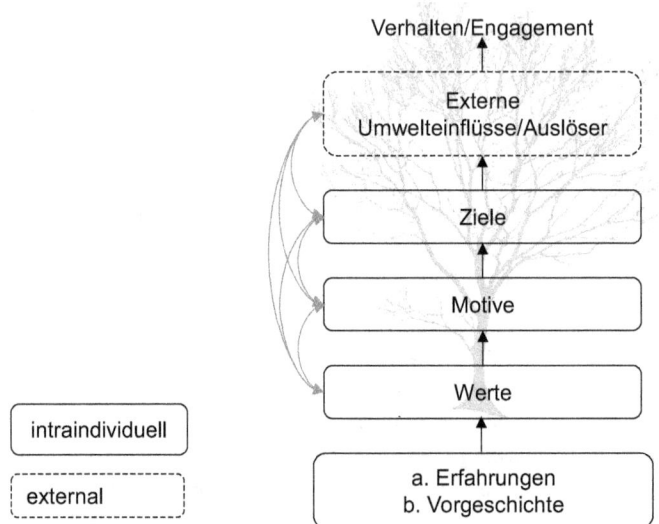

Abb. 4.1 Zusammenhang und Interaktion der verschiedenen Einflussfaktoren für zivilgesellschaftliches Engagement

setzen. Erst dadurch wird das Verhalten quantifizierbar (Locke und Latham 2006). Am Ende dieser Interaktionskette stehen die Faktoren externe Auslöser (z. B. ein Flyer, der zur Unterstützung aufruft) und externe Umwelteinflüsse (z. B. Freizeit und Ressourcen für ein Engagement haben).

> „… das ist ein Bioladen hier in Dresden, also eine Genossenschaft. Da gab es einen Aushang, dass für geflüchtete Menschen Fahrräder gesammelt werden. Und ich hatte gerade mir ein neues Fahrrad gekauft und mein altes, immer noch gut funktionierendes Fahrrad im Keller. Und dann habe ich also mich bei dieser Organisation gemeldet und gesagt: Ich habe ein Fahrrad. Und dann habe ich bei der Übergabe des Fahrrades nachgefragt: Wie ist das denn mit Patenschaften oder so? …" (EI XVIII)

Wichtig ist hierbei zu beachten, dass ein Auslöser eher das konkrete Handeln bzw. Verhalten (was?) ist, während externe Umwelteinflüsse den Rahmen bestimmen (wie?). Diese beiden Kontextfaktoren müssen ebenfalls stimmig sein, damit es zu einer Handlung kommt. Gibt es etwa keinen auslösenden Reiz für ein Engagement, dann wird eine Person sich nicht engagieren. Gleiches gilt für die externen Umwelteinflüsse. Lassen es die Umwelteinflüsse (z. B. gesundheitliche oder zeitliche Restriktionen) nicht zu, sich zu engagieren, wird es nicht zu einer engagierten Handlung kommen. Dabei können die Grenzen – was ist nun Auslöser und was Umwelteinfluss – fließend sein. Betrachtet man die einzelnen Bestandteile des Modells, zeigt sich, dass zivilgesellschaftliches Engagement und gerade auch die Ausprägung des Engagements von einer Reihe von Interaktionseinflüssen abhängig ist (s. Doppelpfeile in Abb. 4.1).

Weiter wird das Modell von den Faktoren externe Umwelteinflüsse/Auslöser und Erfahrungen/Vorgeschichte eingerahmt. Dadurch werden die verschiedenen Komponenten Werte, Motive und Ziele von den Engagierten permanent mit vergangenen (Erfahrungen/Vorgeschichte) und aktuellen (externe Umwelteinflüsse/Auslöser) Erfahrungen verglichen und überprüft. Es gilt dabei folgende Frage zu beantworten: Passen die eigenen Werte, Motive und Ziele noch mit den gemachten Erfahrungen überein?

4.1.1 Das Zusammenspiel verschiedener intraindividueller Einflüsse

In den nächsten Abschnitten werden die einzelnen intraindividuellen Komponenten des Modells konkretisiert. Hierfür werden auch konkrete Beispiele aus den Ergebnissen des Forschungsprojektes (Kumbruck et al. 2020) zur Veranschaulichung des Zusammenspiels der Komponenten einbezogen. Dabei wird vor allem der interaktive Charakter der einzelnen Komponenten untereinander hervorgehoben. Dieser ist maßgeblich dafür verantwortlich, dass das Engagement im Rahmen der Flüchtlingsthematik so vielfältige Ausprägungsformen findet.

4.1.1.1 Vorherige Erfahrungen und Vorgeschichte

Der Verarbeitungsprozess von Erfahrungen ist individuell, wenngleich Erfahrungen auch gemeinschaftlich gemacht werden können, weshalb Erfahrungen und Vorgeschichte in dem Modell als intraindividuelle Einflüsse betrachtet werden.

„Aus Erfahrungen lernt man."

Dieses allgemein bekannte Sprichwort unterstreicht gleich mehrere wichtige Punkte, wenn es um menschliches Verhalten geht:

1. Erfahrungen haben einen Einfluss auf das Verhalten.
2. Erfahrungen stoßen Lernprozesse an.
3. Lernprozesse sind hochgradig individuell.
4. Lernprozesse können dazu führen, dass sich ein bestimmtes Verhalten manifestiert oder das Verhalten bewusst angepasst wird, um ein besseres Ergebnis zu erzielen.

Damit steht dieses Sprichwort in der Tradition der Lerntheorie von Bandura (1969) und lässt sich ebenfalls auf die Ausübung von zivilgesellschaftlichem Engagement anwenden. Mit Blick auf das Engagement im Rahmen der Flüchtlingskrise spielen vorher gemachte Erfahrungen in anderen Engagementbereichen oder generelle Erfahrungen mit Engagement eine entscheidende Rolle für die Ausrichtung des eigenen Verhaltens. Dabei dienen positive Erfahrungen als Verstärker und unterstützen die Manifestierung von zukünftigen Verhaltensweisen und das Gefühl von Selbstwirksamkeit (Bandura 1977, S. 193). So können beispielsweise Erfahrungen aus eigenem vorherigem Engagement, aber auch kommunizierte Erfahrungen anderer (Engagement durch Beobachtung oder Informationen), positiv sein. Die positiven Erfahrungen werden dabei direkt mit der Ausübung eines Engagements verbunden und darauf zurückgeführt. Durch die Assoziation von Engagement mit positiven Erfahrungen erhält das Engagement selbst eine positive Konnotation. Dadurch wird Engagement generell als etwas Positives angesehen und die zukünftige Ausführung wahrscheinlicher. Das bedeutet, wenn Engagierte vorher bereits positive Erfahrungen gemacht haben, weil sie sich in einem bestimmten Bereich engagiert haben oder sie von anderen gehört haben, dass Engagement Spaß macht, dann ist es wahrscheinlich, dass sie sich auch bereichsunabhängig engagieren, weil sie erwarten, positive Erfahrungen zu sammeln. Eine wichtige Begrifflichkeit, die positive Erfahrungen forciert, ist in diesem Zusammenhang die erlebte Sinnhaftigkeit. Laut Simonson et al. (2017, S. 648) ist erlebte Sinnhaftigkeit eine Hauptantriebskraft für zivilgesellschaftliches Engagement, da sie das Gefühl der gesellschaftlichen Teilhabe erhöht. Dies bestätigt sich auch im Hinblick auf zivilgesellschaftliches Engagement im Rahmen der Flüchtlingsthematik (Kumbruck et al. 2020, S. 78), und darüber hinaus zeigt sich, dass positive Erfahrungen die Motivation, ein Engagement auszuüben, verstärken. Die Antriebskraft, ein Engagement auszuüben, wird maßgeblich dadurch bestimmt, dass die Engagierten (unabhängig vom Engagementbereich) das Gefühl haben, etwas Sinnvolles zu tun bzw. etwas in der Gesellschaft zu bewegen.

Es wird angenommen, dass vorherige Erfahrungen eng mit zukünftigem Verhalten verbunden sind. Unsere Ergebnisse zeigen, dass ein Großteil der Engagierten bereits vor 2015 in verschiedenen Bereichen wie Politik, NGOs, Kirchen oder Vereinen engagiert war. Diese Annahme wird in dem zugrunde liegenden Forschungsprojekt (Kumbruck et al. 2020, S. 140) bestätigt. Vorheriges Engagement ist damit ein gutes Kriterium, um auf zukünftiges Engagement zu schließen. Der Engagementbereich hingegen ist kein hinreichendes Kriterium. So können sich die Bereiche, in denen sich eine Person engagiert, im Laufe der Engagementhistorie dieser Person ändern. So erzählte beispielsweise eine engagierte Person in einer Fokusgruppe, dass sie einen Freizeitausflug für geflüchtete Kinder organisierte, sich außerdem in einem ortsansässigen Eishockey-Verein engagierte, Eventveranstaltungen eines Vereins organisierte und sich darüber hinaus in einem kritischen Künstlerkollektiv engagierte (FG III).

Es geht hierbei um die Annahme, dass früheres oder gegenwärtiges Engagement zu weiterem, zukünftigen Engagement führt. Als Erklärungsansatz wird davon ausgegangen, dass die Engagierten eine Engagement-Sozialisierung durchlaufen haben. Engagement war über lange Zeiträume Teil ihres Lebens, sodass die Bereitschaft zum Engagement auch auf andere Bereiche (Flüchtlingsthematik) „überschwappen" kann. Dieses Phänomen wird als sogenannter Spill-Over-Effekt bezeichnet. So gehen Nash et al. (2019, S. 1) davon aus, dass in ähnlichen Kontexten auch ähnliche Verhaltensweisen gezeigt werden. Ist eine Person dazu geneigt, sich in einer bestimmten Situation zu engagieren, ist es wahrscheinlich, dass sie sich auch in einer vergleichbaren Situation engagiert. Spill-Over-Effekte wurden ebenfalls in den engagementrelevanten Bereichen Gesundheits- und Umweltverhalten untersucht (Devine et al. 2003; Nash et al. 2019).

Zusammenfassend lässt sich festhalten, dass retrospektiv positive Erfahrungen im Zusammenhang mit Engagement einen positiven Einfluss auf die Ausübung zukünftiger Engagements besitzen. Darüber hinaus ist vorheriges Engagement noch besser geeignet, um zukünftiges Engagement vorauszusagen, da eine sogenannte Engagement-Sozialisierung einsetzt, die die Engagierten dazu veranlasst, sich auch in Zukunft, ggf. auch in anderen Kontexten, zu engagieren. Engagement wird dadurch fester Bestandteil des Lebensentwurfs der Engagierten.

Um zu verstehen, warum eine Person sich zivilgesellschaftlich engagiert, wird vom Autor als erster Schritt vorgeschlagen, sich die Vorgeschichte der besagten Person anzuschauen und die vergangenen Erfahrungen, die diese Person mit verschiedenem Engagement gemacht hat, zu betrachten, da diese sozialisationsrelevant sind und in der Wahrnehmung der engagierten Person die Urteilbildung beeinflussen.

4.1.1.2 Individuelle Werte/persönliche Verwurzelung

Der Begriff Werte wird oft im Zusammenhang mit der Beschreibung verschiedener Kulturen verwendet (Hofstede und Bond 1984, S. 419). Dabei sollen anhand von verschiedenen Werten/Werteausrichtungen die Unterschiede zwischen Kulturen erläutert und zugänglich gemacht werden. Nach Hofstede (1994, S. 6) z. B. unterscheiden sich die deutsche, britische und westafrikanische Kulturen mit Blick auf den Wert der Langzeitorientierung hinsichtlich der Planung von Prozessen, Aktivitäten und Handlungen. Eine ähnliche unterscheidende Aufgabe kommt Werten auch auf individueller Ebene zu. So gehen Bardi und Schwartz (2003, S. 1207) davon aus, dass verschiedene menschliche Verhaltensweisen im Zusammenhang mit verschiedenen Werteausprägungen stehen und diese sich teilweise sogar direkt beeinflussen. Generell können Werte also sowohl auf gesellschaftlicher als auch auf individueller Ebene einen Einfluss haben (Maag 1989, S. 314). Zum Thema der gesellschaftlichen und individuellen Werte merken Roccas und Sagiv (2010, S. 31) an, dass Personen zwar gesellschaftliche Werte teilen können, die Hierarchie der persönlichen Werte sich aber erheblich unterscheiden kann. Da sich dieser Abschnitt maßgeblich mit dem individuellen Engagement von engagierten Personen beschäftigt, wird sich auf die Ebene der individuellen Werte beschränken.

Dennoch ist mit dieser ersten Annäherung noch nicht geklärt, was sich hinter der Begrifflichkeit der individuellen Werte verbirgt und warum diese so wichtig für menschliches Handeln sind: Im alltäglichen Sprachgebrauch wird der Begriff Werte oftmals in nicht trennscharfer Weise gebraucht. Als Wert kann dadurch fast alles kategorisiert werden, was Menschen wertschätzen, wie z. B. Sportlichkeit oder Durchsetzungsfähigkeit. Der Werteforschung folgend bilden Werte hingegen Konstrukte, die individuelle, grundlegende Überzeugungen, Standards, Haltungen, Wunsch- und Zielvorstellungen widerspiegeln und nach Wichtigkeit gegliedert sind (Schwartz 2012, S. 3 f.). Sie sind die individuellen Wurzeln, die jedes Verhalten mitbeeinflussen, da sie immer aktiviert sind und Verhalten regulieren können.

▶ „Regulieren" bedeutet in diesem Zusammenhang, dass Verhalten, welches nicht mit den Werten übereinstimmt, unterdrückt oder nicht ausgeführt wird. Damit dienen Werte als Referenzpunkte und Regulationssystem für individuelles Handeln.

Dabei sind Werte weder sichtbar noch direkt beobachtbar. Damit sind Werte die Beschreibung des internalisierten Grundwesens eines Individuums. Schwartz (2012, S. 8) geht in seiner Theorie davon aus, dass bestimmte Werte im psychologischen Kontrast zueinanderstehen. Das bedeutet: Ist der Wert X (z. B. Stimulation) bei einer Person hoch ausgeprägt, so ist der kontrastierende Wert Y (z. B. Sicherheit) niedrig ausgeprägt. Weiterhin wird die Ausbildung der Werte durch Lernprozesse (z. B. durch Vorbilder und Sozialisierung; Verwiebe et al. 2018, S. 188; Wolf 2019, S. 197) beeinflusst.

Dadurch, dass Werte individuelle Überzeugungen, Haltungen, Standards, Wunsch- und Zielvorstellungen widerspiegeln, eignen sie sich, um den Antrieb von Engagierten nachvollziehen zu können. Verschiedene Werteausprägungen können dabei die verschiedenen Ausprägungen des Engagements maßgeblich beeinflussen. Den Werten Offenheit und Erhaltung kommen dabei besondere Rollen zu. Es wird angenommen, dass der Wert Offenheit als Katalysator für prosoziale Freiwilligenarbeit wirken kann (King et al. 2015, S. 692). Auf der anderen Seite kann der Wert Erhaltung zu protektiven Verhaltensweisen führen (Schwartz 2007, S. 10). Diese beiden Annahmen können auf zivilgesellschaftliches Engagement ausgeweitet werden und verdeutlichen die Beeinflussung von Engagement durch Werte. Dies zeigt sich beispielsweise in den Ergebnissen des vorangegangen Projektes (Kumbruck et al. 2020, S. 151). Im Rahmen der Einzelinterviews mit verschiedenen Engagierten zeigte sich eine klare, kontrastierende Ausprägung der Werte „Neugier/Offenheit" und „Erhaltung der Tradition und Sicherheit" über die verschiedenen interviewten Engagierten hinweg. Ein Teil der Interviewten engagierte sich hauptsächlich auf politischer Ebene, um den Erhalt von Sicherheit und Tradition zu gewährleisten. Dabei spielt es keine Rolle, ob Sicherheit oder Tradition in akuter Gefahr sind. Vielmehr geht es darum, dass bei gefühlter Unsicherheit und Gefahr für die Tradition Personen mit hoher Ausprägung des Wertes Erhaltung sich dafür engagieren, den subjektiv wahrgenommenen Status quo zu erhalten. Der andere Teil der Interviewten zeigte eine hohe Ausprägung von Offenheit, was sich durch direkten Kontakt zu Geflüchteten und deren Unterstützung zeigte. Gleichzeitig berichteten die Engagierten, dadurch neue Personen kennenzulernen und neue Einblicke zu bekommen. Dabei darf in diesem Kontext nicht vergessen werden, dass die Flüchtlingskrise 2015 allgemein für große Verunsicherung gesorgt hatte. Die konträren Werte Offenheit und Erhaltung helfen jeweils, in diesem Zusammenhang mit dieser Unsicherheit umzugehen. Beide Werte, als Spiegel für bestimmte Grundüberzeugungen und Haltungen der Engagierten, geben den Engagierten einen Ansatzpunkt, wie sie mit der Unsicherheit umgehen können. Dadurch wird letztlich Unsicherheit reduziert. Person A ist beispielsweise davon überzeugt, dass es in Zeiten der Flüchtlingskrise wichtig ist, sich auf die eigene Tradition zu besinnen und stärker auf innerstaatliche Sicherheit zu fokussieren. Person B hingegen glaubt, dass es wichtig ist, den Geflüchteten mit Offenheit zu begegnen, um diese in die Gesellschaft integrieren zu können. Werte helfen in diesem Fall, die Unordnung der Flüchtlingskrise zu ordnen und geben den Engagierten einen Kompass, wie sie sich verhalten sollten.

Werte bilden im Zusammenspiel mit Erfahrungen und der Vorgeschichte der Engagierten die Basis/Wurzeln für das Ausüben eines bestimmten Verhaltens. Sie bilden somit das Fundament für jegliche menschliche Handlung. Zusammenfassend bedeutet dies, dass das Ausüben eines zivilgesellschaftlichen Engagements durch die grundlegende Werteausprägung der Engagierten beeinflusst wird. In bestimmten Situationen (z. B. in unsicherheitsbehafteten Situationen wie der Flüchtlingskrise) werden spezifische Werte angesprochen, die die Form des Engagements mitbestimmen. Deshalb geben Werte wichtige Hinweise, um verschiedene Formen des Engagements verstehbar zu machen. Daher sollten bei der Evaluation eines Engagements stets auch Werteausprägungen betrachtet werden, um ein differenziertes Bild des jeweiligen Engagements und der engagierten Person zu erhalten.

4.1.1.3 Motive und Ziele als Brücke zwischen Werten und Verhalten

Während Werte eher grundlegende Überzeugungen beinhalten, sind Motive näher mit Verhalten verknüpft. Unter Motiven versteht man psychische Eigenschaften, die die Beweggründe für eine generelle Verhaltensbereitschaft darstellen (Becker 2018, S. 20). Motive sind als tendenzielle Verhaltensbereitschaften zu klassifizieren, die zur individuellen Werteausprägung der Person passen. Wichtig aber ist, dass Motive nicht gleichzusetzen sind mit dem tatsächlichen Verhalten, das ein Individuum zeigt. Motive bilden lediglich einen weiteren Zwischenschritt auf dem Weg zur Handlung. Weiter unterscheidet McClelland (1992, S. 90) zwischen impliziten, eher unbewussten Motiven und expliziten, eher bewussten Motiven. Da das Ausüben eines Engagements eine bewusste Entscheidung benötigt, wird sich im weiteren Verlauf auf explizite Motive bezogen. Bekannte Motive sind beispielsweise das Leistungs-, das Macht- und das Anschlussmotiv (McClelland und Boyatzis 1982, S. 737) aus der Theorie der drei Grundmotive. Laut dieser Theorie übt eine Person mit einem hoch ausgeprägten Machtmotiv gerne Einfluss auf andere aus, während einer Person mit ausgeprägtem Leistungsmotiv vor allem daran gelegen ist, die eigene Leistungsfähigkeit unter Beweis zu stellen. Demgegenüber wird von einer Person mit einem hoch ausgeprägten Anschlussmotiv eher Zusammenarbeit, Gruppenzugehörigkeit und gruppenkonformes Verhalten für wichtig erachtet. Darüber hinaus gibt es noch weitere Motive. In ihrer Studie analysierten Bagozzi et al. (2003, S. 920) 43 verschiedene Motive, darunter Motive wie Karriere, Das-richtige-Tun, Freundschaft, Patriotismus, Altruismus und Gebrauchtwerden.

Motive spielen auch für Engagement eine wichtige Rolle (z. B. Kruse und Schmitt 2015, S. 133). Obwohl sich die Studie von Bagozzi et al. (2003) nicht direkt mit zivilgesellschaftlichem Engagement auseinandersetzt (sondern mit dem Setzen von Zielen), sind viele der Motive auf zivilgesellschaftliches Engagement anwendbar. Motive fungieren dabei als Verbindungselemente zwischen Werten und Verhalten. Dadurch stehen Motive im direkten Zusammenhang mit dem (Handlungs-)Motivationssystem einer Person. Auch die Ergebnisse des zugrunde liegenden Projekts verweisen auf die Wichtigkeit von Motiven für das Ausüben eines Engagements.

Unabhängig von der Art und Weise des Engagements fanden Kumbruck et al. (2020, S. 139–141), dass das Motiv „das richtige zu tun" universell für alle Engagierten von Bedeutung war. Die Überzeugung, dass das eigene Engagement das richtige ist, wurde in diesem Zusammenhang von den Engagierten nie infrage gestellt. Dieses Motiv bildet somit einen Grundtreiber für die Ausübung eines Engagements, da es den Engagierten ein gutes Gefühl gibt (Wilson 2000, S. 222) und sie die eigenen Werte realisieren lässt (Klamer 2017, S. 22). Ohne diese Überzeugung würde eine engagierte Handlung vermutlich nicht zustande kommen, da die Engagierten dafür Ressourcen (z. B. Zeit) investieren müssen (Batson und Powell 2003, S. 470). Somit ist die Überzeugung, das richtige zu tun, eher als notwendige Voraussetzung für die Ausübung von Engagement zu betrachten. Neben dieser Übereinstimmung gibt es aber auch zahlreiche Motivunterschiede zwischen den Engagierten. Die Individualität der Motive ist dadurch zu erklären, dass zur Ausübung eines Engagements mehr als nur ein Motiv aktiv ist. Hacket und Mutz (2002, S. 44) sprechen in diesem Zusammenhang von „Motivbündeln". Motivbündel sind dadurch charakterisiert, dass sie mehrere aktivierte Motive kombinieren. Die Möglichkeit der Kombination ist ein Mitgrund dafür, dass sich Engagement individuell so verschieden gestaltet, da die persönlichen Motivbündel so individuell wie die engagierten Personen selbst sind.

Auch wenn das Motivbündel einer jeden engagierten Person eine einzigartige Kombination bildet, so lassen sich auf kollektiver Metaebene aus diesen Bündeln gewisse Grundausrichtungen des Engagements entnehmen. Im Rahmen des Projekts (Kumbruck et al. 2020, S. 151) wurde deutlich, dass sich die Motivbündel der Personen, die sich im Rahmen der Flüchtlingshilfe (z. B. Sprachunterricht, Behördenbegleitung von Geflüchteten) engagierten, auf die Erzeugung eines psychologischen Mehrwerts fokussieren. Dieser psychologische Mehrwert kann entweder von den Engagierten selbst für andere erzeugt werden (z. B. Weitergabe von Wissen/Vermittlung von Kenntnissen, Hilfestellung für andere bei Problemen) oder die Engagierten erhalten diesen psychologischen Mehrwert selbst (z. B. neue Kontakte, kulturelles Lernen, Dankbarkeit etc.). Darüber hinaus ist der Kontakt zu anderen Menschen ein weiteres Motivmerkmal der besagten Engagierten. Die Motivorientierung der Personen, die sich im Rahmen der Flüchtlingshilfe engagieren, ist auf die Erzeugung eines psychologischen Mehrwerts (für sich selbst oder andere) durch Kontakt zentriert. Dies lässt noch nicht auf die konkreten dahinterstehenden, individuellen Motive schließen, gibt aber eine erste Orientierung für eine gemeinsame Ausrichtung der Motivbündel dieser Engagierten.

Im Gegensatz dazu sind die Motivbündel der Personen, die sich gegen die Flüchtlingspolitik engagieren, eher präventiv fokussiert. Präventiv meint in diesem Zusammenhang das Verhindern von kulturellen oder sozio-ökonomischen Verlusten und den Erhalt von bestehenden Errungenschaften (Traditionen, Rituale und Gesetze, etc.) durch das eigene Engagement. Durch die aktuelle Flüchtlingspolitik sehen die Engagierten ebendiese Errungenschaften in Gefahr (Kumbruck et al. 2020, S. 171). Die Motivbündel fokussieren sich deshalb darauf, den gewünschten Status durch Änderung im politischen System (z. B. Veränderung in der Regierungskonstellation) zu sichern und zu bewahren.

Als Zwischenfazit lässt sich festhalten, dass die Motivbündel der Engagierten zwei grundsätzliche Orientierungen vorweisen. Der Mehrwert- und Kontaktorientierung steht die Erhaltungs- und Systemorientierung gegenüber. Obwohl die konkreten Motive, die hinter diesen Orientierungen stehen, dabei von Person zu Person unterschiedlich sind, so sind die Orientierungen der Motivbündel dennoch ein guter Hinweis für die generelle Engagementausrichtung. Darüber hinaus bieten die beiden Orientierungen einen möglichen Erklärungsansatz für den Unterschied, mit dem die Engagierten mit der subjektiv empfundenen Herausforderung (von vielen auch als Unsicherheit empfunden, nicht zu verwechseln mit dem oft zitierten Wort Angst) durch den starken Zuzug von Geflüchteten umgehen. Die verschiedene Motivbündel-Orientierung verfolgt dabei aber das gleiche Ziel, nämlich die Reduktion von subjektiv empfundener Unsicherheit: Während die einen dafür Kontakt zu Geflüchteten suchen und dabei stark auf die Erzeugung eines psychologischen Mehrwertes (für sich und/oder andere) fokussiert sind, fordern andere dafür eine Änderung des politischen Systems, um den befürchteten Folgen der Flüchtlingskrise präventiv entgegenzuwirken.

Doch wie wird aus einem Motiv eine Handlung? McClelland (1985, S. 812) geht davon aus, dass sich ein angesprochenes oder aktiviertes Motiv oder Motivbündel zu einer Handlungsmotivation weiterentwickelt. Um diese Motivation auch in Verhalten übertragen zu können, werden Ziele benötigt, die das eigene Verhalten als Erfolg oder Misserfolg quantifizieren können (Locke und Latham 2006, S. 265). Während Motive die Vermittler zwischen Werten und Verhaltensbereitschaft sind, sind Ziele die Vermittler zwischen Motiven und tatsächlichem Verhalten einer Person. Dadurch sind Ziele unverzichtbar für das Ausführen eines Verhaltens. Weiter gehen Locke und Latham (2006, S. 265) davon aus, dass ambitionierte, herausfordernde (realistische) Ziele zu größerer Motivation und zu größerem Durchhaltevermögen führen. Als engagierte Person durch das eigene Engagement etwas nachhaltig zu verändern, kann als ein solches Ziel angesehen werden. Der herausfordernde Charakter des eigenen Engagements im Rahmen der Flüchtlingsthematik kann folglich als besonderer Motivator für die Engagierten angesehen werden.

Dadurch, dass Motive und Ziele im direkten Zusammenhang stehen, haben die Motivbündel und die Motivorientierung einen Einfluss auf die Auswahl der Ziele. Kumbruck et al. (2020, S. 151) fanden, dass engagierte Personen, die eher mehrwert- und kontaktorientiert waren, Ziele verfolgten wie dem Gegenüber helfen, Hilfe zur Selbsthilfe, etwas Gutes tun oder sich gut fühlen. Engagierte Personen, die eher erhaltungs- und systemorientiert waren, gaben hingegen Ziele an wie die Dinge selbst in die Hand zu nehmen, Partizipation zu erlangen, Dinge bewahren zu wollen oder das bestehende System verändern zu wollen. Um die Interaktion von Motiven und Zielen noch weiter zu verdeutlichen, folgen zwei Ausschnitte aus den Portraits (entnommen aus Kap. 3 und zufällig ausgewählt), die in der Tab. 4.1 mit Hinblick auf Motivorientierung, Motive und Ziele analysiert wurden.

> **Ausschnitte aus den zwei Portraits**
>
> Portrait I.
> *In einem Verein in ihrem Heimatort fungiert sie als eine Art Gallionsfigur, indem sie diesen nach außen repräsentiert. Außerdem hilft sie viel im Hintergrund mit, erledigt beispielsweise die Papierarbeit oder unterstützt bei der Organisation von Treffen, Veranstaltungen etc. Hauptmotiv des Engagements ist es, für Transparenz zu sorgen und andere Menschen über die relevanten Themen, insbesondere die in ihren Augen übermäßige Aufnahme von Geflüchteten, aufzuklären. Sie kritisiert, dass es sowohl in der Politik als auch in der öffentlichen Berichterstattung an vorurteilsfreien und sachlichen Informationen fehle, die auch einmal die negativen Seiten der Integration bzw. deren Scheitern beleuchten.*
>
> Portrait II.
> *Heute setzt er sich in einer Initiative dafür ein, dass hier aufgenommene Flüchtlinge betreut, begleitet und in allen Lebensbereichen unterstützt werden. Das Motiv seines Engagements ist vor allem, dass er sich sowohl durch seine Religion als auch einfach aus einem menschlichen Mitgefühl heraus verpflichtet fühlt, anderen zu helfen. Dass er sich für Minderheiten einsetzt, hat für ihn auch einen Bezug zu seinem persönlichen Verständnis von Demokratie, nämlich, dass jeder Einzelne eine Stimme und die Kraft hat, etwas nach seinem Willen zu verändern. Auch möchte er damit ein Zeichen setzen und dadurch gegen einen wahrgenommenen Anstieg von antisemitischen Meinungen kämpfen. Bei seinem Flüchtlingsengagement verweist er auch auf eine historische Verpflichtung Deutschlands.* ◄

Tab. 4.1 Analyse der verschiedenen Motive/Motivorientierung und Ziele zweier Engagierter

Portrait I	Portrait II
Motivorientierung: system- und erhaltungsorientiert	Motivorientierung: mehrwert- und kontaktorientiert
Motive: Bedürfnis nach Transparenz, Aufklärungs- und Veränderungswille	Motive: historische und religiöse Verpflichtung, Empathie; der Einzelne kann viel bewirken, Veränderungswille; Philosemitismus (positive Einstellung gegenüber dem Judentum)
Ziele: Präsenz durch eigenes Engagement zeigen, andere Engagierte aufklären, durch Informationen Transparenz schaffen, die öffentliche, politische, mediale Darstellung und Wahrnehmung der Flüchtlingskrise verändern	Ziele: Flüchtlinge unterstützen und diesen konkret helfen wollen, religiös und historisch korrekt zu handeln, als einzelne Person in der Demokratie etwas zu bewegen, ein Zeichen gegen Antisemitismus setzen
Ausgeübtes Engagement: Papierarbeit, Organisation von Informationstreffen und Veranstaltungen	Ausgeübtes Engagement: Unterstützung von Geflüchteten bei alltäglichen Dingen und die Allgemeinheit auf Antisemitismus aufmerksam machen

4.1.1.4 Zusammenfassung intraindividuelle Einflüsse

In diesem Abschnitt werden die Erkenntnisse des oben Gesagten zusammengetragen.

> Nachdem die einzelnen Einflussfaktoren und ihr Einfluss auf Engagement vorgestellt wurden, lässt sich als Resümee festhalten, dass
>
> 1) Werte die individuellen Wurzeln der Engagierten sind, die Zielvorstellungen, Wünsche und Standards widerspiegeln;
> 2) Erfahrungen einen Einfluss auf die Werteausprägung haben können;
> 3) Werte in Motive übersetzt werden. Dadurch sind Motive näher am Verhalten eines Menschen angegliedert, während Werte eher abstrakte Grundüberzeugungen widerspiegeln;
> 4) Motive in Bündeln angeordnet sind;
> 5) diese Motivbündel die tendenzielle Verhaltensbereitschaft, die kongruent zu den Werten ist, darstellt;
> 6) Ziele benötigt werden, um die Verhaltensbereitschaft in die Tat umzusetzen und um Verhalten quantifizieren zu können;
> 7) Verhalten ein Produkt aus Erfahrungen, Werten, Motiven und Zielen ist;
> 8) diese Einflussfaktoren miteinander interagieren;
> 9) die Berücksichtigung dieser intraindividuellen Faktoren zum besseren Verständnis des Engagements des Gegenübers beitragen kann und damit ein Ansatzpunkt für einen konstruktiven Dialog gefunden werden kann.

4.1.2 Zusätzliche Wirkung von externen Umwelteinflüssen und Auslösern

Als kontextuelle, externe Komponente des Modells und themenübergreifend in der sozialwissenschaftlichen Forschung spielen Kontextfaktoren wie Umwelteinflüsse eine wichtige Rolle (Tomoaia-Cotisel et al. 2013, S. 116). Externe Umwelteinflüsse treten im Umfeld der Engagierten auf, wirken von außen auf die engagierten Personen ein, sind von diesen wenig bis nicht kontrollierbar und können dennoch das menschliche Verhalten beeinflussen. So ist das Auftreten der „Flüchtlingskrise" im Sommer 2015 selbst ein solcher externer Umwelteinfluss. Obwohl die einzelne engagierte Person keinen Einfluss auf das Aufkommen oder den Verlauf der „Flüchtlingskrise" hatte, so hat die Krise dennoch dazu geführt, dass ein Anstieg an Engagement im Rahmen der Flüchtlingsthematik zu verzeichnen war (Burkhardt und Schupp 2019, S. 772). Gleiches zeigen auch die Ergebnisse des Forschungsprojekts. In einer der Fokusgruppen (vgl. FG I) berichtete eine Teilnehmerin beispielsweise davon, dass die mediale Berichterstattung (*„ertrinkende Flüchtlinge im Mittelmeer"*) für sie sehr belastend ist. Die anderen

Teilnehmer/innen der Gruppe antworten, dass ihr Engagement die Antwort auf diese Ereignisse ist. Die externe mediale Berichterstattung hat in diesem Fall einen Einfluss auf die Ausübung des Engagements. Engagement dient als *„Ausgleich"* zu den Ereignissen, die im Mittelmeer geschehen.

Die „Flüchtlingskrise" ist dabei ein Beispiel für einen globalen Umwelteinfluss. Umwelteinflüsse können aber auch kleiner skaliert sein und gleichzeitig auf die Engagierten wirken. So sind beispielsweise Rahmenbedingungen oder der Kontakt mit Gleich- und Andersgesinnten ebenfalls als externe Umwelteinflüsse zu verstehen.

▶ **Rahmenbedingungen:** Hierunter fallen Vorkommnisse in Kontakt mit der eigenen Organisation/dem eigenen Verein, in der/dem das Engagement ausgeübt wird, und alle Vorkommnisse im Kontakt mit öffentlichen Einrichtungen und Institutionen (Ämter, Polizei, etc.).

Umwelteinflüsse verbindet, dass sie von außen auf die engagierte Person wirken und dass diese wenig Kontrolle über das Auftreten des Einflusses besitzt. So sind sich die Teilnehmer/innen des Forschungsprojektes einig, dass der Kontakt zu öffentlichen Behörden mit (Mehr-)Belastung und Stress verbunden ist. Sie werfen den Behörden teilweise sogar Zermürbungstaktiken vor (FG III). Gleiches gilt für den Kontakt mit Andersgesinnten. Auch dieser wird als negativ empfunden, weil laut den flüchtlingshelfenden Engagierten die Thematik stark durch Vorurteile und Haltungen besetzt ist (EI XVI). Der Kontakt zu Gleichgesinnten wird hingegen als anregend empfunden und mit Freude verbunden.

Diese Beispiele charakterisieren die wesentlichen Merkmale von Umwelteinflüssen. Neben der Tatsache, dass diese von außen auf die Engagierten einwirken (Begegnungen mit Behörden, Anders- und Gleichgesinnten) und dadurch wenig bis nicht beeinflussbar sind, können diese weiterhin einen eher globalen (Flüchtlingskrise) oder lokalen Charakter besitzen (Vorkommnisse in dem Verein, in dem ich mich engagiere). Weiter können sie sowohl positiv als auch negativ auf die engagierte Person wirken bzw. positive wie auch negative Emotionen oder Assoziationen hervorrufen und damit als Erfahrungen im Gedächtnis der engagierten Person abgespeichert werden. In diesem Fall könnten die Umwelteinflüsse direkten Einfluss auf die Ausübung zukünftiger Engagements besitzen. An dieser Stelle schließt sich der kreislaufartige Verlauf des Modells (siehe Abschn. 4.1). Konkret stehen die externen Umwelteinflüsse in Verbindung mit allen Einflussfaktoren. Vergangene, externe Umwelteinflüsse (z. B. vergangene Skandale wie die Silvesternacht zu Köln 2015/2016 oder ganz individuelle Erlebnisse) können im Rahmen des Wahrnehmungsprozesses einen retrospektiven Einfluss auf vorherige Erfahrungen und damit einen indirekten Einfluss auf das zivilgesellschaftliche Engagement haben. Weiter haben externe Umwelteinflüsse indirekten Einfluss, wenn sie auf Komponenten wie Werte, Motive und Ziele wirken, indem ein externer Umwelteinfluss (z. B. ein bestimmtes Ereignis wie die Kölner Silvesternacht 2015/2016) die Engagierten dazu bringt, über ihre generelle individuelle Wertehaltung, ihre Motive oder ihre ganz konkreten Ziele nachzudenken. Der Einfluss externer Umwelteinflüsse kann ebenfalls einen direkten Einfluss auf das zivilgesellschaftliche Engagement haben, wenn sie direkt als Auslöser (z. B. Protest gegen ein gerade verabschiedetes Gesetz der Bundesregierung) auftreten. Unter auslösenden Ereignissen versteht man akute Vorkommnisse, die als Initialzündung für das eigene Engagement dienen. Diese sind oft mit Denkweisen wie „Jetzt erst recht" oder „Es reicht" verbunden.

„Jetzt erst recht. Das löst das bei mir aus." (FG III)

Die Werte, Motive und Ziele haben bereits die Basis für das Ausüben eines Engagements bereitet. Die betreffende Person ist Engagement gegenüber generell nicht abgeneigt, es fehlte lediglich der initiale Anreiz, das Engagement tatsächlich zu verwirklichen.

Zusammenfassend lässt sich festhalten, dass Umwelteinflüsse und Auslöser eine wichtige Rolle für das zivilgesellschaftliche Engagement einnehmen. Wenn sie nicht direkt Einfluss auf das Engagement nehmen, dann zumindest indirekt. Durch ihre gezwungenermaßen ständige Präsenz (irgendetwas passiert im Engagementalltag immer) ist ein Einfluss permanent vorhanden. Dabei wird dieser Einfluss von den Engagierten nicht immer wahrgenommen oder reflektiert. Beispielsweise haben die Engagierten die Kontexte, in denen sie mit Andersgesinnten in Kontakt kamen, nicht reflektiert. Dass in solchen Situationen Gruppenphänomene und Gruppendynamiken, wie Gruppendenken (z. B. Ausgrenzung der Outgroup im Rahmen von Demonstrationen) zu Konflikten führen können, wurde weder in den Fokusgruppen noch in den Einzelinterviews von den Engagierten selbstkritisch reflektiert.

▶ **Gruppenprozesse:** In der Theorie wird generell in In- und Outgroup unterschieden (Quattrone und Jones 1980). Die Ingroup ist die Gruppe, mit der man sich selbst identifiziert (z. B. Teilnehmer/in einer Demonstration wie Pegida, in Trauermärschen oder der Wir-sind-mehr-Demonstration). Die Outgroup sind dabei die „anderen", die nicht zur Ingroup gehören.

In der Psychologie spricht man von einem „fundamentalen Attributionsfehler" (Ross 1977, S. 184), der dadurch charakterisiert wird, dass in der Betrachtung des Individuums der Umwelt (im Gegensatz zu den Charaktereigenschaften) zu geringe Bedeutung beigemessen wird. Dadurch entsteht eine Wahrnehmungsverzerrung, die leicht in Missverständnissen enden und somit zu Konflikten führen kann. Unabhängig vom Problem der individuellen Wahrnehmungsverzerrung ist der Blick auf den Kontext ein weiteres wichtiges Puzzleteil, um das Engagement des Gegenübers verstehen zu können.

4.2 Gruppenbildung auf Grundlage der verschiedenen Einflussfaktoren

Auch wenn sich dieses Kapitel maßgeblich auf die Beweggründe der einzelnen Engagierten bezieht, so haben Erfahrungen, Werte, Motive und Ziele einen Einfluss auf Prozesse der Gruppenbildung. Ähnliche Orientierungen auf diesen Ebenen führen dazu, dass sich Engagierte zu Gruppen zusammenschließen.

> „Es ist eine Art von Zusammenhalt entstanden …" (EI XVI)

Sie folgen damit dem „Minimal-Group-Paradigma" (Tajfel 1970, S. 102), welches besagt, dass Menschen dazu neigen, sich bei Passung bestimmter Übereinstimmungskriterien in Gruppen zusammenzuschließen. Gleichzeitig besagt diese Theorie auch, dass die Übereinstimmung, die zur Gruppenbildung führt, minimal sein kann. Für den Engagementkontext bedeutet dies, dass ein Zusammenschluss von Engagierten nicht zu 100 % auf Gleichheit der Werte-, Motiv- und Zielebenen basieren muss. Zwischen zwei Engagierten reicht eine Übereinstimmung, ja sogar nur gefühlte Übereinstimmung oder Ähnlichkeit auf einer der Ebenen (z. B. auf der Werteebene), während einer der beiden Engagierten zu einem dritten Engagierten eine andere gefühlte Übereinstimmung besitzt (z. B. auf der Zielebene; siehe Abb. 4.2).

Aus dem Schaubild wird ersichtlich, dass Engagement förderlich für Gruppenbildungsprozesse ist. Betrachtet man die Spannungen zwischen Personen, die sich für gegensätzliche Anliegen engagieren, so ist diese Erkenntnis für Gruppenkonflikte von Bedeutung. Denn Tajfel (1970, S. 102) geht davon aus, dass die Gruppenbildungsprozesse der Aufwertung der eigenen Gruppe durch Abwertung der Fremdgruppe dienlich sind. Die dynamischen Gruppenprozesse innerhalb des Engagements können als gesellschaftliche Spaltungstreiber angesehen werden. Vor dem Hintergrund, dass individuelle Werte, Motive und Ziele diese Prozesse maßgeblich beeinflussen, ist

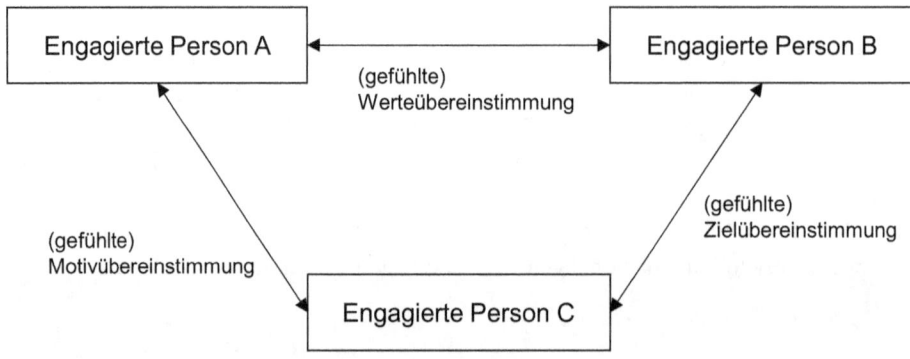

Abb. 4.2 Gruppenbildung einer Ingroup aufgrund verschiedener Übereinstimmung

diese Erkenntnis wichtig. Das erörterte Modell aus Abschn. 4.1 hat dementsprechend auch einen Einfluss auf Gruppenprozesse und kann als hilfreiche Verständnisstütze im Rahmen von Gruppenbildungsprozessen angewandt werden.

4.3 Die Engagement-Disposition

Sich freiwillig, zivilgesellschaftlich einzubringen, ist nicht jedermanns Sache. Dennoch gibt es viele Menschen in Deutschland, die ebendies tun, und zwar unentgeltlich und in ihrer Freizeit. Aber warum? Unter Berücksichtigung der Erkenntnisse von Kumbruck et al. (2020) wird davon ausgegangen, dass einige Personen eine soziale Veranlagung besitzen, sich zu engagieren. Dieses Phänomen wird als Engagement-Disposition bezeichnet. Dabei spielen intraindividuelle Einflussfaktoren, wie Verarbeitung von vorherigen Erfahrungen, persönliche Werte, Motive und Ziele, eine entscheidende Rolle für die Ausbildung einer Engagement-Disposition (siehe Abb. 4.3).

▶ Es wird angenommen, dass persönliche Werte auf kollektiven (kulturellen) Erfahrungen beruhen, die in der Sozialisation und Enkulturation erworben (angeeignet) werden.

Dabei beschreibt die Disposition, dass manche Personen aufgrund ihrer Erfahrungs-, Werte-, Motiv- und Zielstruktur eher empfänglich für das Ausüben eines Engagements sind als andere. Verbunden mit einem Kontext, der Engagement zulässt, bzw. einem konkreten auslösenden Impuls (z. B. die Flüchtlingskrise), führt diese Disposition schlussendlich zu zivilgesellschaftlichem Engagement. Dem Kontext kommt dabei

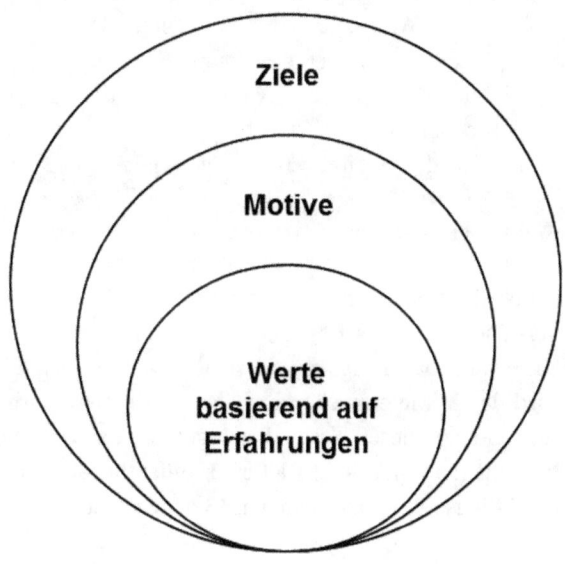

Abb. 4.3 Interagierende Bestandteile der Engagement-Disposition

eine richtungsweisende Funktion zu, weil er die konkrete Ausgestaltungsform des Engagements (Engagement im Verein, in der Flüchtlingshilfe, in der Kirche, etc.) bestimmt.

Mit anderen Worten: Wenn ein spezifischer Kontext/Auslöser als Hinweisreiz auftritt, ist es wahrscheinlich, dass sich eine Person mit ausgeprägter Engagement-Disposition auch konform zu den eigenen Werten, Motiven und Zielen engagiert. Wichtig ist an dieser Stelle, dass die Disposition eine generelle Verhaltenstendenz darstellt; die Einflussfaktoren dieser Tendenz sollen im Folgenden aufgedeckt werden.

4.3.1 Engagement erfassen und nicht pauschalisieren

Um genauer zu verstehen, was eine Person antreibt, ein Engagement auszuüben, ist es unumgänglich, die Beweggründe und Antriebe des Engagements möglichst in allen Facetten zu beleuchten. Simplifizierungen sind an dieser Stelle nicht hinreichend als Begründung geeignet. Generell besteht weiterer Aufklärungsbedarf, was die Ausübung eines Engagements beeinflusst und wo die blinden Flecken liegen, die es Engagierten erschweren, das Verhalten des Gegenübers zu verstehen. Das konzeptionelle Modell (siehe Abb. 4.1 in Abschn. 4.1) soll an dieser Stelle einen Beitrag leisten und einen praktikablen Ansatz zur facettenreichen Exploration der Beweggründe und Antriebe liefern. Auf Grundlage des Modells können folgende Fragen sinnvoll sein, um ein breites Verständnis für das Engagement des Gegenübers aufzubauen:

1. Welche Erfahrungen im Zusammenhang mit Engagement (generell) wurden in der Vergangenheit gemacht?
2. Gibt es eine Engagement-Vorgeschichte, und wenn ja, wie sieht diese aus?
3. Welche Werte sind der Person wichtig?
4. Welche Motive hat die Person?
5. Wie sehen die aus Werten und Motiven abgeleiteten Ziele aus? Welche Motivation wird verfolgt?
6. Gab oder gibt es bestimmte externe Auslöser für das Engagement?
7. Welche Kontextinformationen beeinflussen das Engagement möglicherweise?

Durch die Beantwortung dieser Fragen ist es möglich, ein tieferes und differenziertes Verständnis für das Engagement und die dahinterliegenden Beweggründe des Gegenübers aufzubauen und zu verstehen, warum sich eine Person engagierte. Gleichzeitig wird das Herunterbrechen auf den „einen Beweggrund" vermieden. Um die praktische Anwendung dieses Fragenkataloges weiter zu verdeutlichen, wird dieser auf zwei Portraits (sowohl das Portrait einer Flüchtlingshelferin als auch das einer Skeptikerin der Flüchtlingspolitik) aus dem Kap. 3 angewandt:

Portrait Monika Hofmann (ca. 50–60 Jahre):
Frau Hofmann ist eine selbstbewusste und freundliche Frau voller Tatendrang, die mit ihrem Partner zusammenlebt. Sie steht als Ansprechpartnerin für Flüchtlinge zur Verfügung und greift diesen bei diversen Fragen unter die Arme. Der Fokus ihrer Tätigkeiten liegt dabei auf der alltäglichen Hilfe für Geflüchtete, insbesondere bei Behördengängen, Arztbesuchen und anderen Terminen, die für Ausländer ohne Deutschkenntnisse schwerer zu bewältigen sind. Zu ihrem Engagement ist sie spontan gekommen, da in unmittelbarer Nähe ihres Wohnorts eine Einrichtung zur Erstunterbringung eingerichtet wurde. Sie schöpft ihre Motivation daraus, dass sie das innere Bedürfnis hat, anderen und insbesondere den Flüchtlingen zu helfen. Ihr Engagement bringt ihr viel Spaß, und zudem gefällt ihr das Gefühl, dass sie an etwas Gutem beteiligt ist und ihren kleinen Teil dazu beitragen kann. Sie erlebt, dass bei der Integrationsarbeit alle etwas voneinander lernen können, insbesondere ein besseres gegenseitiges Verständnis und Toleranz, was ihr selbst in ihrem Leben auch wichtig ist. Sie ist davon überzeugt, dass alle Menschen gleich sind und daher auch als gleich angesehen werden müssen. Nationale Unterschiede sind ihr fremd, daher hegt sie auch Sympathien mit dem gedanklichen Konzept der „Erdenbürger", bei dem erneut die gemeinsame Herkunft und Gleichheit betont wird. Dies ist ein wichtiger Grundpfeiler für ihr gesamtes Weltbild, welches sie auch als anzustrebendes Ideal definiert. Sie möchte in einer Welt leben, in der die Menschen einfühlsam sind und sich gegenseitig unterstützen. Die Empathie ist für sie auch in ihrem eigenen Leben von Bedeutung: Sich gegen Rassismus einzusetzen wurde ihr schon von Kindheit an durch ihre Eltern beigebracht, was sie bis heute geprägt hat. Deshalb hat sie grundsätzlich auch kein Verständnis für rassistische oder fremdenfeindliche Einstellungen. Spätestens dann, wenn mit Verschwörungstheorien argumentiert wird, ist ihre absolute Grenze für die Gegenseite erreicht. Frau Hofmanns Meinung nach ist mit den Flüchtlingsgegnern kein vernünftiger Dialog möglich, weil diese nicht an einer ehrlichen und konstruktiven Lösung interessiert seien. Entsprechend versucht sie auch, direkten Kontakt zu diesen zu vermeiden. Sie hat Angst, dass den Forderungen der Flüchtlingsgegner irgendwann ernste Handlungen folgen könnten und befürchtet dann ein „Zurückkommen des Dritten Reichs". In Bezug darauf differenziert sie allerdings auch, dass längst nicht alle Flüchtlingskritiker Rechtsextreme sind. Trotzdem empfindet sie deren Forderungen, gar keine Geflüchteten aufzunehmen, als zu plump und als nicht hilfreich.

1. Erfahrungen: bisherige Erfahrungen in der Integrationsarbeit (bei der Begleitung von Geflüchteten) durchgehend positiv
2. Vorgeschichte: Ihre Eltern haben sie gelehrt, sich gegen Rassismus einzusetzen
3. Werte: Weltoffenheit (gedankliches Konzept „Erdenbürger"), Bereitschaft zur Empathie

> 4. Motive: Toleranz, Verständnis für andere, Freude, Sich-gut-Fühlen, Hilfsbereitschaft, kein Verständnis für Rassismus
> 5. Ziele: konstruktiv mit Zuwanderung umgehen
> 6. Auslöser: spontan durch Einrichtung einer Erstunterbringung
> 7. Kontext: Erstunterbringung in der Nähe des Wohnorts

Mit Blick auf die sieben Beobachtungskriterien zum Engagement von Frau Hofmann ist es wahrscheinlich, dass sie sich in Zukunft weiter in der Flüchtlingshilfe engagieren wird. Ein interessanter Punkt in dieser Charakterisierung ist, dass Frau Hofmann sich als weltoffen und tolerant sieht, den Dialog mit Andersgesinnten aber verneint. Die Widersprüchlichkeit wird von ihr damit begründet, dass die Gegenseite nicht an konstruktiven Lösungen interessiert ist. Dieser Punkt könnte ein Hinweis sein, dass an dieser Stelle ein blinder Fleck die Wahrnehmung von Frau Hofmann trübt. Interessant wäre es zu wissen, woher diese Einschätzung stammt und woran Frau Hofmann dies konkret festmacht. Gleichzeitig könnte dies den Einstieg in einen konstruktiven Dialog ermöglichen. Insgesamt soll dieser Ansatz dabei helfen, Engagement zu differenzieren, zu verstehen, vorschnelle Verurteilungen zu vermeiden und einen Dialog zwischen Engagierten zu starten.

Portrait Simone Meister (ca. 40–50 Jahre):
Frau Meister ist verheiratet, hat zwei Söhne und arbeitet im Gesundheits- und Pflegesektor. In einem Verein in ihrem Heimatort fungiert sie als eine Art Gallionsfigur, indem sie diesen nach außen repräsentiert. Außerdem hilft sie viel im Hintergrund mit, erledigt beispielsweise die Papierarbeit oder unterstützt bei der Organisation von Treffen, Veranstaltungen etc. Hauptmotiv ihres Engagements ist es, für Transparenz zu sorgen und andere Menschen über die relevanten Themen, insbesondere die in ihren Augen übermäßige Aufnahme von Geflüchteten, aufzuklären. Sie kritisiert, dass es sowohl in der Politik als auch in der öffentlichen Berichterstattung an vorurteilsfreien und sachlichen Informationen fehle, die auch einmal die negativen Seiten der Integration bzw. deren Scheitern beleuchten. Sie möchte erreichen, dass weniger Flüchtlinge nach Deutschland kommen und die bereits hier Geduldeten möglichst schnell wieder in ihre Heimatländer ziehen. Von den Flüchtlingen, die bereits hier sind, fordert sie eine klare Anpassung an die deutsche Kultur. Grund für ihre Ablehnung von Flüchtlingen ist eine wahrgenommene Kriminalisierung in ihrem Ort, die vor allem von einem einzelnen, schweren Gewaltverbrechen geprägt ist. Sie sieht die Politiker, die Medien und den Rechtsstaat als verantwortlich für ihre Unzufriedenheit und fordert, dass sich dort schnellstmöglich etwas ändert, damit die Menschen sich wieder sicherer fühlen kann. In ihrem Weltbild sind ihr die Bedeutung von Ordnung, Heimat, Geborgenheit, Sicherheit und einem „Verstanden-Werden" besonders wichtig. Die Vorstellung von der eigenen Heimat, in der alles seinen gewohnten Gang nimmt und mit keinen Überraschungen zu rechnen

ist, erfüllt bei ihr auch eine identitätsstiftende Funktion. Deshalb setzt sie sich durch ihr Engagement dafür ein, dass ihre Heimat so erhalten bleibt, wie sie ist.

1. Erfahrungen: Gallionsfigur und Repräsentantin ihres „Heimatvereins"
2. Vorgeschichte: Heimatort als Teil der Identität
3. Werte: Erhaltung, Sicherheit, Tradition, Konformität
4. Motive: Transparenz schaffen, die Wahrheit teilen, Misstrauen in die Medienberichterstattung, Verlangen nach Ordnung, Unzufriedenheit
5. Ziele: andere aufklären und die Heimat erhalten
6. Auslöser: wahrgenommene erhöhte Kriminalität im Heimatort
7. Kontext: kritischer Verein, gegründet auf Basis eines Gewaltverbrechens mit Flüchtlingsbeteiligung

Auch Frau Meister ist hoch involviert in ihr Engagement, weshalb zukünftiges Engagement ebenfalls sehr wahrscheinlich ist. Frau Meister hat im Rahmen ihres Engagements einen starken Fokus auf ihre Heimat. Die eigene Heimat – in diesem Wirkungskreis möchte sie etwas bewegen. Um die Beweggründe ihres Engagements zu verstehen, ist es deshalb unabdingbar, zu explorieren, was Frau Meister unter Heimat versteht und was hinter der Fokussierung auf den Heimatort steckt. Sie mit abstrakteren Dingen wie der EU-Politik zu konfrontieren, wäre beispielsweise ein weniger erfolgsversprechender Ansatz.

Durch eine geleitete Annäherung an die Portraits ist es möglich, das Engagement der beiden Engagierten differenzierter zu betrachten und sie nicht anhand einer einzigen Beobachtung zu pauschalisieren. Insgesamt soll dieser Ansatz mit dem Fragenkatalog dabei helfen, über das Gegenüber nachzudenken, das Engagement zu differenzieren und zu verstehen, vorschnelle Verurteilungen zu vermeiden und einen Dialog zwischen Engagierten zu starten. Ausprobieren ist erwünscht (z. B. können Sie die Leitfragen zu Anfang dieses Kapitels ebenfalls eigenständig auf die verbleibenden Portraits in Kap. 3 anwenden).

Literatur

Bagozzi, R. P. Bergami, M., & Leone, L. (2003). Hierarchical representation of motives in goal setting. *Journal of Applied Psychology, 88*(5), 915–943. https://doi.org/10.1037/0021-9010.88.5.915

Bandura, A. (1969). Social-Learning Theory of Identificatory Processes. In D. A. Goslin (Hrsg.), *Handbook of Socialization Theory and Research* (S. 213–262). Chicago, IL: Rand McNally & Company.

Bandura, A. (1977). Self-efficacy: Toward a unifying theory of behavioral change. Psychological Review, 84(2), 191–215. https://doi.org/10.1037/0033-295X.84.2.191

Bardi, A. & Schwartz, S. H. (2003). Values and Behavior: Strength and Structure of Relations. *Personality and Social Psychology Bulletin*, *29*(10), 1207–1220. https://doi.org/10.1177/0146167203254602

Batson, C. D. & Powell, A. A. (2003). Altruism and prosocial behavior. In T. Millon & M. J. Lerner (Hrsg.), *Handbook of psychology: Personality and social psychology* (Vol. 5, S. 463–484). Hoboken, NJ: John Wiley & Sons.

Becker, F. (2018). *Mitarbeiter wirksam motivieren: Mitarbeitermotivation mit der Macht der Psychologie*. Berlin/Heidelberg: Springer.

Burkhardt, L. & Schupp, J. (2019). Wachsendes ehrenamtliches Engagement: Generation der 68er häufiger auch nach dem Renteneintritt aktiv. *DIW-Wochenbericht*, *86*(42), 765–773. https://doi.org/10.18723/diw_wb:2019-42-1

Devine, C. M., Connors, M. M., Sobal, J. & Bisogni, C. A. (2003). Sandwiching it in: Spillover of work onto food choices and family roles in low-and moderate-income urban households. *Social Science & Medicine*, *56*(3), 617–630. https://doi.org/10.1016/S0277-9536(02)00058-8

Hacket, A. & Mutz, G. (2002). Empirische Befunde zum bürgerschaftlichen Engagement. *Aus Politik und Zeitgeschichte*, *52*(9), 39–46. https://www.bpb.de/apuz/27079/empirische-befunde-zum-buergerschaftlichen-engagement

Haumann, W. (2014). *Motive des bürgerschaftlichen Engagements. Kernergebnisse einer bevölkerungsrepräsentativen Befragung durch das Institut für Demoskopie Allensbach im August 2013*. Berlin: Bundesministerium für Familie, Senioren, Frauen und Jugend.

Hofstede, G. (1994). Management scientists are human. *Management Science*, *40*(1), 4–13. https://www.jstor.org/stable/2632841

Hofstede, G. & Bond, M. H. (1984). Hofstede's culture dimensions: An independent validation using Rokeach's Value Survey. *Journal of Cross-Cultural Psychology*, *15*(4), 417–433. https://doi.org/10.1177/0022002184015004003

Inglehart, R. (1985). Aggregate stability and individual-level flux in mass belief systems: The level of analysis paradox. *American Political Science Review*, *79*(1), 97–116. https://doi.org/10.2307/1956121

King, H. R., Jackson, J. J., Morrow-Howell, N. & Oltmanns, T. F. (2015). Personality accounts for the connection between volunteering and health. *Journals of Gerontology: Series B: Psychological Sciences and Social Sciences*, *70*(5), 691–697. https://doi.org/10.1093/geronb/gbu012

Klamer, A. (2017). *Doing the right thing: A value based economy*. London: Ubiquity Press.

Kruse, A. & Schmitt, E. (2015). Shared responsibility and civic engagement in very old age. *Research in Human Development*, *12*(1-2), 133–148. https://doi.org/10.1080/15427609.2015.1010353

Kumbruck, C., Dulle, M. & Vogt, M. (2020). *Flüchtlingsaufnahme kontrovers: Einblicke in die Denkwelten und Tätigkeiten von Engagierten. Band 1*. Baden-Baden: Nomos.

Latham, G. P. & Pinder, C. C. (2005). Work Motivation Theory and Research at the Dawn of the Twenty-First Century. *Annual Review of Psychology*, *56*, 485–516. https://doi.org/10.1146/annurev.psych.55.090902.142105

Locke, E. A. & Latham, G. P. (2006). New Directions in Goal-Setting Theory. *Current Directions in Psychological Science*, *15*(5), 265–268. https://doi.org/10.1111/j.1467-8721.2006.00449.x

Maag, G. (1989). Zur Erfassung von Werten in der Umfrageforschung. *Zeitschrift für Soziologie*, *18*(4), 313–323. https://www.jstor.org/stable/i23845870

McClelland, D. C. (1985). How motives, skills, and values determine what people do. *American Psychologist*, *40*(7), 812–825. https://doi.org/10.1037/0003-066X.40.7.812

McClelland, D. C. (1992). Motivational configurations. In C. P. Smith, J. W. Atkinson, D. C. McClelland & J. Veroff (Hrsg.), *Motivation and personality: Handbook of thematic content analysis* (S. 87–99). Cambridge: Cambridge University Press.

McClelland, D. C. & Boyatzis, R. E. (1982). Leadership motive pattern and long-term success in management. *Journal of Applied psychology, 67*(6), 737–743. https://doi.org/10.1037/0021-9010.67.6.737

Nash, N. C., Whitmarsh, L. E., Capstick, S., Thøgersen, J., Gouveia, V. V., Araujo, R. D. C. R., Harder, M., K., Wang, X. & Liu, Y. (2019). Reflecting on behavioral spillover in context: How do behavioral motivations and awareness catalyze other environmentally-responsible actions in Brazil, China and Denmark?. *Frontiers in Psychology, 10*, 788. https://doi.org/10.3389/fpsyg.2019.00788

Puffer, S. M. & Meindl, J. R. (1995). Volunteers from corporations: Work cultures reflect values similar to the voluntary organization's. *Nonprofit Management and Leadership, 5*(4), 359–375. https://doi.org/10.1002/nml.4130050404

Quattrone, G. A. & Jones, E. E. (1980). The perception of variability within in-groups and out-groups: Implications for the law of small numbers. *Journal of Personality and Social Psychology, 38*(1), 141–152. https://doi.org/10.1037/0022-3514.38.1.141

Roccas, S., & Sagiv, L. (2010). Personal values and behavior: Taking the cultural context into account. *Social and Personality Psychology Compass, 4*(1), 30–41. https://doi.org/10.1111/j.1751-9004.2009.00234.x

Rokeach, M., & Ball-Rokeach, S. J. (1989). Stability and change in American value priorities, 1968–1981. *American Psychologist, 44*(5), 775–784. https://doi.org/10.1037/0003-066X.44.5.775

Ross, L. (1977). The intuitive psychologist and his shortcomings: Distortions in the attribution process. In L. Berkowitz (Hrsg.), *Advances in experimental social psychology* (Vol. 10, S. 173–220). Cambridge: Academic Press.

Schwartz, S. H. (2007). Basic human values: Theory, measurement, and applications. *Revue française de sociologie, 47*(4), 929–968. https://doi.org/10.3917/rfs.474.0929

Schwartz, S. H. (2012). An overview of the Schwartz Theory of Basic Values. *Online Readings in Psychology and Culture, 2*(1). https://doi.org/10.9707/2307-0919.1116

Scott, D. G. & Evans, J. (2010). Peak experience project. *International Journal of Children's Spirituality, 15*(2), 143–158. https://doi.org/10.1080/1364436X.2010.497648

Simonson, J., Vogel, C. & Tesch-Römer, C. (2017). *Freiwilliges Engagement in Deutschland: Der Deutsche Freiwilligensurvey 2014*. Heidelberg: Springer Nature.

Tajfel, H. (1970). Experiments in Intergroup Discrimination. *Scientific American, 223*(5), 96–103. https://www.jstor.org/stable/24927662

Tomoaia-Cotisel, A., Scammon, D. L., Waitzman, N. J., Cronholm, P. F., Halladay, J. R., Driscoll, D. L., L. I. Solberg, C. Hsu, M. Tai-Seale, V. Hiratsuka, S. C. Shih, M. D. Fetters, C. G. Wise, J. A. Alexander, D. Hauser, C. K. McMullen, S. H. Scholle, M. A. Tirodkar, L. Schmidt, K. E. Donahue, M. L. Parchman & K. C. Stange (2013). Context matters: the experience of 14 research teams in systematically reporting contextual factors important for practice change. *The Annals of Family Medicine, 11*(Suppl 1), 115–123. https://doi.org/10.1370/afm.1549

Verwiebe, R., Seewann, L. & Wolf, M. (2018). Zur Relevanz verschiedener Lebensbereiche für die Entstehung individueller Werthaltungen. Aktuelle Befunde für Österreich aus einer Mixed-Methods-Studie. *Österreichische Zeitschrift für Soziologie, 43*(2), 179–201. https://doi.org/10.1007/s11614-018-0305-y

Wilson, J. (2000). Volunteering. *Annual Review of Sociology, 26*, 215–240. https://doi.org/10.1146/annurev.soc.26.1.215

Wolf, M. (2019). Wie Werte erlernt werden: Zur Rolle zivilgesellschaftlicher Organisationen bei der Internalisierung von Werten. In R. Verwiebe (Hrsg.), *Werte und Wertebildung aus interdisziplinärer Perspektive* (S. 195–216). Wiesbaden: Springer VS.

Maik Dulle, M. Sc. ist studierter Arbeits- und Organisationspsychologe. Nach Studienstationen in Köln, Osnabrück und Warschau war er ab 2018 als wissenschaftlicher Mitarbeiter an der Hochschule Osnabrück im Projekt „Zivilgesellschaftliches Engagement: Was bewegt Menschen in Deutschland dazu, sich im Rahmen der Flüchtlingsthematik zu engagieren?" tätig. Aus dem Projekt entstand das Buch „Flüchtlingsaufnahme kontrovers. Einblicke in die Denkwelten und Tätigkeiten von Engagierten", bei dem Maik Dulle als Autor mitwirkte. Zu seinen Forschungsschwerpunkten gehören Thematiken wie zivilgesellschaftliches Engagement, Einflussfaktoren auf die Arbeitsmotivation, Online-Privatsphäre und die Wahrnehmung und Wertschätzung der Online-Privatsphäre. Seit Mai 2019 ist er als wissenschaftlicher Mitarbeiter und Doktorand Mitglied der Arbeitsgruppe Digitales Marketing von Prof. Dr. Maik Eisenbeiß an der Universität Bremen.

Erfahrungen aus dem Engagement

5

Marvin Vogt

5.1 Einleitung

In diesem Kapitel sollen zu großen Teilen die Teilnehmer/innen der Studie selbst zu Wort kommen. Welche Erfahrungen haben sie in ihrem Engagement gemacht? Wie bewerten sie diese? Gibt es Auffälligkeiten, wie z. B. Ähnlichkeiten oder eindeutige Unterschiede zwischen beiden Seiten? Methodisch nutzt dieses Kapitel die fünf folgenden Quellen bzw. basiert auf fünf verschiedenen Elementen, wobei diese teilweise schon in dem vorherigen Werk zu diesem Forschungsprojekt genannt wurden (siehe dazu auch Kumbruck et al. 2020): den Originalzitaten der Teilnehmer/innen aus den transkribierten Interviews, den Kernsätzen, d. h. zu kurzen aber prägnanten Aussagen verdichteten Äußerungen, den mit den Teilnehmer/innen durchgeführten Repertory-Grids (situative Bewertungen und Vergleiche verschiedener Szenarien aus der Themenwelt „Flüchtlinge in Deutschland") sowie abgerundet durch die weiter vorne im Buch genannten Teilnehmerportraits (siehe Kap. 3) und weitere Textstellen aus den Interviewtranskripten. Mit dieser Vielschichtigkeit soll das Ziel erreicht werden, einerseits nicht nur ein umfassendes Verständnis über die konkreten Tätigkeiten und persönlichen Erfahrungen zu erhalten, sondern andererseits auch ein Verständnis über die zugrunde liegenden Einstellungen, Motive, Ansichten und Denkwelten der Engagierten zu erlangen. Deshalb werden die einzelnen Aussagen nicht isoliert aneinandergereiht, sondern themengeleitet zueinander in Bezug gesetzt. So ist es möglich, über einzelne Ansichten hinweg einen grundsätzlicheren Einblick in und Überblick über relevante Bereiche des Flüchtlingsengagements

M. Vogt (✉)
eye square GmbH, Berlin, Deutschland
E-Mail: kontakt@marvin-vogt.de

in Deutschland zu erhalten. Nachdem beide Seiten der Engagierten zunächst jeweils getrennt voneinander betrachtet werden, erfolgt anschließend eine seitenübergreifende Analyse des Themenblocks Ängste und Unsicherheiten in einem weiteren Unterkapitel, in der nicht nur die allgemein unterschiedliche Haltungen herausgearbeitet werden, sondern auch anhand von vielen praktischen Beispielen veranschaulicht und vertieft werden.

5.2 Freude, Mehrwert, Zufriedenheit – Typische Erfahrungen der Flüchtlingshelfer/innen

Ehrenamtliches Engagement in Deutschland als freiwillige Entscheidung zum „Sich-Einbringen" findet in der Regel in einem Teil der privaten Freizeit der Engagierten statt. Natürlich können und werden oft auch Kompetenzen, die für berufliche Zwecke erworben wurden, im eigenen Engagement eingesetzt; dennoch wird diese Zeit unter normalen Umständen klar vom eigenen Beruf oder vergleichbaren Tätigkeiten abgegrenzt. Der deutsche Freiwilligensurvey – eine repräsentative Befragung im Auftrag des Bundesministeriums für Familie, Senioren, Freizeit und Jugend – ergab, dass sich 43,6 % aller Deutschen in irgendeiner Form freiwillig engagieren, was in absoluten Zahlen einer Menge von über 30 Mio. Menschen entspricht (Simonson et al. 2017, S. 38). Die Tatsache, dass etwa ein Drittel dieser Engagierten ihre Tätigkeit schon seit mehr als zehn Jahren ausübt, belegt weiter, dass die große Mehrheit der Engagierten in ihrer freiwilligen Tätigkeit eine persönliche Befriedigung, wenn nicht sogar eine Erfüllung sieht, die sie motiviert und entlohnt für die oft anstrengende Arbeit für andere (siehe Abb. 5.1).

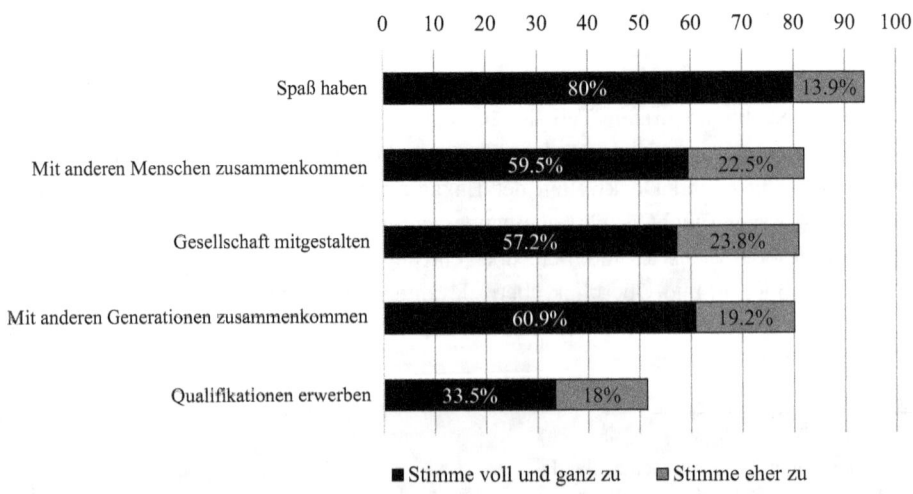

Abb. 5.1 Häufigste Engagementmotive aus dem Freiwilligensurvey 2014 (n = 11.651–12.506)

Dieser Abschnitt wirft einen Blick auf das individuelle Erleben und Wahrnehmen der Engagierten in unserer Untersuchung, die sich für Geflüchtete in Deutschland einsetzen. Entsprechend werden hier die vier typischsten Aspekte des Engagements der Flüchtlingshelfer/innen zusammengetragen, bei denen sowohl während der Interviews als auch bei der anschließenden Interpretation immer wiederkehrende Ähnlichkeiten auffielen. Dies sind im Detail:

- die Freude am Engagement,
- der Wunsch, anderen helfen zu wollen,
- der spontane Impuls, anzufangen,
- der persönliche Mehrwert aus den Tätigkeiten heraus.

Natürlich sind diese vier Kategorien verallgemeinernd, und selbstverständlich sind dies längst nicht die einzigen Themen in Bezug auf die Motive der Engagierten. Doch konnten in der Auswertung eine Vielzahl an Kernsätzen und Zitaten immer wieder auf eine dieser Kategorien bezogen werden. Häufig ergänzten sich die Aussagen der Interviewten in dieser Hinsicht so passend, dass sie doch eine gewisse repräsentative Zusammenfassung der Ergebnisse darstellen.

5.2.1 „Mir geht es dann auch besser" – Die Freude am Engagement

Der Spaß am eigenen Engagement war ohne Zweifel der Punkt, der von allen Flüchtlingshelfer/innen in diesem Projekt als erstes und häufig auch am schnellsten genannt wurde. Das Flüchtlingsengagement wurde in aller Regel als Hobby angesehen, was erwarten lässt, dass es bei den Helfer/innen positive Emotionen erzeugt. Ohne empfundene Freude an den Tätigkeiten hätte wohl keiner der Engagierten sein/ihr Engagement längerfristig ausgeübt. Besonders nicht, wenn man sich in Erinnerung ruft, dass die ehrenamtliche Arbeit mit Flüchtlingen oft ein Balanceakt ist, der auf der einen Seite ein Minimum an Zeit benötigt, um überhaupt etwas bewirken zu können, auf der anderen Seite aber auch nicht zu viel Zeit in Anspruch nehmen sollte, da es ansonsten zu emotionalen Belastungen und unerwünschtem Stress kommen kann. Um all dies auszubalancieren, sodass am Ende der „Bilanz" dennoch ein positives Resümee bleibt, wird Spaß als bestärkendes und bestätigendes Element gebraucht, um die Motivation zur Freiwilligenarbeit aufrechterhalten zu können.

„Ich glaube, das macht eine unheimliche Zufriedenheit, die ziemlich – erstmal strahlt." (EI I)

Dass diese Person anderen helfen kann, erzeugt für sie nicht nur ein Gefühl der Zufriedenheit; er/sie unterstreicht dies extra noch mit dem Adjektiv „unheimlich", um auszudrücken, dass diese Emotion nicht nur ein kleiner Nebeneffekt der Arbeit, sondern elementarer Bestandteil des Engagements ist. Auch der Nachsatz, dass diese Zufriedenheit „erstmal strahlt", verweist sowohl auf die Intensität an sich als auch auf die Dauer, die der/die Teilnehmer/in erleben kann. Es ist davon auszugehen, dass mithilfe dieses langanhaltenden Effekts der Freude auch kleinere Phasen überbrückt werden können, die weniger Spaß bereiten, sodass die allgemeine Motivation zum Engagement weiterhin hoch sein dürfte.

> *„... dass es mir wirklich Freude bereitet, dass es mir wichtig ist [über ihre persönlichen Beweggründe, Anm. d. Verf.]". (EI IV)*

Bemerkenswert ist an dieser Stelle, dass der/die Teilnehmer/in durch den Zusatz „wirklich" noch einmal hervorheben möchte, dass er/sie sein/ihr Engagement nicht als Last oder Arbeit empfindet, sondern tatsächlich als spaßbringende Aktivität in der Freizeit, die für ihn/sie daher im Vergleich zu anderen Dingen eine besondere Bedeutung hat („wichtig"). Auch erinnert das „wirklich" in diesem Kontext an eine Art Rechtfertigung, als ob der/die Teilnehmer/in klarstellen möchte, dass seine/ihre Arbeit entgegen manchen Annahmen oder Unterstellungen (die möglicherweise von der Gegenseite kommen) eben doch Freude bereitet. Eine andere interviewte Person, die durch ihren Beruf auch selbst psychologisches Hintergrundwissen hat, verweist ebenfalls auf ihr persönliches Empfinden und fasst diese Freude folgendermaßen zusammen:

> *„Weiß jeder Soziologe: Prosoziales Verhalten fördert Glückshormone." (EI XV)*

Zwar ist dieser Kommentar mit einem leichten Schmunzeln zu betrachten; trotzdem steckt darin die Überzeugung der/des Teilnehmer/in, dass eine gute Tat für jemand anderen auch für ihn/sie selbst gut ist und eine positive Wirkung entfaltet, die hier also nicht nur in Form von konkretem Spaß an der direkt ausgeführten Tätigkeit gegeben ist, sondern auch längerfristig seine/ihre Laune („Glück") positiv beeinflusst. Tatsächlich ist diese Erkenntnis elementarer Bestandteil der allgemeinen psychologischen Debatte über Altruismus: Während manche Forscher/innen der Auffassung sind, dass Menschen grundsätzlich ohne Eigennutz zur Hilfe bereit sind, nehmen andere an dieser Stelle an, dass es keine echte Hilfe in selbstlosem Sinne gibt, sondern das positive Gefühl aus der Unterstützung anderer als Eigennutz interpretiert werden muss. Das hier zugrunde liegende Prinzip der Reziprozität, also des Gebens und Nehmens, ist allgemein häufig bei freiwillig Engagierten zu finden, wie auch ein/e andere/r Teilnehmer/in formuliert:

> *„Ich kann der Person damit helfen. Wenn der Person damit nachher geholfen ist, dann geht es mir auch besser." (EI IV)*

Hier wird die Idee des Gebens und Nehmens nochmals dadurch verdeutlicht, dass der/die Teilnehmer/in seine/ihre Position mit einer „Wenn-Dann"-Verknüpfung formuliert. Er/sie partizipiert also auch selbst von seiner/ihrer Hilfe für andere, weil er/sie daraus dann ein gutes Gefühl ziehen kann. Auch wenn diese zwei Zitate nicht die Frage nach echtem Altruismus beantworten können, wird daran doch klar, dass Engagement und Eigennutz, der hier in Form von Spaß an der Tätigkeit entsteht, so sehr miteinander verknüpft sind, dass sie letzten Endes eine Interdependenz schaffen, in der es ohnehin nicht mehr möglich ist, die beiden Bestandteile trennscharf voneinander unterscheiden zu können. Stattdessen kann festgehalten werden, dass ausnahmelos alle Flüchtlingshelfer/innen nicht nur regelmäßig Spaß und Freude an ihrer Arbeit empfinden, sondern dies auch wesentlich zu ihrer Motivation beiträgt und dafür sorgt, die freiwillige Arbeit auch über einen längeren Zeitraum leisten zu können (siehe auch Abschn. 4.1 für ein konzeptionelles Modell der Beweggründe).

5.2.2 „Das muss man jetzt einfach machen" – Helfen wollen

Die klassische Debatte der Psychologie, inwiefern echter Altruismus überhaupt existiert oder ob dieser letztlich nicht doch Ausdruck einer egoistischen, selbstwertdienlichen Haltung ist, soll an dieser Stelle bewusst nicht weiter vertieft werden. Vielmehr folgen nun einige Kernsätze und Zitate, die die zweite Auffälligkeit näher beleuchten sollen: der innere Wunsch der Helfer/innen, die Flüchtlinge mit ihrer Hilfe zu unterstützen. Dieser Punkt kann im ersten Moment banal erscheinen, ist jedoch deshalb erwähnenswert, weil er zum einen ausgesprochen häufig von den Interviewten genannt wurde und zum anderen mehr über die Denkwelten der Teilnehmer/innen offenbaren kann als nur die reine Aussage. Daher lohnt es sich, doch einen genaueren Blick auf diesen Aspekt zu werfen, um die Engagierten in diesem ihnen sehr wichtigem Punkt besser verstehen zu können. Zunächst hilft es hierbei, sich der Tatsache des Helfens im Allgemeinen anzunähern, bevor die Teilnehmer/innen dazu zu Wort kommen. Bei der Frage nach der Ursache des menschlichen Verhaltens, anderen zu helfen, haben sich in der Psychologie im Laufe der Zeit die folgenden drei unterschiedlichen Ansätze herauskristallisiert (in Anlehnung an Jonas et al. 2014, S. 391 ff.):

- Wir helfen, weil es sich im Zuge der Evolution als sinnvoll herausgestellt hat (evolutionärer Ansatz).
- Wir helfen, weil wir gute Erfahrungen damit gemacht und es so erlernt haben (individualistischer Ansatz).
- Wir helfen, weil wir uns davon etwas erhoffen; entweder für uns selbst oder für das Gegenüber (interpersoneller Ansatz).

Dabei sollte angemerkt werden, dass diese Theorien sich nicht zwangsläufig widersprechen müssen. Es ist durchaus denkbar, dass alle drei gleich wahr sind und je nach Situation ein bestimmtes helfendes Verhalten erklären können. Sie sollten daher nicht als Entweder-oder, sondern als sich gegenseitig ergänzende und erweiternde Theorien verstanden werden.

> „Ich dachte mir, das ist eigentlich etwas, was ich gerne tun würde, vor allen Dingen, weil ich also da das Bedürfnis hatte, eben zu helfen." (EI V)
> „Das war mir so ein Gefühl; das muss man jetzt machen." (EI VIII)

Beide Zitate bringen die Idee des Helfen-Wollens auf den Punkt und stehen somit stellvertretend für die Mehrheit der Flüchtlingshelfer/innen. Insbesondere die Verwendung des Wortes „Bedürfnis" in dem ersten Zitat und „Gefühl" im zweiten Zitat weisen darauf hin, dass beide Teilnehmer/innen im Zuge ihres Engagements eher einem internalen Drang nachgegangen sind anstatt einer explizit benennbaren Ursache. Die nachfolgende Erläuterung im zweiten Zitat („das muss man jetzt machen") kann so interpretiert werden, dass er/sie hier auch auf eine ethisch/moralische Denkwelt zurückgreift, in der zwischen richtigem und falschem Handeln unterschieden wird. Die richtige/gute Entscheidung ist dabei die, die moralisch betrachtet getan werden sollte („man muss"). Welcher der drei oben genannten Erklärungsansätze für dieses Verhalten am wahrscheinlichsten ist, lässt sich an dieser Stelle jedoch noch nicht genau sagen, jedoch zeigen sich besonders in dieser moralischen Idee Tendenzen zum individualistischen Ansatz, da ethische Konstrukte in der Regel nicht natürlicherweise angeboren sind, sondern im Laufe des Lebens erst sozial und situativ erlernt werden.

> *„Ich helfe gerne. Und ich mag auch diese jungen Leute." (EI V)*

Insbesondere der nachgeschobene Satz („Und ich mag auch diese jungen Leute") deutet hier auf eine interpersonelle Motivation zur Hilfe für andere hin. Es ist sicherlich davon auszugehen, dass diese Art von Motivation typisch für die meisten Flüchtlingshelfer/innen ist, da diese sich vorrangig in der 1:1-Betreuung einsetzen und daher auch einen entsprechend hohen persönlichen Bezugsgrad zu den Geflüchteten haben. Gelegentlich wurde der Beweggrund für ein Engagement auch aus einer anderen Perspektive heraus argumentiert. Einige Teilnehmer/innen nannten hier die Tatsache, dass sie persönliche Potenziale in ihren Augen nicht ausreichend nutzten und daher nach Möglichkeiten gesucht hatten, sich und ihre Kompetenzen für andere einsetzen zu können, wie z. B. der/die folgende Teilnehmer/in beschreibt.

> *„Und da war für mich klar [...] – ich habe, das sag ich jetzt mal, eine brachliegende Kompetenz, die ich nutzen wollte, und dann habe ich gleich direkt mit Deutschunterricht begonnen, weil die Sprache nun mal der erste Schlüssel ist zu irgendwas. Das weiß hier auch jeder. Es hat mich immer gewundert, weshalb in der Zeitung so viele Artikel darüber erscheinen. Wo ich mir denke, ja, das weiß man doch, [...] das ist selbstverständlich." (EI X)*

Möglicherweise war diese/r Teilnehmer/in im Bereich seiner/ihrer hier angesprochenen Kompetenzen bisher unterfordert („brachliegend"), was den Wunsch nach einer sinnstiftenden Tätigkeit und einem Umfeld weckte, in dem der/die Teilnehmer/in diese Fähigkeiten anwenden konnte; hier in Form von Erfahrungen in der freiwilligen Bildungsarbeit. Darin steckt anteilig auch das individuelle Streben nach Selbstverwirklichung, zu dem eben auch gehört, die eigenen Fähigkeiten und Talente einzusetzen, was auch eine präsente Rolle in der gesamten Engagementforschung spielt. Eine ähnliche Logik war auch bei dem/der folgenden Teilnehmer/in ausschlaggebend für die Entscheidung, sich ehrenamtlich für Flüchtlinge einzusetzen und so seine/ihre persönlichen Kenntnisse und Fähigkeiten (wieder) sinnstiftend zu nutzen:

> *"... und habe mir überlegt, wie mein Ruhestand eigentlich aussehen könnte. Und ich fand das eigentlich problematisch, dass sozusagen über ein Leben lang angeeignetes, professionelles Wissen auf einmal nichts mehr gelten soll [...] und deshalb lag es für mich nahe, etwas zu suchen, was mit dieser beruflichen Tätigkeit zu tun hat."* (EI XIX)

Diese/r Teilnehmer/in sprach hier insbesondere sein/ihr juristisches Wissen an, was er/sie als Ehrenamtliche/r in der Flüchtlingshilfe bis heute bei der Betreuung und rechtlichen Beratung für Geflüchtete nutzt. Die Aussicht, als Rentner/in dieses Wissen gar nicht mehr nutzen zu können, weil es ab dann nicht mehr gebraucht werden würde („nichts mehr gelten soll"), fand diese/r Teilnehmer/in so „problematisch", dass er/sie sich aktiv („lag es für mich nahe") nach Möglichkeiten umgesehen hat, diese Kompetenzen eben doch weiter zu gebrauchen. Auch hier kommt also nochmals der Wunsch zur Selbstverwirklichung zum Vorschein.

> *"Weil wir machen das ja alle ehrenamtlich, und alle sind eben engagiert und wollen den Leuten helfen."* (EI XVII)
> *"Und irgendwie war mir schon klar, dass mir das [Schicksal der Geflüchteten, Anm. d. Verf.] nicht egal ist und dass ich da gerne auch irgendwie was unterstützen möchte, tun möchte."* (EI XVIII)

Beide Zitate fassen noch einmal zusammen, dass die Entscheidung zu einem ehrenamtlichen Engagement bei den Flüchtlingshelfer/innen allgemein von ihnen nicht weiter begründet wird bzw. das Engagement selbst zur Begründung wird (Wir helfen, „weil wir den Leuten helfen wollen"). Alternativ zu diesem „wollen" umschreibt der/die zweite Interviewte dies mit „unterstützen möchten" und „tun möchten". Zusätzlich betont er/sie, dass ihm/ihr Flüchtlinge „nicht egal" sind und er/sie auch deshalb bestrebt ist, weil er/sie in Bezug auf deren Situation etwas tun und so zum Positiven wenden will. Insgesamt wird ersichtlich, dass vorranging interpersonelle und individualistische Konzepte als Antreiber für das Engagement eine Rolle spielen.

5.2.3 „Wir haben das einfach gemacht" – Der spontane Impuls

Eng mit dem vorgefundenen Phänomen des „Helfen-Wollens" verknüpft ist auch das folgende Thema. In den Interviews erfolgten nach der Beschreibung der individuellen Tätigkeiten an geeigneter Stelle Nachfassfragen, um der initialen Entscheidung der Interviewten für ihr Engagement noch besser auf den Grund gehen zu können. Klassische Modelle und Theorien aus der sozialpsychologischen Forschung (z. B. das Arousal Cost Reward Model; Piliavin et al. 1969, S. 297 ff.) gehen – wenn auch oft durch diverse (Wahrnehmungs-)Effekte beeinflusst – in der Regel von einer rationalen Entscheidung der Helfer/innen aus. Umso auffälliger war es, dass die Interviewten häufig davon berichteten, sie seien in ihre Tätigkeit eher „hineingerutscht" oder hätten ohne besonderen Grund entschieden zu handeln. Entgegen dieser allgemeinen Annahme, dass Menschen in jeder Situation vernunftgesteuerte Wesen seien, die jede Entscheidung von einer ihr vorausgehenden logischen Abwägung von Vor- und Nachteilen abhängig machen würden, zeigt dieser Punkt, dass es auch klare Abweichungen davon gibt, die übrigens auch schon in den entsprechenden Experimenten dazu beobachtet werden konnten (siehe z. B. Piliavin und Charng 1990 für einen Überblick). Es lässt sich also festhalten, dass Menschen, gerade, wenn es um das Helfen geht, von Natur aus gelegentlich auch ohne große Überlegungen und aus dem Bauch heraus entscheiden und eine eventuelle rationale Begründung dafür oft erst im Nachhinein erfolgt. Dies darf jedoch nicht als individuelle Schwäche eines Einzelnen fehlgedeutet werden, sondern gibt ganz allgemein Auskunft darüber, wie wir Menschen von Natur aus handeln und denken. So überrascht es auch nicht sonderlich, dass sich in den Interviews häufig Passagen finden ließen, die auf genau diesen Punkt eingingen: In vielen Interviews verwendeten die Teilnehmer/innen Formulierungen, die auf einen spontanen Entschluss zum erstmaligen Engagement hindeuteten. Diese Erkenntnis wird insbesondere in den folgenden Schilderungen eines/einer Teilnehmer/in deutlich:

> *„Man hat Mails verteilt, man hat genau die Interessensbereiche gekannt: Okay, ich engagiere mich sportlich, ich engagiere mich im Deutschunterricht, ich engagiere mich in einer Begegnungsstätte, dass man das mitorganisiert, dass die Menschen sich treffen. Und da gab es verschiedene Bereiche. Und das war eigentlich dann – und die gibt es auch noch. Und das war sehr sehr hilfreich. Und wir waren einfach die Vordenker, wir haben das einfach gemacht." (EI X)*

Dieses hier genannte „einfach machen" ist dabei der entscheidende Aspekt, der sich immer wieder in den Interviews der Flüchtlingshelfer/innen finden ließ. Damit unterstreicht der/die Teilnehmer/in, dass bei seinem/ihrem Entschluss eben nicht lange darüber nachgedacht und viel geplant wurde, sondern einfach mit der direkten, unmittelbaren und praktischen Hilfe vor Ort begonnen wurde. Tatsächlich wurden in keinem Interview rein rationale, d. h. logisch herleitbare Gründe für das eigene Engagement genannt. Es scheint so, dass sich stattdessen eine Spontanität und – im positiven Sinne – ein gewisses Maß an Unüberlegtheit wie ein roter Faden durch die einzelnen Entwicklungen des individuellen Flüchtlingsengagements ziehen, wie auch der/die folgende Teilnehmer/in bestätigt:

> *„Und da habe ich so relativ spontan gesagt ‚Naja dann nehme ich den halt' [gemeint ist die vorübergehende Aufnahme/Unterbringung eines Flüchtlings bei sich, Anm. d. Verf.]. Weil ich irgendwie, irgendwann habe ich gedacht, so reicht es mir auch, das ist mir alles zu doof." (EI XVII)*

Der/die Teilnehmer/in verwendet die Formulierung „relativ spontan" sowie die Ergänzung „halt" im zweiten Satzteil, um an dieser Stelle zu verdeutlichen, dass er/sie nicht z. B. nach langen Recherchen im Internet die Vor- und Nachteile rational miteinander abgewogen hat und so zu dem Entschluss gekommen ist, er/sie müsse sich nun für Flüchtlinge engagieren. Viel eher ist es so, dass er/sie, auch aus einem gewissen Trotz oder Frust heraus („das ist mir alles zu doof"), die Sache ab dann selbst in die Hand nehmen und aktiv werden wollte. Damit bezieht er/sie sich auf das als ziel- und planlos wahrgenommene Verhalten manch anderer Engagierter oder von Institutionen, das in seinen/ihren Augen zu nichts führe. Allgemein lässt sich damit auch der häufig vorgefundene Pragmatismus der Flüchtlingshelfer/innen gut zusammenfassen. Viele waren der Überzeugung, dass ein beherztes Handeln die wesentlich schnellere und effektivere Methode war, den Geflüchteten zu helfen, anstatt erst mühsam und langwierig alles zu besprechen, zu planen, zu verwalten etc. Die Engagierten waren stolz auf diese Denkweise, weil sie damit am eigenen Leib schnelle Fortschritte und Erfolge spüren konnten.

> *„Also habe ich dann da eine E-Mail hingeschrieben an diese Organisation und gesagt: Wenn mal irgendwas ist, wir könnten so eine Patenschaft übernehmen für jemanden. Und die haben sich tatsächlich gemeldet und angefragt, ob wir so im Sinne des Deutsch-lernen-Unterstützens für einen jungen Mann aus Syrien zur Verfügung stehen würden. Und da haben wir dann ja gesagt." (EI XVIII)*

Ein weiteres, häufig übereinstimmendes Muster war das, was in der weiteren Auswertung der Interviews „Reinrutschen" genannt wurde. Dieses Reinrutschen zeichnete sich vor allem darin ab, dass viele Teilnehmer/innen zunächst einen recht unverbindlichen Erstkontakt zu einem bereits existierenden Verein oder einer Einrichtung aufgenommen haben (hier: „da eine E-Mail hingeschrieben") und so ein allgemeines Interesse bekundet haben. Vereinzelt haben sich die Engagierten auch an ihnen bekannte andere Engagierte gewandt oder wurden von diesen einmal zu einem Treffen mitgenommen. Im zweiten Schritt erfolgte meist eine Anfrage – sodass die Engagierten in diesem Schritt eher eine passive Rolle einnahmen („die haben sich tatsächlich gemeldet und angefragt") – diese dann letztlich in einer Zusage mündete („und da haben wir dann ja gesagt"). Dieses Schema ist charakteristisch für den Werdegang vieler Teilnehmer/innen und verdeutlicht die oft impulsive Entscheidung zum erstmaligen Engagement. Das Reinrutschen ist dabei auch auf den Verbleib in der Tätigkeit bezogen, was bedeutet, dass die große Mehrheit der Befragten durch diesen ersten Kontakt, der teilweise auch schon Jahre zurücklag, sowie ihre ungeplante Entscheidung damals bis heute dabei sind. Dieser spontane Impuls scheint bei allen Flüchtlingshelfer/innen als häufig aufzufindender Faktor eine Verbindung zwischen allen Teilnehmer/innen zu sein.

5.2.4 „Persönliche Horizonterweiterung" – Psychologischer Mehrwert durch das eigene Engagement

Vielen Teilnehmer/innen war es in den Interviews wichtig zu betonen, dass ihr Engagement nicht nur hierarchisch von oben zu den Geflüchteten herab geschieht, sondern dass sie umgekehrt auch selbst immer wieder etwas Neues durch den ständigen Kontakt mit ausländischen Kulturen, Normen und Bräuchen lernen. Dieser Austausch wird durchgängig als positiv und bereichernd erlebt. Oft wurde dabei angemerkt, dass dieser Austausch die Engagierten auch auf einer persönlichen Ebene geprägt und nachhaltig verändert hat. Bei der Zusammenführung der Interviews wurde diese Erkenntnis als „Mehrwert" bezeichnet, der sich in mehrere verschiedene Teilaspekte gliedert. Nachfolgend soll anhand von aussagekräftigen Zitaten auf diese Teilaspekte näher eingegangen werden, um die Bandbreite dieses Mehrwertes besser nachvollziehen zu können.

> *„Aber einfach natürlich auch unter den Geflüchteten, was ich alles an persönlicher Horizonterweiterung erlebe, das ist enorm, ja." (EI IX)*

So wie diese/r Teilnehmer/in verstehen viele der Befragten die gesammelten Erfahrungen aus ihrem Engagement als ganzheitliche Erfahrung, die ihn/sie individuell („persönlich") zu einem aufgeschlosseneren („Horizonterweiterung") Menschen macht. Wichtig hierbei ist es anzuerkennen, dass der bestehende Horizont nicht durch eine andere neue Meinung ersetzt, sondern eben nur um eine zusätzliche Komponente erweitert wird. Wie umfangreich diese persönliche Weiterentwicklung im Einzelfall wirken kann, wird an den folgenden Ausführungen eines/einer Engagierten deutlich.

> *„Also, mich haben die letzten drei Jahre extrem verändert. Extrem. Die letzten, bis vor zwei Jahren, hat jeder gesagt: ‚Man, du hast dich total positiv verändert. Du bist so lebendig.' Ich habe mich auch richtig wohlgefühlt und ich habe so viele neue Perspektiven durch die, gerade durch die Syrer, mit denen ich sehr viel im Gespräch bin und auch sehr viel in Diskussionen, auch – auch im Streit. Wir haben auch schon gestritten. Und [ich, Anm. d. Verf.] da die Interkulturalität gelernt habe."* (EI X)

Die Häufung von positiven Worten („positiv verändert", „lebendig", „wohlgefühlt") in Verbindung mit der Tatsache, dass diese Reihe mit „neuen Perspektiven" fortgeführt wird, zeigt klar, dass das Kennenlernen und Erlernen von neuen Perspektiven von dem/der Teilnehmer/in ebenfalls als etwas eindeutig Positives angesehen wird. Hieraus lässt sich sowohl eine gewisse Neugier und Offenheit der/des Teilnehmenden ableiten, was bei den meisten der Flüchtlingshelfer/innen ebenfalls der Fall war, als auch eine allgemein optimistische Einstellung seinem/ihrem Engagement gegenüber. Dies wird z. B. darin deutlich, dass er/sie von sich aus auch auf die negativen Seiten eingeht („auch im Streit"). Selbst Streitigkeiten mit den Geflüchteten wertet er/sie jedoch als etwas, aus dem und durch das er/sie „Interkulturalität gelernt" hat. Von Vielen der Engagierten wurde besonders der interkulturelle Austausch durch den Kontakt zu den Flüchtlingen als besonders wichtig beschrieben. Auffällig ist hierbei vor allem, dass diese Erfahrungen häufig mit einem Lerneffekt verknüpft werden, weshalb dies in der Analyse und Interpretation der Interviews ebenfalls als zentrales Element des „Mehrwertes" aufgegriffen wurde. Stellvertretend dafür soll das folgende Zitat dienen, in welchem ein/e Engagierte/r explizit das Voneinander-Lernen nennt:

> *„Weil es nicht um die Frage geht, dass man den Flüchtlingen irgendwie was Gutes tut oder so oder die ein bisschen fördert, sondern umgekehrt: Ich lerne von ihnen auch." (EI XIX)*

5 Erfahrungen aus dem Engagement

Entscheidend ist, dass diese/r Teilnehmer/in, der/die als generelle/r Ansprechpartner/in bei Problemen mehrere Flüchtlinge betreut, sein/ihr Engagement nicht als Einbahnstraße („den Flüchtlingen was Gutes tut") versteht, bei dem er/sie ihnen von oben herab Erklärungen oder Anweisungen geben würde, sondern als gegenseitigen und zwischenmenschlichen Austausch („umgekehrt", „ich lerne auch"). Dadurch ist es ihm/ihr möglich, je nach Situation auch selbst die Rolle des/der Lernenden zu übernehmen, indem er/sie aufgeschlossen gegenüber anderen Sichtweisen, Einstellungen und Meinungen ist. Wieder taucht hier also das Prinzip der Reziprozität auf und wird sprachlich häufig mit einem „auch" (oder synonymen Formulierungen, z. B. ebenso, andersrum) ausgedrückt. Dabei ist dieser gegenseitige Einfluss ein Zeichen für die funktionierende Beziehung zwischen Geflüchtetem und Engagiertem, der/die als Mentor/in in der 1:1-Betreuung idealerweise ein Gefühl der Wertschätzung und Gemeinschaft auf Augenhöhe erzeugt. Kennzeichnend und notwendig hierfür ist eine generelle Offenheit seitens der Engagierten, um solche Lernmomente überhaupt zu erleben und als solche wahrzunehmen.

> *„… man lernt wahnsinnig viel halt auch über sich selbst. Also wie man eigentlich ist, wie man gestrickt ist, wer man ist. Und wie eigentlich man selbst irgendwie kulturell verankert ist." (EI XVII)*

Diese/r Teilnehmer/in beschreibt ebenfalls denselben Aspekt des kulturellen Austausches, allerdings ist hierbei bemerkenswert, dass er/sie diesen Prozess aus der anderen Richtung heraus betrachtet als der/die vorherige Teilnehmer/in; nämlich was er/sie aus ihrem/seinem Engagement über sich selbst gelernt hat (wie und wer „man eigentlich ist"). Auch hierfür ist ein Mindestmaß an Aufgeschlossenheit und kritischer Selbstreflexion erforderlich, um einerseits kulturelle Unterschiede überhaupt wahrnehmen zu können, andererseits diese aber auch in Bezug zu seinem eigenen Denken und Handeln setzen zu können. Besonders die Verwendung des Wortes „verankert" ist in diesem Kontext auffällig. Dies greift auf die offensichtliche Assoziation des/der Interviewten zurück, dass die eigene Kultur nicht nur etwas konkret Erkenn- und Benennbares ist, sondern darüber hinaus auch nicht großartig durch externe Einflüsse verändert wird (oder werden kann), da sie eben fest in seiner/ihrer Person verankert ist. Diese Einstellung erlaubt einen Rückschluss auf seine/ihre generelle Sichtweise zum Thema Kultur: Es muss keine große Assimilation zwischen den verschiedenen Kulturen der Deutschen und der Flüchtlinge geben, sondern es reicht aus, von Unterschieden und Gemeinsamkeiten zu wissen und daraus auch eine gewisse Selbstsicherheit und ein Vertrauen in seine eigene Kultur zu entwickeln („wer man ist"). Dies mag nicht typisch für alle Flüchtlingshelfer/innen sein, liefert aber dennoch die Erkenntnis, dass der auf dieser Seite oft vorgefundene Pragmatismus auch auf kulturelle Unterschiede angewendet werden kann.

> *„Also wie der Islam das so sieht und was da möglich ist, habe ich ein bisschen einen Einblick gewonnen." (EI XVIII)*

Zu den interkulturellen Erfahrungen können im Grunde alle Aspekte zählen, die die Engagierten vorher noch nicht kannten und durch die Geflüchteten kennengelernt haben. Neben soziokulturellen Unterschieden gehört dazu insbesondere auch die Auseinandersetzung mit anderen Religionen – in diesem Fall insbesondere mit dem Islam, der von vielen Teilnehmer/innen unabhängig voneinander angesprochen wurde. Mit der Phrase „was da möglich ist" wird im Zitat oben angedeutet, dass die pauschale Sicht anderer auf den Islam als eine uniforme Religion nicht zutreffend und für ein besseres Verständnis auch nicht hilfreich ist, sondern dass vielmehr zwischen vielen unterschiedlichen Glaubensströmungen und Auslegungen innerhalb des Islams unterschieden werden muss. Auch wird hier Bezug auf diverse Möglichkeiten genommen, gleichzeitig innerhalb der Regeln des Korans zu bleiben und sich trotzdem auch an deutsche Verhältnisse anzupassen. Beinahe überflüssig zu erwähnen ist die Tatsache, dass die hier interviewte Person diese Einblicke in eine ihr vorher fremden Religion als etwas Positives ansieht, da sie neues und interessantes Wissen erlernt hat. Dies fügt einen weiteren Teilbereich zu der allgemeinen Tendenz der Flüchtlingshelfer/innen hinzu, wissbegierig, neugierig und damit letztlich offen zu sein, Neues kennenzulernen. Auch dies kommt in dem Sammelbegriff des „Mehrwerts" zum Ausdruck und ist ein weiteres wichtiges Puzzleteil, um die Motivation und den Spaß der Flüchtlingshelfer/innen für ihre Tätigkeiten verstehen zu können.

5.3 „Wieder gehört werden" – Typische Erfahrungen der Flüchtlingsskeptiker/innen

In diesem Abschnitt werden typische Erfahrungen der Flüchtlingsskeptiker/innen näher beleuchtet, indem wiederum relevante Aussagen der einzelnen Interviewteilnehmer/innen zu Oberthemen gebündelt zusammengetragen und verglichen werden. Wie im vorherigen Abschnitt über die Flüchtlingshelfer/innen auch soll wieder die Frage im Vordergrund stehen, warum sich diese Befragten gegen eine Fortsetzung der aktuellen Migrationspolitik und gegen die Aufnahme von Flüchtlingen einsetzen, was sie antreibt und wie sie über ihr eigenes Engagement denken. Allgemein muss festgehalten werden, dass die inhaltliche, qualitative Auseinandersetzung mit dem Gesagten der Flüchtlingsskeptiker/innen deutlich aufwendiger war als bei den Flüchtlingshelfer/innen. Wie bereits gezeigt wurde, war die Motivation Letzterer durch ein relativ hohes Maß an Pragmatismus und einer Direktheit geprägt, wohingegen die Flüchtlingsskeptiker/innen ihre Beweggründe wesentlich stärker rationalisierten, d. h. mit (in ihren Augen) logisch und sachlich durchdachten Begründungen zu erklären versuchten. Entsprechend zeigt sich dies auch in der Interpretationstiefe des Gesagten und der Themenschwerpunkte in Bezug auf die zugrunde liegenden Denkwelten. Konkret offenbarten sich in den Gesprächen über alle Teilnehmer/innen hinweg vier zentrale Bereiche, nämlich:

- der politische Status quo als Hauptproblem,
- persönliche Motivation und Antrieb,
- das Gefühl, im Recht zu sein,
- die (wahrgenommene) gesellschaftliche Rolle.

Im Gegensatz zu den Flüchtlingshelfer/innen, bei denen die vier bedeutendsten Kernelemente relativ unabhängig voneinander waren, fällt allein beim ersten Lesen dieser Themenbereiche schon auf, dass diese wesentlich stärker miteinander verwoben sind. Beispielsweise kann das Gefühl, mit seiner Meinung und seinem Engagement im Recht zu sein, gleichzeitig auch als Motivation und Antrieb für die freiwillige Arbeit dienen, deren Ziel es wiederum sein könnte, die eigene gesellschaftliche Rolle zu verändern, womit sich letzten Endes auch der Status quo, also die aktuelle politische Situation in Deutschland in Bezug auf den Zuzug und die Aufnahme von Geflüchteten, zumindest potenziell, verändern ließe. Diese Verknüpfungen bzw. Überlappungen von Themen haben es über alle Phasen des Forschungsprojektes (Interviewdurchführung, Verschriftlichung, Analyse und Interpretation) nötig gemacht, eine inhaltlich sinnvolle, aber doch zu einem gewissen Grad „künstliche" Trennung zu wählen, die so nahe wie möglich an den Schilderungen der Teilnehmer/innen ist. Deshalb wurde diese aufeinander aufbauende Reihenfolge der Themen so gewählt, dass die Gefühls- und Denkwelten der Teilnehmer/innen auf nachvollziehbare Weise analysiert werden können.

5.3.1 „Die Schnauze voll" – Der politische Status quo als Hauptproblem

Die Gespräche mit den Flüchtlingsskeptiker/innen drehten sich spürbar häufiger und intensiver um die politische Ebene des Themas Flüchtlinge. Auf vielschichtige Weise wurde Kritik an der Regierung, der Bundeskanzlerin und den im Bundestag vertretenen Parteien geübt. Dabei wurde neben der allgemeinen politischen Unzufriedenheit von den Skeptiker/innen vor allem auch das Gefühl beschrieben, dass die eigene kritische Einstellung zur Flüchtlingsaufnahme nicht mehr in der Bundespolitik berücksichtigt wurde und wird. Daraus resultieren weitere Einstellungen und Überzeugungen wie z. B. Trotzhaltungen, die einen anschließenden politischen Veränderungswillen befeuern.

5.3.1.1 „Nur eine Richtung" – Politische Unzufriedenheit und mangelnde Partizipation

Es wurde schnell ersichtlich, dass die Engagierten keinerlei Vertrauen zu den bisherigen etablierten Parteien mehr haben. Sie sahen in keiner Partei mehr eine Alternative zur momentanen politischen Entwicklung und engagierten sich vorrangig aus diesem Grund in der AfD oder politisch und ideologisch ähnlichen Initiativen und Vereinen. Auf die Frage, was beim Thema Flüchtlingskrise für ihn/sie politisch das denkbar Schlimmste sein könnte, antwortete ein/e Teilnehmer/in:

> „Worst Case wäre bei mir ähnlich, wie gesagt für die Partei halt auch eben Verfassungsschutz, was ich gerade gesagt habe, dass sie sich eventuell auflöst und wir wieder ein Ein-Parteien-System haben, was sehr einstimmig in eine Richtung marschiert, ohne eine große Opposition." (EI XX & XXI)

Hier wird ersichtlich, dass der/die Teilnehmer/in die AfD als einzige ernst zu nehmende Opposition zu allen anderen Parteien und deren politischer Ausrichtung sieht, da er/sie von einem „Ein-Parteien-System" spricht. Damit beschreibt er/sie eine Grundstimmung, die viele andere Engagierte mit ihm/ihr teilen. Sie alle konnten sich politisch nicht mit einer Grenzöffnung (gemeint ist die Durchlässigkeit deutscher Grenzen für Einreisende ohne Dokumente wie Reisepass oder Aufenthaltstitel) und der großen Aufnahme von Flüchtlingen identifizieren, sahen zu dem Zeitpunkt gleichzeitig aber keine Partei, die eine andere politische Haltung dazu eingenommen hätte. Sie fühlten sich in diesem Thema also nicht repräsentiert, missachtet und/oder überhört. Ein/e Teilnehmer/in merkte dazu an:

> „Was ich aber relativ schnell gemerkt habe, dass die Stimmung im Land sich für mich zu sehr ins Positive aufheizte." (EI XX & XXI)

Auch, wenn die Formulierung „zu sehr ins Positive" hier zwar kritisch hinterfragt werden sollte, drückt sie die Ansicht des/der Engagierten aus, dass es abseits der politisch anvisierten „Willkommenskultur" für ihn/sie keine Alternative gab, die eine Partei auf Landes- oder Bundesebene zu dem damaligen Zeitpunkt vertreten hätte. Während für ihn/sie daher der Schritt zu einem eigenen Einsatz für eine andere Position in dieser Frage recht naheliegend war, ließen sich auch Textstellen finden, aus denen klar hervorgeht, wie sehr manche Engagierte unter diesem Fehlen einer politischen Gegenmeinung litten. Beispielsweise fiel auch das Urteil eine/r anderen Teilnehmenden dazu äußert negativ aus und verdeutlicht damit, in was für einer Gefühlswelt sich manche der Befragten befunden haben:

> „Ich fühle mich blockiert. Ich könnte das nicht, weil ich vieles einfach in der großen Politik falsch finde." (EI III)
> „… das Schlimme [ist, Anm. d. Verf.], dass ich mich ja eigentlich wirklich hilflos fühle und nicht das Gefühl habe, ich könnte in irgendeiner Weise Einfluss nehmen." (EI III)

Die emotional aufgeladenen Worte „blockiert", „hilflos", „falsch" und „schlimm" geben einen Einblick, dass auf der Seite der Flüchtlingsskeptiker/innen ebenso viele und starke Emotionen vertreten sind wie auf der Seite der Flüchtlingshelfer/innen. Gerade das hier genannte Gefühl, als einzelne Person auf keine „Weise Einfluss nehmen" zu können, versinnbildlicht die Wahrnehmung, kein Teil der Gesellschaft mehr zu sein, der noch in der Politik repräsentiert wird, und entsprechend finden sich diverse Stellen in den Interviews, in denen die Engagierten auf ihr Demokratieverständnis eingehen und eine fehlende Partizipation daran beschreiben.

5 Erfahrungen aus dem Engagement

> *„Also Demokratie heißt vor allen Dingen, dem Bürger auch mal zuhören. Nicht nur Politiker wählen und wählen können. Sondern dem Bürger zuhören, was möchte er. Das Ohr beim Bürger haben." (EI XIV)*
>
> *„Und ich will dieses wunderbare Gefühl behalten, dass wir hier in einer Demokratie leben. Aber ich sehe immer mehr, dass die Demokratie eigentlich gar nicht mehr da ist." (EI XIV)*

Erneut wird hier auf ein vermeintliches „Ein-Parteien-System" angespielt, indem der/die Teilnehmer/in sagt, „dass die Demokratie eigentlich gar nicht mehr da ist". Er/sie unterstreicht damit ein weiteres Mal, dass (außer der AfD) keine Partei einen politischen Gegenentwurf zur Flüchtlingsaufnahme vertritt. Da er/sie selbst jedoch diese Haltung innehat, fühlt er/sie sich ungehört, was in dem ersten Zitat deutlich wird, indem er/sie sich wünscht, der Staat würde „dem Bürger zuhören".

5.3.1.2 „Jetzt erst recht" – Wut, Frust und Trotz

Es überrascht nicht, dass aus dieser deutlich negativen Wahrnehmung der Politik Wut und Frust entstehen. Interessanterweise konnte in den Interviews jedoch festgestellt werden, dass diese Gefühle gelegentlich selbst der Treiber des Engagements waren, indem ein eigenes Handeln als Trotzreaktion auf die Wut gewählt wurde. Zur psychologischen Einordnung ist hier die Theorie der Reaktanz zu nennen (z. B. Brehm 1989; Brehm und Brehm 2013), die das häufig beobachtete Verhalten der Teilnehmer/innen – wenn auch nicht vollständig – zu einem Großteil erklären kann. Unter Reaktanz wird das Einnehmen eines inneren mentalen Widerstands gegen eine Einschränkung verstanden, wobei es egal ist, ob diese realer, imaginärer oder befürchteter Natur ist. Beharrlich wird darauf bestanden, das (drohende) Verbot einer Handlung zu umgehen, indem diese nun umso stärker genutzt oder ausgeführt wird. Ein einfaches Beispiel hierfür ist die gesetzliche Erhöhung der Tabaksteuer mit der Intention, Raucher/innen ihren Konsum unangenehmer zu machen. In der Realität führte diese Intervention zu einer Trotzreaktion der Raucher/innen, die sich nicht vom Staat bevormunden lassen wollten und effektiv sogar mehr Zigaretten kauften (was sich anhand von steigenden Absatzzahlen ablesen ließ). Darüber hinaus geht reaktantes Verhalten häufig mit einer überdeutlichen Positionierung für die betroffene Tätigkeit einher: Wer einem Sachverhalt vorher gleichgültig gegenüberstand, bezieht im Angesicht eines möglichen Verbots sehr viel wahrscheinlicher eine eindeutige, wenn nicht sogar extreme Haltung. Ein anschauliches Zitat für diese Art der „inneren Aufwertung", in diesem Fall das in Gefahr gewähnte Recht auf freie Meinungsäußerung, liefert der/die folgende Teilnehmer/in:

> *„Ich werde jetzt auch überall Reden halten. Weil ich einfach die Schnauze voll habe von dieser ganzen –." (EI XIV)*

Der Effekt „Engagement aus Trotz" wird in beiden Sätzen des Teilnehmenden deutlich: „Ich werde jetzt auch überall Reden halten" bringt zum Ausdruck, dass er/sie es nicht mehr länger hinnimmt, dass seine/ihre Meinung, die als solche im Gegensatz zur wahrgenommenen Mainstream-Meinung steht, untergehen könnte, sondern dass er/sie gerade deshalb nun umso stärker mit seinen/ihren Ansichten zur Flüchtlingskrise und -politik an die Öffentlichkeit will. Bekräftigt wird dies noch durch den nachfolgenden Satz, mit dem er/sie erneut unterstreicht, wie wenig er/sie von der als einheitlich und immer gleich empfundenen Meinung hält und wie sehr ihn/sie dies stört. Ähnliche Reaktionen lassen sich auch bei vielen anderen Engagierten finden.

> *„Aber wieso ich damals im September 2017 nach der Bundestagswahl auch gesagt habe, ich stelle jetzt einen Mitgliedsantrag: Weil ich gesagt habe, das lasse ich jetzt nicht mehr, das ist einfach eine Gegenreaktion. […] Und wenn man an einen Punkt gerät, an dem man einfach nur noch auf verschlossene Türen, verschlossene Ohren stößt und keine Gesprächsbereitschaft mehr da ist, dann kann man nur sagen: Okay, jetzt erst recht."* (EI XX & XXI)

Gerade dieser letzte Teil „jetzt erst recht" ist sinnbildlich für die Reaktanz, die viele Flüchtlingsskeptiker/innen im Laufe der Zeit aufgebaut haben, und fasst das Trotzempfinden der befragten Skeptiker/innen in dem Begriff „Gegenreaktion" kurz und bündig zusammen. Auch ist festzuhalten, dass solch ein trotziges Verhalten, obwohl im Allgemeinen eher passiv verstanden, durchaus auch als Antrieb und Motivation fungieren kann, was bei den hier befragten Flüchtlingsskeptiker/innen offenbar auch der Fall war.

Nachdem nun also im ersten Schritt die Unzufriedenheit mit der aktuellen Flüchtlingspolitik klargestellt wurde und im zweiten Schritt tiefgreifender deutlich wurde, dass auch auf grundsätzlicherer Ebene Spannungen existieren (z. B. beim wahrgenommenen Verlust der demokratischen Partizipation), wurde in dem dritten Schritt gezeigt, dass diese Gefühle der Unzufriedenheit in Wut, Frust und Trotzreaktionen umgeschlagen sind. Entsprechend stellt sich nun die Frage, was die Engagierten als Motivation und Antrieb für ihre ehrenamtliche Arbeit ansehen, und wie diese mit den vorher genannten Aspekten in Zusammenhang stehen.

5.3.2 „Alles muss sich ändern vs. So wie es ist" – Motivation und Antrieb

Zunächst sei angemerkt, dass sich die eigene innere Motivation zum Engagement bei den interviewten Teilnehmer/innen relativ schwer herausarbeiten ließ. Wie bei anderen Themen auch gab es hier eher Andeutungen zwischen den Zeilen oder es wurden unvollendete Sätze verwendet. Diese generelle Tendenz unter allen Flüchtlingsskeptiker/innen eröffnet zwei mögliche Interpretationsarten: Zum einen könnte davon ausgegangen werden, dass die Skeptiker/innen sich ihrer eigenen Motivation gar nicht sicher bzw. bewusst waren, sodass es ihnen schwerfiel, diese in den Interviews auf den Punkt zu bringen. Teilweise lassen sich einige Textstellen finden, die auf diese Lesart hindeuten. Zum anderen könnte diese Zurückhaltung jedoch auch so interpretiert werden, dass sich die Teilnehmer/innen allgemein verunsichert fühlten, welche ihrer Ansichten die Gesellschaft akzeptabel fand und welche eben vermeintlich nicht mehr (vgl. „gesellschaftliche

Rolle"), sodass sie entsprechend vorsichtig in ihrer Wortwahl und Ausdrucksweise waren. Ein Effekt, der in der Psychologie unter dem Schlagwort „soziale Erwünschtheit" bekannt ist und einen häufig anzutreffenden Einflussfaktor auf das Antwortverhalten von Teilnehmer/innen in qualitativen wie in quantitativen Studien darstellt. Auch für diesen Interpretationsansatz lassen sich in mehreren Zitate Hinweise finden. In der Tat ist davon auszugehen, dass wohl beide Ursachen ihren Anteil an dem beobachteten Verhalten tragen. Nichtsdestotrotz ist das Suchen und Verstehen der individuellen Motive der Engagierten elementarer Bestandteil dieser Studie, sodass durch sensibles Nachhaken in den Interviewsituationen doch einige gehaltvolle Aussagen entstanden, die im Folgenden vorgestellt werden. Dabei bündeln sich die Zitate der Engagierten in den beiden Themenbereichen „Nationalstolz und Erhaltungsbedürfnis", worin primär konservative Einstellungen als Antreiber für das Engagement zusammengefasst werden, sowie „systemischer Veränderungswille", also das Streben nach einem Richtungswechsel in Politik, Gesellschaft und medialer Sichtweise auf das Thema Flüchtlinge.

5.3.2.1 „Ich brauche Deutschland" – Nationalstolz und Erhaltungsbedürfnis

Im ersten Themenbereich „Nationalstolz und Erhaltungsbedürfnis" wird ein intensiverer Blick auf die Dinge geworfen, die die Flüchtlingsskeptiker/innen als wichtig für sich bzw. für die ganze Gesellschaft in Deutschland betrachten. Die Engagierten nennen dabei vor allem, dass sie sich Deutschland als ihrem Heimatland emotional sehr verbunden fühlen und sich selbst auch aktiv in der Rolle als Deutsche wahrnehmen, was sich in einem entsprechenden Nationalstolz ausprägt. Mit dieser Verbundenheit erklären sie auch ihr Engagement: Sie setzen sich gegen die Aufnahme von Flüchtlingen in Deutschland ein, weil sie Deutschland so mögen, wie sie es bisher kennen, und befürchten, dass die momentane Politik hier langfristig Schaden bringen wird.

> *„Das ist so meine Sorge um die Leute auch. Natürlich will ich sie auch los sein, aber nicht nur jetzt auch deutsch-nationalen Interessen, obwohl ich auch zu meiner konservativen Haltung stehe und mich als sehr deutschlandverbundenen – Patriot hat so einen Beigeschmack, würde ich nicht sagen, aber deutschlandverbunden bin ich schon. Und ich lebe gerne in Deutschland." (EI II)*

Die hier mit verschiedenen Begriffen benannten Aspekte lassen sich alle der Oberkategorie Nationalstolz zuordnen. Diese/r Teilnehmer/in hat allgemein eine große Verbundenheit zu seinem/ihrem eigenen Land und bezeichnet sich selbst als konservativ. Auch wenn er/sie sich dabei gleich wieder etwas einschränkt („würde ich nicht sagen"), fällt in diesem Kontext auch das Wort „Patriot". Hierin drückt sich die Sorge des/der Engagierten aus, durch die Verwendung dieses Begriffes pauschal abgestempelt oder verurteilt zu werden („so einen Beigeschmack"). Auch in dem letzten Satz „und ich lebe gerne in Deutschland" betont er/sie nochmals, dass er/sie sich in Deutschland wohlfühlt und Deutschland mag, was seine/ihre Verbundenheit und Nationalstolz zumindest in gewissem Umfang erklären soll. Ein/e andere/r Teilnehmer/in geht dabei sogar noch einen Schritt weiter:

> *„Ich brauche da auch das Schweizer Modell nicht. Ich brauche Deutschland." (EI XI & XII)*

Durch die Verwendung des Wortes „brauchen" wird hier eine noch größere Bedeutung Deutschlands für den/die Engagierte/n ausgedrückt: Im Vergleich zum/zur vorherigen Teilnehmer/in mag oder möchte er/sie Deutschland nicht nur als Heimat und Wohnort, sondern sieht Deutschland sogar als notwendig für sich und sein/ihr Leben an. Das hier genannte Bewusstsein über und der Stolz auf die eigene Herkunft aus Deutschland ist charakteristisch für alle Flüchtlingskritiker/innen dieser Studie; definiert es doch einen Teil des Weltbildes und stiftet so für die Interviewten eine unverwechselbare Identität (1. Deutschland wird gemocht, 2. die Skeptiker/innen sind Deutsche, 3. sie können und wollen sich mit Deutschland identifizieren). Insbesondere der Vergleich zu dem „Schweizer Modell", womit in diesem Kontext eine direktere Demokratie durch mehr Volksentscheide gemeint ist, ist daher interessant, da diese Option der unmittelbaren Beteiligung an politisch relevanten Entscheidungen abgelehnt wird. Dies war insofern nicht zu erwarten, da die Flüchtlingsskeptiker/innen sich elementar über den gefühlten Mangel an politischer Partizipation beschweren, wie bereits weiter oben erläutert wurde. Eher muss diese Ablehnung deshalb als weiteres Mittel verstanden werden, um die eigene deutsche Identität nicht nur von innen heraus, sondern auch nach außen gegenüber anderen Identitäten abzugrenzen zu können. Ein Vergleich zu anderen Nationen lässt sich auch bei anderen Teilnehmer/innen finden.

> *„Ich will ein Deutscher sein, so wie jeder Franzose stolz ist, Franzose zu sein, oder Italiener, Italiener zu sein, oder Grieche […]." (EI II)*

Hier liegt der Fokus des Zitats stärker auf der Forderung, allgemein einen Nationalstolz empfinden zu dürfen, da dies in der Wahrnehmung des Teilnehmenden etwas Selbstverständliches ist, was in anderen Ländern ebenfalls vorhanden ist und deshalb als normal angesehen werden sollte. Damit wird gleichzeitig ausgedrückt, dass ein Stolz auf Deutschland für Deutsche in der Gesellschaft tendenziell als unnormal bewertet werde und daher zu unterlassen sei, was diese/n Teilnehmer/in stört. Ein Festhalten an der eigenen Nationalität und insbesondere die Forderung, dies zu bewahren und auch öffentlich ausleben zu dürfen, dient in diesem Zusammenhang wieder als identitätsstiftendes Element. Dies geht einher mit der gelegentlich anzutreffenden Forderung, dass die erwarteten gesellschaftlichen und kulturellen Veränderungen in Deutschland gestoppt werden sollen und stattdessen alles im bekannten und vertrauten Zustand bleiben soll.

> *„Ich möchte Deutschland, so wie es ist." (EI XX & XXI)*

Auch hier wird von dem/der Teilnehmer/in eine umfassende Veränderung in Deutschland erwartet, sodass er/sie sich mit seinem/ihrem Engagement bewusst dagegenstellt, um diese Prozesse aufzuhalten, damit für ihn/sie alles so bleibt, „wie es ist", also die

Situation wie vor der Einwanderungswelle von Flüchtlingen (gemeint ist die kurzzeitige Erhöhung der Einreisezahlen von Kriegsflüchtlingen nach Deutschland). Dieses Erhaltungsbedürfnis ist eine natürliche menschliche Reaktion, die vor möglichen negativen Konsequenzen wie z. B. Stress, Unsicherheit und Überforderung schützen soll. Entsprechend möchte diese/r Engagierte lieber bei Altbewährtem bleiben und keine kulturellen Änderungen in Deutschland erleben, weil er/sie davon ausgeht, dass es für ihn/sie (und andere Deutsche) nachteilig werden würde. Spätestens an dieser Stelle überlagern sich diese Punkte mit dem Thema Angst vor kultureller Entfremdung bzw. Überfremdung, was an späterer Stelle noch einmal gesondert beleuchtet wird.

5.3.2.2 „Die Politik macht doch das Ganze" – Systemischer Veränderungswille

Im folgenden zweiten Themenbereich „systemischer Veränderungswille" wird nun untersucht, an welcher Stelle der oben genannte Nationalstolz und die Verbundenheit mit Deutschland als Heimatland in das konkrete Engagement umschlägt. Wie bereits erwähnt, ist diese Verbundenheit letztlich als Motivation zu sehen, da die Flüchtlingsskeptiker/innen von der bisherigen Politik eine wesentliche Verschlechterung der allgemeinen Situation in Deutschland erwarten und daher für „ihr" Deutschland und somit im Sinne aller handeln möchten, bevor es zu spät ist. Damit knüpft dieser Aspekt auch unmittelbar an den weiter oben genannten Punkt „politische Unzufriedenheit und mangelnde Partizipation" an. Entsprechend ist klar, warum die Flüchtlingsskeptiker/innen sich von allen denkbaren Ansatzpunkten für eine Änderung vorrangig auf die Politik konzentrieren.

> *„Natürlich ist die Politik die Spalte. Die Politik, die machen doch das Ganze, was wir haben, in Deutschland." (EI XI & XII)*

Der/die Teilnehmer/in lässt keinen Zweifel daran, dass die deutschen Politiker/innen (in der Regel ist die Bundesregierung damit gemeint) in ihren Augen für die Flüchtlingssituation verantwortlich sind und daher die Schuld daran haben („die machen doch das Ganze, was wir haben"). Entsprechend oft wird ein politischer Wechsel als oberstes Ziel des eigenen Engagements genannt, insbesondere in der Flüchtlings- und Einwanderungsfrage. Doch häufig folgt nach diesem Fokus weitere Kritik an der politischen Situation durch die Teilnehmer/innen. Dabei wird das politische System als Ganzes betrachtet und als nicht hinnehmbar bewertet. Insbesondere zeigen sich Gefühle, dass die eigenen Meinungen und Einstellungen von der Politik nicht (mehr) gehört, ignoriert oder ausgegrenzt werden.

> *„Der normale Bürger kommt gar nicht zu Wort und darf noch nicht mal eine Petition einreichen. Die wird einfach niedergeschrien. So, und dann wird man im Nachhinein von der Zeitung noch fertiggemacht und in diese rechtspopulistische Ecke gestellt." (EI XIV)*

Die hier beschriebenen Gefühle vermitteln einen guten Eindruck, wie die eigene Position der Flüchtlingsskeptiker/innen in der gesamten Gesellschaft wahrgenommen wird: Die politische und gesellschaftliche Partizipation in Debatten und Themen ist verloren gegangen („kommt gar nicht mehr zu Wort") und die politische Stimme wird nicht mehr gehört („noch nicht mal eine Petition einreichen"; „niedergeschrien"). Zudem haben die Engagierten den Eindruck, dass die eigene, kritische Meinung zur Flüchtlingskrise grundsätzlich nicht mehr in der Gesellschaft akzeptiert sei („fertiggemacht"; „in die rechtspopulistische Ecke gestellt"). An dieser Stelle richtet sich die Kritik der Skeptiker/innen nicht mehr nur gegen die Politik, sondern insbesondere auch gegen die in ihren Augen zu unkritische oder sogar flüchtlingsfreundliche Zivilgesellschaft. Aus diesem deprimierenden Empfinden resultiert daher der Wunsch, nicht nur einen entsprechenden Wechsel in Bezug auf die Flüchtlingspolitik anzustreben, sondern auch die eigene Partizipation im demokratischen Sinne an allen politischen Debatten wieder zu stärken.

> *„Es geht um Mitbestimmung. Es geht darum, gefragt zu werden und nicht über unsere Köpfe, also, dass nicht über unsere Köpfe Dinge entschieden werden, die wir nicht haben wollen." (EI XVI)*
> *„Also ich wäre für mehr Demokratie, für mehr Volksentscheidung." (EI XI & XII)*

Beide Teilnehmer/innen nennen den Wunsch nach direkter Mitbestimmung bei politischen Themen als Hauptantrieb für ihr Engagement. Dabei wollen sie aber nicht zwangsläufig selbst politische Ämter und Positionen übernehmen, sondern wollen andere nur darauf aufmerksam machen, dass nach ihrer Einschätzung die aktuelle Lage zu wenig Mitbestimmung aufweist. „Volksentscheidung" und „Mitbestimmung" sind hierbei die zentralen Schlagwörter. Der/die erste Teilnehmer/in führt diese Forderungen weiter aus, indem er/sie die aktuelle Situation als ein „Ohne uns zu fragen" beschreibt, d. h. politische Entscheidungen würden ohne Berücksichtigung der Meinungen und Interessen der deutschen Bürger getroffen. Offen bleibt die Frage, was genau wieder stärker mitentschieden werden sollte und welche Richtung bei Entscheidungen dann eingeschlagen werden sollte – dies wird von den Flüchtlingsskeptiker/innen in aller Regel nicht beantwortet. Auf explizites Nachhaken werden allgemeine Formulierungen genannt oder vorherige Aussagen wiederholt.

> *„Nein, alles muss sich ändern. Ich weiß nicht, das ist ... (Interviewer: Aber wohin? Ich meine ändern.) Das weiß man ja nicht." (EI XI &XII)*

Es wird ersichtlich, dass es den meisten Flüchtlingsskeptiker/innen gar nicht um solche politischen Änderungen geht, die konkret benennbar sind, sondern eher um den allgemeinen Wunsch nach etwas Neuem oder Anderem. Wie diese neue Alternativen genau aussehen sollen, lässt sich an dieser Stelle nicht weiter beschreiben und muss stattdessen mit Blick auf andere Themenkomplexe konkretisiert werden. Insgesamt wird hier ein Widerspruch sichtbar, den viele Flüchtlingsskeptiker/innen in ihren Gesprächen erzeugten: Auf der einen Seite wird das menschliche Erhaltungsbedürfnis (z. B. in Form des Nationalstolzes) angesprochen, auf der anderen Seite wird (systemische) Veränderung gefordert. Sinnbildlich kann hierfür nochmals der/die Teilnehmer/in genannt werden, der/die „das Schweizer Modell" der Volksentscheide ablehnt, um durch diese Abgrenzung eine höhere und intensivere Nationalidentität für sich zu erzielen, während gleichzeitig ein/e andere/Engagierte/r sich zu einem späteren Zeitpunkt ebendiese wünscht. Den Teilnehmer/innen ist dieser Gegensatz nicht unbedingt bewusst, da sie sich jeweils nur getrennt nacheinander auf das jeweilige Thema einlassen. Zugespitzt formuliert könnte die Einstellung dieser Engagierten demnach als „Veränderung hin zum ursprünglichen Zustand" beschrieben werden. Sie setzen sich also für Änderungen in der Flüchtlingspolitik ein, damit sich aus der momentanen Strategie keine (mutmaßlich negativen) Konsequenzen für das von ihnen erwünschte Deutschland ergeben und so die vertraute Situation ohne großen (wahrgenommenen) Zuzug von Flüchtlingen beibehalten werden kann.

5.3.3 „Demokratie aufrechterhalten" – Das Gefühl, im Recht zu sein

Es überrascht nicht, dass beide Seiten in der Flüchtlingsthematik überzeugt davon sind, im Recht zu sein, und tatsächlich ist eine zentrale Erkenntnis aus diesem Forschungsprojekt die, welche die Sozialpsychologie ebenfalls schon mehrfach feststellen konnte: Wenn Menschen sich freiwillig für eine Sache einsetzen, spielt die Überzeugung für die Richtigkeit des jeweiligen Ziels eine entscheidende Rolle dabei (z. B. Tuckett und Nikolic 2017; van Zomeren et al. 2012). Statt diese Tatsache nur zur Kenntnis zu nehmen, muss also vielmehr ins Auge gefasst werden, warum die Engagierten der Überzeugung sind, ihre Sichtweise sei die Richtige, auf welchen Annahmen diese fußt und welche Aspekte dabei eine relevante Rolle spielen. Nur so kann letztlich das Denken und Handeln der Engagierten nachvollziehbar werden.

5.3.3.1 „Der Regierung auf die Sprünge helfen" – Das Richtige tun
Als Grundsatz werden die Aufnahme und der Zuzug von Flüchtlingen in/nach Deutschland als Problem angesehen. Daraus ergibt sich für die Skeptiker/innen die Notwendigkeit, sich für einen Richtungswechsel, d. h. eine Verschärfung bzw. einen Stopp der aktuellen Einwanderungspolitik, einzusetzen. Wird der Zuzug von Flüchtlingen als Bedrohung angesehen (worauf im späteren Kapitel zum Thema Ängste noch intensiv eingegangen werden wird), ergibt sich daraus zwangsweise, dass das eigene Engagement „richtig" ist, da es die erwarteten negativen Folgen verringert. Ein/e Teilnehmer/in formuliert dies wie folgt:

> „Daher rührt so ein bisschen mein Engagement, der Bevölkerung hier in Deutschland eben auch eine gewisse Sicherheit zurückzugeben." (EI XX & XXI)
> „… der Regierung auf die Sprünge zu helfen, sich in manchen Bereich auch einfach mal in eine andere Richtung zu bewegen." (EI XX & XXI)

Im ersten Zitat bezieht er/sie sich hierbei klar auf ein impliziertes Gefahrenszenario, was sich in der Wortwahl „Sicherheit zurückgeben" offenbart. Gleichzeitig kann diese „Sicherheit" auf einer höheren Ebene aber auch als allgemeine gesellschaftliche

Sicherheit verstanden werden, indem er/sie nämlich dazu beiträgt, dass die unterschiedlichen Meinungen aus der Bevölkerung stärker in die politische Landschaft getragen werden sollen. In die gleiche Kerbe schlägt auch das zweite Zitat, in dem er/sie das Ziel nennt, die Regierung „in eine andere Richtung zu bewegen". Wird davon ausgegangen, dass dies als Akt der Diversifizierung von Meinungen zum Thema Flüchtlinge in Deutschland verstanden wird, wird wiederum ersichtlich, wieso diese/r Engagierte sein Handeln als „richtig" und gut ansieht. Ähnliches lässt sich auch bei anderen Interviewten finden, wie beispielsweise der/die nachfolgende Engagierte mit ihren Äußerungen belegt.

> *„Ich habe den Stichpunkt ‚Demokratie', weil mir ist gerade wichtig, dass wir die Demokratie aufrechterhalten und nicht in eine Diktatur gehen." (EI XI & XII)*

Mit dem Satz „Mir ist wichtig, dass wir die Demokratie aufrechterhalten" wird deutlich, woher diese/r Teilnehmer/in die Legitimation für sein/ihr Engagement bezieht. Das gesellschaftliche und politische Etablieren einer Gegenmeinung zur Flüchtlingsaufnahme versteht er/sie als ihren Beitrag zu einer funktionierenden Demokratie, in der die Bürger/innen selbst Teil der Politik sein können. Erneut schließt sich hier auch der Kreis mit dem wahrgenommenen Ausschluss aus der politischen Repräsentation im Bundestag bzw. der mangelnden Partizipation am politischen und gesellschaftlichen Geschehen. Mit dem Wort „Diktatur", das hier als rhetorisches Versatzstück für eine nicht näher spezifizierte, aber klar negative Zukunft Deutschlands verwendet wird, wird erneut das Bild des „Ein-Parteien-Systems" heraufbeschworen, in dem es nur eine einheitliche Meinung zum Thema Flüchtlinge gibt. Durch dieses Empfinden einer uniformen Einstellung in der Politik herrscht unter den Engagierten ein starkes Misstrauen gegenüber der Politik, aber auch gegenüber den Medien, und entsprechend gering fällt der Glauben an diese aus, wie es ein/e Teilnehmer/ein auf den Punkt bringt:

> *„Wo ich mir dann sage, das sind alles solche Puzzleteilchen, wo ich sage, jetzt kommt alles zueinander. Und was sollst du hier in diesem Land noch glauben? So, und deswegen habe ich dann auch gesagt, also ich muss hier auch irgendwas tun." (EI XIV)*

Ergänzend zu den Bestrebungen der vorherigen Teilnehmerin stützt diese/r Engagierte seine/ihre Tätigkeiten vor allem darauf, dass er/sie gegenüber der Bundesregierung kein Vertrauen mehr hat, ihr also schlicht nicht mehr glaubt. Misstraut er/sie offiziellen Aussagen und der Mainstream-Meinung zum Thema Flüchtlinge, ist es nachvollziehbar, dass er/sie es als „das Richtige" ansieht, sich selbst um Informationen zu kümmern und diese auch an andere weiterzugeben, die seiner/ihrer Einschätzung nach glaubwürdiger sind als die von offizieller Seite. Dieser Punkt geht einher mit dem Ziel, deutsche Bürger/innen „aufzuklären", worauf im nächsten Abschnitt näher eingegangen wird.

5.3.3.2 „Die Augen öffnen" – Aufklärung

Das hier oft beschriebene Gefühl, mit seiner Ansicht im Recht zu sein, impliziert natürlich auch, dass „die anderen", also die Flüchtlingsunterstützer/innen, mit ihrer Position falsch liegen. Dies wird von den Engagierten an dieser Stelle jedoch nicht ausdrücklich gesagt. Auch gibt es eine zweite Variante, die häufig in den Gesprächen vorzufinden war, nämlich die Annahme, dass sehr viele in der Bevölkerung sich aufgrund mangelnden Wissens oder Interesses (noch) gar nicht in der Debatte positioniert und folglich auch keine Meinung dazu hätten. Hieraus ergibt sich für die Flüchtlingsskeptiker/innen eine weitere grundlegende Motivation für ihr Engagement: Diese vermutete Unkenntnis bei anderen Mitmenschen soll mit ihrer Sichtweise ausgefüllt werden, wie es z. B. der/die folgende Teilnehmer/in beschreibt.

> *„Und da ist mein Engagement einfach, die Leute darüber aufzuklären. Horcht richtig hin, kommt mit dazu, seid mal mit dabei, hört es euch an und bildet euch einfach eure eigene Meinung." (EI XI & XII)*

„Aufklären" in diesem Zusammenhang beschreibt den Wunsch, der unwissenden Bevölkerung mit Informationen dabei zu helfen, wahrzunehmen und zu verstehen, was der Zuzug von Flüchtlingen für Deutschland seiner/ihrer Meinung nach bedeutet. Gerade der letzte Teil „bildet euch einfach eure eigene Meinung" ist ein typischer Teil für viele Argumentationen von Flüchtlingsskeptiker/innen: Es wird nicht explizit die eine gültige Wahrheit als Meinung präsentiert, sondern dazu ermutigt, sich mit den von Skeptiker/innen bereitgestellten Meinungen auseinanderzusetzen und sich daraus eine eigene und freie Meinung zu bilden. Worüber allerdings aufgeklärt werden soll, also wofür das „darüber" und das „es" in diesem Zitat genau stehen, wird von dem/der Teilnehmer/in nicht weiter ausgeführt bzw. absichtlich nicht vertieft. In dem Interviewteil vor diesem Zitat wird über das „Aufrechterhalten der Demokratie" gesprochen, in den nachfolgenden Sätzen eher allgemein über die Menge an Flüchtlingen im Jahr 2015. Es werden allerdings Andeutungen gemacht, was gemeint ist:

> *„Also ich möchte dazu aufrufen: Mensch, horcht euch doch mal um, guckt euch doch mal an, nein? Und nicht nur das, was euch das Staatsfernsehn hier euch vermittelt." (EI XI & XII)*

Durch die Wahl des Wortes „Staatsfernsehn", das als Anspielung auf die DDR und somit durchaus auch schon in Richtung Propaganda interpretiert werden könnte, sowie die Formulierung „nicht nur das" deutet diese/r Teilnehmer/in an, dass es ihm/ihr hauptsächlich darum geht, andere darauf hinzuweisen, dass Informationen aus öffentlich-rechtlichen Quellen nicht geglaubt werden sollten und die tatsächliche Lage Deutschlands in der Flüchtlingssituation deutlich schlimmer ist als von diesen Quellen „vermittelt". Es wird so ein Bild erschaffen, in dem die Bundespolitiker/innen mit falschen oder irreführenden Meldungen die öffentliche Wahrnehmung bewusst manipulieren wollen, und dass die Flüchtlingsskeptiker/innen zu den wenigen Personen gehören, die dies durchschaut hätten. Entsprechend ergibt sich daraus der Wunsch zur Aufklärung. Ein ähnliches Muster findet man auch in dem folgenden Interview:

> *„Ich will bloß die Leute auch hier aufklären, was hier eigentlich in diesem Land los ist. Und dass die mal die Augen öffnen." (EI XIV)*

Erneut wird an dieser Stelle gar nicht gesagt, was „in diesem Land los ist", sondern nur ausgedrückt, dass der/die Teilnehmer/in andere allgemein darauf aufmerksam machen will. Es bleibt also unklar, auf welche Teilaspekte der Flüchtlingskrise er/sie sich hier konkret bezieht. Der Nachsatz „die Augen öffnen" produziert dabei eine Wahrnehmung, in der die Mehrheit blind ist, also nicht sieht, was tatsächlich passiert. Anderen also die „Augen [zu] öffnen", bedeutet für ihn/sie, die momentan von ihm/ihr als politische und gesellschaftliche Bedrohung wahrgenommene Situation in Deutschland anzusprechen, damit andere diese ebenfalls bemerken (und auch als Bedrohung oder Gefahr wahrnehmen). Es wird ersichtlich, dass sich die Flüchtlingsskeptiker/innen mit ihrer Meinung als Minderheit in Deutschland ansehen, weshalb es für sie eine logische Konsequenz ist, anderen von ihren Einstellungen zu erzählen und sie für ihre Sichtweise zu gewinnen, um so den Minderheitenstatus allmählich verlassen zu können.

5.3.4 „Wir sind ganz normale Menschen" – Die (wahrgenommene) gesellschaftliche Rolle

In der Wahrnehmung des Selbstverständnisses und der eigenen Rolle innerhalb der Gesellschaft zeigen die Flüchtlingsskeptiker/innen ein einheitliches Bild. Wie bereits in den vorherigen Zitaten ersichtlich wurde, sehen sie sich klar als Minderheit in Deutschland, die als eine der wenigen eine alternative Meinung zur Flüchtlingsaufnahme und -politik haben. Wie sich dieses Selbstbild im Detail ausdifferenziert, wird insbesondere aus den folgenden drei Themen nachvollziehbar: Die empfundene gesellschaftliche Ächtung, der rechtsextreme Vorwurf sowie das Empfinden eines Gemeinschaftsgefühls, solange sie sich innerhalb der eigenen Gruppe bewegen.

5.3.4.1 „Man wird gemieden" – Persönliche und gesellschaftliche Ächtung

Viele der Flüchtlingsskeptiker/innen berichteten von einer für sie deutlich wahrnehmbaren Ächtung ihrer Haltung in der deutschen Gesellschaft. Sie fühlen sich daher nicht ernst genommen bzw. ignoriert, was entsprechendes Unverständnis, Sorge oder Reaktanz auslöst. Die individuellen Berichte reichen dabei von allgemeineren Beschreibungen über das Missachtet-Werden in der Gesellschaft bis hin zu konkreten Konsequenzen in ihrem persönlichen Leben. Ein Beispiel für den ersten Punkt liefert der/die folgende Teilnehmer/in.

> „Da wird etwas gemieden oder MAN wird gemieden oder so. Also da habe ich jetzt keine dramatischen Erfahrungen in der Richtung. Aber in der Tendenz, sagen wir mal so." (EI III)

Hierbei sind zwei Dinge auffällig: Zum einen beschreibt der/die Engagierte hier seinen/ihren Eindruck, dass Vertreter von flüchtlingskritischen Positionen allgemein „gemieden werden", weil sie eine in seinen/ihren Augen nicht erwünschte Meinung repräsentieren. Zum anderen geht es für ihn/sie nicht um konkret erlebte Situationen, sondern eher um

5 Erfahrungen aus dem Engagement

die generell gefühlte Wahrnehmung in der öffentlichen Diskussion. Anders verhält es sich bei dem/der folgenden Teilnehmer/in, der/die sich in seinem/ihrem Bekannten- und Freundeskreis als AfD-Anhänger/in bekannte.

> *„... Leute, gebt mal AfD ein in die Suchmaschine und guckt euch mal das Programm von der AfD an. Und da habe ich plötzlich erlebt, dass die Fetzen flogen im Freundeskreis." (EI II)*

Seine/ihre Bekannten konnten seine/ihre Haltung und Sympathie für die AfD absolut nicht teilen oder nachvollziehen und traten ihm/ihr energisch entgegen. Diese Reaktionen erweckten bei ihm/ihr keinerlei Verständnis, da er/sie sie in seiner/ihrer Wahrnehmung gar nicht zur Haltung der AfD „überreden" wollte, sondern lediglich darauf hinweisen wollte, dass es auch andere Meinungen und Alternativen zur aktuellen Politik gibt („guckt euch mal das Programm von der AfD an"). Mit dem heftigen Widerstand, der ihm/ihr danach entgegenschlug („dass die Fetzen flogen"), hatte er/sie nicht gerechnet, weswegen dieser den/der Teilnehmer/in unvorbereitet getroffen hatte. Von diesem Verhalten der starken Ablehnung aus dem Freundeskreis berichten viele Engagierte:

> *„Die Leute wollen mit mir privat überhaupt nichts – obwohl, mein Nachbar, wir kennen uns über 40 Jahre, guckt mich nicht mal mehr an." (EI XII)*
> *„Ich habe Leute, viele Leute, die ich kenne – seit Jahrzehnten kenne – grüßen mich nicht mehr." (EI II)*

Allgemein können die Flüchtlingsskeptiker/innen diese Reaktionen von anderen nicht oder nur zum kleinen Teil nachvollziehen. Sie sehen es als normal und selbstverständlich an, dass sie in politischen Themen gelegentlich anders denken als ihre Freunde oder Nachbarn, und dies war bisher auch nie ein Problem. Durch ihr Engagement in den entsprechenden Vereinen, der AfD oder anderen Initiativen haben sich die Teilnehmer/innen allerdings offen und für alle Außenstehenden ersichtlich in dem Flüchtlingsthema positioniert, was zu einer Polarisation unter Bekannten geführt hat. Die Flüchtlingsaufnahme und -politik sind für die Beteiligten erstmals der Scheidepunkt, an dem sich manche von ihnen abgewendet haben. Eine Erfahrung, die manche Engagierten sogar innerhalb der eigenen Familien machen mussten.

> *„Und ich habe eher das Problem gehabt, dass sich deutsche Freunde – zwei von mir – verabschiedet haben, aufgrund dessen Familienmitglieder auf Distanz gegangen sind. Und ohne mit einem wirklich zu sprechen." (EI XX & XXI)*

Dass sich die Teilnehmer/innen gegen die aktuelle Flüchtlingspolitik engagieren und einen politischen Wechsel anstreben, wird von einer Vielzahl der ihnen nahestehenden Personen abgelehnt und verurteilt, da dies nicht mit ihrer politischen Meinung übereinstimmt. Hier zeigt sich nochmals die empfundene Ächtung dieser Positionen in der Gesellschaft. Dass in diesem Zitat extra betont wird, dass es sich dabei um „deutsche Freunde" handelt, kann als weiterer Unverständnis-Faktor für diese Ablehnung verstanden werden: Dass ggf. Freunde aus dem Ausland oder mit Migrationshintergrund kein Verständnis für die Position des/der Interviewten hätten, könnte er/sie vielleicht noch nachvollziehen, aber dass selbst Deutsche ihm/ihr gegenüber „auf Distanz gegangen sind", stößt bei ihm/ihr auf Unverständnis. In Bezug auf die Frage, wie die Teilnehmer/innen diese Abweisungen verarbeiten, zeigt sich ein gemischtes Bild. Die meisten geben an, dass sie enttäuscht und traurig darüber sind; einige wenige wirken darüber tief betroffen und persönlich verletzt. Allgemein existiert nur sehr wenig Verständnis für diese harte Ablehnung ihrer Meinungen.

5.3.4.2 „Nazi-Keule" – Der rechtsextreme Vorwurf
Einhergehend mit der Ächtung von Flüchtlingskritik innerhalb der deutschen Gesellschaft folgt der zweite große Themenkomplex zum eigenen Rollenverständnis der Flüchtlingsskeptiker/innen: die pauschale Verurteilung als Rechtsradikale. Eine Situation, die von einem/einer der Interviewten als „Nazi-Keule" bezeichnet wurde und sich in ähnlicher Weise über alle Gespräche hinweg finden ließ.

> *„Ja! Das ist meine Meinung. Man darf niemanden ausgrenzen und man darf, das ist ja auch ein großer Fehler, wie diese sogenannte Nazi-Keule – mit dieser sogenannten Nazi-Keule um sich – um sich hauen. Radikale Kräfte, egal aus welchem Bereich, sind zu verurteilen, sind zu bekämpfen, sind gesetzlich zu verfolgen, das ist klar. Eine gewisse Meinungskultur – der sollte man doch offen gegenüberstehen." (EI XVI)*

In diesem Sinne ist mit der „Nazi-Keule" gemeint, dass die Flüchtlingshelfer/innen, sobald sie eine Person mit anderer Meinung antreffen, diese pauschal als „Nazi" abtun und dies als Totschlagargument ansehen, um sich selbst in der stärkeren Position zu fühlen, die Diskussion zu beenden und den anderen schnell zum Schweigen bringen zu können. Entsprechend bedauert es der/die Teilnehmer/in, dass „eine gewisse Meinungskultur", also eine respektvolle und unvoreingenommene Grundstimmung, verloren gegangen sei. Er/sie verlangt, dass man sich (wieder) „offen gegenüberstehen" kann, d. h. auf diese Ausgrenzung durch den vorschnellen Nazi-Vorwurf verzichten sollte. Diese Gedanken teilen andere Teilnehmer/innen ebenfalls.

> *„Angst [vor einer vorschnellen Verurteilung, Anm. d. Verf.]. Also das liegt heute sehr nah. Dass man als – man kommt sofort in die Ecke Neonazi; rechtsextrem. [...] Also das darf man ja nicht laut sagen, dass man da vielleicht nicht der Meinung des Mainstreams ist." (EI III)*
>
> *„Nur [...] wer dagegen jetzt den Mund aufmacht, ist schnell in der Ecke rechts oder sogar Nazi zu sein und so weiter. Da muss man schon genau hingucken." (EI II)*

Gerade, dass das erste Zitat mit dem Schlagwort „Angst" beginnt, verdeutlicht den Einfluss dieses rechtsextremen Vorwurfs auf das Empfinden der Flüchtlingsskeptiker/innen. Sie nehmen die „Nazi-Keule" als ungerecht und gefährlich wahr und fürchten diese vorschnelle Verurteilung durch andere. Grundsätzlich weisen alle Interviewten diese Vorwürfe entschieden von sich und fokussieren sich dabei nur auf das einzelne Thema Flüchtlingspolitik („dass man da vielleicht nicht der Meinung des Mainstreams ist").

5 Erfahrungen aus dem Engagement

Entsprechendes Unverständnis haben sie dafür, dass ihre Position zu dieser einen Sache nun pars pro toto für ihre gesamte politische und ideologische Gesinnung fehlgedeutet wird. Dass diese eigene Einstellung zum Thema Flüchtlinge dabei zumindest als legitim, teilweise auch als die einzig richtige angesehen wird, verdeutlicht sich beispielsweise in dem folgenden Zitat besonders.

> *„Und die denken alle genau so wie wir und sind eigentlich enttäuscht, dass man eben in diese Ecke gestellt wird und sofort als Nazi bezeichnet wird. Bloß weil man sagt, zwei plus zwei ist vier. Nein: zwei plus zwei ist eben fünf. Und wenn man nicht sagt, es ist fünf, sondern vier, weil ich rechnen gelernt habe, ist man sofort ein Nazi." (EI XIV)*

Mit der Metapher, dass die Mehrheit in Deutschland der Meinung sei, „zwei plus zwei ist eben fünf", macht diese/r Engagierte klar, dass diese in seinen/ihren Augen eindeutig falsch liegen würden, und dass seine/ihre eigene, kritische Einstellung zur Flüchtlingspolitik klar die richtige ist („sondern vier, weil ich rechnen gelernt habe"). Was „richtig" ist, wird hier demnach als das Offensichtliche und als das logisch Korrekte angesehen, weshalb diese/r Teilnehmer/in den Nazi-Vorwurf nicht nur für falsch, sondern als vollkommen abwegig ansieht. Für ihn/sie, wie für die meisten anderen der Flüchtlingsskeptiker/innen, irrt sich die Mehrheit der Menschen in Deutschland in Bezug auf die Aufnahme an Flüchtlingen aus dem Ausland. Ein/e weitere/r Teilnehmer/in zieht daraus auch den Schluss, warum die AfD in Deutschland so kritisch gesehen wird.

> *„Also man fokussiert die AfD heute immer noch auf das eine Thema und das ist dann allgemein gefasst unter ‚wir haben was gegen Ausländer'." (EI XX & XXI)*

Der/die Engagierte sieht die Kritik an der Flüchtlingspolitik der Bundesregierung als nur einen von vielen Punkten aus dem Parteiprogramm der AfD an und stellt mit Bedauern fest, dass diese Meinung in der Bevölkerung die gesamte politische Arbeit der AfD überstrahlen würde („fokussiert auf das eine Thema"), sodass andere für ihn/sie ebenfalls wichtige und richtige Positionen ignoriert würden. Indem diese/r Befragte hier nun auch noch den Bezug zur politischen Arbeit der AfD mit hineinbringt, wird dies somit eine alternative bzw. erweiternde Interpretation des Begriffs „Nazi-Keule", die die rechtsradikale Unterstellung durch andere erklären soll. Ergänzend zu der hier genannten Vorverurteilung durch die Parteimitgliedschaft merkt ein/e andere/r Engagierte/r zu seinem/ihrem gesellschaftlichen Engagement an:

> *„... dass nicht, wie uns immer – genannt wird, rechtsradikal, sondern dass wir ganz normale Menschen sind." (EI XI & XII)*

Der/die Teilnehmer/in macht an dieser Stelle klar, dass er/sie seine/ihre politische Meinung als selbstverständlich ansieht und betont, dass seine/ihre Haltung für ihn/sie absolut nicht sonderbar oder seltsam ist („dass wir ganz normale Menschen sind"). Die Tatsache, dass er/sie es nochmals klarstellen möchte, lässt darauf schließen, dass er/sie von anderen bereits den Vorwurf gehört oder erwartet hat, eine Haltung wie die seine/

ihre sei eben nicht normal, d. h. jenseits einer mehrheitlich getragenen Meinung. Diese Wahrnehmung und das daraus resultierende Unverständnis zwischen beiden Seiten in dieser Debatte ist sinnbildlich für alle Flüchtlingsskeptiker/innen. Die Formulierung „dass wir ganz normale Menschen sind" leitet dabei in den letzten Teilaspekt der gesellschaftlichen Rolle der Skeptiker/innen über, nämlich das erlebte Gemeinschaftsgefühl untereinander.

5.3.4.3 „Eine große Freundesgemeinschaft" – Gemeinschaftsgefühl

Dass die Teilnehmer/innen bei der Ausübung ihres jeweiligen Engagements grundsätzlich ein großes Gemeinschaftsgefühl haben und dementsprechende Verbundenheit miteinander fühlen, zeigte sich gleichermaßen in beiden Lagern. Es überrascht daher nicht, dass dieser Aspekt bei den Flüchtlingsskeptiker/innen ein wichtiger Teil der wahrgenommenen Rolle darstellt. Worin sich dieses Erleben jedoch zwischen Flüchtlingshelfer/innen und -skeptiker/innen unterscheidet, sind die Emotionen, die mit dem Ausüben des Engagements verbunden werden. Die Interviewten der flüchtlingsskeptischen Seite nehmen die Treffen mit anderen Engagierten als Möglichkeit wahr, überhaupt Gleichgesinnte zu treffen und sich miteinander austauschen zu können, wie z. B. der/die folgende Teilnehmer/in schildert.

„Der Nebeneffekt ist, dass man viele Freunde kennengelernt hat. [...] Da kann ich meine Meinung sagen, ohne dass ich in die Ecke treten muss." (EI XI & XII)

Die Formulierung „ohne dass ich in die Ecke treten muss" verweist dabei auf die gesellschaftliche Verurteilung als extrem oder rechtsradikal und bezieht sich dabei letztlich wieder auf die „Nazi-Keule". Es wird von dem/der Teilnehmer/in als äußerst angenehm empfunden, dem wahrgenommenen gesellschaftlichen Meinungsdruck zu entkommen und endlich einmal seine/ihre eigene Meinung ungefiltert sagen zu können. Damit spricht er/sie einen elementaren Punkt an, den viele andere Teilnehmer/innen ebenfalls nannten. Die gemeinsame und gleiche Einstellung zum Thema Flüchtlinge schafft innerhalb der entsprechenden Gruppierungen der Flüchtlingsskeptiker/innen einen sicheren Raum für vermeintlich unerwünschte kritische Ansichten, was das Gemeinschaftsgefühl, den Zusammenhalt und die Identifikation deutlich stärkt. Im Gegensatz zu Situationen im Freundes- Familien- oder Bekanntenkreis muss sich hier niemand mit Vorwürfen oder Beschuldigungen konfrontiert sehen, sodass eine entspannte und freie Atmosphäre unter den Engagierten entsteht.

„Aber wir sind eine große Freundesgemeinschaft geworden." (EI XI & XII)
„Flyeraktionen haben wir dann zum Teil gemacht, das ist dann eigentlich auch förderlich untereinander, dass man auch untereinander kommuniziert und vielleicht danach mal essen, trinken geht." (EI XX & XXI)

Abgesehen davon, dass durch das Engagement ein Zusammentreffen mit anderen überhaupt ermöglicht wird, liegt es auf der Hand, dass aus dieser angenehmen Stimmung untereinander auch Freundschaften entstehen können. Da die Engagierten alle dieselben oder zumindest sehr ähnliche Ansichten in Bezug auf die Politik teilen, sind diese Organisationen und Vereine grundsätzlich als sehr homogen und gemeinschaftlich anzusehen („eine große Freundesgemeinschaft"). Dies erhöht wiederum die Anzahl an Menschen im eigenen Bekanntenkreis, mit denen man ohne pauschale Urteile offen über seine Meinung zu Flüchtlingen reden kann („dass man auch untereinander kommuniziert"). Außerdem ergibt sich für die Engagierten daraus auch die Möglichkeit, eventuelle Verluste von alten Bekannten, die nicht ihre Sichtweise teilten, mit neuen Freunden wieder auszugleichen. Je ähnlicher der Freundeskreis, umso stärker ist auch die Bestätigung, dass die eigene Kritik an der Flüchtlingspolitik richtig ist, und umso überzeugter treten die Engagierten zukünftig auf (siehe hierzu auch Abschn. 5.4.1.2 zum Phänomen der Gruppenhomogenität). Es sollte jedoch erwähnt werden, dass dieser Mechanismus ein grundlegendes sozialpsychologisches Prinzip im menschlichen Denken ist und folglich ebenfalls bei den Flüchtlingshelfer/innen zu finden ist.

5.4 Ängste und Sorgen

5.4.1 Das Wesen der Angst

Dass Menschen Angst empfinden, ist ein ureigenster Instinkt, der als Schutzmechanismus schon den Neandertalern das Überleben sicherte. Potenzielle Gefahrensituationen konnten so im Vorfeld berücksichtigt und letztlich vermieden werden. Auch heutzutage hilft Angst uns, nicht in der Masse an Informationen, die täglich auf uns einwirken, unterzugehen, sondern als emotionaler Kompass Orientierung zu bieten. Die R+V Versicherung fand in einer Umfrage 2018 u. a. heraus, dass sich drei der Top-Fünf-Ängste der Deutschen um den Zuzug von Geflüchteten drehten und – gleich nach der Sorge um eine negative Trump-Politik – die „Angst vor Überforderung von Deutschen/Behörden durch Flüchtlinge" schon an zweiter Stelle auftauchte (R+V Versicherung 2018). Platz drei belegte die Angst vor „Spannungen durch den Zuzug von Ausländer/innen", gefolgt von einer Angst vor überforderten Politiker/innen und der Angst vor Terrorismus. Dem Thema Ängste kommt speziell im Kontext von Flüchtlingen also offensichtlich eine besonders hohe Bedeutung zu. Interessant ist, dass sich, bis auf die Angst vor einer gefährlichen Trump-Politik, alle diese Punkte auch in den geführten Interviews wiederfinden ließen. So ist die – oben gleich zweifach genannte – befürchtete allgemeine Überforderung von Deutschland eines der am häufigsten angesprochenen Themen unter den Flüchtlingsskeptiker/innen. Doch bevor über die konkreten Ängste und Sorgen der Teilnehmer/innen dieser Untersuchung berichtet werden kann, muss zunächst eine psychologische Einordnung erfolgen, auf die sich die weiteren Abschnitte stützen können.

5.4.1.1 Individuelle Angst – Eine psychologische Annäherung
Wie bei den meisten Begriffen in der Medizin und Psychologie gibt es für Angst nicht die eine, allgemeingültige Definition. Vielmehr entsteht ein umfassendes und holistisches

Verständnis für den Begriff der Angst erst, wenn die verschiedenen Sichtweisen (Fachgebiet, Schwerpunkt der Anwendung, Forscher/innen, Zeitgeist etc.) aus unterschiedlichsten Quellen zusammengetragen, verglichen und um einander ergänzt oder erweitert werden. In Bezug auf den im Alltag verwendeten Begriff der Angst sollte generell unterschieden werden zwischen der akut empfundenen Angst, die kurzzeitig als Reaktion auf eine Bedrohung entsteht, und der latenten Angst, die eher im Unterbewusstsein verankert ist und von größerer Dauer ist (Warwitz 2016, S. 191 ff.). Analog dazu verhält es sich mit den Begrifflichkeiten Angst und Furcht, die sich dadurch differenzieren lassen, dass Furcht grundsätzlich differenzierter auf ein konkretes Szenario Bezug nimmt als die Angst, die eher als allgemeines Grundgefühl statt als Reaktion auf bedrohlich wirkende Situationen verstanden wird (Dehne 2017, S. 143 ff.). Abb. 5.2 stellt diese Unterschiede noch einmal gegenüber. Im weiteren Verlauf dieses Kapitels wird daher immer wieder Bezug auf diese Unterscheidungsebenen (abstrakt vs. konkret) genommen.

Tendenziell entstehen Ängste in der Regel vor dem Unbekannten oder dem schwer Kontrollierbaren. Ausnahmen, wie z. B. bei einem/r Arzt/Ärztin, der/die durch sein/ihr Studium und die praktischen Erfahrungen im Krankenhaus eine Angst vor multiresistenten Keimen entwickelt hat, kommen natürlich auch vor, sind in Summe gesprochen jedoch eher die Ausnahme. Sobald eine Person sich ihren Ängsten jedoch stellt und sich mit dem Thema länger auseinandersetzt, bietet sich ihr die Möglichkeit, die Ängste deutlich zu reduzieren oder sogar vollständig abzubauen (Mühlberger und Voderholzer 2015). Das einst gefürchtete Objekt wird mit dem eigenen Auseinandersetzen somit erlebbar und „beherrschbar" und verliert in gewisser Weise den Schrecken dadurch, dass es eben nicht mehr unbekannt ist, sodass wir uns (wieder) sicher fühlen. Daher streben Menschen grundsätzlich immer nach einem Zustand, in welchem sie möglichst viel Kontrolle über eine Situation haben und diese so als beherrschbar erlebt wird. Die Vorstellung eines möglichen Kontrollverlusts erzeugt bei den meisten Menschen ein Gefühl, das – je nach Typ und Situation – von leichtem Unwohlsein über Besorgnis und Angst bis hin zur Panik reichen kann.

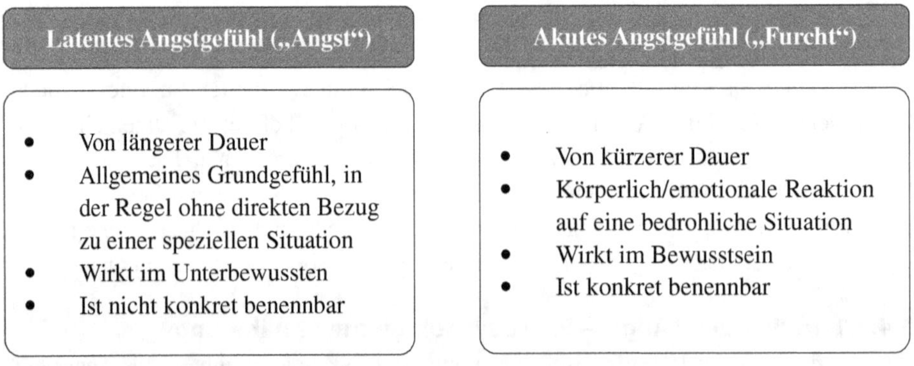

Latentes Angstgefühl („Angst")	Akutes Angstgefühl („Furcht")
• Von längerer Dauer • Allgemeines Grundgefühl, in der Regel ohne direkten Bezug zu einer speziellen Situation • Wirkt im Unterbewussten • Ist nicht konkret benennbar	• Von kürzerer Dauer • Körperlich/emotionale Reaktion auf eine bedrohliche Situation • Wirkt im Bewusstsein • Ist konkret benennbar

Abb. 5.2 Gegenüberstellung von akutem und latentem Angstgefühl

Angst ist ein so grundlegender Mechanismus, dass sie in Bezug auf unser Denken und Verhalten ein enormes Potenzial freisetzen kann. Man denke dabei z. B. an die kulturell gefestigte Angst der Amerikaner/innen vor Kriminellen, die (als eine der Ursachen) dazu geführt hat und immer noch weiter bestärkt, dass viele Amerikaner/innen den privaten Besitz von Feuerwaffen oft als einziges wirksames Mittel des Schutzes ansehen und dabei die statistische Tatsache verdrängen, dass von einer schussbereiten Waffe in nächster Nähe eine wesentlich höhere Gefahr ausgeht, als von der eigentlichen Kriminalität erwartet werden kann. Die tiefe Angst vor Einbrecher/innen, Entführer/innen etc. hat die Menschen in den USA so sehr beschäftigt, dass die Waffenhersteller einen Dauer-Boom erleben (Ludwig 2015) und kritische Stimmen gegen diesen Trend oft schon im Keim erstickt werden. Wenn wir aus Angst handeln, handeln wir grundsätzlich eher emotional und weniger rational, da unsere Entscheidung auf einem Ur-Instinkt beruht, der im limbischen System des Gehirns verankert ist, während das logische Denken eher im Frontallappen stattfindet (Kahneman 2011, S. 31 ff.). In amerikanischen Studien wird hierfür auch oft der Begriff „amygdala hijack" verwendet, wörtlich „Raubüberfall der Amygdala": Gemeint ist damit, dass beim Hervortreten von bestimmten, angstauslösenden Situationen (Trigger) die Amygdala als Teil des limbischen Systems die volle Kontrolle über unser Denken und Handeln übernimmt und folglich das logisch-rationale Denken unterdrückt bzw. erschwert wird.

5.4.1.2 Kollektive Angst – Das Problem der Gruppenhomogenität

Während der Gespräche mit den Teilnehmer/innen hat sich immer wieder gezeigt, dass alle Engagierten über beide Lager hinweg zu einer starken Pauschalisierung der anderen Seite neigten. Ein Beispiel für ein typisches sprachliches Verhalten dafür ist, dass immer wieder stark vereinfachende und verallgemeinernde Aussagen wie *„die* haben, *die* sind, *die* wollen" gemacht wurden. Dieser Effekt wird in der Psychologie Gruppenhomogenität genannt. Diverse Studien dazu fanden heraus, dass Menschen innerhalb der eigenen Gruppe tendenziell die Unterschiede untereinander als geringer ansehen, als diese tatsächlich sind (u. a. Quattrone und Jones 1980; Tajfel und Turner 2004). Gleichzeitig werden Unterschiede zu Personen außerhalb der eigenen Gruppe überschätzt. Daraus resultiert ein starkes Gruppendenken und auch eine starke Kontrastierung der beiden Gruppen voneinander. Beide Seiten denken demnach: „Wir sind die *Guten* und liegen mit unserer Meinung *richtig*", worin implizit auch die logische Schlussfolgerung steckt: „Die anderen sind also die *Bösen* und haben *nicht* recht".

Zusätzlich wirkt auf der Seite den Einwanderungsskeptiker/innen die kollektive Angst als unifizierender Faktor, d. h. die einzelnen Mitglieder dieser Gruppe haben durch gemeinsame Emotionen und daraus folgende Handlungsmotive eine starke Identifikation untereinander. Nach dem Motto „Wir *denken* und *fühlen* gleich, also *sind* wir gleich" verbindet ein gemeinsam empfundenes Angstgefühl diese Menschen miteinander und steigert erneut die Homogenität dieser Gruppe. Aufseiten der Flüchtlingsunterstützer/innen wirkt dieser Effekt ebenso: Die gemeinsam erlebten Sorgen und Ängste – z. B. dass die eigene Privatsphäre unter dem Engagement leidet – schafft auch hier wieder ein höheres Gemeinschafts- und Gruppengefühl. Dadurch, dass im Kontext der Flüchtlingswelle beide Gruppen eine so hohe Homogenität aufweisen, ist das Problem der wahrgenommenen Ängste nicht mehr nur ein individuelles Problem der einzelnen Engagierten, sondern scheint sich zu einem globalen Phänomen auf gesellschaftlicher Ebene zu entwickeln. Wie bereits oben angedeutet, wohnt Ängsten hierbei das gefährliche Potenzial inne, als gesellschaftliche Grundstimmung irrationales und fatales Verhalten zu fördern. Dieser Prozess soll in Anlehnung an die Überlegungen von Biess (2019, S. 262 ff.) an folgendem Vier-Phasen-Modell erklärt werden, welches in Abb. 5.3 dargestellt ist.

In der ersten Phase empfinden die Bürger/innen eines Landes ein recht abstraktes Angstgefühl, z. B. vor einem für sie negativen Wertewandel in ihrer Gesellschaft. Dies ist jedoch ein so unkonkretes Gefühl, dass – als eine Form der Abwehrmechanismen und als Bewältigungsstrategie – diese diffuse Angst auf *einen* bestimmten Aspekt übertragen wird, sodass die generellen Gefühle des Unwohlseins kanalisiert werden. Beispielsweise wird die abstrakte Angst vor einem Versagen des Sozialstaats auf die ankommenden Asylsuchenden projiziert. Aus der Psychologie ist dieser Vorgang unter dem Namen Komplexitätsreduktion bekannt. Effekte wie Gruppenhomogenität, Stereotypisierung und Verallgemeinerungen tun dabei ihr Übriges. Gleichzeitig können sich so alle besorgten Personen, da sie sich sozusagen im kleinsten gemeinsamen Nenner gleichen, mit- und untereinander identifizieren, sodass hieraus ein „Wir-sind-nicht-allein-Gefühl" entsteht. Können Gesellschaft und Politik nicht spätestens hier präventiv oder korrigierend eingreifen, geht dieser Prozess jedoch noch weiter: In der dritten Phase steigert sich diese gebündelte Angst vor einem konkreten Sachverhalt in Hass, der durch soziale Normung (die vermeintlich unveränderbaren Werte und Normen, die in der Gruppe vorherrschen) und durch den tatsächlich existierenden Gruppendruck noch befeuert wird. In der vierten und letzten Phase dieses Modells schlägt der kollektive Hass schließlich in Gewalt um. Welche unvorstellbaren Ausmaße dieser Prozess innerhalb einer Gesellschaft haben kann – wenn niemand rechtzeitig eingreift –, sollte gerade mit einem Blick in die Geschichtsbücher die Aufmerksamkeit der Allgemeinheit

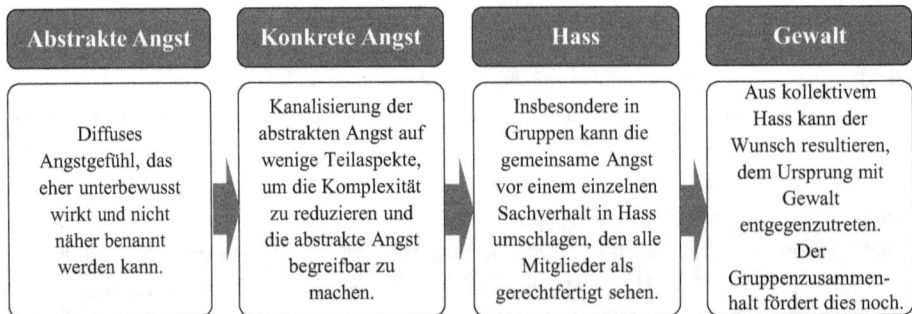

Abb. 5.3 Vier-Phasen-Prozess der gesellschaftlichen Angstentwicklung

wecken. Entsprechend ist es von großer Bedeutung, das Thema Ängste an dieser Stelle so differenziert zu betrachten und einer genauen und sachlichen Beschreibung der verschiedenen Denkweisen ausführlich Raum zu gewähren.

5.4.2 „Ich will Deutschland, wie es ist" – Ängste der Flüchtlingsskeptiker/innen

Zunächst sollte angemerkt werden, dass auf beiden Seiten der Engagierten die diversen Ängste und Befürchtungen von außen nicht immer direkt erkennbar waren. Die Flüchtlingsskeptiker/innen waren zunächst immer sehr vorsichtig und zurückhaltend mit der Äußerung ihrer Emotionen und insbesondere dann, wenn es um ihre persönlichen Ängste ging. Vieles dabei wurde nicht explizit beim Namen genannt, sondern eher mit Unausgesprochenem angedeutet oder so implizit in manchen Formulierungen versteckt, dass in der Auswertungsphase erst eine gewisse Interpretation des Gesagten dies freilegte. Teilweise wurde auch ersichtlich, dass die Flüchtlingsskeptiker/innen im ersten Moment das Thema Angst herunterspielen oder relativieren wollten, was insbesondere in der vierten Fokusgruppe deutlich wurde:

> „Ängste, Ängste. Dummes Zeug." (FG IV)

Solche oder ähnliche Äußerungen waren typisch, wenn das Thema im Interview zum ersten Mal angesprochen wurde. Als eine Form des Umgangs mit den Ängsten zeigten viele Teilnehmer/innen eine ablehnende oder relativierende Haltung. Sie waren tendenziell sehr darauf bedacht, sich nicht als ängstliche oder schwache Menschen darzustellen, sondern als rational denkend und sich jederzeit im Griff habend zu wirken. Im weiteren Verlauf des Gesprächs stellte sich jedoch an mehreren Stellen heraus, dass die Teilnehmer/innen über einige Dinge doch so sehr besorgt waren, dass sich hier von Ängsten sprechen lässt. Bei der Auswertung und Analyse der geführten Interviews wurde schließlich ersichtlich, dass, wie bereits oben erwähnt, die Gruppenhomogenität stark ausgeprägt ist und die Teilnehmer/innen in Bezug auf die Flüchtlingswelle und die daraus prognostizierten Folgen tatsächlich sehr viele Befürchtungen teilen. Entsprechend lassen sich viele Gemeinsamkeiten finden, die sich – zumindest grob gesprochen – in eine der folgenden vier Oberkategorien einordnen lassen:

- Angst vor Überforderung durch die schiere Masse an Flüchtlingen,
- Angst vor einer Steigerung der Kriminalität,
- Angst vor fremden Kulturen im Allgemeinen bzw.
- Angst vor dem Islam im Speziellen.

Weiter fällt auf, dass schon in dieser stark vereinfachten Zusammenfassung die beiden Wirkungsebenen der Angst sichtbar werden: So ist die Angst vor einer kulturellen Entfremdung (d. h. die Entwicklung des Gefühls, „fremd im eigenen Land" zu sein durch ein wahrgenommenes „Zuviel" an fremden Einflüssen) auf der abstrakten Ebene anzusiedeln, während die Angst vor dem Islam die Konkretisierung und Fokussierung dieser Angst darstellt. Wie diese individuellen Ängste der Flüchtlingsskeptiker/innen genau ausgeprägt sind und von unseren Gesprächsteilnehmer/innen empfunden wurden, soll mit dem Fokus auf den oben genannten vier Oberkategorien und den damit verbundenen Themen nun näher betrachtet werden.

5.4.2.1 „Der Untergang der Demokratie" – Masse an Flüchtlingen

Aufseiten der Flüchtlingsskeptiker/innen zeigt sich eine ausgeprägte Angst vor den erwarteten Folgen der Immigration, da diese beinahe ausschließlich negativ gesehen werden. Dabei spielt es in der Regel keine Rolle, wie die aktuell erlebbare Situation tatsächlich ist. Die Engagierten sehen die negativen Folgen durch die Flüchtlingsströme nicht nur auf sich, sondern auch auf ganz Deutschland bezogen. Dabei werden des Öfteren vereinzelte Zahlen oder Trends in die Zukunft abstrahiert und zugespitzt, sodass dadurch ein bedrohliches Zukunftsbild entsteht, welches die Engagierten gerne verhindern möchten. Zunächst wird dabei die reine Menge an Flüchtlingen kritisiert, die in den Augen der befragten Engagierten schlicht als zu groß angesehen wird.

> *„Die Migrantenzahl überfordert die Gesellschaft und den Staat."* (EI III)
> *„Übergewicht von Schwarzen."* (EI II)

Die Silbe „über" wird hierbei über alle Teilnehmer/innen hinweg immer wieder verwendet, um auszudrücken, dass in ihren Augen das Verhältnis zwischen Deutschen und Flüchtlingen nicht passt, d. h. dass zu viele Fremde aufgenommen wurden und werden (wobei nicht näher erläutert wird, an welchen Kriterien das „Deutsch-sein" genau festzumachen ist). Man merkt hierbei deutlich, dass diese Menschen davon ausgehen, der Staat bzw. die Gesellschaft könne mit der eingereisten Menge an Geflüchteten durch die schiere Masse nicht adäquat umgehen. Die Flüchtlingsskeptiker/innen erwarten daher sowohl ein mittelfristiges Versagen der Politik als auch des Sozialsystems. Zwar werden vereinzelt auch Befürchtungen geäußert, die die kleinen alltäglichen Bereiche des Lebens betreffen, doch in der Tendenz konzentriert sich die Sichtweise eher auf die abstrakte Ebene. Dabei werden implizite Folgen und Auswirkungen der zahlenmäßigen Menge an Flüchtlingen auch auf eine höhere Bedeutungsebene gestellt, die meist politisch oder gesellschaftlich orientiert ist und in der Regel mit einer Übertragung oder Fortsetzung von aktuellen Situationen in die Zukunft einhergeht:

> *„Es entstehen Parallelgesellschaften."* (EI III)
> *„Der Untergang der Demokratie."* (EI X)

Die Teilnehmer/innen führen ihre bisherigen Wahrnehmungen und Einschätzungen weiter in die Zukunft fort, beurteilen diese Situation dann erneut und kommen zu dem Schluss, dass sie solch ein Zukunftsszenario ablehnen. Daraus folgt für sie, dass die bisherige Entwicklung verhindert werden muss. Die Überforderung des Staates wird dabei als so bedrohend empfunden, dass daraus oft der Wunsch nach grundlegender politischer Veränderung entsteht, damit die schlimmsten Befürchtungen nicht eintreffen. Dabei wird im Regelfall eher von einem generellen Versagen ausgegangen, bzw. einem Zusammenbruch in allen staatlichen Bereichen, als dass von spezifischen und genauer abgegrenzten Bereichen gesprochen wird. Dass die verschiedenen staatlichen Mechanismen funktionieren und zu einer angemessenen Lösung führen, wird von den Teilnehmer/innen grundsätzlich nicht angenommen.

> „Durch mehr Geflüchtete bricht Chaos aus." (EI XII)
> „Das Gesundheitssystem, sei es unser Bildungssystem, das Wohnungssystem – alles, es fehlt doch überall [...] Wir wissen nicht erst seit jetzt, die demokratische Entwicklung, wie die vorangeht." (EI XI)

Die Vorstellungen der Teilnehmer/innen bleiben weiterhin sehr abstrakt, sodass – wie in dem Zitat oben – häufig von „Systemen" gesprochen wird, statt von konkreten Einzelaspekten. Tendenziell wird als Folge der Flüchtlinge mit einen vollständigen Systemcrash auf allen Ebenen gerechnet. Dazu gehören insbesondere auch die finanziellen Auswirkungen und die daraus erwarteten Nachteile für deutsche Bürger/innen, die wiederholt als große Sorge genannt werden. Wenn es um die Ängste rund um Geld geht, stimmen beinahe alle Ansichten der Flüchtlingsskeptiker/innen miteinander überein: Sie empfinden die Flüchtlingskrise dabei als so teuer, dass sie bei den erwarteten Folgen noch einen Schritt weiter gehen, und langfristig mit negativen Nachteilen für sich selbst, aber auch für andere Deutsche rechnen. Das finanzielle Ungleichgewicht zwischen den Sozialleistungen für Deutsche und Geflüchtete nehmen sie dabei als falsch und ungerecht wahr, wodurch sie sich selbst unfair behandelt oder (potenziell) vernachlässigt fühlen:

> „Dem kleinen Mann geht es nicht gut. Die Rente ist niedrig. [...] Die Geflüchteten kriegen alles bezahlt." (EI XI)

An diesem Beispiel zeichnet sich die implizite Art der persönlichen Ängste gut ab: Anstatt einer klaren Formulierung, dass der/die Teilnehmer/in Angst davor habe, dass „der kleine Mann" wegen der Geflüchteten später weniger Geld in Form von Sozialleistungen erhalten würde, nennt er/sie nur die beiden Situationen an den unterschiedlichen Polen und deutet mit diesem Vergleich seine/ihre Angst lediglich indirekt an (für eine Übersicht der Sozialleistungen siehe auch Anhang Zahlen, Daten, Fakten). Auch ist interessant, dass der/die Interviewte in Bezug auf seine/ihre finanzielle Situation und sozialen Status selbst nicht zu der von ihm/ihr angesprochenen Gruppe der „kleinen Leute" angehört. Ebenfalls ist er/sie zu dem Zeitpunkt des Interviews noch kein/e Rentner/in. Damit sind sowohl Aussage als auch persönliche Situation dieses/dieser Teilnehmer/in durchaus repräsentativ für Flüchtlingsskeptiker/innen. Umfragen belegen beispielsweise, dass trotz der permanenten Präsenz des Themas finanzielle Sorgen nur 28 % der AfD-Wähler/innen tatsächlich sozial oder wirtschaftlich benachteiligt sind (Holtmann 2018, S. 72). Offensichtlich nehmen die Flüchtlingsskeptiker/innen häufig die Rolle der – in ihren Augen – benachteiligten Gruppen wie Geringverdiener/innen oder Rentner/innen ein und sprechen oft in deren Namen. Dieses Phänomen der Solidarisierung mit anderen Bevölkerungsgruppen lässt sich an vielen Stellen in den Interviews finden (wobei kritisch hinterfragt werden muss, inwieweit dies auch als rhetorisches Stilmittel gedeutet werden kann). Durch diese Stellvertreterrolle können sie ihren Themen- und Adressatenbereich um die sozial und finanziell Benachteiligten erweitern. Bei der Kritik in dem o.a. Zitat schwingen dabei zwei verschiedene Ebenen mit, die sorgfältig auseinandergehalten werden müssen: Auf der individuellen Ebene entsprechen diese Aussagen der Angst vor persönlicher Verarmung. Auf der abstrakten Ebene steckt hierin die generelle Sorge, der deutsche Staat sei durch die hohen Kosten überbeansprucht. Jedoch kann diese Ebene letztlich doch auch wieder auf die persönliche Ebene zurückgeführt werden, denn in den Augen dieser Teilnehmer/innen führe eine kurz- oder mittelfristige Überbeanspruchung des deutschen Sozialsystems langfristig ebenfalls wieder zu negativen Effekten auf die individuelle finanzielle Situation. In dieser Argumentation wird demnach davon ausgegangen, dass durch die aus seiner/ihrer Sicht übergroße Menge an aufgenommenen Flüchtlingen der Haushalt der Bundesrepublik in solchem Maße überzogen wird, dass später mit Kürzungen an anderer Stelle zu rechnen ist.

„Das Niveau sinkt in unserem Land. Das Leistungsniveau der Sozialversicherung et cetera Die Rente ja sowieso, deswegen tun sie uns ja mit 75 [Jahren als Renteneintrittsalter, Anm. d. Verf.] jetzt schon verkaufen. […] Und das ist das Ungerechte." (EI XIV)

Hinter Aussagen wie dieser steht in einem tieferen Sinn eine der menschlichen Urängste, nämlich die grundlegende Existenzangst. Sie umfasst alle Ängste und Sorgen, die mit dem Erhalt des eigenen Lebens, einem Mindestmaß an sozialem Status (z. B. gesellschaftliches Ansehen) sowie all den Aspekten verbunden ist, die von der Person als absolut lebensnotwendig gesehen werden. Im obigen Zitat dient das „Leistungsniveau der Sozialversicherung", also die Höhe der zu erwartenden Rente, u. a. als Maßstab für die persönliche Lebenssituation im Alter. Dies wird dabei als Folge der vermuteten Überlastung des allgemeinen Staatshaushaltes durch die Flüchtlinge verstanden. Diese Ängste werden dabei an bereits existierende, reale Ängste wie die vor Altersarmut gekoppelt und so in ihrer Bedeutsamkeit verstärkt. Dies äußert sich in vielen Aussagen, die u. a. Aspekte wie die Angst vor sozialem Abstieg oder Teilhabe oder Bedrohung des eigenen Wohlstands abdecken. Dabei wird auf verschiedene Personengruppen wie z. B. Rentner/innen Bezug genommen, in manchen dieser Aussagen tritt auch eine Sorge um die nächste Generation hervor.

„Ich will auch noch für meine Kinder ein gutes Deutschland." (EI XI)

In dem „noch" dieser Aussage steckt implizit die Sorge des/der Teilnehmenden, dass seine/ihre Kinder möglicherweise eben kein „gutes Deutschland" mehr erleben können. Damit gibt er/sie, wenn auch verdeckt, zu verstehen, dass er/sie sich um die aktuelle

Entwicklung Deutschlands sorgt und Angst vor einer entsprechenden Zukunft hat. Diese Zukunft ist jedoch von beinahe allen Teilnehmer/innen sehr vage und abstrakt gehalten. Wie schon in vorherigen Kommentaren ersichtlich wurde, wird das allgemeine und diffuse Angstgefühl auf verschiedene Aspekte wie den gesellschaftlichen Umgang oder eine drohende Armut konkretisiert. Diese resultiert vor allem daraus, dass die finanziellen Leistungen an Asylbewerber/innen als zu hoch und damit als ungerecht angesehen werden. Dabei fällt auf, dass die Flüchtlingsskeptiker/innen in unseren Interviews Flüchtlinge generell eher als Wirtschaftsflüchtlinge verstehen bzw. definieren, d. h. sie werden in der Regel als freiwillig und aus einem sicheren Herkunftsland kommend angesehen (siehe hierzu auch Anhang Teil 1 zu den begrifflichen Abgrenzungen).

> *„Gerade die Afghanen, die hier rüberkommen nach Deutschland, denen geht es gut, die kriegen eine Wohnung, kriegen die neuesten Handys, die kriegen alles bezahlt." (EI XIV)*

Ein weiteres Argument für eine Reduzierung der finanziellen Flüchtlingshilfe von Deutschland gewinnen die Engagierten aus dem Hinzuziehen von entsprechenden Zahlen und Daten aus anderen Ländern, die insbesondere in Form von (Miss-)Verhältnissen häufig genannt werden. Damit vertreten die Interviewten die Meinung, dass Deutschland verhältnismäßig zu viel Geld für Geflüchtete ausgäbe, sowohl in Form von direkten Leistungen wie Grundsicherung als auch in Form von Verwaltungs- oder Unterbringungskosten. Diese Summen stehen in den Augen dieser Teilnehmer/innen in keinem Verhältnis zu anderen staatlichen Ausgaben, wie beispielsweise Sozialleistungen an Deutsche (insbesondere Hartz IV und Arbeitslosengeld) oder die Rente. Gelegentlich ziehen einige der interviewten Personen auch einen Vergleich zu den Ausgaben anderer europäischer Staaten. Hierbei stellten viele Flüchtlingsskeptiker/innen fest, dass das Verhältnis in ihren Augen nicht nur innerhalb des deutschen Staatshaushaltes unpassend sei, sondern Deutschland als Mitgliedsland der Europäischen Union auch im Vergleich zu anderen EU-Ländern unangemessen viel an finanziellen Mitteln leiste, wie die folgenden zwei Zitate zeigen.

> *„Dann ist es ja auch so, dass wir innerhalb der Europäischen Union wir mit am höchsten zahlen – ja, unsere Sozialhilfen sind sehr hoch." (EI XX)*
> *„Wer hat denn immer gezahlt, wo ist denn immer das Geld rausgezogen worden in Massen? Aus Deutschland." (EI XIV)*

Dabei kommen sie abermals zu dem Schluss, dass die deutschen Sozialleistungen an Flüchtlinge verringert werden sollten. Diese bereits bekannte Argumentationsstruktur, nämlich der allgemeine Verweis auf eine abstraktere und höhere Ebene, in diesem Fall von der lokalen Hilfe für Flüchtlinge vor Ort auf die ländervergleichende Ebene Europas, ist bei beinahe allen Engagierten auf dieser Seite sehr häufig anzutreffen und ist für das Verständnis der Skeptiker/innen essentiell. So deckt sich diese Argumentations- und Denkweise kohärent mit der allgemeinen Beanspruchung, die Flüchtlingsproblematik selbst immer auf der Metaebene analysieren und lösen zu wollen, wofür an dieser Stelle ein ganzheitlicher Blick auch außerhalb Deutschlands genutzt wird,

z. B. durch Vergleiche mit anderen europäischen Staaten. Allerdings lassen sich auch Anzeichen erkennen, dass bestimmte Fluchtursachen wie z. B. politische Verfolgung oder Krieg eher ausgeblendet werden.

5.4.2.2 „Ich möchte das Land so, wie es ist" – Kulturelle Entfremdung

Des Weiteren lässt sich feststellen, dass die meisten Flüchtlingsskeptiker/innen eine ausgeprägte Angst vor einer kulturellen Veränderung ihres Lebens und Umfelds haben. Dem liegt die Annahme zugrunde, dass hier aufgenommene Flüchtlinge – zumindest in der Masse – einen essentiellen Einfluss auf das eigene alltägliche Leben haben werden. Es wird allgemein davon ausgegangen, dass verschiedene Kulturen nicht friedlich koexistieren können, sondern sich gegenseitig stören und eine von beiden Kulturen die andere zwangsläufig verdrängen muss. Diese Befürchtungen werden teilweise als so extrem erlebt, dass hier von einer gefühlten kulturellen Entfremdung gesprochen werden kann:

> *„Ich möchte meine Kultur nicht durch etwas anderes ersetzt wissen." (EI XIV)*
> *„Ich möchte das Land so, wie es ist." (EI XXI)*

Die Angst vor Veränderung durch andere Kulturen zeigt sich auch in kleinen alltäglichen Dingen und geht mitunter sogar so weit, dass Ängste davor bestehen, nicht mehr den persönlichen Vorlieben nachgehen zu können/dürfen. Die Dinge, die die Interviewten persönlich als typisch für die eigene deutsche Kultur ansehen, werden in Augen mancher Teilnehmer/innen als akut bedroht wahrgenommen, wie das folgende Zitat verdeutlicht:

> *„Ich möchte weiterhin mein Schweinefleisch, mein Kotelett essen. Ich möchte weiterhin meinen Sauerbraten, die Klöße." (EI XIV)*

Diese Angst ist deshalb als essentiell anzusehen, weil die eigene Kultur einen stark identitätsstiftenden Einfluss hat. Hinter dem hohen Stellenwert der deutschen Kultur und Identität tritt auch an dieser Stelle wieder das Konzept der Komplexitätsreduktion in Erscheinung: In unserer alltäglichen Realität helfen uns Stereotypisierungen, Pauschalierungen und ein kulturelles Schubladendenken (deutsch bedeutet, Schweinefleisch, Kotelett, Sauerbraten und Klöße), den Überblick zu behalten, und schaffen so das für Menschen notwendige Gefühl der Vertrautheit und der Kontrolle über unser Leben. Auch wird dadurch die Konzentration auf die für uns wesentlichen Dinge ermöglicht. Nehmen wir dieses ordnungsgebende Element nun durch eine andere Kultur als bedroht wahr (Schweinefleisch ist in muslimischen Kulturen verboten), ist ein Kontrollverlust zu befürchten. Durch die Verwendung und Wahrung bestimmter kultureller Riten wird dem eigenen Ich ein wichtiger identitätsstiftender Faktor gegeben („*mein* Schweinefleisch"). Daher wird unter allen Umständen versucht, die eigene Kultur zu bewahren und zu erhalten („ich möchte *weiterhin*"), sodass in der Konsequenz nur eine Anpassung der Flüchtlinge an die deutsche Kultur als Lösung des Problems denkbar bleibt:

> *„Geflüchtete sollen sich uns anpassen und nicht andersherum." (EI XX)*

5 Erfahrungen aus dem Engagement

Das Konzept einer zweiseitigen Integration, bei dem beide Seiten ein Stück weit aufeinander zugehen, wird dabei von allen Teilnehmer/innen vehement abgelehnt. Auf vorsichtiges Nachfragen während der Interviews wurde in der Regel mit selbstbewussten, teilweise schon fast stolzen Worten darauf verwiesen, dass andere Kulturen oder generell Fremdes abgelehnt werden. Es zeigt sich, dass die Engagierten der Skeptiker/innen-Seite sich ihrer konservativen Haltung durchaus bewusst sind. Dieser Konservativismus wird im Alltag von den Teilnehmer/innen häufig als Ablehnung von Neuem und Festhalten an Bekanntem verstanden. Diese Denkweise besitzt ebenfalls wieder eine identitätsstiftende Funktion, die in der konservativen Gemeinschaft ausgelebt wird und so ebenfalls wieder entsprechenden Einfluss auf die Gruppenhomogenität hat. Auf die Spitze bringt es dabei der/die folgende Teilnehmer/in:

> *„Wir sind konservativ, das ist schon immer so gewesen. Wir sind mit dieser Multi-Kulti-Geschichte nicht aufgewachsen. Wir kennen das nicht." (EI XVI)*

Die mehrmalige Nennung des „wir" unterstreicht dabei den Einfluss eines gleichen Denkens in Bezug auf eine konservative Haltung innerhalb der Gruppe. Das „wir kennen das nicht" fungiert dabei sowohl als Erklärung als auch als eine Art Rechtfertigung für diese Ansicht. Darin wird deutlich, dass in den Augen dieses Teilnehmenden ein „Nicht-Kennen" schon ein akzeptierter Grund für seine/ihre ablehnende Haltung ist. Der Ausdruck „wir kennen das nicht" kann hier aber auch so interpretiert werden, dass eine erwartete Anpassung als aufgezwungen erlebt und damit verweigert wird. Entsprechend wird auf Forderungen nach gegenseitiger Anpassung beider Seiten in aller Regel mit Unverständnis reagiert. Stattdessen vertreten die Flüchtlingsskeptiker/innen mehrheitlich die Meinung, dass die Geflüchteten die deutsche Kultur in all ihren Ausprägungs- und Erscheinungsformen im Sinne einer kulturellen Anpassung übernehmen sollten. Diese Forderung ist unter allen Skeptiker/innen verbreitet und findet sich in vielen verschiedenen Interviews wieder. Insbesondere von den bereits eingereisten Asylbewerber/innen wird gefordert, dass diese sich kulturell integrieren und an die deutsche Kultur anpassen sollen:

> *„Also, wir passen uns immer mehr und mehr an, sage ich. Weil eigentlich kommen die hierher und sollen sich unserer Kultur anpassen und wir nicht an deren." (EI XI)*
> *„Anpassen meine ich, dass sie genauso diese Arbeitsintensität an den Tag legen. Dass sie genauso bildungssüchtig sind wie wir. Dass sie das Land damit voranbringen wollen. Solche Leute brauchen wir." (EI XIV)*

Die Anpassung der Geflüchteten an die deutsche Kultur wird unter Flüchtlingsskeptiker/innen oft sehr schnell gefordert. In dieser Diskussion fällt auch häufig der Begriff des Konzepts der Leitkultur. Solch eine Diskussion kann jedoch nur sinnvoll geführt werden, wenn geklärt ist, was unter der deutschen Kultur genau verstanden wird. Der/die Teilnehmer/in in dem o.a. Zitat beispielsweise versteht darunter insbesondere die allgemeine Einstellung zur Arbeit und zur Bildung, die in Teilen auf dem Bild der klassischen Leistungsgesellschaft beruht. Gerade der letzte Satz („solche Leuten brauchen wir") zeigt hierbei jedoch auch, dass der/die Teilnehmer/in nicht pauschal gegen alle Flüchtlinge ist, sondern auch anerkennt, dass Deutschland von manchen durchaus profitieren kann und ein Bedarf an ausländischen Arbeitskräften („Arbeitsintensität" und „das Land voranbringen") besteht.

5.4.2.3 „Der Islam ist eine aggressive Religion" – Angst vor dem Islam

Die abstrakte Angst vor kultureller Verdrängung wird von den Flüchtlingsskeptiker/innen vornehmlich auf den Islam konkretisiert. In diesem speziellen Anwendungsbereich haben die Engagierten deutlich weniger Hemmungen, ihre Sorgen auch direkt anzusprechen. Dies war in den Interviews auch beinahe der einzige Bereich, in dem von den Teilnehmer/innen das Wort „Angst" selbst benutzt wurde.

> *„Natürlich habe ich Angst vor dem Islam." (EI II)*
> *„Der Islam ist eine aggressive und sexistische Religion." (EI XIV)*

Wenn die Teilnehmer/innen über ihre Angst vor dem Islam reden, wird dabei mehrheitlich und implizit davon ausgegangen, dass die aufgenommenen Flüchtlinge Muslime sind, sodass Geflüchtete fast ausnahmelos mit Muslimen bzw. mit dem Islam insgesamt gleichgesetzt werden. Weitere Verallgemeinerungen werden bei den genauen Bezeichnungen der Gläubigen gemacht, sodass eine genaue Unterscheidung zwischen Moslem, Islamist, Salafist und Extremist misslingt und diese Begriffe stattdessen teilweise synonym verwendet werden. Die islamischen Riten, Praktiken und Glaubensgrundsätze werden dabei von beinahe allen Interviewten mit Nachdruck abgelehnt. Auch geschieht oft ein Vergleich mit dem Christentum, bei dem der Islam grundsätzlich als negativ dargestellt wird, d. h. den eigenen Werten widersprechend und damit letztlich unterlegen. Insbesondere die (wahrgenommene) Rolle der Frauen im Islam wird als Unterdrückung angesehen und entsprechend kritisiert.

> *„Keine Gleichstellung der Frau, Gewaltaffinität, Ablehnung anderer Religionen." (EI XXI)*
> *„Ich finde einen Burkini im Schwimmbad hier einfach nicht ok, ehrlich gesagt." (EI III)*

Der/die Teilnehmer/in oben versteht den Burkini dabei als Versinnbildlichung der wahrgenommenen Frauenunterdrückung im Islam. Ähnliche Vorgehen gibt es analog bei Themen wie der Kopftuch-Debatte oder der Burka. Diese Themen werden grundsätzlich als problematisch angesehen und daher abgelehnt. Auffällig ist, dass diese Verknüpfungen zwischen Religion und religiösen Erscheinungsformen in beiden Richtungen funktioniert: Der „Burkini im Schwimmbad" wird dabei, so wie in dem obigen Zitat, als Versinnbildlichung des Islams gesehen, d. h. der Burkini wird durch die Übertragung auf die gesamte Religion erweitert und wirkt somit als Symbol. Gleichzeitig wird der Islam oft auf einzelne Aspekte wie den Burkini oder das Kopftuch reduziert, um ihn so konkreter und anschaulicher zu machen. Als Resultat dieser Veranschaulichung reagiert der/die Teilnehmer/in auf die Vorstellung von verschleierten Muslima mit Ablehnung. Diese ablehnende Haltung dem Islam gegenüber basiert dabei häufig auch auf der

Annahme, dass Muslime mit dem Ziel nach Deutschland kommen, die deutsche Kultur aktiv zu unterwandern und die Immigration als Strategie eines Glaubenskrieges nutzen zu wollen. An dieser Stelle vermischt sich also die Angst vor einer kulturellen Überfremdung mit der Angst vor dem Islam, da Menschen ihre Religion häufig auch als kulturelle Determinante verstehen: Konkret bedeutet dies, dass die eigene Religion – in aller Regel das Christentum – als wichtiger Teil der eigenen Kultur angesehen wird und dies letztlich wieder einen Teil der Identität ausmacht. Somit lässt sich auch erklären, warum bei der Beurteilung häufig ein Vergleich mit dem Christentum angestellt wird. Gelegentlich wird der Islam von den Teilnehmenden auch nicht als reine Religion, sondern schon als etwas Größeres angesehen, was wiederum mit der generellen Tendenz zur Abstraktion einhergeht. So werden die Flüchtlinge als mutmaßlich gläubige Muslime teilweise als politisch Aktive und Motivierte angesehen, denen es, so wird vermutet, nicht nur um die Verbreitung ihres Glaubens, sondern um die Implementierung einer gesamten Ideologie geht. In dieser Ideologie, der der Islam zugrunde läge, ginge es um mehr als nur um die Religion, sondern auch um einen Kampf der Ansichten, Kulturunterschiede, politischen Systeme etc., woraus eine entsprechende Angst vor einer gewalttätigen Auseinandersetzung entsteht.

> *„Es gibt ja auch durchaus Predigten, es ist mal eine veröffentlicht worden, ich glaube, die kam sogar aus Syrien von einem Imam, der dann sagte ‚Greift sie an' oder ‚Greift die Ungläubigen an' ... " (EI XX)*

Hierin sieht sich die interviewte Person selbst in der Rolle des „Ungläubigen", sodass sie das genannte Zitat des Imams als Aufforderung zum Angriff auf Menschen wie sie selbst sieht. Folglich ist es nicht verwunderlich, dass diese Person Angst vor einer Ausweitung des Islams in ihrer unmittelbaren Nähe hat, geht sie doch beim Denken an einen Flüchtling implizit auch von einer Gefahr auf das eigene Leben aus. Die Erwartung, dass Flüchtlinge als Muslime im Rahmen eines Dschihad kämpferisch gegen „die ungläubigen" Deutschen vorgehen werden, fußt vornehmlich darauf, dass Glaubenskriege und islamistischer Terror auf der Welt konkret existieren und entsprechend in den Medien präsent sind (z. B. durch die salafistische Miliz Islamischer Staat [IS]). Hierbei findet demnach eine Übertragung von den gewalttätigen Terroristen auf die Gesamtheit der Muslime statt, sodass die Flüchtlingsskeptiker/innen diese negativen Emotionen vollständig auf die Flüchtlinge projizieren. Vermutlich ist die Tatsache, dass diese spezielle Angst vor dem Islam von den Interview-Teilnehmer/innen so konkretisiert werden konnte, einer der Gründe, warum es den Flüchtlingsskeptiker/innen bei speziell diesem Thema leichter als bei anderen fällt, offener über ihre Ängste zu sprechen und diese auch mit klareren Worten benennen zu können.

5.4.2.4 „Teilweise Kriegstreiber oder Schwerverbrecher" – Angst vor Kriminalität

Bei der Untersuchung der Interviews auf Ängste vor einer zunehmenden Kriminalität durch die Flüchtlinge wurden unterschiedliche Denk- und Erzählweisen bei den Flüchtlingsskeptiker/innen sichtbar. Manchmal wurden exemplarisch negative

Erfahrungen aus dem eigenen Umfeld genannt, bei denen ein Zusammenhang zwischen Flüchtlingen und einem Anstieg von Straftaten gesehen wird, teils wurde auf spezielle Statistiken zurückgegriffen (für eine Einordnung der Kriminalitätsentwicklung in Deutschland siehe auch Anhang Zahlen, Daten, Fakten). Manche sprachen diese Aspekte direkt an, andere deuteten sie nur indirekt an, wie auch der/die folgende Interviewte:

> *„Die Bushaltestelle für die Kinder ist dort [an dem geplanten Flüchtlingsheim, Anm. d. Verf.] direkt davor gewesen. So. Und das waren alles Sachen für uns, wo wir gesagt haben, jetzt müssen wir einfach mal eine Petition machen [...]. Und warum muss es ausgerechnet auch dort sein? [...] Oder sollen sie sagen, OK, dann gibt es hier eben Streifenwagen, die eben halt wenigstens hier mal vorbeigucken. Wir haben nur einen Streifenwagen für die gesamte Region." (EI XIV)*

Dadurch, dass diese/r Teilnehmer/in sich über den Standort des Flüchtlingsheims so sehr aufregt, zeigt er/sie auch seine latente Befürchtung, dass von der Anwesenheit der Flüchtlinge in räumlicher Nähe zu den (deutschen) Kindern eine Gefahr für die Kinder ausgeht. Dass er/sie nicht grundsätzlich gegen ein Flüchtlingsheim ist, zeigt sich sowohl in den vorherigen Sätzen als auch in seiner/ihrer rhetorischen Frage: „Warum muss es ausgerechnet dort sein?". Er/sie lässt damit durchaus die Option zu, dass er/sie mit dem Errichten einer Flüchtlingsunterkunft an einem anderen Ort einverstanden wäre. Durch den anschließenden Satz über die Polizei („Streifenwagen"), die an der betreffenden Stelle „wenigstens hier mal vorbeigucken" und nach dem Rechten schauen soll, wird schließlich seine/ihre Befürchtung vor kriminellen Aktivitäten der Flüchtlinge sichtbar. Eine genauere Begründung, warum er/sie mit solch einem Verhalten rechnet, kann der/die Teilnehmer/in jedoch nicht liefern. Ein Ansatzpunkt für diese Hypothese, die in den Interviews häufiger genannt wurde, ist die Vermutung, dass ein Teil der geflüchteten Personen grundsätzlich kriminell gewesen und immer noch sei, d. h. auch schon in ihren Heimatländern Verbrechen begangen hätten und mit diesem entsprechenden Charakter schließlich nach Deutschland kämen:

> *„Aber zum Beispiel halt eben ist es logisch, wenn aus einem Kriegsgebiet Menschen flüchten, dass sich unter denen auch teilweise Kriegstreiber oder Schwerstkriminelle befinden können." (EI XXI)*

Der/die Interviewte geht demnach davon aus, dass ein Teil der Flüchtlinge nicht vor einem Krieg in ihrem Heimatland flüchten, sondern eventuell aufgrund ihrer kriminellen Vergangenheit, z. B. um einer Strafverfolgung im eigenen Land entkommen zu können (siehe hierzu auch Anhang Teil 3 zur polizeilichen Kriminalstatistik). Für viele Teilnehmer/innen ergibt sich daraus auch die Schlussfolgerung, dass diese Menschen – aufgrund ihrer kriminellen Vergangenheit – nach ihrer Ankunft in Deutschland weiter Straftaten begehen würden. Insbesondere das geballte Zusammenbringen von vielen Flüchtlingen wird dabei heftig kritisiert und als Mit-Ursache angesehen, warum in den Augen der Skeptiker/innen mit einem Anstieg der Kriminalitätsrate zu rechnen ist.

5 Erfahrungen aus dem Engagement

> *„Dass nämlich in der Stadt Multikulti [...], was der Idealfall wäre natürlich, aber so wie die Menschen gestrickt sind, ist überall, wo man das versucht hat, dieser Versuch missglückt [...] Und was sich bildet, sind Clanstrukturen. Also auch tribale Gesellschaften genannt."* (EI II)
>
> *„... Diese Zustände in Berlin mit lybischen Clans und mit Kriminalität und mit, mit wirklich auch mit dem Ausländeranteil, der aus meiner Sicht völlig den Rahmen sprengt, das wollen wir nicht."* (EI XVI)

Die Angst vor einem Anstieg der Straftaten, insbesondere durch Clans, wird in diesen beiden Zitaten sichtbar. Worin sie sich unterscheiden, ist in der Zuschreibung der Ursache: Der/die erste Teilnehmer/in begründet diesen Prozess damit, dass ein gemeinsames Miteinander verschiedener Kulturen in seinen/ihren Augen keine natürliche Eigenart der Menschen ist („so wie die Menschen gestrickt sind"). Der/die zweite Teilnehmer/in betrachtet das Problem differenzierter und sieht diese natürliche Entstehung von Kriminalität nur bei Ausländer/innen („mit wirklich auch dem Ausländeranteil"). Diese starke Einschränkung offenbart sein/ihr Vorurteil; dass Kriminalität bei Deutschen anders entsteht als bei Ausländer/innen. Im Gegensatz zum ersten Zitat, in dem der/die Teilnehmer/in zumindest noch implizit eingesteht, dass Deutsche ebenso gegen das Gesetz verstoßen und Verbrechen begehen können (indem er/sie generell von „Menschen" spricht), ist die Unterscheidung bei dem zweiten Zitat deutlich härter. Allerdings steckt auch im ersten Zitat eine kulturvergleichende Komponente, und zwar in der Gleichstellung der Worte „Clans" und „tribale Gesellschaften". Das Konzept des Tribalismus stammt aus der Ethnologie und bezeichnet die allgemeine Sichtweise, eine Gesellschaft oder Kultur als eine Summe von mehreren Einzelstämmen zu verstehen (Hahn 2013, S. 49). Allerdings enthält diese klassische Definition auch Elemente, die ethnisch fragwürdig sind und auch eine rassistische Interpretation zulassen. Dies ist einer der Gründe, warum der Begriff unter heutigen Völkerkundler/innen in der Regel nicht mehr verwendet wird. Der/die Teilnehmer/in verwendet beide Begriffe jedoch synonym („auch tribale Gesellschaften genannt") und unterstellt allen Ausländer/innen bzw. Flüchtlingen so indirekt, sie würden sich grundsätzlich mit abgrenzenden und unkooperativen Ambitionen in Deutschland aufhalten, sodass in den Augen des/der Interviewten hier nicht mit einem Integrationswillen gerechnet werden kann. Die Akzeptanz der deutschen Gesetze ist für die Flüchtlingsskeptiker/innen jedoch zwingende Voraussetzung und unverhandelbarer Bestandteil für eine Integration (siehe hierzu auch Anhang Teil 4 zu weiteren Erfolgsfaktoren einer gelungenen Integration von Flüchtlingen). Das Einhalten von in Deutschland geltenden Regeln wird in den verschiedenen Interviews immer wieder gefordert, wie beispielsweise von dem/der folgenden Teilnehmer/in:

> *„Also wir haben Gesetze, wir haben Vorschriften, und jeder, der zu uns kommt, oder, es sollen ja eigentlich Schutzsuchende sein, sollten sich an die Gesetze halten oder meiner Meinung nach müssen sich an die Gesetze halten."* (EI XX)

Diese Forderung, dass Flüchtlinge sich an die Gesetze halten müssen, enthält auf der impliziten Ebene auch die Annahme, dass es einen großen Teil an Flüchtlingen gibt, die dies eben nicht tun würden. Für Konservative ist die Verbindlichkeit und das Einhalten von Regeln und Gesetzen jedoch äußerst wichtig, denn nur durch die Achtung dieser Regeln ist es ihnen möglich, die stabile und gewohnte Ordnung zu wahren und damit letztlich das Vertrauen in das eigene System zu erhalten. Bei diesem Vertrauen spielt auch das Thema Angst vor Kriminalität eine relevante Rolle: Nicht nur wird die eigene Lebenssituation vom illegalen Verhalten anderer verändert, sondern die Regeln werden dadurch auch ein Stück weit infrage gestellt. Ein Gesetzesverstoß verdeutlicht den Flüchtlingsskeptiker/innen, dass die Gesetze, die sie als haltgebendes Element der Sicherheit sehen, nicht absolut gelten, sondern gebrochen werden können, was das Vertrauen und die Verlässlichkeit darauf verringert. Erschwerend kommt noch hinzu, dass bei kriminellen Handlungen die eigene Sicherheit unmittelbar bedroht ist, weshalb die Teilnehmer/innen bei ihren Äußerungen tendenziell immer eher von Eigentums- und Körperdelikten ausgehen als von anderen Straftaten.

5.4.3 „Potenzial der Verletzung" – Ängste der Flüchtlingshelfer/innen

Bei der Betrachtung der Flüchtlingshelfer/innen auf der anderen Seite fiel schon bei der Analyse und Interpretation von markanten Passagen auf, dass das Thema Ängste insgesamt deutlich seltener angesprochen wurde. Es scheint, dass die Flüchtlingshelfer/innen sich vorrangig auf die positiven Aspekte ihres Engagements konzentrieren und Ängste dabei eher eine Nebenrolle spielen. Dennoch wurden auch hier einige wiederkehrende Befürchtungen zu diesem Bereich festgestellt. Ein weiterer grundsätzlicher Unterschied bestand darin, wie explizit die Teilnehmer/innen hier mit den genannten Ängsten umgingen. Die Engagierten dieser Seite hatten in aller Regel keine Probleme, diese an sich selbst zu bemerken und auch in Worte zu fassen. Viele gingen offensiv mit ihren Ängsten um, d. h. in diesem Kontext der Flüchtlingsproblematik scheint es so, dass die Beteiligten nicht auf passive Bewältigungsstrategien wie Isolation oder Verdrängung zurückgreifen. Stattdessen machten sie den Eindruck, dass sie sich grundsätzlich mit ihren Ängsten auseinandersetzen wollen bzw. es manchen sogar spürbar guttat, sich mit anderen Gleichgesinnten in den Fokusgruppeninterviews darüber auszutauschen oder sie uns in den Einzelinterviews mitzuteilen. Durch diesen offenen Umgang mit dem (in Tiefeninterviews sonst sehr heiklem) Thema persönlicher Ängste war es möglich, intensiver und gezielter nachzufragen als bei anderen Themen, was umfassende und alltagsnahe Einblicke in das Erleben und Verhalten der Interviewten ermöglichte. Nach einem vertikalen Vergleich der Kernsätze und Zitate konnten die folgenden Themengebiete als besonders markant für die Flüchtlingshelfer/innen identifiziert werden:

- Angst vor zu viel Nähe,
- Angst vor psychischer und körperlicher Überlastung,
- Angst vor der gesellschaftlichen Entwicklung im Allgemeinen bzw.
- Angst vor den Flüchtlingsskeptiker/innen im Besonderen.

5.4.3.1 „Potenzial der Verletzung" – Angst vor zu viel Nähe

Die interviewten Flüchtlingshelfer/innen setzten sich in vielfältiger Weise dafür ein, dass Geflüchtete in Deutschland nicht im Stich gelassen, sondern aufgefangen werden, sei es durch die Begleitung bei Behördengängen, dem Verstehen von kulturellen Regeln oder dem Nahebringen der deutschen Sprache. Alle Engagierten zeigten in den Interviews durchweg, dass sie einen sehr direkten Kontakt zu ihren Flüchtlingen pflegten und die konkret geleistete Unterstützung häufig die einfachen und praktischen Dinge des Alltags umfasste. Bei so viel Arbeit auf zwischenmenschlicher Ebene entsteht zwangsläufig eine gewisse Nähe zu den Flüchtlingen, die sich bei den Engagierten vor allem emotional äußert.

> „Aber das [ihre Flüchtlinge, Anm. d. Verf.] sind die Freunde, wo ich am meisten bin. Ich habe auch viele andere Freunde und treffe die viel seltener. Das ist so ein bisschen auch eine Schwierigkeit für mich, das zu sortieren." (EI XVIII)

Diese/r Teilnehmer/in sieht die Flüchtlinge, um die er/sie sich kümmert, dabei nicht als Flüchtlinge, d. h. fremde Menschen an, sondern bezeichnet sie als Freunde, wodurch er/sie eine deutlich intensivere Nähe zueinander ausdrückt. Auch stellt er/sie fest, dass er/sie die meiste Zeit mit Freunden oder bei ihren Flüchtlingen verbringt, was ihn/sie zur Mitte des Zitats auch ins Grübeln bringt („andere Freunde und treffe die viel seltener"). Am Ende kommt er/sie zu dem Schluss, dass sich aus dem engen und persönlichen Kontakt zu den Geflüchteten auch ein gewisses Problem („Schwierigkeit") entwickelt. Durch die Vermischung von seinen/ihren alten Freunden und seinen/ihren jetzigen Flüchtlingen fällt ihm/ihr der Unterschied oder die Abgrenzung („das zu sortieren") zwischen beiden Personenkreisen schwer. Später im Interview zieht er/sie daher eine klarere Grenze zwischen den Begriffen Familie und Freunde, um so eine bessere Trennung und Einordnung zu erreichen:

> „Auf der anderen Seite habe ich dann eben manchmal so das Gefühl: Ich will nicht [Teil der Flüchtlings-, Anm. d. Verf.] Familie sein. Ich will eigentlich lieber nur Freund sein. Weil ich mit [meiner echten, Anm. d. Verf.] Familie so meine eigenen Themen habe und weil ich mir denke, das ist mir zu eng." (EI XVIII)

In diesem Punkt grenzt sich der/die Interviewte also klar von den Flüchtlingen ab und betont deshalb den für ihn/sie wichtigen Unterschied zwischen seinen/ihren Freunden und der eigenen Familie. Der Grad der Intimität, den er/sie zu seinen/ihren Flüchtlingen hätte, wenn diese ihn/sie als Teil ihrer Familie bezeichnen, ist ihm/ihr zu hoch („das ist mir zu eng"), sodass er/sie klarstellt, dass der Begriff Familie für ihn/sie nur für seine/ihre tatsächliche, leibliche Familie gilt, mit der er/sie entsprechend ein noch innigeres

Verhältnis pflegt als mit Freunden („weil ich mit Familie so meine eigenen Themen habe"). Der Aspekt Nähe und Distanz in Bezug auf emotionale Abhängigkeiten scheint bei den Ängsten der Flüchtlingshelfer/innen eine zentrale Bedeutung einzunehmen, da es in der direkten Integrationsarbeit mit Geflüchteten zu einer starken Verbindung zwischen Betreuer/in und Flüchtlingen kommen kann. Da die Interviewten die Flüchtlingsarbeit alle freiwillig und als Ehrenamt ausüben, sind sie in der Regel nicht professionell für den Umgang mit dieser emotionalen Belastung durch zu viel Nähe ausgebildet, woraus eine allgemeine Unsicherheit entsteht. Ähnliche Erfahrungen berichten beinahe alle Engagierten auf dieser Seite.

„Und in den Patenschaften kommt man eben doch näher mit den Familien in Kontakt." (EI VI)

Mit der Formulierung „eben doch näher" impliziert der/die Teilnehmer/in, dass es bei seiner/ihrer Flüchtlingsarbeit zumindest gelegentlich zu einer größeren Nähe kommt, als er/sie es sich eigentlich wünschen würde. Auch wenn es dem/der Teilnehmer/in offenbar nicht immer gelingt, ein Mindestmaß an Distanz einzuhalten, zeigt das Zitat doch, dass er/sie das Bewusstsein für solch eine Grenze hat und diese zumindest auch einzuhalten versucht. Hierin kann der Wille zum Selbstschutz vor zu viel emotionaler Verbundenheit gesehen werden. Dies bestätigt auch ein/e andere/r Engagierte/r:

„Und alles, was zu nah ist, ist einfach Potenzial – hat Potenzial der Verletzung." (EI V)

Der/die Teilnehmer/in veranschaulicht hier, dass es ihm/ihr aus Gründen des emotionalen Selbstschutzes wichtig ist, trotz der intensiven Kontakte zu seinen/ihren Flüchtlingen aus dem Engagement einen Kompromiss zwischen Nähe und Distanz zu schaffen, d. h. er/sie lässt die Nähe nur bis zu einem gewissen Grad zu („alles, was zu nah ist"). Wenn dieser Grad zu hoch ist, kann dies zu einer unerwünschten Belastung mit negativen Emotionen führen, die er/sie im Extremfall sogar als „Verletzung" bezeichnet. Das liegt auch daran, dass die Empathie der Engagierten als emotionale Verbundenheit zu den Geflüchteten teilweise auch eine emotionale Abhängigkeit darstellt: Dadurch, dass die Engagierten so intensiv in die persönlichen Lebenssituationen ihrer Flüchtlinge eingebunden sind, partizipieren sie anteilig auch an deren Schicksalen. Das Engagement der Teilnehmer/innen geht eng mit einem hohen Maß an Empathie einher, sodass viele Engagierte mit ihren Flüchtlingen fühlen und so, z. B. bei schlechten Nachrichten durch eine Behörde, auch entsprechend mitleiden. Dadurch, dass der/die Interviewte im o.a. Zitat jedoch nicht sagt, dass eine zu große Nähe ihn/sie zwangsläufig verletzt, sondern nur das „Potenzial" dazu hat, gibt er/sie zu verstehen, dass er/sie sich vor dieser Möglichkeit absichern möchte. Wie stark dieses Potenzial manche Engagierte tatsächlich verletzen kann, berichtete ein/e Teilnehmer/in über eine Bekannte, die sich ebenfalls für Flüchtlinge engagiert hat:

5 Erfahrungen aus dem Engagement

> *„Ja, oder viele haben nach einer Zeit gesagt: Jetzt muss ich etwas anderes machen. [...] Und ich will das auch nicht mehr. Man stößt ja dann oft so an Grenzen, ich denke jetzt an die Leute, die in der medizinischen Ambulanz sind. Da haben schon – letztes Jahr vor Weihnachten, die Krankenschwester, die gesagt hat ‚So, im nächsten Jahr bin ich nicht mehr dabei. Ich kann das nicht mehr, weil ich muss so viel – sehe die Not und wir dürfen nur so begrenzt helfen.'"* (EI IX)

Die Verzweiflung dieser Krankenpflegerin, die durch die emotionale Nähe zu den Hilfebedürftigen entstanden ist („ich muss so viel – sehe die Not") führte letztendlich sogar dazu, dass sie ihr Engagement aufgeben musste, um nicht noch mehr Anteil an den Notsituationen der Geflüchteten und dadurch eigenen Schaden zu nehmen. Dazu sei angemerkt, dass die Arbeit als medizinische/r Flüchtlingsbetreuer/in emotional natürlich noch einmal deutlich schwieriger zu leisten und zu verarbeiten ist als die normale Flüchtlingsarbeit. Dies zeigt einmal mehr, dass das Setzen von eigenen Grenzen, die den Umfang der zu leistenden Arbeit definieren, in der freiwilligen Flüchtlingsarbeit, aber auch im zivilgesellschaftlichen Engagement generell von großer Bedeutung ist. In Bezug darauf zieht auch der/die folgende Teilnehmer/in ein ähnliches Fazit:

> *„Na ich musste es lernen, Grenzen zu ziehen. Ich habe das früher nicht gekonnt."* (EI XV)

Gerade der Begriff des „Grenzen-Ziehens" fiel immer wieder in diesen Interviews. Diese/r Teilnehmer/in deutet mit der Erläuterung („ich habe das früher nicht gekonnt") wie viele andere Engagierten an, dass er/sie auch schon schlechte Erfahrungen mit zu intensiven Betreuungsverhältnissen gemacht hat. Die Teilnehmer/innen sind im Rahmen ihres Engagements häufig in einer sehr persönlichen und emotional beanspruchenden Umgebung. Der enge und direkte Kontakt zu ihren Flüchtlingen steht dabei im Vordergrund – der sich entsprechend auch in der Sprache, der Kommunikation und den Äußerungen der Teilnehmer/innen zeigt (siehe auch Abschn. 7.3). Es scheint, dass hierbei das Ziehen von eigenen Grenzen als wesentliche Strategie zur Bewältigung von zu viel emotionaler Verbundenheit und Nähe zu den Flüchtlingen verwendet wird. Das Bestehen und Wahren einer – zumindest kleinen – Distanz ist für die Engagierten offenbar sehr wichtig, um der Intimität ihrer Arbeit nicht zu viel Raum zu gewähren und die emotionale Vereinnahmung durch die Flüchtlinge begrenzen zu können. Eine ähnliche Problematik wird auch im nächsten Abschnitt von den Engagierten thematisiert.

5.4.3.2 „Ich muss mich da schützen" – Angst vor Überlastung

Die Flüchtlingshelfer/innen lassen sich bei ihren freiwilligen Tätigkeiten nicht nur auf eine besonders intime und emotionale Nähe zu ihren Flüchtlingen ein, sondern leisten auch abseits davon sehr viel. Da liegt es nahe, dass manche Teilnehmer/innen diese Beanspruchung teils auch als zu groß empfunden haben. Dabei schien in den Interviews vor allem der Faktor Zeit eine wichtige Rolle zu spielen.

> *„Also so was über einen sehr sehr langen Zeitraum mitzumachen, ist natürlich auch kräftezehrend."* (EI XV)
> *„Denn ich muss mich da schützen. Ich habe einfach tatsächlich nicht die Zeit."* (EI V)

Beide Zitate verdeutlichen, dass auch das freiwillige und ehrenamtliche Engagement nur innerhalb bestimmter zeitlicher Rahmen möglich ist. Wird die Tätigkeit dabei zu oft oder zu lange ausgeübt („über einen sehr langen Zeitraum"), können unerwünschte Effekte („kräftezehrend") auftreten, die zu einer Belastung oder sogar Überlastung führen können. Die bekannten Effekte aus der Arbeits- und Organisationspsychologie (wie z. B. das Abwägen von erwartetem Aufwand und Ertrag) scheint im zivilgesellschaftlichen Engagement also ebenso eine Rolle zu spielen wie im klassischen, bezahlten Arbeitsverhältnis. Die Teilnehmer/innen entgegnen ihrer Angst vor Überlastung in der Regel rational und versuchen auch hier, eine Grenze zu setzen („denn ich muss mich da schützen"). Ähnlich wie schon bei der Nähe-Distanz-Problematik verstehen die Teilnehmer/innen unter „Schutz" dabei meist eine klare Trennung und Unterscheidung ihrer Freizeit in Engagement und private Zeit, in der die Engagierten ihren sonstigen Beschäftigungen abseits der Integrationsarbeit nachgehen können.

> *„Und ich will ja auch weiterhin meine Bücher lesen und auch zu Hause, am Wochenende, bei meiner Familie sein." (EI XVIII)*

Diese Abgrenzung dient vorrangig dem Erhalt des eigenen Privatlebens und auch der eigenen Privatsphäre im zeitlichen Kontext. Die Verwendung des Wortes „weiterhin" indiziert jedoch auch eine gewisse Sorge dieses/dieser Teilnehmer/in, dass die von ihm/ihr aufgezählten Dinge für die private Freizeit möglicherweise durch das eigene Engagement vernachlässigt werden. Bücher lesen oder gemeinsame Zeit mit der Familie zu verbringen, ist für diese/n Teilnehmer/in offenbar wichtig, sodass diese Aktivitäten gegenüber der Flüchtlingsarbeit priorisiert werden. Zum anderen dient dieses Abgrenzen aber auch dem Erhalt und Pflege der eigenen psychischen Gesundheit. Ähnliches betonen, teils ausdrücklich, teils angedeutet, auch viele andere Teilnehmer/innen in den Interviews. Es lässt sich also bei vielen Engagierten die implizite Sorge erkennen, kein Gleichgewicht zwischen Arbeit, Freizeit und dem Engagement zu erreichen. Zudem weisen manche Passagen darauf hin, dass sich aus dem Thema Zeit und Zeitplanung ein weiterer Aspekt ableiten lässt, der auf das Engagement einwirkt:

> *„Und wenn ich aber nicht immer komme, dann – denke ich manchmal: Oh Gott, ich kümmere mich zu wenig. Ich komme nicht oft genug." (EI XVIII)*

Dieses Gefühl des „Zu-wenig-Kümmerns" beruht letztlich auf dem schlechten Gewissen, weil die Teilnehmer/innen bei ihrem eigenen Engagement irgendwann eine Grenze setzen müssen, um auch noch etwas Zeit für Privates haben zu können. Bei manchen Engagierten erzeugt dies ein schlechtes Gewissen, weil sie manche Termine mit ihren Flüchtlingen zugunsten der eigenen Freizeit nicht wahrnehmen oder verkürzen („wenn ich aber nicht immer komme"). Hierin zeigt sich, warum die Abgrenzung und das klare Setzen von zeitlichen Grenzen des Engagements für viele ein Problem darstellt: Die Zwickmühle zwischen der gefühlten Verantwortung gegenüber ihren Geflüchteten und dem Wunsch nach eigener privater Zeit für sich selbst empfinden manche Teilnehmer/

innen als eine Art moralisches Dilemma, da sie grundsätzlich immer für ihre Flüchtlinge als Ansprechpartner/innen da sein und helfen wollen. Mit dieser Zwickmühle gehen die Betroffenen unterschiedlich um. Der/die oben zitierte Teilnehmer/in versucht beispielsweise ein ausgeglichenes Verhältnis zwischen privater Freizeit und Zeit mit seinen/ihren Flüchtlingen zu schaffen. Andere Teilnehmer/innen, wie z. B. auch der/die folgende, nutzen das aktive Regulieren seines/ihres zeitlichen Aufwandes hingegen eher als Mittel, um sich selbst vor emotionaler Überlastung zu schützen.

> *„Und das war dann was, wo ich dann meine Hilflosigkeit auch mal gesehen habe und schlecht ertragen konnte und habe das [Engagement, Anm. d. Verf.] dann da so einschlafen lassen." (EI VIII)*

Die gefühlte Überlastung, die diese/r Teilnehmer/in in seinem/ihrem Engagement erfahren hat, offenbart sich insbesondere in dem Worten „Hilflosigkeit" und „schlecht ertragen". Dies unterstreicht noch einmal die Bedeutung der emotionalen Abhängigkeit von Helfer/innen und Flüchtlingen. Durch die enge persönliche Beziehung zwischen beiden und dem in der Regel hohem Maß an Empathie partizipieren die Engagierten an allen wichtigeren Momenten der Flüchtlinge, sowohl an positiven als auch negativen. In Anbetracht ihrer eigenen Hilflosigkeit hat sich diese/r Teilnehmer/in als Lösungsstrategie dazu entschieden, dass eigene Engagement für diese speziellen Person aufzugeben („einschlafen lassen"), um sich so vor weiterem emotionalen Schaden durch sein/ihr zu großes Mitgefühl schützen zu können. Dieses Phänomen des Zurückziehens findet sich verschiedentlich bei den Flüchtlingshelfer/innen. Wird ihnen die persönlich erlebte Belastung zu groß, wird diese Reaktion aus Gründen des Selbstschutzes häufiger gewählt. Bisher wurden die Ängste und Sorgen der Engagierten aus der eigenen Integrationsarbeit häufig als Folgen aus der eigentlichen Arbeit, z. B. der zeitlichen Vereinnahmung, dargestellt.

Das eigene Engagement kann jedoch auch selbst als demonstratives Zeichen bzw. als Symbol in einer Debatte verstanden werden, kommuniziert die engagierte Person dadurch doch eine Positionierung für oder gegen etwas, beispielsweise indem durch eine freiwillige Flüchtlingsarbeit ausdrücklich eine Stellung pro Flüchtlinge bezogen wird. Der eigene Einsatz für Flüchtlinge ist, selbst wenn nicht primär beabsichtigt, auch ein politisches Signal, enthält das unmittelbare Unterstützen von Geflüchteten doch eine Art Botschaft, die die eigene Haltung zu diesem Thema offenbart. Das Engagement als Repräsentieren der eigenen Haltung kann unter Umständen jedoch auch selbst zu einer Belastung werden, nämlich in solchen Fällen, in denen andere Personen die eigene Position verurteilen. Insbesondere kann die ehrenamtliche Arbeit dann belastend werden, wenn andere Personen aus dem näheren Umkreis aufgrund einer anderen Einstellung zu Flüchtlingen mit Abweisung oder Ablehnung reagieren. Bei einem/einer Interviewten wurde sein/ihr gesellschaftliches Engagement für Flüchtlinge innerhalb des eigenen Freundes- und Bekanntenkreises so stark missbilligt, dass sich daraus auch eine enormer psychischer Druck entwickelte, der eine absolute Überlastung des/der Engagierten mit entsprechenden gesundheitlichen Folgen nach sich zog:

> *„Das war der Giftschrank, in den ich auch nicht mehr gucken wollte und sollte. [...] Da war ich dann auf einmal persönlich drin. Und ich bin in der Tat zwei Wochen nicht aus dem Haus gegangen. Ich hatte auch nicht wirklich gegessen und getrunken. Ich kann mich an wenig erinnern in der Zeit. Ich war wie in so einem Delirium."* (EI X)

In diesem konkreten Fall war die Stimmung in der Heimatstadt des Teilnehmenden so aufgestachelt, dass er/sie sich, nachdem sein/ihr Name öffentlich in Verbindung mit seinem/ihrem Engagement pro Flüchtlinge genannt wurde („da war ich dann persönlich drin"), so sehr unter Druck gesetzt fühlte, dass er/sie sich eine Zeit lang nicht mehr aus seinem/ihrem eigenen Haus traute. Die unerwartet heftige Reaktion („auf einmal") der anderen hat ihn/sie dabei offensichtlich so überfordert („wie in so einem Delirium"), dass ihm/ihr als einziger möglicher Ausweg ein Rückzug in die eigenen vier Wände übrig schien, um der Situation aus dem Weg zu gehen. Nicht die Art und Weise des eigenen Engagements war hierbei der entscheidende Kritikpunkt und damit Auslöser für diese Eskalation, sondern allein die Positionierung, sich bewusst für Flüchtlinge einzusetzen. Dies belegt ein weiteres Mal, wie festgefahren die Positionen beider Lager sind und wie sehr sich die Meinungen an einer einzelnen Situation aufwiegeln können. Entsprechend zeigen viele Flüchtlingshelfer/innen Ängste vor genau dieser gesellschaftlichen Spaltung und der politischen Entwicklung in Deutschland.

5.4.3.3 „Untergang der Demokratie" – Angst vor der gesellschaftlichen Entwicklung

Dass die Stimmung in einer Stadt sich durch eine einzelne Situation so sehr verändern kann, geht einher mit der häufig artikulierten Angst der Flüchtlingshelfer/innen vor der allgemeinen gesellschaftlichen und politischen Entwicklung in Deutschland. Allgemein gesprochen fürchten sich die Interviewten vor einer gewaltsamen Eskalation, wie auch der/die folgende Teilnehmer/in zeigt.

> *„Worst Case ist natürlich, [...] dass die Rechtsströme und natürlich auch damit gekoppelt auch die Linksströme, dass es richtig knallt. Und sich alle auf die Rübe hauen, dass es Gewalt gibt auf den Straßen, dass es ja ein Gewaltszenario tatsächlich [gibt, Anm. d. Verf.]. Vielleicht noch eine größere Abspaltung, ich weiß es nicht, das Hassszenario, also, dass es sich wirklich noch mehr verhärtet."* (EI IV)

Die Formulierung „Gewaltszenario" verrät hierbei, dass der/die Teilnehmer/in im Extremfall („Worst Case") davon ausgeht, dass es nicht nur bei einer verbalen Auseinandersetzung der verschiedenen Fronten („noch mehr verhärtet") bleiben wird, sondern dass die Situation letztlich in körperlichen Auseinandersetzungen („auf die Rübe hauen") gipfeln kann. Neben dieser befürchteten Zuspitzung der Debatte um die Flüchtlinge ist auffällig, dass der/die Teilnehmer/in gleichermaßen rechte wie linke Extreme in der Schuld für diese Eskalation sieht („damit gekoppelt auch die Linksströme"). Durch diese differenzierte Sichtweise positioniert er/sie sich nicht ausdrücklich für oder gegen eine Seite, sondern verurteilt implizit jede Form von Gewalt und deren Eskalation. Den Ursprung dieser befürchteten Entwicklung sieht er/sie jedoch in der gesellschaftlichen

Spaltung Deutschlands („noch eine größere Abspaltung"). Diese Lagerbildung wurde von vielen Flüchtlingshelfer/innen genannt und war häufig einer der wesentlichen Ursprünge für ihre Ängste. Teilweise gehen diese Sorgen so weit, dass nicht mehr nur von einer weiteren Verhärtung der Fronten, sondern von einem generellen Versagen der Gesellschaft gesprochen wird.

> *„Ich denke hier über den Untergang der Demokratie nach. So extrem ist es aber. Also, ich sehe das gar nicht auf meine Stadt hier bezogen, sondern eher Deutschland." (EI X)*

Mit dem „Untergang der Demokratie" bezieht sich diese/r Teilnehmer/in auf genau diese gesellschaftliche Spaltung in pro oder kontra Flüchtlinge, die auch schon im vorherigen Zitat thematisiert wurde. Durch diese harte Formulierung wird die essentielle Angst vieler Engagierter deutlich, dass sich ihre Gesellschaft grundsätzlich zum Negativen entwickelt. Dabei drückt das obige Zitat auch aus, dass diese Angst nicht nur situativ wirkt („gar nicht auf meine Stadt bezogen"), sondern dass die grundsätzliche und allumfassend wahrgenommene Veränderung kritisch gesehen wird („sondern eher Deutschland"). Dieses Denken auf der Metaebene ist bei den Flüchtlingshelfer/innen sehr selten vorzufinden und im Grunde nur in diesem einen Thema präsent. Im Gegensatz zu den positiven Erfahrungen aus dem eigenen Engagement, die grundsätzlich eher auf Einzelfällen beruhen, werden die eigenen negativen Erlebnisse mit Flüchtlingsskeptiker/innen abstrahiert und auf eine gesamtgesellschaftliche Ebene gestellt. Auch das folgende Zitat zeigt diese Tendenz:

> *„Und ich habe da wirklich ganz, ganz, ganz große Ängste. Das umtreibt mich Tag und Nacht. Und dass ich einfach wirklich Ängste habe, dass das [die Zeit des Nationalsozialismus, Anm. d. Verf.] mal irgendwo zurückkehrt." (EI X)*

Dieses Zitat bringt das implizite Gesellschaftsbild vieler Flüchtlingshelfer/innen auf den Punkt: Beim Auseinandersetzen mit den eigenen Ängsten werden Flüchtlingsskeptiker/innen von den Engagierten auf der anderen Seite relativ schnell mit Rechtsradikalen gleichgesetzt bzw. mit nationalsozialistisch Aktiven verglichen. Eine differenziertere Betrachtungsweise der Motive der anderen Seite erfolgt in aller Regel nicht. Als Grund für die wahrgenommene negative Entwicklung der Gesellschaft machen die Flüchtlingshelfer/innen größtenteils die Flüchtlingsskeptiker/innen aus. Die Interviews zeigen dabei die Problematik auf, dass diese auf starken Verallgemeinerungen beruhende Spaltung der Gesellschaft scheinbar ein Schwarz-Weiß-Denken erzeugt hat, bei dem alle Graustufen zwischen den beiden Extremen verloren gegangen sind. Durch den totalitären Anspruch beider Seiten, die einzig richtige Sichtweise auf das Thema Flüchtlinge zu haben, wird nicht nur das weitere Auseinanderdriften beider Lager begünstigt, sondern auch die vorhandenen Ängste werden weiter geschürt. Erschwerend kommt hinzu, dass die Flüchtlingshelfer/innen auf verschiedene Weisen immer wieder Furcht vor den Flüchtlingsskeptiker/innen zeigen. Auch eine Unterscheidung zwischen der gesellschaftlichen Entwicklung und den Flüchtlingsskeptiker/innen erfolgt nicht.

Teilweise werden diese Themen vermischt oder synonym verwendet. Die Ursache der als negativ wahrgenommenen gesellschaftlichen Entwicklung wird dabei größtenteils in den Bemühungen der Skeptiker/innen gesehen, sodass diese beiden Bereiche eng miteinander verbunden sind und sich teilweise auch überlagern.

5.4.3.4 „Dem will ich nachts nicht begegnen" – Angst vor den Flüchtlingsskeptiker/innen

Wie bereits erwähnt, zeigten die interviewten Flüchtlingshelfer/innen grundsätzlich weniger Ängste als die Flüchtlingsskeptiker/innen. An keinem anderen Thema als an dem folgenden zeichnen sich eventuell vorhandene Ängste jedoch so deutlich ab wie bei der „Angst vor der anderen Seite". Darunter fassen die Flüchtlingshelfer/innen all jene Personen, die sich in ihren Augen gegen Flüchtlinge positioniert haben. Dabei ist es für die Engagierten eher zweitrangig, inwieweit sich die Flüchtlingsskeptiker/innen tatsächlich gegen Flüchtlinge aktiv engagieren, sondern eher, dass es überhaupt Gegenstimmen gibt. Hier fiel bei der Interpretation der Aussagen auf, dass diese Teilnehmer/innen die Skeptiker/innen stark stereotypisieren. Dieser bereits erwähnte Effekt der Gruppenhomogenität scheint daher auf beiden Seiten gleich stark vorhanden zu sein und entsprechende Wirkung zu zeigen.

> *„Also es waren auch einige, dem ein oder anderen wollte ich jetzt nachts auch nicht begegnen." (EI X)*

Dieses Zitat verdeutlicht nochmals, wie sehr die Gegenposition zum eigenen Engagement der Flüchtlingshelfer/innen auch auf zwischenmenschlicher Ebene abgelehnt wird. Interessant ist dabei, dass von allen interviewten Teilnehmer/innen dieser Seite in der Regel nicht unbedingt eine tatsächlich erlebte oder beobachtete Gewalt der Flüchtlingsskeptiker/innen als angstauslösende Ursache genannt wird, sondern eher das vermutete Gewaltpotenzial die entscheidende Rolle spielt, d. h. die von den Flüchtlingshelfer/innen erwartete Kampflust und unterstellte Kampfbereitschaft der Flüchtlingsskeptiker/innen. Dies zeigt auch der/die folgende Teilnehmer/in in einer Aussage, die sich auf eine flüchtlingsskeptische Demonstration bezieht:

> *„Also da lag so eine Spannung in der Luft, so eine Aggressivität. Und das finde ich gruselig. Und wenn man da nicht so normal aussieht wie vielleicht ich, im Sinne von deutsch und so, dann will man da nicht sein, weil man dann in Gefahr ist." (EI XVIII)*

Er/sie selbst beschreibt seine/ihre Begegnung mit Flüchtlingsskeptiker/innen als angespannt und sehr aggressiv, was bei ihm/ihr entsprechend ein Angstgefühl („gruselig") erzeugt. Der nachfolgende Satz zeigt auch wieder die allgemeine Tendenz der Flüchtlingshelfer/innen auf, die Flüchtlingsskeptiker/innen mit Rechtradikalen gleichzusetzen, indem der/die Interviewte für die Ausländer/innen („wenn man nicht so normal aussieht im Sinne von deutsch") spricht und dort von einer grundsätzlichen Gefährdung ausgeht („weil man dann in Gefahr ist"). Die Unterstellung, dass der Unterschied zwischen Deutschen und Ausländer/innen dabei von Bedeutung für die Flüchtlingsskeptiker/innen ist, bezieht sich ebenfalls auf die Vermutung, dass diese teilweise rassistische Motive bewegen und ihnen ein ausgeprägtes Nationalgefühl wichtig sei. Auch der/die nächste Teilnehmer/in, der/die die Flüchtlingsskeptiker/innen charakterisiert, zeigt diese Tendenz.

> *„Also normalerweise, wenn die einzeln unterwegs sind, da gucken sie nach links und rechts und warten und was weiß ich noch alles. Das ist ja, drei Flaschen Bier zum bisschen Mut ansaufen und dann sind wir wer. Und jetzt gehen wir zu den echten Deutschen. Und da sind wir wer. Wir dürfen das." (EI XV)*

Der wahrgenommene Nationalstolz bei den Skeptiker/innen wird vor allem in der Wortwahl „echten Deutschen" deutlich. Diese/r Teilnehmer/in sieht die Flüchtlingsskeptiker/innen daher als National-Denkende, für die ihre Herkunft mit gewissen Privilegien einhergeht („da sind wir wer, wir dürfen das"). Dadurch, dass die Beschreibungen und Wahrnehmungen der Gegenseite letztendlich auf vielen Vermutungen basieren, wird eine differenzierte und vorurteilsfreie Sichtweise durch beide Seiten verhindert. Genau diese objektive Perspektive, frei von Vorurteilen und ohne Stereotypen wäre jedoch essentiell – nicht nur als ein erster Schritt in Richtung Abbau von Ängsten, sondern allgemein auch, um eine kleine Annäherung durch einen Dialog auf Augenhöhe zu ermöglichen (siehe auch Kap. 8 für einen möglichen Ansatz).

Literatur

Biess, F. (2019). *Republik der Angst: Eine andere Geschichte der Bundesrepublik.* Hamburg: Rowohlt.
Brehm, J. W. (1989). Psychological reactance: Theory and applications. *North American Advances in Consumer Research, 16,* 72–75. https://www.acrwebsite.org/volumes/6883/volumes/v16/NA.
Brehm, S. S. & Brehm, J. W. (2013). *Psychological reactance: A theory of freedom and control.* New York: Academic Press.
Dehne, M. (2017). *Soziologie der Angst: Konzeptuelle Grundlagen, soziale Bedingungen und empirische Analysen.* Wiesbaden: Springer VS.
Hahn, H. P. (2013). *Ethnologie: Eine Einführung.* Berlin: Suhrkamp Taschenbuch Wissenschaft.
Holtmann, E. (2018). *Völkische Feindbilder – Ursprünge und Erscheinungsformen des Rechtspopulismus in Deutschland.* Bonn: bpb.
Jonas, K., Stroebe, W. & Hewstone, M. (2014). *Sozialpsychologie.* Berlin/Heidelberg: Springer.
Kahneman, D. (2011). *Schnelles Denken, langsames Denken.* München: Siedler.
Kumbruck, C., Dulle, M. & Vogt, M. (2020). *Flüchtlingsaufnahme kontrovers. Einblicke in die Denkwelten und Tätigkeiten von Engagierten. Band 1.* Baden-Baden: Nomos.
Ludwig, C. (2015, 4. Dezember). Das Milliarden-Business mit Waffen in den USA. *Handelszeitung.* HZ Handelszeitung. https://www.handelszeitung.ch/unternehmen/das-milliarden-business-mit-waffen-den-usa-934400.
Mühlberger, M. & Voderholzer, U. (2015). Konfrontationstherapie im Fokus. *InFo Neurologie & Psychiatrie, 17*(11), 36–46. https://doi.org/10.1007/s15005-015-1383-z
Piliavin, I. M., Rodin, J. & Piliavin, J. A. (1969). Good Samaritanism: an underground phenomenon? *Journal of Personality and Social Psychology, 13*(4), 289–299. https://doi.org/10.1037/h0028433

Piliavin, J. A. & Charng, H.-W. (1990). Altruism: A review of recent theory and research. *Annual Review of Sociology*, *16*, 27–65. https://doi.org/10.1146/annurev.so.16.080190.000331

Quattrone, G. A. & Jones, E. E. (1980). The perception of variability within in-groups and out-groups: Implications for the law of small numbers. *Journal of Personality and Social Psychology*, *38*(1), 141–152. https://doi.org/10.1037/0022-3514.38.1.141

R+V Versicherung. (2018, 6. September). *Presseinfo: Ergebnisse der Ängste-Studie 2018.* https://www.ruv.de/presse/aengste-der-deutschen/presseinformation-aengste-der-deutschen.

Simonson, J., Vogel, C. & Tesch-Römer, C. (2017). *Freiwilliges Engagement in Deutschland: Der Deutsche Freiwilligensurvey 2014.* Wiesbaden: Springer VS.

Tajfel, H. & Turner, J. C. (2004). An integrative theory of intergroup conflict. In Hatch, M. J. & Schultz, M. (Hrsg.): *Organizational identity: A reader,* S. 56–65.

Tuckett, D. & Nikolic, M. (2017). The role of conviction and narrative in decision-making under radical uncertainty. *Theory & Psychology*, *27*(4), 501–523. https://doi.org/10.1177/0959354317713158

Van Zomeren, M., Postmes, T. & Spears, R. (2012). On conviction's collective consequences: Integrating moral conviction with the social identity model of collective action. *British Journal of Social Psychology*, *51*(1), 52–71. https://doi.org/10.1111/j.2044-8309.2010.02000.x

Warwitz, S. A. (2016). *Sinnsuche im Wagnis: Leben in wachsenden Ringen. Erklärungsmodelle für grenzüberschreitendes Verhalten* (2. Aufl.). Baltmannsweiler: Schneider Hohengehren.

Marvin Vogt, M. Sc. ist studierter Wirtschaftspsychologe und Konsumforscher. Nach einer Ausbildung zum Bankkaufmann studierte er mit einem Stipendium der Friedrich-Naumann-Stiftung für die Freiheit Wirtschaftspsychologie an der Hochschule Osnabrück. Seinen Master in Markt- und Konsumentenpsychologie schloss er mit Auszeichnung an der University of Sussex ab. Bereits während des Studiums war er in mehreren Forschungsprojekten involviert und konnte dabei praktische Erfahrungen mit verschiedensten qualitativen und quantitativen Verfahren sammeln. 2019 war er als wissenschaftlicher Mitarbeiter beim Projekt „Zivilgesellschaftliches Engagement: Was bewegt Menschen in Deutschland dazu, sich im Rahmen der Flüchtlingsthematik zu engagieren?" beteiligt. Seit 2020 arbeitet er als Research Consultant in einem Berliner Marktforschungsinstitut, das sich insbesondere auf implizite und psychologische Methoden spezialisiert hat. Seine Schwerpunkte sind die Markt-, Konsum- und Werbeforschung. Abseits davon interessiert er sich auch für Projekte zu politischen und gesellschaftlichen Fragestellungen.

Denkprozesse, Denkweisen und Denkwelten der Engagierten

6

Maik Dulle

Dieses Kapitel beginnt mit zwei Zitaten von zwei Engagierten, die die Unterschiedlichkeit des Denkens von Engagierten im Rahmen der Flüchtlingsthematik verdeutlichen:

„Diese Migrantenzahlen, denke ich rein mengenmäßig, ist einfach eine Überforderung der Gesellschaft." (EI III)
„… das verändert ja nicht nur deren (gemeint sind Geflüchtete; Anm. d. Verf.) Leben, sondern ja im Endeffekt auch unsere Gesellschaft, wenn wir qualifizierte Arbeitskräfte haben oder Menschen, die ja unsere Gesellschaft bereichern mit sich." (EI IV)

▶ Bei den O-Tönen (gekennzeichnet mit EI oder FG) handelt es sich um originales Interviewmaterial von Engagierten aus der Studie von Kumbruck et al. (2020).

Aus der Psychologie ist bekannt, dass Wahrnehmung, Denken und das darauf basierende Handeln in einem engen Zusammenhang stehen (Hurlburt et al. 2002, S. 117). Damit konstruieren sich Menschen ihre eigene Welt, die sich von der Sicht auf die Welt anderer Menschen unterscheidet, worauf die Denkrichtung des Konstruktivismus hinweist (Watzlawick 1985). So geht Kahneman (2011, S. 13) davon aus, dass das Denken und das daraus resultierende Handeln maßgeblich durch zwei Systeme – System 1 und 2 – beeinflusst werden. Während System 1 eher den Denkprozess für alltägliche, automatisierte Handlungen abdeckt, ist das System-2-Denken eher für komplexe, nichtwiederkehrende Probleme zuständig (Kahneman 2011, S. 21; van Merriënboer 2013, S. 157).

M. Dulle (✉)
markstones Institute, Universität Bremen, Bremen, Deutschland
E-Mail: maik.dulle@unibremen.de

© Springer Fachmedien Wiesbaden GmbH, ein Teil von Springer Nature 2022
C. Kumbruck (Hrsg.), *Spannungsfeld Flüchtlinge*,
https://doi.org/10.1007/978-3-658-35499-2_6

Passend zu dieser Annahme wird davon ausgegangen, dass Menschen bei Konfrontation mit einem unbekannten Problem oder einer komplexen Situation Denkprozesse als Strategie ihrer Bewältigung, auch Copingstrategie genannt (Garnefski et al. 2002, S. 603), heranziehen. Ein Beispiel hierfür ist das „Rubikonmodell" zur Erklärung menschlicher Handlungsmotivation (Heckhausen et al. 2013, S. 198). In diesem Modell sind die Schritte „Abwägen" und „Planen" der eigentlichen Handlung vorgeschaltet. Das Modell stützt die Annahme, dass Denken vor der eigentlichen Handlung kommt. Ein alltägliches Beispiel für die zeitlich versetzte Anordnung von Denken und Handeln wäre die Entscheidung für oder gegen ehrenamtliches Engagement. Natürlich gibt es Ausnahmen, aber in der Regel wägt eine Person vor der Ausführung eines Ehrenamts ab: Kann ich das zeitlich leisten? Ist dieses Engagement das Richtige für mich? Welche Aufgaben kommen da auf mich zu? Könnte das etwas für mich sein? Erst nach Abschluss eines Denkprozesses mit positivem Resultat ist es wahrscheinlich, dass eine Person ein Engagement aufnimmt.

Wenn es um den Zusammenhang von Denken und Engagement geht, ist es wichtig, vorab zentrale Begrifflichkeiten zu definieren. Das Denken selbst vereint mit Blick auf den Kontext dieses Kapitels vier wesentliche Bestandteile:

1. Denkgegenstände: Dies sind im Allgemeinen Objekte, über die eine Person nachdenken kann.
2. Denkprozesse: Sie beschreiben den generellen Vorgang des Denkens, wenn sich eine Person kognitiv mit einem Denkgegenstand auseinandersetzt.
3. Denkweisen: Sie beschreiben Denkprozesse, die bereits habitualisiert sind.
4. Denkwelten: Sie beschreiben die Integration von mehreren Denkweisen.

Die obige Aufzählung deutet, mit Ausnahme der Denkgegenstände, bereits eine natürliche Reihenfolge an. Während Denkgegenstände in der Umwelt von Personen auftauchen, sind Denkprozesse den Denkweisen vorgelagert. Während Denkprozesse auch einmalig ablaufen können (z. B. einmaliges Ausführen einer Aufgabe), sind Denkweisen bereits stärker habitualisiert. Dies hat den einfachen Grund, dass Denkprozesse – vor allem neue Denkprozesse – Ressourcen brauchen und anstrengend sein können. Hat beispielsweise ein Denkprozess zu einem zufriedenstellenden Ergebnis geführt, ist es wahrscheinlich, dass dieser Denkprozess erneut angewandt wird. Er hat schließlich beim ersten Mal gut funktioniert und der erneute Rückgriff auf den besagten Denkprozess ist einfach. Dadurch kann ein Denkprozess über Lernprozesse, vergleichbar mit dem Lernen anhand eines Modells (Bandura 1969), zu einer Denkweise werden. Auf diese Denkweise greift die Person zurück, wenn sie mit einer ähnlichen Ausgangssituationen konfrontiert ist.

Der Begriff Denkwelten stellt einen Sammelbegriff für die verschiedenen Denkweisen einer Person dar. So ist die individuelle Denkwelt einer Person die Ansammlung seiner individuellen Denkweisen. Der Einfluss von Individualität auf das Denken ist hervorzuheben. Denken ist nicht direkt beobachtbar und deshalb auch nicht hundertprozentig imitierbar, was die Individualität des Denkens nochmals untermauert. Wenn also der Mensch als „aktiver Informationsverarbeiter" und „lernendes System" (Klusendick 2011, S. 115) in seiner Umwelt angesehen wird, sind individuelle Erfahrungen maßgeblich entscheidend für das Denken. Denkprozesse haben dadurch immer individuelle Nuancen und sind abhängig von diesen Erfahrungen und der individuellen Wahrnehmung eines Menschen.

In diesem Kapitel soll das Denken von Engagierten in den Mittelpunkt gestellt werden. Hierfür werden in einem ersten Schritt Motive, Werte und der kognitive Prozess des Denkens voneinander differenziert dargestellt. Daraufhin werden die bestimmenden Faktoren für verschiedene Denkprozesse, Denkweisen und Denkwelten von Engagierten näher betrachtet. In einem letzten Schritt werden dann soziale Folgen und Konsequenzen des Denkens zusätzlich erläutert. Dabei soll das Thema Denken und Engagement im Rahmen bestehender psychologischer und interkultureller Konzepte analysiert und interpretiert werden. Der Schwerpunkt des Kapitels liegt daher zunächst auf intraindividuellen Vorgängen und wird dann auf sozialpsychologische Gruppenprozesse ausgeweitet. Zusammenfassend erhält der/die Leser/in in diesem Kapitel einen Einblick, inwiefern sich das Denken von Motiven und Werten unterscheidet, inwiefern bestimmte Einflussfaktoren das Denken beeinflussen und welche sozialen Konsequenzen das Denken von Individuen mit sich bringt.

6.1 Werte, Motive und Denken – der Versuch einer Differenzierung

Im vorausgegangenen Kap. 4 in diesem Buch wurden die Konzepte Werte und Motive und ihre Interaktion bereits ausführlich dargestellt. Zusammenfassend werden Werte als individuelle Verwurzelung einer Person beschrieben (vgl. Kap. 4). Sie sind internale, nicht sichtbare Konstrukte (Hofstede 1998, S. 482), die einen richtungsweisenden Einfluss auf das Verhalten einer Person haben (Schwartz 2012, S. 3). Motive hingegen liegen näher an der Handlung. Sie stellen psychische Eigenschaften dar, die die Beweggründe bzw. den psychischen Antrieb für eine generelle Verhaltensbereitschaft beschreiben (Becker 2018, S. 20) (Tab. 6.1).

Tab. 6.1 Zusammenhang von Motiven und Werten nach Bilsky (2006, S. 78)

Motiv	Wert
Durchhaltevermögen	Leistung
Aggressivität	Macht
Anschluss	Sozialität
Unsicherheitsvermeidung	Sicherheit

Übereinstimmend geht man in der Psychologie davon aus, dass sowohl Werte als auch Motive zeitlich relativ stabile Konstrukte sind, die innerhalb der Person liegen (Schwartz und Sagiv 1995, S. 108). Der Hauptunterschied zum Denken liegt darin, dass Denken eher ein reagierender menschlicher Mechanismus ist, für den erst ein Hinweisreiz bzw. ein Denkgegenstand von außen benötigt wird, der zum Denken anregt. Nicht selten wird in der Forschung Denken als Reaktion deshalb mit dem Begriff Problemlösen assoziiert (Funke 2003, S. 13). Problemlösen beschreibt die Fähigkeit des Menschen, über kognitive Denkprozesse ein Problem zu lösen, für das bei ihm noch keine erprobten Lösungs- bzw. Bewältigungsstrategien vorliegen (Öllinger 2017, S. 588). Dementsprechend kann Denken als eine Lösungsstrategie für den Umgang mit Vorkommnissen, die Menschen im alltäglichen Leben begegnen, gesehen werden. In diesem Zusammenhang sind Denken und Engagement im Rahmen der Flüchtlingskrise untrennbar miteinander verbunden, denn gerade in diesem Engagement sind die Engagierten mit Dingen konfrontiert, denen sie das erste Mal begegnen. Im nachfolgenden Beispiel beschreibt eine Interviewteilnehmerin eine solche neue Situation, in der sie von der konkreten Hilfsbedürftigkeit eines Flüchtlings aus zeitlichen Gründen überfordert wurde. Erst nach einer Stunde und der Realisierung dieser Situation im Rahmen eines Denkprozesses übermittelte sie den jungen Mann mit seinem Problem an die Studienberatung:

> *„Und da habe ich es nicht geschafft, dem jungen Mann zu sagen, also nicht gleich: Nein, wenn hier nichts zum Ausdrucken ist, dann gehst Du jetzt wieder. Sondern erst nach einer Stunde, als mir wirklich klar wurde, wie wenig er vorbereitet ist, habe ich dann gesagt: Da musst Du dort zur Studienberatung gehen." (EI XVIII)*

Abschließend lässt sich als wichtiges Unterscheidungsmerkmal festhalten, dass es sich beim Denken nicht, wie bei den Werten und Motiven, um eine festgelegte Disposition handelt, sondern um einen aktiven Vorgang bzw. eine Reaktion auf einen Hinweisreiz. Um eine differenzierte Betrachtungsweise zu ermöglichen, werden an dieser Stelle das Denken und die Denkvorgänge von Engagierten unabhängig von Werten und Motiven betrachtet. Dies schließt nicht aus, dass eine Handlung letztlich ein Zusammenspiel aus Werten, Motiven und Denkprozessen sein kann.

6.2 Unsicherheit im Zusammenhang mit Denkprozessen und Denkweisen

Der erhöhte Zuzug von Geflüchteten seit dem Jahr 2015 stellt eine große gesellschaftlich-politische Herausforderung dar, die bei vielen deutschen Bürgern/innen Unbehagen oder Unsicherheit auslöst (Roth 2016, S. 108). Fragen wie „Wie sollen wir die hohe Anzahl an Geflüchteten überhaupt unterbringen?", „Wie groß ist die Belastung für unser Sozialsystem?" oder „Wie soll die Integration aussehen bzw. gelingen?" waren bzw. sind für viele Deutsche ungeklärt. Diese ungeklärten Fragen, inklusive fehlender Antworten,

6 Denkprozesse, Denkweisen und Denkwelten der Engagierten

bildeten bzw. bilden die Basis für ein Gefühl der Verunsicherung. Dabei kann sich das Gefühl von Unsicherheit in verschiedensten Formen manifestieren.

▶ Wichtig ist dabei zu beachten, dass mit Unsicherheit nicht immer gleich Angst gemeint ist. Dies wurde im Forschungsprojekt von den Engagierten kritisch angemerkt: *„Das wird ja so unterstellt jetzt [...], dass man Angst hat vor der Zukunft. [...] Ich habe überhaupt keine Angst."* (FG IV)

Laut Lantermann et al. (2009, S. 47) gibt es fünf verschiedene Unsicherheitsfacetten:

1. Wissensunsicherheit: Sie charakterisiert den Mangel an Wissen über eine neue Situation. Als Folge fehlt der Person die Erfahrung, diese richtig einschätzen oder einordnen zu können.
2. Handlungsunsicherheit: Sie beschreibt den Zweifel, an einer Situation selber etwas ändern zu können. In diesem Fall ist Engagement ein Ventil, um mit Handlungsunsicherheit proaktiv umzugehen.
3. Unterstützungsunsicherheit: Diese Unsicherheit bezieht sich auf den Zweifel, eine angemessene externe Unterstützung (z. B. von Institutionen) zu bekommen.
4. Folgenunsicherheit: Beschreibt die Verunsicherung über die unmittelbaren Folgen und Auswirkungen einer Situation.
5. Zukunftsunsicherheit: Sie charakterisiert die Verunsicherung über die weitere Entwicklung einer Situation.

Dabei sind Wissens-, Handlungs- und Unterstützungsunsicherheit für das konkrete Gefühl der Verunsicherung erst einmal zweitrangig (Lantermann et al. 2009, S. 48). Im Engagementkontext hängt das damit zusammen, dass die Engagierten diese Verunsicherungsformen proaktiv angehen und somit selbst verringern können. So können sie durch Recherche in verschiedenen (Medien-)Quellen eine wahrgenommene Wissensunsicherheit verringern; das Engagement selbst dient als Ventil für Verringerung von Handlungsunsicherheit, und auch nach Unterstützung innerhalb ihres Engagements können sie z. B. bei anderen Engagierten aktiv suchen. Entscheidend für das generelle Gefühl von Verunsicherung sind Folgen- und Zukunftsunsicherheit (Lantermann et al. 2009, S. 47). Gerade die „Flüchtlingskrise" verbindet diese beiden Formen der Unsicherheit, da sie eine neue, unerwartete Situation darstellt, auf die weder Politik noch die Gesellschaft vorbereitet war, für die es keine Standardvorgehensweise gibt und deren Auswirkungen und Entwicklungen ungewiss waren. Dadurch, dass diese zukunftsgerichteten Verunsicherungsfacetten schwieriger von den Engagierten direkt und aktiv beeinflussbar sind, wirken sie umso bedrohlicher (Chou et al. 2016, S. 444). Unabhängig davon, dass es auch intuitive Denkvorgänge in Kombination mit Post-hoc-Rationalisierung (Gigerenzer und Gaissmaier 2012, S. 10) im Engagementkontext geben kann, bleibt der bewusste kognitive Umgang unter Zuhilfenahme verschiedener Denkprozesse/-weisen als Umgangsstrategie eine wichtige Ressource. Weiter bedeutet dies, dass Denken für die Engagierten eine große Rolle spielt, wenn sie mit Folgen- oder Zukunftsunsicherheiten konfrontiert werden. Somit bietet das Denken den Engagierten die schnell anwendbare Bewältigungsstrategie in unsicherer, zukunftsgerichteter Sachlage.

Es lässt sich also festgehalten, dass Unsicherheit generell einen starken Treiber für unterschiedliches Denken und Verhalten von Personen darstellt. Dadurch, dass der kurzfristige Zuzug von mehr als einer Million Geflüchteter aus weniger bekannten Kulturen eine Extremsituation war, ist die damit verbundene wahrgenommene, zukunftsgerichtete Unsicherheit ebenfalls groß gewesen. In letzter Konsequenz ist diese wahrgenommene Unsicherheit deshalb für das Denken der Engagierten so wichtig. Welche Denkweisen die Engagierten ganz konkret zum Umgang mit Unsicherheiten nutzen und welche individuellen Denkwelten sie dadurch konstruieren, wird in den nachfolgenden Kapiteln tiefergehend betrachtet.

6.2.1 Vorurteile vs. Differenzierung

In Gesprächen mit Engagierten in Rahmen der Flüchtlingsthematik wird klar, dass Vorurteile eine große Rolle spielen. Sowohl Flüchtlingshelfer/innen als auch Flüchtlingsskeptiker/innen berichten davon, dass sie sich mit abwertenden Vorurteilen a la *„Nazi"* (*EVI*) oder *„Gutmenschen"* (*FG IV*) konfrontiert sehen (Kumbruck et al. 2020, S. 94, 109). Übereinstimmend mit der Literatur (Snyder und Miene 1994, S. 1) sind sich beide Seiten einig, dass Vorurteile als negativ wahrgenommen werden und verletzend sind. Gleichzeitig nutzen sowohl Flüchtlingsskeptiker/innen als auch Flüchtlingshelfer/innen Vorurteile, um die Gegenseite zu beschreiben. Dabei zeigen sich die Engagierten wenig reflektiert über die eigene Nutzung von Vorurteilen. An dieser Stelle besteht ein blinder Fleck (Johari-Fenster; Luft und Ingham 1961) bei den Engagierten, der nicht wahrgenommen wird (Tab. 6.2).

Tab. 6.2 Nutzung von Vorurteilen auf beiden Seiten

Flüchtlingshelfer/in	Flüchtlingsskeptiker/in
„Paar Häuser weiter standen halt so paar übellaunige Einheimische. Die vermutlich auch jeden Montag auf der Straße sind zu PEGIDA und Co." (*EI XV*) [über die Skeptiker/innen] *„Das ist ja, drei Flaschen Bier zum bisschen Mut ansaufen und dann sind wir wer. Und jetzt gehen wir zu den echten Deutschen. Und da sind wir wer. Wir dürfen das."* (*EI XV*)	*„Wir müssen miteinander reden, aber ich erzähle kurz eine Geschichte vom vorherigem Donnerstag aus dem deutschem Hygienemuseum [...] in Dresden, wo jetzt zurzeit eine Ausstellung läuft: Rassismus. Da lädt einer ein, Student hier an der Schule [Hochschule, Anm. d. Verf.]., ewiger Student, der gepampert und gefördert wird vom Staat, also vom Land Sachsen und Oberbürgermeister und alle, wie sie heißen. Ein widerlicher Mensch, ein Denunziant, ein, ich sage es mal mit meinen Worten, ein Arschloch."* (*FG III*)

Aber warum werden die Vorurteile gegen die eigene Person oder Gruppe als negativ wahrgenommen, die eigene Nutzung von Vorurteilen aber nicht reflektiert? Ein Grund für die fehlende Reflexion ist die kognitive Funktion, die Vorurteile erfüllen.

Vorurteile erleichtern den Denkprozess und sind in dieser Funktion enorm effizient. So beschreiben Snyder und Miene (1994, S. 36), dass Vorurteile drei wichtige Funktionen erfüllen:

1. Sie haben eine kognitive Funktion, indem sie Komplexität verringern. Personen können schnell durch Vorurteile „eingeordnet" werden (z. B. Teilnehmer/innen einer bestimmten Demonstration) und man muss sich nicht weiter mit diesen beschäftigen. Gleichzeitig muss man keinen Aufwand betreiben, um Muster im Verhalten oder Auftreten anderer zu erkennen, sondern kommt relativ schnell zu einer Wertung. Dies ist komplexitätsreduzierend, bequem, und im gleichen Atemzug bieten Vorurteile dadurch Orientierung im Alltag.
2. Sie haben eine das Ego schützende Funktion, denn indem man andere abwertet, fühlt man sich selbst diesen Personen überlegen. Dies trifft auch zu, wenn die andere Person stichhaltige Argumente hat. In diesem Fall ist ein Vorurteil ein effizientes Mittel, um den eigenen Selbstwert zu schützen und sich nicht mit den Argumenten des Gegenübers auseinandersetzen zu müssen.
3. Eng mit Punkt 2 verbunden ist die sozio-kulturelle Funktion von Vorurteilen. Vorurteile können Gruppenprozesse unterstützen. Wenn Vorurteile von mehreren Personen geteilt werden, ist es wahrscheinlich, dass sich diese Personen zu einer Gruppe zusammenschließen (vgl. Minimalgruppenparadigma; Tajfel 1970). Gleichzeitig kann die Abwertung bzw. Diskriminierung von Nicht-Gruppen-Mitgliedern durch Vorurteile die eigene Gruppenidentität stärken.

Bei der Betrachtung von Vorurteilen werden diese drei Funktionen im Rahmen der Verwendung von Vorurteilen oftmals missachtet, da der Fokus meist auf den negativen Aspekten für die Empfänger von Vorurteilen liegt (z. B. Allport 1954, S. 78). Dennoch darf die Funktionalität von Vorurteilen für die auf Vorurteile zurückgreifende Person nicht unterschätzt werden. Für die Engagierten bedeutet dies konkret, dass Vorurteile und die Integration dieser in bestimmte routinierte Denkweisen als Umgangsstrategie mit der unsicherheitsbelegten Situation der Flüchtlingsthematik äußerst hilfreich sind. Sie können zum einen Orientierung geben, gleichzeitig muss man sich nicht mit allen Details der Thematik oder bestimmten Personengruppen auseinandersetzen. Weiter kann man durch die Integration in die Denkwelt den eigenen Selbstwert erhöhen und sich einer Gruppe zurechnen. Betrachtet man die umfangreiche Funktionalität von Vorurteilen, ist es nicht verwunderlich, dass Vorurteile bei den interviewten Engagierten ein hohes Maß an Verwendung finden.

Und dennoch fordern beide Seiten ein höheres Maß an Differenzierung, aber hauptsächlich von den anderen: So fordern die Flüchtlingshelfer/innen von den Skeptiker/innen einen differenzierten Blick auf die Lage der Geflüchteten (z. B. Fluchtgründe und

Tab. 6.3 Forderung nach Differenzierung auf beiden Seiten (mit verschiedenem Fokus)

Flüchtlingshelfer/in	Flüchtlingsskeptiker/in
„Ich finde es eben sehr schade, dass diese Personen [Flüchtlingsskeptiker/innen, Anm. d. Verf.] meiner Meinung nach […], ich kann da natürlich nur vor den Kopf gucken, ja Scheuklappen, also dicht machen und gar nicht, finde ich, bereit sind, sich da zu öffnen, sich mit dem Menschen eben zu beschäftigen." (EI IV)	„Also ich möchte auf der einen Seite ja eine stärkere Differenzierung, und auf der anderen Seite sind meine Erfahrungen mit Menschen, die eine andere Meinung haben wie ich. Da haben wir eben auch wieder, dass sie eben keine Differenzierung an den Tag legen meiner Meinung nach, oder sehr, sehr wenig." (EI XXI)

-erlebnisse, Lebenssituation etc.), während die Flüchtlingsskeptiker/innen die -helfer/innen dazu auffordern, die Politik, das Thema der Wirtschaftsflüchtlinge und die Gruppe der Flüchtlingsskeptiker/innen differenzierter zu betrachten (Tab. 6.3).

Aber differenzierte Betrachtungsweisen sind mit Denkprozessen verbunden, die mehr Ressourcen benötigen, da die Informationslage durch den Versuch der Differenzierung komplexer wird (Sweller 1994, S. 301). So ist die aktive, differenzierte Auseinandersetzung mit einer Person, einer Gruppe oder einem Thema im Vergleich zu Denkweisen, die auf Vorurteile zurückgreifen, weitaus anstrengender. Die Bildung von Vorurteilen ist dabei ein ganz natürlicher Prozess für den Menschen. Und dennoch sollte gerade bei einem emotional aufgeladenen Thema wie der Flüchtlingsthematik die Forderung nach differenzierteren Denk- und Verhaltensweisen nicht nur an die anderen gerichtet sein. Dazu müssen erstens habitualisierte, auf Vorurteile zurückgreifende, bequeme Denkweisen selbst reflektiert und in einem weiteren Schritt überwunden werden. Dominierende typische, vorurteilsbehaftete Denkweisen sollten also, wenn es den Engagierten daran liegt, zu differenzieren, von ihnen überdacht werden. Ein Beispiel für eine solche Reflexion zeigt das folgende Zitat aus Einzelinterview XIII:

> „Man billigt sich nichts mehr gegenseitig zu, eben auch ganz oft auf der Ebene, auf der wir uns bewegen, dass der andere vielleicht auch Wahrnehmungen hat, mit denen ich mich auseinandersetzen müsste, die ich einfach auch mal wahrnehmen sollte und mit ihm reden sollte."

6.2.2 Color-Blindness und Cultural-Awareness

Die Konzepte Color-Blindness und Cultural-Awareness kommen aus der interkulturellen Psychologie (Neville et al. 2011; Wang et al. 2014). Hinter diesen beiden Konzepten verbergen sich zwei grundsätzlich unterschiedliche Wahrnehmungs- und Denkweisen, wenn es um den Blick auf andere, fremde Kulturen geht. Der Color-Blindness-Ansatz bezieht sich auf die Annahme, dass es keine relevanten Unterschiede zwischen Menschen bezüglich ihrer Herkunft, Hautfarbe oder Kultur gibt und dass die Wahrnehmung von möglichen Unterschieden deshalb nicht mit in Entscheidungsprozesse (z. B. Personalauswahl) einfließen sollte (Apfelbaum et al. 2012, S. 206).

Auf der anderen Seite steht hinter dem Konzept der Cultural-Awareness die Annahme, dass gerade im Kontakt mit Personen einer anderen Kultur die eigene Kultur und die Unterschiede zur anderen Kultur besonders bewusst werden (Osula und Irvin 2009, S. 38). In einem solchen Zusammenhang wird allerdings auch von einer erhöhten Bedrohungswahrnehmung durch die andere, fremde Kultur berichtet (Morris et al. 2011, S. 762), auch wenn es sich hierbei erstmal nur um eine generelle Annäherung an die individuelle Wahrnehmung von Kulturunterschieden handelt. Demnach stellen Color-Blindness und Cultural-Awareness zwei grundsätzlich verschiedene Wahrnehmungs- und Denkweisen im Umgang mit fremden Kulturen dar. Als Fundamente für diese Denkweisen im interkulturellen Rahmen fungieren dabei hauptsächlich die Werte „Offenheit" und „Konservatismus" (McCrae 1996, S. 323). Während eine hohe Ausprägung von „Offenheit" eher mit Wahrnehmungs- und Denkweisen nach dem Motto *„Alle Menschen sind gleich"*, einem Paradebeispiel für den Color-Blindness-Ansatz, einhergeht, sind Wahrnehmungs- und Denkweisen, die auf dem Wert „Konservatismus" fußen, eher auf die Unterschiede zwischen Kulturen gerichtet. Eine Antwort im Rahmen von Cultural-Awareness auf Menschen mit der Color-Blindness-Brille könnte dementsprechend sein: *„Menschen sind eben nicht gleich"*. Dadurch ist die Cultural-Awareness-Denkweise defensiver und kann unter Umständen abwehrend wirken.

Mit Blick auf die Engagierten zeigt sich, dass diese beiden Denkweisen prominent sind. Während Flüchtlingshelfer/innen sich oftmals darauf beziehen, dass „wir doch alle Menschen sind" (Color-Blindness-Ansatz) und daraus das Selbstverständnis ableiten, ihnen zu helfen, wenn sie in Not sind, heben die Flüchtlingsskeptiker/innen oftmals die kulturellen Unterschiede (Cultural-Awareness-Ansatz) hervor, die sie als Anlass für ein skeptisches oder gar abwertendes Verhalten den Flüchtlingen gegenüber nehmen. Beide Wahrnehmungs- und Denkweisen haben dabei ihre funktionale Daseinsberechtigung, da sie einen Denkanker gerade in unsicheren Situationen bieten. Laut Sasaki und Vorauer (2013, S. 250) ist der Color-Blindness-Ansatz gerade dann vorteilhaft, wenn kurzfristige, konfliktbehaftete oder unsichere Situationen auftreten. Der Cultural-Awareness-Ansatz hingegen bietet Vorteile in sicheren, nicht konfliktbehafteten Situationen (Sasaki und Vorauer 2013, S. 251). In bedrohlichen Situationen führt der Cultural-Awareness-Ansatz aber zu Protektionismus (Hikido und Murray 2016, S. 406). Dabei erfüllen beide Ansätze im Prinzip die Funktion, mit neuen (Ausgangs-)Situationen umzugehen. Viele Engagierte hatten vor 2015 keine großen Anknüpfungspunkte mit Geflüchteten, sodass es nötig war, eine neue Denkweise dem Denkrepertoire hinzuzufügen. Als Konsequenz haben sich die beiden Ansätze etabliert. Doch statt einen konstruktiven Umgang mit den jeweiligen Denkweisen zu suchen, wird die jeweilige Denkweise der Gegenseite sofort mithilfe eigener Kriterien (naiv versus wenig empathielos) bewertet. Dabei werden die Funktionalität und die Beweggründe für die Wahl der jeweiligen Denkweisen des Gegenübers nicht berücksichtigt. Die Überzeugung, dass die eigene Denkweise die einzig richtige ist, verhindert, dass eine solche Prüfung überhaupt in Erwägung gezogen wird. An dieser Stelle sei auf die Forderung beider Seiten nach Differenzierung verwiesen (Abschn. 6.2.1). Weder von den Flüchtlingshelfer/innen noch von den Flüchtlingsskeptiker/innen findet eine solche differenzierte Betrachtung der Denkweise der Gegenseite statt. Dies hängt damit zusammen, dass die „Brillen" zur politisch-gesellschaftlichen Funktionalisierung missbraucht werden.

Auf Außenstehende wirken der Color-Blindness-Ansatz und seine Praxis eher positiv, während der Cultural-Awareness-Ansatz und seine Umsetzung heutzutage eher pessimistischer/negativer erscheint. Das liegt vor allem daran, dass der Color-Blindness-Ansatz stärker mit bestehenden, dominierenden sozialen Normen in Form von Identitätspolitik und daraus resultierendem Diskriminierungsverbot und zusätzlich mit Offenheit, Toleranz und Egalität verbunden wird (Sparkman et al. 2019, S. 7). Demgegenüber wird der Cultural-Awareness-Ansatz mit Konservatismus und Traditionalismus verbunden und im Rahmen der Flüchtlingsthematik eher als kalt, herzlos und weniger empathisch wahrgenommen (Hasson et al. 2018, S. 1454). Dabei darf nicht vergessen werden, dass die Bewertung einer Denkweise stark abhängig von sozialer Erwünschtheit ist (Fisher et al. 2012, S. 70; Lüke und Grosche 2018, S. 39). So wird im Rahmen der interkulturellen Psychologie, in der es um das wechselseitige Verstehen in der interkulturellen Zusammenarbeit geht, das Wissen um die kulturellen Unterschiede und wie man mit ihnen umzugehen lernt, auch als fördernder Faktor betont (Kumbruck und Derboven 2015) (siehe auch Kap. 10). Somit werden in der interkulturellen Psychologie die beiden Ansätze wertfrei und teilweise sogar als voneinander abhängig angesehen (Wang et al. 2014, S. 218). Der Versuch, die Denkweisen – wie in der Forschung – wertfrei zu verstehen, anstatt direkt persönliche Bewertungsmaßstäbe anzulegen, sollte verstärkt werden, wenn ein ehrliches Interesse daran besteht, das Gegenüber zu verstehen. Nur so kann der Beweggrund für die Wahl der Denkweise auch für interessierte Laien als Alltagsforscher weiter erforscht werden und Anknüpfungspunkte für einen Dialog aufzeigen (Tab. 6.4).

Tab. 6.4 Gegenüberstellung von Color-Blindness- und Cultural-Awareness-Ansatz

Color-Blindness-Ansatz	Cultural-Awareness-Ansatz
Per se handelt es sich bei den beiden Ansätzen um Denkweisen, die die Wahrnehmung verschiedener Kulturen charakterisieren. Im Rahmen einer Analyse kann keiner der beiden Ansätze als besser oder schlechter bewertet werden.	
• Unterschiede werden proaktiv ausgeblendet	• Unterschiede werden unterstrichen
I: „*[Stimulus im Interview, Anm. d. Verf.] Mir begegnet ein hilfsbedürftiger Flüchtling in meinem Alltag.*" B: „*Das ist dann der Erdenbürger.*" (EI VIII)	„*Und ich möchte es einfach nicht, wenn in Bayern, was überwiegend christlich ist, dort Kreuze abgenommen werden oder so. Ich mag das eben halt nicht. Ich habe aber auch nichts dagegen, muss ich jetzt ehrlich sagen, wenn Muslime Kopftücher tragen.*" (EI XIV)

6.2.3 Abstraktes vs. beziehungsorientiertes Denken

Mit Blick auf die Art und Weise, wie Menschen denken, gibt es zwei universelle Denksysteme, die in der Psychologie häufig zitiert werden: das holistische und analytische Denken (Choi et al. 2007; Nisbett et al. 2001). In Anlehnung an diese beiden Denksysteme lassen sich häufig die in Tab. 6.5 dargestellten Ausprägungsformen in menschlichen Denkprozessen wiederfinden.

Beide Denkprozesse finden sich auch bei den Engagierten im Rahmen ihrer Wahrnehmung zur Flüchtlingsthematik wieder. Die Flüchtlingsskeptiker/innen, mit denen wir gesprochen haben, schilderten ihre Sichtweise sehr abstrakt, fast wie aus einer Art Vogelperspektive als kritische Beobachter/innen. Das Abstraktionsniveau in den Interviews war dementsprechend ausgeprägt. Passend dazu fokussierten sich die Skeptiker/innen maßgeblich auf die Flüchtlingspolitik als ihr Hauptthema. So wurde häufig die aktuelle Flüchtlingspolitik der Regierung oder speziell das Vorgehen der Bundeskanzlerin Angela Merkel kritisiert. Unter Berücksichtigung des vorher Genannten verorten sich die Skeptiker/innen selbst eher im Bereich der analytischen Denkprozesse.

„Was wir hier mit der Flüchtlingspolitik machen, ist ein Desaster für die Entwicklungspolitik. Wir haben hier 8,5 Milliarden Entwicklungshilfe, was immer das heißt. Aber da werden auch falsche Staaten oder falsche Parteien damit unterstützt, aber man muss sich einfach einmal die Zahlen anschauen. Und wir haben 25 Milliarden Direktkosten der Flüchtlinge. Das wird von der Regierung, das sind die direkten Zahlen der Regierung." (FG IV)

▶ Die Korrektheit der Informationen, die die Engagierten in ihre Denkprozesse einfließen lassen, ist dabei nicht Gegenstand dieser Betrachtung. Es geht an dieser Stelle um das Wie des Denkens.

Von Begegnungen und konkreten persönlichen Erfahrungen berichten die skeptischen Engagierten nur selten. Ihr politischer Fokus ist wesentlich abstrakter im Vergleich zum beziehungsorientierten Fokus der Flüchtlingshelfer/innen. Die Helfer/innen beziehen sich häufig auf persönliche Erfahrungen und berichten von Situationen, die sie mit Geflüchteten gemacht haben.

„Wir essen zusammen und unterhalten uns einfach. Also ganz konkret ist die Frau jetzt dabei, sich zu bewerben für eine Ausbildung. Und da war erst mal die Frage: Wie geht das? Wie mache ich das? Und dann bin ich mit ihr zum Jobladen hier gegangen." (EI XVIII)

Tab. 6.5 Gegenüberstellung typischer menschlicher Denkprozesse

Abstrakte Denkprozesse	Konkrete/beziehungsorientierte Denkprozesse
• Basieren auf abstrakten Regeln	• (Soziale) Beziehungsorientierung, konkrete Beobachtung der Person
• Hohes Abstraktionsniveau	
• Fokus auf Zahlengrößen und Aggregate	• Fokus auf Kontextinformationen

Der Fokus liegt hier eher auf dem Flüchtling als einzelnem Menschen und den Situationen, die man mit diesem Menschen erlebt hat. Häufigkeit und Intensität des Kontakts zu Geflüchteten sind bei den Flüchtlingshelfern/innen deutlich ausgeprägter und ermöglichen eine stärker an konkreten Erfahrungen ausgerichtete Denkweise. Diese passt zur Kontakthypothese (Allport 1954, S. 281), wonach häufiger Kontakt zu Fremden zu positiven (Vor-)Einstellungen diesen gegenüber führt. Auch die Flüchtlingshelfer/innen haben mehr direkten Kontakt zu Geflüchteten und im Vergleich zu den Flüchtlingsskeptikern/innen mehr positive Einstellungen und weniger negative Vorurteile gegenüber den Geflüchteten.

▶ Mit Vorurteilen ist an dieser Stelle beispielsweise gemeint, dass Flüchtlingsskeptiker/innen meinen, es handle sich bei den in den Jahren seit 2015 nach Deutschland gekommenen Flüchtlingen vorranging um Wirtschaftsflüchtlinge, um Geflüchtete, die sich selbst helfen können. Zu den Vorurteilen gehört auch die Vorstellung, dass der Islam generell eine gewaltfördernde Ideologie sei, dass die Geflüchteten mehr Geld als Sozialhilfeempfänger bekämen oder die Geflüchteten nicht in den Arbeitsmarkt integriert werden könnten (siehe hierzu die Texte im Anhang, Teil 1–3).

Vergleicht man nun die eher personenorientiert denkenden Flüchtlingshelfer/innen mit den eher aggregativ orientiert denkenden Flüchtlingsskeptikern/innen, fällt auf, dass die beiden Denkweisen eine hohe Distanz zueinander aufweisen und daher inkompatibel scheinen. Für konstruktive Dialogbemühungen muss die große Distanz zwischen den Denkweisen anerkannt, adressiert und reflektiert werden, denn dass die Denkweisen nach einem bestimmten Schema ablaufen, ist den Engagierten in vielen Fällen unbewusst. Doch neben diesem Unterschied gibt es auch einige Gemeinsamkeiten der Denkweisen, die einen konstruktiven Diskurs erschweren. Beispielsweise sind viele Denkweisen beider Gruppen nicht zu Ende gedacht, unvollständig, festgefahren oder wirken wenig greifbar (siehe nachfolgende Beispiele) (Tab. 6.6).

Die Unvollständigkeit der Denkweise zeigt sich dadurch, dass sich mit einer simplifizierten Vermutung bezüglich der Handlungsmotivation der Flüchtlingsskeptiker/innen zufriedengegeben wird (siehe Beispiel Flüchtlingshelfer/in) oder dass die engagierte Person zwar die Motivation hat, auf Missstände hinzuweise, sich dann aber nicht

Tab. 6.6 Nicht zu Ende gedachte Denkweisen auf beiden Seiten

Flüchtlingshelfer/in	Flüchtlingsskeptiker/in
„Aber sie wollen einfach, dass eben Merkel und alle anderen einen auf den Deckel kriegen." (EI VIII)	*„Das ist nicht meine Aufgabe, das jetzt zu überlegen, denn da gibt es, da müsste sich die CDU überlegen, ob sie einen anderen Kandidaten benennen oder ob Neuwahlen ausgeschrieben werden oder was auch immer. Das ist nicht mein Ding. Ich bin nur einer, der da den Mund aufgemacht hat." (EI II)*

Tab. 6.7 Festgefahrene Ansichten auf beiden Seiten

Flüchtlingshelfer/in	Flüchtlingsskeptiker/in
„Eine Kollegin, die hatte anfänglich zumindest gewisse Sympathien für PEGIDA. Die [hat, Anm. d. Verf.] alle möglichen Sympathien für allen möglichen Kram." (EI XV)	[über die Meinung der Helfer/innen] „Das ist der typische Fall von: Meine Meinung steht fest, bitte irritieren Sie mich nicht mit solchen Tatsachen." (FG IV)

verantwortlich für den Vorschlag von Lösungsansätzen sieht (siehe Beispiel Flüchtlingsskeptiker/in). Hinzu kommen festgefahrene Zuschreibungen (Tab. 6.7), wie die Gegenseite vermeintlich „tickt". Hat sich eine solche simplifizierte Zuschreibung erst einmal manifestiert, kann diese immer wieder verwendet werden. Das macht die Charakterisierung der Gegenseite besonders einfach.

Zusammenfassend lässt sich festhalten, dass konstruktive Lösungsansätze aufgrund der wahrgenommenen Differenz zwischen den Denkweisen als wenig aussichtsreich angesehen bzw. erst gar nicht in Erwägung gezogen. Stattdessen wird von beiden Seiten ausgeteilt, Überlegungen werden simplifiziert oder nicht zu Ende gedacht und die Denkweise der anderen Seite negativ bewertet. Dadurch drehen sich die Bemühungen, einen konstruktiven Diskurs zu initiieren, im Kreis. Die Wahrnehmung und Reflexion, wie die Gegenseite abgewertet wird und dass eine enorme Distanz zwischen den Denkweisen existiert, wäre ein erster Schritt diesen Kreis zu durchbrechen.

6.3 Denkwelten: Eine Integration verschiedener Denkweisen

Als Denkwelt wird hier eine Integration von verschiedenen Denkweisen verstanden. Dabei wird angenommen, dass Denkwelten eine halbgeschlossene Gestalt haben. Die Denkwelten der Engagierten besitzen eine gewissen Stabilität, sind aber nicht in Stein gemeißelt oder komplett geschlossen. Bestimmte Erfahrungen können Einfluss auf die Denkwelten haben.

Generell laufen bei allen Engagierten Denkprozesse ab. Das Ergebnis dieser Prozesse ist aber aufgrund verschiedener Strategien, Herangehensweisen und Erfahrungen hoch individuell. So beschreibt Simon (1962, S. 473) menschliches Denken als eine mehr oder weniger individuelle Kalkulation darüber, welche Verhaltensweise vielversprechend ist. Daraus ergibt sich, dass individuelle Strategien plus individuelle Erfahrungen zu individuellen Denkwelten führen. Für das Verständnis von Engagement im Rahmen der Flüchtlingsthematik ist es wichtig, diesen individuellen Einfärbungen der Denkwelten jeder einzelnen engagierten Person Beachtung zu schenken, um ein tieferes Verständnis für die Person aufbauen zu können. Vergleichbar mit der Annahme des psychologischen Konstruktivismus (Kelly 1986) konstruiert jede engagierte Person ihre ganz eigene Denkwelt aus den individuell erprobten Denkweisen im Rahmen von Denkprozessen. Dennoch konnten im Rahmen der qualitativen Auswertung der empirischen Studie von

Abb. 6.1 Übereinstimmende Dimensionen der Denkwelten der Engagierten

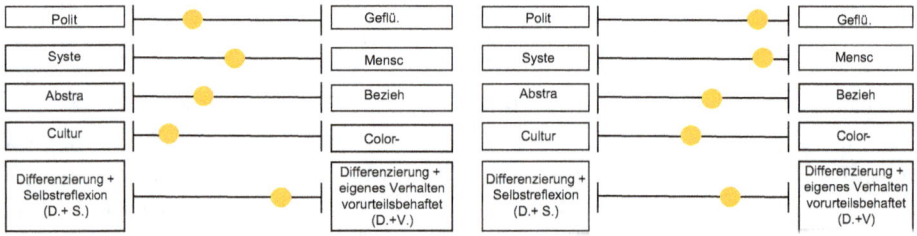

Abb. 6.2 Zwei Beispiele für die Ausprägung verschiedener Denkwelten. Die Beispiele sind rein fiktiv und dienen lediglich der Visualisierung

Kumbruck et al. (2020, S. 151) einige generelle, universelle Ähnlichkeiten der Denkwelten bei den Engagierten herausgearbeitet werden. Diese Übereinstimmungen sind auf einem Kontinuum angeordnet, die Ausprägungsstärken der Denkweisen können dementsprechend von engagierter Person zu engagierter Person variieren. Dabei tendieren die Flüchtlingsskeptiker/innen mehrheitlich zu den linken Polen des Kontinuums, die Flüchtlingshelfer/innen mehrheitlich zu den rechten Polen des Kontinuums. Die übereinstimmenden Dimensionen der Denkwelten der Engagierten stellen sich wie in Abb. 6.1 dar.

Das bedeutet nicht, dass man die Endpunkte des Kontinuums wiedergeben kann und automatisch eine perfekte Beschreibung einer Gruppe besitzt. Die Kontinuen repräsentieren lediglich die grundlegenden Tendenzen, die im Rahmen der Analyse gefunden werden konnten. Mit Blick auf die einzelne engagierte Person sind alle Kombinationen und Ausprägungsformen auf den Kontinuen möglich (siehe zwei Beispiele in Abb. 6.2).

Wie genau die Denkwelt des Gegenübers aussieht und wo eine Person auf diesen Kontinuen zu verorten ist, kann lediglich über den Dialog erforscht werden. Daraus folgt, dass Denkwelten, ebenso wie Werte, Motive und Ziele, proaktiv erforscht werden müssen, um ein Verständnis für das Gegenüber entwickeln zu können. Die in Abb. 6.2 dargestellten Kontinuen können dabei als hilfreiche Denkanker unterstützen.

6.4 Gruppenprozesse auf Basis verschiedener Denkwelten

> „Wir schätzen die Menschen, die frisch und offen ihre Meinung sagen – vorausgesetzt, sie meinen dasselbe wie wir." (Mark Twain 1835–1910).

Auf den ersten Blick scheint dieses simple Zitat lediglich zu unterstreichen, dass Menschen dazu neigen, Gleichgesinnte mehr zu schätzen. Auf den zweiten Blick lassen sich aus dem Zitat weitere wichtige Aspekte zur Funktion menschlicher Denkweisen ableiten (Long 2003; Reynolds et al. 2007; Tajfel 1970; Tajfel et al. 1979):

1. Die Bildung einer Meinung ist unweigerlich mit einem Denkprozess verbunden.
2. Menschen können aufgrund dieser verschiedenen Denkprozesse zu verschiedenen Meinungen kommen und sich dadurch proaktiv voneinander abgrenzen oder auch zusammenschließen.
3. Menschen mit gleichen Meinungen und Denkweisen schließen sich schnell zu Gruppen zusammen.
4. Die „anderen", die diese Meinungen oder Denkweisen nicht teilen, gehören nicht zur Gruppe.

Während in Abschn. 4.2 der Gruppenbildungsprozess auf Grundlage von Übereinstimmungen von Faktoren wie Werten, Motiven und Zielen erläutert wurde, muss hier erwähnt werden, dass Denkwelten sich ebenfalls eignen, um eine Gruppenidentität (Ausburn und Ausburn 1978, S. 339) herzustellen und Individuen zu prägen. Bemerkt man, dass die Denkweisen einer Person mit der eigenen übereinstimmen, so erzeugt das ein Gefühl der Zusammengehörigkeit oder auch ein Gefühl, „auf einer Wellenlänge zu sein".

> *„Aber wir sind eine große Freundesgemeinschaft geworden. Wir sind eine große Familie …" (EI XI)*

Das Zusammenfinden solcher Freundesgemeinschaften und die letztliche Mobilisierung dieser wird dabei durch die Entwicklung von Social Media positiv beeinflusst (Breuer et al. 2015). Auf Facebook können beispielsweise Informationen auf einer Facebookseite selbst geteilt werden, oder es können Aktionen (z. B. Demonstrationen usw.) angekündigt werden, die die Nutzer/innen dazu auffordern, teilzunehmen. Gleiches schildert auch eine Engagierte aus dem Projekt von Kumbruck et al. (2020):

> *„Und da poppte schon die erste Aktion auf der Facebookseite auf. Da wurde die Seite geteilt …" (EI X)*

Die sozialen Medien bieten in diesem Zusammenhang eine starke Vereinfachung, um mit Gleichgesinnten in Kontakt zu treten, aber auch um den eignen Bekanntenkreis mit Gleichgesinnten zu erweitern, mit denen man ansonsten nie in Kontakt gekommen wäre. Somit stellen die sozialen Medien einen Hebel und Verstärker für das Auftreten von Gruppenphänomenen dar.

Unabhängig von den sozialen Medien ist eine grundlegende Besonderheit, die die Übereinstimmung von Denkwelten von Gruppenmitgliedern mit sich bringt, dass man auch bei Themen wie der Flüchtlingsthematik durch ähnliche Denkmuster einer Meinung ist. Die Meinungsübereinkunft unterstützt zum einen die Wahrnehmung und das Zugehörigkeitsgefühl zur eigenen In-Group und gleichzeitig die Abgrenzung zur Out-Group, den Andersdenkenden. Somit können Denkwelten als ähnlich scharfe Mittel genutzt werden wie Vorurteile. Gleichzeitig kann die Meinungsübereinkunft aber zum Group-Think-Phänomen führen. Laut Janis (1991, S. 237) beschreibt das Group-Think-Phänomen dabei einen Gruppen-Denkmodus, bei dem das Streben nach Gruppen-kohäsion das eigenständige, individuelle Denken verhindert. Als Konsequenz führt dieser sich selbst verstärkende Mechanismus zu Wahrnehmungsfehlern (Janis 1991, S. 241). Es werden bestimmte Gruppenmeinungen nicht hinterfragt, und Widersprüchlichkeiten bezüglich dieser Gruppenmeinungen sind leichter zu tolerieren.

Als Empfehlung für Alltagsforscher/innen lässt sich festhalten, dass niemand vom Auftreten des Group-Think-Phänomens ausgenommen ist und dies selbstkritisch reflektiert werden sollte. Weiter ist es beim Thema Denken bzw. Denkwelten wichtig, nicht direkt an Gruppen-Konkurrenz-Phänomene (à la In-Group vs. Out-Group) zu denken. Vielmehr ist es hilfreich, als neugierige/r Alltagsforscher/in die Möglichkeit wertzuschätzen, die Denkwelt des anderen erforschen zu können – vorausgesetzt, das Gegenüber gibt einem die Möglichkeit dazu. Hierzu wäre eine erhöhte Ambiguitäts-toleranz hilfreich.

> ▶ Definition Ambiguitätstoleranz Unter Ambiguitätstoleranz versteht man die Fähigkeit, Mehrdeutigkeit akzeptieren zu können (Furnham und Ribchester 1995, S. 179). Das Ertragen-Können von mehr als nur einer richtigen Sichtweise wäre beispielsweise ein Hinweis auf Ambiguitäts-toleranz (siehe Kap. 10).

Gleichzeitig sollte von der Möglichkeit Gebrauch gemacht werden, die eigene Denkwelt aus der Vogelperspektive zu betrachten. In Kombination mit einer Portion Gelassenheit in Bezug auf die jeweils eigene Denkwelt könnte ein konstruktiverer Umgang zwischen den Engagierten gelingen.

Literatur

Ausburn, L. J. & Ausburn, F. B. (1978). Cognitive styles: Some information and implications for instructional design. *ECTJ*, 26(4), 337–354. https://doi.org/10.1007/BF02766370

Allport, G. W. (1954). *The nature of prejudice*. Cambridge, MA: Addison-Wesley.

Apfelbaum, E. P., Norton, M. I. & Sommers, S. R. (2012). Racial color blindness: Emergence, practice, and implications. *Current Directions in Psychological Science*, 21(3), 205–209. https://doi.org/10.1177/0963721411434980

Bandura, A. (1969). Social-Learning Theory of Identificatory Processes. In D. A. Goslin (Hrsg.), *Handbook of Socialization Theory and Research* (S. 213–262). Chicago, IL: Rand McNally & Company.

Becker, F. (2018). *Mitarbeiter wirksam motivieren: Mitarbeitermotivation mit der Macht der Psychologie*. Berlin/Heidelberg: Springer.

Bilsky, W. (2006). On the structure of motives: beyond the 'big three'. In M. Braun, & P. P. Mohler (Hrsg.), *Beyond the horizon of measurement: Festschrift in honor of Ingwer Borg* (S. 73–84). Mannheim: GESIS-ZUMA.

Breuer, A., Landman, T. & Farquhar, D. (2015). Social media and protest mobilization: Evidence from the Tunisian revolution. *Democratization*, 22(4), 764–792. https://doi.org/10.1080/13510347.2014.885505

Choi, I., Koo, M. & Choi, J. A. (2007). Individual differences in analytic versus holistic thinking. *Personality and Social Psychology Bulletin*, 33(5), 691–705. https://doi.org/10.1177/0146167206298568

Chou, E. Y., Parmar, B. L. & Galinsky, A. D. (2016). Economic insecurity increases physical pain. *Psychological Science*, 27(4), 443–454. https://doi.org/10.1177/0956797615625640

Fisher, T. D., Moore, Z. T. & Pittenger, M.-J. (2012). Sex on the brain?: An examination of frequency of sexual cognitions as a function of gender, erotophilia, and social desirability. *Journal of Sex Research*, 49(1), 69–77. https://doi.org/10.1080/00224499.2011.565429

Funke, J. (2003). *Problemlösendes Denken*. Stuttgart: Kohlhammer.

Furnham, A. & Ribchester, T. (1995). Tolerance of ambiguity: A review of the concept, its measurement and applications. *Current psychology*, 14(3), 179–199. https://doi.org/10.1007/BF02686907

Garnefski, N., Legerstee, J., Kraaij, V., van Den Kommer, T. & Teerds, J. A. N. (2002). Cognitive coping strategies and symptoms of depression and anxiety: A comparison between adolescents and adults. *Journal of adolescence*, 25(6), 603–611. https://doi.org/10.1006/jado.2002.0507

Gigerenzer, G. & Gaissmaier, W. (2012). *Intuition und Führung. Wie gute Entscheidungen entstehen*. Gütersloh: Bertelsmann-Stiftung.

Hasson, Y., Tamir, M., Brahms, K. S., Cohrs, J. C. & Halperin, E. (2018). Are liberals and conservatives equally motivated to feel empathy toward others?. *Personality and Social Psychology Bulletin*, 44(10), 1449–1459. https://doi.org/10.1177/0146167218769867

Heckhausen, H., Gollwitzer, P. M. & Weinert, F. E. (2013). *Jenseits des Rubikon: der Wille in den Humanwissenschaften*. Berlin/Heidelberg: Springer.

Hikido, A. & Murray, S. B. (2016). Whitened rainbows: How white college students protect whiteness through diversity discourses. *Race Ethnicity and Education*, 19(2), 389–411. https://doi.org/10.1080/13613324.2015.1025736

Hofstede, G. (1998). Attitudes, values and organizational culture: Disentangling the concepts. *Organization Studies*, 19(3), 477–493. https://doi.org/10.1177/017084069801900305

Hurlburt, R. T., Koch, M. & Heavey, C. L. (2002). Descriptive experience sampling demonstrates the connection of thinking to externally observable behavior. *Cognitive Therapy and Research*, 26(1), 117–134. https://doi.org/10.1023/A:1013849922756

Janis, I. (1991). Groupthink. In E. Griffin (Hrsg.), *A First Look at Communication Theory* (S. 235–246). New York: McGrawHill.

Kahneman, D. (2011).*Thinking, fast and slow*. New York: Farrar, Straus and Giroux.

Kelly, G. A. (1986). *Die Psychologie der persönlichen Konstrukte*. Paderborn: Junfermann.

Klusendick, M. (2011). Kognitionspsychologie: Einblicke in mentale Prozesse. In G. Naderer & E. Balzer (Hrsg.), *Qualitative Marktforschung in Theorie und Praxis: Grundlagen – Methoden – Anwendungen* (2. Aufl., S. 111–125). Wiesbaden: Gabler.

Kumbruck, C., & Derboven, W. (2015). *Interkulturelles Training*. Springer, Berlin, Heidelberg.

Kumbruck, C., Dulle, M. & Vogt, M. (2020). *Flüchtlingsaufnahme kontrovers: Einblicke in die Denkwelten und Tätigkeiten von Engagierten. Band 1*. Baden-Baden: Nomos.

Lantermann, E. D., Döring-Seipel, E., Eierdanz, F. & Gerhold, L. (2009). *Selbstsorge in unsicheren Zeiten: Resignieren oder Gestalten*. Weinheim: Beltz.

Long, C. (2003). Critical thinking and English education. *Pan-Pacific Association of Applied Linguistics, 7*(2), 215–224.

Lüke, T. & Grosche, M. (2018). What do I think about inclusive education? It depends on who is asking. Experimental evidence for a social desirability bias in attitudes towards inclusion. *International Journal of Inclusive Education, 22*(1), 38–53. https://doi.org/10.1080/13603116.2017.1348548

Luft, J. & Ingham, H. (1961). The johari window. *Human Relations Training News, 5*(1), 6–7.

McCrae, R. R. (1996). Social consequences of experiential openness. *Psychological Bulletin, 120*(3), 323–337. https://doi.org/10.1037/0033-2909.120.3.323

Morris, M. W., Mok, A. & Mor, S. (2011). Cultural identity threat: The role of cultural identifications in moderating closure responses to foreign cultural inflow. *Journal of Social Issues, 67*(4), 760–773. https://doi.org/10.1111/j.1540-4560.2011.01726.x

Neville, H. A., Yeung, J. G., Todd, N. R., Spanierman, L. B. & Reed, T. D. (2011). Color-blind racial ideology and beliefs about a racialized university mascot. *Journal of Diversity in Higher Education, 4*(4), 236–249. https://doi.org/10.1037/a0024334

Nisbett, R. E., Peng, K., Choi, I. & Norenzayan, A. (2001). Culture and systems of thought: Holistic versus analytic cognition. *Psychological review, 108*(2), 291–310. https://doi.org/10.1037/0033-295X.108.2.291

Öllinger, M. (2017). Problemlösen. In J. Müsseler & M. Rieger (Hrsg.), *Allgemeine Psychologie* (3. Aufl., S. 587–618). Berlin/Heidelberg: Springer.

Osula, B. & Irvin, S. M. (2009). Cultural Awareness in Intercultural Mentoring: A Model for Enhancing Mentoring Relationships. *International Journal of Leadership Studies, 5*(1), 37–50. https://www.regent.edu/acad/global/publications/ijls/new/vol5iss1/IJLS_Vol5Is1_OsulaIrvinR.pdf

Reynolds, K. J., Turner, J. C., Alexander Haslam, S., Ryan, M. K., Bizumic, B. & Subasic, E. (2007). Does personality explain in-group identification and discrimination? Evidence from the minimal group paradigm. *British Journal of Social Psychology, 46*(3), 517–539. https://doi.org/10.1348/014466606X153080

Roth, R. (2016). Nach der ‚Flüchtlingskrise': Mehr Fragen als Antworten. *Forschungsjournal Soziale Bewegungen, 29*(4), 106–116. http://forschungsjournal.de/sites/default/files/downloads/fjsb_2016-4_roth.pdf

Sasaki, S. J. & Vorauer, J. D. (2013). Ignoring versus exploring differences between groups: Effects of salient color-blindness and multiculturalism on intergroup attitudes and behavior. *Social and Personality Psychology Compass, 7*(4), 246–259. https://doi.org/10.1111/spc3.12021

Schwartz, S. H. (2012). An overview of the Schwartz Theory of Basic Values. *Online Readings in Psychology and Culture, 2*(1). https://doi.org/10.9707/2307-0919.1116

Schwartz, S. H. & Sagiv, L. (1995). Identifying culture-specifics in the content and structure of values. *Journal of Cross-Cultural Psychology, 26*(1), 92–116. https://doi.org/10.1177/0022022195261007

Simon, H. (1962). The Architecture of Complexity. *Proceedings of the American Philosophical Society, 106*(6), 467–482. https://www.jstor.org/stable/985254?seq=1#metadata_info_tab_contents.

Snyder, M. & Miene, P. (1994). On the functions of stereotypes and prejudice. In M. P. Zanna & J. M. Olson (Hrsg.), *The Psychology of Prejudice. The Ontario Symposium* (Vol. 7, S. 33–54). Hillsdale, NJ: Erlbaum.

Sparkman, D. J., Eidelman, S., Dueweke, A. R., Marin, M. S. & Dominguez, B. (2019). Open to diversity: Openness to experience predicts beliefs in multiculturalism and colorblindness through perspective taking. *Journal of Individual Differences, 40*(1), 1–12. https://doi.org/10.1027/1614-0001/a000270

Sweller, J. (1994). Cognitive load theory, learning difficulty, and instructional design. *Learning and Instruction, 4*(4), 295–312. https://doi.org/10.1016/0959-4752(94)90003-5

Tajfel, H. (1970). Experiments in Intergroup Discrimination. *Scientific American, 223*(5), 96–103. https://www.jstor.org/stable/24927662.

Tajfel, H., Turner, J. C., Austin, W. G. & Worchel, S. (1979). An integrative theory of intergroup conflict. *Organizational Identity: A reader, 56*, 65.

Van Merriënboer, J. J. G. (2013). Perspectives on problem solving and instruction. *Computers & Education, 64*, 153–160. https://doi.org/10.1016/j.compedu.2012.11.025

Wang, K. T., Castro, A. J. & Cunningham, Y. L. (2014). Are perfectionism, individualism, and racial color-blindness associated with less cultural sensitivity? Exploring diversity awareness in White prospective teachers. *Journal of Diversity in Higher Education, 7*(3), 211–225. https://doi.org/10.1037/a0037337

Watzlawick, P. (1985) (Hrsg.). Die erfundene Wirklichkeit. München: R. Piper.

Maik Dulle, M. Sc. ist studierter Arbeits- und Organisationspsychologe. Nach Studienstationen in Köln, Osnabrück und Warschau war er ab 2018 als wissenschaftlicher Mitarbeiter an der Hochschule Osnabrück im Projekt „Zivilgesellschaftliches Engagement: Was bewegt Menschen in Deutschland dazu, sich im Rahmen der Flüchtlingsthematik zu engagieren?" tätig. Aus dem Projekt entstand das Buch „Flüchtlingsaufnahme kontrovers. Einblicke in die Denkwelten und Tätigkeiten von Engagierten", bei dem Maik Dulle als Autor mitwirkte. Zu seinen Forschungsschwerpunkten gehören Thematiken wie zivilgesellschaftliches Engagement, Einflussfaktoren auf die Arbeitsmotivation, Online-Privatsphäre und die Wahrnehmung und Wertschätzung der Online-Privatsphäre. Seit Mai 2019 ist er als wissenschaftlicher Mitarbeiter und Doktorand Mitglied der Arbeitsgruppe Digitales Marketing von Prof. Dr. Maik Eisenbeiß an der Universität Bremen.

Sprache und Kommunikation

Christel Kumbruck

7.1 Einleitung

„Das Miteinander-Reden und Miteinander-Streiten ohne falsche Harmonieerwartung ist in einer Demokratie alternativlos." (Pörksen und Schulz von Thun 2020, S. 39)

Kap. 7 verfolgt die Ziele, die Barrieren der Kommunikation zwischen Flüchtlingshelfer/innen und -skeptiker/innen zu identifizieren und Ansätze für gelingende Kommunikation zu entwickeln (siehe weitere Lösungsansätze in Kap. 8–10).

Engagierte, die Flüchtlingen helfen, und Engagierte, die gegen die Aufnahme von Flüchtlingen in Deutschland protestieren, finden laut unserer empirischen Untersuchung (Kumbruck et al. 2020) nur noch unter großer Anstrengung den Zugang oder keinen direkten kommunikativen Zugang mehr zur anderen Seite.

Typisch ist folgende Aussage von einem/r Flüchtlingsskeptiker/in:

„Und wenn man an einen Punkt gerät, an dem man einfach nur noch auf verschlossene Türen, verschlossene Ohren stößt und keine Gesprächsbereitschaft mehr da ist, dann kann man nur sagen: Okay, jetzt erst recht." (gemeint ist damit, das eigene Engagement fortzusetzen. Anm. d. Verf.) (EI XX & XXI).

Von entsprechenden Erfahrungen sprechen auch Flüchtlingshelfer/innen:

„Bei mir schreit alles nur nach Dialog" – aber vergeblich, muss man hinzufügen. *(EI X)*

C. Kumbruck (✉)
Hochschule Osnabrück, Osnabrück, Deutschland
E-Mail: c.kumbruck@hs-osnabrueck.de

© Springer Fachmedien Wiesbaden GmbH, ein Teil von Springer Nature 2022
C. Kumbruck (Hrsg.), *Spannungsfeld Flüchtlinge*,
https://doi.org/10.1007/978-3-658-35499-2_7

Trotzdem liegen die inhaltlichen Aussagen der Beteiligten oftmals näher, als man aufgrund ihrer Schilderungen über misslungene Gesprächsversuche annehmen könnte (Kumbruck et al. 2020, Kap. 10 und 11; siehe in diesem Band Kap. 8).

Typisch ist für beide Gruppen, dass übereinander geredet wird – anstatt miteinander. Ziel dieses Kapitels ist es deshalb herauszufinden, warum es zu keinem Dialog oder einem Scheitern von Dialogen kommt. Im Folgenden soll das empirische Material systematisch unter dem Gesichtspunkt analysiert werden, welche Kommunikationsbarrieren einem gelingenden Dialog entgegenstehen. Hierbei erfolgt eine Orientierung an psychologischen Kommunikationsmodellen, die sich mit der Entstehung von kommunikativen Missverständnissen befassen (Schulz von Thun 1981; Watzlawick et al. 1996). Dabei stechen als kommunikative Problemebenen die Inhalts- und die Beziehungsebenen heraus, die beide Missverständnisse erzeugen können. Zudem missglückt Kommunikation durch Verwechslung und Vermischung der Ebenen beim Sprechen und Zuhören.

Schließlich geht es jenseits der Sachauseinandersetzung um die Art und Weise des Miteinander-Redens. Wenn die Sprechweise, z. B. das Gegenüber anschreien oder mit Schimpfworten bedenken, die inhaltliche Auseinandersetzung dominiert und möglicherweise daraus ein Konflikt entsteht, kann auf der Sachebene nichts mehr geklärt werden; dann muss erst auf der Metakommunikationsebene der Umgang miteinander geklärt werden (Watzlawick et al. 1996).

Die empirischen Befunde, die im Folgenden dargestellt werden, beziehen sich nicht auf Dialoge zwischen Flüchtlingskritiker/innen und -skeptiker/innen, sondern allein auf Interviews und wie darin die Art und Weise des je eigenen Engagements beschrieben wird (Abschn. 7.2), wie die eigene Seite, der man sich zugehörig fühlt, dargestellt wird, welchen Blick man auf die jeweils andere Seite (Abschn. 7.4) und auf die Flüchtlinge bzw. die Flüchtlingspolitik hat (Abschn. 7.3) und wie man schließlich zur Begründung der eigenen Engagementmotivation und der Richtigkeit des eigenen Tuns bzw. der Falschheit des Tuns der Gegenseite argumentiert (Abschn. 7.5). Jeder Abschnitt schließt mit einem Absatz zur Bewertung der Befunde im Hinblick auf die Konsequenzen des geschilderten Verhaltens für den Dialog.

7.2 Kommunikationsgegenstand Flüchtlingsengagement: verschiedene Bezugsebenen von Flüchtlingshelfer/innen und -skeptiker/innen

Zunächst wird das eigene Engagement als Gegenstand der Kommunikation ins Auge gefasst: Was tun die Engagierten? Wie sprechen sie darüber? Was ist ihnen daran wichtig? Die Engagierten haben unterschiedliche Perspektiven auf die Flüchtlingsthematik, und damit sind auch zwei unterschiedliche Engagementebenen, die personale und die systemische Ebene des Handelns, vorrangig im Blickfeld. Als Formen des Engagements stehen sich dann die *pragmatische, individuelle Hilfe* und das *Sich-Einsetzen für* eine *systemische Veränderung* der Flüchtlingspolitik gegenüber. Diese beiden

Ebenen werden im Folgenden kurz miteinander verglichen, jeweils aus Sicht der Engagierten, die die eine Ebene vertreten, dann mit Blick auf die jeweils andere Ebene und deren Nachteile aus Sicht der anders Engagierten. (Ausführlich siehe Abschn. 6.2.3 zu unterschiedlichen Denkweisen und Denkwelten, insbesondere die Gegenüberstellung von abstraktem und beziehungsorientiertem, holistischem Denken.)

Individuelle Hilfe versus systemische Veränderung
Die Flüchtlingshelfer/innen haben im Rahmen ihres Engagements das konkrete Schicksal der aus ihrer Sicht hilfsbedürftigen Flüchtlinge im Blick und wollen durch möglichst konkrete Aktivitäten deren Situation verbessern und ggf. auch zu deren Integration beitragen. Dadurch treten sie vielfach auch in direkten Kontakt mit den Flüchtlingen, erleben sie und machen sich ein konkretes Bild von ihrem Schicksal und ihrer Persönlichkeit. Wie so häufig, wenn direkte Kontakte auf freiwilliger Basis möglich sind, entstehen mehr oder weniger nahe Beziehungen. Dadurch werden Flüchtlinge in ihrer Individualität wahrgenommen und die Flüchtlingshelfer/innen entwickeln Verständnis für sie.

Die Flüchtlingsskeptiker/innen dagegen fokussieren sich auf das politische und gesellschaftliche System und setzen sich in ihrem Engagement für eine Begrenzung der Flüchtlingsaufnahme, insbesondere in der Nähe des eigenen Wohnungsstandorts, ein. Sie wollen einerseits die politisch Verantwortlichen dazu bringen, die Flüchtlingspolitik zu ändern, und andererseits den deutschen Bürgern *„die Augen dafür öffnen"*, dass die Politik aus ihrer Sicht unverantwortliche gesellschaftliche Veränderungen durch die Aufnahme von vielen Flüchtlingen provoziert. Neutral gesprochen handeln sie damit präventiv, wohingegen die Flüchtlingshelfer/innen kurativ agieren.

Ebenentausch
Im Prinzip gibt es auf beiden Seiten Überlegungen zur personalen und individuellen wie auch zur systemischen Ebene, aber man unterdrückt jeweils eine, weil die Prioritäten auf der anderen Ebene gesetzt wurden. Flüchtlingsskeptiker/innen können also durchaus erkennen, dass ein Geflüchteter ein *„armer, bedauernswerter Mensch"* (EI XI & XII) ist, aber rationalisierend wird dieser Anflug von Empathie unterdrückt, denn es könnte auch ein nicht asylberechtigter Wirtschaftsflüchtling oder gar ein Terrorist sein.

Hintergrundinformation
Psychische Rationalisierung ist nach psychodynamischen Beschreibungen (Mentzos 2014) ein Mechanismus, um unliebsame Gefühle vor sich selbst zu verdrängen. Dazu werden rational-logische Handlungsmotive als alleinige Beweggründe für Handlungen angegeben oder vorgeschoben. Gefühlsbezogene Anteile an Entscheidungen werden ignoriert oder unterbewertet. Dieser Mechanismus basiert nicht auf einer bewussten Entscheidung. Viele Flüchtlingshelfer/innen sehen wiederum ebenfalls im Bereich Flüchtlingspolitik Handlungsbedarf, z. B. die Beschleunigung der Asylverfahren, sodass Nichtbleibeberechtigte schneller zurückgeführt werden können, aber umso mehr gehen sie davon aus, dass ihre Unterstützung für die Flüchtlinge direkt, z. B. im Hinblick auf Hilfestellung bei bürokratischen Anforderungen der Ausländerbehörde, notwendig ist.

Konkrete versus abstrakte Sprech- und Denkweise

Gleichzeitig ist die Sprache auch insofern unterschiedlich, als sich die beiden Seiten auf unterschiedlichen Abstraktionsgraden bewegen. Diejenigen, die die Flüchtlingspolitik verändern wollen, bleiben sprachlich eher im Unkonkreten; die Flüchtlingshelfer/innen beziehen sich dagegen sprachlich auf konkrete Aktivitäten und Geschehnisse. Die Flüchtlingsskeptiker/innen sehen sich selbst als *„Vernunftmenschen"* und bezeichnen die Flüchtlingshelfer/innen als *„Gutmenschen"*, womit sie deren analytischen Sachverstand in Abrede stellen und mehr Naivität, Moral- und Gefühlgeleitetheit unterstellen. Eng verknüpft mit Vernunft sind auch andere Denkmodalitäten, die den Flüchtlingshelfer/innen abgesprochen werden, so das Denken und Erkennen von Zusammenhängen (*„denen fehlt ganze Menge an Abstraktionsvermögen, um Zusammenhänge zu erkennen" (FG IV)*) und eine langfristige Perspektive in ihrem Denken (*„denen fehlt die nachhaltige, langfristige Problemlösefähigkeit […]. Der kurze Weg ist, ich helfe" (FG IV)*).

Umgekehrt wird die Sicht der Flüchtlingsskeptiker/innen per se als „kalt", „unmenschlich" und „berechnend" im Sinne von politisch manipulativ wahrgenommen (Kumbruck et al. 2020, S. 106).

Die unterschiedlichen Bezugsebenen führen somit einerseits dazu, dass die beiden Seiten vollkommen aneinander vorbeireden (bezüglich der Inhalte und Diskussionsebene), aber daraus auch Charakteristika der Gruppenmitglieder und ihres Vorgehens ableiten, nämlich jeweils positive für die eigene Seite und negative für die andere Seite: Die Flüchtlingshelfer/innen sehen sich selbst auf der moralisch korrekten Seite des Helfens und der Menschlichkeit; dem stehen aus ihrer Sicht die Flüchtlingsskeptiker/innen mit einem Mangel an Ethik (Egoismus) und Mitgefühl gegenüber.

Die Flüchtlingsskeptiker/innen kontrastieren ihr eigenes analytisches, sachliches Denk- und zukunftsorientiertes Lösungsvermögen mit der vermeintlichen Gefühlsduselei und Ignoranz gegenüber Fakten (*„bitte irritieren Sie mich nicht mit Tatsachen" (FG IV)*, siehe auch Kumbruck et al. 2020, S. 105) der Flüchtlingshelfer/innen.

Konsequenzen für den Dialog

Es zeigen sich unterschiedliche Prioritäten beim Flüchtlingsengagement (Flüchtlingen helfen versus Protest gegen die Flüchtlingspolitik), die zudem auf unterschiedlichen Bezugsebenen (personal versus systemisch) und damit auch Abstraktionsgraden der Beschreibung (konkret – abstrakt) angesiedelt sind. Hinweise darauf finden sich im Kap. 6 vielfach, da unser Sprechen Ausdruck unseres Denkens und unserer kognitiven Verarbeitungsstrategien in Bezug auf einen Denkgegenstand – hier das Flüchtlingsengagement – ist.

Die unterschiedlichen Bezugsebenen der Engagierten – konkrete, personale Flüchtlingshilfe versus systemische Veränderung der (Flüchtlings-)Politik – sind insofern hinderlich für einen Dialog, als jede Seite im Gespräch thematisch auf ihrem Fokus beharrt und den Fokus der anderen als weniger relevant bis irrelevant ansieht.

Die daraus sich ergebenden Sprech- und Denkweisen – konkret versus abstrakt – führen ebenfalls zu einem Aneinander-Vorbeireden. Eskalierend wirkt dabei der

Umstand, dass die jeweilige Bezugsebene des Engagements und die damit verknüpfte Sprech- und Denkweise mit negativen Bewertungen der jeweils anderen Gruppe und ihren Mitgliedern einhergeht und so in Vorurteile transformiert wird (siehe ausführlich zu Vorurteilen Abschn. 6.2.1 sowie Abschn. 7.3). Während die Gruppe der Flüchtlingshelfer/innen moralisch argumentiert, stellt die Gruppe der Flüchtlingsskeptiker/innen ihr analytisches Denkvermögen heraus. In der jeweiligen Negativ-Bewertung der Gegengruppe liegt Zündstoff für Eskalation.

7.3 Kommunikationsgegenstand Flüchtlinge: persönliches Kennen und Vorurteile

Im folgenden Abschnitt geht es um die Sicht- und Sprechweisen über den „Engagementgegenstand" Flüchtlinge: Wie sprechen die Engagierten über die Flüchtlinge? Was ist ihnen daran so wichtig? Flüchtlinge kommen aus unterschiedlichen Ländern, haben unterschiedliche Hautfarben und Körperstaturen, Alter, Geschlechter, Sprachen, Kleidung. Ihre Pässe verweisen auf ihre Nationalität, und sie kommen mehr oder weniger von Not und Flucht gezeichnet hier an. Soweit die äußerlich wahrnehmbaren Unterschiede gegenüber vielen Einwohnern Deutschlands und auch untereinander. Alle weiteren Charakteristika sind mehr oder weniger unterhalb der Oberfläche, sind nicht sichtbar: Bildungsgrad, Beruf und gesellschaftlicher Status (in der Heimat), Religion, Sitten und Gebräuche, Erfahrungen und Vorlieben in Bezug auf Gesellschaftssysteme wie Demokratie, und ganz tief unten auch die Werte. Aber auch die Intelligenz, die psychische Konstitution und Resilienz, also Bewältigung von Stress, im Falle erlebter Traumatisierungen sind unterschiedlich und erleichtern das Zurechtfinden im Zufluchtsland mehr oder weniger. Jeder Flüchtling bringt so seine ureigene Geschichte mit. Flüchtlinge sind Gegenstand des Engagements und damit auch des Sprechens der Engagierten über sie.

Wie sprechen Flüchtlingshelfer/innen über Flüchtlinge?
Zunächst fällt auf, dass die Flüchtlingshelfer/innen oftmals von einzelnen Individuen oder Gruppen („*Menschen, mit denen ich zu tun habe*", „*meine Patenfamilie*") sprechen, die sie betreuen. Häufig geschieht dies mit Namen, aber auch in Bezug auf das Land, aus dem sie kommen („*der Gambier*"), und individuelle Charakterzüge, die für die Art und Weise der Betreuung relevant sind wie „*die schwer traumatisierte Frau*", ein „*schüchterner und unselbständiger Typ*" oder auch „*der hat Biss*", wenn ein Flüchtling eine fordernde Ausbildung absolviert, die er gut bewältigt.

Die konkrete Sprache ist natürlich Ausdruck dessen, dass die Flüchtlingshelfer/innen viele Flüchtlinge persönlich kennen und mit ihnen gesprochen haben und diese dadurch als Individuen erleben. So findet sich bei der Bewertung der Flüchtlinge der Minimalkonsens: „*Wir sind alle Menschen*" *(FG II)* oder noch viel pragmatischer: „*Ich wollte die alle gar nicht hier haben, aber jetzt sind sie da, jetzt bringe ich denen Deutsch bei*" *(FG I)*. Diese übergeordneten Sichtweisen hindern die Flüchtlingshelfer/

innen nicht, auch unter den Flüchtlingen zu differenzieren: Ein/e Engagierte/r, der/die Flüchtlingskindern Deutsch beibringt, sagt beispielsweise von sich, dass er/sie nicht alle Flüchtlingskinder liebt. Aber auch die Vorteile der gekommenen Flüchtlinge werden herausgestellt:

> *„Jeder Mensch, der kommt, der woanders hingeht, bringt Wissen mit, bringt von der Kultur etwas mit. Man kann von jedem Menschen, der hierherkommt, etwas lernen." (FG II)*

Manchmal wird auch auf ihr Schicksal eingegangen und dies auf den Punkt gebracht: Der Flüchtling als *„menschliche Gestalt von Not" (FG I)*.
Gerade wenn der Fokus auf die Not der Flüchtlinge besonders ausgeprägt ist, werden sie gegenüber Beschimpfungen und Vorurteilen der Flüchtlingsskeptiker/innen in Schutz genommen: Dem Vorurteil *„alle Flüchtlinge sind Kriminelle"* treten die Flüchtlingshelfer/innen mit Differenzierung (*„die meisten sind in bitterer Not"*) und Relativierung entgegen, beispielsweise, dass die Helfer/innen Mundraub aus Not nicht als kriminellen Akt verstehen, oder dem Hinweis, dass die Kriminalitätszahlen im Vergleich zu Deutschen der gleichen Alterskohorte und des gleichen Geschlechts nicht erhöht seien *(FG I)* (siehe Anhang, Thema 2, Die polizeiliche Kriminalstatistik – der Anteil von Ausländern an kriminellen Aktivitäten in Deutschland). Auch die Problematik, während des laufenden Asyl- oder Bleiberechtverfahrens keine Arbeitserlaubnis zu erhalten, wird als Entschuldigung angesehen. Dem Vorwurf, dass Flüchtlinge *„Menschen [sind, Anm. d. Verf.] die keine Sprache richtig"* können *(FG I)*, begegnen sie mit der Begründung, dass viele Flüchtlingsgruppen kein Anrecht auf Sprachkurse haben. Da besonders oft die Gruppe der jungen Männer von den Flüchtlingsskeptiker/innen ins kritische Visier genommen wird, entgegnen sie: *„Flüchtlinge sind nicht nur ‚junge Männer', sondern ‚Mutter', ‚Mädchen', ‚Vater', ‚Tochter'."* Auf die Fundamentalkritik, dass Armut und Fluchtgründe nur vorgeschoben seien, da die Flüchtlinge beispielsweise alle ein Handy besitzen, kontern die Flüchtlingshelfer/innen mit dem Argument: *„Die Flüchtlinge besitzen meist außer einem Handy nichts anderes [gemeint sind keine weiteren Wertgegenstände, Anm. d. Verf.]" (FG I)*. Neben dem Besitz ist damit vor allem gemeint, dass sie durch das Handy in Verbindung mit ihren Angehörigen und anderen Geflüchteten bleiben können. Ein Fazit über die Flüchtlingsskeptiker/innen lautet: *„Keiner hat da eine Ahnung, was die [Flüchtlinge Anm. d. Verf.] wirklich, wie die leben, was die tatsächlich kriegen" (FG I)*. Einige Flüchtlingshelfer/innen haben somit sehr viel Verständnis für das Verhalten von Flüchtlingen und wollen sie gegenüber Anschuldigungen durch Flüchtlingsskeptiker/innen verteidigen.
Nichtsdestotrotz kritisieren auch viele Flüchtlingshelfer/innen bestimmte Verhaltensweisen von Flüchtlingen, aber meist wiederum in konkreten Zusammenhängen und in Bezug auf konkrete Flüchtlinge, die sie betreuen. Beispielsweise wird von der Erfahrung berichtet, ein Schützling sei *„unstrukturiert"* und *„unpünktlich"* (EI XIX), sodass eine positive Entwicklung nicht absehbar sei und der Helfer deshalb überlegt, die Hilfe

abzubrechen. Andere Flüchtlingshelfer/innen halten es für wichtig, Konsequenzen zu ziehen, anstatt einfach darüber hinwegzusehen, wenn Flüchtlinge in gesellschaftlich und rechtlich relevanten Bereichen keine Anpassungsbereitschaft an die Spielregeln der „Mehrheitsgesellschaft" (EI XIX) oder an die in Deutschland geltenden Gesetze zeigen. Beispiele hierfür sind das Autofahren ohne Führerschein, Schwarzarbeiten (EI XIII) oder Stehlen im Supermarkt.

Wie sprechen Flüchtlingsskeptiker/innen über Flüchtlinge?
Die Flüchtlingsskeptiker/innen sprechen überwiegend in der Mehrzahl von Flüchtlingen: *„die Flüchtlinge" (FG IV), „die Leute" oder „bedürftige Menschen" (FG IV), und sie sprechen tendenziell von Massen, nämlich „Hunderttausende solcher junger Männer" (FG IV), von „gesunden, starken, muskelbepackten, jungen Männern", „finanziell gut dastehend",* die keine Hilfe benötigen, denn: *„Die können sich selber helfen" (FG IV)*. Hiermit werden die physische und materielle Hilfsbedürftigkeit und ein legitimer Rechtsstatus als hilfsbedürftiger Flüchtling infrage gestellt.

Sie sprechen nur über, nicht mit den Flüchtlingen, und ihre Informationen stammen oft aus digitalen Medien wie dem Magazin Compact, von flüchtlingskritischen Autoren wie Matussek, Sarrazin oder anderen gleichgesinnten Engagierten. Es handelt sich somit um Informationen aus zweiter Hand. Daraus resultiert auch der Vorwurf vonseiten der Flüchtlingshelfer/innen, dass die Flüchtlingsskeptiker/innen in Bezug auf Flüchtlinge keine Ahnung hätten. Die Flüchtlingsskeptiker/innen sehen die Flüchtlinge meist nicht als Individuen; sie unterscheiden die verschiedenen Flüchtlingsgruppen nicht, auch nicht in Bezug auf ihre Fluchtbeweggründe und Fluchtländer.

Stattdessen werden die ankommenden Flüchtlinge überwiegend als Wirtschaftsflüchtlinge gesehen, die keine Hilfe benötigen, sondern *„Nutznießer" (FG IV)* der Hilfsbereitschaft in Deutschland sind.

Gerade der monetäre Aspekt, dass Flüchtlinge Sozialleistungen (auch Bereitstellung einer Wohnung und Nutzung des deutschen Gesundheitssystems) vom deutschen Staat erhalten, die ja letztendlich vom deutschen Steuerzahler finanziert werden, ist für viele Flüchtlingsskeptiker/innen ein großes Thema (siehe hierzu Anhang, Thema 2, Sozialleistungen im Vergleich: Flüchtlinge – Deutsche). Sie bezweifeln die Notwendigkeit von Unterstützung, zumal viele Flüchtlinge das Geld an ihre Familien ins Ausland überweisen würden: *„Und das wird ja auch ins Ausland transferiert, zurücktransferiert, das weiß man ja auch" (EI XX & XXI)*.

Diese Sicht liefert eine Begründung, die derzeitige Flüchtlingspolitik zu bekämpfen, aber bei gleichzeitiger Betonung, keine negativen Gefühle gegenüber Flüchtlingen zu haben:

> *„Das hat mit irgendwelchen Aversionen gegen den Menschen, der aus irgendwelchen Verhältnissen flieht, die er als betrübend empfindet und andere, bessere, haben möchte, gar nichts zu tun. Dem kann man das doch gar nicht verdenken. Wenn dies möglich da ist, dann macht der das. Wir würden das wahrscheinlich genauso machen." (FG IV)*

Durch den Kunstgriff, in den meisten Flüchtlingen Wirtschaftsflüchtlinge zu sehen, kann sogar wieder Einfühlung gezeigt werden: *„Wir würden auch die besseren Verhältnisse wählen, wenn wir die Möglichkeit hätten."*. Damit wird die pauschale Behauptung/ Unterstellung, dass die meisten Flüchtlinge Wirtschaftsflüchtlinge seien, gesellschaftsfähig. Als Lösung wird eine Politik angestrebt, *„die sowohl Flüchtlinge als auch Arbeitsmigranten als auch Abenteurer jedweder Art irgendwie unterscheidet" (FG IV)*.
Genau für eine solche Vorgehensweise existierten schon 2015/2016 Gesetze und Prozesse, nur ist die Umsetzung aufgrund von Personalmangel nicht so zeitnah erfolgt wie nötig. Es handelt sich um das Gesetz zur Steuerung und Begrenzung der Zuwanderung und zur Regelung des Aufenthalts und der Integration von Unionsbürgern und Ausländern, das am 1. Januar 2005 in Kraft getreten ist. Dieses wurde erst 2020 um das Fachkräfteeinwanderungsgesetz erweitert. Mit diesem Gesetz wird der Arbeitsmarktzugang für Fachkräfte aus Staaten außerhalb der Europäischen Union geregelt (siehe Anhang, Thema 1, Begrifflichkeiten zur rechtlichen Einordnung von Flüchtlingen). Letzteres forderten die Flüchtlingsskeptiker/innen, sodass im Prinzip diese Schlussfolgerungen anschlussfähig an die Sichtweise vieler Flüchtlingshelfer/innen sein könnten. Der aus ihrer Sicht negative Sprachgebrauch über die Flüchtlinge als Wirtschaftsflüchtlinge und Abenteurer schafft jedoch wieder eine Sprachbarriere.
Wenn Flüchtlingsskeptiker/innen von Flüchtlingen sprechen, geht es in der Regel um solche aus arabischen und afrikanischen, muslimisch geprägten Ländern: *„Der Islam"* wird als *„rückschrittlich"*, *„nicht friedlich"* und *„frauenfeindlich"* angesehen (FG IV), weshalb Flüchtlinge mit dieser Glaubensorientierung als Überbringer eines gegenüber dem deutschen System ethisch und kulturell minderwertigen Gesellschafts- und Wertesystems angesehen werden. Diese Flüchtlinge werden als Gefahr für Deutschland angesehen, da einerseits das westliche freiheitlich-demokratische Gesellschaftssystem und andererseits auch die deutsche Kultur durch massenhafte Zuwanderung, höheren Kindersegen (wohingegen die Geburtenrate der Deutschen immer mehr abnimmt) und evtl. auch gewaltbereite Nichtanpassung zerstört werde. Dies wird sogar als von der Regierung geplanter Akt angesehen (siehe Anhang, Thema 6, UNO – Bestandserhaltungsmigration).

Das Verhalten von Flüchtlingen ist nicht statisch
Spannend ist es, wenn Flüchtlingshelfer/innen und -skeptiker/innen auf dasselbe Flüchtlingsverhalten schauen, ihr Umgang damit bzw. ihre Bewertung dessen aber vollkommen unterschiedlich sind. Es handelt sich um das Tragen eines Burkini im Schwimmbad. Ein/ Flüchtlingsskeptiker/in bewertet dies pauschal:

> *„Ich finde einen Burkini im Schwimmbad hier einfach nicht okay, ehrlich gesagt." (EI III)*

Die Burkini tragende Frau oder das Mädchen soll sein Verhalten an deutsche Gepflogenheiten anpassen; die Gründe dafür interessieren den/die Flüchtlingsskeptiker/in nicht. Demgegenüber berichtet ein/e Flüchtlingshelfer/in:

„Wir gehen einmal im Monat mit der großen Gruppe geflüchteter Kinder in die Schwimmhalle. Ich habe zwei dabei, [...] denen ich einen Burkini gekauft habe." (FG II)

Er/sie berichtet, dass er/sie diese Mädchen gefragt hatte, warum sie einen Burkini tragen wollten. Ihre auf den Traditionen ihrer Kultur basierende Begründung war, dass sie Sorge hatten, ohne Burkini im Schwimmbad angestarrt zu werden. Der/die Helfer/in ermöglichte somit den Mädchen die Erfahrung im Schwimmbad, dass sie wegen des Burkinis angestarrt wurden, wohingegen die anderen Mädchen keine Blicke auf sich zogen. Daraus lernten sie, dass der Burkini das Gegenteil von dem provozierte, was sie erwarteten und wovor sie sich schützen wollten. Konsequenterweise zogen sie beim nächsten Schwimmbadbesuch einen Badeanzug an.

Somit trug der/die Flüchtlingshelfer/in dazu bei, dass die Schützlinge ihr kulturell geprägtes Verhalten änderten – ein Schritt, der zugleich ihrer Integration diente. Das Beispiel macht deutlich, dass bei Flüchtlingen, insbesondere sehr jungen, die mitgebrachten Verhaltensregeln keinesfalls in Stein gemeißelt sind, aber für die in der betreffenden Kultur groß gewordenen Menschen zunächst eine wichtige Funktion haben. In diesem Beispiel dient der Burkini dem Schutz u. a. vor Anmache, Angestarrt-Werden und verhindert damit unangenehme Schamgefühle. Indem der/die Betreuer/in wertfrei auf die Bedeutung des Verhaltens eingeht, kann er/sie einen Impuls zur Verhaltensänderung setzen.

Konsequenzen für den Dialog

Ein Dialog der Engagierten über Flüchtlinge wäre stark von Pauschalisierungen und Vorurteilen über Flüchtlinge geprägt, so dass er schnell in Streit ausarten würde, der zudem noch als persönlicher Angriff empfunden würde. Deshalb gehe ich zunächst auf die Problematik Vorurteile ein (ergänzend zu den Ausführungen zu Vorurteilen in Kap. 6), Den Vorurteilen voraus geht die Kategorisierung als eine notwendige Wahrnehmungseigenschaft; sie hilft Menschen bei der Orientierung: Als ähnlich wahrgenommene Situationen, Personen, Gegenstände etc. werden in eine „Schublade" gesteckt und mit einem Etikett versehen. Wenn Mitgliedern anderer sozialer Gruppen Eigenschaften und Verhaltensweisen in ungerechtfertigter Weise vereinfachend und uneingeschränkt generalisierend zugeschrieben werden, spricht man nicht von Kategorisierung, sondern von Stereotypisierung. Diese dient auch der Abgrenzung von der anderen Gruppe. Äußerst problematisch ist allerdings, wenn man sich der Vorläufigkeit und Undifferenziertheit von Stereotypen nicht mehr bewusst ist. Dann kann es schnell passieren, dass aus Stereotypen Vorurteile werden (Layes 2003, S. 121), wenn nämlich zur vereinfachten Zuordnung auch noch (negative oder positive) Wertungen hinzukommen (siehe zu diesem Prozess Kumbruck und Derboven 2015, Kap. 2).

Viele Flüchtlingsengagierte sind zudem noch in einer anderen problematischen Weiterentwicklung des Kategorisierungsvorgangs gefangen, nämlich dem Ethnozentrismus, durch den es keine andere gültige Sicht auf die Welt gibt als die der eigenen Kultur, und durch den auch der Maßstab zur Bewertung anderer Sicht- und Verhaltensweisen festgelegt ist. Die Flüchtlingsskeptiker/innen haben als Dreh- und Angelpunkt ihres Engagements Deutschland als Nation und dessen Erhaltung in einer konservativen Variante gegenüber Veränderungen durch andere Fremdkulturen und andere Lebensformen. Fremdkulturen werden von ihnen als negativ abgewertet. Eng mit dem Modus des Ethnozentrismus verbunden ist der Ethnochauvinismus, also die Vorstellung der Überlegenheit der eigenen Kultur und der damit verbundenen Zuschreibungen. Hieraus entsteht eine generelle Abwertung von anderen Kulturen, ihren Sichtweisen und Werten (siehe Kumbruck und Derboven 2015, Kap. 2). Diese Denkweise wird von Teilen der Flüchtlingsskeptiker/innen sehr ausgeprägt praktiziert, wie die Beispiele des Sprechens über Flüchtlinge zeigten.

Die Flüchtlingshelfer/innen sind gegenüber Kulturen aus anderen Ländern offen eingestellt und können die anderen Werte und Lebensformen der Flüchtlinge tolerieren. D. h. ihr Maßstab beruht auf der Idee der kulturellen Vielfalt, sodass sie zumindest teilweise einen blinden Fleck in ihrer Toleranz gegenüber denjenigen haben, die eine Gesellschaft kultureller Vielfalt nicht anstreben, sondern dieser mit Sorge entgegensehen. (Die gesellschaftlichen Hintergründe für diese Polarisierung werden in Kap. 9 ausgeführt.)

Die Offenheit ermöglicht wertfrei herauszufinden, worauf ein bestimmtes befremdendes Verhalten von Flüchtlingen beruht, sodass man darauf eingehen kann. Damit ist auch die Chance gegeben, auf Verhaltensänderungen hinzuwirken, da Verhalten nicht in Stein gemeißelt ist, sehr wohl aber die dahinterliegenden Werte, die in der Sozialisation erlernt wurden. Im Beispiel ‚Burkinitragen' ging es um den Schutz vor Schamgefühlen, die durch die körperliche Blöße erzeugt werden.

Die Offenheit impliziert unter Umständen aber auch das Problem, auf unterschiedlichen Wertesystemen basierende Unterschiede, insbesondere einiger Flüchtlingskulturen, in ihrer Bedeutung für das Zusammenleben zu unterschätzen und damit auf die Kommunikationsgepflogenheiten der Flüchtlinge nicht vorbereitet zu sein. Hierauf verweist ein/e langjährige/r und desillusionierte/r Flüchtlingshelferi/n:

> *„Natürlich fragt man sich oft, warum handelt ein Flüchtling so, wie er handelt. Und Menschen, die aus dem muslimischen Raum kommen, haben natürlich auch andere Kategorien. Die haben andere Wahrheitskategorien. Das haben wir grade wieder auf der [...] Reise auch dargestellt bekommen. Dass eben ein Flüchtling zum Beispiel eine Beziehung [für, Anm. d. Verf.] wichtiger hält als eine objektive Wahrheit. Also wenn es eine Beziehung gefährdet, dann lüge ich auch.*
>
> *Das ist zunächst mal eine ethische Situation, die ich zur Kenntnis nehmen muss. Aber wenn ich naiv hier mit einem Flüchtling umgehe, dann muss ich eigentlich dieses Prinzip kennen und mir überlegen, wie gehe ich dann damit um. [...] Und es geht natürlich auch nicht, wenn die Integration erfolgreich sein soll, kann ich mit diesem anderen Wahrheitsbegriff und anderen Wertvorstellungen mich einfach nicht arrangieren."* (EI XIII)

In kollektivistischen Kulturen haben Beziehungen Priorität gegenüber einem Wahrheitsverständnis, wie es beispielsweise in Deutschland wertgeschätzt wird. In individualistischen Kulturen wie Deutschland wird auch gelogen, aber dem Lügner ist bewusst, dass er lügt, weil er damit gegen eine kulturelle Norm verstößt. Dies kann für Menschen aus kollektivistischen Kulturen nicht im selben Maße gelten. Aber es ist zu betonen, dass Menschen aus kollektivistischen Kulturen keine notorischen Lügner sind, sondern dass ihre kulturelle Norm von ihnen eine andere Priorisierung verlangt (siehe hierzu auch Kap. 10 sowie zum kontextrelativierten Wahrheitsbegriff Kumbruck und Derboven 2015, S. 153 f.). Das Wissen über andere Wertvorstellungen und Normen ist hilfreich im Hinblick auf ein Leben in einem Gemeinwesen, insbesondere auch auf die Aufgaben im Hinblick auf ein Zusammenleben ohne größere Spannungen.

Angesichts generalisierender Aussagen über Flüchtlinge kommen Flüchtlingsskeptiker/innen im Gespräch mit den Flüchtlingshelfer/innen schnell an deren Grenzen. Die Flüchtlingshelfer/innen hören den Flüchtlingsskeptiker/innen nicht zu, weil deren Aussagen über Flüchtlinge von Unkenntnis geprägt seien. Wenn den Flüchtlingsskeptiker/innen also daran gelegen ist, dass für die Gesellschaft relevante Aspekte zur Einwanderung von Flüchtlingen angehört werden, müssten diese auf einer konkreten Ebene möglichst eigener Erfahrungen vermittelt werden, und zudem müsste den Flüchtlingshelfer/innen ihre eigene Bewertung überlassen werden.

Die Schwierigkeit für beide Seiten, in einen Dialog über Flüchtlinge zu kommen, wird auch von einem/einer Flüchtlingsskeptiker/in beklagt; er/sie identifiziert jedoch die Verweigerungshaltung alleine bei den Flüchtlingshelfer/innen. Diese signalisierten ihm/r: *„Meine Meinung steht fest, bitte verunsichern Sie mich nicht mit Tatsachen" (FG IV)*. Die Flüchtlingsskeptiker/innen sehen ihre eigenen Aussagen als *„Tatsachen"* an, gegen die sich die Flüchtlingshelfer/innen verschließen würden. Diese jedoch haben ihre eigene *„Wahrheit"*, die von der direkten Kommunikation und Interaktion mit Flüchtlingen geprägt ist. Und sie folgen der gesellschaftlichen Mehrheitsmeinung, sodass sie sich in Bezug auf ihre Sichtweise auch mehr bestätigt fühlen. Außerdem haben sie die Moral auf ihrer Seite. D. h. es geht in dieser polarisierten Diskussion über Flüchtlinge auch darum, wer Recht hat und wer die Deutungsmacht hat.

Wie man an der Sicht und Reaktion der Flüchtlingshelfer/innen wie auch der Flüchtlingsskeptiker/innen sehen kann, ist im Blick auf die Flüchtlinge bereits eine Angriffs- und Verteidigungslinie markiert. Die Bilder, die die Flüchtlingsengagierten über Flüchtlinge im Kopf haben, sind fundamental unterschiedlich, wodurch sich die Engagierten auch schwertun, die jeweiligen Anliegen der Gegenseite zu verstehen und sich damit auseinanderzusetzen. Die in Sprache gegossenen Bilder der Gegenseite lösen stattdessen negative Gefühle und das Bedürfnis aus, die eigene Sicht und das eigene Handeln zu verteidigen und keinen Deut davon abzurücken. D. h. es besteht die Gefahr, dass Vorurteile über Flüchtlinge sich verfestigen und sich in den beiden Engagementgruppierungen manifestieren. Dies ist problematisch, weil eine solche Polarisierung sich verselbstständigen kann und es dann nicht mehr um einen konkreten, sachbezogenen Streitpunkt geht, den man ausdiskutieren und auflösen könnte. Mit Blick auf die Eskalationsdynamik kann beispielsweise auf die von Glasl (1980, S. 235) beschriebene Konfliktdynamik über neun Stufen verwiesen werden. In den ersten drei Stufen bewegen sich die Kontrahenten immer mehr vom eigentlichen Streitthema weg, hin zu einer Streitkonstellation. Auf dieser Ebene können sich die Streitparteien entweder selbst im Dialog oder mit Unterstützung von Mediatoren helfen. Letztere sind auf den mittleren Konfliktebenen immer notwendig. In den darauffolgenden drei Stufen, wo man nur noch den „Gegner" besiegen will, ist man noch auf moralisch-ethische Argumente ansprechbar. Schließlich sind die Konfliktparteien in den letzten drei Stufen sogar bereit, den eigenen Untergang in Kauf zu nehmen, Hauptsache, der „Feind" geht unter. In den letzten Stufen hilft nur noch ein mächtiger Streitschlichter, der die Lösung vorgibt und ihre Umsetzung kontrolliert.

7.4 Sichtweisen auf die anderen: verbale Grenzverletzungen und Vorurteile

Im Folgenden wird die Beziehungsebene der Kommunikation analysiert, wobei – abgewandelt zu dem üblichen Analysevorgehen – nicht der Dialog selbst beobachtet wird, sondern auf die Art und Weise des Sprechens über die jeweils andere Seite geschaut wird und daraus auf die Beziehungsebenen geschlossen wird. Auch wenn die Engagierten sich wahrscheinlich gegenseitig nicht so bezeichnen oder über sich sprechen würden wie im Interview, so beeinflussen diese inneren Bilder doch ein reales Gespräch. Mit wem haben die Flüchtlingsskeptiker/innen wohl zu tun? Mit wem haben die Flüchtlingshelfer/innen wohl zu tun? Welche Sicht hat das Gegenüber? Wie wird er/sie wohl selbst gesehen? Will der/die andere überhaupt mit ihm/r reden? Sichten auf die jeweils „anderen" sind schon angeklungen und werden in diesem Kapitel anhand von Aussagen der Interviewteilnehmenden vertieft.

Sicht der Flüchtlingshelfer/innen auf die Flüchtlingsskeptiker/innen
Die Flüchtlingshelfer/innen bezeichnen die Gegner der derzeitigen Flüchtlingspolitik entsprechend deren Engagementanliegen, die Sorgen in Bezug auf die Aufnahme von Flüchtlingen vernehmbar zu äußern, als „*Bedenkenträger*" oder „*die Ängstlichen*" *(FG I)* oder „*die besorgten Bürger*" *(FG II)*. Hinzu kommen Benennungen, die die Art und Weise des Sich-Äußerns und Demonstrierens, nämlich möglichst lautstark in der Öffentlichkeit, kommentieren: „*Menschen, die nicht die Klappe halten*", „*die Vermummten*" *(FG II)*; die Flüchtlingsskeptiker/innen werden als Menschen betrachtet, die man eher in die Ecke von Spinnern stellt: „*übellaunige*" Demonstranten, „*Idioten*" *(FG II)* bzw. „*Montagsidioten*" *(EI XV)*, eine Anspielung auf die PEGIDA-Montagsdemonstrationen durch Dresden.

Dann gibt es Bezeichnungen, die die vermeintlichen sozialen und psychologischen Hintergründe ansprechen, beispielsweise: „*frustrierte, einfache Leute*" *(FG II)*, „*Menschen mit gebrochenen Biografien*" *(FG II)*, „*[die] mit ihrer Situation nicht zufrieden oder zu kurz gekommen*" sind *(EI XVIII)*.

Schließlich wird auf die vermeintliche politische Ausrichtung der Flüchtlingsskeptiker/innen Bezug genommen. Diese sähen den Zuzug von weit über einer Million Flüchtlingen aus arabischen und afrikanischen Ländern mit mehrheitlich islamischreligiösem Glauben und darauf basierenden Vorstellungen eines (idealen, aber nicht demokratischen) Gesellschaftssystems kritisch als eine Gefahr für das Gesellschaftssystem in Deutschland an. Die Flüchtlingsskeptiker/innen wollen aber Deutschland mit seinen Traditionen möglichst vollständig erhalten. Damit sind sie aus Sicht der Flüchtlingshelfer/innen nationalistisch ausgerichtet, was bei ihnen aufgrund der deutschen Vergangenheit (Drittes Reich) Sorgen und Abgrenzungsbedürfnisse aufkommen lässt. (Beispiele finden sich in Abschn. 5.4.)

Die Bezeichnungen der als Flüchtlingshelfer/innen aktiven Interviewteilnehmer/innen für die Flüchtlingsskeptiker/innen reichen von *„echte Deutsche" (FG I)* über *„Rechtspopulisten"* und *„Rechtsextreme"* bis zu: *„knallharte Nazis", „Nazi-Mob", „Nazi-Aufmarsch", „Menschen mit rassistischer und menschenfeindlicher Grundeinstellung, die hetzen" (FG II)*. Aufgrund dessen fühlen sich die interviewten Flüchtlingsskeptiker/innen mit der *„Nazi-Keule" (FG II)* geschlagen, und viele von ihnen fühlen sich unberechtigterweise in die Nazi-Schublade gesteckt.

Es gibt auch unter den Flüchtlingshelfer/innen Menschen, die stärker differenzieren, konkret im Zusammenhang mit den Pegida-Demonstranten: *„Sind natürlich auch viele keine Nazis von denen, die sind einfach Leute, die frustriert sind" (FG II)*. Und es gibt Flüchtlingshelfer/innen, die auch kritisch über negative Erfahrungen mit Flüchtlingen sprechen wollten und dabei erlebten, dass sie von anderen Flüchtlingshelfer/innen *„verdächtigt [wurden, Anm. d. Verf.], dass man irgendwelchen Rechten zuarbeitet" (EI XIII)*.

Sicht der Flüchtlingsskeptiker/innen auf die Flüchtlingshelfer/innen
Die Flüchtlingsskeptiker/innen finden auch für die Helfer/innen spezielle Labels. Spiegelbildlich zu den Flüchtlingshelfer/innen machen auch sie die Hintergründe für das Engagement, hier die konkrete Hilfe, daran fest, dass es sich um Menschen mit *„massiven Problemen"* handle *(FG IV)*. Ein besonders häufiges Schimpfwort ist der *„Gutmensch"*. Aus Sicht der Flüchtlingsskeptiker/innen spielt für das Helfen und Sich-Einsetzen für Flüchtlinge ein schlechtes Gewissen eine zentrale Rolle. Insbesondere den Protestanten wird unterstellt, dass sich ihre Schuldgefühle auf die Schuld beziehen, die ihre Familienangehörigen im Dritten Reich auf sich geladen haben: *„Es sind eine Menge einfach an Menschen, die ein schlechtes Gewissen haben und jetzt mit ihrem Gutmenschentum exkulpieren wollen" (FG IV)*. Das Helfen soll in dieser Interpretation also zur Absolution der eigenen Vorfahren führen.

Das Gutmenschentum wird in weitere Facetten unterteilt, beispielsweise *„Teddybärenwerfer";* mit diesem Begriff soll assoziiert werden, dass die Flüchtlingshelfer/innen vielleicht ein großes Herz, aber wenig Verstand und Denken an die Zukunft Deutschlands hätten. Eine Fixierung auf das Gutsein werde in folgender Haltung deutlich: *„Und wenn meine Meinung dazu führt, dass hier alles kaputtgeht, dann war ich wenigstens ein guter Mensch" (FG IV)*.

Ihrer eigenen Verteidigung der Traditionen in Deutschland stellen einige Flüchtlingsskeptiker/innen ihren Eindruck von den Flüchtlingshelfer/innen gegenüber, die ihrer Wahrnehmung nach Deutschland *„hassen" (FG III)*.

Auch unter den Flüchtlingsskeptiker/innen finden sich vereinzelt Interviewteilnehmende, die das Dritte Reich und die daraus rührende historische Schuld *„als furchtbare Sache" (EI III)* anerkennen, aber dies als Motiv für die Unterstützung von Flüchtlingen – indem man zeigt, dass man aus der Geschichte gelernt hat – ablehnen, da man *„so etwas Schlimmes nicht wiedergutmachen"* könne. Diese Person hatte eine dem Dritten Reich und dem Holocaust gegenüber kritische Haltung in der Vergangenheit. Sie glaubt jedoch nicht an die Möglichkeit der Wiedergutmachung einer solch furchtbaren Sache. Dass dies auch gar nicht das Ziel sein kann bei der Flüchtlingsaufnahme, sondern höchstens eine besondere Wachsamkeit und Hilfsbereitschaft der Deutschen angesichts von Flucht und Vertreibung, kommt ihr nicht in den Sinn. Für eine solche widersprüchliche Haltung spielt möglicherweise die empfundene Bedrohung durch die vielen Flüchtlinge oder ein schlechtes Gewissen, weil man seinen Wohlstand nicht verlieren will, eine große Rolle.

Konsequenzen für den Dialog
Es hat sich in den Abschn. 7.1–7.3 schon angedeutet, was sich hier bestätigt: Die Sprache über die anderen ist teilweise äußerst verächtlich und entwertend, sodass die Bereitschaft, mit den anderen zu sprechen, sinkt. Üblich ist die gegenseitige Abgrenzung mittels Vorurteilen. Diese sind eher abfälliger Natur, äußern sich in Schimpfworten und negativen Zuschreibungen, und selbst beim Versuch, die psychologischen Hintergründe zu verstehen, oftmals in pseudo-verständnisvollen Zuschreibungen (siehe zu der negativen Wortwahl auch Kumbruck et al. 2020, Abschn. 7.3.2.6, 10.8 und 10.9).

Bei den auf diese Weise abgewerteten Engagierten entstehen dadurch negative Gefühle unterschiedlicher Art über die anderen, die von Angst über Wut bis zu Hass reichen. D. h. für die Gruppen bleibt ein hoher Gefühlspegel in Form von Aggression zurück (siehe hierzu auch Kap. 5). Dadurch ist die Beziehungsseite der Kommunikation von Vornherein gestört: Was denkt der über mich? Was will die von mir? Wieso verletzt der mich?

Wenn sich die Wahrnehmung auf undifferenzierte und nicht konkret überprüfte Stereotype statt auf die Erfahrungen mit realen Mitgliedern der anderen Gruppe und deren Verhalten reduziert und wenn diese zudem negativ bewertet werden, also Vorurteile sind, ist ein Austausch nicht möglich, da das Individuum hinter dem Gruppenvorurteil nicht mehr sichtbar wird (siehe auch Kap. 6. und Abschn. 7.3).

Die gegenseitigen Stereotype verweisen auf grundsätzlich unterschiedliche Weltsichten – hinter jedem Vorurteil steht ein ganzes Wertesystem. Die beschriebenen Stereotype treffen auf die psychologischen Tiefenschichten und unterstellen den Engagierten der jeweils anderen Gruppe egoistische, mindere Motive, um sie somit abzuwerten und zu delegitimieren. Demgegenüber werden die eigenen Motive als höherwertig angesehen.

7.5 Argumentationsschemata – Fakten und Bewertungen

Warum ist Kommunikation eigentlich so schwierig? Gerade im Deutschen meint man doch zu wissen, „ein Fakt ist ein Fakt" und folgert daraus: „Man wird doch wohl mal die Wahrheit sagen dürfen". Im letzten Abschn. 7.4 wurde deutlich, dass der Verweis, mit dem eigenen Argument „Tatsachen" und „Wahrheiten" an die anderen Engagierten bringen zu wollen, ein zentrales Ziel insbesondere der Flüchtlingsskeptiker/innen darstellt. Diese wollen u. a. mit ihren Demonstrationen „aufklären" über die Gefahren, die von Flüchtlingen für Deutschland ausgehen, und über die Fehlentscheidungen der Bundesregierung in der Flüchtlingspolitik. Aber auch die Flüchtlingshelfer/innen argumentieren, dass die anderen keine Ahnung von Flüchtlingen haben, weil ihnen die direkten Erfahrungen mit Flüchtlingen fehlen. Und auf diese Weise kann ein Begriff wie „Wirtschaftsflüchtlinge" zu einem unlösbaren Streit führen.

▶ **Faktenwissen und Interpretationen**
Ginge es nur um einen Streit um „Fakten", wäre dieser schnell zu lösen. Aber dies ist nicht der Fall, und es liegt daran, dass die meisten Aussagen, auch wenn sie als Fakt bezeichnet werden, eine Interpretation, also eine subjektive Sichtweise eines wahrgenommenen Sachverhalts darstellen, die mit einer impliziten Bewertung der Bedeutung des Erlebten und Gehörten zusammenhängt (Pörksen und Schulz von Thun 2020, S. 49). Selbstverständlich gibt es auch Faktenaussagen, wenn nämlich ein unumstößliches Faktum ausgedrückt wird. Beispielsweise, wenn jemand an eine Tür klopft, der Mensch dahinter ruft „die Tür ist auf" und der Jemand mit dem „Faktencheck" sie aufdrücken kann und reingeht, damit feststellt, dass die Aussage über die offene Tür ein Faktum ist. Man nennt eine Faktenaussage, zu der es auf die Frage „Stimmt das?" als Antwort ein klares „Ja" oder „Nein" gibt, eine Wirklichkeit erster Ordnung (Watzlawick 1976). Auf der Faktenebene ist es auch wichtig, gegen verdrehte Fakten und gegen Lügen klar vorzugehen.

Eine Bewertung dagegen steht immer zugleich in Spannung – zu einem komplementären Wert und zu einer kontrastierenden Bewertung. Da alle Menschen immer nur Perspektiven und nie das Ganze sehen können, gibt die wertende Aussage eine Teilwahrheit der möglichen Sichten auf einen Sachverhalt wieder. Auf die Frage: „Stimmt das?" kann eine Antwort lauten: „Ich stimme Dir zu" oder: „Das sehe ich anders." Durch den Dialog mit anderen Menschen mit anderen Blickwinkeln und Bewertungen auf das Geschehen nähern sich die Menschen gemeinsam der Erkenntnis dieser Wirklichkeit 2. Ordnung (Watzlawick 1976) an, d. h. sie nähern sich dem Ganzen. Durch die Auseinandersetzung mit gegensätzlichen Positionen lernen die Menschen dazu. Aber auf dieser „Ebene der Deutungskonflikte und in der Welt der Interpretationen braucht es eine andere Flexibilität und ein Bewusstsein dafür, dass ganz verschiedene Ansichten sinnvoll und möglich sind. […] hier beginnt die Wahrheit zu zweit." (Pörksen und Schulz von Thun 2020, S. 51).

Aber man kann auch unterschiedliche Sichtweisen für Polarisierung und Eskalation nutzen, indem man selbst davon ausgeht, im Besitz der Wahrheit zu sein. Ein solcher Glaube geht mit einseitiger Kommunikation und Kohlhaasscher Rechthaberei der unterschiedlichen Parteien einher, sodass eine gemeinsame Wahrheitsfindung unmöglich ist und die Streitparteien sich auch gegenseitig als Personen verunglimpfen.

Hintergrundinformation
Michael Kohlhaas ist ein Pferdehändler in einer Novelle von Heinrich von Kleist, der gegen ein Unrecht, das man ihm angetan hat, zur Selbstjustiz greift und dabei nach dem Motto handelt: „Es soll Gerechtigkeit geschehen, und gehe auch die Welt daran zugrunde!".

Typisch ist beispielsweise die Unterstellung, die Fakten zu kennen, obwohl man eigentlich nur seine Meinung kundtut, und dem anderen zu sagen, dass er etwas falsch sehe, und wenn er das aufgrund seiner anderen Wahrnehmung nicht einsehen will, ihn als dumm oder böswillig hinzustellen. Diese Vermischung von Meinung und Fakten und das Pochen darauf, die Wahrheit zu kennen, findet sich häufig in den Dialogversuchen, über die die Flüchtlingshelfer/innen und -skeptiker/innen berichten. So zeigen sich insbesondere auf der Seite der Flüchtlingsskeptiker/innen Argumentationen, die durch Statistiken untermauert werden. Dass aber Statistiken auch der keineswegs trivialen Interpretation bedürfen und zusätzlich des kritischen Auges auf Statistikfehler, wird im Anhang anhand der Kriminalitätsstatistik zwecks des Vergleichs der Anteile von kriminellen Delikten, auch Gewaltdelikten, im Vergleich Deutsche – Ausländer dargestellt (siehe Anhang, Thema 3, Die polizeiliche Kriminalstatistik – der Anteil von Ausländern an kriminellen Aktivitäten in Deutschland). Auch Verweise auf die soziale Besserstellung von Flüchtlingen gegenüber Hartz-4-Empfängern lassen sich nicht ohne Blick auf die Hilfesätze halten (siehe Anhang, Thema 2, Sozialleistungen im Vergleich Flüchtlinge und Deutsche). Als weiteres Beispiel kann der in Abschn. 7.7.1 beschriebene vermeintliche „Wissensvorsprung" bezüglich des Plans zur Lösung des Arbeitskräftemangels durch Flüchtlinge gelten (siehe Anhang, Thema 6, UNO – Bestandserhaltungsmigration; siehe auch Kumbruck et al. 2020, S. 95 f.). Für Flüchtlingshelfer/innen wie -skeptiker/innen gilt, dass sie davon überzeugt sind, mit ihrem Engagement *„das Richtige zu tun"* (siehe Kumbruck et al. 2020, S. 136 f.). „Das Richtige tun" ist für diejenigen, die nach dieser Überzeugung handeln, Ausdruck ihrer Wahrheit. Die Vorstellung, das Richtige zu tun, erfolgt zwar auf Grundlage der Interpretation von scheinbaren Fakten (*„die hilfsbedürftigen Flüchtlinge"* oder *„die Gefahren für Deutschland durch Flüchtlinge"*), aber die Wahrnehmung der Flüchtlinge ist dabei immer auch von der jeweiligen ethisch-moralischen Haltung geprägt.

7.6 Sprachliches Eskalieren – vom Wertequadrat zum Diffamierungsquadrat

Beispiel zur Reflexion

Pörksen und Schulz von Thun (2020) haben herausgearbeitet, dass es eine sichere Methode gibt, ein Gespräch zum Polarisieren, Eskalieren und schließlich zum

Abbruch zu bringen: Man treibe die vermeintlich falschen Sichtweisen des Gegenübers durch Überspitzung und Schwarz-Weiß-Malen so sehr ins Verächtliche oder Unmoralische, dass sich das Gegenüber in Bezug auf ihm wesentliche Werte zutiefst gekränkt fühlt. Dabei spielt die Nutzung von Beleidigungen und Vorurteilen, wie sie unter Abschn. 7.2–7.4 schon aufgeführt wurden, eine wichtige Rolle. ◄

Eine Steigerung der Eskalationsdynamik ist dadurch möglich, dass der maximalen Abwertung des Gegenübers gleichzeitig die Glorifizierung der eigenen Person und Meinung gegenübergestellt wird. So ist automatisch ein wechselseitiger Teufelskreis der Abwertung in Gang gesetzt, eine sog. symmetrische Eskalation (Bateson 1981). Dabei fühlt sich jeder als Opfer der Gegenseite und rüstet deshalb nach jeder Aussage der Gegenseite sprachlich auf (Pörksen und Schulz von Thun 2020, S. 44 f.).

Um die Eskalation noch weiterzutreiben, haben Pörksen und Schulz von Thun (2020, S. 46) in ihrer schwarz-humorigen Art noch weitere „Empfehlungen" auf Lager.

▶ Diese „Empfehlungen" dienen nicht dazu, sie zu befolgen, sondern mit dem Wissen über diese Mechanismen eskalierende Argumentationsmuster zu erkennen und ihnen Grenzen zu setzen.

„Verwandle die Auseinandersetzung des Moments in einen Streit um Prinzipien. Schreite energisch in Richtung kränkender Verallgemeinerungen voran! Und sei Dir gewiss: Es geht nie um Kleinigkeiten, sondern immer um Grundsätzliches!" Denn damit wird die Sachebene verlassen und die viel verletzlichere und weniger einer Klärung zugängliche Beziehungsebene betreten. Der Eskalationsgewinn kann noch gesteigert werden, wenn der Sprecher dabei weggeht von einem konkreten Ereignis zu Verallgemeinerungen wie „immer machst Du das …", wodurch er/sie – nun auf der Metaebene – den ganzen Menschen treffen kann, zumal man als Empfänger der Botschaft verallgemeinerte Vorwürfe nicht widerlegen kann. „Es ist das feindliche Auseinandertreiben gegensätzlicher Positionen, die jeweils eine Teilwahrheit oder Tugendhälfte betonen und die idealerweise einander ergänzen sollten" (Pörksen und Schulz von Thun 2020, S. 48). Stattdessen erleben viele Menschen auch in unserer Studie ein sog. Diffamierungsquadrat (Pörksen und Schulz von Thun 2020, S. 69) – die Übertreibung der jeweiligen eigenen Werte durch die Gegenseite, bis die jeweiligen Flüchtlingsengagierten als Dummköpfe („Gutmenschen") oder Bösewichte („Flüchtlingsfeinde") dastehen.

In unserer Studie (Kumbruck et al. 2020) wurde für die Interviewpartner kein Untersuchungs-Setting aufgebaut, in dem Flüchtlingshelfer/innen und -skeptiker im Diskurs gegeneinander angetreten wären. Es gab somit keine echten Streitgespräche zwischen diesen beiden Gruppen, die wir hätten beobachten können. Die Engagierten haben in den Fokusgruppen und Einzelinterviews jedoch ihre Erfahrungen über die jeweils andere Seite und auch Gesprächserfahrungen geschildert. So gaben sie ihre Eindrücke von Situationen der Begegnung, beispielsweise die Beobachtung von Demonstrationen gegen die Flüchtlingsaufnahme oder die gegen die Anti-Flüchtlingsaufnahme-Demonstration gerichtete Demonstration wieder. Und sie berichteten über zustande gekommene und dann ggf. gescheiterte Gespräche, teils auch im öffentlichen Raum. Die von Pörksen und Schulz von Thun (2020, S. 60 ff.) beschriebenen Schritte hin zur Eskalation bzw. zum Gesprächsabbruch sind dabei vielfach – auch unter Einbezug verbaler Angriffe auf die Persönlichkeit – betrieben worden.

Die folgende Darstellung (Abb. 7.1) der Veränderung eines typischen Dialogs vom Wertequadrat Richtung Diffamierungsquadrat wurde anhand der Aussagen der Interviewteilnehmenden konstruiert. Dabei geht es um den von uns analysierten zentralen, die Engagementorientierung bestimmenden Wertegegensatz Offenheit versus Erhaltung (siehe Kap. 4 sowie Kreismodell der Basiswerte nach Schwartz (1994); siehe hierzu auch Kumbruck et al. 2020, S. 165). Es handelt sich hierbei um individualisierte Werte, d. h. die Werte sind nicht an die Dimensionen von Nationalkulturen gebunden, sondern zeigen die Differenzierung innerhalb von Nationalkulturen.

▶ Der Offenheit der Flüchtlingshelfer/innen gegenüber schutzbedürftigen Menschen aus anderen Ländern und der damit einhergehenden eigenen kulturellen Bereicherung steht die Erhaltung des Status quo, also das Bestreben der Flüchtlingsskeptiker/innen, Deutschland vor negativ konnotierten Veränderungen durch Flüchtlinge zu schützen, gegenüber. Aus der kritischen Perspektive der Flüchtlingsskeptiker/innen gesehen wird aus der Offenheit der Flüchtlingshelfer/innen ein Anlocken von Kriminellen und islamischen Terroristen und dadurch Verantwortungslosigkeit gegenüber den Deutschen. Aus der kritischen Perspektive der Flüchtlingshelfer/innen gesehen wird aus dem Engagement der Flüchtlingsskeptiker/innen für Erhaltung Fremden- und Flüchtlingsfeindlichkeit aufgrund deutsch-nationalistischer Gesinnung (siehe hierzu auch ausführlicher Abschn. 6.2.2 zum Unterschied der Color-Blind- und Cultural-Awareness-Ansätze).

7.6.1 Entweder-oder-Denken – Komplexitätsreduktion – persönliche Abwertungen

Wesentliche Mechanismen dieses Diffamierungsquadrats bestehen aus Vorurteilen und einem Entweder-oder-Denken gegenüber den Menschen aus der anderen Gruppe, die dann in die Personen betreffende moralische Abwertung übergehen. Es handelt sich um Vorstellungen, die sich die Engagierten beider Lager jeweils von den anderen, ihren Aktivitäten und Haltungen sowie von den Flüchtlingen (als Objekte des Engagements) machen (siehe die vorherigen Abschn. 7.2, 7.3, 7.4).

7 Sprache und Kommunikation

> **Beispiel zur Reflexion**
>
> Wenn Sie solche Dynamiken in Gesprächen erlebt haben, können Sie für sich versuchen, sie gemäß eines solchen Diffamierungsquadrats zu rekonstruieren, um besser zu verstehen, was Ihnen dabei so viel Betroffenheit und auch das Gefühl der Ausweglosigkeit verursacht hat. Sie können im Weiteren darüber nachdenken, wie Sie selbst der Sicht des Gegenübers Positives abgewinnen können: Was ist dem Gegenüber wichtig? Welche auch für Sie selbst positiv belegten Werte stehen dahinter? ◄

Die Abb. 7.1 zeigt anhand der Pfeile, dass der Prozess von den Werten zur Diffamierung nur in eine Richtung geht. Die Option, auch mal zur anderen Seite mit interessiertem Blick zu schauen und von der vorgefertigten Meinung abzuweichen, ist nicht vorgesehen. Stattdessen wird stur dem Pfeil gefolgt. Während die Flüchtlingsskeptiker/innen verschlossen gegenüber Flüchtlingen wie auch den Flüchtlingshelfer/innen sind, sind die Flüchtlingshelfer/innen verschlossen gegenüber den Flüchtlingsskeptiker/innen, aber offen gegenüber den Flüchtlingen. D. h. ihre Offenheit gegenüber der Welt, die die Flüchtlinge nach Deutschland bringen, können sie nicht auf die Flüchtlingsskeptiker/innen ausdehnen, weil deren Anliegen darin besteht, der Offenheit Deutschlands entgegenzuarbeiten. Somit sind hier nicht nur feindliche Entgegensetzungen Ausdruck

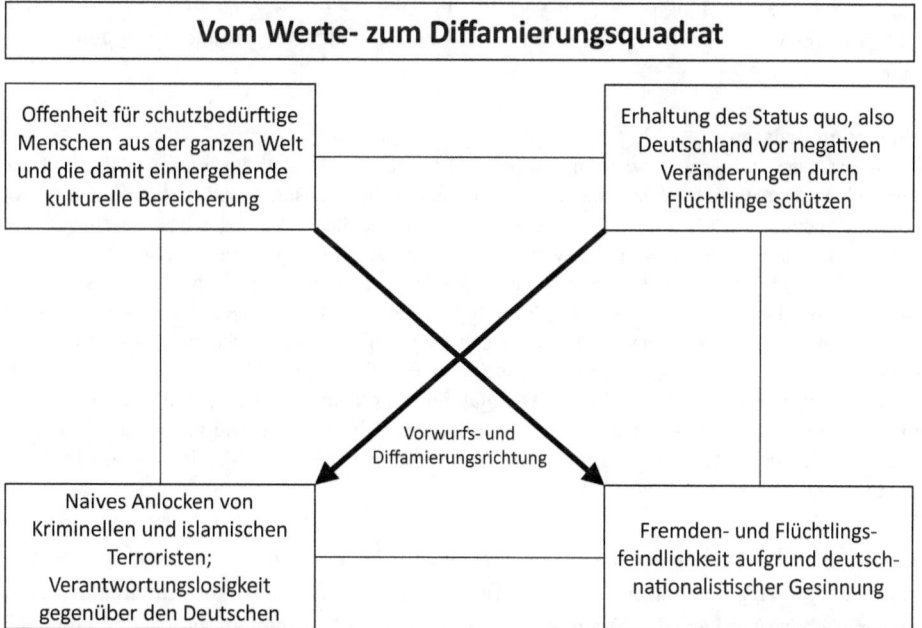

Abb. 7.1 Das Wertequadrat als Diffamierungsquadrat, das die Verhärtung der Fronten in der Flüchtlingsdebatte zeigt. (Mod. nach Pörksen und Schulz von Thun 2020, S. 69, mit freundlicher Genehmigung)

starren Denkens, sondern auch des Eindrucks der Flüchtlingshelfer/innen, dass Offenheit für Flüchtlinge Offenheit gegenüber Flüchtlingsskeptiker/innen ausschließt und umgekehrt Verschlossenheit gegenüber Flüchtlingen auch deren Unterstützer/innen miteinschließt. So ist auch eine gewisse Verselbstständigung der gegensätzlichen Fronten entstanden. Vonseiten der Flüchtlingsskeptiker/innen hört man dazu typischerweise: *„Die Gegenseite ist politischer Gegner und nicht für Argumente empfänglich"* *(sinngemäß FG IV)*. Sie unterstellen den Flüchtlingshelfer/innen eine ausgeprägte *„Harmoniesucht"* *(FG IV)*, die sie am Streit in der Gesellschaft für eine bessere Politik hindere. In einer anderen Fokusgruppe von Flüchtlingsskeptiker/innen wird der anderen Seite *„Rassismus gegen Deutsche und auch Rassismus gegen ältere Menschen, Rassismus gegen Andersdenkende, Rassismus gegen frei denkende Menschen"* *(FG III)* vorgeworfen. Auch in der eigenen Familie hat ein/e Interviewpartner/in die Erfahrung gemacht, dass er/sie als Nationalsozialist *„verurteilt"* wurde, weil er/sie Bedenken gegenüber der Aufnahme vieler Flüchtlinge äußerte. Ein/e andere/r Flüchtlingsskeptiker/in vermutet, dass solche Anschuldigungen, *„Nazi"* zu sein, kämen, weil die Flüchtlingshelfer/innen sich damit vor dem Verdacht schützen wollten, selbst nationalsozialistisch zu sein *(FG III)*. Unterstellt werden also massive Berührungsängste gegenüber allem, was die Assoziation *„politisch rechts"* hervorrufen könnte. In derselben Fokusgruppe wird darauf hingewiesen, dass eine solche Rechts-Links-Dualität die Spannungen in der Gesellschaft erhöhe *(FG III)*.

Besonders enttäuschend scheint es zu sein, wenn sich diese in der Gesellschaft aufgebaute Ver-Gegensätzlichung in Familien und langjährigen Freundesgruppen widerspiegelt.

Hintergrundwissen
Der Begriff der Ver-Gegensätzlichung ist bewusst konstruiert. Er soll ausdrücken, dass die Interviewteilnehmenden viele Unterschiede als sich ausschließend ansahen und deshalb einen Dialog für nicht möglich hielten. Ein solches Verhalten ist vergleichbar mit Watzlawicks Geschichte vom Mann mit dem Hammer, den er sich vom Nachbarn borgen will. In seinen Überlegungen, wie er fragen soll, steigert er sich zunehmend in die Vorstellung hinein, der Nachbar wäre im Gegensatz zu ihm selbst nicht bereit, ihm den Hammer zu geben, bis er schließlich bei diesem klingelt und ihn beschimpft (Watzlawick 1983). Wenn dagegen von Ähnlichkeiten gesprochen wird, sind darin ja immer auch Unterschiede eingeklammert, ebenso wie Unterschiede auch Ähnlichkeiten einklammern, die bewusst oder per Zufall aus dem Blickfeld genommen werden – jedoch nicht müssen. D. h. der Nachbar könnte als ein großzügiger Mensch, wie man sich selbst wahrnimmt, angesehen werden. Assmann nennt diesen Vorgang die „grundsätzliche Möglichkeit der Umperspektivierung" (Assmann 2018, S. 167).

Wenn sich beispielsweise einzelne Personen als Flüchtlingsskeptiker/in mit entsprechenden Argumenten oder auch Taten outen (z. B. sich als Kandidat/in einer national-konservativen Partei für eine Kommunalwahl aufstellen lassen), können sie schwierige Situationen erleben. Auf Familienfeiern werden die Personen nicht mehr eingeladen oder es entstehen Gruppierungen, die nicht mehr miteinander diskutieren, sondern gegeneinander monologisieren *(EI II, EI XX & XXI)*. So kommt es dann vermehrt zu Reaktionen wie einerseits Trauer, Enttäuschung, andererseits Trotz *(„Jetzt erst recht"-Haltung) (EI XX & XXI).*

> *„Und das ist halt dann schon harter Tobak, gerade in der Familie bin ich der Meinung, sollte man auf jeden Fall in der Lage sein, neutral über sowas [gemeint ist das Engagement bei der national-konservativen Partei, Anm. d. Verf.] zu sprechen." ...Und wenn man an einen Punkt gerät, an dem man einfach nur noch auf verschlossene Ohren stößt und keine Gesprächsbereitschaft mehr da ist, dann kann man nur noch sagen, okay, jetzt erst recht." (EI XX & XXI)*

Viele Flüchtlingsskeptiker/innen nehmen sich demzufolge als Opfer derjenigen wahr, die die deutsche Flüchtlingspolitik unterstützen. Dass Vertreter ihrer eigenen Seite verbal keineswegs zimperlich mit Flüchtlingshelfer/innen umgehen, wurde in Abschn. 7.4 deutlich.

Auch aus der Perspektive von Flüchtlingshelfer/innen werden Abgrenzungsphänomene im Privatbereich geschildert: Beim Treffen mit langjährigen Freunden, die inzwischen Flüchtlingsskeptiker/innen geworden sind, werden kritische Themen einfach ausgespart *(FG I)*. Oder sie erleben, dass frühere Freunde keineswegs Mitgefühl zeigen, wenn sie Hassmails von Flüchtlingsskeptiker/innen bekommen, sondern ihnen zu verstehen geben, selbst daran schuld zu sein *(EI X)*.

Es ist noch einmal zu betonen, dass sich der Streit auf unterschiedliche Werte bezieht, mit denen sich die Engagierten stark identifizieren. Wenn diese Werte durch sprachliche Zuspitzung zu Abwertungen und Diffamierungen verdreht werden, verletzt dies das Selbstwertgefühl. Diejenigen, die sich bemühen, den Kontakt beizubehalten, versuchen deshalb meist, kritische Themen zu umschiffen, was auf Dauer zu Entfremdung zwischen den Kommunikationspartnern führt. Die Aufrechterhaltung eines freundschaftlichen Kontakts erfordert somit eine große Anstrengung von beiden Seiten *(FG I)* oder scheitert.

Entsprechend düster wird die Chance auf einen konstruktiven Streit angesehen. So erlebte ein/e Flüchtlingsskeptiker/in auf beiden Seiten ein ausgeprägtes Schwarz-Weiß-Denken:

> *„Wo diese Debatte, aber auch in beide Richtungen, oftmals mit Schaum vorm Mund geführt wird. Da gibt es nur Pro oder Kontra oder gibt es nur Ja oder Nein, und das finde ich halt sehr schade." (EI XX & XXI)*

Im Folgenden werden anhand einiger Fallbeispiele einige typische Argumentationsstränge dargelegt und auch, warum sie als Dialogbarrieren wirken.

7.6.2 Fallbeispiel: Differenzieren oder Pauschalisieren?

Die Angst vor dem Islam wurde von vielen Flüchtlingsskeptiker/innen genannt; die Gründe dafür sind vielschichtig. (siehe Kap. 5). Hierzu ein Beispiel:

> „Ist der Islam tatsächlich eine Religion? Nach meinem Dafürhalten, nach meinem Rechtsverständnis ist er das nicht, denn die Scharia ist eine tragende Säule des Islam. Und die Scharia ist ein Rechtssystem. Wir haben aber bereits ein Rechtssystem in Deutschland, und das ist das Bürgerliche Gesetzbuch, das sind die entsprechenden, darauf fundierenden Gesetze. Und es ist absolut nicht akzeptabel, ein paralleles Rechtsystem in Deutschland zuzulassen. [...] Steht der Islam mit seiner tragenden Säule, Rechtssystem Scharia, tatsächlich unter dem Schutz der Religion nach [dem deutschen, Anm. d. Verf.] Grundgesetz? Oder ist der Islam eigentlich eine Ideologie? Und wenn er eine Ideologie ist, dann bekämpft er andere Ideologien und wird damit zur Gefahr." (FG III)

In den Augen vieler Flüchtlingsskeptiker/innen ist der Islam keine Religion, sondern ein politisches Instrument („*Ideologie*" [FG III]). Denn die mangelnde Trennung von Religion und Staat in vielen islamisch geprägten Staaten und das daraus resultierende Rechtssystem (die Scharia) führten dazu, dass der Islam nicht unter den Schutz der Religionsfreiheit zu stellen sei, sondern quasi als ein Import eines zweiten Rechtssystems, konkurrierend zum deutschen Rechtssystem, aufzufassen sei und dadurch zur Gefahr für dieses werde.

Konsequenzen für den Dialog

Viele Flüchtlingshelfer/innen werfen den -skeptiker/innen vor, Differenzierung anzumahnen, aber selbst auch zu pauschalisieren. Auch der/die Flüchtlingsskeptiker/in, der/die oben zitiert wurde, unterscheidet nicht zwischen Islam, unterschiedlichen Glaubensrichtungen im Islam, Islamismus und Islamisierung. Und er/sie schaut nicht auf konkrete Menschen und deren Verhalten, sondern ganz generell auf ein zentrales Gruppenmerkmal, das als gefährlich eingestuft wird. So weit ist die Kritik vonseiten der Flüchtlingshelfer/innen an der Aussage (so es ein Dialog gewesen wäre) nachvollziehbar. Aber sie dann einfach abzuhaken, weil sie nicht das Beweiskriterium der (eigenen) Erfahrung erfüllt, wäre vielleicht vorschnell. Sicherlich wird für viele Muslime gelten, dass sie nach den Erlebnissen in einer Diktatur ein demokratisches System vorziehen und deshalb bereit sind, den Regeln des Deutschen Grundgesetzes zu folgen. Aber leider kann dies nicht bei allen muslimischen Flüchtlingen vorausgesetzt werden, wie Deutschland auch schon durch islamistische Anschläge schmerzvoll erfahren musste. Was wäre am Zuhören und am Darüber-Nachdenken so schwierig? An dieser konkreten Stelle könnte zu zweit vielleicht ein Problem und somit ein Lösungsbedarf erkannt und gemeinsam nach einer Lösung gesucht werden (siehe Kap. 10).

> Pauschalisierung und Frontenbildung sind Ausdruck einer Komplexitätsreduktion: Der Psychotherapeut Schmidbauer begründet den psychologischen Mechanismus, der eine Komplexitätsreduktion fördert: „Wer vor der Einsicht erschrickt, dass die moderne Gesellschaft komplex ist und einzelne Menschen viele ihrer Entwicklungen nicht verstehen, geschweige denn beeinflussen können, sucht nach plakativen Lösungen, die er in Schwarz und Weiß ausmalt." (Schmidbauer 2017, S. 22).

Im Beispiel oben ist es der Islam bzw. es sind alle Flüchtlinge muslimischen Glaubens, die, so die Wahrnehmung vieler Flüchtlingsskeptiker/innen, dem Erhalt des Rechtsstaats Deutschland entgegenwirken und die deshalb nicht nach Deutschland immigrieren dürfen. Aber unter diesem Fokus sind dann auch diejenigen, die nicht die Grenzen vor muslimischen Flüchtlingen verschließen, ihr Kommen sogar begrüßen und ihnen helfen, in Deutschland anzukommen, zumindest naiv, wenn nicht sogar ebenfalls gefährlich für den Erhalt des liberalen Rechtsstaats.

7.7 Die Rolle der Moral

Auch im nächsten Fallbeispiel spielt Komplexitätsreduktion eine zentrale Rolle. Mit diesem Beispiel sind aber auch moralische Zuschreibungen verbunden.

7.7.1 Fallbeispiel: Helikopter-Moralisieren statt konkrete Lösungen

Ein/e Flüchtlingsskeptiker/in hat die Bundeskanzlerin Frau Merkel aufgrund ihrer *„desaströsen Flüchtlingspolitik"* schriftlich zum Rücktritt aufgefordert. Er/sie berichtet über sein/ihr Vorgehen und die Motive:

> *„Also ich hab erst in dem Brief die Rolle des Migrationsbefürworters eingenommen, ich hab also die ganzen Argumente, die eigentlich Frau Merkel als große Frau dargestellt haben, die hab ich alle hier wiederholt und hab mich auch da, hab mich auch da in diese Sicht reinbegeben und habe dann aber auch geschrieben, so nach anderthalb Seiten, ‚dieser Brief wäre jetzt zu Ende, wenn es nicht ein Mensch wäre, der sein Leben lang als Kinderpsychiater, Jugendpsychiater und Psychotherapeut gearbeitet hätte.' Und so weiter, und dann geht es weiter, wo ich dann eigentlich eben die Sache kritisch beleuchte und ähm, es geht natürlich zunächst auch um die, letztendlich um die Einladung, es waren ja nicht Flüchtlinge, die einfach so nach Deutschland kamen. Ich weiß nicht, ob Sie das wissen, ich weiß es erst, seit ich das Buch White Rabbit von Matussek gelesen hab, dass es 2014 ein Video gab, was das BAMF produzieren ließ und was in 52 Sprachen übersetzt wurde und wo eigentlich Flucht nach Deutschland empfohlen wurde. Von den Medien bisher – ich hab das nirgendwo gelesen, außer jetzt in dem Buch von Frau Paulsen und in dem Buch von Herrn Matussek. Die schreiben das und benennen das auch mit YouTube-Nummern, wo man das auch tatsächlich noch angucken kann." (EI II))*

Hintergrundinformation
Gemeint ist folgender Film: https://www.youtube.com/watch?v=PQjcCZe8r9Y. Er soll den Flüchtlingen das in Deutschland auf sie wartende Prozedere nach der Ankunft erklären. Der Film ist sicherlich positiver gezeichnet als die Wirklichkeit, die die Flüchtlinge seit 2020 in den Erstaufnahmelagern in Moria u. a. erwartet. Die Bewertung, dass es sich im Film um eine Einladung nach und um ein Paradiesversprechen für Deutschland handle, liegt im Auge des Betrachters.

Im Brief geht es dann mit der Ansprache an Frau Merkel weiter. Der/die Befragte liest daraus vor:

"... aber haben Sie wirklich darüber nachgedacht, was aus der anderen halben Million oder mehr Menschen werden soll, die voller Hoffnung in dieses gelobte Land emigrierten und die irgendwann erkennen, dass sie hier kaum eine Chance auf den erhofften Wohlstand haben? Die daraus entstehende Enttäuschungswut, und das ist vorhersehbar, [kurze Pause] ähm, also die Enttäuschung wird, und das ist vorhersehbar, diese Menschen besonders empfänglich für Verführer aller Art machen, und auf die Energie dieser Wut zählen die Islamisten. In meiner Berufstätigkeit musste ich in der Begegnung mit vielen vorherigen türkischen Menschen und ihren Kindern erkennen, dass Integration in ein fremdes Land und Volk eine hochkomplizierte Sache ist. Die Integration dauert auch nicht nur wenige Jahre, sondern mindestens eine ganze Generation, oft auch mehrere. Auch dies ist inzwischen eine Binsenweisheit, die Ihnen kaum unbekannt sein dürfte. Im Hinblick auf diese Langzeitperspektive ist es für mich und viele andere unverständlich, dass Sie bis heute auf eine eindeutige Klarstellung warten lassen. Die klärende Aussage, dass Deutschland die Grenze der Belastbarkeit erreicht hat, indem, dass Sie dies nicht tun, tragen Sie, Frau Bundeskanzlerin, die politische Verantwortung dafür, dass sich Tag für Tag weiterhin eben nicht nur Asylberechtigte zu Tausenden auf den Weg nach Deutschland machen. Die meisten von denen werden in den nächsten Monaten hier ankommen, viele werden auch weiterhin im Mittelmeer ertrinken. Auch dieser Verantwortung dürfen Sie sich nicht entziehen."

"... Wenn Sie, sehr geehrte Frau Bundeskanzlerin, morgen in Ihrem Amt ans Rednerpult treten und zur Überraschung der ganzen Welt Ihren Rücktritt erklären würden, hätten Sie einen gordischen Knoten zerschlagen.

Sie [Frau Merkel, Anm. d. Verf.] hätten damit die große Chance, als die erste deutsche Kanzlerin in die Geschichte einzugehen, die in einer unbestrittenen humanitären Notlage eine menschlich verständliche, ja im weitesten Sinne des Wortes ‚mütterliche Entscheidung' getroffen hätten, die aber damit angesichts einer sehr schwierigen Weltlage eine Migrationslawine auslöste, die Deutschland in eine hohe innere Spannung brachte, spaltet und überfordert. Daraus nun das Bestmögliche zu machen, sollten Sie in andere Hände legen."

Der/die Interviewer/in will es genauer wissen und fragt nach Beendigung des Vorlesens nach:

I: *„... also angenommen, sie würde zurücktreten, gut, aber wer oder wie würde dann eine andere Art von Politik eingeleitet oder durchgeführt?"*
„Das ist nicht meine Aufgabe, das jetzt zu überlegen, denn da gibt es, da müsste sich die CDU überlegen, ob sie einen anderen Kandidaten benennt oder ob Neuwahlen ausgeschrieben werden oder was auch immer. Das ist nicht mein Ding. Ich bin nur einer, der da den Mund aufgemacht hat." (EI II)

Eine nachträgliche Begründung für das Handeln der Regierung Merkel findet er/sie 2018 beim Lesen des Buches von Matussek (2018). Dieser vermittelt den Eindruck, dass die deutsche Regierung dem demografisch bedingten Arbeitskräftemangel durch Aufnahme irgendwelcher Flüchtlinge entgegenwirken wollte. Der/die Interviewteilnehmende hinterfragt ein solches vermeintliches Vorgehen der Regierung, ob Deutschland nicht besser ein Einwanderungsgesetz verabschiedet hätte, womit es gezielt und mit klar definierten Kriterien eine Auswahl von potenziellen Arbeitskräften hätte einwandern lassen können. Matussek begründet seine Meinung mit der Schilderung eines

BAMF-Films von 2014 über das formale Prozedere der Aufnahme von Geflüchteten, der von diesem und dann auch vom/von der Interviewteilnehmenden als „*Einladung ins Paradies*" und als „*Versprechung (sic!) an die Welt*", interpretiert wird und damit die „*Flüchtlingswelle*" ausgelöst habe. Der/die Interviewte hat den Film nicht selbst gesehen (siehe hierzu auch im Anhang, Thema 6, UNO-Bestandserhaltungsmigration).

Konkret wird der/die Interviewte jedoch, wenn er/sie über seine/ihre Profession betreffende Themen spricht, nämlich den psychischen Problemen und dem Therapiebedarf von Einwanderern und ihren Kindern. Hier spürt man auch seine/ihre Empathie für die Menschen, die ihre Heimat verlassen und in Deutschland Fuß fassen mussten. Flüchtlinge auf der Straße nimmt er/sie als „*verängstigt und entwurzelt wirken(d)*" *(EI II)* wahr. Wenn sie es wagen, „*Hallo*" zu rufen, erwidert er/sie diesen Gruß. Solche Grüße von Flüchtlingen stimmen ihn/sie hoffnungsfroh, dass sie sich integrieren werden können.

Konsequenzen für den Dialog
Der Ton im Brief ist formal höflich, jedoch bestimmt. Die Sprachbilder, mit denen die Handlungen der Regierung Merkel kritisiert werden, sind Emotionstrigger. Es wirkt taktisch, wenn erst in das Horn der Merkel-Flüchtlingspolitik-Befürworter geblasen wird, um dann abrupt einen Wechsel vorzunehmen, demzufolge „*Frau Merkel mit ihrem in der ganzen Welt wertgeschätzten Vorgehen angesichts der Flüchtlinge an der deutschen Grenze*" sich moralisch verantwortungslos verhalten habe und dies immer noch tue – sowohl gegenüber den Flüchtlingen als auch gegenüber den deutschen Bürgern. Die moralisch hochstehende Bundeskanzlerin wird vom Sockel gestürzt!

Die Analyse, dass sich in Gefolge der Flüchtlingsaufnahme 2015 ein Prozess zunehmender gesellschaftlicher Meinungsspaltung ergab, verweist nichtsdestotrotz auf ein gewichtiges Problem, das gelöst werden muss. Auch die angestoßene Debatte sollte unbedingt in einem Dialog aufgegriffen werden, dass Integration ein langfristiger Prozess ist, der über mehrere Generationen hinweg noch Probleme zeitigt. Er ist mit vielen Hürden verbunden, u. a. aufgrund von Frustration der Flüchtlinge sowie auch derjenigen Deutschen, die sich um die Integration kümmern.

Die von dem/r Teilnehmenden anvisierte Lösung eines Rücktritts der Bundeskanzlerin, damit andere „*das Bestmögliche*" aus der Situation machen, bleibt aber nebulös, weil weder die gewünschte Politik noch das „Bestmögliche" noch mögliche Nachfolger auf Nachfrage ausgeführt werden, denn: „*Ich bin nur einer, der da den Mund aufgemacht hat.*" Er/sie sieht seine/ihre Mission somit im Protestieren, nicht im konstruktiven Mitgestalten.

Aber hier wird auch deutlich, dass er/sie auf der moralischen Ebene Frau Merkel und ihre Flüchtlingspolitik angreift: Die sog. Willkommenskultur ist, so sein/ihr Vorwurf an Frau Merkel, die er/sie direkt anspricht, letztendlich Verlogenheit und Verantwortungslosigkeit den Flüchtlingen gegenüber, und die Deutschen müssten dies ausbaden. Dabei wird der Hauptgrund für die Geflüchteten, nämlich aus Krieg und Elend an einen sicheren Ort zu fliehen, ausgeblendet. Alles in allem sind hier viele Ansatzpunkte für das gemeinsame Finden von „Wahrheit". Jedoch führt der Versuch, Frau Merkel moralisch vom Thron zu stürzen – eine typische helikoptermoralische Vorgehensweise, die im Folgenden beschrieben wird – bei am Dialog interessierten Flüchtlingshelfer/innen zu Abwehrhaltungen. Es wäre zuerst ein Gespräch auf der metakommunikativen Ebene notwendig.

In diesem Beispiel geht es auch um den Mechanismus der Komplexitätsreduktion: „Der/die Flüchtlingsskeptiker/in ‚kennt' als eine/r der wenigen die Wahrheit" – den Plan, der hinter der sog. Grenzöffnung steht, nämlich den demografisch bedingten Mangel an Arbeitskräften mit Flüchtlingen zu lösen – und auch diejenigen, die diesen Plan absichtlich umsetzen, das BAMF und die Bundeskanzlerin. Ein solches „Wissen" schafft einen gefühlten Durchblick und Handlungssicherheit. Aber hier setzt auch das Missionarische ein: Dieses Wissen wollen viele Flüchtlingsskeptiker/innen vermitteln, damit die Menschen in Deutschland auch die vermeintlichen Zusammenhänge der Flüchtlingsankunft erkennen (siehe Anhang, Thema 6, UNO-Bestandserhaltungsmigration) und mit ihnen gemeinsam dagegen protestieren.

7.7.2 Helikoptermoral

> Der Begriff Helikoptermoral (Schmidbauer 2017) steht für eine spektakuläre Selbstdarstellungsweise, die in der heutigen Gesellschaft charakteristisch ist. Quasi missionarisch wird auf die eigene Moral durch Kontrastierung mit der Unmoral anderer, meist populärer Personen hingewiesen. Schmidbauer (2017, S. 204) nennt sie auch „Minifanatismus in Tugendmaske". Dahinter liegt das Problem, dass die Allgemeingültigkeit eines Wertes in dieser Gesellschaft nicht gesichert ist – auch durch Wegfall der christlichen Kirchen als moralische Instanz. Es wird versucht, einen in die Welt gesetzten alternativen, aber nicht verbindlichen Wert durch Lautstärke und ständige Wiederholung als moralisch besonders wertvoll zu etablieren. Nun machen ohrenbetäubende Lautstärke und ständige Wiederholung eines Wertes, beispielsweise Nationalstolz, ihn immer noch nicht bedeutsamer als andere Werte, z. B. Menschenrechte, spiegeln auch nicht einen Konsens darüber in der deutschen Gesellschaft wider, aber sie erwecken diesen Eindruck und bleiben vielleicht eher im Gedächtnis hängen als die leisen Töne. Wichtig ist, dass mit der Helikoptermoral nicht Taten (also Fakten), sondern Deutungen verfolgt werden (Schmidbauer 2017, S. 74).

Aus psychologischer Sicht fußt die Helikoptermoral auch auf dem Versuch der Individuen in einer Gesellschaft mit den digitalen „sozialen" Medien, sich stets und ständig mit anderen Personen zu vergleichen und dadurch Selbstbestätigung zu erhalten. Da aber de facto in den sozialen Medien immer Menschen zu finden sind, die schöner, erfolgreicher und beliebter sind als man selbst, erhält man anstatt kontinuierlicher positiver Bestätigung immer wieder Kratzer am eigenen Selbstbild und damit am Selbstwert.

> „Gut und Böse sind nicht gemischt, sondern gespalten: Es gibt den Sieger und den Verlierer, die richtige Politik und die falsche. Wer das propagiert, vor dem kann einem bange werden, weil die Realität auf diesem Weg nicht verbessert werden kann, sondern die Handelnden sich selbst blenden, indem sie Ambivalenzen leugnen." (Schmidbauer 2017, S. 43)

Es geht um Ambivalenzen in Bezug auf die eigene Persönlichkeit bzw. die anderer Menschen, in Bezug auf die Gruppe, der man sich zugehörig fühlt oder die man als die anderen ansieht, auf die Politik und deren Werte, die man verfolgt oder bekämpft. Aber in dieser echten Welt kriegt man das Gute nicht ohne das Schlechte – in einer Person, in einer Gruppe, in einer politischen Orientierung.

In vielen Interviews, insbesondere aufseiten der Flüchtlingsskeptiker/innen, wurde deutlich, dass sich die Teilnehmenden vor den Problemen großer Unübersichtlichkeit und auch Werteunsicherheit sahen. Die „Wirklichkeit", wie sie von den etablierten Medien vermittelt wird, wurde im Hinblick auf die Flüchtlingsthematik als parteiisch, einseitig und wichtige Aspekte eines Problems ausblendend wahrgenommen. Und so kam der Begriff *„Lügenpresse"* auf (siehe auch Kumbruck et al. 2020, Abschn. 7.3.2.3, 7.3.3.4). Durch dieses Misstrauen in die Medien fehlt der Gesellschaft ein gemeinsames Verständnis, wie die großen Ereignisse zu bewerten sind.

In solchen, durch Unsicherheiten gekennzeichneten Zeiten, so Schmidbauer (2017, S. 70), „wird jede Gelegenheit genutzt, um sich das eigene moralische Urteil – sei es eilfertig im Dienst der politischen Korrektheit oder sei es eilfertig im Dienst einer ironischen Überlegenheit gegenüber dieser Korrektheit – zu bestätigen und narzisstische Ängste durch Demonstration der eigenen Überlegenheit oder durch Sieg in einer imaginierten Rivalität zu bändigen."

Den Ängsten, das eigene positive Selbstbild könnte durch andere beschädigt werden, ist besonders erfolgversprechend dadurch zu begegnen, dass man einen „moralische[n] Triumph über eine moralische Autorität" (Schmidbauer 2017, S. 73) erzielt. Solche Versuche ziehen sich in der vorliegenden Untersuchung durch viele Gespräche. Ein Beispiel ist der Versuch im gerade geschilderten Fallbeispiel, Frau Merkel als *„Schuldige"* für das Ankommen einer *„Flüchtlingswelle"* 2015 mit problematischen Konsequenzen für Deutschland hinzustellen. Verantwortung trüge die Kanzlerin für die gesellschaftliche Spaltung und sogar für das Elend der Flüchtlinge inklusive ihrem Ertrinken im Mittelmeer.

7.7.3 Moralische Gründe: Helfen zur Schuldabsolution

Beispiel: Helfen und Schulderlass
Ein weiteres Beispiel für eine Argumentationskette besteht darin, den protestantischen Flüchtlingshelfer/innen zu unterstellen, dass sie mit ihrem Engagement nur die Schuld ihrer direkten Vorfahren unter der Nazi-Herrschaft wiedergutmachen wollten.

> *"... und es zieht sich durch die ganze Spitzengruppe der evangelischen Kirche, statistisch signifikant durch. Es sind eine Menge einfach an Menschen, die ein schlechtes Gewissen haben und jetzt mit ihrem Gutmenschentum sich und ihre Familien exkulpieren wollen."* (FG IV)

Allen Flüchtlingshelfer/innen, insbesondere den evangelischen Christen, wird somit unmoralisches Handeln vorgeworfen: der Regierung Merkel und den als Flüchtlingshelfer/innen Engagierten. Sie wollen aus Sicht der Flüchtlingsskeptiker/innen nicht helfen, sondern mit ihrem Engagement ihre persönlich empfundenen Schuldgefühle für das verbrecherische Verhalten ihrer Eltern unter der Nazi-Herrschaft auflösen.

Die Flüchtlingshilfe gilt als Inbegriff des moralischen Handelns, und die Flüchtlingshelfer/innen, egal ob christlich verankert oder nicht, sind mit diesem Moralverständnis stark identifiziert. Kurz und prägnant benennt ein/e Flüchtlingshelfer/in seine/ihre Motivation zu helfen: *„Als Christ helfe ich."* (EI XIII) Man müsste nicht einmal Beispiele für ihr Selbstverständnis bringen, um sich vorstellen zu können, dass die Flüchtlingshelfer/innen ein rotes Tuch für viele Flüchtlingsskeptiker/innen sind und deshalb mit der Moralkeule getroffen werden sollen. Ein solcher Moralangriff korrespondiert mit dem für die Flüchtlingshelfer/innen bedeutsamen Motiv der moralischen Verantwortung für die Flüchtlinge in Not.

Zum besseren Verständnis, welche Bedeutung Moral für die Flüchtlingshelfer/innen hat, werden im Folgenden zwei Beispiele gegeben.

Beispiel: Moralischer Druck in der Flüchtlingshilfe
Im Beispiel wird der moralische Druck, der auf dem/r Flüchtlingshelfer/in lastet, deutlich und wie er/sie diesen weitergibt an die im Gruppengespräch anwesenden Flüchtlingshelfer/innen. Es geht dabei um eine problematische Gesetzeslage und deren Umsetzung, nämlich um Abschiebung von Flüchtlingen, die bereits einen Arbeitsplatz haben:

> *„Oder auch, dass wir die Leute [Flüchtlinge ohne Duldung, Anm. d. Verf.] hier haben, dass die arbeiten in Pflegeberufen und dass die keine Nacht schlafen können vor lauter Angst vor Abschiebung. Dass wir denen nicht endlich, dass wir nicht so MENSCHLICH sind, denen zu sagen: Ok wir nehmen euch die Ängste, die, die hier fleißig sind, die kriegen eine Bleibeperspektive. Die können, die dürfen jetzt einmal nach zweieinhalb Jahren nachts auch wieder schlafen. Ich erlebe ganz viele, die krank werden, psychisch krank und so weiter, ja. [...] Das macht mich wahnsinnig. Wo ist da unsere MENSCHLICHKEIT, die wir uns auf die Fahne geschrieben haben? Wo ist die? Wir haben eine Vergangenheit. Drittes Reich. Wir schieben jetzt Roma-Familien ab. In der gleichen Art und Weise, wie wir das im dritten Reich gemacht haben. Das kann nicht sein. Das kann ich nicht, das kann ich nicht tolerieren. Aber ich kann nichts dagegen machen. [...] Wir haben nichts aus unserer Geschichte gelernt."* (FG I)

Dieser moralische Appell an Menschlichkeit weckt natürlich Emotionen, und wer damit konfrontiert wird, kann sich nur schuldig und zur Unterstützung aufgerüttelt oder zur Abwehr der Schuldgefühle angesprochen fühlen. Dabei spielt der Vergleich mit dem

Dritten Reich, in dem so viele Menschen nicht als Menschen anerkannt und umgebracht wurden, eine zentrale Rolle.

Beispiel: Christlicher Auftrag zur Flüchtlingshilfe
Der nächste Beitrag zeigt, wie als Christ die Frage der (moralischen) Pflicht angesichts der weltweiten Fluchtbewegung und des Handelns der Kirchen, das als ungenügend angesehen wird, erlebt wird. Ohne konkret Bezug dazu zu nehmen, geht es um die Pflicht, Notleidenden zu helfen, wie es in der Bibel im Gleichnis des Barmherzigen Samariters kundgetan ist oder mit dem Gebot der Nächstenliebe:

„Was ist denn das mit dem Christentum? Hier ist es. Die Not ist nicht irgendwo fern in der Welt. Und wenn man die Not personal sieht, dann sind das Leute, die einzeln politisch verfolgt waren, andere, die knapp vor dem Verhungern waren, wieder weitere, die durch irgendwelche Gruppierungen sich gegenseitig zerfleischen oder einfach Hunger und Chancenlosigkeit für die Zukunft [haben, Anm. d. Verf.]. Das sind alles Gründe, in ein christliches, strukturiertes Land wie Deutschland oder wie eigentlich ganz Europa zu fliehen. So klare Vorstellungen haben die Leute nicht, die hier ankommen. Aber wir kennen diese Vorstellung. [...] Bewegen kann man tatsächlich nur so, wie wir hier sitzen: persönlich, direkt, an die Hand genommen, begleitend. [...] Und das ist mein Grund, warum ich da aktiv bin. Ich habe natürlich auch einen großen Gewinn."

Mit Bezug zu der christlichen Vorstellung, dass am Ende der Tage jeder vor Gott Zeugnis darüber ablegen muss, ob und wie er die christlichen Gebote erfüllt hat, führt er/sie aus, dass er/sie viel zu viel an notwendiger Hilfe unterlassen hat, aber nichtsdestotrotz kann er/sie sich mit Blick auf dieses Ende sagen, dass seine Bilanz des Guten positiv ist:

„Ich habe jetzt auch ein bisschen mein Gewissen beruhigt." (FG I)

Dieser tiefe, jenseitsorientierte christliche Glaube mit dem Auftrag der Nächstenliebe motiviert den/die Teilnehmende/n zur Flüchtlingshilfe, wohlwissend, dass damit nur ein bisschen das schlechte Gewissen beruhigt werden kann. Aus dieser Perspektive eines Gläubigen sind all die genannten Gründe legitime Gründe für Flucht nach und für Hilfe in Deutschland und Europa.

Konsequenzen für den Dialog
Eine solche auf dem christlichen Glauben gründende Sicht dürfte bei den Flüchtlingsskeptiker/innen eher keine Resonanz erzeugen, auch wenn sich einige in ihrem Engagement als Verteidiger/innen des christlichen Abendlandes verstehen. Aber vielleicht liegt darin ein Angebot, nachzudenken über das, was Christentum ausmacht.

Fallbeispiel: Simplifizierung – moralische Verpflichtung gegen Sündenbock-Denken
Die teilnehmende Person beschreibt ihre Motivation, den Flüchtlingen zu helfen:

„... dass es mir wirklich Freude bereitet, dass es mir wichtig ist, es für mich auch irgendwo eine moralische Verpflichtung ist, weil die Menschen darauf angewiesen sind." (EI IV)

Aus der Angewiesenheit der Flüchtlinge auf Hilfe folgt für diese/n Helfer/in die Wahrnehmung einer moralischen Verpflichtung. Das Helfen ist bei ihm/ihr somit schon internalisiert. Gefragt danach, warum manche Menschen die Flüchtlingsaufnahme ablehnen und wie diese seiner/ihrer Erfahrung nach zu charakterisieren sind, teilt er/sie folgende Vermutungen mit:

> *„Ich finde es eben sehr schade, dass diese Personen meiner Meinung nach – ich kann da natürlich nur vor den Kopf gucken – ja Scheuklappen [haben, Anm. d. Verf.], also dichtmachen und gar nicht, finde ich, bereit sind, sich da zu öffnen, sich mit dem Menschen eben zu beschäftigen. Die sehen dann oder plappern irgendwelche Dinge nach, die sie dann mal irgendwo gelesen, gehört haben. Und das stört mich, dass die, finde ich, rechte Menschen (politisch rechts oder rechtsextrimistisch orientierte, Anm. d. Verf.) oft gar nicht richtig nachgedacht haben, über bestimmte Dinge oder sich mal empathisch hineinbegeben haben. Das lehne ich ab, also wirklich dieses Dichtmachen, die Ablehnung allgemein etwas anderem gegenüber. Es muss ja nicht der Flüchtling sein, es kann ja alles Mögliche sein bei denen.*
>
> *Die sind wütend und die sind unzufrieden mit ihrem Leben, und ich denke, dass dann wirklich oft Flüchtlinge als Sündenbock oder als schwarzes Schaf so benutzt werden, um dann sich zu motivieren. Und das ist auch immer ein konkretes Bild, das kann ich schön hassen, wenn ich wirklich einen Menschen vor mir habe, ein Bild habe. Das ist ja nicht so, so abstrakt, wie wenn es um Rentenreform geht oder irgendwie, was weiß ich, Arbeitsrecht oder so, da hätte er keine Lust sich mit zu beschäftigen. Es ist einfacher zu sagen, dass der Flüchtling dran schuld ist, dann gehe ich auf die Straße, denke ich."* EI IV)

Ihm/r selbst bereitet das Engagement mit den Flüchtlingen Freude. Aus der Sozialpsychologie wissen wir, dass Menschen gerne in Beziehung sind, wozu einerseits gehört, dass Menschen im Laufe ihres Lebens immer wieder Hilfe brauchen und annehmen, angefangen von den Säuglingen bis hin zu den alten Menschen, aber andererseits nach einem Reziprozitätsgesetz es ihnen auch Freude macht und Lebenssinn gibt, von anderen Menschen gebraucht zu werden. Er/sie selbst sieht sich zudem in der moralischen Pflicht, den Flüchtlingen zu helfen, aber die Hilfe entsteht aus einem natürlichen Impuls heraus. Wenn man nicht spontan angesichts der Not von Flüchtlingen hilft, liegt das daran, dass man sich nicht in deren Lage empathisch hineinversetzt, und dazu muss man sich aus seiner/ihrer Sicht einem solchen Impuls gegenüber verschließen, also Scheuklappen runterlassen. Die Ablehnung zu helfen wie auch gegenüber der Flüchtlingsaufnahme beruht aus dieser Perspektive darauf, dass die Flüchtlingsskeptiker/innen sich zum einen nicht mit ihren eigentlichen Problemen (Arbeitsplatz- oder Rentenprobleme) beschäftigen wollen, weil das zu viel Anstrengung erfordern würde, und sie im Protest gegen die Flüchtlinge ein Ventil für ihre Unzufriedenheit und Wut gefunden haben. Die Flüchtlinge haben dabei die Funktion eines Sündenbocks für all das, was nicht so gut gelingt im Leben der Flüchtlingsskeptiker/innen.

Konsequenzen für den Dialog

Je mehr man sich mit anderen Menschen konkret beschäftigt und sie dabei kennenlernt, desto höher ist die Wahrscheinlichkeit, dass man seine Empathiefähigkeit nicht verschließt und bei Flüchtlingen eher in den Hilfe- als in den Ablehnungsmodus kommt.

Dies zeigen auch die Schilderungen anderer Flüchtlingshelfer/innen. Aber mögliche Sorgen der Flüchtlingsskeptiker/innen in Bezug auf Veränderungen der Gesellschaft durch den Zuzug vieler Flüchtlinge in kurzer Zeit – beispielsweise auch im Hinblick auf Konkurrenz um Arbeitsplätze, Wohnraum und Verringerung der Rentenhöhen aufgrund der Zahlung von Sozialleistungen an Flüchtlinge – werden in diesen Aussagen nicht ernst genommen. Simplifizierung A (die Flüchtlinge sind an meinen Arbeitsplatzproblemen schuld; wenn sie weg sind, wird alles wieder, wie es war und gut) trifft so auf Simplifizierung B (die Flüchtlingsskeptiker/innen sind zu faul, sich mit ihren eigentlichen Problemen zu befassen; stattdessen hacken sie auf den Flüchtlingen als Sündenböcken herum). Hieraus ließe sich ein weiteres Werte- und Diffamierungsquadrat errichten. (Sie, liebe/r Leser/in, können es mal versuchen!)

7.8 Fazit: Kommunikative Polarisierung und Depolarisation

Die Fallbeispiele zeigen, dass die Kommunikation zwischen Flüchtlingshelfer/innen und -skeptiker/innen immer zu mehr genutzt wird als zur Faktenbeschreibung. Es geht um subjektive Wahrnehmungen und Deutungen, die gemäß individueller Erfahrungen und Sozialisation sehr unterschiedlich sein können und deren „Wahrheit" im Aushandeln liegt: Die Wahrheit beginnt zu zweit! (Pörksen und Schulz von Thun 2020, S. 50 ff.). Bis dahin aber werden Begrifflichkeiten genutzt, um sich selbst in ein gutes Licht und die Gegenseite eher in ein schlechtes Licht zu setzen. Argumentationsstrategien werden bewusst oder unbewusst genutzt, um diese Selbst- und Fremdbeschreibungen plausibel zu machen, nämlich Pauschalisierungen, Vorurteile, Simplifizierung, Komplexitätsreduktion, Schwarz-Weiß-Zeichnen und Übertreibungen. Dabei spielen Werte eine wichtige Rolle, die nicht nur zum Aufzeigen dessen, was einem selbst wichtig ist, sondern auch zur oftmals negativen Beschreibung der Gegenseite oder der Flüchtlinge dienen. Dies wird schematisch deutlich anhand des Prozesses vom Werte- zum Diffamierungsquadrat, wie es Pörksen und Schulz von Thun (2020) aufgezeigt haben. Dafür bedarf es aber nicht nur gegensätzlicher Werte, sondern auch der Nutzung von moralischen Bewertungen bis hin zur „Helikoptermoral" (Schmidbauer 2017).

Werte und darauf basierende Moral haben sehr viel mit der eigenen Identität und dem Selbstwertempfinden zu tun. Wird aus der Moral ein Moralisieren, eignet sie sich, um sich selbst aufzuwerten und andere abzuwerten. Dabei bekommt auch die moralische Kategorie der Schuld eine überdimensionale Rolle. Sie dient im Kontext des Flüchtlingsengagements dazu, sich selbst schuldig zu fühlen, andere als Schuldige zu identifizieren und sie zum Sündenbock zu machen oder vom Sockel zu stoßen. Werte und Moral werden damit als Waffen zur Diffamierung anderer genutzt.

> **Beispiel zur Reflexion**
>
> Soll die Diffamierung als Grundtenor der Kommunikation in der Gesellschaft nicht siegen, ist Depolarisierung eine zentrale Aufgabe. Pörksen und Schulz von Thun (2020) haben dafür drei Leitformeln entwickelt:
>
> 1. „Die Wahrheit beginnt zu zweit!" Es gilt, den wertvollen Kern in der Auffassung des anderen zu entdecken, selbst wenn diese gerade unzumutbar erscheint, um dann die eigene Wahrheit so aufrichtig und kraftvoll wie möglich zu vertreten, ohne den anderen unter „dbk-Verdacht" (dumm, bösartig oder krank) zu stellen (Pörksen und Schulz von Thun 2020, S. 74).
> 2. „Du sollst nicht vorschnell generalisieren! Und Dein Gegenüber nicht pauschal abwerten!" Manchmal ist es sinnvoll, ein Geschehen so zu „rahmen", dass aus dem giftigen Gegeneinander eine kooperative Handreichung entstehen kann (Pörksen und Schulz von Thun 2020, S. 79).
> 3. „Humor": Dieser stiftet Gemeinschaft, schafft Verbindung. „Witze wärmen." Und sie sind Ausdruck einer Selbstdistanzierung (Pörksen und Schulz von Thun 2020, S. 80).
>
> Probieren Sie sie aus. ◄

Weitere Maßnahmen zur Depolarisierung finden sich in den nächsten Kapiteln.

Literatur

Assmann, A. (2018). *Menschenrechte und Menschenpflichten. Schlüsselbegriffe für eine humane Gesellschaft.* Wien: Picus.
Bateson, G. (1981). *Ökologie des Geistes.* Frankfurt am Main: Suhrkamp.
Glasl, F. (1980). *Konfliktmanagement. Diagnose und Behandlung von Konflikten in Organisationen.* Bern/Stuttgart: Haupt.
Kumbruck, C. & Derboven, W. (2015). *Interkulturelles Training. Trainingsmanual zur Förderung interkultureller Kompetenzen in der Arbeit* (3. Aufl.). Berlin/Heidelberg: Springer.
Kumbruck, C., Dulle, M. & Vogt, M. (2020). *Flüchtlingsaufnahme kontrovers. Einblicke in die Denkwelten und Tätigkeiten von Engagierten. Band 1.* Baden-Baden: Nomos.
Layes, G. (2003). Interkulturelles Identitätsmanagement. In A. Thomas, E.-U. Kinast & S. Schroll-Machl (Hrsg.), *Handbuch Interkulturelle Kommunikation und Kooperation. Band 1: Grundlagen und Praxisfelder* (S. 117–125). Göttingen: Vandenhoeck & Ruprecht.
Matussek, M. (2018). *White Rabbit oder Der Abschied vom gesunden Menschenverstand.* München: FBV.
Mentzos, S. (2014). *Lehrbuch der Psychodynamik. Die Funktion der Dysfunktionalität psychischer Störungen.* Göttingen: Vandenhoeck & Ruprecht.
Pörksen, B. & Schulz von Thun, F. (2020). *Die Kunst des Miteinander-Redens. Über den Dialog in Gesellschaft und Politik.* München: Hanser.
Schmidbauer, W. (2017). *Helikoptermoral.* Hamburg: Murmann.

Schulz von Thun, F. (1981). *Miteinander Reden. Band 1*. Reinbek: Rowohlt.
Schwartz, S. H. (1994). Are there universal aspects in the structure and contents of human values? *Journal of social issues, 50*(4), 19–45. https://doi.org/10.1111/j.1540-4560.1994.tb01196.x
Watzlawick, P. (1976). *Wie wirklich ist die Wirklichkeit? Wahn, Täuschung, Verstehen*. München: Piper.
Watzlawick, P. (1983). *Anleitung zum Unglücklichsein*. München: Piper.
Watzlawick, P., Beavin, J. H. und Jackson, D. D. (1996). *Menschliche Kommunikation: Formen, Störungen, Paradoxien*. Bern: Huber.

Prof. em. Dr. Christel Kumbruck ist promovierte und habilitierte Arbeits- und Organisationspsychologin und Arbeitswissenschaftlerin. Von 1998 bis 2009 hatte sie Vertretungs- und Gastprofessuren an der TU Hamburg-Harburg, der Universität Hamburg, der Universität Klagenfurt und der HS Osnabrück. Weiter war sie als DFG-Projektleitung an der Universität Kassel und als Unternehmensberaterin, Coach und Trainerin tätig. 2009 übernahm sie die Professur für Wirtschaftspsychologie an der HS Osnabrück, nachdem sie den Studiengang Wirtschaftspsychologie mit aufgebaut hatte. Ab 2018 war sie als Projektleiterin für den qualitativen Teil des Projekts „Zivilgesellschaftliches Engagement: Was bewegt Menschen in Deutschland dazu, sich im Rahmen der Flüchtlingsthematik zu engagieren?" an der HS Osnabrück verantwortlich. Neben ihren Forschungsschwerpunkten in den Bereichen Arbeits- und Organisationspsychologie, interkulturelle Wirtschaftspsychologie und Pflegearbeitsforschung beschäftigt sie sich als Wissenschaftlerin mit gesellschaftspolitischen Themen.

Brückenbauen und Konsensbildung

8

Christel Kumbruck und Marvin Vogt

In unserer empirischen Engagementstudie (siehe hierzu Kumbruck et al. 2020, S. 187–193) wurde bereits festgestellt, dass sich neben vielen Unterschieden und Ver-Gegensätzlichungen auch Ähnlichkeiten und Überlappungen in den Ansichten von Flüchtlingshelfer/innen und Flüchtlingsskeptiker/innen fanden, d. h. dass der Weg von scharfen Polarisierungen, die einen Dialog scheinbar unmöglich machen, zu ähnlichen Sichtweisen und sogar Überlappungen als Voraussetzungen eines Dialogs möglich erscheint.

Hintergrundinformation
Wie in Kap. 7 ausgeführt, ist der Begriff der Ver-Gegensätzlichung bewusst konstruiert, um ein kommunikatives Phänomen zwischen Flüchtlingshelfer/innen und -skeptiker/innen zu beschreiben. Er soll ausdrücken, dass die Interviewteilnehmenden viele Unterschiede als sich ausschließend ansahen und deshalb einen Dialog darüber als nicht möglich beurteilten. Ein solches Verhalten ist vergleichbar mit Watzlawicks Geschichte vom Mann mit dem Hammer, den er sich vom Nachbarn borgen will. In seinen Überlegungen, wie er fragen soll, steigert er sich zunehmend in die Vorstellung, der Nachbar wäre im Gegensatz zu ihm selbst nicht bereit, ihm den Hammer zu geben, bis er schließlich bei diesem klingelt und ihn deshalb beschimpft (Watzlawick 1983). Wenn dagegen von Ähnlichkeiten gesprochen wird, sind darin immer auch Unterschiede eingeklammert, ebenso wie Unterschiede auch Ähnlichkeiten einklammern. Die Ähnlichkeiten werden oftmals bewusst oder per Zufall aus dem Blickfeld genommen – müssen dies jedoch nicht. Ohne dieses Ausblenden könnte der Nachbar als großzügiger Mensch, wie man selbst, angesehen werden. Assmann nennt diesen Vorgang die „grundsätzliche Möglichkeit der Umperspektivierung" (Assmann 2018, S. 167).

C. Kumbruck (✉)
Hochschule Osnabrück, Osnabrück, Deutschland
E-Mail: c.kumbruck@hs-osnabrueck.de

M. Vogt
eye square GmbH, Berlin, Deutschland
E-Mail: kontakt@marvin-vogt.de

© Springer Fachmedien Wiesbaden GmbH, ein Teil von Springer Nature 2022
C. Kumbruck (Hrsg.), *Spannungsfeld Flüchtlinge*,
https://doi.org/10.1007/978-3-658-35499-2_8

Diese Ergebnisse werden hier noch einmal im ersten Teil (Abschn. 8.1) aufgegriffen und ein darauf aufbauendes Konsensmodell vorgestellt. Wie kommt man eigentlich zu einem Konsens, und wie kann man in diesen Situationen überhaupt Brücken aufbauen? Diesen Fragen widmet sich der zweite Teil des Kapitels, indem kommunikative Rahmenbedingungen und Methoden zur Bildung von Konsens sowie zum Brückenbauen präsentiert werden.

8.1 Überlappungen, „Seitenwechsel", Sowohl-als-auch-Positionen

Alle Teilnehmenden, egal welcher Engagementgruppe, formulierten im Interview Inhalte, die auch bei der jeweils anderen Seite genannt wurden oder sogar typisch für die andere Seite sind. Manchmal werden die Positionen offensiv vertreten, manchmal sind sie eher als Zugeständnisse zur anderen Seite anzusehen. Manchmal übernehmen die Teilnehmenden, ohne dass sie sich im Moment mit der anderen Seite auseinandersetzen, diese Positionen gar als persönlich besonders wichtig, ohne diesen „Seitenwechsel" zu merken.

Es handelt sich um „Aussagen, die dem Trend der eigenen Gruppenorientierung widersprechen und/oder sich ggf. mit dem Trend der anderen Gruppenorientierung überschneiden. Häufig sind es Aussagen, die eine Ambivalenz zu anderen Aussagen derselben Person ausdrücken. […] widerständige Sichtweise […], einerseits, weil Ambivalenz und Widersprüchlichkeit zum Menschsein dazugehören, andererseits, weil sich darin eine Anschlussfähigkeit zum Diskurs mit Menschen anderer Sichtweisen zeigt" (Kumbruck et al. 2020, S. 97).

Dabei identifizierten wir auch Interviewteilnehmende, die aufgrund dessen, dass sie mit je einem Fuß in beiden Positionierungen standen, als „Brückenbauende" tätig sein könnten. Sie könnten zwischen den Positionen vermitteln und die Komplementarität der unterschiedlichen Positionen herausarbeiten (siehe Kumbruck et al. 2020, S. 101). Noch werden sie nicht in dieser vermittelnden Rolle gesehen, da sie je nach Aussage schnell dem einen oder anderen „Lager" zugeordnet werden, d. h. die Position eines Sowohl-als-auch-Denkenden wollen andere nicht sehen.

8.1.1 Impuls zum Helfen: Mitgefühl

Alle Flüchtlingshelfer/innen sind der Meinung, dass man den Flüchtlingen helfen solle und auch müsse aufgrund deren existenzieller Not. Helfen-Wollen ist ja sogar ein wichtiges Motiv für diese.

Aber auch unter den Flüchtlingsskeptiker/innen gibt es einige, die sich von der Not der Flüchtlinge betroffen fühlen:

> *"Da [August 2015, Anm. d. Verf.] hat man noch auf das Fernsehen geguckt und hat gesagt: ‚Oh je, die armen Menschen'. Denke ich auch immer noch. Irgendwo sind sie arm, weil, die werden auch mit falschen Vorstellungen hierhergelockt."* (EI XI & XII)

Das Mitgefühl wird sogleich wieder relativiert, indem der/die Flüchtlingsskeptiker/in indirekt der Regierung vorwirft, die Flüchtlinge mit falschen Versprechungen ins Land gelockt zu haben, sodass die Flüchtlinge jetzt viel schlechtere Bedingungen als erwartet vorfinden. Die Strategie der Relativierung des Mitgefühls wird auch im nächsten Zitat deutlich:

> *"Wenn er [der Staat, Anm. d. Verf.] Menschen hilft, die eben wirklich nur aus wirtschaftlichen Gründen hierherkommen, dann können wir irgendwann auch Kriegsflüchtlingen auch leider nicht mehr helfen."* (EI XX & XXI)

Kriegsflüchtlingen soll demnach geholfen werden, Wirtschaftsflüchtlinge (zum Begriff siehe Abschn. 7.3 sowie Anhang, Teil 1, Begrifflichkeiten zur rechtlichen Einordnung von Flüchtlingen) würden dagegen die Anzahl in Deutschland zu verkraftender Flüchtlinge übersteigen. Man könnte die Aussage jedoch auch vorrangig als Vorwurf an den Staat interpretieren, sog. Wirtschaftsflüchtlinge in zu großer Zahl aufzunehmen. Die Aussage enthält zwar eine doppeldeutige Botschaft, aber sie umfasst auch die allgemeine Akzeptanz von und Bereitschaft zur Aufnahme von Kriegsflüchtlingen.

Auch viele Flüchtlingshelfer/innen sehen in der Anzahl an Flüchtlingen ein Problem für die Bewältigung, z. B. die Länge der Asyl- und Aufenthaltsrechtsverfahren und die Zustände in den Erstaufnahmelagern, die Sprachvermittlung, das Bildungssystem, die Integration in Ausbildung und Beruf. Persönlich betroffen fühlen sich beide Seiten bei der Vorstellung, dass die eigenen Kinder und Enkel/innen in eine Schule mit einem hohen Anteil nicht deutschsprechender Schüler/innen müssten. Genannt werden Sorgen im Hinblick auf *„Überforderung"* der Lehrer/innen (EI IV), sodass Unterricht und Bildung des eigenen Kindes litten und damit eine Grenze der Anzahl aufgenommener Flüchtlinge erreicht sei, bis hin zur generellen Sorge: *„Ich will auch noch für meine Enkel ein gutes Deutschland."* (EI XI & XII).

▶ Mitgefühl und Hilfsbereitschaft sind bei Flüchtlingshelfer/innen und -skeptiker/innen sehr unterschiedlich verteilt, jedoch einige Flüchtlingsskeptiker/innen zeigen eine Grundbereitschaft zur Aufnahme von Flüchtlingen in Not und auch einige Flüchtlingshelfer/innen setzen eine Grenze für die Aufnahme von Flüchtlingen.

8.1.2 Integration und „deutsche" Regeln

Auch wenn der Hilfegedanke das Engagement der Flüchtlingshelfer/innen durchzieht, verfolgen sie als wesentliches Ziel, einen Beitrag dafür zu leisten, dass Flüchtlinge sich integrieren können. Sie unterstützen ganz praktisch bei Behörden- und Arztbesuchen und helfen beim Erlernen der deutschen Sprache und Kultur sowie der Suche nach Ausbildung und Beruf. Sie verstehen ihre überwiegend alltagspraktische Hilfe vielfach als *„Hilfe zur Selbsthilfe"*. Sie können auf diverse Erfolgsgeschichten bei der Integration verweisen, die auf ihren Einsatz zurückgehen.

Die Flüchtlingsskeptiker/innen bezweifeln, dass Integration gelingen kann, und verweisen auf die Kehrseite nichtintegrierter Ausländer/innen, u. a. Kriminalität, Gefahr für deutsche Frauen, islamistischer Terror, Clanstrukturen. Sie wehren sich gegen die Vorstellung, dass dies Ausdruck von Ausländerfeindlichkeit sei, wie die folgende Aussage exemplarisch zeigt:

> *„Es hat nichts, nichts mit Ausländerfeindlichkeit [zu tun, Anm. d. Verf.], was ja immer so explizit vorgeschoben wird, das ist totaler Blödsinn. Es hat einfach damit was zu tun, dass Menschen, die hier in unser Land kommen, natürlich sich integrieren müssen. Die Sprache lernen müssen und auch für, was für, ja, für das Land tun. Die Kultur akzeptieren und das große Problem ist ja, dass es verschiedene, verschiedene Religionsgruppen gibt, die von vornherein, denen es von vornherein ihr Glaube verbietet, sich in einem christlich geprägten Land zu integrieren."* (EI XVI)

D. h. vonseiten der Flüchtlingsskeptiker/innen wird die Sorge, dass Integration nicht gelinge und bei manchen Flüchtlingen auch nicht die Bereitschaft vorhanden sei, als zentrales Problem angesprochen.

Aber auch einige Flüchtlingshelfer/innen halten die Integrationsbereitschaft und -fähigkeit ihrer Schützlinge nicht immer für gegeben. Ein/e Flüchtlingshelfer/in, der/die alleinreisende, jugendliche Flüchtlinge auf ihrem Weg zur Ausbildung und in den Beruf betreut, betont, dass es neben der erlebten *„Erfolgsgeschichten"* auch Grenzen des Einsatzes gibt:

> *„… das ist so […] wie bei den Bundesbürgern auch, es gibt solche und solche. Und das ist bei den Flüchtlingen so. Es gibt welche, die sehr, richtige Power haben und das auch von ihren intellektuellen Voraussetzungen alles gut geregelt kriegen, gut organisiert sind. Und es gibt dann auch welche, wo das anders ist. Also jetzt die, die ich im Augenblick betreue, […] die müssen sich ja erstmal hier, ich sage mal in unser kulturelles System einfinden. Und das ist eben, da merkst du mal, die kommen eben aus ganz anderen Dingen. Also Frage Verbindlichkeit von einer Verabredung. Pünktlichkeit im breiteren Sinne, also. Und das war bei ihr, habe ihr immer gesagt: ‚Ich kann Ihnen nur helfen, wenn Sie mir die Schreiben der Behörden […] schicken Sie sie mir.' Ich habe es bis heute noch nicht zuverlässig hingekriegt."* (EI XIX)

Er/sie zieht folgende Schlussfolgerungen aus diesen Erfahrungen für Integration:

> *„Und da denke ich schon, dass es Sinn macht oder dass man durchaus sagen kann, wir leben hier, es gibt bestimmte Regeln, die ich ja nicht, auch nicht gesetzt habe, sondern die diese Mehrheitsgesellschaft oder der Bundestag gesetzt hat. Und wenn du hier klarkommen willst, musst du sie kennen. […] Integration, das heißt also akzeptieren, dass es hier anders läuft als in ihren Herkunftsländern. Und durchaus lernwillig sein, zu erfahren, wie es hier geht."* (EI XIV)

Hier ist eine wichtige Konsequenz gezogen: Helfen ja, aber: Gewisse Regeln, Normen und Werte in Deutschland sind nicht verhandelbar.

Als wichtige Regeln werden von diesem/r und anderen Flüchtlingshelfer/innen gerade solche, die im Arbeitsleben relevant sind, angesprochen: Pünktlichkeit, Ehrlichkeit, Verbindlichkeit, generell Regeln zu befolgen:

> *„Du kannst nicht von deiner Schicht, was weiß ich, wenn du irgendwo in einer Firma arbeitest, sagen, ich muss jetzt mal zehn Minuten beten oder was. Geht nicht." (EI VII)*

Ein/e andere/r Flüchtlingshelfer/in, der/die schon lange vor 2015 in der Flüchtlingsbetreuung aktiv war, sagt, dass er/sie inzwischen *„sehr viel skeptischer" (EI XIII)* auf deren Integrationschancen schaut, denn in Bezug auf früher eingewanderte Flüchtlinge stellt er/sie fest: *„Die Bildung von parallelen Strukturen ist erkennbar." (EI XIII)*.

Seiner/Ihrer Meinung nach müssen die Flüchtlingshelfer/innen stärker darauf achten, dass ihre Schützlinge auch im Kleinen nicht gegen Gesetze verstoßen. Beispiele hierfür sieht er/sie im Diebstahl von Lebensmitteln oder im Autofahren, ohne einen Führerschein erworben zu haben.

> *„Die Flüchtlinge [...] gewöhnen sich natürlich dran, dass man in Deutschland eigentlich sanktionslos gegen die Gesetze verstoßen kann. Und die Frage ist, als meine Aufgabe als Ehrenamtlicher: Darf ich das sozusagen einfach hinnehmen, darf ich weggucken? Und ich denke, das darf ich nicht." (EI XIII)*

▶ Es geht also aus Sicht vieler Flüchtlingsengagierten im Hinblick auf die Integration von Flüchtlingen nicht nur um die Verfolgung von Einzelgesetzen und -regeln, sondern um das Akzeptieren eines Rahmens, sowohl des Gesetzes als auch des staatlichen Gewaltmonopols, aber auch der Regeln, die der Sicherheit der Verkehrsteilnehmer/innen und der Zusammenarbeit im Unternehmen, z. B. dem Ablauf innerhalb einer Schicht, zuträglich sind. D. h. dieser Rahmen und die Befolgung seiner Konkretisierungen in Form von Gesetzen und Regeln werden als nicht verhandelbar angesehen.

Es gibt viele weitere Aspekte des vorhersehbaren Zusammenstoßes in einer Gemeinschaft unterschiedlicher Kulturen. Insbesondere die unterschiedlichen Beziehungsdefinitionen und -praktiken zwischen Mitgliedern individualistischer und kollektivistischer Kulturen wurden in unserer Studie mehrfach als irritierend thematisiert, so wenn Flüchtlingshelfer/innen zwar eine Freundschaft zum Flüchtling als angenehm finden, den Einbezug wie ein Familienmitglied in dessen Familie aber als einengende Nähe erleben. Hier tut sich eine Herausforderung für Integration auf, die sehr schwer zu lösen sein wird (siehe hierzu ausführlicher Kap. 10).

8.1.3 Kritik an der Flüchtlingspolitik und ihrer Vermittlung

Viele Flüchtlingsskeptiker/innen kritisieren die Regierung und ihre Flüchtlingspolitik. Dabei geht es sowohl um den aktuellen Umgang mit Menschen, die nach Deutschland geflüchtet sind, als auch um politische Präventionskonzepte, damit Menschen gar keinen Grund zur Flucht haben. Dabei liegt für Flüchtlingsskeptiker/innen die Berechtigung, in Deutschland Asyl oder einen anderen Aufenthaltsstatus zu erhalten, ausschließlich für Kriegsflüchtlinge vor, d. h. andere Fluchtursachen werden nicht als legitim angesehen. Andere Flüchtlinge werden von ihnen pauschal in die Kategorie Wirtschaftsflüchtlinge gesteckt. Viele Flüchtlingsskeptiker/innen haben den Eindruck, dass die deutschen Behörden alle Flüchtlinge, d. h. zum größten Teil Wirtschaftsflüchtlinge, aufnehmen und damit das Asylrecht zum Schaden der deutschen Bevölkerung willkürlich ausweiten.

Auch aus Sicht der Flüchtlingshelfer/innen stellt die Flüchtlingspolitik ein geeignetes Thema für ein Gespräch mit den Flüchtlingsskeptiker/innen dar:

> *„Und das Zweite ist, dass wir auch als Flüchtlingshelfer/innen ganz viel Kritik an der Politik haben, ganz viel. Man ist sich in manchen Sachen auch einig. Wir haben dann auch Leute da, wo wir gesagt haben ‚Warum haben sie diese Leute nicht schon längst schon abgeschoben?' Aber andere, die sich wirklich bemühen, die werden einfach nachts abgeholt." (EI X)*

Mehrere Flüchtlingshelfer/innen stellen die Praxis der Flüchtlingsaufnahme juristisch und bezüglich der zeitlichen Dauer infrage. So würden beispielsweise Erstberatungen vor dem Einreichen eines Asylantrags nicht durchgeführt. Angesichts der Menge von asylsuchenden Flüchtlingen wurde nicht nur geschultes Personal für die Bearbeitung der Anträge eingesetzt, was zu sehr vielen Fehlentscheidungen aus juristischer Sicht führte. Besonders problematisch sei auch die Zeitspanne, bis die Bescheide den Flüchtlingen zugestellt würden, wodurch sich auch aus humanitärer Sicht problematische Situationen ergäben. Als ebenso problematisch wurde die unflexible Umsetzung angesehen, Flüchtlinge, die bereits eine Arbeitsstelle hatten, wieder in ihr Land zurückzuschicken.

Die Flüchtlingsskeptiker/innen stellen der Flucht aus anderen Ländern und der darauffolgenden Einwanderung in Deutschland Entwicklungspolitik und Außenpolitik gegenüber, die zum Verbleib der Menschen in ihren Heimatländern führen soll. Sie haben den Eindruck, dass die Regierung die Flüchtlinge stattdessen sogar absichtlich anlockt, so beispielsweise mit dem BAMF-Film, wie in Abschn. 7.7.1 beschrieben.

Insgesamt gesehen wird kritisiert, dass somit seitens der Regierung keine gute Informationspolitik betrieben wurde, mit der man die Bevölkerung hätte mitnehmen können, wie es ein/e Flüchtlingshelfer/in formuliert:

> *„Eines der Probleme, die ich schon damals in 2015 meine, gesehen zu haben, dass man nicht vonseiten, ich sage mal, der Regierung, von Frau Merkel und so weiter nicht ehrlich sagt, was da auf die Gesellschaft zukommt. Sondern nur den einen Satz [gemeint ist der in der Pressekonferenz 31.08.2015 von der Bundeskanzlerin Frau Merkel geäußerte Satz ‚Wir schaffen das.' angesichts der hereinströmenden Flüchtlinge; Anm. d. Verf.], also einmal keine Debatte da drüber führt vorher, wie man das handhaben will. […] Genau, also das ist ja, dass man so etwas praktisch auf einer Pressekonferenz mitteilt, finde ich*

> *zumindest gewöhnungsbedürftig. Und dann eben auch so zu tun, als wäre das kein Problem. Wenn man sozusagen das kommunizieren würde, sagen: ‚Wir haben hier ein Riesenproblem. Und wir versuchen sozusagen abzuarbeiten und sozusagen eine Regelung dafür finden.' Ich glaube, das wäre sehr viel besser gelaufen. Das Zweite ist, dass man so getan hat, als wären, wie gesagt, diese Arbeitskräfte willkommen, ohne zu sagen, dass das im Schnitt fünf Jahre dauert, bis die an der Stelle sind, wo sie einen sinnvollen Beitrag leisten können. […] da hat man nicht mit offenen Karten gespielt. Denn auch mit offenen Karten spielt man meines Erachtens nicht, wenn man einfach sagt: ‚Naja, das kostet ja nichts und euch wird nichts weggenommen.' Da ist noch, müsste noch was [gemeint ist kommunikative Aufklärung seitens der Regierung; Anm. d. Verf.] drin sein. Das ist sicher richtig, es sind ja keine Leistungen gekürzt worden, also den Leuten, die jetzt sagen: ‚Na doch, den Flüchtlingen gebt ihr alles und mir, ja aber' und so weiter, das ist richtig, es sind keine Leistungen [gekürzt worden, Anm. d. Verf.]. Aber natürlich gehen durchaus namhafte Beträge in Unterhalt, Betreuung, Integration sozusagen der Flüchtlinge, die an anderer Stelle nicht zur Verfügung stehen. Das muss man und das müsste man auch kommunizieren, sagen. Man müsste dann eben sagen: ‚Wir wollen den von Verfolgung Bedrohten Schutz bieten und das kostet etwas.' Aber alles das passiert nicht. Das ist etwas, […] wo es schiefläuft. Und dann ist man auch auf [Seiten der Regierung auf, Anm. d. Verf.] einmal in so einer Verteidigungsposition, wo man nur noch diese Rechte der Flüchtlinge beschneidet. Und das hat man seit 2016 systematisch getan, teilweise gegen europäisches Recht, ja." (EI XIX)*

Diese/r Flüchtlingshelfer/in kritisiert die magere Informationspolitik der Regierung. Aus seiner/ihrer Sicht hätte die Regierung mit einer aufrichtigen Informationspolitik mit Verweis darauf, dass durch die Flüchtlingsaufnahme viele Herausforderungen auf die Gesellschaft zukommen würden, die Bürger/innen besser vorbereitet und auch die Bereitschaft, diese mitzutragen, erhöhen können. Als besonders problematisch wird dabei gesehen, dass bei einem solch einschneidenden Eingriff in die Gesellschaft nur eine Mitteilung erfolgte, anstatt erst einmal eine öffentliche Debatte darüber zu führen, wie man es handhaben will.

Ein/e andere/r Flüchtlingshelfer/in sieht, ähnlich wie viele Flüchtlingsskeptiker/innen, angesichts des mangelnden Einbezugs der Bevölkerung in diesen folgenschweren Entscheidungsprozess für die Bevölkerung ein Demokratiedefizit in Deutschland:

> *„Demokratie wie funktioniert sie? Sie funktioniert eigentlich nicht, indem einer von oben angibt, was zu tun ist, sondern sie funktioniert, indem alle, die eben eine Stimme haben und Kraft haben, sich in einer bestimmten Weise engagieren." (EI XIII)*

Eine ähnliche Sichtweise findet sich in einem Interview von Flüchtlingsskeptiker/innen:

> *„Also ich wäre für mehr Demokratie, für mehr Volksentscheidung. Nicht einfach nur wählen alle vier Jahre, so, jetzt hat es Stimmen gegeben, jetzt wird vier Jahre nichts mehr dazu gesagt: [für, Anm. d. Verf.] die großen Entscheidungen, können wir gerade die Flüchtlingspolitik nehmen [, sollte es mehr Mitbestimmung geben, Anm. d. Verf.]" (EI XI & XII)*

Sowohl Flüchtlingshelfer/innen als auch Flüchtlingsskeptiker/innen haben den Eindruck, dass eine kritische Debatte über die Flüchtlingsaufnahme in Deutschland vielfach nur mit Skepsis beäugt wird.

Der/die Flüchtlingshelfer/in hat seine/ihre Einschätzung aus der Koordinationstätigkeit von ehrenamtlichen Flüchtlingshelfer/innen im kirchlichen Kontext gewonnen, wo immer wieder Ehrenamtliche über Probleme im Umgang mit Flüchtlingen berichten, frustriert sind und auch viele Flüchtlingshelfer/innen deswegen wieder ihr Engagement aufgeben. Schuld daran ist seiner/ihrer Meinung nach eine Atmosphäre, in der sich viele nicht trauen, ihre Zweifel am Sinn der Unterstützung mancher Flüchtlinge offen zur Diskussion zu stellen. Denn die gängige Praxis von Träger/innen der Flüchtlingsarbeit sei nicht vorurteilsfrei: *„Also wenn ich die Verlautbarungen von katholischer und evangelischer Seite höre, dann sind das alles Leute, die nur nach rechts verurteilen"* (EI XIII).

Seine/ihre Schlussfolgerung jedoch besteht darin, dass die Gesellschaft und Institutionen wie die Kirche versuchen müssen, Menschen, die angesichts der Flüchtlinge sorgenvoll in die Zukunft schauen und darüber nachdenken, sich politisch nach rechts zu orientieren, versuchen mitzunehmen, anstatt sie auszugrenzen:

> *„Deswegen denke ich, wir müssen natürlich vor Ort ständig versuchen, Leute, die noch irgendwie zu gewinnen sind, die noch Fragen haben, die aber nicht sagen, die Strukturen der Nazi-Zeit oder meinetwegen bestimmte autoritäre Strukturen sind die besten. Sondern die sozusagen ins Schwanken gekommen sind, Wanken gekommen sind, die ins Gespräch miteinzubeziehen. Also das scheint mir eine wichtige Aufgabe gesellschaftspolitisch zu sein und das braucht natürlich auch die Unterstützung der großen Politik."* (EI XIII)

Lokal hat er/sie selbst einen solchen offenen Meinungsaustausch unter Flüchtlingshelfer/innen initiiert und dabei erlebt, dass viele Flüchtlingshelfer/innen problematische Erfahrungen mit einzelnen Flüchtlingen gemacht haben, aber bei den die Hilfeprojekte betreuenden Organisationen kein Ohr und keine Unterstützung angesichts ihrer Klagen gefunden haben. Deshalb haben sie teilweise schon über die Beendigung ihres Engagements nachgedacht. Der/die Flüchtlingshelfer/in berichtet:

> *„Aber ein Teil des Gesprächs war wirklich ein sehr kritisches über die eigenen Erfahrungen. Und die gehen dann halt nicht weg anschließend. Sondern die bleiben dabei und erleben, sie können ihre Reaktionen, ihre Wahrnehmungen aussprechen und werden nicht gleich in eine bestimme politische Ecke gestellt. Das scheint mir eine wichtige demokratische Aufgabe zu sein. Aber wie gesagt, das sind natürlich kleine Ansätze."* (EI XIII)

Indem er/sie den Flüchtlingshelfer/innen die Chance gibt, sich frei auch über schlechte Erfahrungen mit Flüchtlingen zu äußern, kann er sie wieder einbinden in das Hilfeengagement. Für ihn/sie besteht die demokratische Aufgabe also sowohl im Kleinen der Flüchtlingshilfe als auch im Großen der Politik darin, dass unterschiedliche Sichtweisen eingebracht und ausgehandelt werden dürfen, anstatt manche *„Wankende"* vorschnell auszugrenzen.

Die meisten Flüchtlingsskeptiker/innen beklagen, dass sie vorschnell als *„Rechtsextreme abgestempelt"* (FG III) würden; sie sprechen teilweise sogar von der *„Nazi-Keule"* (EI XIV), die sie ungerechtfertigt träfe: *„Jeder, der gegen die Flüchtlingspolitik* *ist; ein Nazi-Vorwurf"* *(FG IV).* Sie wehren sich gegen diese pauschalisierten Vorwürfe, ohne dass ihre individuellen Sichtweisen überhaupt angehört oder ernst genommen würden (siehe Kumbruck et al. 2020, S. 91 f. und 178 f.). Auf die Frage, woran diese Vorverteilungen liegen können, erfahren wir aus Sicht von Flüchtlingsskeptiker/innen:

> *„Weil es ja nur noch die zwei Lager gibt, links, rechts. Die Mitte ist schon verloren gegangen irgendwo, nein?"* *(XI & XII)*

D. h. sowohl aus Sicht von Flüchtlingsskeptiker/innen als auch -helfer/innen (siehe EI XIII oben) wird eine kommunikative oder gesellschaftliche Entwicklung kritisch gesehen, die nur noch aus Extremen besteht. Diese Interviewpartner/innen sind aber selbst schon lebendige Beispiele dafür, dass es noch etwas dazwischen gibt, dass sie selbst zumindest in Bezug auf einzelne Themen, die ansonsten zwischen den beiden Engagementgruppen Flüchtlingshelfer/innen und -skeptiker/innen zur Abgrenzung und zum Streit führen, etwas von ihrer Lagerhaltung abrücken, differenzierter draufschauen.

Eines fiel in der Argumentation noch auf: Keiner will mit einem Nationalsozialisten verwechselt werden; als Bedingung wurde von einem/r Interviewpartner/in Nazis oder Autoritäre als Ausschlusskriterium eines Dialogs benannt. Und so schließt sich die Frage nach der Gewalt an.

8.1.4 Protestieren in einer Demokratie – die Frage der Gewalt

Viele Flüchtlingshelfer/innen fühlen sich von gewaltsamen Aufmärschen gegen die Flüchtlingspolitik und die Regierungen abgestoßen. Das folgende Beispiel stammt von einem/r Flüchtlingshelfer/in, der/die gegen eine Demonstration von Flüchtlingsskeptiker/innen und -gegner/innen gegen die Eröffnung eines Übergangswohnheims demonstrierte.

> *„Da gab es dann Demonstrationen, wo auch die freien Kameraden, die jetzt alle im Knast sitzen wegen terroristischer Umtriebe, die [...] sind davor weg marschiert mit ihren Bannern. Das heißt, die haben das auch richtig okkupiert für sich und haben gegen das Übergangswohnheim [demonstriert. Die, Anm. d. Verf.], haben mir die Autoreifen zerstochen und solche Sachen. Also alles dann. [...]*
>
> *Es gab da auch ein paar Situationen in [dem Ort des Übergangswohnheims, Anm. d. Verf.]. Da habe ich Angst gehabt, muss ich sagen. Als dann 400 Nazis auf 200 Linke losgegangen sind [...], die haben uns angegriffen. Die haben uns auch mit Steinen beworfen und so."* (FG II)

Er/sie macht deutlich, dass auf solchen Demonstrationen gegen Flüchtlingsheime unterschiedliche Gruppierungen vertreten sind und es durchaus möglich ist, dass sie von Rechtsextremisten okkupiert sind, wodurch die Atmosphäre gewalttätig ist und den Flüchtlingshelfer/innen Angst macht.

Während es durchaus auch Flüchtlingsskeptiker/innen gibt, die die Demonstration von Wut *("kämpfen so wie ein Berserker" [FG III])* richtig finden, grenzen sich andere Flüchtlingsskeptiker/innen dezidiert von körperlicher Gewalt ab. Die beiden Flüchtlingsskeptiker/innen, die im Folgenden zitiert werden, beziehen sich beide auf PEGIDA-Demonstrationen.

> *„Ich verstehe PEGIDA. Ich verstehe, sie haben ein Recht. Also wenn es nicht verboten ist, ist es erlaubt. Das ist das Erste. Wenn es friedlich abläuft. Und es lief immer friedlich ab."* (EI XIV)
>
> *„... hat man auch immer solche Idioten dabei, die sich auch A nicht benehmen können, B [...] mit Gewalt kein Problem haben. Damit habe ich aber ein Problem, egal von welcher Seite."* (EI XVI)

Beide wollen, dass die Demonstrationen friedlich verlaufen, d. h. sie lehnen Gewalt ab. Aber sie haben unterschiedliche Wahrnehmungen in Bezug auf die PEGIDA-Demonstrationen: Der erste bescheinigt, dass die Demonstrationen immer friedlich abliefen, der zweite verweist darauf, dass immer Teilnehmer/innen (*„Idioten"*) dabei waren, die Gewalt ausgeübt haben. Unabhängig von dieser unterschiedlichen Wahrnehmung ist bedeutsam, dass bei beiden Konsens darüber besteht, dass diese Demonstrationen gewaltfrei ablaufen müssen.

▶ Das Primat der Gewaltfreiheit ist sicherlich eine der wichtigsten Voraussetzungen für einen Dialog der beiden Seiten.

8.1.5 Kommunikative Rahmenbedingungen, die zusammenführen

Wenn man sieht, wie viele Anknüpfungspunkte es zwischen den Flüchtlingshelfer/innen und -skeptiker/innen gibt, wie viele Personen Meinungsüberlappungen mit der jeweils anderen Seite haben, wie manche Flüchtlingsengagierte sich als Brückenbauende eignen, dann müsste ein Dialog der beiden Seiten realisierbar sein anstatt des Misslingens eines Dialogs oder der Frontenbildung. Natürlich müssen dabei auch die kommunikativen Rahmenbedingungen stimmen.

Die meisten Teilnehmenden sahen die Notwendigkeit eines Dialogs zwischen Flüchtlingshelfer/innen und -skeptiker/innen trotz bisher überwiegend schlechter Erfahrungen. Ein/e Flüchtlingsskeptiker/in erlebte öffentliche Dialoge, dabei kamen bei dem/r einen die Flüchtlingsskeptiker/innen nicht zu Wort, weshalb er/sie diesen Dialog als sehr enttäuschend empfand. Einen anderen Dialog erlebte er/sie *„auf Augenhöhe"* (EI XIV), was von ihm als positiv herausgestellt wurde.

Hintergrundinformation
Es handelte sich um ein für das Fernsehen aufgezeichnetes Gespräch zwischen dem ehemaligen Bundespräsidenten Joachim Gauck und einem ostdeutschen Flüchtlingsskeptiker. Gauck hat ein dazu passendes Buch geschrieben mit dem Titel „Toleranz, einfach schwer" (Gauck 2019).

Ein/e Flüchtlingshelfer/in kritisiert sich selbst dafür, dass er/sie bisher zu wenig Toleranz in Gesprächen mit Flüchtlingsskeptiker/innen aufgebracht hat, will diese aber für zukünftige Gespräche üben. Sein/ihr Ziel dabei ist nicht zwangsläufig Einigkeit, aber eine *„Gemeinsamkeit auf einer niederen Schwelle" (EI VI)*. Ein/e weitere/r Flüchtlingsskeptiker/in glaubt, dass ein fairer Dialog im *„kleineren, vertrauteren, vor allem vertrauteren Kreis viel einfacher und auch von der Akzeptanz förderlicher" (EI XX & XXI)* ist.

Die kommunikativen Zutaten für das Streitgespräch sind demnach aus Sicht der Interviewten die Begegnung auf Augenhöhe, womit man seinem/r Gesprächspartner/in Respekt vermittelt, Toleranz, d. h. die Bereitschaft des Zuhörens und der Versuch zu verstehen, ohne dabei gleich Einigkeit anzustreben, und ein kleinerer Rahmen, der Vertrautheit ermöglicht. Mit Rückgriff auf das Kap. 7 (Kommunikation) ist sicherlich eine weitere Voraussetzung für Vertrautheit, dass Beschimpfungen, Drohgebärden und sprachliche Abwertungen hier keinen Platz haben.

8.1.6 Argumentation zur Konsensbildung

Führt man sich noch einmal vor Augen, dass beide Seiten ihr Interesse und ihren Willen zum Dialog bekundet haben, scheint es tatsächlich so, dass es weniger um die Frage geht, ob ein solcher Dialog überhaupt möglich ist. Stattdessen sollte die Frage also eher lauten: Wie kann eine erste (Wieder-)Annäherung gelingen? Ausgehend von den Argumentationen, mit denen die Flüchtlingshelfer/innen und Flüchtlingsskeptiker/innen ihr Engagement begründen, und insbesondere unter Berücksichtigung der sich überlappenden Positionen, die in diesem Kapitel ausgeführt wurden, materialisiert sich der Ansatz, einen Konsens auf höherer Ebene zwischen den beiden Lagern zu erlangen, anstatt sich im Streit über Details von Migrations- und Integrationsmaßnahmen zu verlieren und dadurch vermutlich noch weiter auseinanderzudriften. Der angestrebte Konsens muss abstrakter, aber dennoch sachbezogen sein, ein positives Ziel in Aussicht stellen und beide Seiten gleichermaßen berücksichtigen, indem er möglichst viele Kerngedanken der Engagierten aufgreift.

Die Flüchtlingsskeptiker/innen fordern mehrheitlich, dass Deutschland keine bzw. deutlich weniger Flüchtlinge aufnimmt. In ihren Augen wäre es eine effektivere und daher zu präferierende Politik, internationale Konflikte rechtzeitig im Keim zu ersticken, um so die wahre Ursache der Flucht und nicht die späteren Folgen zu bekämpfen. Entsprechend verlangen sie insbesondere:

- bessere Entwicklungshilfe
- prophylaktische Außenpolitik/Diplomatie
- Aktivierung politischer Bündnispartner
- unmittelbare Hilfe/Unterstützung vor Ort (im Heimatland).

Die Flüchtlingshelfer/innen auf der anderen Seite setzen sich dagegen dafür ein, dass Flüchtlingen in Deutschland schnell und unbürokratisch die passende Hilfe und Unterstützung zukommt. Die Motivation dabei ist, dass hier ankommende Geflüchtete gut aufgefangen werden und sie es möglichst leicht haben, in einer fremden Kultur mit unbekannten Regeln und Gesetzen sowie einer Fremdsprache klarzukommen. Flüchtlinge sollen also so behandelt werden, dass sie nicht nur „da sind", sondern langfristig idealerweise auch etwas Relevantes in die Gesellschaft einbringen oder „zurückgeben" können, z. B. indem sie einem Erwerb nachgehen können. Dafür braucht es u. a.:

- gute/wirksame Flüchtlings- und Integrationsarbeit:
  - Sprachkurse
  - Kulturseminare und Hilfe bei Behördenangelegenheiten
  - Programme zur Aus-, Fort- und Weiterbildung
- Offenheit der Flüchtlinge gegenüber der Kultur in Deutschland
- Bereitschaft der Flüchtlinge, sich an deutsche Regeln/Gesetze zu halten (insbesondere das Grundgesetz).

Fasst man die bisherigen Positionen etwas allgemeiner zusammen, ließe sich formulieren: Viele Flüchtlingsskeptiker/innen vertreten mit ihren Forderungen und ihrem Engagement die Ansicht, dass kein Mensch vor Krieg aus seinem Heimatland fliehen müssen solle. Die Flüchtlingshelfer/innen arbeiten mit ihren Tätigkeiten darauf hin, dass Flüchtlinge in Deutschland bestmöglich aufgenommen werden sollen. So gegenübergestellt wird ersichtlich, dass sich diese Ziele keinesfalls widersprechen: Während sich die eine Seite vorrangig darauf konzentriert, die Fluchtursachen möglichst zu bekämpfen und so eine Flucht grundsätzlich überflüssig zu machen, setzt sich die andere Seite dafür ein, dass diejenigen, die trotz aller Bemühungen doch flüchten müssen, menschlich in Empfang genommen werden und ihnen geholfen wird. Diese beiden Aussagen sind somit letztlich Unterziele für das konsensfähige Oberziel: „Alle wollen sich in Deutschland wohlfühlen". Die Abb. 8.1 verdeutlicht diese Zusammenführung nochmals.

Die allgemeine Idee dieser Argumentationshilfe ist, dass beide Seiten dem Oberziel (dem Konsens), so wie es formuliert ist, ohne Zögern zustimmen würden. Das hier genannte „Wohlfühlen" lässt sich mit Überschneidungen in den Aussagen und Argumenten der Engagierten aus beiden Lagern noch anreichern und präzisieren.

So ist das „Wohlfühlen" insbesondere folgendermaßen zu verstehen:

- Friedlich: Verzicht auf Gewalt
- Freiheitlich: Niemand wird zu etwas gezwungen, ein „schweigendes Miteinander" ist völlig ausreichend
- Vertrauen in den Staat, z. B. keine Überforderung der Behörden & Rechtsstaatlichkeit
- Keine Kriminalität bzw. keine Steigerung der Kriminalität
- Keine Zusammenrottung/Abschottung (Clan-Strukturen) von Minderheiten mit abweichenden Regeln
- Es gibt für das Zusammenleben gemeinsame verbindliche Regeln in Deutschland

8 Das Brückenbauen und Konsensbildung 229

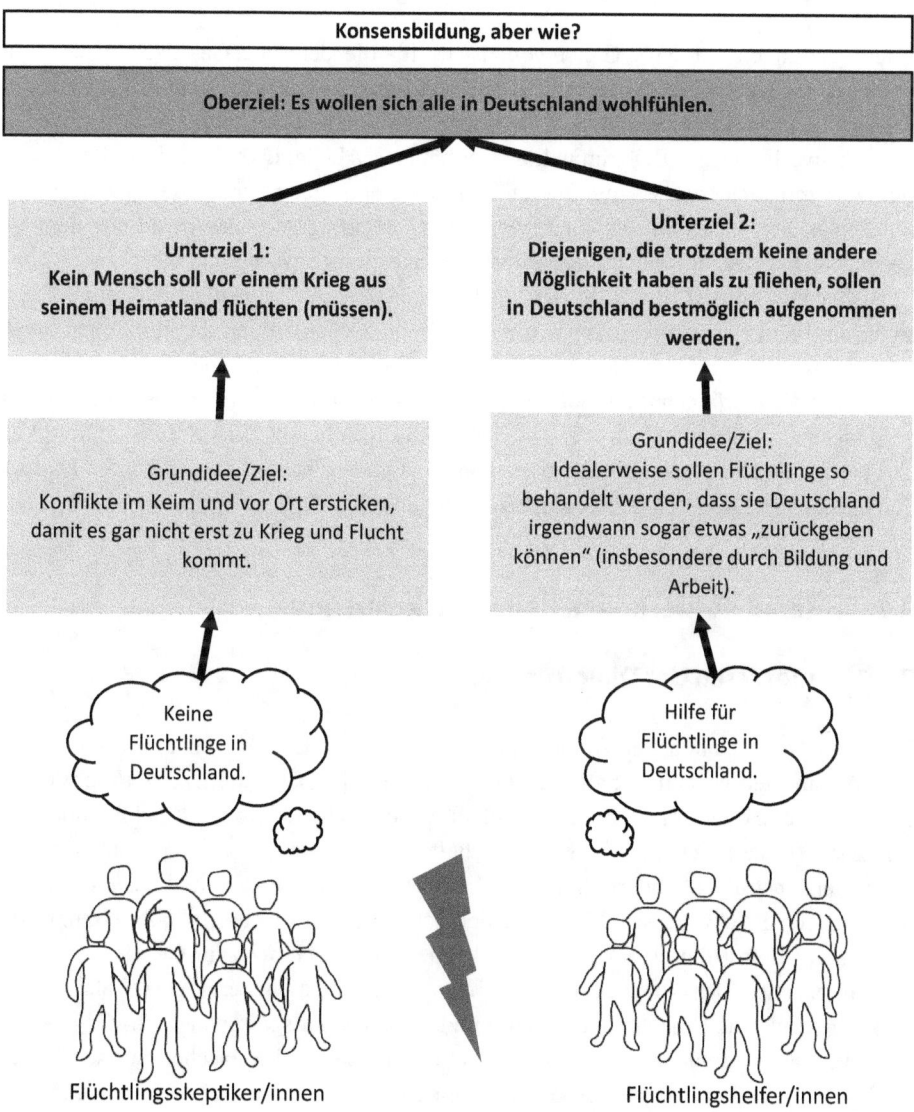

Abb. 8.1 Argumentative Konsensbildung durch ein gemeinsames Oberziel

Dieser Konsens besteht nun aus zwei Unterzielen (1 und 2). So wie die Punkte formuliert sind, sollte die Mehrheit beider Seiten ebenfalls allen Aspekten auf ihrer und auch auf der anderen Seite zustimmen können. Die Flüchtlingsskeptiker/innen konzentrieren sich dabei jedoch nur auf das erste Unterziel, wohingegen die Flüchtlingshelfer/innen nur das zweite Unterziel fokussieren. Ein Zustand der Welt, in der es keinen Krieg und damit keine Fluchtursache gibt, dürfte zweifelsfrei von beiden Lagern als anzustrebendes Ideal betrachtet werden (womit die Flüchtlingshelfer/innen nun dem Unterziel der -skeptiker/

innen zustimmen würden). Gleichwohl ist es für die deutsche Gesellschaft eindeutig besser, wenn solche Geflüchteten, die dennoch ihre Heimat vor einem Krieg verlassen mussten, dann in Deutschland auch bestmöglich aufgenommen und unterstützt werden, um negative Folgen, z. B. Kriminalität, permanente Abhängigkeit von Sozialleistungen etc., zu vermeiden bzw. zu minimieren und den Geflüchteten stattdessen positives Entwicklungspotenzial zu ermöglichen (womit die Flüchtlingsskeptiker/innen nun dem allgemeinen Unterziel der Flüchtlingshelfer/innen zustimmen würden).

Bisher konzentriert sich jede Seite jedoch nur auf die eigenen individuellen Tätigkeiten in ihrem Engagement, die sich natürlich unterscheiden und damit eine pauschale und ultimative Gegensätzlichkeit vortäuschen. Entsprechend nehmen sie sich als vermeintliche Gegner/innen wahr, kämpfen aber letztlich für ähnliche Ziele – nur eben an verschiedenen Stellen und aus verschiedenen Ansätzen heraus. Ein Austausch über Vor- und Nachteile der jeweiligen Unterziele könnte „blinde Flecken" der beiden Seiten deutlich machen und somit zu gemeinsamen Lösungen führen.

8.2 Herausforderungen beim Brückenbauen

8.2.1 Interessen der Dialogpartner

Diesem scheinbar einfachen Ablauf eines Dialogs zwischen Menschen, die sich bisher als Kontrahenten verstehen, haftet heutzutage etwas Visionäres an. Und wirklich, wie in Kap. 9 weiter ausgeführt, ist die Gesellschaft derzeit mehr auf Konflikt und Rechthaberei fokussiert, sodass sich auch das gesellschaftliche Umfeld mit seinen polarisierenden Gedankenkonstrukten ändern muss, um wieder konstruktiv zu streiten. Anstatt der durchgängigen Schwarz-Weiß-Malerei, der vorschnellen Rechts-Links-Zuordnung, der Vorstellung, selbst die eine Wahrheit zu kennen im Gegensatz zum Gegenüber, ist ein Sowohl-als-auch-Denken notwendig. Es muss noch etwas anderes geben als nur das rückwärtsgewandte Erhalten und Erstarren oder das vorwärtsgewandte Sich-Hingeben an jeden Einfluss von außen zum Preis der Selbstaufgabe. Und Menschen müssen lernen, in Zeiten hoher Veränderungsanforderung einen Konsens dazwischen zu finden. Alles andere bedeutet, nur zu reagieren anstatt zu gestalten. Eine erprobte Kompetenz dafür ist Ambiguitätstoleranz (siehe Abschn. 10.3.1). Gestaltungsbedarf gibt es im Rahmen des Flüchtlingsengagements mehr als genug. Wir sind sicher, dass die Flüchtlingshelfer/innen und -skeptiker/innen eine gelingende Streitkultur hinbekämen, wenn sie sich zuhören und zur Diskussion anregen würden, und dass sie viele gemeinsame Lösungen generieren und der Politik damit auf die Sprünge helfen könnten.

Beispiel zur Reflexion

Hilfreich ist hier das Vorgehen nach dem Harvard-Konzept des Verhandelns (Fisher et al. 2009).

Nach der ersten Regel sollen Personen und Interessen (die Sache, um die es geht) getrennt behandelt werden, d. h. der Verhandlungsstil fordert, weich gegenüber den Personen zu sein (also ihre Würde als Mensch nicht anzugreifen – keiner soll sein Gesicht verlieren), dafür hart in der Sache zu verhandeln. Dem übergeordnet ist das Prinzip, sachbezogen zu argumentieren und immer wieder die Diskussion darauf zurückzuführen; ggf. auch den Gesprächsstil selbst zum Thema machen.

Die zweite Regel verweist darauf, dass Personen meist nur ihre Positionen äußern, aber möglicherweise andere Interessen dahinterstecken. Diese herauszufinden ist eine wichtige Aufgabe in jeder Verhandlung. Sie zeigt, worum die Verhandlungspartner jeweils kämpfen, also was ihnen wichtig ist und was nicht. Dabei kann man unter Umständen feststellen, dass die Partner auf einer übergeordneten Ebene dasselbe Ziel verfolgen, aber unterschiedliche Unterziele haben, wie in der Argumentationshilfe dargestellt. ◄

Man kann dabei auch herausfinden, dass die Art und Weise der Interessenverfolgung einer oder beider Gesprächsteilnehmer/innen als strategisches Handeln nach Habermas zu bezeichnen ist. D.h. ein/e oder beide Teilnehmer/innen lügen bewusst, um den anderen zu manipulieren.

Hintergrundinformation
Habermas (1981, Bd. 1) legt in seiner „Theorie des kommunikativen Handelns" seine Vision eines herrschaftsfreien Diskurses vor: Nicht Machtverhältnisse sollen das Sagen haben über das, was Menschen denken und wie sie handeln, sondern Freiwilligkeit und Gleichberechtigung als Quelle von Inspiration und echtem Austausch zwischen Menschen. Er fasst Kommunikation und Interaktion zum Begriff des sozialen Handelns zusammen und unterscheidet dabei strategisches (erfolgsorientiertes) und verständigungsorientiertes Handeln. Der strategisch Handelnde versucht, seine Ziele unabhängig vom Einverständnis der Mithandelnden zu erreichen, z. B. durch Zwang oder Belohnung (offenes strategisches Handeln) oder indem er scheinbar verständigungsorientiert handelt (verdeckt strategisches Handeln, d. h. nicht die [ganze] Wahrheit sagt). Echtes verständigungsorientiertes Handeln heißt demgegenüber, dem Gesprächspartner ohne Tricks und Hintergedanken zu begegnen, sodass sich dieser freiwillig entscheiden kann, was er für richtig erachtet und tut und wie er sich auf das Gegenüber einlässt. Verdeckt strategisches Handeln gibt es in zwei Versionen: a) Die Täuschung erfolgt unbewusst. Man spricht dann von Systemen verzerrter Kommunikation. Beispiele hierfür kennen wir aus Partnerschaften, so wenn sich eine Frau kleiner macht als sie ist. b) Die Täuschung erfolgt bewusst und dient der Manipulation.

Personen, die in Wirklichkeit andere Interessen als den gemeinsamen Konsens im Hinblick auf ein gemeinsames Ziel verfolgen und andere nur zur Unterstützung ihrer eigenen Interessen bewegen wollen, sind für einen verständigungsorientierten Dialog nicht offen. Typisch für solche anderen Interessen ist es, Verunsicherung und politische Instabilität zu schaffen, beispielsweise indem suggeriert wird, dass Fakten und Fake News auf gleicher Stufe stehende Meinungen seien und nur der Sprecher aus dieser Verunsicherung heraushelfen könnte. Es handelt sich hierbei um eine Lieblingsstrategie des früheren US-Präsidenten Donald Trump, beispielsweise die Verbreitung der Lüge, die

Geburtsurkunde von Barack Obama sei gefälscht, dieser sei in Wirklichkeit kein US-Amerikaner.

Es ist somit wichtig, die Interessen eines/r Sprechers/in herauszufinden, damit man gegebenenfalls weiß, ob ein solches Gespräch zum gewünschten Ziel, nämlich eine Auseinandersetzung mit dem Ziel eines Konsenses, führen kann. Wie man dabei am besten vorgeht, sowie zwei weitere für das Verhandlungsgeschehen wichtige Punkte, finden sich im Harvard-Konzept (Fisher et al. 2009). Anderenfalls kann man auf solch ein Gespräch auch verzichten oder sich auf einen Schlagabtausch vorbereiten. Letzteres gilt beispielsweise für die öffentlichen Wahlkampfduelle zwischen den Kandidaten Joe Biden und Donald Trump um die Präsidentschaftswahl in den USA am 3.11.2020.

8.2.2 Mapping und Brückenbauen: Ähnlichkeit oder Differenz?

Es wurden im ersten Teil viele ähnliche Positionen gefunden bei Menschen, die sich selbst auf unterschiedlichen Seiten – Flüchtlingshelfer/innen und -skeptiker/innen – verorten, was zunächst verwundern könnte. Assmann (2018) macht deutlich, dass die Begriffe Differenz und Ähnlichkeit in einem komplementären Verhältnis zueinander stehen, weil es nur Ähnlichkeit geben kann, wenn eine Person oder eine Aussage nicht identisch mit jeweils einer anderen ist, also sich von dieser zugleich auch unterscheidet. Man erkennt den beiden Aussagen oder Personen jedoch Ähnlichkeit zu – allerdings kann diese Wahrnehmung auch ganz schnell kippen, denn genauso wie eine Kippfigur ist diese Zustandsbeschreibung Ergebnis der Perspektive darauf.

> „Ähnlichkeit ist immer von Differenz durchzogen und umgeben. […] Ähnliches wird immer nur durch Einklammerung von Unterschieden wahrgenommen und Unterschiede wiederum werden erst durch die Einklammerung von Ähnlichkeiten manifest. Ähnlichkeiten und Differenzen entstehen also in einem fließenden Feld der Erscheinungen durch unterschiedliche Formen des Sehens und Selektionsprozesse in der Zusammenstellung relevanter Merkmale, die mal so, mal so sortiert werden können." (Assmann 2018, S. 166)
>
> „Diese grundsätzliche Möglichkeit der Umperspektivierung und diese situationsabhängige Entdeckung von Ähnlichkeiten können unsere kognitiven Landkarten, mit denen wir uns orientieren, immer wieder in Bewegung versetzen und dabei produktive kognitive oder emotionale Verschiebungen auslösen. Besonders entscheidend ist das bei der Anerkennung einer Ähnlichkeit des Menschseins durch alle festen Zuschreibungen und alle trennenden Differenzmarkierungen hindurch. Die unvorhersehbare Anerkennung dieser momentanen und punktuellen Gemeinsamkeit im Verschiedenen macht den ethischen Charakter dieser Ähnlichkeitsbezeugung aus. Sie hebt die existierenden Unterschiede in keiner Weise auf, ermöglicht aber neue Formen der Kommunikation über bestehende Barrieren hinweg. Dabei erweitert sie den Blick über die von Kulturen, Klassen und Gruppen gezogenen Schranken und Identitätsgrenzen hinaus." (Assmann 2018, S. 167)
>
> „Differenz wird bei solchen Akten des Sich-anders-in-Beziehung-Setzens und des Brückenschlagens keineswegs negiert, aber zurückgestuft und Fremdheit abgebaut. Eine solche ‚Performanz der Ähnlichkeit' kann deshalb Auswege aus der Falle der Identitätspolitik öffnen, die auf der Basis dichotomer Kategorien wie ‚fremd/eigen' oder ‚selbst/

anderer' konstruiert wurde. Ebenso wie Menschen die Möglichkeit haben, Mitmenschen als gleichartig zu erkennen, haben sie die Möglichkeit, ihnen diesen Status abzusprechen. All das ist eine Frage der sozialen und politischen Rahmen." (Assmann 2018, S. 168)

Hier findet sich eine wichtige Erklärung dafür, ob eher in Gegensätzen oder in Ähnlichkeiten gedacht wird, nämlich die gesellschaftliche und politische Rahmung. Mit dieser befasst sich das Kap. 9.

Prinzipiell liegt es aber in der Natur menschlichen Denkens, auch in Ambivalenzen zu denken und zu kommunizieren (der Kippmechanismus – vergleichbar der Kippfigur). Und dadurch finden sich trotz der Unterschiede auch viele Überlappungen in den Aussagen von Menschen, egal auf welcher Seite sie stehen.

8.2.3 Brückenbauen als Methode

Beispiel für Reflexion

Die menschliche Eigenschaft, in Widersprüchen denken zu können, wird in einem Konfliktlösungsmodell von Maznewski und DiStefano (2000, S. 199) für mehrkulturelle Arbeitsgruppen sogar genutzt, um deren Arbeitsfähigkeit zu fördern. Dafür werden folgende Schritte empfohlen:

1. Mapping: Die Teammitglieder identifizieren Unterschiede und Gemeinsamkeiten. Diese Phase soll verhindern, dass man in die Fallen des Gleichheitspostulats („Alle Menschen sind im Prinzip gleich") oder der Personalisierung von kulturell bedingten Irritationen („Das spezifische Individuum ist böse oder dumm") läuft.
2. Bridging: Es müssen angesichts identifizierter Unterschiede Brücken gefunden werden. Hierfür sind die explizite Wahrnehmung der einzelnen Unterschiede sowie eine gute Kommunikationsfähigkeit wichtige Voraussetzungen.
3. Integrating: Die herausgearbeiteten unterschiedlichen Sichtweisen und Vorlieben der Teammitglieder müssen zusammengebracht und etwaige Konflikte müssen gelöst werden. In diesem Prozess dürfen die wichtigen Unterschiede nicht eliminiert werden. ◄

▶ Ohne Unterschiede gäbe es keine Notwendigkeit, Brücken zu bauen. Ohne Gemeinsamkeiten fehlte die Basis dafür.

In der Engagementuntersuchung wurden einige Interviewteilnehmende identifiziert, die aufgrund dessen, dass sie mit ihren Füßen in beiden Positionierungen standen – und das oftmals sogar bewusst –, die Rolle der „Brückenbauer/innen" einnehmen könnten (siehe Kumbruck et al. 2020, S. 101).

Sie könnten als Moderator/innen oder gar Mediator/innen Konfliktlösungsprozesse begleiten mit der Aufgabe, konstruierte Gegensätze, also dichotome Wahrnehmungen, in Ähnlichkeits-Wahrnehmungen oder Sowohl-als-auch-Wahrnehmungen zu transformieren. Wichtig scheint dabei, die Unterschiede nicht unter den Tisch fallen zu lassen. Die Rolle des/der Brückenbauer/in ist nicht trivial; wenn beide Seiten von ihrer Uferseite aus mit dem Bau eines Brückenabschnitts anfangen, kann es leicht passieren, dass man in der Mitte angekommen feststellt, dass die Teile nicht zueinanderpassen. Dann entsteht der nächste Streit: Jede Seite erwartet von den anderen, ihren Brückenpfeiler zu versetzen und ihren Abschnitt an den eigenen Abschnitt anzupassen. Ein ähnliches Phänomen geschieht ja nach Aussage von Interviewteilnehmer/innen unserer empirischen Engagementstudie (Kumbruck et al. 2020) häufiger, dass Flüchtlingshelfer/innen und -skeptiker/innen, wenn man sie alleine miteinander reden lässt, von sich aus auf unterschiedlichen Abstraktionsniveaus und verschiedenen thematischen Ebenen sprechen. Brückenbauer/innen als Moderator/innen können sich in beide Positionen hineinversetzen und dabei die Gesprächsebenen deutlich machen und lenken. Dies ist eine ideale Voraussetzung, um vorurteilsfrei in die Gespräche zu gehen und sich nicht durch Parteilichkeit angreifbar zu machen.

8.3 Fazit

> **Übersicht**
>
> Inhaltliche Überlappungen von Ansichten, mehr oder weniger bewusste Seitenwechsel und auch Abgrenzungen vom Schwarz-Weiß-Denken finden sich viele, was als guter Ausgangspunkt für einen Dialog angesehen werden kann. Aus den Interviews lassen sich gemeinsame Zielvorgaben eines guten Lebens für alle Mitglieder einer Gesellschaft herausdestillieren, nämlich: friedlich, freiheitlich, Vertrauen in den Staat, ohne Kriminalität, ohne Clanstrukturen staatsfeindlicher Minderheiten, verbindliche Regeln des Zusammenlebens. Wie auf dieser Grundlage ein Dialog in Bezug auf das Flüchtlingsengagement entstehen kann, zeigt das Modell „Argumentative Konsensbildung durch ein gemeinsames Oberziel".
>
> Hilfreich sind hierbei sog. Brückenbauer/innen, die beide Seiten nachvollziehen können, aber trotzdem eine fundierte eigene Meinung haben, statt Opportunist/innen zu sein. Sie können helfen, Ähnlichkeiten in konfrontativen Gesprächen herauszuarbeiten und somit als Moderator/innen hin zu einem Konsens wirken.
>
> Schwierig bleibt jedoch das eingangs geschilderte Problem von Brückenbauer/innen, dass diese nicht für die eine Seite vereinnahmt werden, wenn sie etwas Ähnliches sagen wie diese, und auch nicht reflexartig der Gegenseite zugeteilt werden, wenn sie etwas Kritisches gegenüber der eigenen Sichtweise sagen. Damit bleibt das Erlernen von Ambiguitätstoleranz das A und O des Dialogs.

Literatur

Assmann, A. (2018). *Menschenrechte und Menschenpflichten. Schlüsselbegriffe für eine humane Gesellschaft*. Wien: Picus.

Fisher, R., Ury, W. & Patton, B. W. (2009). *Das Harvard-Konzept. Sachgerecht verhandeln – erfolgreich verhandeln*. Frankfurt am Main: Campus.

Gauck, J. (2019). *Toleranz: einfach schwer* (5. Aufl.). Freiburg im Breisgau: Herder.

Habermas, J. (1981). 2 Bd. *Theorie des kommunikativen Handelns, Bd. 1*. Frankfurt am Main: Suhrkamp.

Kumbruck, C., Dulle, M. & Vogt, M. (2020). *Flüchtlingsaufnahme kontrovers. Einblicke in die Denkwelten und Tätigkeiten von Engagierten. Band 1*. Baden-Baden: Nomos.

Maznewski, M. L. & DiStefano, J. J. (2000). Global leaders are team players: Developing global leaders through membership on global terms. *Human Resource Management, 39*(2–3), 195–208. https://doi.org/10.1002/1099-050X(200022/23)39:2/3<195::AID-HRM9>3.0.CO;2-I.

Watzlawick, P. (1983). *Anleitung zum Unglücklichsein*. München: Piper.

Prof. em. Dr. Christel Kumbruck ist promovierte und habilitierte Arbeits- und Organisationspsychologin und Arbeitswissenschaftlerin. Von 1998 bis 2009 hatte sie Vertretungs- und Gastprofessuren an der TU Hamburg-Harburg, der Universität Hamburg, der Universität Klagenfurt und der HS Osnabrück. Weiter war sie als DFG-Projektleitung an der Universität Kassel und als Unternehmensberaterin, Coach und Trainerin tätig. 2009 übernahm sie die Professur für Wirtschaftspsychologie an der HS Osnabrück, nachdem sie den Studiengang Wirtschaftspsychologie mit aufgebaut hatte. Ab 2018 war sie als Projektleiterin für den qualitativen Teil des Projekts „Zivilgesellschaftliches Engagement: Was bewegt Menschen in Deutschland dazu, sich im Rahmen der Flüchtlingsthematik zu engagieren?" an der HS Osnabrück verantwortlich. Neben ihren Forschungsschwerpunkten in den Bereichen Arbeits- und Organisationspsychologie, interkulturelle Wirtschaftspsychologie und Pflegearbeitsforschung beschäftigt sie sich als Wissenschaftlerin mit gesellschaftspolitischen Themen.

Marvin Vogt, M. Sc. ist studierter Wirtschaftspsychologe und Konsumforscher. Nach einer Ausbildung zum Bankkaufmann studierte er mit einem Stipendium der Friedrich-Naumann-Stiftung für die Freiheit Wirtschaftspsychologie an der Hochschule Osnabrück. Seinen Master in Markt- und Konsumentenpsychologie schloss er mit Auszeichnung an der University of Sussex ab. Bereits während des Studiums war er in mehreren Forschungsprojekten involviert und konnte dabei praktische Erfahrungen mit verschiedensten qualitativen und quantitativen Verfahren sammeln. 2018 war er als wissenschaftlicher Mitarbeiter beim Projekt „Zivilgesellschaftliches Engagement: Was bewegt Menschen in Deutschland dazu, sich im Rahmen der Flüchtlingsthematik zu engagieren?" beteiligt. Seit 2020 arbeitet er als Research Consultant in einem Berliner Marktforschungsinstitut, das sich insbesondere auf implizite und psychologische Methoden spezialisiert hat. Seine Schwerpunkte sind die Markt-, Konsum- und Werbeforschung. Darüber hinaus interessiert er sich auch für Projekte zu politischen und gesellschaftlichen Fragestellungen.

Gesellschaftliche und kulturelle Rahmung der Polarisierung

Christel Kumbruck

9.1 Einleitung

Die empirischen Ergebnisse der Engagementstudie (Kumbruck et al. 2020) wurden aus einer psychologischen Perspektive gewonnen, d. h. sie beziehen sich auf das Denken, Fühlen und Verhalten von Individuen und Gruppen. Dabei ist in der Kommunikation und dem Dialog der beiden untersuchten Engagementorientierungen (Flüchtlingshelfer/innen und -skeptiker/innen) eine starke Polarisierung festzustellen, mit scheinbar wenig Bezugspunkten zueinander und vielfältigen Kommunikationsbarrieren (Kumbruck et al. 2020, S. 180 ff., siehe ausführlicher in diesem Buch Kap. 7). In Kap. 8 konnte festgestellt werden, dass es genügend Anknüpfungspunkte für einen gemeinsamen Dialog gäbe, aber dass dieser nicht stattfindet (Kumbruck et al. 2020, S. 187; siehe ausführlicher auch im Hinblick auf Lösungen Kap. 8 in diesem Buch). Die Flüchtlingsaufnahme 2015/16 führte nicht nur zu einem starken Flüchtlingsengagement mit zwei Orientierungen, nämlich Hilfe und Protest gegen die Aufnahme, sondern auch zu einer starken Polarisierung dieser beiden Gruppen. Die Flüchtlingsskeptiker/innen betonen in unseren Interviews immer wieder, dass durch die Flüchtlingspolitik das Fass des bis dahin angestauten Ärgers über die deutsche Regierungspolitik und deren positive Darstellung in den Medien zum Überlaufen gebracht worden sei. Ihnen geht es somit nicht nur um den Flüchtlingszuzug. Die Flüchtlingshelfer/innen haben im Gegensatz zu den

---

Ich danke Wibke Derboven für ihre vielen weiterführenden Hinweise zu diesem Kapitel.

C. Kumbruck (✉)
Hochschule Osnabrück, Osnabrueck, Deutschland
E-Mail: c.kumbruck@hs-osnabrueck.de

Skeptiker/innen der Flüchtlingspolitik von Anfang an positives Echo in der Gesellschaft auf ihr humanitäres Engagement erhalten, d. h. ihr Verhalten entspricht der gesellschaftlichen Mehrheitsmeinung. Sie reagieren mit Unverständnis und moralischer Abwehr auf die lautstarken Gegenstimmen der Flüchtlingsskeptiker/innen.

Das Forschungsprojekt befasste sich mit subjektiven Sinnkonstruktionen für das eigene Engagement, aber auch für die Positionierung gegenüber der jeweils anderen Engagementorientierung. Die Interviewteilnehmenden erforschten auf Nachfrage im Gespräch ihre Motive, ihr Engagement und was es ihnen bedeutet, und legten damit ihr Verständnis ihres eigenen Handelns dar. Bei der Suche nach den Handlungsmotiven zeigte sich, dass die beiden Gruppen stark von einem Wertegegensatz geprägt waren. Die Flüchtlingshelfer/innen präferierten den Wert Offenheit, die Flüchtlingsskeptiker/innen den Wert Erhaltung. Diese Werte beziehen sich im Unterschied zu den Nationalkultur-unterscheidenden Werten auf die individuelle Ebene (siehe Abschn. 4.1.1). Die Wertepolarität Offenheit versus Erhaltung und das damit verbundene und tatsächlich zu beobachtende gesellschaftliche Konfliktpotenzial soll in diesem Kapitel aus der individuellen Sichtweise der Interviewpartner herausgenommen und unter der Perspektive eines ökonomischen, gesellschaftlichen und kulturellen Kontextes betrachtet werden. Die sich anschließenden Fragen lauten: Gibt es eine gesellschaftliche Polarisierung über die Unterscheidung von Flüchtlingsskeptiker/innen und -helfer/innen hinaus? Findet man dabei Entsprechungen, insbesondere in Bezug auf die Werteunterscheidung Offenheit versus Erhaltung? Welche sozioökonomischen und soziokulturellen Ursachen führten zu dieser Polarisierung und was machen sie mit Individuen auf Dauer? Welche Lösungen sind auf gesellschaftlicher Ebene nötig?

Hinweise zur Beantwortung der Fragen werden im Folgenden in soziologischen Ansätzen zur gesellschaftlichen Spaltung in der postindustriellen Gesellschaft und in sozial-historischen Analysen zur Transformation von Gesellschaften, insbesondere auch Ostdeutschlands, gesucht. Zudem werden kulturbezogene Sichten auf gesellschaftliche Wandlungsprozesse und deren Herausforderungen zum Verständnis genutzt. Denn die sich auf der individuellen psychischen Ebene manifestierenden Probleme sind auch in diesem Fall Ausdruck eines Konflikts auf der ökonomischen, soziokulturellen und politischen Ebene und lassen sich deshalb nicht alleine auf der Ebene der Individuen und Gruppen lösen.

In Abschn. 9.2 werden die Beschreibungen für die von Soziologen identifizierten zwei Mittelschichten, die alte Mittelschicht der sog. „Traditionalisten" und die neue der sog. „Kosmopoliten", mit Befunden unserer Untersuchung verglichen. In Abschn. 9.3 wird der Frage nachgegangen, welche gesellschaftlichen, ökonomischen und kulturellen Veränderungen zur Ausbildung dieser beiden Gruppierungen und auch zur Polarisierung von Teilen dieser Schichten geführt haben. Es fällt auf, dass Emotionen eine herausragende Rolle in der neu formierten Gesellschaft spielen und ein wesentlicher Grund für die Polarisierungserscheinungen sind. Diesen wird in Abschn. 9.4 auf den Grund gegangen und nach gesellschaftlichen Lösungen zur Einhegung ihrer destruktiven Folgen gesucht. Der Abschn. 9.5 schließlich schaut im Hinblick auf zukünftige Gesellschaftsoptionen auf Akkulturationsphänomene. Akkulturation ist der Prozess der Anpassung an eine neue Kultur und die damit einhergehenden Herausforderungen. Hier geht es also um Strategien, gesellschaftliche Prozesse in Gang zu setzen, die helfen, den Zuzug von Menschen anderer Kulturen für die ganze Gesellschaft verträglich zu gestalten, also sowohl die gesellschaftlichen Gruppierungen der Aufnahmegesellschaft mit ihren unterschiedlichen Alltagskulturen und ihren damit verbundenen unterschiedlichen Einstellungen zur Flüchtlingsaufnahme, als auch die zuziehenden Flüchtlinge, die auf Dauer oder auch nur auf Zeit Teil dieser Gesellschaft werden sollen. Grob gesprochen geht es um eine Gesellschaft im Umbruch, die vor Akkulturationsaufgaben steht: die deutsche Gesellschaft im Umbruch im Inneren; die Aufnahmegesellschaft in ihrem Verhältnis zu den Flüchtlingen.

9.2 Polarisierungserscheinungen in der Gesellschaft? „Traditionalisten" und „Kosmopoliten" und ihr Bezug zu den Werten Erhaltung und Offenheit

Es gibt in der bundesrepublikanischen Gesellschaft zwei tonangebende soziale Gruppen, die Ähnlichkeiten zu Personen unserer Untersuchung in Bezug auf ihre Wertedimensionen *Offenheit* (Flüchtlingshelfer/innen) und *Erhaltung* (Flüchtlingsskeptiker/innen) sowie weitere Charakteristika haben (siehe die Ergebnisse in Kumbruck et al. 2020, insbesondere Tab. 5, S. 137), nämlich die in der Soziologie für die spätmodernen westlichen Gesellschaften identifizierten sozialen Gruppen „Kosmopoliten" und ortsgebundene „Traditionalisten". Die Begriffe wurden in Anlehnung an Reckwitz (2019, S. 90 und S. 97) gewählt.

Sie werden im Hinblick auf ihre Werte, Lebensformen und ihre Haltung zu Migranten in der Gesellschaft beschrieben.

Allerdings ist darauf hinzuweisen, dass zwischen unseren Interviewteilnehmenden auch große Unterschiede bestehen, sodass sie weder alle den beiden Gruppen zuzuordnen sind noch jedes diesbezügliche Charakteristikum vorweisen.

9.2.1 „Kosmopoliten"

Die neue Mittelschicht zeichnet sich nach Reckwitz (2019, S. 90) in Bezug auf Lebensziele und -formen durch die Charakteristika „erfolgreiche Selbstverwirklichung und urbaner Kosmopolitismus" aus. Im Folgenden sollen sie „Kosmopoliten" heißen. Sie gehören bezüglich ihres Status zu einer neuen Mittelklasse. Diese ist die „kulturell, ökonomisch und politisch einflussreichste Gruppe der spätmodernen Gesellschaft." Sie ist mit den großen gesellschaftlichen Veränderungen der Globalisierung und Digitalisierung groß geworden und profitiert mehrheitlich von ihr. Sie bringt ihre formal hohen Bildungsabschlüsse in die Wissensökonomie ein und erreicht dadurch vielfach hohe Einkommen, jedoch ist auch die Spanne von überdurchschnittlich hohen und unterdurchschnittlichen Einkommen (z. B. befristete Teilzeit-Arbeitsverträge in Kreativberufen und Wissenschaft) sehr breit. Ihr gesellschaftlicher Einfluss beruht auf ihrem „kulturellen Kapital": Ihre Arbeitstätigkeiten bieten „hohes emotionales Identifikationspotenzial" (Reckwitz 2019, S. 91) und immer wieder neue Herausforderungen. Es handelt sich um eine überwiegend „urbane Klasse" (Reckwitz 2019, S. 91), die in den Metropolregionen und Universitätsstädten konzentriert ist. Auch ihre Lebenseinstellung ist von der Globalisierung und Digitalisierung im Sinne offener Märkte und Grenzen sowie digitalem Informationsaustausch im Prinzip mit der ganzen Welt geprägt. Sie nehmen eine Entwicklung zur Weltgesellschaft wahr, wie sie in soziologischen Theorien der Moderne (Beck 2000) beschrieben wird, dass sich die Nationen auf dem Weg in eine kosmopolitische Weltgesellschaft auflösen würden, weil die Globalisierung mittels neuer digitaler Kommunikation und einem grenzenlosen Markt automatisch nationale Grenzen überwinden würde. Nationen würden nach und nach überflüssig und dadurch würden zwangsläufig die kosmopolitischen Weltbürger entstehen, die ohne nationale oder kulturelle Absonderungen und Vorurteile existieren und diese begrüßen.

Von besonderer Bedeutung ist ihr Lebensziel der „erfolgreichen Selbstverwirklichung" (Reckwitz 2019, S. 90), wobei einerseits Erfolg durch Leistung, andererseits Selbsterfüllung in allen Sphären des Lebens gemeint ist. Alles, was diese neuen Mittelschichtler tun – zumindest als Idealtyp – wird nicht nur um einer materiellen Existenzsicherung und eines angemessenen Lebensstandards willen gemacht, sondern soll zudem einen Wert an sich haben: Sinnhaftigkeit, Ethik, Ästhetik, Lerngewinn. Arbeits- oder Freizeiterfahrungen sollen der Unterscheidung und der Hervorhebung des Individuums dienen.

Reckwitz (2017) nennt diesen Vorgang „Singularisierung". Damit verbunden ist die Tendenz, ständig alles mit anderen zu vergleichen und sich dadurch in Konkurrenz um die höchste Wertung zu befinden. Dies geschieht beispielsweise in den sozialen Medien bei der Anzahl an Likes auf ein eigenes Posting. Es ist dies Ausdruck eines gleichzeitig stark ausgeprägten und verinnerlichten Leistungs- bzw. Konkurrenzprinzips, das nicht nur im Arbeitsleben, sondern in allen gesellschaftlichen Sphären Anwendung findet. Nicht zu vergessen dabei ist das Ziel, sich gut zu fühlen, wobei es sich hierbei um einen Anspruch an den Emotionshaushalt handelt, der angesichts der ständigen Konkurrenzsituation besonders schwer zu realisieren und kontrollieren ist.

Hintergrundinformation
Selbstverwirklichung ist in der Psychologie vielfach beschrieben worden. Selbstverwirklichung bezeichnet den Antrieb, dass Menschen ihre Talente, Potenziale und Kreativität entfalten wollen, sich in ihrer Persönlichkeit und ihren Fähigkeiten weiterentwickeln und ihr Leben gestalten und ihm einen Sinn geben wollen. Bei Maslow (1954, S. 236) ist sie ein Bedürfnis, das die Motivation

für die individuelle Weiterentwicklung beschreibt. Im Modell von Maslow (1954, S. 236) kommt dieses Bedürfnis erst dann zum Tragen, wenn andere Bedürfnisse, insbesondere existenzielle und Sicherheitsbedürfnisse, ausreichend befriedigt sind. Seiner Schätzung nach wird die Befriedigung der vorgelagerten Bedürfnisse so viel Energie benötigen, dass das Bedürfnis nach Selbstverwirklichung höchstens bei 2 % der Bevölkerung jemals relevant sein würde.

Auch in der Arbeitspsychologie wurde bei der motivationsfördernden Gestaltung von Arbeitsbedingungen das Menschenbild des sich selbstverwirklichenden Menschen bereits seit den 60er Jahren des vergangenen Jahrhunderts (Self-actualizing Man) (Ulich 1994, S. 40 f.) als Ziel beschrieben. Der selbst bestimmende Mensch strebt nach Selbstverwirklichung durch autonomes, eigenverantwortliches und situationsangepasstes Handeln. Sein Ziel ist es, seine Potenziale und Fähigkeiten sinnvoll nutzen zu können.

Aber erst für die neue Mittelschicht der kosmopolitisch orientierten Menschen wurde die Selbstverwirklichung ein wesentlicher Antreiber.

Zur Singularisierung hinzu kommt das Bedürfnis der „Kosmopoliten", sich in der ganzen Welt zuhause zu fühlen, was sowohl durch Reisen als auch diesbezügliche Erfahrungen im eigenen Land (Esskultur, Sprachen, Sport- und Besinnungsaktivitäten u. a.) erfüllt wird. Dieser „kulturelle Kosmopolitismus" (Reckwitz 2019, S. 94) drängt nach kulturellen Artefakten und Lebensformen jenseits der Nationalkultur. Die damit verbundene Weltoffenheit korrespondiert mit dem bereits angesprochenen Liberalisierungsprozess der Werte. Eine „Vielfalt" an „kulturellen Lebensformen" im eigenen Land wird als „Bereicherung" wahrgenommen.

Psychologischer Mehrwert des Engagements als Flüchtlingshelfer/innen
In diesem und dem folgenden Kapitel wird wieder auf die empirischen Befunde unserer Studie „Zivilgesellschaftliches Engagement: Was bewegt Menschen in Deutschland dazu, sich im Rahmen der Flüchtlingsthematik zu engagieren?" und der darauf basierenden Veröffentlichung (Kumbruck et al. 2020) zurückgegriffen. In der Gruppe der Flüchtlingshelfer/innen finden sich – gefragt nach den Motiven des Engagements – die Sinnhaftigkeit des Helfens, sich noch einmal ganz neuen Herausforderungen stellen, Schuldgefühle (also ethische Aspekte), aber auch psychologischer Mehrwert durch die Kontakte zu den Flüchtlingen selbst, z. B. viel über andere Länder und Kulturen lernen, die ganze Welt kennenlernen, Freude an geglückten Beziehungen zu den Fremden (Kumbruck et al. 2020, S. 132).

Beispielhaft ein konkretes Zitat eines Flüchtlingshelfenden zu solchen positiv empfundenen Erfahrungen durch die Flüchtlingsarbeit: *„Ich habe das Gefühl, ich habe eine Weltreise gemacht, ohne mein Land verlassen zu haben." (FG I)*.

▶ **Gehen Selbstverwirklichung und Gemeinsinn zusammen?**
Es ist hier anzumerken, dass „die Weltreise" eine starke Motivation ist, die dazu dient, dass diese/r Helfer/in seine/ihre Unterstützung nicht abbricht, obwohl sie eine große körperliche und emotionale Belastung bis hin zur Selbstüberforderung darstellt. Aber mit der direkten Betreuung von Flüchtlingen wird

auch der Hunger nach kulturellen Erfahrungen und damit das Selbstverwirklichungsziel gestillt, sodass man sagen kann, diese Aufgabe der Flüchtlingshilfe passt zur neuen Mittelschicht der „Kosmopoliten".

Reckwitz' Konzepte der Selbstverwirklichungskultur und der Singularisierung verweisen auf die Entwicklung einer stark ausgeprägten Individualisierung der neuen Mittelschicht. Die Motivation der Selbstverwirklichung durch Engagement in der Flüchtlingshilfe hat dadurch einen Beigeschmack von individualistisch und egoistisch bekommen. Wir selbst haben die empirischen Befunde der Selbstverwirklichung als psychologischen Mehrwert bezeichnet. Hierzu gehören die Erfahrungen der Sinnhaftigkeit, des Spaßes, des Lernens von neuen Sichtweisen, aber auch der Befriedigung des Bedürfnisses zum Helfen. Und so wird das Engagement der Flüchtlingshelfer/innen von den -skeptiker/innen der Flüchtlingspolitik in unserer Untersuchung vielfach negativ als egoistisch und unverantwortlich in Bezug auf die Bedürfnisse anderer deutscher Mitbürger, die Nachteile durch Flüchtlingszuzug erwarten, bewertet (Kumbruck et al. 2020). Selbstverwirklichung im helfenden, von Moral geleiteten Engagement in der individualisierten Gesellschaft ist bereits in den 90er Jahren als ein Widerspruch in sich diskutiert worden, ja sogar als Zeichen dafür, dass echtes solidarisches Handeln mit bedürftigen Mitmenschen zunehmend verfalle. Stattdessen wurde aber in einer Interviewstudie in der amerikanischen Gesellschaft aufgezeigt, dass trotz aller „Individualisierung" eine ständige Zunahme des „Gemeinsinns", also des sozialen Engagements, zu verzeichnen ist (Bellah et al. 1987). Um dieses scheinbar nicht passenden Ergebnisse zu verstehen, verwies Rottländer (1995, S. 125) auf eine differenziertere Analyse der Interviews: Demnach beschrieben die Befragten „ihre gemeinschaftliche Praxis in stark individualisierten Begriffen, in einer Terminologie der Selbstverwirklichung. Der Schluss, der sich aus diesem Befund nahelegt, lautet: Es ist weniger so, dass auf der Ebene der Realität die Moral in Form von gemeinschaftlichem, solidarischem Handeln abnimmt – hier gibt es *große Umbrüche*, aber nicht unbedingt einen *Verfall*. Viel markanter" erscheint „die Tatsache, dass es keine Sprache mehr für dieses Handeln gebe, in der sein moralischer Charakter zum Ausdruck gebracht werden könne." (Rottländer 1995, S. 125) Er geht noch einen Schritt weiter und interpretiert den Befund dahingehend, dass es eine Veränderung im Verständnis von Moral gebe, wonach es völlig angemessen und die Sachlage genau treffend sei, wenn die moralische Praxis in Begriffen der Selbstverwirklichung zum Ausdruck gebracht wird. „Immer mehr Menschen in unserer Gesellschaft verstehen Moral als Teil ihrer persönlichen Art und Weise, das Leben positiv zu gestalten. Sie verstehen ihr moralisches Handeln nicht als ein Befolgen von Verpflichtungen aus dem jeweiligen Lebensmilieu, denen man sich unterwerfen muss, sondern als Teil jenes individuellen Gesamtentwurfs, den sie aus ihrem

Leben machen wollen – und daher verbinden sie mit dem moralischen Handeln ein Gefühl persönlicher Befriedigung." (Rottländer 1995, S. 125) Dass helfendes Engagement und Spaß und Befriedigung daran sich nicht ausschließen müssen, wird auch dadurch bestätigt, dass das Engagement vielfach mit großer Mühe verbunden ist. Viele Engagierte gehen in ihrer gemeinschaftlichen Praxis über ihre Belastungsgrenzen hinweg, weil sie helfen oder anderweitig freiwillige Dienste umsetzen wollen. Diese Interpretation dürfte auch für die interviewten Flüchtlingshelfer/innen unserer Studie (Kumbruck et al. 2020) zutreffend sein – auch sie engagieren sich für die Flüchtlinge oftmals weit über ihre Belastungsgrenzen hinweg. Somit erfährt auch die von Reckwitz für die „Kosmopoliten" beschriebene Priorisierung der kulturellen Überhöhung von Aktivitäten eine Relativierung: Eine mit dem Begriff Selbstverwirklichung erfolgte Zuschreibung von Hedonismus und purem Egoismus an die Flüchtlingshelfer/innen würde in unserer Studie ein falsches Bild von ihnen geben.

9.2.2 „Traditionalisten"

Die alte Mittelschicht ist nach Reckwitz (2019) durch „Sesshaftigkeit, Ordnung und Kulturelle Defensive" (Reckwitz 2019, S. 97) als „Traditionelle Mittelschicht" (ebd.) zu charakterisieren. Ihre Vertreter/innen werden in diesem Text als „Traditionalisten" bezeichnet. Diese Schicht scheint nur auf den ersten Blick unverändert. Sie war in der industriellen Moderne der „Träger der gesellschaftlichen Hegemonie" (Reckwitz 2019, S. 97), also sozial und kulturell lebensstilbildend und normsetzend. Ihr war und ist es wichtig, Normalität zu leben, und nicht oder nur in geringem Maße aus der Reihe zu fallen. Dementsprechend ist ihr die durch die Politik der neuen Mittelschicht propagierte Förderung von sog. Minderheiten fremd. Ihr ist es sehr wichtig, dass Normalität und Ordnung weiterhin von allen Menschen in Deutschland gelebt werden und dass sich anpasst, wer anders ist. Die alte Mittelschicht ist nicht zwangsläufig akademisiert, sondern zeichnet sich durch Handwerk, Industriearbeit, Büroarbeit und Wohnen in Klein- und Mittelstädten und ländlichen Räumen aus. Häufig wohnt sie seit mehreren Generationen am selben Platz und vererbt auch den eigenen Lebenserwerb, beispielsweise einen Handwerksbetrieb, oder geht schon über mehrere Generationen in denselben Industriebetrieb. Sie kann zwar derzeit ihr mittleres Einkommen halten, aber gerät als eher nicht akademisiert zunehmend unter Druck, die eigene Position bzw. die ihrer Nachkommen in der Gesellschaft halten zu können. Sie sieht die reale Gefahr vor sich, in die Unterschicht abzurutschen. Friedrichs (2021) bestätigt diese Entwicklung anhand von Schilderungen von Betroffenen sowie Statistiken. Das politische Verspechen, durch Bildung und einen akademischen Abschluss aufzusteigen, zeigt in Bezug auf diese Gruppe seine Kehrseite, nämlich Abwertung derjenigen, die einen solchen Abschluss nicht angestrebt oder trotz Versuch nicht erreicht haben. Dies ist insofern erstaunlich, als es sich bei diesen Berufsgruppen überwiegend um das produzierende Gewerbe handelt, ohne das eine Wirtschaft und eine Gesellschaft nicht existieren können.

▶ **Traditionalisten lehnen Globalisierung ab**
Solcherart in ihrer Existenz und ihrer Wertschätzung bedrängt, lehnen die „Traditionalisten" Globalisierung ab. Dabei denken sie an die Auslagerung von Produktionsstätten in Billiglohnländer, was zwar die Waren und somit den Konsum billiger macht, aber ihnen selbst die Arbeitsplätze kosten kann. Als weitere Globalisierungsfolge werden Einwanderung und eine multikulturelle Gesellschaft abgelehnt. Sie tendieren demgegenüber zu einem Kulturessenzialismus, den man als Kampf gegen die vermeintliche Bevorzugung fremder Kulturen gegenüber der eigenen Kultur zu verstehen hat. Typisch ist eine starke Ingroup-Outgroup-Trennung, wobei die Fremden einfach nicht als dazugehörig angesehen werden und ihr anderes Verhalten als negativ normabweichend bewertet wird. Für „Traditionalisten" gehören zur Outgroup sowohl die Migranten als auch ihre Unterstützer, die „Kosmopoliten". Dies spiegelt sich auch in unseren empirischen Ergebnissen. Das gesellschaftliche Ideal ist die ethnisch homogene Nation, die geistige und kulturelle Vielfalt unterdrückt.

Hintergrundinformation
In extremer Ausprägung verfolgt eine solche ethnisch homogene Gesellschaft sogar Minderheiten und vernichtet ganze Bevölkerungsgruppen. Die Vorliebe für und die Umsetzung dieses Kulturessenzialismus ist besonders stark ausgeprägt in Bevölkerungsgruppen, die den fundamentalistischen Strömungen der drei monotheistischen Religionen angehören, aber auch als Staatsdoktrin im Kulturnationalismus in Russland, China und Indien sowie in rechtspopulistischen und identitären Bewegungen (Reckwitz 2019, S. 42).

In unserer empirischen Untersuchung (Kumbruck et al. 2020) gibt es viele Hinweise auf Abgrenzungen gegenüber Flüchtlingen. Insbesondere werden Ängste formuliert, dass zu viele Flüchtlinge nach Deutschland kommen und so das bestehende System (auch Sozialsystem) gefährdet und die Gesellschaft vom Islam unterwandert wird (Kumbruck et al. 2020, S. 143). Zudem wird eine Outgroup-Abgrenzung konstruiert: Flüchtlingsskeptiker/innen, die als „Traditionalisten" für den Wert Erhaltung einstehen, werfen den Flüchtlingshelfer/innen mangelnde Identifikation mit Deutschland vor: *„Wir lieben unsere Heimat" (FG III)* und *„Die hassen auch Deutschland" (FG III)*. Im Wort „hassen" liegt etwas „Destruktives", nämlich die Unterstellung mangelnder Bereitschaft der Flüchtlingshelfer/innen, für Interessen der deutschen Bevölkerung einzustehen. Im Prinzip scheint in dieser Gegenüberstellung auch der Vorwurf an die Vertreter der multikulturellen Gesellschaft durch, die eigene Kultur in der eigenen Gesellschaft nicht höher zu gewichten als andere Kulturen und dadurch nicht auf eventuelle Gefahren der Überfremdung durch andere Kulturen aufmerksam zu sein.

Und wirklich finden einige Flüchtlingshelfer/innen die Vorstellung einer kosmopolitischen Weltgesellschaft attraktiver als die eines von Nationalismus und Ausgrenzung geprägten Nationalstaats.

Mit dieser Wir-gegen-die-Gegenüberstellung bei gleichzeitiger Abwertung der Gegenseite wird das Ziel verfolgt, die eigene Gruppenidentität zu stärken (Reckwitz 2019, S. 42 ff.). Auch in der genannten Studie (Kumbruck et al. 2020) verweisen die Interviewpartner/innen darauf, dass ein besonders positiver Effekt des Engagements für die Flüchtlingsskeptiker/innen darin besteht, *„Gleichgesinnte"* (EI XII) zu treffen. Die so entstandenen Gebilde mit hoher interner Homogenität und Eindeutigkeit (zumindest als Wunschvorstellung) werden im Unterschied zu den traditionellen Gemeinschaften wie Familie, in die man hineingeboren wurde, Neogemeinschaften genannt. Sie sind gegen Globalisierung und die daraus entstehenden Veränderungen und argumentieren stattdessen mit „Tradition, Geschichte und Volk", also einem auf die Vergangenheit bezogenen Gesellschaftsbild (Reckwitz 2019, S. 44).

Deutlich wird dies in unserer Untersuchung u. a. in folgender Aussage von einem/r Flüchtlingsskeptiker/in:

„Ich möchte weiterhin mein Schweinefleisch, mein Kotelett essen. Ich möchte weiterhin meinen Sauerbraten, die Klöße. Die […] aus Deutschland kommen. Also diese Geschichten. Wenn man nur mal das Essen betrachtet. Wenn man die Kultur betrachtet, dann bin ich ein Klassikfan. Und ich möchte einfach auch die Klassiker, auch im Literaturbereich, nicht missen. Die möchte ich nicht durch etwas anderes ersetzt wissen." (EI XIV)

Man beachte hier die Wortwahl, mit der sich der Erhaltungswunsch zeigt: *gleich zweimal ein „ich möchte weiterhin", „die Klassiker […] nicht missen wollen", „die möchte ich nicht durch etwas anderes ersetzt wissen", „die aus Deutschland kommen".*

Durch die Betonung sowohl der deutschen Esskultur als auch der Klassik wird die Besonderheit der deutschen Kultur hervorgehoben. Dabei herrscht die Wahrnehmung, sie würde durch den Import anderer Kulturen durch die Flüchtlinge bedrängt und müsse verteidigt werden. Durch ihre Verteidigung gegenüber anderen Kulturen wird sie aufgewertet. D. h. auch hierbei geht es um Wertschätzung dessen, womit sich die „Traditionalisten" identifizieren.

▶ Flüchtlingsskeptiker/innen bzw. -helfer stimmen somit in wesentlichen Aspekten des Kultur- und damit auch Flüchtlingsbezugs mit den „Traditionalisten" bzw. „Kosmopoliten" überein: Deutscher Kulturessenzialismus versus Entwicklung einer multikulturellen Gesellschaft. Die Flüchtlingshelfer/innen ziehen aus dem Engagement mit Flüchtlingen kulturellen psychologischen Mehrwert; die Flüchtlingsskeptiker/innen benötigen keinen kulturellen psychologischen Mehrwert, stattdessen nehmen sie eine Bedrohung der ihnen bekannten Kultur und der gewohnten Lebensformen wahr.

Die Unterschiede der beiden sozialen Gruppierungen „Kosmopoliten" und „Traditionalisten" zeigen sich besonders ausgeprägt in den kulturellen Lebensformen: Stadt/Land, mobil/sesshaft, Dreh- und Angelpunkt des eigenen Lebens sind die ganze Welt/die heimische Scholle. Kultur, verstanden als Fremdkultur und Exotik, ist für viele „Kosmopoliten" in ihrer ständigen Variabilität zur Selbstdarstellung und Selbstverwirklichung psychisch bedeutsam. Somit ist sie eine Ressource.

Für die „Traditionalisten" liefert Kultur, verstanden als Alltagskultur, Heimat und Vertrautheit. Im Hinblick darauf droht ihnen durch den Flüchtlingszuzug Verlust, der auch existenziell bedrohlich sein kann: der Verlust der vertrauten Heimat. Indem ein/e Flüchtlingsskeptiker/in „*katastrophales Fremdsein*" und „*geordnete Heimat*" gegenübergestellt (EI XI), kommt die psychische und physische Bedeutung der Heimat als Ort einer bekannten Ordnung besonders klar zum Ausdruck. Die beiden Gruppierungen „Kosmopoliten" und „Traditionalisten" finden sich als Gegensatzpaar in vielen westlichen Ländern; die Polarisierung ist je nach gesellschaftlichen Erfahrungen und Akteuren unterschiedlich ausgeprägt; die politische Orientierung mehr nach rechts oder nach links verhindert nicht die Polarisierung, sondern gibt ihr nur unterschiedliche Ausdrucksformen. Es ist hier zu betonen, dass die Lebensformen der beiden Gruppen „Kosmopoliten" und „Traditionalisten" nicht für alle unsere Interviewpartner/innen Flüchtlingshelfer/innen und -skeptiker/innen zutreffen; wir finden auch vielfältige Zwischenformen und Überlappungen (siehe Kap. 8).

9.3 Wie sind diese beiden Gruppierungen sozialhistorisch entstanden?

Die obigen Ausführungen machen sich an Zuwanderung und Flüchtlingsengagement als soziokulturellem Phänomen fest. Hierdurch war der Bezug zwischen den Engagierten und den neu entstandenen sozialen Gruppierungen „Kosmopoliten" und „Traditionalisten" gut erkennbar. Vor diesen soziokulturellen Veränderungen entstanden jedoch ökonomische und die soziale Schichtung betreffende, zur Polarisierung beitragende Umstrukturierungen. Diese sollen im Folgenden skizziert werden. Sie sollen auch den lautstark ausgetragenen Konflikt zwischen Flüchtlingshelfer/innen und -skeptiker/innen verständlich machen.

▶ Der Wirtschafts- und Sozialwissenschaftler Polanyi (1973) hat – ausgehend von der großen Transformation im Rahmen der Weltwirtschaftskrise 1929 und den daraus folgenden gesellschaftlichen und politischen Krisen – eine ständige Pendelbewegung des Einflusses von Politik und Wirtschaft identifiziert. Diese wird durch die Prinzipien des freien Marktes einerseits und dem v. a. sozialen Schutzbedürfnis der Gesellschaft andererseits angetrieben. Wird ein Prinzip zu weit getrieben, entstehen Krisen.

Im Falle von langanhaltenden und ausgeprägten Deregulierungen des Marktes (bis hin zu einem Laissez-faire-Kapitalismus bzw. Liberalisierung des Marktes) und damit geringen sozialen Schutzmaßnahmen, insbesondere für die Arbeitstätigen, droht diesen materielle Verarmung, Zerstörung von Gemeinschaften, Wertezerfall, Verrohung und Gewalt. D. h., dass die ganze Gesellschaft Gefahr läuft, sich aufzulösen, weil die Politik nun für die entstehenden Probleme aufgrund des Prinzips „mehr vom Gleichen" (d. h. den durch Deregulierung der Märkte entstehenden Problemen wird mit noch mehr Deregulierung der Märkte begegnet oder umgekehrt) keine geeigneten Lösungsstrategien mehr zur Verfügung hat. Um diese Misere zu verhindern, müsste die Politik einen Richtungswechsel zum alternativen Prinzip vornehmen, also wieder stärker den Markt regulieren. Die sehr ausgeprägte Politik der Regulierung des Marktes müsste nun durch geeignete politische Maßnahmen dem sozialen Schutz der Bevölkerung und der Nivellierung sozialer Unterschiede dienen. Aber auch in dieser politischen Ausrichtung droht dann, wenn sie sehr stark ausgeprägt ist, eine Gefahr, nämlich der Verfall in die Stagnation, sodass es an Innovationen und Offenheit für neue Produktionsweisen und Aufgaben fehlt. Diese Entwicklung ginge v. a. auf Kosten des ökonomischen Wachstums. Nach einer langen Phase ausgeprägter Marktregulierung durch die Politik entstünde somit erneut Handlungsbedarf für die Politik.

Dabei ist zu betonen, dass es keinen Determinismus im Sinne einer Einbahnstraße in der Entwicklung gibt, da die jeweiligen Prinzipien nicht bis in die Extreme ausgelebt werden müssen (siehe hierzu auch Ther 2019). Es kommt mehr darauf an, genau zu analysieren, welche Schieflagen in Wirtschaft und Gesellschaft eine Änderung in den Regulierungsmaßnahmen erforderlich machen. So weist Sandel (2020, S. 269) beispielsweise darauf hin, dass die Fokussierung des angestrebten Ziels von Chancengleichheit mittels akademischer Abschlüsse unter der Bedingung einer Wettbewerbsgesellschaft viele Verlierer produziert.

Für die Bundesrepublik Deutschland (Westdeutschland) gilt, dass nach den Verheerungen des 2. Weltkriegs die wirtschaftliche Aufbauphase verbunden war mit dem Ziel, soziale Unterschiede einzuebnen und die Bürger an Konsum und Demokratie teilhaben zu lassen. Es galt, die Industrie wieder aufzubauen unter starker Beteiligung von Gewerkschaften als Interessenvertretungen der Arbeiterschaft. Die Gesellschaft träumte von sicheren, wertehaltigen Strukturen, sodass nicht umsonst die Zeit nach 1945 als „goldenes Zeitalter der Ehe" bezeichnet wurde, weil „noch nie in der Geschichte unseres Kulturkreises so viele Menschen verheiratet waren, so wenig Ehen geschieden wurden, eine relativ hohe Kinderzahl pro Familie gegeben war und nichteheliche Lebensgemeinschaften so gut wie unbekannt waren" (Nave-Herz 1998, S. 286). Dies verweist auf eine Gesellschaft, der Ordnung, Normen und Regeln sehr starke Stützen sind.

▶ **Übergang von der Industrie- zur Wissensgesellschaft**
Deutschland war eine Industriegesellschaft mit einem starken Mittelstand aus Handwerk, Bildungsbürgertum und Leitungspositionen in Industriebetrieben sowie einer Arbeiterschicht, die sich sowohl materiell als auch

habituell der Mittelschicht anglich, sodass sie zusammen die breite Mitte darstellten. Ab ca. 1980 veränderte sich die Produktionsweise, und die bisherigen gesellschaftlichen Strukturen lösten sich nach und nach auf. Dies ist ein Anzeichen dafür, dass der nächste Prinzipienwechsel zu einer deregulierten Wirtschaft anstand. Dabei ist anzumerken, dass es keinen fixen Zeitpunkt des Prinzipienwechsels gibt, sondern nur Tendenzen, die irgendwann zu einer neuen Normalität ausreifen.

Produktions- und Arbeitsverhältnisse veränderten sich in Richtung Globalisierung, womit Handel auf globalen Märkten und eine extreme internationale Arbeitsteilung zur möglichst billigen Herstellung von Gütern stattfinden konnte. Ein zweiter wesentlicher, die Arbeitsweise bestimmender Faktor war die Digitalisierung, sodass Wissensarbeit und Dienstleistungsprodukte, z. B. Beratung, zunehmend mehr wirtschaftliche Bedeutung bekamen und die inländische Herstellung von materiellen Gütern, wie sie für die Industriearbeit typisch war, verdrängten.

Damit veränderten sich auch die Schichten der Gesellschaft. Ab ca. 1980 entstand nach und nach auch eine neue Mittelschichtsgruppe oberhalb der zuvor beschriebenen Mittelschicht, die größtenteils im Bereich der Wissensarbeit tätig wurde. Die alte traditionelle Mittelschicht existiert zwar weiter, ist aber geschrumpft und musste die Deutungsmacht in der Gesellschaft an die neue Mittelschicht abgeben.

Zu der neuen Mittelschicht gehörten nicht nur viele neue Arbeitsplätze im Bereich der Digitalisierung, sondern auch in sich zunehmend entwickelnden Arbeitsfeldern jenseits der traditionellen, produkterstellenden Berufe, z. B. im Bereich des Marketings, als Organisationsberater, als Eventmanager etc. Besonderes Kennzeichen dieser Arbeitstätigkeiten ist, dass damit schöpferische und kreative Aufgaben erledigt werden sollen im Unterschied zu den eher gleichförmigen industriellen Arbeitstätigkeiten. Für die neuen „kreativen" Berufe wurde überwiegend ein Akademikerabschluss vorausgesetzt. Zudem wurde vonseiten der Politik die Akademisierung als Mittel der Chancengleichheit für alle, hochzukommen, gepriesen, in der Sozialwissenschaft aber bald als meritokratisch kritisiert.

Auch wenn die alte traditionelle Mittelschicht weiterexistiert, haben sie und ihre Rolle in der Gesellschaft sich verändert. Viele Menschen aus der alten Mittelschicht fielen aus dieser in eine prekäre Unterschicht, die vielfältig zusammengesetzt ist, jedoch besonders durch ein neu entstandenes transnationales Dienstleistungspersonal geprägt ist. Es handelt sich hierbei um die Verlierer von Postindustrialisierung und Bildungsexpansion. Indem die traditionelle Mittelschicht ihre gesellschaftliche Deutungsmacht an die neue Mittelschicht abgeben musste, ging auch das jahrzehntelang politisch vorherrschende Prinzip der Regulierung der Wirtschaft zugunsten der Schutzbedürfnisse der Gesellschaft in Form einer nivellierten Mittelschichtsgesellschaft verloren. Diese traditionelle, u. a. durch Arbeitsschutzregeln abgesicherte Gesellschaft wurde als ein Hemmschuh für Innovation und neue Wirtschaftsleistung angesehen; stattdessen sollte der Geist von Freiheit (Liberalismus) statt Regulierung die Stimmung sowohl in der Gesellschaft als auch in der Wirtschaftsentwicklung bestimmen.

Die Weiterentwicklung nach dem Deregulierungsprinzip hin zur radikalen Form des Neoliberalismus seit der Jahrtausendwende beruht auf einer ökonomistisch verengten Sichtweise des Marktgeschehens, also einem ungezügelten, sich ausbreitenden Kapitalismus. Hierzu gehörte beispielsweise in Deutschland die Ökonomisierung von bisher nicht wettbewerbs- und profitorientierten Bereichen, z. B. Gesundheitseinrichtungen, die aber durch die Sozialversicherungen ein risikoarmes Geschäft ermöglicht bekamen. Auch die sozialdemokratischen und kommunistischen Regierungen der westlichen Welt (in den USA die Demokraten) implementierten den wirtschaftlichen Neoliberalismus und setzten damit erfolgreich wirtschaftliche Wachstumsimpulse, wurden damit aber für ihre Stammwählerschaften aus dem Arbeitermilieu uninteressant, ja sie wurden sogar als Verräter angesehen.

▶ Insbesondere der Rückbau des Wohlfahrtsstaats bei Arbeitslosigkeit und damit des sozialen Sicherheitsnetzes und demzufolge die Verstärkung der sozialen Unterschiede auch innerhalb der Mittelschicht führten zu einer starken Verunsicherung der bisherigen Mittelschicht. Die Maßnahmen führten in Deutschland teilweise zum gewünschten wirtschaftlichen Erfolg, beispielsweise Reduktion der Arbeitslosenzahlen, Stabilisierung der Sozialversicherungen und des Staatshaushalts. Aber der Neoliberalismus führte langfristig zu nicht intendierten Folgen: Das Gesundheitssystem wurde nicht billiger, aber ein begehrter Markt für Investoren.

Die massiven Personaleinsparungen in Krankenhäusern und Pflegeheimen machten den Pflegearbeitsplatz unattraktiver, sodass inzwischen Personalmangel herrscht und Qualität und Ethos dieses sozialen Bereiches erodieren (Kumbruck et al. 2010; Kumbruck und Senghaas-Knobloch 2019, S. 131–167). Es entstanden digital basierte Arbeitsplätze, beispielsweise von Crowdworkern in Plattformökonomie-Unternehmen (z. B. Amazon), die sich jeglichen Arbeitsvertragsregulierungen entziehen können (Fricke 2019, S. 94–98) Weniger Regulierung der Finanzwirtschaft macht nicht nur Arbeitsplätze, sondern auch diese und die Wirtschaft insgesamt unsicherer, wie der Bankencrash 2008 zeigte. Die Europäische Union wurde dabei mit ihrem Versprechen, anderen EU-Ländern bei den dadurch entstandenen Krisen zu helfen, im Falle des Euro-Rettungsschirms für Griechenland seit 2010 vor eine Zerreißprobe gestellt.

Der drohende oder schon erfolgte Abstieg der alten Mittelschicht und damit auch die Auflösung der sozialen Sicherheit und ihrer Werte erzeugen Hass und Wut auf die aufgestiegene neue Mittelschicht mit ihren Freiheitswerten. Es zeigen sich vermehrt Zeichen des Unmutes über den Staat und die Auflösung des gesellschaftlichen Konsenses, ja Spaltungserscheinungen. Sandel (2020, S. 345 ff.) verweist darauf, dass der Unmut in die falsche Richtung zielt. Denn ein wesentlicher Bestandteil des globalisierten Neoliberalismus ist die Deregulierung des Finanzmarktes. Deren problematische Rolle für die Gesellschaft wird indes kaum diskutiert, stattdessen wird auf die Staaten geschimpft, die nicht aus eigener Kraft daraus resultierende Finanz- und Wirtschaftsprobleme lösen können, z. B. die „Griechen". Der deregulierte Finanzmarkt erlaubt es Spekulanten an der Börse, sich wie Zocker zu betätigen und sich mit ihren (auch kriminellen) Tricks in kaum vorstellbaren Dimensionen privat zu bereichern und dadurch zur Bankenkrise 2008, aber auch zu zukünftigen Krisen, beizutragen. In der Konsequenz müssen Staaten und Steuerzahler mit viel Geld diese Lücken kompensieren zum Preis von wirtschaftlicher und gesellschaftlicher Instabilität.

▶ Besonders heftig traf die ökonomische Verschärfung des Arbeitsmarktes die ostdeutschen Bürger.

Diese wurden mit dem Systemzusammenbruch der DDR 1989/90 und der Vereinigung – formalrechtlich mehrheitlich so gewollt als „Beitritt" der fünf ostdeutschen Länder mit der Bundesrepublik Deutschland umgesetzt – vollständig neuen ökonomischen und sozialen Spielregeln, insbesondere im Arbeitsleben, ausgesetzt. Zudem gingen auch die an einen betrieblichen Arbeitsplatz gebundenen sozialen Sicherheitsgarantien des DDR-Systems von einem Tag auf den anderen verloren. Diese schon nur schwer zu bewältigenden Verunsicherungen wurden durch neoliberale Reformen ab 2000 verstärkt. Der Historiker Ther spricht von der „deutschen Schocktherapie" (Ther 2019, S. 88) mit der Folge der „Entwurzelung und Zerstörung sozialer Gemeinschaften, dem Gefühl vieler Menschen, den Anforderungen der Wirtschaft nicht mehr gewachsen zu sein" (Ther 2019, S. 18; ausführlicher zum Transformationsprozess in Ostdeutschland siehe Ther 2019, insbesondere S. 7–42 und 73–96).

Ther (2019, S. 94) erklärt hiermit auch, warum viele ostdeutsche Bürger 2015/2016 Sozialleistungen an Flüchtlinge als so kritisch ansahen. Sie lehnten es ab, dass Flüchtlinge im Prinzip die gleichen Sozialleistungen wie bedürftige Deutsche erhalten sollen. Sie empfinden es, nachdem sie selber lange in die Sozialsysteme einbezahlt hatten, als ungerecht, wenn nun Flüchtlinge, die nie Beiträge gezahlt haben, gleichbehandelt werden; allerdings werden die Altersrenten für ehemalige DDR-Bürger im Gegensatz zu ehemaligen Westdeutschen auch ohne Anwartschaftszeiten gezahlt. Dasselbe gilt für das Arbeitslosengeld.

Zur schwierigen, wenn nicht sogar existenziell gefährdeten Lebenssituation kommt nach Ther (2019, S. 88) noch hinzu, dass weder das bisherige Leben noch die inzwischen erfolgten Anpassungsleistungen im vereinten Deutschland von den Westdeutschen gewürdigt wurden. Dieses Thema wirkt fort, und seine Bedeutung im Kontext der Flüchtlingsaufnahme 2015/2016 sollte nicht unterschätzt werden. Allerdings wird es von Ostdeutschen wie Richard Schröder auch als Mythos (Opfermythos) infrage gestellt, der erst circa 2018 aufkam und von populistischen Parteien gezielt inszeniert wurde (Paqué und Schröder 2020, S. 10 f.). Die Autoren „halten ihn für eine falsche und gefährliche Interpretation der Deutschen Einheit: falsch, weil sie den Fakten wiederspricht; gefährlich, weil sie eine Spaltung erst schafft. Die es noch gar nicht gibt." (Paqué und Schröder 2020, S. 14) Sie setzen sich gründlich mit den politischen und wirtschaftlichen

Bedingungen der ehemaligen DDR auseinander, prüfen die rechtlichen, politischen und auch wirtschaftlichen Machbarkeiten sowie die Stimmungslage in der Bevölkerung und konstatieren, dass das Zusammenwachsen der Nation im Wesentlichen funktioniert (Paqué und Schröder 2020, S. 14). Es dürfte jedoch eine Frage der Definition von Zusammenwachsen sein, ob dieses gelungen ist oder nicht: Es fehlt sicherlich ein west-ost-deutsches Zusammengehörigkeitsgefühl, entstanden durch eine gemeinsame Interpretation der jüngeren Vergangenheit (2. Weltkrieg, Nachkriegszeit in den getrennten Staaten BRD und DDR mit unterschiedlichen Täter-Opfer-Diskursen, Entstehung und Ablauf der Wiedervereinigung sowie die Zeit danach). Und mit den unterschiedlichen Lebenserfahrungen und dem Rückblick darauf fehlt auch eine gemeinsame positive Erzählung der Wiedervereinigung selbst (Assmann 2020, S. 246 ff.)

Für die ehemaligen DDR-Bürger gilt zudem unabhängig von den spezifischen wirtschaftlichen, gesellschaftlichen und emotionalen Verwerfungen, dass sie im Durchschnitt bis zur deutschen Wiedervereinigung viel weniger Kontakte zu Fremden hatten. Beispielsweise wohnten die Vertragsarbeiter aus Vietnam und Mosambik während ihres Aufenthalts in getrennten Wohnheimen, meist von DDR-Betrieben eingerichtet und deutlich abgetrennt von der heimischen Bevölkerung; diese Menschen hatten keine Bleibensperspektive. Psychologische Studien haben gezeigt, dass die Ängste und Vorurteile gegenüber Fremden umso größer sind, je weniger Möglichkeiten für Kontakt mit ihnen bestehen (siehe die Kontakthypothese von Allport 1954, S. 281).

In der Zusammenschau wird deutlich, dass wirtschaftliche Veränderungsprozesse mit politischen, sozialen und kulturellen, ja auch räumlichen Veränderungen eng verwoben sind. So gehörte zum Prozess der „Postindustrialisierung der Ökonomie" und der „Bildungsexpansion" auch ein „Liberalisierungsprozess des Wertewandels" (Reckwitz 2019, S. 77), also ein kultureller Wandel, um den es in der Auseinandersetzung der beiden Mittelschichtsgruppen „Kosmopoliten" und „Traditionalisten" auch geht (siehe Abschn. 9.2). Reckwitz betont, dass zudem auch das Demokratieverständnis Veränderungen unterworfen ist und die derzeitige gesellschaftliche Krise nur dann nachvollziehbar ist, wenn man alle drei Ebenen einbezieht: Ökonomie, Kultur, Demokratie. Da die empirische Studie (Kumbruck et al. 2020) zu wenig Material für alle drei Ebenen liefert und diese auch nicht alle in der Fachkompetenz der Autorin liegen, wird vor allem die kulturelle Ebene der Gesellschaft analysiert und ansonsten auf Autor/innen wie Reckwitz (2019) verwiesen.

9.4 Emotionalisierung der Gesellschaft: Ängste, Wut, Trauer, Dilemmata und das Herauskommen

9.4.1 Eine Tiefengeschichte

Die Erfahrungen für die Menschen sind je nachdem, an welcher Stelle der Gesellschaft sie stehen, unterschiedlich. Es geht ihnen dabei weniger um das Verständnis des ganzen Geschehens, sozusagen aus der Vogelperspektive, als um ihr persönliches, emotional geladenes Erleben von unten und von innen. Darauf verweisen auch Paqué und Schröder (2020, S. 100) in ihrer Gesamtschau der Angleichung von Ost- und Westdeutschland seit der Wiedervereinigung: „Objektive Wahrheiten sind das eine, subjektive Wahrnehmungen das andere." Diese Erkenntnis schien in unserer Studie (Kumbruck et al 2020) und ebenso in den Kap. 5 und 7 in diesem Band vielfach auf.

Da die neoliberale Entwicklung in den USA weiter vorangeschritten ist als in Deutschland, können dort manche Erkenntnisse für die psychosozialen Veränderungen identifiziert werden, die auch die Lebensverhältnisse in Deutschland betreffen (werden). Verschiedene Studien in den USA zeigen die prekären Lebenssituationen aufgrund des bereits erfolgten Abstiegs der ehemaligen Mittelschichts-Arbeiterschaft im „Rostgürtel" (Vance 2017), der ehemals größten Industrieregion der USA, die seit 1970 den Niedergang der alten Stahlindustrie erlebt. Die Soziologin Hochschild (2017) führte ihre Interviewstudie in Lousiana durch, einer von Petrochemieanlagen und darauf beruhenden Umweltzerstörungen gekennzeichneten Region ganz im Süden der USA, die auch eine Hochburg der Tea-Party-Anhänger ist. Sie zeigt den „Kampf" der traditionellen Mittelschicht um den Fortbestand der vergangenen Lebensverhältnisse und den damit verbundenen Träumen, aber auch den inneren Widerstand gegen die psychische Einsicht, dass diese Träume nicht mehr wahr sein sollen. Hochschild (2017, S. 187–209) identifizierte eine „Tiefengeschichte", mit der sie die hohe Emotionalität der Polarisierung in den USA verständlich machen kann.

▶ Eine Tiefengeschichte ist eine Darstellung, die sich für die Betroffenen, in diesem Beispiel die Unterschicht-/Mittelschicht-Arbeiterklasse, „wahr anfühlt" (Hochschild 2017, S. 3). Sie zeigt „die gefühlsmäßigen Gebote und Verbote" (Hochschild 2017, S. 35), welche Gefühle also aus Sicht der Betroffenen vorhanden sind und in Bezug auf die Erfahrungen als angemessen erscheinen und welche Erwartungen an Gefühlsäußerungen durch die Vertreter einer anderen Schicht als Zumutung empfunden werden.

Im Folgenden wird diese Tiefengeschichte skizziert:

Es handelt sich um den amerikanischen Traum: vom Tellerwäscher zum Millionär. Dies ist das frühere Versprechen der Industrienation USA an die weiße Unterschicht und v. a. die Mittelschicht-Arbeiterklasse, überwiegend männlich, immer sozial aufsteigen zu können, wenn man sich anstrengt. Diese Individuen stehen in einer langen Warteschlange an einem Berg, und direkt hinter dem Gipfel befindet sich das Ziel, an dem der Traum in Erfüllung geht. Die Schlange bewegt sich nur sehr langsam nach oben, manch einer aus dieser Gruppe der Unterschicht-/Mittelschicht-Arbeiterklasse wird schon alt und müde dabei. Der Blick zurück zeigt eine riesige Menschenmenge von Farbigen, auch viele Frauen, die ebenfalls nach oben wollen. Man gönnt ihnen einerseits das Weiterkommen, registriert aber auch, dass die Schlange sich kaum mehr nach oben bewegt. Immer mehr Menschen von hinten drängeln sich nach vorn, um auf diese Weise schneller als die

Personen aus der eigenen Schicht ans Ziel zu kommen. Als Ursache hierfür wird die Identitätspolitik der Demokraten ausgemacht, die es Menschen aus der bisherigen Unterschicht (z. B. Farbigen) durch Vorrechte gewährt, an ihnen vorbei nach oben zu kommen. Die Vertreter der weißen Mittelschicht-Arbeiterklasse sind frustriert, weil ihr eigener Traum geplatzt ist, und sie sind wütend auf die Politiker. Sie haben kein Mitgefühl mehr mit all denen, die als Farbige, Einwanderer, Flüchtlinge etc. Unterstützung wollen, denn dass von diesen viele schneller nach oben dürfen als sie selbst, empfinden sie als unfair, zumal den anderen dieses Vorankommen nur ermöglicht wurde dank der Steuern, die die Mittelschicht-Arbeiterschicht zahlt. Dafür von den liberalen Eliten als mitleidslose, vorurteilsbehaftete Hinterwäldler beschimpft zu werden, zeigt, dass diese ihre Leistung und ihren Lebensstil nicht anerkennen – ein Grund für Frustration und Wut gegen die sog. Eliten. Mit dieser „Emotionsbeschreibung" der amerikanischen alten Mittelklasse wird die Frontenbildung in den USA verständlicher.

Sie wirft auch ein Licht darauf, wie Tiefengeschichten für die Unterschicht, alte oder neue Mittelschicht in Deutschland aussehen könnten, auch möglicherweise speziell für Menschen mit ostdeutscher oder westdeutscher Lebenserfahrung.

Beispiel zur Reflexion

Vielleicht machen Sie, liebe/r Leser/in, inspiriert von den vielen Interviewzitaten in diesem Buch, sich daran, eine oder zwei (je nach Perspektive) solcher Tiefengeschichten entlang ihrer Erfahrungen in Deutschland zu schreiben. Denn entsprechend zu den USA bestand auch in Deutschland die gesellschaftliche Erwartung eines sozialen Aufstiegs, der sich in den 1950er bis 1970er Jahren für viele erfüllte und danach immer weniger realisierbar war. Dies belegt Julia Friedrichs (2021) für Deutschland mit vielen anschaulichen Schilderungen sowie Zahlenmaterial in ihrem Buch „Working Class". Aber auch andere Versprechen seitens der Regierung wurden nicht eingelöst: Zum Beispiel das Versprechen des Bundeskanzlers Helmuth Kohl, dass nach der Wiedervereinigung aus der ehemaligen DDR binnen 10 Jahren blühende Landschaften würden (gemeint war das wirtschaftliche Aufblühen). Ein anderes Beispiel ist die optimistische Bewertung der Bewältigung des Flüchtlingszuzugs 2015/2016 durch die Bundeskanzlerin Angela Merkel: „Wir schaffen das". ◂

Warum ist solch eine Tiefengeschichte so wichtig? Die Gesellschaft zu Beginn des 21. Jahrhunderts ist hoch emotionalisiert und führt die Mitglieder in die Polarisierung. Die beiden wesentlichen polarisiert sich gegenüberstehenden Gruppen, die alte und die neue Mittelschicht, haben auch unterschiedliche Gründe für ihre eigene Emotionalisierung. Die Soziologin Hochschild (2017, S. 34 f.) hat zum besseren Verständnis für diese gesellschaftlich geprägten Emotionen eine Tiefengeschichte für die vom Abstieg bedrohte US-Mittelklasse erzählt (Hochschild, 2017, S. 187–209; siehe oben). Inhalt und Funktion einer Tiefengeschichte beschreibt sie wie folgt:

„Eine Tiefengeschichte ist die gefühlte Sicht der Dinge, die Emotionen in Symbolsprache erzählen. Sie blendet das Urteilsvermögen und die Tatsachen aus[1] und erzählt, wie Dinge sich anfühlen. Eine solche Geschichte erlaubt es den Menschen auf beiden Seiten des politischen Spektrums, zurückzutreten und das *subjektive Prisma* zu erkunden, durch das die Partei auf der anderen Seite die Welt sieht. Ohne sie können wir meiner Meinung nach die politischen Einstellungen der Rechten wie auch der Linken nicht verstehen." (Hochschild 2017, S. 187) Ihre Analyse anhand der Tiefengeschichte fördert zutage, dass die sich auf diese Weise zeigenden Emotionen Ausdruck der Auseinandersetzungen der beiden Gruppierungen um das Vorschreiben der richtigen „Gefühlsregeln [sind, Anm. d. Verf.]. Die Rechte möchte sich von liberalen Vorstellungen; was sie *empfinden sollte,* befreien: Freude über frisch verheiratete Homosexuelle, Betroffenheit über die Not syrischer Flüchtlinge, keinen Ärger über zu zahlende Steuern. Die Linke sieht Vorurteile. Solche Regeln stellen den emotionalen Kern rechter Überzeugungen infrage." (Hochschild 2017, S. 35) Das Vorschreiben von Denk- und Gefühlsregeln, wie sie Hochschild hier beschreibt, erzeugt zwangsläufig Unwillen dagegen bei denen, die sich dadurch in ihrer Meinungsfreiheit eingeschränkt fühlen und zudem durch das Befolgen dieser Regeln nur Nachteile für sich befürchten.

Mit dem Vorschreiben der vorgeblich richtigen Gefühlsregeln wird moralischer Druck erzeugt, der besonders zu Widerstand anregt (siehe Kap. 7). Die Tiefengeschichte gibt bildlich die emotionale Lage wieder: Hoffnungen, Ängste, Stolz, Scham, Verbitterung und Sorgen im Leben der Menschen (Hochschild 2017, S. 34 f.).

Wie sieht die Emotionslage in Deutschland aus? Für die beiden Lebensstile „Kosmopoliten" und „Traditionalisten" gilt, dass die negativen Gefühls- und Anerkennungslagen der beiden Gruppen in enger Beziehung zueinander stehen:

1. Wie von Hochschild treffend für die USA beschrieben, empfindet es die traditionelle Mittelschicht als anmaßend, dass ihnen die „Kosmopoliten" vorschreiben, was und wie sie fühlen sollen. Dies gilt auch für Deutschland. Dadurch entsteht ein Teufelskreis wechselseitiger Reaktionen auf die anderen mit ihren moralischen Erwartungen und Bewertungen. Dies wurde am Beispiel von Flüchtlingshelfer/innen und -skeptiker/innen beschrieben (siehe Abschn. 7.7).
2. Wie von Vance (2017) und von Hochschild (2017) für die vom Niedergang betroffenen Industriegebiete in den USA anschaulich dargestellt, erleben die „Traditionalisten" negative Gefühle wie Angst, Scham und Wut angesichts gesellschaftlicher und ökonomischer Zustände, insbesondere die Gefahr bzw. das Erleben des eigenen sozialen Abstiegs. Anhand der Aussagen von Flüchtlingsskeptiker/innen in unserer Studie

---

[1] Zu jeder Tiefengeschichte gehört ein Bereich der Amnesie, der Nicht-Geschichte, des Nicht-Ich. (Diese Fußnote befindet sich im Originaltext von Hochschild.)

ist festzustellen, dass sie die Flüchtlingshelfer/innen oder die ihnen nahestehenden Politiker für diese Entwicklung verantwortlich machen. Sie richten negative Gefühle, insbesondere Wut, auf diese (siehe Abschn. 9.3). Aber auch der Neid und Hass gegenüber Flüchtlingen wird v. a. unter dem Gesichtspunkt gesehen, dass diese sich von dem vorhandenen Sozialleistungstopf, in den auch die Flüchtlingsskeptiker/innen eingezahlt haben, vieles herausnähmen, obwohl sie nichts eingezahlt haben und als vermeintliche „Wirtschaftsflüchtlinge" dies auch nicht nötig hätten.
3. Negative Gefühle sind unausweichlich auch Ausdruck der Normen und des Lebensstils des kulturell hegemonialen Mainstreams, d. h. der Selbstverwirklichungskultur. Zunächst erzeugt die Selbstverwirklichungskultur, wie man auch im Kontext der Flüchtlingshilfe sieht, viele der gewünschten positiven Erfahrungen („psychologischer Mehrwert"). Aber Überforderung und Frustration sind angesichts der eigenen hohen Ansprüche unvermeidlich (siehe Abschn. 5.1). Sie sind sogar charakteristische Wirkungen der Selbstverwirklichungskultur angesichts nicht zu bewältigender, ja oftmals sich sogar widersprechender Selbstverwirklichungsansprüche. Hier ist insbesondere auf das allen Lebensäußerungen implizite Konkurrenzprinzip zu verweisen: Als Maß für die eigene Selbstverwirklichung zählt nur, wenn sie die anderer Personen übertreffen kann.
4. Die neue Mittelklasse setzt die Normen des Lebensstils und entwertet andere Lebensstile und -formen (und damit die alte, der Tradition verhaftete Mittelschicht). Zugleich aber beeinflusst sie die Werte der alten Mittelschicht auch. Denn indem sie das kulturelle Deutungsmonopol besitzt, strahlt sie mit ihren Werten und Normen und damit aber auch mit den problematischen emotionalen Folgen auf die anderen gesellschaftlichen Gruppen aus. Hiermit ist insbesondere die emotional problematische Selbstverwirklichungskultur zu nennen. D. h. auch die Vertreter der alten Mittelschicht streben insbesondere dann, wenn sie zur jüngeren Generation gehören, als Individuen nach Einzigartigkeit und positiv-emotionaler Erfüllung und Bestätigung in möglichst allen Alltagsaktivitäten des Lebens, was de facto keinem Menschen gelingen kann. Auch sie haben das Konkurrenzprinzip verinnerlicht. Frustration und Scheitern sind also für viele Individuen vorprogrammiert. Hier spielt die Ausweitung der „Ökonomisierung des Sozialen" (Reckwitz 2019) auf alle Lebensbereiche, also auch die Welt von Beziehungen (z. B. Dating-Apps wie Tinder), letztendlich eine destruktive Rolle.

9.4.2 Wie die Selbstverwirklichungskultur negative Emotionen produziert

Reckwitz (2019) verdeutlicht, wie in der Selbstverwirklichungskultur negative Emotionen zwangsläufig entstehen, obwohl positive Emotionen quasi als Dauerzustand angestrebt werden. Er benennt sechs Enttäuschungsmechanismen (Reckwitz 2019, S. 221 ff.):

1. Das „Romantik-Status-Paradox" (Reckwitz 2019, S. 221 f.) auch als Künstler-Bankier-Paradox bekannt, verdeutlicht die „Zwickmühle" zwischen der Sinnerfüllung als Künstler und dem materiellen Erfolg als Bankier – zwei Bestrebungen, die eher selten im Berufsleben zusammen gelingen und dadurch zwangsläufig zu innerer Zerrissenheit und Unzufriedenheit führen.
2. Die „Ökonomisierung des Sozialen" (Reckwitz 2019, S. 222 ff.) zog auf der strukturellen Ebene in die bereits erwähnten sozialen Berufsfelder ein, die in Deutschland bis ca. 2000 nicht für den freien Markt geöffnet waren; ein Beispiel ist der Pflegesektor. Aber auch in den intimen, zwischenmenschlichen Bereich zog das Wettbewerbsprinzip auf zugespitzte Weise ein. Die bis dato privaten, also nicht-kommerziellen sozialen Felder wurden nahezu durchgängig den Gesetzen von Wettbewerb und Rating unterworfen (z. B. Beziehungen). Misserfolge sind vorprogrammiert, nicht nachvollziehbar und verletzen dadurch das Gerechtigkeitsempfinden (Reckwitz 2019, S. 225).
3. Ein weiterer Mechanismus sind soziale digitale Techniken des Vergleichs und der Verstärkung von negativen Emotionen, nach Reckwitz (2019, S. 225 f.) die Allgegenwärtigkeit von Vergleichstechnologien. Die Digitalisierung verschafft mit ihren Vergleichstechnologien insbesondere auf „sozialen" und Werbeplattformen (Zählen von Klicks und Likes zum Messen der Popularität) unendlich viele Möglichkeiten des Sich-Vergleichens mit anderen.

   Ein Beispiel dafür ist Instagram, wo die Nutzer Fotos und Videos miteinander teilen und viele sogenannte Influencer/innen Maßstäbe für Aussehen und Lifestyle setzen. Dass es sich bei der Show der scheinbar eigenen Lifestyle-Vorlieben der Influencer um geschicktes Marketing von Firmen handelt, wird verschleiert. Der/die pseudoberufsnahe Influencer/in verweist auf Abhängigkeitssituationen eines digitalisierten Freelancers. Natürlich findet der/die Zuschauer/in in solchen Netzwerken immer jemanden, der schöner und erfolgreicher wirkt als er/sie selbst. Die Influencer/innen sind maßgebliche Antreiber für diese Kultur des Sich-Vergleichens. Auf diese Weise kann bei den Zuschauer/innen schnell der Eindruck entstehen, dass sie selbst „zu kurz gekommen" seien. Aber auch für das Ausleben negativer Emotionen, wie niedriges Selbstwertgefühl, Neid und Wut auf diejenigen, denen es besser geht oder die man als Schuldige für eigene Misserfolge ansieht, bieten sich unterschiedlichste Plattformen und virtuelle Gruppen an. Da es keine Netiquette gibt, können sich hier die negativen Gefühle ungehemmt ausbreiten und durch Feedback weiter hochschaukeln. Diese Erfahrungen werden enorm verstärkt durch Internetplattformen und soziale Medien, wo in bestimmten Online-Gruppen diese negativen Gefühle weiter aufgeputscht werden und die Lösung der Abwertungserfahrung beispielsweise in der Rückkehr zu extrem traditionellen Geschlechterrollen gesehen wird (Beer 2020, S. 54 f.). Hier docken sich auch Populisten insbesondere des rechten Randes an und schüren weitere negative Emotionen, insbesondere Angst, Ärger, Ungerechtigkeitsempfinden, Unsicherheit. Positive Emotionen wie Stolz auf die eigene Gruppe fallen demgegenüber nicht so wirkmächtig aus (Schemer 2019, S. 6–8).

4. Hinzu kommt eine Fragilität des Bewertungsmaßstabs des „subjektiven, psychischen Erlebens" (Reckwitz 2019, S. 228 f.): Auch wenn das Ziel generell positives Erleben ist, so kann dies doch nicht immer erreicht werden. Durch die Fixierung darauf entsteht tendenziell eine Negativ-Bilanz der Situationen, in denen man enttäuscht wurde. D. h. die Erwartungshaltung ist zu hoch, und für durchmischte Erfahrungen fehlt die Haltung des Hinnehmens, die „Ambiguitätstoleranz". Damit steigt auch die Gefahr für Enttäuschung und Abwertung, die im Weiteren in Trauer über Nicht-Gelungenes, Angst vor Misslingen und Enttäuschung und Wut über potenzielle Schuldige übergehen können.
5. Ein weiterer Faktor ist das kulturelle Ideal „die gesamte Fülle des Lebens aus(zu)kosten" (Reckwitz 2019, 229 f.). Diese normative Regel der Selbstverwirklichung wird deshalb problematisch, weil kein glückliches Ende dieses Prozesses vorgesehen ist, sondern mit jedem erreichten Event ein weiteres hinter der nächsten Ecke lauert und mitgenommen werden will. Dieses Verhalten der „Selbstentgrenzung" trägt Suchtcharakter. Hierbei entsteht Stress. Verzicht, der diesen Stress verhindern würde, ist negativ konnotiert.
6. Und schließlich ist ein Mangel an kulturellen Ressourcen vorhanden, um mit „negativen Unverfügbarkeiten im Leben umzugehen" (Reckwitz 2019, 231 f.). Hierbei geht es um Ereignisse, die sich der subjektiven Kontrolle des Individuums entziehen: Krankheit, Tod, (Natur-)Katastrophen, Familienkonstellationen, aber auch unglückliche Zufälle. Die moderne Kultur bietet wenig Trost im Gegensatz zu früheren Gesellschaften und Kulturen, die auf religiöse Deutungen und Rituale zurückgreifen konnten. Sie lässt nur das Hinnehmen des Scheiterns zu, oder, wenn das psychisch nicht als verkraftbar erlebt wird, psychische Projektionen auf „Schuldige". Eng verbunden damit ist das Autonomieideal, das es den Individuen schwermacht, ihre „existenzielle Angewiesenheit" (Kumbruck und Senghaas-Knobloch 2019, S. 133) auf andere Menschen zu akzeptieren.

Die Mechanismen stehen für das Grunddilemma der Menschen in der neoliberalen Arbeits- und Lebenswelt: Das in der Wirtschaft gültige Leistungsprinzip wurde dank seiner Attraktivität von den Menschen soweit psychisch verinnerlicht, dass jede Lebenssituation unter Wettbewerb steht und dass diejenigen, die dabei nicht als Sieger hervorgehen, Gefühle der Minderwertigkeit entwickeln. Das Versprechen des Emporkommens durch Anstrengung und die damit verbundenen Hoffnungen sind enorm. Aber wer dem nicht gewachsen ist, muss auf Trost wie den Verweis auf das Schicksal, der früheren Generationen zur Verfügung stand, verzichten; er/sie ist aus dieser Perspektive selber schuld (Sandel 2020, S. 2017). Diejenigen, die es besser treffen, können auf ihn/sie herabsehen. Konkret auf die Situation der vom Absturz bedrohten Arbeiterschicht übertragen, bedeutet dies, dass ihren Fähigkeiten, ihrer Bedeutung für den Wohlstand der Gesellschaft und ihrem Beitrag für die Gesellschaft die Anerkennung verweigert wird.

▶ Der Schluss liegt nahe, dass die menschliche Psyche die in einer Selbstverwirklichungskultur kaum vermeidbaren negativen emotionalen Erfahrungen und Dilemmata nicht auf Dauer verkraften kann.

Nun ist einschränkend zu erwähnen, dass sich nicht alle Menschen eines Landes (und auch nicht unsere Interviewteilnehmenden) voll darauf einlassen. Viele Individuen beider Seiten haben eine gewisse Immunisierung gegen die permanente Emotionalisierung und den ständigen Vergleichsmodus.

Die empirische Engagement-Untersuchung (Kumbruck et al. 2020) hat ausgeprägt viele Emotionen von Flüchtlingshelfer/innen und -skeptiker/innen zutage gebracht, die vielfach die Tendenz hatten, ins Negative abzugleiten. Sie wurden in diesem Band auf der Engagements-Erfahrungsebene analysiert (Kap. 5) und in der Art und Weise des Kommunizierens deutlich (Kap. 7). Dabei sind insbesondere die Eskalationstendenz vom Werte- zum Diffamierungsquadrat (Pörksen und Schulz von Thun 2020; Abschn. 7.4) sowie der mit dem Begriff Helikoptermoral (Schmidbauer 2017) beschriebene Zustand der moralischen Daueraufgeregtheit von Bedeutung (Abschn. 7.6). Ergänzend ist auf die Problematik zu verweisen, dass sich die Vertreter der alten Mittelschicht nicht genügend anerkannt fühlen.

„Diejenigen, die von der Globalisierung zurückgelassen wurden, hatten nicht nur zu kämpfen, während es anderen gut ging; sie spürten auch, dass ihnen ihre Arbeit keine soziale Wertschätzung mehr einbrachte. In den Augen der Gesellschaft (und vielleicht auch in ihren eigenen) stellte ihre Arbeit keinen wertvollen Beitrag zum Gemeinwohl mehr dar." (Sandel 2020, S. 315) Soziale Anerkennung und Wertschätzung erlangt man, indem man Dinge und Dienstleistungen erstellt, die andere brauchen und schätzen. Ohne diese Möglichkeit fühlen sich Menschen „unsichtbar". Dies konnte im Rahmen einer empirischen Studie über den Pflegeberuf sehr differenziert aufgezeigt werden (Kumbruck et al. 2010). Die Tendenz der neuen Mittelschicht, der traditionellen Mittelschicht die Anerkennung zu verweigern, gilt als problematisch für ein Gemeinwesen, weil Menschen in ihrem Beitrag für ein Gemeinwohl anerkannt werden wollen (Sandel 2020, S. 315), um sich damit zu identifizieren und für eine gemeinsame Gesellschaft einzustehen (siehe auch Abschn. 10.2.1).

Die mit dem Flüchtlingsengagement verbundene emotionale Polarisierung wurde so auffällig. Sie macht trotz vieler inhaltlicher Überlappungen einen Dialog und ein von wechselseitigem Verständnis getragenes Zusammenleben in einem Gemeinwesen auf Dauer unmöglich. Daher ist im Folgenden zu prüfen, wie die schnelle Emotionalisierung zurückgefahren werden kann. Denn dadurch können die Vertreter beider Gruppierungen wieder die Kontrolle über ihr eigenes Handeln zurückgewinnen, anstatt immer nur aufeinander zu reagieren.

9.4.3 Wege aus der emotionalisierten Gesellschaft

Nach dem Lesen dieser Überschrift kann der Eindruck entstehen, als ob alle gesellschaftlichen Probleme nur psychischer oder emotionaler Natur und Ausdruck schlechter Kommunikationsweisen sind. Wie oben ausgeführt, sind die emotionalen

Übersteigerungen aber Ausdruck eines ökonomischen und gesellschaftlichen Umbruchs, der durch Überbetonung des Liberalismus des Marktes und der gesellschaftlichen Lebensformen entstand. Nach den Ausführungen nach Polanyi (1973) zur Entwicklung von Ökonomie und Politik entlang der Pendelbewegung der Prinzipien *freier Markt* versus *soziales Schutzbedürfnis* der Gesellschaft in Abschn. 9.3 ist es naheliegend, dass nun wieder staatliche Regulierung auf der Tagesordnung stehen müsste. Schon Polanyi verwies darauf, dass es dabei nicht um eine totale Kehrtwende gehen sollte, sondern um ein Einhegen der destruktiven Auswüchse der Marktfreiheit. Dem folgen auch Ther (2019) und Reckwitz (2019, S. 239 ff.). Es geht vor allem um die teilweise Zurücknahme der Ökonomisierung des Sozialen (Reckwitz 2019, S. 33 ff.). Einerseits sollte die Politik stärker dahingehend eingreifen („regulieren"), dass Menschen sich auf die Grundvoraussetzungen des Lebens mehr verlassen können (Gesundheitsversorgung, Wohnung, Bildung, Altersversorgung), insbesondere, dass das Einkommen gut zum Leben reicht. Hier sollte demnach der Staat für das Abpuffern und eine Kompensation von individuellen Verwerfungen sorgen, die insbesondere polarisierten Arbeitsmärkten geschuldet sind (Reckwitz 2019, S. 234). Polanyi (1973) wie auch Ther (2019) und Reckwitz (2019) denken dabei vorrangig daran, die großen Wirtschaftszusammenbrüche zu vermeiden, also Bankencrashs oder Währungszusammenbrüche. Aus Sicht von Sandel (2020) reicht dies nicht; stattdessen müsse die durchgängig destruktive und demoralisierende Rolle eines unregulierten Finanzmarktes von den Staaten stärker berücksichtigt und kontrolliert werden.

Auch dem zunehmend stärker ausgeprägten Stadt-Land-Gefälle und damit verbundenen sowohl materiellen Unterschieden als auch Unterschieden in den Lebensformen könnte durch Investitionen des Staates beispielsweise in die digitale und in die Nahverkehrsinfrastruktur, aber auch durch bürgerschaftliches Engagement zur Reaktivierung von sozialer Infrastruktur wie Vereine, Cafés, entgegengewirkt werden, wodurch ein stärkerer Austausch verschiedener Lebenswelten möglich wäre. Diverse Projekte zeugen von der Möglichkeit der Reaktivierung ländlicher Regionen durch Staat und Engagierte und der damit verbundenen Annäherung von „Kosmopoliten" und „Traditionalisten" (Menne 2021).

Einen ergänzenden außerstaatlichen Ansatz der Unterstützung von Menschen in Notlagen hält Reckwitz (2019, S. 234) für notwendig. Er geht davon aus, dass angesichts des Wandels in der Gesellschaft der Staat nicht alles regeln kann und soll. Die Bürger/innen müssen demnach ebenfalls wieder einen stärkeren Beitrag zum füreinander sorgenden Zusammenleben in der Gesellschaft leisten, insbesondere durch von Freundschaften und Nachbarschaften getragenen Netzwerken, die der wechselseitigen Unterstützung in kritischen Lebenssituationen dienen (siehe auch Dörner 2007). Diese Freundschaftsnetzwerke sind deshalb so wichtig, weil die Familien immer häufiger fragmentiert und durch Trennungen gekennzeichnet oder infolge hoher Mobilität nicht mehr dauerhaft verlässlich verfügbar sind für die Unterstützung in Zeiten der Angewiesenheit auf andere Menschen. So gilt zunehmend weniger, dass Familienangehörige als der „größte Pflegedienst der Nation" (Höhn, 1995, S. 10) verfügbar sind (Rumpf 2010, S. 107–163).

Sandel (2020, S. 217) verweist darauf, dass die bloße Einführung von zusätzlichen staatlichen Wohlfahrtsleistungen und erst recht von privater Unterstützung für Bedürftige derzeit in den USA, aber tendenziell auch in Europa, keinen gesellschaftlichen Konsens finden wird. Denn die neoliberalen Aufweichungen der staatlichen Wohlfahrtssysteme gehen mit einer zugespitzten Ideologie der Leistungsgesellschaft einher. Sandel plädiert im Hinblick auf das Gemeinwohl für ein kritisches Hinterfragen der Leistungsgesellschaft und deren zwiespältiger „Ethik des Erfolgs" (Sandel 2020, S. 181 ff.). Diese suggeriert, dass im Prinzip jeder nach oben kommen könne, wenn er sich nur anstrenge. Dadurch wird dem Erfolglosen vermittelt, dass er selbst am Scheitern schuld sei und die Erfolgreichen stattdessen ausschließlich aufgrund ihrer Exzellenz und ihrer Anstrengungen erfolgreich seien. Somit seien die Ausgangsbedingungen im Hinblick auf Chancengleichheit so aufgestellt, dass niemand in Not geraten müsse, also auch staatliche Unterstützung und gesellschaftliche Solidarität überflüssig seien. Eine solche Sichtweise findet sich ausgeprägt in den USA – auch in der Bevölkerung, aber auch in Europa ist dieses Denken immer weiter verbreitet. Die Vorstellung, dass Menschen aufgrund ihres Schicksals keine oder weniger Leistung erbringen können und dass die Erfolgreichen Glück auf ihrem Weg zum Erfolg hatten, ist in dieser „Ethik des Erfolgs" nicht vorgesehen. Als Folge macht sich im gesellschaftlichen Klima eine Herablassung der Erfolgreichen gegenüber den weniger Erfolgreichen breit, und Letzteren fehlt die Anerkennung als produktive Mitglieder der Gesellschaft. Sandel (2000, S. 219 f.) stellt infrage, ob der Erfolg in Form von Verdienst aussagekräftig für die Leistung und Intelligenz der jeweiligen Berufsgruppen oder gar ihres moralischen Verdienstes für die Gesellschaft sei. Seinen Zweifel veranschaulicht er u. a. am Vergleich von Pfleger/innen und Hedgefondsmanager/innen. Er hält es für notwendig, dass in einer am Gemeinsinn orientierten Gesellschaft alle Bürger/innen Aufgaben durchführen können, für die sie gewürdigt werden. Sein Ausgangspunkt dafür ist die Vorstellung von Würde der Arbeit, insbesondere auch der Arbeit im Produktionswesen, aber auch im Dienstleistungsbereich, statt nur akademisierte Berufsausübung und dazu noch von Erfolg gekrönte Arbeit wertzuschätzen.

In unserer Flüchtlingsengagementstudie (Kumbruck et al. 2020) wurde dies auch sehr deutlich von einem/r Flüchtlingskeptiker/in thematisiert. Er/sie beklagt, dass die andere Seite (die Rede ist von Akademiker/innen, z. B. Sozialwissenschaftler/innen, Sozialarbeiter/innen und Politiker/innen) sich nicht in die im produzierenden Gewerbe tätigen Arbeiter und Selbstständigen einfühlen können. Aus seiner/ihrer Sicht sind dies vielfach Menschen, die:

> „kriegen vom Staat Geld für irgendwelchen [...] Unfug, der gesellschaftlich unnötig ist. [...] Keine Stunde in der Produktion. Die wissen gar nicht, was es bedeutet für einen Selbstständigen, jeden Tag zu kämpfen, was es bedeutet für einen Arbeiter, jeden Tag am Fließband zu stehen oder in einem Cluster bestimmte Aufgaben zu machen." (FG III)

Hier wird deutlich, dass er/sie sich und den Kampf ums Überleben nicht gesehen fühlt, dafür keine Anerkennung erhält, während andere für aus seiner/ihrer Sicht unnötige Arbeit

Geld vom Staat erhalten. Demnach sei das Anerkennungsprinzip auf den Kopf gestellt. Das daraus resultierende Anerkennungsdefizit für die im produktiven Gewerbe Tätigen ist deshalb so bedeutsam, weil Anerkennung die Zugehörigkeit zur Gesellschaft stärkt.

Anerkennungsdefizite erleben auch die neuen Mittelschichtler, wenn ihre Betriebe anhand neoliberalistischer Ziele reorganisieren und damit den Leistungs- und Konkurrenzdruck verschärfen. So zeigt Voswinkel (2012) anhand empirischer Studien, dass nur noch Höchstleistungen Bewunderung nach sich ziehen, aber die normale Arbeit nicht mehr gewürdigt wird. „Weil die Menschen nicht durchschnittlich überdurchschnittlich sein können", hat die „Anerkennung bloß des Besonderen die Hinnahme massenhafter Erfahrungen der Missachtung zur Voraussetzung" (Voswinkel 2012, S. 3). Die latent ständig vorhandenen Frustrationserfahrungen äußern sich in vielen Symptomen, die heutige betriebliche Zustände inzwischen charakterisieren: Die Individuen verausgaben sich bis zu Erschöpfungszuständen wie Burnout, sie versuchen ihren betrieblichen Status oder zumindest ihr Selbstwertgefühl zu verbessern auf Kosten von Kolleg/innen mittels Mobbing.

Menschen wollen einen eigenen Beitrag zu einer Gesellschaft leisten, sie wollen dafür gesehen werden und nicht nur Almosen im Falle der Arbeitslosigkeit erhalten. Dörner (2008, S. 53–66) hat diesen Wunsch, für die Gesellschaft einen Wert zu haben, beispielhaft anhand älterer Menschen, die nicht mehr im Berufsleben stehen, aufgezeigt. In traditionellen Mehr-Generationen-Familien und daran angelehnten modernen Mehr-Generationen-Wohnprojekten werden die Älteren mitbetreut, aber sie leisten auch einen eigenen Beitrag, beispielsweise indem sie auf kleine Kinder aufpassen, ihnen vorlesen oder anderweitig Zuwendung vermitteln. Denn „alle Menschen sind auch helfensbedürftig" (Dörner 2008, S. 53). Hier ist ein Grundbedürfnis des menschlichen Miteinanders berührt, nämlich das Reziprozitätsprinzip. Die fehlende Wertschätzung gegenüber den Vertretern der alten Mittelschicht mit ihrer Gefahr des Abgehängt-Werdens ist somit nicht nur eine despektierliche Haltung den Mitmenschen gegenüber, die sich in der nicht gelingenden Kommunikation besonders deutlich zeigt. Sie hinterlässt bei ihnen auch das Gefühl des nicht mehr Dazugehörens und des Überflüssig-Seins. Dasselbe gilt für die zu Höchstleistungen und gegenseitigem Konkurrenzkampf getriebenen und trotzdem keine Anerkennung erfahrenden neuen Mittelschichtler. Es geht hier also nicht nur um eine andere Kommunikationsweise, sondern auch um ein anderes Verständnis den Mitmenschen gegenüber, letztendlich eine Einschränkung der Priorisierung von monetären im Verhältnis zu zwischenmenschlichen Werten.

Damit eng verflochten wäre eine gesellschaftliche Debatte zu der nicht nur von Sandel (2014) aufgeworfenen Frage der moralischen Grenzen des Marktes. Hierbei geht es um die Zurücknahme der Öffnung von Sozialeinrichtungen für den Markt, aber auch der Ökonomisierung soziokultureller Gepflogenheiten: Beispielsweise überlassen die Bürger/innen die Bewertung der Passung potenzieller Partner/innen Programmen bzw. Algorithmen von Dating-Portalen anstatt die für sie passenden Maßstäbe selbst zu entwickeln.

▶ Besonders wichtig scheint es zudem, dass trotz des Selbstverwirklichungsideals, dessen Erfüllung ja primär über die eigenen emotionalen Befindlichkeiten „gemessen" wird, die Menschen wieder lernen, sich von diesem unabhängiger zu machen, d. h. dass sie Niederlagen, Enttäuschungen und Missempfindungen weniger selbstvernichtend wahrnehmen und einschätzen.

Die Kehrseite hierzu wäre natürlich, dass die positiven Erlebnisse ebenfalls weniger intensiv wahrgenommen würden. Einschätzungen, Bewertungen, Befindlichkeiten sind subjektiv und damit unterstehen sie der menschlichen Psyche und – wenn sie Gepflogenheiten und Sichtweisen des Kollektivs sind, auch der Kultur. Beide sind zwar änderbar, jedoch obliegen sie nicht der staatlichen Regulierung, also den Gesetzen, sondern der Einsicht der Individuen aufgrund eines gesellschaftlichen Lernprozesses. Dieser beinhaltet die Erkenntnis, dass man mit diesen hoch emotionalisierten und moralisierten Lebens- und Kommunikationsstilen an die Grenzen der psychischen Gesundheit der Individuen und des kooperativen Zusammenlebens in der Gemeinschaft gestoßen ist und deshalb neue Lebens- und Kommunikationsstile benötigt.

Dazu gehört auch, dass Individuen den Emotionen nicht so einen hohen Stellenwert zubilligen wie derzeit üblich. Den Weg der Modifikation der emotionalen Energie in künstlerisch-schöpferische, intellektuelle oder allgemeiner in gesellschaftlich anerkannte Interessen und Tätigkeiten zeichnete Freud (1930, S 227, 1933, S. 103) bereits mit seinem Konzept der Sublimierung vor. Es handelt sich um ein Lernfeld, das auch über die Sozialisierung und Bildung unterstützt werden kann, sowohl privat als auch als öffentlicher Bildungsauftrag (siehe Kap. 10).

9.5 Akkulturationsphänomene als Herausforderung einer Gesellschaft im Umbruch

Wie ausgeführt, ist die gesellschaftliche Polarisierung auch Ausdruck von Werteunterschieden aufgrund des unterschiedlichen Verständnisses, wie man mit fremden Kulturen, nämlich Flüchtlingen, umgehen soll. Dabei steht die Frage nach Akkulturationsstrategien und den sich daraus entwickelnden Gesellschaften als Zukunftsthema im Fokus.

In diesem Abschnitt sollen Hilfestellung und Anregungen gegeben werden, an der notwendigen kulturellen Entwicklung Deutschlands im Hinblick auf zukünftige Gesellschaftsoptionen mitzuwirken.

▶ Kulturen kann man nicht wirklich gestalten, aber man kann Rahmenbedingungen insbesondere in Form von Akkulturationsstrategien setzen und gemeinsam Ziele verfolgen, die die gewünschte Vision eines demokratischen Gemeinwesens, in der die Menschen auch bei unterschiedlichen Sichtweisen und Lebensformen gut miteinander umgehen, stützen.

Diese Kulturen betreffen zum einen den Akkulturationsprozess einer Gesellschaft im Umbruch im Hinblick auf die zwei Gruppen „Kosmopoliten" und „Traditionalisten". Dabei wird von der Prämisse ausgegangen, dass es sich aufgrund ihrer auf der individuellen Ebene angesiedelten Werteunterschiede Erhaltung und Offenheit um zwei „Kulturen", genauer „Sub-Kulturen", handle. Die damit verbundene persönliche Verwurzelung reguliert zwar das Verhalten der beiden Gruppen (siehe Abschn. 4.1.1.2). Jedoch müssen Menschen beider „Sub-Kulturen" lernen, trotz der Werteunterschiede miteinander verständnisvoll umzugehen.

Zum anderen bringt das weltweite Fluchtgeschehen viele Menschen nach Deutschland. Zu lösen sind hierbei natürlich rechtliche Aspekte und Umsetzungsverfahren für die verschiedenen Flüchtlingsgruppen im Hinblick auf ihren Aufenthalt- und Bleibestatus. Für alle Bleibenden gilt, dass sie selbst und die Aufnahmegesellschaft Maßnahmen zu ihrer Integration durchführen müssen, egal ob sie nur einen begrenzten Zeitraum bleiben oder die Perspektive ihrer ganzen Lebensspanne im Aufnahmeland haben. Dabei ist es von großer Bedeutung, dass sich die Migranten mit einer Langzeitperspektive nicht nur kulturell anpassen, sondern vielmehr Teil der Gesellschaft werden, ohne ihre Herkunftskultur verleugnen zu müssen.

Im Folgenden werden Akkulturationsstrategien angesichts von „Fremdkulturen" und „Aufnahmekulturen" am Beispiel von Migranten beschrieben.

Diese Strategien entscheiden darüber, wie die gemeinsame zukünftige Gesellschaft aussehen wird. Sie haben alle ihre Stärken und Schwächen. Implizit und explizit geht es in den Auseinandersetzungen zwischen Flüchtlingshelfer/innen und -skeptiker/innen bzw. „Kosmopoliten" und „Traditionalisten" auch um die „richtige" Akkulturationsstrategie (beim Umgang mit Flüchtlingen) zur Bildung der „richtigen" Gesellschaft. Somit gehören die beiden Akkulturationsaufgaben zusammen: Für die deutsche Gesellschaft im Umbruch steht letztendlich die Frage nach der Gestaltung der aus „Kosmopoliten" und „Traditionalisten" sowie bleibenden Flüchtlingen gebildeten Gemeinschaft an, die friedlich zusammenleben kann.

Dabei ist zunächst zu betonen, dass dieser Prozess für einen Nationalstaat wie Deutschland anders abläuft als für ein Staatengebilde wie die USA, die von vornherein aus unterschiedlichen eingewanderten Kulturen besteht und für die somit die kulturelle Erweiterung ein konstitutives Element ist. D. h. die Bildung eines Melting Pot (Schmelztiegel), also einer Gesellschaft unterschiedlicher Kulturen, die mittels Verschmelzung der Kulturen zunehmend homogener wird, kann für einen Nationalstaat kein selbstverständliches Ziel sein. Ebenso kann für diesen die multikulturelle Gesellschaft nicht bedingungslos angestrebt werden. Unter Multikulturalismus versteht man eine Perspektive für eine Gesellschaft mit vielen Ethnien, die nicht nur die Anerkennung von Gleichheit vor dem Gesetz und Gleichwertigkeit der kulturellen Leistungen aller kulturellen und nationalen Gruppen fördert, sondern auch die Idee proklamiert, dass verschiedene kulturelle Gruppen das Recht haben, ihre jeweils einzigartige Entwicklung und Aktivität sowie ihre Werte und Normen zu behaupten (kritisch hierzu siehe Taylor 2009, S. 66, FN 41 und Habermas [2009] sowie diesbezügliche Ausführungen in Abschn. 9.5.2).

9.5.1 Kultur: Erwerb, Tradierung und Veränderung

Akkulturationsprozesse finden sowohl auf individueller als auch auf gesellschaftlicher Ebene statt und sind aufs Engste miteinander verflochten. Dies hängt mit den Prozessen des Erwerbs, der Tradierung und der Transformation von Kultur zusammen, wie im Folgenden ausgeführt wird.

Zunächst zu unserem Verständnis von Kultur, zu ihrer Genese und Transformation (ausführlich siehe Kumbruck und Derboven 2015).

▶ **Die Entstehung von Kulturen**
Die Theorie der Werteorientierungen der Kulturforscher Kluckhohn und Strodtbeck (1961) beruht auf der Grundannahme, dass sich Gesellschaften, Subgruppen innerhalb von Gesellschaften und Individuen systematisch durch Werteorientierungen unterscheiden lassen. Ihre zweite Grundannahme besagt, dass es eine begrenzte Anzahl von Problemen gibt, mit denen sich Menschen aller Gesellschaften auseinandersetzen müssen, und dass die Lösungen zwischen den Gesellschaften variieren. Gründe liegen v. a. in Umweltbedingungen, historischen Erfahrungen, Religion, Sprache. Als grundlegende Probleme und Lösungsansätze identifizieren sie das Menschenbild, die Mensch-Umwelt-Beziehung, die Zeitorientierung, die Handlungsorientierung und die relationale Orientierung. Bei Letzterer geht es v. a. um die sozialen Beziehungsstrukturen in einem Gemeinwesen, insbesondere um die von Hofstede (2006) beschriebenen Kulturdimensionen „Individualismus/Kollektivismus" (Hofstede 2006, S. 99–158) sowie „große versus geringe Machtdistanz" (Hofstede 2006, S. 51–98).

Kultur ist somit zunächst ein erfahrungsbasiertes System von Problemlösungen, das als geronnenes Wissen (in Form von Werten, Regeln, Praktiken, Werkzeugen etc.) weitergegeben wird, wobei die Gründe, warum diese Praktik oder jene Regel überlebenswichtig ist, in Vergessenheit geraten sein können. Beispielsweise sind Gesellschaften, die aufgrund der landschaftlichen Bedingungen traditionell vom Reisanbau lebten, kollektivistische Kulturen, weil Reisanbau nur im Kollektiv umsetzbar ist. Auch wenn sie schon längst nicht mehr bäuerlich tätig sind, bleibt der Maßstab des Kollektivismus noch über viele Generationen erhalten. Durch Riten, Gebräuche, Sitten etc. teilen Menschen ihr Wissen vom Leben und ihre Einstellungen zum Leben mit, erhalten sie und entwickeln sie gleichzeitig weiter (Geertz 1994, S. 7 ff.). In diesem Sinne dient Kultur als kognitive Landkarte (Assmann 2018, S. 167). Eine geteilte Lebenspraxis verweist auf eine gemeinsame Kultur und deren Werte.

Menschen wachsen in eine Kultur per Sozialisation und Enkulturation (dies ist die 2. Sozialisation im Erwachsenenalter, beispielsweise das Hereinwachsen in eine spezielle Ausprägung der Kultur wie die Berufskultur) hinein und erwerben dabei im Rahmen aktiver sozialer Teilnahme in Praxisgemeinschaften (Communities of Practice) (Wenger 1998, S. 5; Kumbruck und Derboven 2015, S. 104) die kulturgeprägte Identität, lernen ihre Praxis und Gepflogenheiten kennen, erkennen die Bedeutung von Zeichen, lernen, über „richtig und falsch" zu entscheiden, und fühlen sich zugehörig. Sie reproduzieren Kultur, aber sie sorgen auch innerhalb der Gemeinschaft durch Hinterfragen des Sinns von Handlungsweisen, Regeln und Normen zu deren Transformation (Wenger 1998, S. 13). Tradierte Erfahrungen und die in der Kultur üblich gewordenen Umgangsweisen werden in der Sozialisation vermittelt, sodass die Mitglieder der Kultur, wie die hier genutzte semiotische Kulturdefinition von Geertz (1994, S. 7 ff.) beschreibt, das selbst gesponnene und tradierte und auch weitergesponnene Bedeutungsgewebe internalisieren und zu interpretieren wissen. Es handelt sich hierbei um ein symbolisches System, also ein Zeichensystem, wie beispielsweise Sprache, aber auch Mimik und Gestik, Rituale, Gepflogenheiten des Schenkens, des Bauens, Werkzeuge etc. Die in der jeweiligen Kultur verankerten Zeichen sind zu einem großen Teil so selbstverständlich und unbewusst, dass sie den Individuen einer Kultur oftmals erst dann bewusst werden, wenn sie mit anderen Kulturen konfrontiert sind und dabei Irritationen und Missverständnisse erleben. Dann erscheint das scheinbare Fehlverhalten der Vertreter der anderen Kultur zumindest als merkwürdig, möglicherweise aber sogar als dumm, bösartig oder unmoralisch (Kumbruck und Derboven 2015, S. 103 f.). Durch diese Irritationen wird sich das Individuum indirekt der Werte, Einstellungen und Sichtweisen der eigenen Kultur bewusst. Aber es reagiert auch auf das Fremde und die Fremden, entweder mit Abwehr oder mit Neugier.

Erlebt das Individuum solche Irritationen innerhalb der eigenen Kultur, handelt es sich um „kulturelle Bruchstellen" (Kumbruck 1999, S. 34), die auf kulturelle Veränderungen hinweisen. Da Menschen im Laufe ihres Lebens verschiedene Kultur vermittelnde Sozialisierungsinstanzen durchlaufen – z. B. Familie, Schule, Beruf, Freundschaften, längere Auslandsaufenthalte, Arbeitsplatz –, werden sie auf jeden Fall mit Modifikationen oder gänzlich anderen kulturellen Systemen konfrontiert, die sie auch kulturell prägen. Große Brüche in einer Kultur entstehen u. a. aufgrund von „neuen Medien" (Kumbruck 1999, S. 32 ff.) wie beispielsweise dem Buchdruck oder der Digitalisierung, neuen Produktionssystemen (von der Industrialisierung zur Wissensarbeit) und Einflüssen von außen, beispielsweise durch Einwanderer. Sicherlich ist die Wiedervereinigung von Ost- und Westdeutschland 1989 ebenfalls mit vielen kulturellen Bruchstellen verbunden, da Ost und West sich ja seit 1945 als zwei unterschiedliche Wirtschafts- und Gesellschaftsordnungen mit kulturellen Verarbeitungsformen entwickelt hatten und seit 1952 durch eine Mauer voneinander abgeschottet waren. Somit hat die deutsche Gesellschaft viele kulturelle Bruchstellen und diesbezüglich mit verschieden starken Zumutungen im West- und Ostteil in den letzten Jahrzehnten seit 1990 umzugehen.

Es gibt für eine Gesellschaft und ihre Bürger/innen zwei extreme Wege der Reaktion auf kulturelle Umbruchsituationen:

a die Bereitschaft, sich beständig umformen zu lassen, ohne dies zu reflektieren;
b die Ablehnung jeden neuen Einflusses und Erstarrung.

Beide Wege sind für eine Gesellschaft problematisch. Die Philosophin Malabou (1996) führt für komplexe Wandlungsprozesse (wie kulturelle Veränderungen) deshalb zusätzlich zu den sich ausschließenden Wegen den dazwischenliegenden Begriff Plastizität ein. Ein Wandlungsprozess unter dem Leitbegriff Plastizität würde ermöglichen, den Prozess zu gestalten. Außerdem müssten die Gruppen nicht zwischen den Werten Erhaltung und Offenheit entscheiden, da ja jeder Entwicklungsprozess zwischen Kontinuität und Wandel ausbalanciert werden muss. Dorn (2019, S. 35), die den Gedanken der Plastizität aufgreift, weist darauf hin, dass sich Kulturen ändern müssen, damit sie immer wieder revitalisiert werden, dass aber der Wandel nicht als die betroffenen Menschen überrollend und überfordernd wahrgenommen werden sollte, sondern als organisch empfunden werden müsste. Dann führt der Wandel nicht zu Abwehrreaktionen, die u. a. der Angst vor dem Fremden geschuldet sind, sondern wird aus freier Entscheidung angenommen (hierzu siehe auch Dorn 2019, S. 121).

▶ In kulturellen Umbruchsituationen liegen auch bewusste Gestaltungschancen. Dabei lassen sich zwei Modi der Bewältigung unterscheiden, nämlich Akkommodation (Anpassung an das Neue) und Assimilation (Einpassung des Neuen in die vorhandene Alltagskultur) (Piaget 1948). Idealerweise erfolgt ein Gleichgewicht in der Nutzung der beiden Bewältigungsmodalitäten. Was auf der Ebene des Individuums so einfach umsetzbar klingt, stellt sich in der gesellschaftlichen Umbruchsituation weder so transparent dar, noch sind die politischen und gesellschaftlichen Mittel sowie der gesellschaftliche Konsens dafür ohne Weiteres verfügbar.

9.5.2 Akkulturationsstrategien und ihre Konsequenzen für eine Gesellschaft

Akkulturationsprozesse stellen für Menschen, die in eine neue Kultur kommen, als Individuen und als Vertreter/innen einer Kultur in Bezug auf drei Phänomene eine Herausforderung sowohl für die einwandernden Individuen als auch für die Aufnahmegesellschaft dar: Die Phänomene sind Identität, Belastung und Lernen. Sie werfen somit für die Individuen, die sich akkulturieren müssen, die Frage nach der kulturellen Zugehörigkeit und damit der kulturellen Identität auf, wobei im Ergebnis die Individuen oftmals eine kulturelle Patchwork-Identität annehmen.

> Die daraus entstehenden zugewanderten kulturellen Gruppierungen sind dann immer weniger homogen; gerade die jüngeren Mitglieder sind stärker an der Einwanderungsgesellschaft orientiert als ihre Elterngeneration (Genkova 2019, S. 290 ff.). Die Prozesse von Akkommodation und Assimilation sind belastend – zumal in diesem Anpassungsprozess weder ein eindeutiger Start noch eine klare Zielerreichung definiert sind. Schließlich handelt es sich um einen intensiven Lernprozess, der auch Fehler, Konflikte und Rückschläge impliziert (Kumbruck und Derboven 2015, S. 104 ff.). Somit sollte die Gesellschaft einen visionären Rahmen entwickeln, wohin sie sich gemeinsam bewegen will, und der insbesondere Maßnahmen beinhaltet, wie die Gesellschaft bei Konflikten zu einem Konsens kommen will.

Ein solcher Konsensrahmen sollte gleichermaßen für die kulturellen Strömungen innerhalb der „alten" Gesellschaft gelten, die aus der nivellierten Mittelschicht des Industriezeitalters hervorgegangen sind (also alte und neue Mittelschicht mit ihren individuellen Werteunterschieden Erhaltung und Offenheit), aber auch für die „neue" Gesamtgesellschaft, die aus Aufnahmegesellschaft und Zuwanderern besteht. Dass diese wiederum aus verschiedenen ethnischen Kulturen kommen, ändert nichts daran, dass ein für alle verpflichtender Konsensrahmen Voraussetzung ist für ein von wechselseitigem Verständnis getragenes Zusammenleben. Die Gesamtgesellschaft benötigt dabei eine Vision ihrer Kernidentität, die sich aus den kulturellen Werten speist, die die Gesellschaft besonders attraktiv für die Einheimischen und die Zuwanderer macht (siehe auch Kap. 10).

Dies wird besonders deutlich, wenn man sich mögliche Akkulturationsstrategien anschaut und welche Gesellschaften aus der Umsetzung entstehen. Die entscheidende Frage lautet dabei: Wie wichtig sind die jeweils eigenen kulturellen Werte? Wie wichtig ist eine gemeinsame Gesellschaft?

▶ Berry (1990) identifizierte vier verschiedene Akkulturationsstrategien (Abb. 9.1), zum einen aus der Sicht der kleineren, zugewanderten Gruppe(n), jeweils ergänzt um die Perspektive der kulturell homogenen Mehrheitsgesellschaft. Seine zentrale Frage lautet dabei immer, welche Bedeutung die Menschen als Vertreter von Kulturen ihren jeweils eigenen Kulturen und Werten gegenüber den anderen zumessen (Y-Achse: die Kräfte der Differenzierung), und wie wichtig ihnen das gedeihliche Zusammenleben mit anderen Kulturgruppen ist, (X-Achse: die Integrationskräfte). Die Akkulturationsstrategien verweisen idealtypisch auf Formen des Zusammenlebens, und diese müssen geprüft werden, ob sie dem Ziel *einer* gemeinsamen Gesellschaft dienlich sind.

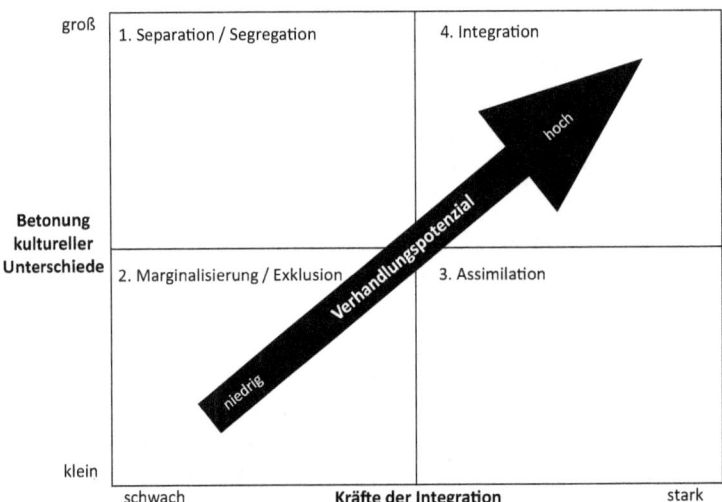

Abb. 9.1 Die vier Akkulturationsstrategien nach Berry (1990). (Mod. nach Berry [1990], mit freundlicher Genehmigung durch die University of Nebraska Press)

Separations- und Segregationsstrategie: Die Migrant/innen oder auch Neogemeinschaften wollen ihren heimischen tradierten Normen und Regeln verhaftet bleiben und leben in einer Parallelwelt zur Mehrheitskultur. Es kann auch sein, dass die Mehrheitsgesellschaft ihnen die Position am Rande der Gesellschaft (Segregation) mittels Diskriminierung zuweist. Die Akkulturationsstrategie „Separation/Segregation" ist insofern problematisch, als die Gesamtgesellschaft dann viele voneinander und von der Gesamtgesellschaft abgetrennte Parallelgesellschaften hat, in der jede ihr eigenes Wesen treibt und die Gesetze und Normen des Staates als nicht für sich gültig ansieht. Insbesondere bei Gruppen, für die ihre Religion eine stark identitätsstiftende Funktion hat, ist das Bestehen auf dem Erhalt der eigenen, religiös begründeten Werte sehr ausgeprägt. Daraus rührt dann auch das Bestreben der Abschottung gegenüber der Gesamtgesellschaft (Gattino et al. 2016). Als Kompensation für den empfundenen Werteverlust können sich Enklaven mit strengen, ideologiegeleiteten neuen Regelsystemen bilden, die sich zum Ziel setzen, den moralischen Sumpf der Gesellschaft, in der sie sich aufhalten, trockenzulegen. Man spricht hier auch von Neogemeinschaften (Reckwitz 2019, S. 44). Ein solcher von der Religion und der Ideologie geleiteter Radikalismus ist nicht ungefährlich, da er zur Auffassung führen kann, nur mit Gewalt als letztem Mittel die ideologisch-moralische Vision durchsetzen zu können nach dem Motto: „Und willst Du nicht mein Bruder [im Geiste, Anm. d. Verf.] sein, so schlag ich Dir den Schädel ein." Dies hat die europäische, eurasische und chinesische Geschichte des 20. Jahrhunderts zur Genüge gezeigt.

Die Segregationsstrategie wird vonseiten der Mehrheitsgesellschaft oftmals als Ausdruck besonderer Toleranz und besonderem Entgegenkommen den indigenen Werten gegenüber verstanden, führt aber letztlich zum Zerfall einer Gesamtgesellschaft, wenn die Parallelgesellschaften eine bestimmte Größe annehmen. Die Gesamtgesellschaften schauen nur insofern auf die Unterschiede, als sie jeder kulturellen Gruppe zubilligen, sie so zu leben, wie diese es in ihren Auswanderungsländern oder ihren Traditionen gewohnt sind. Diese Parallelgesellschaften stellen „rigide Formen von Homogenität" her und schaffen „im Inneren der Gesellschaft gefährliche Außengrenzen" (Assmann 2018, S. 177 f.). Negative Beispiele hierfür finden wir insbesondere in Form von Mafia- oder Clanstrukturen, die nach innen streng hierarchisch gegliedert sind, mit entsprechendem „Führungspersonal", und sich weder nach den Gesetzen des Staates richten, in dem sie leben, noch das staatliche Gewaltmonopol akzeptieren. Sie nutzen die wahrgenommene Unverbindlichkeit der staatlichen Regeln und gesellschaftlichen Normen für sich aus.

Diese letztendlich politische Strategie wird von den kosmopolitisch ausgerichteten Menschen im Sinne ihres Ideals der Gleichwertigkeit aller Kulturen als durchaus praktikabel angesehen, da sie meist nur die positiven Seiten davon erleben und nur wenig von den problematischen Auswirkungen der kulturellen Andersartigkeit und der sozialen Bedürftigkeit von Migranten und Flüchtlingen unmittelbar betroffen sind (siehe auch zum Color-Blindness-Ansatz Abschn. 6.2.2).

Marginalisierungs- und Exklusionsstrategie: Jede kulturelle Orientierung geht aufseiten der Einwanderer verloren; sie geben ihre eigenen kulturellen Normen und Werte auf, sind aber gleichzeitig von der Mehrheitskultur isoliert. Somit lernen sie bestenfalls, sich in bestimmten Situationen gemäß der Aufnahmekultur „richtig" zu benehmen, ohne die Idee hinter den Regeln zu verstehen oder sich gar damit zu identifizieren. Diese Strategie geht mit Identitätsverlusten und erhöhtem Akkulturationsstress einher. Es handelt sich um die am seltensten genutzte Akkulturationsstrategie. Die Marginalisierungs-/Exklusionsstrategie führt dazu, dass der Gesamtgesellschaft ein für alle Bürger gemeinsames Normen- und Wertesystem fehlt und damit auch ein innerer Zusammenhalt.

Auch der Marginalisierungs-/Exklusionsstrategie stehen die kosmopolitisch Geneigten positiv gegenüber, da sie vorrangig an die positiven Seiten großer Toleranz und Individualität denken. Hierzu passt das Motto: Jedem Tierchen sein Pläsierchen. Die Kehrseite eines solchen Laissez-faire gegenüber der Durchsetzung verbindlicher Regeln ist eine Regellosigkeit, die Neogemeinschaften jeder Couleur und Herkunft für sich nutzen mit der Folge, dass die demokratische Gesellschaft als Idee und dann als Gemeinwesen zerstört wird. Sie wird als Gefahr der Marginalisierungs-/Exklusionsstrategie nicht antizipiert.

Assimilationsstrategie und Melting Pot: Das kulturelle Wertesystem der Aufnahmekultur, das sich in neuer Sprache, neuen Gebräuchen, neuen Lebensformen, neuer Verfassung etc. ausdrückt, wird von den Migranten internalisiert, d. h. es wird selbstverständlich, und das eigene Wertesystem der Migrantenkultur wird von den Migranten nach und nach vergessen. Somit steht es für die Interaktion mit Vertretern der eigenen Kultur auch nicht mehr zur Verfügung. Aus Sicht der Aufnahmegesellschaft scheint die Assimilationsstrategie die bequemste zu sein. Die neuen Mitbürger passen sich vollständig an die gegebenen Normen und Regeln an. Für diese wird die Assimilation aber problematisch, wenn sie ihre Bezüge zu ihren kulturellen Wurzeln verlieren, oftmals in Interaktionen mit ihren Vorfahren oder mit Menschen in ihren Heimatländern sich fremd fühlen und auch als Fremde behandelt werden. Hier entsteht also u. U. großes persönliches Leid. Dies zeigt sich in erhöhtem Stress, niedrigem Selbstwertgefühl und Leistungsdefiziten (Birman 1994). Die Aufnahmegesellschaft bringt sich um die Impulse von außen zur Erneuerung ihrer Kultur, weil die Neuankömmlinge in ihrem Anpassungsmodus die neue Kultur und deren Gebräuche und Regeln nicht neugierig infrage stellen. Langfristig über mehrere Generationen entstehen trotzdem Vermischungen der Kulturen.

Die Erwartung der Aufnahmegesellschaft, dass die Immigranten die Assimilationsstrategie verfolgen sollen, geht oftmals eng mit einem Kuituressenzialismus von traditionalistisch orientierten Menschen einher, für die ihre Kultur der Aufnahmegesellschaft das Maß aller Dinge ist. Ethnochauvinismus und damit auch ausgeprägte soziale Unterschiede zwischen den Vertretern der Aufnahmegesellschaft, den Deutschen, und den Zugezogenen können eine Folge sein.

In einem eher kulturell homogenen Nationalstaat als Aufnahmegesellschaft ist jedoch das gesellschaftliche Ergebnis eines Melting Pot, wie in den nordamerikanischen Staaten, eher unwahrscheinlich, da eine gleichmäßige Verschmelzung der unterschiedlichen Kulturen keine Voraussetzung hat.

Einige Flüchtlingsskeptiker/innen unserer Engagementstudie (Kumbruck et. al. 2020) ziehen die Assimilationsstrategie für den Fall vor, dass der Staat Einwanderung nicht gänzlich verhindern kann. Auch einige der Flüchtlingshelfer/innen sehen viele Vorteile in dieser Strategie. Sie führt, so glauben sie fälschlicherweise, am schnellsten dazu, dass Einwanderer funktionieren und beispielsweise in den Wirtschaftsprozess eingegliedert werden können.

Integrationsstrategie und Multikulturalismus versus plurikulturelle Gesellschaft: Die Integrationsstrategie umfasst sowohl die Aufrechterhaltung der Herkunftskultur als auch die Herstellung von Kontakt zur Mehrheitsgesellschaft. Die Mitglieder der Aufnahmekultur unterstützen Migrierende bei der Integration und lernen selbst von den Migrierenden. Wesentliche Elemente verschiedener Kulturen aus Mehrheits- und Minderheitskulturen werden in ein neues Orientierungssystem eingebracht, sodass Maßstäbe zum Agieren sowohl in der eigenen als auch in ehemals fremden Kulturen zur Verfügung stehen.

Multikulturalismus als Strategie der Mehrheitsgesellschaft wird zwar von Berry (2001) als Pendant zur Integrationsstrategie der kleineren Kulturen angesehen. Für uns liegt darin jedoch eine vorschnelle Verkürzung, da multikulturelle Gesellschaften auf dem Recht zur Differenz ihrer Kulturen bestehen und dadurch nur ein leidliches Nebeneinander und Vermischen von im Prinzip Parallelgesellschaften ermöglichen, aber die Bildung der gemeinsamen Gesellschaft nur dem Zufall überlassen wird, nicht den Anstrengungen der Gruppierungen zur Entwicklung einer gemeinsamen, verbindlichen Alltagsregeln folgenden Gesellschaft.

Eine multikulturelle Gesellschaft verfolgt das Ziel, dass ihre verschiedenen kulturellen Gruppen das Recht haben, ihre einzigartige Entwicklung und Aktivität sowie ihre Werte und Normen zu behaupten. Hierbei spielen Debatten um Gleichheit und Gleichwertigkeit der Kulturen eine zentrale Rolle. Prozeduren der Umsetzung sind konfliktär und ergebnisoffen.

Die Entwicklung einer gemeinsamen, verbindlichen Regeln folgenden Gesellschaft dagegen wird hier in Anlehnung an Assmann (2018, S. 177) „plurikulturelle Gesellschaft" genannt.

Sie basiert auf einem Prozess der Aushandlung, wobei das Ziel eine Gesellschaft ist, die einerseits mit Verschiedenheit gut umgehen kann, aber andererseits auch Konsense dazu entwickelt, welche Praktiken, Normen und Regeln des gesellschaftlichen Umgangs der Bürger miteinander wie auch welche verbindlichen Werte als besonders brauchbar und wertvoll angesehen werden. Ein solcher Aushandlungsprozess muss von Politik und Zivilgesellschaft unter Berücksichtigung dessen, dass kulturelle Entwicklungen evolutionäre Prozesse sind, gestaltet werden. Die Integrationsstrategie verlangt von den Menschen der verschiedenen Kulturen viel Kraft für die Aushandlung, aber auch viele Entscheidungen darüber, was sie als Gesamtgesellschaft ausmacht und was davon bewahrt und auch als verbindlicher Standard durchgesetzt werden soll. Die Mehrheitsgesellschaft gibt den Rahmen eines demokratischen Rechtsstaats vor. Sie kann und muss davon ausgehen, dass Menschen, die in ihr Land kommen wollen, dies auch deshalb tun, weil es diesen Rahmen und diese gesellschaftliche Entwicklungsstufe gibt, an der sie teilhaben und in der sie Teil werden möchten. Darüber hinaus ist dazu auch eine andere Wertung von „Unterschieden" Voraussetzung: Die spaltende Betonung der Differenzen wird durch die einigende Sicht auf die Ähnlichkeiten (trotz Differenz) abgelöst (siehe hierzu auch Bhatti und Kimmich 2015 sowie Abschn. 9.5.2.1 und 9.5.2.2).

▶ **Integrationsstrategie stellt hohe Herausforderungen**
Von den vier Akkulturationsstrategien, nämlich Separations-, Marginalisierungs-, Assimilations- und Integrationsstrategie, erfordert Letztere von den Menschen der verschiedenen Kulturen den höchsten Aushandlungsbedarf und damit auch die höchste Verantwortung für die gemeinsame Gesellschaft. D. h. sie geschieht nicht von alleine; die Vertreter/innen der Kulturen müssen um ihre Werteschätze wissen und sie für die anderen attraktiv machen, wenn sie diese in die gesellschaftliche „Verhandlung" einbringen. In der Integrationsstrategie komplementieren sich der Color-Blindness-Ansatz im Sinne der Überzeugung, dass alle Menschen gleichwertig sind und man deshalb die Unterschiede ausblenden soll, mit dem Cultural-Awareness-Ansatz, der die Besonderheiten von Kulturen nicht ignorieren, aber auch nicht ausmerzen, sondern das Beste von allen Seiten zu einer neuen gemeinsamen Gesellschaft zusammenfügen will (siehe Abschn. 6.2.2). Sie setzt die größte Verantwortung der politischen und zivilgesellschaftlichen Vertreter/innen der Aufnahmegesellschaft voraus, die

Aushandlungen und praktischen Erprobungen rund um die Kernidentität und ihre zentralen Werte sowie den Rahmen als demokratischer Rechtsstaat mit einem gesellschaftlichen Entwicklungsstand (z. B. gleichberechtigte Rolle der Frau) zu lenken.

Wirkmächtige Begleiter der Integrationsstrategie von Einwanderern sind Sprachkompetenz der Herkunfts- und der Aufnahmegesellschaft sowie interkulturelle Kompetenz (siehe hierzu Kap. 10). Eine große Auswirkung hat dabei die sog. strukturelle Integration, also eine gelungene Integration ins Bildungssystem und auf dem Arbeitsmarkt.

Beispiel zur Reflexion

Wenn Sie Interesse daran haben, herauszufinden, wie Sie sich eine zukünftige multikulturelle Gesellschaft im tiefsten Inneren vorstellen, empfehlen wir das Interkulturelle Simulationsspiel, das wir in Kumbruck und Derboven (2015, S. 146–150) dargestellt haben. In den vielen Trainingsumgebungen, in denen wir das Spiel zum Erlernen interkultureller Kompetenz eingesetzt haben, waren wir immer wieder erstaunt, welch unterschiedliche Ergebnisse – Visionen einer zukünftigen Gesellschaft mit aufgenommenen Flüchtlingen – konzipiert wurden. Sind Sie neugierig auf sich selbst? ◄

9.5.2.1 Akkulturationshürde kulturelle Tiefendimensionen sozialer Ordnung

Es ist allerdings nicht möglich, dass sich alle Werte und das darauf basierende Verhalten gleichermaßen gut verändern und anpassen lassen. Winkler (2011) hat anhand einer empirischen Studie in einem multikulturellen Arbeitsteam gezeigt, welche kulturellen Dimensionen eher einfach zu tolerieren sind und wenig Konflikte erzeugen. Meist sind es solche, die man als individuelle Gepflogenheit ansieht und an die man sich gewöhnt. Aber es gibt auch Kulturdimensionen, die die soziale Ordnung betreffen und zudem als Tiefendimensionen der Werte verankert, d. h. dem Bewusstsein nur wenig zugänglich sind (Winkler 2011, S. 207). Es handelt sich dabei um die Wertedimensionen Individualismus versus Kollektivismus und große versus geringe Machtdistanz. Mit großer Machtdistanz ist nach Hofstede ein starkes Hierarchiegefälle in der Gesellschaft und dessen Akzeptanz gemeint; beispielsweise ein politisches System mit einem absoluten Monarchen an der Spitze der Regierung und Untertanen mit wenig Machteinfluss. Geringe Machtdistanz zeichnet sich durch geringe hierarchische Unterschiede sowohl im politischen System als auch in einem Wirtschaftsunternehmen aus, z. B. wenn die politische oder unternehmerische Mitbestimmung stark ausgeprägt ist. Beispielsweise werden aus einem deutschen Industrieunternehmen mit geringer Machtdistanz nach Indien versetzte Führungskräfte dem Anspruch der indischen Mitarbeiter, sie an sehr enger Leine zu führen, oftmals nicht gerecht, weil sie ein solches Verhalten als abwertend und nicht vereinbar mit ihren Vorstellungen der Gleichheit aller Menschen erleben. Ihre indischen Mitarbeiter, die im Hinblick auf große Machtdistanz sozialisiert wurden, sind diese Handlungsspielräume aber nicht gewohnt und wissen nicht, wie sie ihre Aufgaben ohne ständige Anweisungen und Kontrolle erledigen sollen.

Nicht nur, dass diese Werte sozialer Ordnung sehr tief im Unterbewussten verankert sind – sie zu ändern, dauert auch einen langen Zeitraum. Sie wirken konfliktreich, weil ihre Missachtung von den Menschen einer anderen Kultur als identitätsbedrohend wahrgenommen und abgewehrt wird. Die daraus entstehenden Konflikte werden aufgrund eines in der Aufnahmekultur unüblichen Verhaltens eher als Ausdruck einer bewussten Abweichung von der Norm und damit als ein Sich-gegen-die-Gemeinschaft-Stellen bzw. Sich-gegen-die-Aufnahmegesellschaft-Stellen interpretiert. Demgegenüber werden Abweichungen von durch andere Dimensionen geprägte Regeln, die auch nur in einer mittleren Bewusstseinsebene angesiedelt sind, z. B. Zeitverhalten, eher als individuelle Stile des Verhaltens wahrgenommen, und die Menschen, die z. B. am Arbeitsplatz mit der gegen ihre Gepflogenheiten gerichteten Unpünktlichkeit eines Mitarbeiters einer anderen Kultur konfrontiert sind, gewöhnen sich mit der Zeit daran, z. B. indem sie dann Termine früher legen, sodass ein Zeitpuffer entsteht.

Hintergrundinformation
Zum Verständnis der Bedeutung von Divergenzen in der Kulturdimension Kollektivismus versus Individualismus (Hofstede 2006, S. 99–158) für den Integrationsprozess werden diese im Folgenden erklärt. Es handelt sich um eine für die soziale Ordnung besonders bedeutsame Kulturdimension. In kollektivistischen Kulturen ist es schwierig, als Fremder in die Kollektive, also Gruppen aus einem Individuum, seinen Familienmitgliedern und engsten Freunden – der gemeinsamen Ingroup – hineinzukommen; diese Kulturen sind fest abgeschottet. Das Kollektiv wacht darüber, dass kein Individuum aus der Norm fällt. Schafft man es jedoch, von außen in eine solche Gruppe hineinzukommen, dann geht man damit auch hohe Verpflichtungen an Verbindlichkeit ein. In individualistischen Sozialgefügen steht in der Mitte das Individuum, das nach Belieben Familienmitglieder, Freunde, Kollegen etc. in seine wenig abgeschottete Ingroup einbezieht, und so wird dieser Zugang relativ leicht auch für Fremde ermöglicht. D. h. Ingroup und Outgroup sind durchlässig. Erhält man in individualistischen Sozialgefügen näheren Kontakt zu einer Person, ist man nicht zwangsläufig auch in Kontakt und Beziehung zu den Familienmitgliedern des neuen Freundes. Die Individuen werden darin gefördert, sich von den anderen Individuen zu unterscheiden, d. h. normal ist für sie die Unterscheidung.

In unserer empirischen Untersuchung zeigte sich, dass Flüchtlingshelfer/innen in Bezug auf die Dimension Kollektivismus/Individualismus in konfliktreiche Situationen mit Flüchtlingen geraten konnten. Individualistisch sozialisierte Flüchtlingshelfer waren aufgrund ihrer Offenheit bereit, Flüchtlingsfamilien, die überwiegend kollektivistischen Kulturen entstammten, auch in der Familie zu besuchen. Mit der Zeit wurden sie mehr und mehr in die Flüchtlingsfamilie aufgenommen, sodass sie sich schließlich vereinnahmt fühlten, wie folgende Ausführungen eines/r Flüchtlingshelfer/in zeigt: *„Ich will nicht [Teil der Flüchtlings-, Anm. d. Verf.] Familie sein. Ich will eigentlich lieber nur Freund sein. [...] das ist mir zu eng."* (EI XVIII)

Für ihn/sie entstand zeitlich ein Konflikt zwischen dem Flüchtlingsengagement auf der einen Seite und der beruflichen Arbeit sowie der Freizeit mit der eigenen Familie und den langjährigen Freunden auf der anderen Seite.

9.5.2.2 Anerkennungsdilemmata multikultureller Gesellschaften

In diesem Teil geht es um die Problematik einer liberalen Gesellschaft, das richtige Maß zu finden zwischen den Freiheiten kleiner Ethnien zum Ausleben ihrer tradierten kulturellen Normen und Lebensformen auf der einen Seite und der Zugehörigkeitswahrnehmung der einzelnen Ethnien zur Gesamtgesellschaft und ihrem Zusammenhalt auf der anderen Seite. Hieran entfachen sich in der heutigen Zeit viele Konflikte, die von kleinen Gruppen, oftmals Zugewanderten, immer wieder in Vorwürfen wie Rassismus, Diskriminierung oder mangelnde Political Correctness an die Vertreter der Mehrheitskultur münden. Hintergrund dafür sind Vorstellungen, dass es den einzelnen Kulturen an Anerkennung mangele und damit nicht nur die Identität dieser Gruppen nicht gewürdigt würde, sondern dass auch ihre Individuen, die ja für die Vorstellung ihrer Identität eine Bestätigung im Dialog mit den Menschen des Umfelds (z. B. Nachbarn oder am Arbeitsplatz) benötigen, diese nicht erhielten (Mead 1968).

▶ Gleichberechtigte Anerkennung der ethnischen Kulturen sei jedoch ein Bestandteil der demokratischen Kultur (Taylor 2009, S. 15).

„.... die Debatten über die Beziehungen der verschiedenen Rassen[2] und über den Multikulturalismus beharren darauf, dass die Verweigerung von Anerkennung ein Repressionsinstrument sein kann." (Taylor 2009, S. 23) Getrieben von diesem Vorwurf wolle die Politik „um jeden Preis einen Zustand vermeiden, in dem es Bürger ‚erster' und ‚zweiter Klasse' gibt." (Taylor 2009, S. 24). Während es zum einen also um die universelle Gleichheit aller Bürger unterschiedlichster Kulturen geht, geht es zum anderen auch um eine Politik der Differenz, die darin bestehe, die unverwechselbare Identität eines Individuums oder einer Gruppe sowie ihre Besonderheit gegenüber allen anderen anzuerkennen. Diese eigentlich nicht zu vereinbarenden Prinzipien enden in der Praxis häufig in Ungerechtigkeiten, die den Unmut der Bevölkerung hervorrufen. „Die zwei politischen Konzeptionen, die beide auf der Idee der Gleichachtung beruhen, geraten nun miteinander in Konflikt. Einerseits fordert das Prinzip der Gleichachtung ein ‚differenzblindes' Verhalten. Die Auffassung, dass alle Menschen gleich zu achten seien, konzentriert sich vor allem auf das, was bei allen Menschen gleich ist. Andererseits sollen wir das Besondere anerkennen und sogar fördern. Die erste Konzeption wirft der zweiten vor, sie verstoße gegen den Grundsatz der Nicht-Diskriminierung. Die zweite wirft der ersten vor, sie negiere die Identität, indem sie den Menschen eine homogene, ihnen nicht gemäße Form aufzwinge." (Taylor 2009, S. 29) Damit wird der ersten

---

[2] Die Autorin dieses Kapitels bevorzugt die Begriffe Ethnien und Kulturen.

"differenz-blinden" Konzeption, die für die Politik der allgemeinen Menschenwürde steht, vorgeworfen, sie negiere, dass jedes Individuum seine einzigartige Identitätsentwicklung habe (Taylor 2009, S. 30).

Ein weiteres Dilemma entsteht aus einem scheinbar konsequenten Weiterdenken des Gleichheitsgedankens von Kulturen, nämlich dem der Gleichwertigkeit. Aber wer legt die Wertigkeit einer Kultur und ihrer kulturellen Leistungen (z. B. Literaturwerke oder naturwissenschaftliche Erkenntnisse) fest und woher soll, wenn man nicht ein auf sog. Political-Correctness basierendes Urteil fällen will, der Maßstab kommen? Denn unsere Maßstäbe im Bereich Kultur sind ebenfalls kulturgeprägt. In diesem Bereich gibt es keine objektiven Urteile, und damit sollte man sich auf das besinnen, was möglich ist, nämlich „Respekt" für die Leistungen einer Kultur statt „Herablassung" und Schönreden. Anstatt an der Illusion festzuhalten, objektive Werturteile über Kulturen fällen zu können und dabei gar zur Entscheidung der Gleichwertigkeit aller Kulturleistungen zu kommen, plädiert Taylor für die offene Haltung anderen Kulturen und ihren Leistungen gegenüber (Taylor 2009, S. 55 ff.). Mit einer offenen Haltung kann es passieren, dass Menschen von anderen Kulturgegenständen, Auffassungen oder Ritualen berührt werden und ggf. ihre ursprünglichen Wertmaßstäbe sogar verändern. Taylor (2009, S. 58) nennt diesen Vorgang „Verschmelzung der Wertehorizonte"; er ähnelt dem für interkulturellen Austausch empfohlenen Vorgang des Perspektiventauschs.

Auch Habermas (2009) geht auf die Dilemmata multikultureller Gesellschaften ein. Bei den von Taylor ausgeführten Dilemmata gehe es um die Frage, ob das Ziel einer Gesellschaft mit vielen Ethnien die „gleichberechtigte Koexistenz" oder ein kultureller „Artenschutz" sein soll (Habermas 2019, S. 142).

Für Habermas ist der „Artenschutz" keine praktikable Alternative, weil sich Kulturen, wie die Geschichte zeigt, „allein durch die Kraft zur *Selbsttransformation* erhalten können." (ebd. S. 145) Er führt dies im Weiteren aus: „Selbst eine Mehrheitskultur, die sich nicht bedroht sieht, bewahrt ihre Vitalität einzig durch einen rückhaltlosen Revisionismus, durch den Entwurf von Alternativen zum Bisherigen oder durch die Integration fremder Impulse – bis hin zum Bruch mit eigenen Überlieferungen. Das gilt erst recht für Einwanderungskulturen, die zunächst durch den assimilatorischen Druck der neuen Umgebung zur eigensinnigen ethnischen Abgrenzung und zur Wiederbelebung traditioneller Elemente herausgefordert werden, aber daraus alsbald eine Lebensweise formen, die von Assimilation und Herkommen gleich weit entfernt ist." (ebd. S. 145) Er geht weiter darauf ein, dass unter diesen Bedingungen einer multikulturellen Gesellschaft die Bürger aus verschiedensten Kulturen stammend mit unterschiedlichen Lebensformen der kulturellen Ursprungsländer gleichberechtigt leben und ihre Kinder großziehen können. Aber sie sind auch durch die alltäglichen Begegnungen herausgefordert ihre tradierte Lebensform in Frage zu stellen ebenso wie die Mehrheitskultur, so dass sowohl eine Kontinuität gewahrt als auch ein Traditionsbruch vollzogen werden kann, der auch mit einer gespaltenen Identität einhergehen kann. Habermas resümiert: „Der beschleunigte Wandel moderner Gesellschaften sprengt alle stationären Lebensformen. Kulturen bleiben nur am Leben, wenn sie aus Kritik und Sezession die Kraft zur Selbsttransformation ziehen." (ebd. S. 145) Dieser Kulturen immanente Eigenentwicklungskraft stellt er die begrenzte Funktion des Rechtsstaats und des

Rechts als Rahmen gegenüber: „Rechtliche Garantien können sich immer nur darauf stützen, dass jeder in seinem kulturellen Milieu die Möglichkeit behält, diese Kraft zu regenerieren. Und diese erwächst nicht nur aus der Abgrenzung von, sondern mindestens ebenso sehr aus dem Austausch mit Fremden und Fremdem." (ebd, S. 145) Herausforderungen individueller Akkulturationsprozesse finden somit ihre Entsprechung in gesellschaftlichen Akkulturations- und Transformationsprozessen. Ohne den durch fremde Impulse und Herausforderungen der Umwelt induzierten Wandel gibt es kein Überleben von Kulturen.

▶ D. h. die gleichberechtigte Koexistenz ist nicht nur die einzig lebbare Alternative für die Ethnien, sie liefert allen Kulturen auch die „Impulse" zum Überleben, nämlich die Fremden und das Fremde, an denen sie sich abarbeiten und erneuern können.

Dagegen sind „fundamentalistische Weltbilder" „dogmatisch", weil sie „keinen Spielraum für ihre Beziehung zu anderen Weltbildern [lassen], mit denen sie *dasselbe* Diskursuniversum teilen." (ebd. S. 147) Grundvoraussetzung der Überlebensfähigkeit von Kulturen ist somit die Fähigkeit und Bereitschaft zum „zivilisierten Streit der Überzeugungen, in dem eine Partei ohne Preisgabe des eigenen Geltungsanspruchs die anderen Parteien als Mitstreiter um authentische Wahrheiten anerkennen kann. In multikulturellen Gesellschaften kann die rechtsstaatliche Verfassung nur Lebensformen tolerieren, die sich im Medium solcher nichtfundamentalistischer Überlieferungen artikulieren, weil die gleichberechtigte Koexistenz die gegenseitige Anerkennung der verschiedenen kulturellen Mitgliedschaften verlangt: Jede Person muss auch als Mitglied von Gemeinschaften anerkannt werden, die um jeweils andere Konzeptionen des Guten zentriert sind." (ebd. S. 147) Mit „Konzeptionen des Guten" verweist Habermas auf die ethische Komponente, die eine Gemeinschaft auszeichnet. Angesichts verschiedener Kulturen und ethischer Vorstellungen ist für die Gesamtgesellschaft der Diskurs unvermeidlich (siehe hierzu Kap. 7 und 10). Wer sich nicht auf den Diskurs und den Austausch mit dem „Fremden" einlässt, hat nach Habermas somit auch keine Berechtigung, seine Lebensform im Rechtsstaat auszuleben. Dies gilt für Fundamentalisten jeder Couleur. Habermas setzt damit eine deutliche Grenze im Rechtsstaat selbst gegen Beliebigkeit und Kompromisslosigkeit, die multikulturellen Konzepten oftmals unterliegen. Der anderen Gefahr von multikulturellen Gesellschaften, nämlich der mangelnden Zusammengehörigkeit und der Gefahr des Parallellebens, aber auch des mangelnden ethischen Horizontes, setzt er die Notwendigkeit eines Selbstverständigungsdiskurses gegenüber, zum Selbstverständnis als Kollektiv und seiner Lebensform inklusive dem Ausgleich zwischen konkurrierenden Gruppeninteressen; dies allerdings immer innerhalb des Rechtsstaats, zu dessen Prinzipien Eingewanderte ihre Zustimmung geben müssen.

Auch in diesen Ausführungen finden sich viele Anknüpfungspunkte zu den empirischen Ergebnissen der Studie (Kumbruck et al. 2020), insbesondere zum sich dort als Thema durchziehenden Wertegegensatz *Offenheit* der Flüchtlingshelfer/innen und *Erhaltung* der Flüchtlingsskeptiker/innen. Nur in der Dialektik der beiden Werte kann eine Aufnahmegesellschaft von Einwanderung profitieren.

9.5.2.3 Prinzip Ähnlichkeit in der plurikulturellen Gesellschaft

Auch Assmann (2018) kritisiert das Konzept multikulturelle Gesellschaften (mit ihren impliziten Gefahren von Separations- und Marginalisierungsstrategien der Einwanderer) aufgrund der Tendenz der Bewohner, Differenz per Rechtsanspruch leben zu dürfen, aber wenig bis gar keinen Beitrag zu einem Gemeinsamen in der Gesamtgesellschaft leisten zu müssen und dadurch auch kein Zugehörigkeitsgefühl zu entwickeln. Aus diesem Grund plädiert sie für die Idee „plurikultureller Gesellschaften". Eine plurikulturelle Gesellschaft ist nicht einfach eine Gesellschaft mit vielen parallelen Kulturen, sondern eine gemeinsame Gesellschaft, die eine Kernidentität mit verbindlichen Werten hat, in die Mitglieder anderer migrierter Kulturen gleichzeitig auch Andersartigkeit und damit Pluralismus einbringen. Wie dies funktionieren kann, beschreibt Assmann:

> „Multikulturelle Parallelgesellschaften insistieren auf Differenz und stellen rigide Formen von Homogenität wieder her. Damit schaffen sie im Inneren der Gesellschaft gefährliche Außengrenzen. Plurikulturelle Gesellschaften sind demgegenüber auf Diversität ausgerichtet. Darunter ist eine kulturelle Verschiedenheit zu verstehen, die selbstverständlich gepflegt werden kann, ohne in die ostentative Geste einer permanenten symbolischen Grenzmarkierung auszuarten. Pluralisierung bedeutet nicht Relativierung des Eigenen, sondern die Entdramatisierung der Differenz zwischen dem Fremden und dem Eigenen." (Assmann 2018, S. 177 f.)

Assmann sieht die mit ihrem Verständnis von Plurikulturalität verbundene Vorstellung einer diversen Gesellschaft förderlicher für das Zusammenleben in einem Gemeinwesen an. Dies hängt zum einen damit zusammen, dass der Begriff „Differenz" „gefährlich werden kann, wenn er verabsolutiert und sakralisiert wird. Deshalb muss er beschränkt und eingehegt werden in einen gemeinsamen Rahmen übergeordneter Prinzipien gegenseitigen Respekts und des friedlichen Zusammenlebens. Die auf diese Weise eingehegte und entdramatisierte Differenz wird zur Diversität." (Assmann 2018, S. 177) Zum anderen hängt dies damit zusammen, dass mit dem Begriff Diversität auch „Überlappungen unterschiedlicher Kulturen" betont werden. Dadurch wird es möglich, „starre Dichotomien und kulturelle Hierarchisierungen" aufzulösen sowie „Übersetzungen" zu finden, „die aus partiellen Übereinstimmungen und partiellen Abweichungen bestehen. Indem dem ‚Recht auf Differenz' ein ‚Recht auf Ähnlichkeit' gegenübergestellt wird, können Trennungsmerkmale wieder in Unterscheidungsmerkmale zurückgestuft werden." (Assmann 2018, S. 178) Im Kap. 8 wurde ausgeführt, wie viele inhaltliche Überlappungen und Ähnlichkeiten zwischen Flüchtlingsskeptiker/innen und -helfer/innen in der empirischen Untersuchung zu finden waren. Einige begingen bewusst, andere unbewusst Seitenwechsel. Aber auch Flüchtlingshelfer/innen fanden viele Ähnlichkeiten mit den Flüchtlingen, die sie betreuten, ja suchten diese bewusst, weil bei allen Unterschieden Passung in einigen Einstellungen beispielsweise zur westlichen aufgeklärten „Frauenrolle" als Mindestvoraussetzung des näheren Kontakts und der Integration angesehen wird (FG III und FG II).

Solch ein Vorgang der Einhegung und Entdramatisierung von Differenz zu Diversität erfordert von den Individuen Ambiguitätstoleranz. Ambiguitätstoleranz ist die Fähigkeit, Widersprüche auszuhalten, sie weder bereinigen zu wollen noch als Grund für eine Feindschaft, Kontaktabbruch oder Trennung anzusehen.

▶ Assmann plädiert statt für eine multikulturelle Gesellschaft deshalb auch für die Entwicklung einer plurikulturellen Gesellschaft, weil in einer solchen eine stärkere Verbindlichkeit sowohl der seit Generationen im Land lebenden als auch der neu dazu gekommenen Bürger zur aktiven Erhaltung und Verteidigung der Menschenrechte angelegt ist. Die Bürger sollen nicht nur die Vorteile der Menschenrechte genießen oder ausnutzen (z. B. die freie Meinungsäußerung), sondern sich auch aktiv für ihre Erhaltung einsetzen. Schon in der 1948 vor der UNO verabschiedeten Allgemeinen Menschenrechtserklärung enthält Artikel 29 Menschenpflichten. Mit diesen befasst sich Kap. 10.

Von der Notwendigkeit der Integration sprechen alle, aber jeder meint etwas anderes damit, jedoch nicht die harte Arbeit des Entwickelns einer neuen plurikulturellen Gesellschaft.

> **Beispiel zur Reflexion**
>
> Sie haben nun erfahren, dass Integration nicht von selbst entsteht. Im Anhang werden Hinweise auf Integrationschancen gegeben, so empirische Erkenntnisse zu „Erfolgsfaktoren einer gelungenen Integration von Geflüchteten", die die Perspektive der Geflüchteten einnehmen. Zudem werden im „Praxisbeispiel gelungener Integration – das Erfolgsrezept der belgischen Kleinstadt Mechelen" ganz konkrete Aktivitäten der Aufnahmekultur dargestellt, wobei die eigenen Bürger/innen nicht vernachlässigt werden.
>   Lesen Sie diese Texte und machen Sie sich Gedanken, welche Werte und deren Umsetzung in Ihrer Stadt/Region sowohl zur Integration von Flüchtlingen als auch zur Zufriedenheit der angestammten Bewohner/innen dienen könnten! Sie können auch eine Liste erstellen: Was haben wir? Was fehlt hier? Wenn Sie Bürgermeister/in oder Landrat/rätin wären: Was würden Sie als erstes umsetzen? Überlegen Sie als Bürger/in, wie Ihre Ideen in den politischen Entscheidungsprozess einfließen könnten. ◄

9.6   Kurzzusammenfassung und Fazit

> **Übersicht**
> Die eingangs formulierte These, dass die Polarisierung von Flüchtlingshelfer/innen und Flüchtlingsskeptiker/innen eine Entsprechung in der Gesellschaft hat, konnte aufgezeigt werden. Der von uns gefundene Wertegegensatz „Offenheit" der Flüchtlingshelfer/innen und „Erhaltung" der Flüchtlingsskeptiker/innen, der

sich in vielen von ihnen genannten Erfahrungen rund um die Thematik „Flüchtlingsengagement" zeigt, entspricht in vielen Aspekten auch der soziologischen Beschreibung der gesellschaftlich gegenüberstehenden sozialen Gruppen „Kosmopoliten" und „Traditionalisten". Wer sich im Prinzip überall zuhause fühlt und große Neugier hat, die Welt und fremde Kulturen kennenzulernen, wird „Kosmopolit" genannt. Als „Traditionalisten" werden die bezeichnet, die Sesshaftigkeit schätzen und die vertraute Heimat als sicher empfundenen Hort erhalten wollen. Diese Unterschiedlichkeit wird insbesondere im Hinblick auf das Flüchtlingsengagement als Helfer/innen oder Skeptiker/innen deutlich.

„Traditionalisten" und „Kosmopoliten" sind beide aus der nivellierten Mittelschicht der Industriegesellschaft hervorgegangen und zeichnen sich durch ein materielles Gefälle bzw. Abstiegsangst der Mitglieder der „alten Mittelschicht" gegenüber der „neuen, durch Wissensarbeit geprägten Mittelschicht" aus. Zwei Faktoren haben diese soziale Schieflage befördert. Zum einen hat die Digitalisierung zu Arbeitsplätzen geführt, an denen von den Wissensarbeiter/innen Innovationsfähigkeit, individuelle Kreativität und Flexibilität sowie hohe Bildungsabschlüsse gefordert sind. Dadurch werden sie als je individuelle, nicht austauschbare Arbeitskräfte wertgeschätzt gegenüber den Arbeitskräften an Industriearbeitsplätzen. Zum zweiten folgt nach einer Phase starker politischer Regulierung der Wirtschaft, die die Absicherung der Arbeitskräfte vor sozialem Abstieg betreibt, häufig eine Phase der Deregulierung des freien Marktes, die auf den sozialen Schutz in Form von Nivellierung sozialer Unterschiede verzichtet. Mit der starken Ausprägung dieses wirtschaftlichen Neoliberalismus zu Ende des alten und Beginn des neuen Jahrtausends sind entsprechende Verunsicherungen der alten Mittelschicht und auch der Unterschicht sowie Polarisierungen in der Gesellschaft zwischen alter und neuer Mittelschicht entstanden. Diese sind mit Vertrauensverlusten in die Politik und das demokratische System verbunden, da die Regierung immer weniger passende Lösungen auf Probleme entwickelt. Daraus folgt die Notwendigkeit, das Prinzip höchstmöglicher Deregulierung der Wirtschaft umzukehren. Aus soziologischer Sicht wird keine 180°-Wende präferiert, sondern eine Einbettung der Wirtschaft durch Maßnahmen sozialen Schutzes der Bevölkerung und eine teilweise Rücknahme der Ökonomisierung des Sozialen.

Ein weiterer, die Unterschiede beschreibender Faktor bezieht sich auf die soziokulturelle und emotionale Entwicklung der Individuen.

Die alte Mittelschicht erlebt, dass sich ihre Hoffnungen auf Chancen, in der Gesellschaft nach und nach aufzusteigen, als nicht mehr erfüllbar erweisen. Stattdessen werden ihnen, so kommt es ihnen zumindest vor, gesellschaftliche Gruppen vorgezogen, die zuvor nicht sichtbar waren oder später ins Land kamen, beispielsweise Flüchtlinge. Damit verbunden sind massive Enttäuschungen und Wut auf all jene, die davon profitieren oder diese *„Ungerechtigkeit"* unterstützen. Hier spielt zudem die Weigerung der neuen Mittelschicht, die Arbeit der alten Mittelschicht wertzuschätzen, eine den Zusammenhalt der Gesellschaft zermürbende Rolle.

Die neue Mittelschicht legt ihren Fokus auf eine Selbstverwirklichungskultur, nämlich die Hervorhebung der Besonderheit jedes Individuums, indem es sich mit kulturellen Praktiken, Alltagskultur und Artefakten schmückt. Diese sind eher nicht heimischer Kultur, z. B. Yoga, Sushi oder Fernreisen. Die alte Mittelschicht präferiert dagegen deutsche Alltagskultur, angefangen bei den Essvorlieben bis zu Wohnungseinrichtungen und Musikvorlieben. Sie tendiert eher dazu, unaufgeregte Normalität zu leben. Allerdings kann sie sich nicht vollständig von der von der neuen Mittelschicht demonstrierten Selbstverwirklichungskultur fernhalten. Die neue Mittelschicht hat in den Spagat zwischen großer Leistungsbereitschaft und individueller Bedürfnisbefriedigung zu gehen, der psychische und emotionale Kosten mit sich bringt. Aufgrund der Konkurrenz der beiden Mittelschichten um Deutungshoheit in der Gesellschaft, insbesondere der moralisch besseren Werte, sind für beide Mittelschichten damit hohe Anforderungen an die Stabilisierung und Verarbeitung des Emotionshaushalts gestellt. Derzeit drücken die Konsequenzen eines instabilen Emotionshaushalts in Form von Wut, Angst, Angeberei, Aufwertung der eigenen und Abwertung der anderen Mittelschichtsgruppe, aber auch Nutzung des moralischen Zeigefingers gegenüber der anderen Gruppe und auch gegenüber Repräsentant/innen der Regierung, der Kirche und Gewerkschaften, ihren Stempel auf das gesellschaftliche Klima. Auch hierfür bedarf es Gegenmaßnahmen. Die Selbstverwirklichungskultur und die damit verbundene hohe Wertigkeit positiver Emotionen bietet viele kritische Punkte zu ihrer Einhegung.

Schließlich stehen sich die beiden Gruppen – ausgehend von den Werten Offenheit und Erhaltung – auch in ihren Vorstellungen in Bezug auf eine gemeinsame Gesellschaft und die Rolle von Zugewanderten (insbesondere Flüchtlingen) gegenüber. Die „Traditionalisten" und auch die von uns untersuchten Flüchtlingsskeptiker/innen ziehen eine kulturhomogene Gesellschaft vor. Dies geht am besten durch das Schließen von Grenzen. Wenn dies nicht möglich ist, präferieren sie als Akkulturationsstrategie die vollständige Anpassung (Assimilation) von Flüchtlingen und damit den Vorrang der deutschen Kultur vor anderen Kulturen. In diesem Modell droht Erstarrung der Gesellschaft, da fremde Kulturen diese nicht hinterfragen und damit keine neuen Impulse setzen dürfen. Die „Kosmopoliten" begrüßen dagegen die kulturelle Vielfalt, verbunden mit der Vorstellung, dass alle Kulturen nebst Regeln und Normen gleichwertig sind. Somit ist für sie die multikulturelle Gesellschaft auf den ersten Blick die konsequente Folge, in der heterogene Werte, Normen und Gesetze beliebig nebeneinander praktiziert werden. Sie erwarten von Flüchtlingen Integration. Das Recht auf Differenz überwiegt in multikulturellen Gesellschaften jedoch die Orientierung auf das Gemeinsame. Hier ist also oftmals eine unkritische Gleichsetzung von Integrationsstrategie und multikultureller Gesellschaft wahrzunehmen.

Als Akkulturationsstrategien sind die Strategien der Marginalisierung von kulturellen Werten und Normen oder der Separation der Vertreter/innen neu hinzugekommener Kulturen möglich. Beide Strategien implizieren die Gefahr der Bildung von Parallelgesellschaften mit anderen Regeln und Gesetzen als die der Aufnahmegesellschaft. Somit fehlt der Gesellschaft als Ganzes das Gemeinsame und Verbindende, das zu Zugehörigkeitsgefühlen und zum Eintreten für die Werte der Gesellschaft führt.

Die Strategie der Integration – richtig verstanden – würde einen Diskurs und ein Aushandeln der Werte und Normen durch Aufnahmegesellschaft und Zuwanderer erfordern, sodass Diversität und Ähnlichkeit der Mitglieder einer plurikulturellen Gesellschaft ein Gleichgewicht finden und die gemeinsamen Werte vertreten würden. Dies setzt jedoch Offenheit für die jeweils anderen sowohl vonseiten der Mehrheitskultur als auch vonseiten der zugewanderten Ethnien voraus.

Literatur

Allport, G. W. (1954). *The nature of prejudice*. Cambridge, MA: Addison-Wesley.
Assmann, A. (2018). *Menschenrechte und Menschenpflichten. Schlüsselbegriffe für eine humane Gesellschaft*. Wien: Picus.
Assmann, A. (2020). *Die Wiedererfindung der Nation. Warum wir sie fürchten und warum wir sie brauchen*. München: Verlag C. H. Beck.
Beck, U. (2000). The cosmopolitan perspective: sociology of the second age of modernity. *British Journal of Sociology, 51*(1), 79–105. https://doi.org/10.1111/j.1468-4446.2000.00079.x
Bellah, R. N., Madsen, R., Sullivan, W. M., Swidler, A. & Tiplon, S. M. (1987). *Gewohnheiten des Herzens. Individualismus und Gemeinsinn in der amerikanischen Gesellschaft*. Frankfurt am Main: bund.
Berry, J. W. (1990). Psychology of acculturation. In J. Berman (Hrsg.), *Cross-cultural perspectives: Nebraska Symposium on Motivation* (Vol. 37, S. 201–234). Lincoln: University of Nebraska Press.
Berry, J. W. (2001) A psychology of immigration. *Journal of Social Issues, 57*(3), 615–631. https://doi.org/10.1111/0022-4537.00231
Beer, I. (2020, 30. Juli). Unberührt und voller Hass. *DIE ZEIT, Nr. 32*, S. 54 f.
Bhatti, A. & Kimmich, D. (2015). *Ähnlichkeit. Ein kulturtheoretisches Paradigma*. Konstanz: University Press Konstanz.
Birman, D. (1994). Acculturation and human diversity in a multicultural Society. In E. J. Trickett, R. J. Watts & D. Birman (Hrsg.), *Human Diversity. Perspectives on People in Context* (S. 261–284). San Francisco: Jossey-Bass.
Dorn, T. (2019). *deutsch, nicht dumpf. Ein Leitfaden für aufgeklärte Patrioten*. München: Pantheon.

Dörner, K. (2007). *Leben und sterben, wo ich hingehöre. Dritter Sozialraum und neues Hilfesystem*. Neumünster: Paranus.

Dörner, K. (2008). *Helfende Berufe im Markt-Doping. Wie sich Bürger- und Profi-Helfer nur gemeinsam aus der Gesundheitsfalle befreien*. Neumünster: Paranus.

Freud, S. (1930). *Das Unbehagen in der Kultur*. Wien: Internationaler Psychoanalytischer Verlag.

Freud, S. (1933). *Neue Folgen der Vorlesungen zur Einführung in die Psychoanalyse*. Wien: Internationaler Psychoanalytischer Verlag.

Fricke, W. (2019). Aus der Subjektivierungsfalle zum handlungsfähigen Akteur – das Versprechen der Aktionsforschung. In F. Böhle & E. Senghaas-Knobloch (Hrsg.), *Andere Sichtweisen auf Subjektivität. Impulse für kritische Arbeitsforschung* (S. 73–105). Wiesbaden: Springer VS.

Friedrichs, F. (2021). *Working Class. Warum wir Arbeit brauchen, von der wir leben können*. München: Piper.

Gattino, S., Miglietta, A., Rizzo, M. & Testa, A. (2016). Muslim acculturation in a Catholic country: Its associations with religious identity, beliefs, and pracices. *Journal of Cross-Cultural Psychology, 47*(9), 1194–1200. https://doi.org/10.1177/0022022116661244

Geertz, C. (1994). *Dichte Beschreibung. Beiträge zum Verstehen kultureller Systeme*. Frankfurt am Main: Suhrkamp.

Genkova, P. (2019). *Interkulturelle Wirtschaftspsychologie*. Berlin/Heidelberg: Springer.

Habermas, J. (2009). Anerkennungskämpfe im demokratischen Rechtsstaat. In C. Taylor (Hrsg.), *Multikulturalismus und die Politik der Anerkennung* (S. 123–163). Frankfurt am Main: Suhrkamp.

Hochschild, A. R. (2017). *Fremd in ihrem Land. Eine Reise ins Herz der amerikanischen Rechten*. Frankfurt am Main: Campus.

Hofstede, G. (2006). *Lokales Denken, globales Handeln. Interkulturelle Zusammenarbeit und globales Management* (3. Aufl.). München: DTV.

Höhn, M. (1995). *Häusliche Pflege … und sich selbst nicht vergessen. Was pflegende Angehörige wissen sollten*. Köln: PapyRossa.

Kluckhohn, F. & Strodtbeck, F. L. (1961). *Variations in value orientations*. Evanston, IL: Peterson.

Kumbruck, C. (1999). *Angemessenheit für situierte Kooperation. Ein Kriterium arbeitswissenschaftlicher Technikforschung und -gestaltung*. Münster/Hamburg/London: Lit.

Kumbruck, C., Rumpf, M. & Senghaas-Knobloch, E. (2010). *Unsichtbare Pflegearbeit. Fürsorgliche Praxis auf der Suche nach Anerkennung. Studien zur Pflege 3*. Berlin: LIT.

Kumbruck, C. & Derboven, W. (2015). *Interkulturelles Training. Trainingsmanual zur Förderung interkultureller Kompetenzen in der Arbeit* (3. Aufl.). Berlin/Heidelberg: Springer.

Kumbruck, C. & Senghaas-Knobloch, E. (2019). Die Grenzen instrumenteller Verfügbarkeit von Subjektivität – Einsichten aus der Arbeitswelt der Pflege In F. Böhle & E. Senghaas-Knobloch (Hrsg.), *Andere Sichtweisen auf Subjektivität. Impulse für kritische Arbeitsforschung* (S. 131–167). Wiesbaden: Springer VS.

Kumbruck, C., Dulle, M. & Vogt, M. (2020). *Flüchtlingsaufnahme kontrovers. Einblicke in die Denkwelten und Tätigkeiten von Engagierten. Band 1*. Baden-Baden: Nomos.

Malabou, C. (1996). *L'avenir de Hegel: plasticité, temporalité, dialectique*. Paris: Vrin. Hinweis in T. Dorn (Hrsg.), *deutsch, nicht dumpf. Ein Leitfaden für aufgeklärte Patrioten* (S. 24). München: Pantheon.

Maslow, A. H. (1954). *Motivation and Personality*. New York: Harper & Row.

Mead, G. H. (1968). *Geist, Identität und Gesellschaft*. Frankfurt am Main: Suhrkamp.

Menne, K. (2021, 25. März). *Frischer Wind vom Land*. DIE ZEIT, Nr. 13.

Nave-Herz, R. (1998). These über den „Zerfall der Familie". In J. Friedrichs, M. R. Lepsius & K. U. Mayer (Hrsg.), *Die Diagnosefähigkeit der Soziologie. Sonderheft 38 der Kölner Zeitschrift für Soziologie und Sozialforschung* (S. 236–315). Opladen: Westdeutscher Verlag.

Paqué, K.-H. & Schröder, R. (2020). *Gespaltene Nation? Einspruch! 30 Jahre Deutsche Einheit.* Zürich: NZZ Libro.

Piaget, J. (1948). *Psychologie der Intelligenz.* Zürich: Rascher.

Polanyi, K. (1944/1973). *The Great Transformation. The Great Transformation, Politische und ökonomische Ursprünge von Gesellschaften und Wirtschaftssystemen.* New York: John Wiley/Frankfurt am Main: Suhrkamp.

Pörksen, B. & Schulz von Thun, F. (2020). *Die Kunst des Miteinander-Redens. Über den Dialog in Gesellschaft und Politik.* München: Hanser.

Reckwitz, A. (2017). *Die Gesellschaft der Singularitäten. Zum Strukturwandel der Moderne.* Berlin: Suhrkamp.

Reckwitz, A. (2019). *Das Ende der Illusionen. Politik, Ökonomie und Kultur in der Spätmoderne* (7. Aufl.). Berlin: Suhrkamp.

Rottländer, P. (1995). Ethische Rechtfertigung weltweiter Solidarität, In N. Brieskorn (Hrsg.), *Globale Solidarität* (S. 117–154). Stuttgart: Kohlhammer.

Rumpf, M. (2010). Häusliche Pflegearrangements und ihre Zukunftsfähigkeit. In C. Kumbruck, M. Rumpf & E. Senghaas-Knobloch (Hrsg.), *Unsichtbare Pflegearbeit. Fürsorgliche Praxis auf der Suche nach Anerkennung. Studien zur Pflege 3* (S. 107–163). Berlin: LIT.

Sandel, M. J. (2014). *Was man für Geld nicht kaufen kann. Die moralischen Grenzen des Marktes.* Berlin: Ullstein.

Sandel, M. J. (2020). *Vom Ende des Gemeinwohls. Wie die Leistungsgesellschaft unsere Demokratien zerreißt.* Frankfurt am Main: S. Fischer.

Schemer, C. (2019). Appellieren an negative Emotionen. Wie populistische Akteure und Akteurinnen soziale Medien nutzen. *Reportpsychologie 44/2019*, 6–8.

Schmidbauer, W. (2017). *Helikoptermoral.* Hamburg: Murmann.

Taylor, C. (2009). Die Politik der Anerkennung. In C. Taylor (Hrsg.), *Multikulturalismus und die Politik der Anerkennung* (S. 11–68). Frankfurt am Main: Suhrkamp.

Ther, P. (2019). *Das andere Ende der Geschichte. Über die große Transformation* (3. Aufl.). Berlin: Suhrkamp.

Ulich, E. (1994). *Arbeitspsychologie* (3. Aufl.). Zürich/Stuttgart: vdf Schäffer-Poeschel.

Vance, J. D. (2017). *Hillbilly-Elegie. Die Geschichte meiner Familie und einer Gesellschaft in der Krise.* Berlin: Ullstein.

Voswinkel, S. (2012, 1.–2. Februar). Anerkennungsverhältnisse im Betrieb und die Regulierung der Arbeitsbeziehungen. Vortrag auf der Tagung des SOFI Göttingen „Spaltung der Arbeitswelt – Prekariariat für alle? am 1. – 2. Februar 2012. http://www.sofi-goettingen.de/fileadmin/Namara_Freitag/Material/SOFI-Konferenz/Stephan_Voswinkel.pdf. Abgerufen am 03.06.2021.

Wenger, E. (1998). *Communities of practice: Learning, meaning and identity.* New York: Cambridge University Press.

Winkler, V. A. (2011). *Die Auswirkungen kultureller Diversität in multikulturellen Innovationsteams auf den Innovationsprozess.* Lengerich: Pabst.

Prof. em. Dr. Christel Kumbruck ist promovierte und habilitierte Arbeits- und Organisationspsychologin und Arbeitswissenschaftlerin. Von 1998 bis 2009 hatte sie Vertretungs- und Gastprofessuren an der TU Hamburg-Harburg, der Universität Hamburg, der Universität Klagenfurt und der HS Osnabrück. Weiter war sie als DFG-Projektleitung an der Universität Kassel und als Unternehmensberaterin, Coach und Trainerin tätig. 2009 übernahm sie die Professur für Wirtschaftspsychologie an der HS Osnabrück, nachdem sie den Studiengang Wirtschaftspsychologie mit aufgebaut hatte. Ab 2018 war sie als Projektleiterin für den qualitativen Teil des Projekts „Zivilgesellschaftliches Engagement: Was bewegt Menschen in Deutschland dazu, sich im Rahmen der Flüchtlingsthematik zu engagieren?" an der HS Osnabrück verantwortlich. Neben ihren Forschungsschwerpunkten in den Bereichen Arbeits- und Organisationspsychologie, interkulturelle Wirtschaftspsychologie und Pflegearbeitsforschung beschäftigt sie sich als Wissenschaftlerin mit gesellschaftspolitischen Themen.

Schritte in eine Dialogkultur

10

Christel Kumbruck

10.1 Einleitung

Demokratische, multikulturelle Gesellschaften müssen einen demokratischen Weg heraus finden aus dem Demokratie gefährdenden Teufelskreislauf aus Angst, Ressentiments und Polarisierung zwischen verschiedenen gesellschaftlichen Gruppen. Die empirischen Befunde unserer Studie „Zivilgesellschaftliches Engagement: Was bewegt Menschen dazu, sich im Rahmen der Flüchtlingsthematik zu engagieren?" (Kumbruck et al. 2020) verweisen auf besorgniserregende, aber auch auf mutmachende Aspekte im Hinblick auf diese Notwendigkeit. Sie zeigen einerseits sowohl bei den Flüchtlingshelfer/innen als auch bei den Flüchtlingsskeptiker/innen einen Mangel an Dialogbereitschaft, zugleich aber auch auf beiden Seiten den Wunsch nach einem fairen Dialog mit der jeweils anderen Gruppe (siehe Kap. 7 und 8). Mit Rückgriff auf den gesellschaftlichen und politischen Kontext der Polarisierung der beiden gesellschaftlichen Schichten „traditionelle Mittelschicht" und „neue Mittelschicht", die sich in ihren Lebensformen (zum Begriff Lebensform siehe auch Jaeggi [1987]) stark unterscheiden – was seine Entsprechung bei vielen Flüchtlingshelfer/innen und Flüchtlingsskeptiker/innen findet

---

Dieses Kapitel ist aufgrund mehrerer intensiver Diskussionen mit Wibke Derboven entstanden; das Kompetenzmodell wurde in Anlehnung an das gemeinsam konzipierte und erfolgreich erprobte Vorläufermodell in Kumbruck und Derboven (2015) entwickelt. Ich danke Wibke Derboven für ihre inspirierende Unterstützung.

C. Kumbruck (✉)
Hochschule Osnabrück, Osnabrück, Deutschland
E-Mail: c.kumbruck@hs-osnabrueck.de

–, ist zu schlussfolgern, dass sich die Lebensformen und Alltagskulturen der beiden Gruppen voneinander entfernt haben (wie in Kap. 9 beschrieben: „erfolgreiche Selbstverwirklichung und urbaner Kosmopolitismus" versus „Sesshaftigkeit, Ordnung und kulturelle Defensive" [Reckwitz 2019, S. 90 und 97]). Mit Rückgriff auf Ansätze der interkulturellen Kommunikation und Handlungsfähigkeit finden sich hilfreiche Impulse für Lösungsansätze, um Polarisierungen in demokratischen, multikulturellen Gesellschaften entgegenzuwirken.

Im Folgenden werden zwei zentrale Schritte in eine Dialogkultur/Demokratiekultur für plurikulturelle Gesellschaften beschrieben: Einführung eines Gesellschaftsvertrags als kulturelles (Abschn. 10.2) und Befähigung zum Dialog mit Andersdenkenden als persönlichkeitsbezogenes Bildungsprogramm (Abschn. 10.3). Gerahmt werden diese Schritte von der Vision einer plurikulturellen statt multikulturellen Gesellschaft (siehe Abschn. 9.5.2.2).

Hintergrundinformation
An dieser Stelle können wir keine Lösungen gegen die zunehmende ökonomische Spaltung der Gesellschaft diskutieren. Wir können nur darauf hinweisen, dass die herausgearbeiteten Schritte den gesellschaftlich-kulturellen Raum berühren und ein Gelingen an ökonomische Voraussetzungen geknüpft ist. Ohne ausreichende ökonomische Gerechtigkeit ist ein gesellschaftlich-kultureller Frieden nur schwer denkbar (siehe im Hinblick auf Lösungen die in Abschn. 9.4 teilweise aufgenommenen und sich auf staatliche Regulierung der Ökonomie beziehenden Ideen eines eingebetteten Liberalismus [Reckwitz 2019, S. 293 ff.]).

10.2 Geteilte Prinzipien der Zivilität: Einführung eines Gesellschaftsvertrags

> Die Freiheit besteht in erster Linie nicht aus Privilegien, sondern aus Pflichten. (Albert Camus 1960, S. 100)

Die Notwendigkeit, sich auf Prinzipien des Zusammenlebens jenseits der Gesetze stützen zu können, wird erkennbar. Eine Regulation des Zusammenlebens in Gesellschaften nur über Gesetze reicht nicht. Es braucht immer auch geteilte Alltagsregeln, sozusagen Spielregeln, die das Zusammenleben ermöglichen. Das berühmte Böckenförde-Diktum „Der freiheitlich, säkularisierte Staat lebt von Voraussetzungen, die er selbst nicht garantieren kann" (Böckenförde 1967, S. 93), verweist auf die hohe Bedeutung und gleichzeitig große Bedrohung bestimmter, über Gesetze hinausgehender Vereinbarungen in modernen demokratischen Gesellschaften. In der Vergangenheit garantierte eine gemeinsame Religion oder ein von allen Bürgern geteiltes Ethos ein gewisses Maß an geteilten Alltagsregeln. In den heutigen demokratischen multikulturellen Gesellschaften sind Leerstellen dieser impliziten Befriedung des Zusammenlebens entstanden. Eine „Ethik des Erfolgs" (Sandel 2020, S. 181 ff.) als Leitidee der konkurrenzorientierten Leistungsgesellschaft zerstört ein demokratisches Gemeinwesen, anstatt es zu stützen. Was sind demokratische Alltagspraktiken, woran erkennt man diese und wie können demokratische, plurikulturelle Gesellschaften demokratische Alltagspraktiken auf Basis geteilter Alltagsregeln sicherstellen – diese Fragen müssen wir gegenwärtig angesichts abgegrenzter Alltagskulturen und Lebensformen stellen. Die Funktionen, die ehemals Religion oder Ethos erfüllt haben, sind nach wie vor wichtig, und die Suche nach funktionalen Äquivalenten bewegt viele: Böckenförde fordert beispielsweise ein neues „verbindliches Ethos", Jaeggi (1987) hält eine „Kritik von Lebensformen" für wichtig.

Hintergrundinformation
Jaeggi verwendet den Begriff Lebensform: „Lebensformen sind als Ensembles sozialer Praktiken auf die Lösung von Problemen gerichtet." Der Begriff scheint ihr geeignet, denn: „Über Lebensformen lässt sich streiten, und zwar mit Gründen streiten" (Jaeggi 1987, S. 14). Sie will damit nicht einer Sittenpolizei oder Normierung des Alltagslebens das Wort reden und faktische Konflikte um Lebensformen auch nicht gleich als Kulturkämpfe hochstilisieren: „Auch gehört der Wunsch, sich hinsichtlich der Gestaltung des eigenen Lebens nicht von (philosophischen) Sittenrichtern ‚hereinreden lassen' zu wollen, zu den unhintergehbaren Komponenten unseres modernen Selbstverständnisses. Deshalb mag es so aussehen, als ob die liberale black box zu den Bedingungen der Möglichkeit moderner Selbstbestimmung gehört und erst den Freiraum schafft, in dem sich eine Vielfalt von Lebensweisen ungestört entwickeln (oder erhalten) kann." (Jaeggi 1987, S. 10) Jedoch hält sie ein kritisches Hinterfragen von Lebensformen für notwendig: „Das wird insbesondere in gesellschaftlichen Konflikt- und Umbruchsituationen deutlich. So gibt es Situationen, in denen durch neue Technologien – man denke an die Gentechnologie – bislang unhinterfragte ethische Grundsätze plötzlich zur Debatte stehen. Aber auch die Konfrontation mit anderen Lebensformen kann zu Konflikten, Krisen und Selbstverständigungskrisen führen, in denen der Gehalt und die Grundorientierungen der eigenen wie der fremden Lebensform selbst ins Blickfeld geraten und eingelebte soziale Praktiken fraglich werden. Man muss hier nicht gleich an die vielerorts fälschlicherweise zum ‚Kampf der Kulturen' hypostasierten Konflikte oder an Grundlagenkrisen unserer moralischen Bezugssysteme denken. Auch ganz alltägliche Kontroversen um die Gestaltung des städtischen Raums oder der öffentlichen Kinderbetreuung, um Wohnraum oder um das Selbstverständnis unserer Gesellschaft als Arbeitsgesellschaft lassen sich als Auseinandersetzung um die Integrität und den Zuschnitt von Lebensformen verstehen." (Jaeggi 1987, S. 11)

Dorn (2019, S. 52) argumentiert für eine „Leitzivilität". Damit meint sie nicht die totale Anpassung aller Bürger, auch der Eingewanderten, an die Kniggschen Benimmregeln, auch keine Standardisierung der Lebensformen, vielmehr die Akzeptanz der westlich liberal-demokratischen Zivilität. Hierzu gehören gleichermaßen die Gleichstellung der Frauen wie der Verzicht auf das sog. Faustrecht.

Papst Franziskus hat am 4. Oktober 2020 seine Enzyklika „Fratelli Tutti" „an alle Menschen guten Willens, jenseits ihrer religiösen Überzeugungen" (Papst Franziskus 2020, S. 41) der Öffentlichkeit zugänglich gemacht. Die Enzyklika tritt einem „schwindenden Verfall der Ethik und einem schwindenden Verantwortungsbewusstsein" entgegen. „In der gegenwärtigen Welt nimmt das Zugehörigkeitsgefühl zu der einen Menschheit ab, während der Traum, gemeinsam Gerechtigkeit und Frieden aufzubauen, wie eine Utopie anderer Zeiten erscheint." (Papst Franziskus 2020, S. 25) Seine Enzyklika richtet sich an eine Menschheit, die in Würde zusammenleben kann. Er entwirft dabei eine brüderliche bzw. geschwisterliche Welt als Utopie und macht deutlich: „Das Gute ebenso wie die Liebe, die Gerechtigkeit und die Solidarität erlangt man nicht ein für alle Male; sie müssen jeden Tag neu errungen werden. Unmöglich kann man sich mit dem zufriedengeben, was man in der Vergangenheit erreicht hat, und dabei verweilen, es zu genießen, als würden wir nicht merken, dass viele unserer Brüder und Schwestern unter Situationen der Ungerechtigkeit leiden, die uns alle angehen." (Papst Franziskus 2020, S. 13) Und er benennt in dieser Enzyklika immer wieder die Grenzen seiner Utopie: „Wenn die Gesellschaft in erster Linie auf den Kriterien des freien Marktes und der Leistung beruht, ist für sie kein Platz und Geschwisterlichkeit wird zu einem allenfalls romantischen Ausdruck." (Papst Franziskus 2020, S. 82 f.)

Schon im Jahre 1948 wurde die Allgemeine Erklärung der Menschenrechte von den Vereinten Nationen verabschiedet (Vereinte Nationen 1948). Sie enthält die Freiheitsrechte der gesamten Menschheit als anzustrebendes Ziel und wird flankiert von Menschenpflichten, insbesondere in Artikel 29 (https://www.un.org/Depts/german/menschenrechte/aemr.pdf). Die Ausführungen zuvor verweisen darauf, dass es derzeit in der Welt und in Deutschland mit den Menschenrechten nicht so gut bestellt ist, weil deren Umsetzung an Rahmenbedingungen gebunden ist, die nicht überall vorhanden sind, und weil die Wertschätzung der Menschenrechte und die notwendige Haltung zum Festhalten und Umsetzen der Menschenrechte nicht durchgängig gegeben sind. Insbesondere die Erkenntnis, dass eine demokratische Gesellschaft nicht nur von der Inanspruchnahme der Freiheitsrechte existieren kann, sondern dies ergänzt werden muss von der Bereitschaft, Menschenpflichten nachzugehen, gerät ins Vergessen.

Allgemeine Menschenrechte, Artikel 29
 1. Jeder hat Pflichten gegenüber der Gemeinschaft, in der allein die freie und volle Entfaltung seiner Persönlichkeit möglich ist.
 2. Jeder ist bei der Ausübung seiner Rechte und Freiheiten nur den Beschränkungen unterworfen, die das Gesetz ausschließlich zu dem Zweck vorsieht, die Anerkennung und Achtung der Rechte und Freiheiten anderer zu sichern und den gerechten Anforderungen der Moral, der öffentlichen Ordnung und des allgemeinen Wohles in einer demokratischen Gesellschaft zu genügen.
 3. Diese Rechte und Freiheiten dürfen in keinem Fall im Widerspruch zu den Zielen und Grundsätzen der Vereinten Nationen ausgeübt werden.
 (https://www.auswaertiges-amt.de/blob/209898/beeab63c2704f684c606a65589cf236c/allgerklaerungmenschenrechte-data.pdf)

▶ Assmann (2018) greift diesen Gedanken der Menschenpflichten auf und schlägt einen „Gesellschaftsvertrag" vor, der die allgemeinen Menschenrechte und damit auch -pflichten sicherstellen soll. Die verbindliche Wirkung dieses Vertrages erfolgt nicht durch formale und rechtliche Fixierung, sondern als eine Art „psychologischer Vertrag". „Während die Menschenrechte Grundrechte festhalten und Ansprüche formulieren, fixieren die

Menschenpflichten Formen eines geregelten Umgangs miteinander." (Assmann 2018, S. 77) Es handelt sich bei den Pflichten somit um Pflichten gegenüber den Mitmenschen. Während die Freiheitsrechte wie von selbst in Anspruch genommen werden, stellen sich die Regeln der Mitmenschlichkeit nie von selbst ein, sie müssen immer wieder neu erlernt werden.

Diese Grundwerte des Zusammenlebens stehen derzeit wieder einmal zur Disposition, so wie es schon bei der Zerstörung der europäischen Zivilisationen im 1. und 2. Weltkrieg der Fall war. Neben dem Aufbau von Gebäuden und Infrastruktur wurde nach 1945 auch ein politischer Rahmen und ein Regelwerk errichtet, das Schutzmaßnahmen gegen die Zerstörung von Demokratie und Menschenwürde enthielt, verankert in den Statuten der Vereinten Nationen, beispielsweise dem Schutz von Flüchtlingen durch die Genfer Konvention, sowie den Verfassungen der Länder und dann der EU. Nichtsdestotrotz entwickelten sich nach 2015/2016 in Europa Grenzziehungstendenzen gegenüber den Flüchtlingen, die auch die Demokratien Europas und ihre zivilisierenden Werte wie Menschenwürde, Toleranz, Solidarität mit den schwächeren Mitmenschen, individuelle Freiheiten und Pluralität bedrohen.

Diese Bedrohung zeigt sich laut Assmann (2018, S. 23 f.) in zwei gegensätzlichen Positionen, die europäische Gesellschaften wie auch viele Familien und Freundeskreise trennen: Menschen und Gesellschaften, die die eine Position präferieren, treten für ein in Freiheitsrechten vereintes Europa ein, das den Flüchtlingen aufgrund ihrer Menschenrechte Hilfe leistet. Die andere Position vertritt den Primat der Nationalstaaten mit geschlossenen Grenzen. Diese beiden Positionen wurden auch in der empirischen Untersuchung zum Flüchtlingsthema deutlich (siehe Kap. 9). Beide Seiten sind sich nicht ausreichend des drohenden Verlustes der Freiheitsrechte bewusst. Umso wichtiger ist, so Assmann (2018, S. 24), ein „Gesellschaftsvertrag", der die demokratischen Grundlagen festigt und die Voraussetzungen eines friedlichen zukünftigen Zusammenlebens abstützen kann. Ein solcher beinhaltet natürlich die rechtlichen Rahmenbedingungen (Verfassung und Rechtsordnung), die politischen Rahmenbedingungen – die Notwendigkeit ihrer Revision wird in den Ausführungen zur Notwendigkeit eines politischen Prinzipienwechsels hin zur Einbettung durch soziale Sicherungssysteme durch Polanyi (1944/1973) und Reckwitz (2019) (Abschn. 9.4) ausgeführt – sowie die gesellschaftlichen Rahmenbedingungen, die das einvernehmliche Zusammenleben der Menschen untereinander regeln. Hier spielt als praktische Konsequenz der Menschenrechte und -pflichten ein erneuertes Ethos zivilen Umgangs mit Menschen in Not, aber auch mit Menschen anderer Alltagskulturen und anderer Lebensformen, mit denen ein Zusammenleben zu Konflikten führen kann, eine herausragende Rolle. Die Bedeutung eines solchen Vertrags kommt in den Fähigkeiten und der Bereitschaft zur Konfliktbearbeitung mit friedlichen Mitteln und zur Bildung von Kompromissen zur Geltung. Die Kunst des Miteinander-Redens (Streitkultur und Verständigen) bezeichnen Pörksen und Schulz von Thun (2020, S. 213) als ein „Überlebens-Thema für die Demokratie". D. h. Diversität ist eine Grundvoraussetzung moderner Staaten und Gesellschaften, und daraus folgt die Notwendigkeit des zivilen Umgangs damit. Der zivile Umgang mit den unterschiedlichen Lebensformen, die verbindlichen Alltagsspielregeln, die geforderte Leitzivilität, die geschwisterliche Welt, sie gehen alle in eine Richtung eines verbindlichen und umsetzbaren Kodex. Pörksen und Schulz von Thun (2020, S. 213) sehen als Lösung die Dialogkultur als „eine Harmonie höherer Ordnung" an, denn „Hier sind nicht alle einer Meinung, sondern Unterschiede (in Sichtweisen, Werten, Prioritäten) willkommen." Auch die Menschenpflichten beziehen sich auf den Erwerb und die Nutzung von Handwerkszeug und Haltung für eine Dialogkultur.

Angesichts von Säkularisierung und Zusammentreffen von Menschen mit unterschiedlichsten kulturellen und religiösen Hintergründen und Prägungen sucht auch Assmann (2018) nach universellen Werten und Anweisungen zum Schutz der Menschenrechte. Sie sollen die Menschen, Bürger, in die Verantwortung bzw. in die Pflicht nehmen, für die Menschenrechte alltäglich einzutreten. Sie sollen nicht ausgehandelt und mühselig gegen die eigenen ethischen Vorstellungen praktiziert werden, sondern universell sein, weil sie auf einer gemeinsamen Basis beruhen. Assmann findet sie im Rahmen ihrer Forschung in Denktraditionen und Weisheitsschriften der Kulturen und Religionen, die einen universellen Charakter haben, weil sie unabhängig von Kultur oder Religion „eine große Familienähnlichkeit aufweisen" (Assmann 2018, S. 30). Während also für einen großen Teil von grundsätzlichen Problemen, wie von den Kulturforschern Kluckhohn und Strodtbeck (1961) formuliert (siehe Abschn. 9.5), kulturspezifische Lösungen entwickelt wurden, wurden für Prävention und Lösung von Konflikten im Zusammenleben der Menschen ähnliche Konzepte entwickelt. In solchen Weisheitstexten (Assmann 2018, S. 29 ff. und 89 ff.; detailliert Assmann 1991) sind Grundregeln des Umgangs mit menschlichen Schwächen niedergelegt. Denn menschliche Schwächen – Laster, Fehleranfälligkeit, Bösartigkeit, Gier, mangelnde Selbstbeherrschung – liegen neben guten Seiten auch in der menschlichen Natur, weshalb man sie auch nicht per Umerziehungslager aus den Menschen ausgemerzt bekommt. Die in den Weisheitstexten niedergelegten Lehren sind kulturunspezifisch, universell.

So ist in allen Weisheitslehren die goldene Regel der Reziprozität (siehe Assmann 2018, S. 90 ff.) von besonderer Bedeutung für das Verhalten – sie ist sozusagen die Quintessenz: Alles nun, was ihr wollt, dass euch die Leute tun sollen, das tut ihr ihnen auch (Matthäus 7,12; LUT) und umgekehrt: Was Du nicht willst, dass man Dir tu, das füg auch keinem anderen zu (Sprichwort). So ist es also grundständig wichtig, positive Signale an einen Gesprächspartner zu senden, wenn man solche zurückbekommen möchte. Denn wer stattdessen mit Missgunst und Gehässigkeit in ein Gespräch geht, für den gibt es auch ein passendes Sprichwort: Wer den Wind sät, erntet den Sturm (nach: Altes Testament, Hosea 8,7). In der Intention der Goldenen Regel werden die Menschenrechte komplementiert um Menschenpflichten. Für unsere Gesellschaft bedeutet die Reziprozitätsregel vor allem, dass, wenn zukünftige Generationen auch noch Menschenrechte wahrnehmen können sollen, die jetzigen Generationen sich selbst Schranken und Selbstverpflichtungen auferlegen müssen (siehe ausführlich Assmann 2018, S. 76).

▶ „Die Allgemeine Erklärung der Menschenpflichten" In Erweiterung und zur Konkretisierung des Artikels 29 der allgemeinen Erklärung der Menschenrechte wurde 1997 „Die Allgemeine Erklärung der Menschenpflichten" in die Welt gesetzt, herausgegeben von Helmut Schmidt (DIE ZEIT vom 3.10.1997). 2017 wurde sie vom InterActionCouncil in 40 Sprachen übersetzt und veröffentlicht (http://www.humanistische-aktion.de/mpflicht.htm). Von herausragender Bedeutung ist die Adressierung der Pflichten bzw. der Verantwortung nicht nur an Individuen, sondern auch an Gesellschaft, Gruppen – egal ob deutscher oder anderer Herkunft –, Staat, Regierungen, Unternehmen und Institutionen etc. Sie nimmt somit alle gesellschaftlichen Akteure in die Verantwortung. Ins Auge fallen die inhaltlichen Schwerpunkte: fundamentale Prinzipien für Humanität (wozu die Behandlung aller Menschen im Hinblick auf ihre Menschenwürde gehört sowie das Reziprozitätsprinzip), Gewaltlosigkeit und Achtung vor dem Leben, Gerechtigkeit und Solidarität, Wahrhaftigkeit und Toleranz, gegenseitige Achtung und Partnerschaft.

Während die Menschenrechte zwar universal in ihrem Anspruch, aber bisher kein Allgemeingut in der Welt sind, sind die Menschenpflichten universell, weil sie in allen Kulturen tradiert werden, sind, u. a. vergegenwärtigt in Sprichwörtern als Ausdruck einer in der ganzen Welt bekannten und gemeinsamen Werteordnung (Assmann 2018, S. 30). Sie müssen aber in einem kulturellen Bildungsprozess von Zeit zu Zeit aufgefrischt und im Hinblick auf ihre Bedeutung für das zwischenmenschliche Miteinander als verbindlich angeeignet werden. Damit ähneln sie einem Ethos, also die im praktischen Tun sich zeigende Ethik, wie sie für viele Berufe insbesondere des Handwerks typisch ist. Als Beispiel sei auf das Ethos fürsorglicher Praxis in der Pflege verwiesen, das allerdings angesichts der Marktöffnung von Gesundheitseinrichtungen massiv unter Druck steht (Kumbruck et al. 2010). Ein solches Ethos dient, wenn es verbindlich gelebt wird, nicht nur dem ethischen Handeln und den davon abhängigen Menschen, z. B. Pflegekräften und Patienten, sondern auch der Sinnstiftung des eigenen Tuns und auch dem Stolz, diesem von Ethik geleiteten Handeln in einer Gemeinschaft, z. B. Berufsgruppe, zu folgen und dazuzugehören. Auch für ein demokratisches Gemeinwesen kann deshalb ein solches, auf einem Gesellschaftsvertrag basierende Ethos des Miteinanders Identifikation und Stolz darauf schaffen.

10.3 Haltung: Würde des Menschen – An- und Aberkennung durch andere

In den Ausführungen dieses Buches (Kap. 7, 8, 9 und 10) sticht ein Phänomen immer wieder hervor, das sich für die Gesellschaft als konfliktär bis zerstörend erweist: Mangel an Anerkennung. Vertreter/innen der alten Mittelschicht, die häufig in Arbeitsverhältnissen im

Produktionssektor oder auch in menschennahen Dienstleistungsberufen tätig sind, erleben geringe Wertschätzung für ihre Arbeit und damit auch für den Beitrag, den sie selbst für die Gesellschaft leisten. Selbst für die Pflegearbeit konnte das Anerkennungsdefizit empirisch nachgewiesen werden (Kumbruck et al. 2010, S. 167 ff.). Auch Flüchtlingsskeptiker/innen beklagen, dass die andere Seite sich nicht in die „produktiven Arbeiter und Selbständigen" einfühlen könne. Sie fühlen sich und ihren Kampf ums Überleben nicht gesehen, erfahren dafür auch zu wenig Anerkennung (siehe Abschn. 9.4.3).

Sowohl von Flüchtlingshelfer/innen als auch -skeptiker/innen wird dieser Mangel beklagt, um dann denselben Fehler gegenüber den Andersdenkenden zu machen. Ihr eigenes Engagement wird zwar von der eigenen Seite, aber nicht von der anderen Seite gewürdigt. So berichteten Flüchtlingsskeptiker/innen sehr stolz von der Idee und Umsetzung des trojanischen Pferds vor dem Rathaus in Dresden (siehe https://www.youtube.com/watch?v=PPBQLiuvg8s). Als Begründung betonen sie, dass ihr Fokus nicht auf der Warnung vor der Gefahr von weiterem Flüchtlingszuzug liege, sondern im Blick „von den Stadtmauern heraus. [...] Wir möchten mitbestimmen, ob das Pferd in die Stadt gezogen wird oder nicht." (EI XIV) Er/sie versteht diese Installation somit als Anregung zur Diskussion, bei einer solch folgenreichen Entscheidung wie einem großen Flüchtlingszuzug mitbestimmen zu können. Für die Flüchtlingshelfer/innen jedoch steht außer Frage, dass Flüchtlinge aus Kriegsgebieten in Not sind und ihnen schnell geholfen werden muss. Und so findet die Installation nicht die gewünschte Anerkennung durch die andere Seite.

Anerkennung ist aus psychologischer Sicht bedeutsam für die Entwicklung eines Individuums. Anerkennung als Element sozialer Gegenseitigkeit wird nach Mead (1968) als Grundlage der Identitätsbildung und des Selbstwerts betrachtet. Das Selbstbild hängt davon ab, welches Feedback das Verhalten eines Menschen in seiner Entwicklung vom Säugling angefangen bis ins hohe Alter durch seine Umwelt, die „signifikanten anderen" (Mead 1968, S. 218), auslöst und somit welches Fremdbild ihm zurückgespiegelt wird. Wechselseitige Anerkennung ist aus soziologischer Sicht für die Entwicklung eines funktionierenden Gemeinwesens bedeutsam. Kämpfe um Anerkennung sind auch typisch für gesellschaftliche Veränderungsprozesse. So beschreibt Voswinkel (2005, S. 18) „Anerkennung als Katalysatoren sozialen Wandels, in denen Individuen oder soziale Gruppen die soziale Anerkennung neuer Ansprüche, Identitäten und Problemlagen zu erstreiten versuchen und somit das normative Gefüge beeinflussen". Der Philosoph Honneth (1992) beschreibt den „Kampf um Anerkennung" und setzt diesen in Bezug zur moralischen Seite sozialer Konflikte. Hier zeigt sich ein Zusammenhang mit den Befunden unserer empirischen Studie (Kumbruck et al. 2020), wonach sich der Streit zwischen Flüchtlingsskeptiker/innen und -helfer/innen in vieler Hinsicht einerseits auf der moralischen Ebene abspielt und andererseits ein Kampf um Anerkennung in der Gesellschaft ist (siehe Abschn. 7.7 und Kap. 9).

Nach Honneth „gibt es die drei Anerkennungsformen der Liebe, des Rechts und der Wertschätzung, die erst zusammengenommen die sozialen Bedingungen schaffen, unter denen menschliche Subjekte zu einer positiven Einstellung gegenüber sich selber gelangen können; denn nur dank des kumulativen Erwerbs von Selbstvertrauen, Selbstachtung und Selbstschätzung, wie ihn nacheinander die Erfahrung von jenen drei Formen der Anerkennung garantiert, vermag eine Person sich uneingeschränkt als ein sowohl autonomes wie auch individuiertes Wesen zu begreifen und mit ihren Zielen und Wünschen zu identifizieren" (Honneth, 1992, S. 271).

▶ Sennett (2003, S. XV) verweist jedoch auf das Hindernis, dass uns innerhalb der spätmodernen Gesellschaften positive Ausdrucksformen für Respekt und Anerkennung über soziale Grenzen hinweg fehlen. Stattdessen erleben die Menschen über die sog. sozialen Netzwerke massive Aberkennung ihrer Würde als Menschen (Hate Speech).

Neben den von den Individuen unmittelbar geäußerten Anerkennungsdefiziten ist die Gesellschaft durch die Behauptung neoliberaler Organisationsstrukturen von vielen Anerkennungskämpfen geprägt, die ihre zerstörerische Wirkung auf das demokratische Gemeinwesen ausüben. So wird im Arbeitsleben nur noch die Leistung gewürdigt, die über das normale geforderte Maß weit hinausgeht, wodurch die meisten Menschen im Arbeitsleben zu wenig positive Anerkennung, ja sogar, wie Voswinkel (2012, S. 3) ausführt, Missachtung erhalten (siehe Abschn. 9.4.3). Nun bewegen sich Menschen im Arbeitsleben in der öffentlichen Sphäre einer Gesellschaft, wodurch das Arbeitsleben herausragende Bedeutung für das Selbstbild der Individuen in der Gesellschaft hat. Dies zeigen insbesondere Studien von Erwerbslosen (Carstensen et al. 2012). Damit fehlt vielen Individuen die positive Bestätigung ihres Platzes und ihrer Rolle in der Gesellschaft. Stattdessen suchen sie dann diese Bestätigung ihrer selbst in der Öffentlichkeit durch politische Protestaktionen, wie unsere Studie (Kumbruck et al. 2020) vielfach zeigt. Und hierfür findet sich auch ein weiteres gesellschaftliches Feld des Streits um Anerkennung, nämlich die multikulturelle Gesellschaft, in der neue Akteure, die Flüchtlinge, als Konkurrenten um das knapp gewordene Gut Anerkennung mitzumischen drohen. In den zunehmend multikulturell werdenden Gesellschaften findet ein Dauerstreit um die Anerkennung der Kulturen als Kollektive statt. Neben der Gleichheit vor dem Gesetz geht es um Gleichberechtigung und Gleichwertigkeit, und dieser Streit wird vehement und vorwurfsgeladen ausgetragen (siehe Abschn. 9.5.2).

Menschen brauchen Anerkennung, um sich als Individuen zu entwickeln und ihren Platz und ihre Rolle in der Gesellschaft zu finden. Erst dann, wenn sie sich nicht als Unsichtbare in einer Organisation oder als Randständige außerhalb der Gesellschaft wahrnehmen, sind sie bereit, einen konstruktiven Beitrag für die Organisation und die Gesellschaft zu leisten. Um dies zu erreichen, liegen gewaltige Aufgaben vor den politischen Akteuren, die in diesem Werk vielfach thematisiert worden sind – zwar mit Hinweisen zur Schaffung von Rahmenbedingungen, aber dies ist letztendlich nicht die

Profession der Autor/innen. Deshalb liegt ihr Schwerpunkt auf einem Ausschnitt der notwendigen Gestaltungsaufgaben, der sowohl die Bevölkerung als auch die Politik betrifft: Wie kann es zu neuen Ausdrucksformen der Anerkennung und Regeln respektvollen Umgangs miteinander kommen?

10.4 Befähigung zum Dialog mit Andersdenkenden & Anderslebenden

Das berühmte Zitat von Rosa Luxemburg „Freiheit ist immer Freiheit der Andersdenkenden", sich zu äußern (Luxemburg 1922, S. 109), verweist auf die hohe Bedeutung und gleichzeitig auf die hohe Fragilität eines angemessenen Umgangs mit Andersdenkenden. In der heutigen Zeit – ganz allgemein und in der Flüchtlingsfrage ganz besonders – wird viel und kontrovers über den Umgang mit den jeweils anderen gesprochen, und immer wieder wird die Frage gestellt, welcher Umgang angemessen ist und wann eine Interaktion der Ächtung beginnen darf/muss. Die Meinungen bewegen sich auf einer Skala zwischen den Polen „Ausschluss aus dem öffentlichen Diskurs und/oder Ächtung" und „Einschließen in den öffentlichen Diskurs und/oder kritischer Dialog". Da die anderen nicht nur Andersdenkende, sondern zunehmend auch Anderslebende sind (vgl. oben: die ortsgebunden traditionalistisch und die kosmopolitisch orientierten unterschiedlichen Lebensformen und Alltagskulturen, die tendenziell auch das Leben vieler Flüchtlingskritiker/innen und Flüchtlingshelfer/innen prägen), ist es hilfreich, diesen Umgang der Andersdenkenden und Anderslebenden als einen interkulturellen Umgang zu deuten und unter diesem Deutungsrahmen nach Lösungen zu suchen.

10.4.1 Wünsche nach Dialogkultur aus Sicht der Flüchtlingshelfer/innen und -skeptiker/innen der Flüchtlingspolitik

Wir wissen aus der interkulturellen Forschung, dass die Erstreaktion, d. h. die spontan gefühlt stimmige, aber immer auch unreflektierte Reaktion auf unangenehm empfundenes fremdkulturelles Verhalten auf der Deutung basiert, dass der andere entweder dumm oder böse ist (Kumbruck und Derboven 2015). Interkulturelle Kompetenz, die erlernbar ist, bedeutet, diese Erstreaktion zu transformieren in eine differenziertere und auf der Basis von bestimmten Kompetenzen beruhende reflektierte Zweitreaktion. In der Empirie verweisen viele Stellen auf solche Reaktionen des jeweils anderen, denen entweder die Deutung dumm oder die Deutung böse zugrunde liegt. Dies wird beispielsweise deutlich in der Unterscheidungsdimension *„Sicht auf die anderen"* mit den beiden Polen *„gute Flüchtlingshelfer/innen"* versus *„böse Flüchtlingskritiker/innen"* (Kumbruck et al. 2020, S. 145). Gleichzeitig wird auch die Sehnsucht nach einer anderen Reaktion sichtbar. Insbesondere die Flüchtlingsskeptiker/innen fühlen sich von den Flüchtlingshelfer/innen unverstanden und nicht ausreichend respektiert. Es ist wenig verwunderlich, dass die Flüchtlingshelfer/innen dies weniger thematisieren, denn ihre Zugehörigkeit zur derzeitigen Mehrheitsmeinung impliziert schon ein höheres Maß an Verstanden-Werden und Respekt von großen und/oder den sichtbaren Teilen unserer Gesellschaft.

▶ Interkulturelles Kompetenzmodell In dem von uns konzipierten Interkulturellen Training (Kumbruck und Derboven 2015) haben wir ein interkulturelles Handlungsmodell entwickelt, das die zentralen Kompetenzen des interkulturellen Dialogs beschreibt und als Deep-Level-Lernprozess darstellt. Ein Deep-Level-Lernprozess wirkt nicht auf der Oberfläche des schnellen Erwerbs von Dos and Don'ts in anderen Ländern (z. B. Händeschütteln statt Umarmen), sondern auf der Ebene des Sich-Auseinandersetzens und Verstehens von Verhaltensweisen in anderen Kulturen in Verbindung mit den dort geltenden Werten (als Beispiel siehe auch die unterschiedliche Haltung zu Burkinis im Schwimmbad durch eine/n Flüchtlingshelfer/in und eine/n Flüchtlingsskeptiker/in, Abschn. 7.3.). Dieses Modell (siehe Abb. 10.1) eignet sich, um Menschen zu befähigen, über spontane Erstreaktionen hinauszuwachsen und mit einem anderen Menschen in den Dialog zu kommen, der sehr anders wahrgenommen wird und den bzw. dessen Werteorientierung man zunächst vehement ablehnt. Deshalb eignet es sich auch sehr gut als Basis für einen Dialog zwischen Flüchtlingshelfer/innen und Flüchtlingsskeptiker/innen im Speziellen und ganz allgemein für schwierige, aber notwendige Dialoge in demokratischen, plurikulturellen Gesellschaften zwischen Andersdenkenden und Anderslebenden.

Denn dass es an diesen Dialogen mangelt, bildet unsere Empirie vielfach ab: In der Unterscheidungsdimension *„Gesprächskultur"* beklagten viele Flüchtlingsskeptiker/innen Störungen mit Flüchtlingshelfer/innen. In einem Interview wurde dem Wunsch nach *„offenem Meinungsaustausch"* das Erleben von *„Tabus in der Kommunikation"* gegenübergestellt. In einem anderen Interview werden in der Unterscheidungsdimension *„Dialogkultur"* der Erfahrung, dass die Gespräche mit Flüchtlingshelfer/innen von *„Vorurteilen"* geprägt seien, die Hoffnung auf *„stärkere Offenheit"* gegenübergestellt (siehe Kumbruck et al. 2020, S. 147 f.).

▶ **Schlüsselkompetenzen für den Dialog**
Im Zentrum der Befähigung zum Dialog stehen fünf Schlüsselkompetenzen, die es im öffentlichen Raum und in Bildungseinrichtungen zu fördern gilt: in Kindergärten, Schulen, weiterbildenden Institutionen, Veranstaltungen, Unternehmen, Organisationen u. a.

Diese sind: Emotionsregulation, Empathie, Ambiguitätstoleranz, kritische Selbstreflexion und Selbstwirksamkeit. Das Fundament dieser fünf Schlüsselkompetenzen bilden zwei Dimensionen, die Basisbedürfnisse von Menschen bezeichnen: verstehen/verstanden werden und respektieren/respektiert werden.

Die Ergebnisse der empirischen Studie zeigen, dass diese beiden Dimensionen im Umgang zwischen Flüchtlingsskeptiker/innen und Flüchtlingshelfer/innen eine entscheidende Rolle spielen. Dies wird beispielsweise deutlich in der Unterscheidungsdimension *„sich verstanden fühlen"* mit den Polen *„ich fühle mich unverstanden"* versus *„andere sind mir gegenüber offen"* (siehe Kumbruck et al. 2020, S. 147).

Verstehen und verstanden werden
Beim Verstehen geht es darum, dass Menschen bereit sind, sich in das von ihrem Gegenüber Gesagte hineinzudenken und fremdes Erleben nachzuvollziehen, wozu auch Nachfragen gehört, um das Verstandene gemäß Intention des Gegenübers zu verstehen. Zudem geht es um Offenheit für die Sichtweise des Gegenübers. Anderenfalls hört man nur das, von dem man meint, dass es der/die Sprecher/in sagen würde, also eine Bestätigung des eigenen Vorurteils.

> **Beispiel zur Reflexion**
>
> Somit ist es sinnvoll, eine behutsame Variante des *Aktiven Zuhörens* (Kumbruck und Derboven 2015, S. 138 f.) zu verwenden, damit sich der/die Gesprächspartnerin verstanden fühlt. Gerade in Streitgesprächen denken viele Zuhörer, dass der Versuch zu verstehen zugleich ein Zugeben ist, Einverständnis für die Sichtweise des Gegenübers zu zeigen. Beim Verstehen geht es aber zunächst nur darum, zum einen zu signalisieren, dass man zu verstehen versucht, zum zweiten die Aussagen des Gegenübers und die damit verbundenen Intentionen, möglichst auch Interessen, selbst gedanklich nachvollziehen zu können: Wie ist das Gesagte gemeint? Wichtig ist es zudem, dass man die Sachaussagen von der subjektiven Einstellung/Interpretation des Gegenübers unterscheidet. ◄

Respekt und Respektieren
Respekt und Respektieren eines Dialogpartners mit anderer Meinung als der eigenen bezieht sich zum einen auf diesen Menschen, dem als Mensch die Achtung gebührt, dass man ihm zuhört. Respekt bezieht sich auch auf die geäußerte Position insofern, als sie wert ist, gehört zu werden. Schmidbauer (2017, S. 20) stellt heraus, dass Respekt eine wesentliche Voraussetzung für eine Demokratie ist, denn „Demokratie beruht auf der *Haltung,* den Andersdenkenden zu respektieren, nicht auf dem Wissen (und der Rhetorik) über Volk, Verfassung und Freiheit". In Bezug auf die Analyse der gesellschaftlichen Verwerfungen (Kap. 9) und in der konkreten Analyse der Wortwahl über die jeweilige Gegenseite sowie über Flüchtlinge (Abschn. 7.3 und 7.4) wurde deutlich, dass Schmähungen, Schimpfworte und abfällige Bemerkungen von vornherein eine von Respekt getragene Kommunikation ausschließen. Es wurde über den Mangel an und ein unerfülltes Bedürfnis nach Anerkennung geklagt. Anerkennung rahmt das Thema „Gelingende Kommunikation" und damit auch den Begriff „Respekt", denn für Menschen, die sich in der Gesellschaft nicht anerkannt und wertgeschätzt fühlen, hat Respekt gegenüber ihrer Person und ihren Aussagen einen besonders großen Wert.

Pörksen und Schulz von Thun (2020) machen in einem Zwiegespräch deutlich, dass im Respektieren bzw. dem Vermitteln von Achtung auch eine Gefahr liegen kann:

> Angenommen, man weiß von vornherein oder im Laufe des Gesprächs mit Sicherheit, „dass der Gegner irregeleitet, moralisch verwerflich oder gar gefährlich ist", wie kann man dann agieren? (Wie kann eine „Balance von Achtung und Ächtung gelingen?" „Wer nur die Ächtung kennt (verwirklicht durch trennscharfe Rhetorik oder durch geflissentliches Ignorieren), trägt zur Dämonisierung bei, verortet die Protagonisten und Sympathisanten der neuen Rechten im Keller der Verworfenheit, erklärt sie für unwürdig, im demokratischen Orchester mit einer hörenswerten Stimme mitzuspielen. Das befördert Polarisierung und Spaltung. Da fehlt die Achtung. Wer hingegen nur diese Achtung kennt, den Respekt vor dem Menschen ebenso wie vor der Diskussionswürdigkeit seines Standpunktes, läuft Gefahr, wie Biedermann mit den Brandstiftern, faschismusnahe Gedanken und Auftrittsformen hoffähig zu machen und ihnen im demokratischen Diskurs eine Dignität zu leihen, die sie (ebenfalls) stärken wird. Da fehlt die Ächtung. Die Navigation zwischen Skylla und Charybdis scheint eine Schlüsselqualifikation für den Dialog in Gesellschaft und Politik zu sein – und noch mehr zu werden!" (Pörksen und Schulz von Thun 2020, S. 210)

Respektvolles Miteinander-Sprechen ist ein wirkmächtiges Instrument für das soziale Miteinander, aber, und darauf verweist das Zitat von Pörksen und Schulz von Thun, es gibt auch Grenzen eines Gesprächs. Der Beendigung eines Dialogs, die manchmal sehr schnell in einem Gespräch als Idee bei einem der Gesprächsteilnehmer/innen auftaucht, sollte nicht zu schnell nachgegangen werden. Aber es gibt auch gute Gründe für eine Beendigung, und diese zu kennen, gehört auch zu den Kompetenzen der Bewältigung eines konfliktreichen Dialogs. Sie ist Teil des nachfolgend beschriebenen Kompetenzmodells (Kumbruck und Derboven 2015, S. 71 ff. und 198 ff.).

In der empirischen Engagementstudie (Kumbruck et al. 2020) wurde der Wunsch, selbst mehr Toleranz zu zeigen – Toleranz als Vorform von Respekt verstanden – nur einmal von einem/r Flüchtlingshelfer/in direkt angesprochen. Häufiger wird aber auf beiden Seiten Trauer darüber deutlich, dass sich Freunde und Verwandte zurückgezogen haben, anstatt ein gemeinsames Gespräch zu führen. Häufig wurde von Flüchtlingskritiker/innen Gekränktheit gezeigt angesichts des Erlebens in öffentlichen politischen Gesprächsrunden und Privatgesprächen mit Flüchtlingshelfer/innen und Regierungsvertreter/innen, nicht das Wort erteilt zu bekommen – sie fühlten sich gezielt ausgeschlossen. Es ist respektlos, dem anderen die Möglichkeit des Austausches zu verwehren, aber wir wissen nicht, ob die Gesprächsverweigerung von vornherein aufgrund von Vorurteilen oder möglicherweise auch Gedankenlosigkeit kam oder als Ergebnis eines Prozesses ungut gelaufener Auseinandersetzungen.

Innerhalb des von den zwei Dimensionen „Verstehen/Verstanden-Werden" und „Respektieren/Respektiert-Werden" aufgespannten Rahmens sind drei Kernkompetenzen, nämlich „Empathie", „Ambiguitätstoleranz" und „kritische Selbstreflexion", verortet, die nützlich sind, einen Umgang des Miteinanders zu leben und gleichzeitig auf die eigenen und/oder universellen Grenzen zu achten. Diese Kernkompetenzen sind erlernbar. (Ausführlicher zu den Kernkompetenzen Ambiguitätstoleranz, Empathie und kritisches Selbstreflexionsvermögen sowie Emotionsregulation und Selbstwirksamkeitserfahrung siehe Kumbruck und Derboven 2015, S. 74–80 sowie S. 200–214). Um auf diese Kompetenzen in einer akuten Situation zugreifen zu können, braucht es allerdings eine stabile Emotionslage, denn ist das eigene Erregungs- und damit Stressniveau zu hoch, können Menschen in fremdkulturellen Überschneidungssituationen, auch wenn die Kompetenzen grundsätzlich zur Verfügung stehen, nicht darauf zugreifen.

Emotionsregulation
Emotionsregulation ist eine notwendige, vorgelagerte Kompetenz, um diese drei Kernkompetenzen abrufen zu können. Es geht bei Emotionsregulation darum, dass Menschen lernen, dass sie sich von insbesondere negativen Gefühlen in der Kommunikation nicht überwältigen lassen. Dabei geht es nicht darum, Gefühle zu verdrängen oder gefühlskalt zu werden. Vielmehr geht es darum, dass wir in Interaktionen mit anderen Menschen, in denen wir Wut über das Gegenüber verspüren und merken, wie uns beispielsweise dessen geäußerte Position verärgert, unsere Emotionen regulieren. Mit Emotionsregulation ist an dieser Stelle gemeint, dass wir auf die spontane unkontrollierte Reaktion verzichten um eines gemeinsamen Gesprächs willen. Hierzu nutzen wir Möglichkeiten, die Energie der Emotionen abzuschwächen. Ohne Regulation geraten wir in Stress und können keine klaren Gedanken mehr fassen. Mangelnde Emotionsregulation führt zu Kontrollverlust, aggressivem Verhalten und vorzeitigem Gesprächsabbruch. Es können typische körperliche Stresssymptome folgen. In den Kap. 7, 8 und 9 wurde gezeigt, dass in der Gesellschaft derzeit ein Trend vorherrscht, dass die Menschen viel zu schnell auf alles emotional reagieren, „helikoptermoralisch" auftreten und damit alle Regeln eines um Verständigung bemühten Gesprächs außer Acht lassen. Die dem Prozess vorzuschaltende Emotionsregulation findet bei den meisten Flüchtlingshelfer/innen und -skeptiker/innen, soweit wir wissen, nicht statt. Dies ist im Zusammenhang mit dem wechselseitigen Gefühl des Rechthabens besonders problematisch.

In unserer Engagementstudie wurde vielfach darauf verwiesen, dass man sich bei vergangenen Gesprächen mit der Engagementgegenseite noch immer darüber aufregt, dass diese Gespräche gescheitert seien. Die Teilnehmer/innen konnten sich bei der Erzählung, was alles schiefging, in Rage reden. Also geht es bei Emotionsregulation darum, dass Menschen, die in den Dialog mit der Gegenseite eintreten wollen, eigene Emotionsregulationstechniken entwickeln und zu Beginn eines solchen Gesprächs nutzen, um vorneweg den Erregungspuls hinunterzufahren.

> **Beispiel zur Reflexion**
>
> Es lohnt sich, an der Emotionsregulation zu arbeiten, denn das Wegdrücken von negativen Gefühlen oder das widerwillige „Gute-Miene-zum-bösen-Spiel"-Machen führen zu emotionaler Dissonanz und zur Gefahr von Burnout. Eine bewährte Lösung zur Emotionsregulation besteht im „Gefühlsregler", einer Intervention aus der systemischen Familientherapie (Sautter 2016). (Diese und weitere Maßnahmen

zur Emotionsregulation bestehen entweder im Erlernen genereller Selbstkontrolle, beispielsweise durch Sport, oder situationsspezifischer Strategien, beispielsweise mentales Training, siehe Kumbruck und Derboven [2015, S. 200–203]). ◄

Empathie
Empathie wurde in der Engagementstudie (Kumbruck et al. 2020) als Unterscheidungsdimension „*Empathievermögen für Hilfsbedürftige*" thematisiert. Von einem/r Flüchtlingsskeptiker/in wurden die Optionen „*Gleichgültigkeit*" und „*Empathie*" gegenübergestellt, wodurch ein wichtiger psychologischer Mechanismus deutlich wird. Denn wenn man prinzipiell empathisch sein kann, kann man diese Kompetenz auch bewusst ausschalten. Dafür gibt es verschiedene Gründe, wie die Empathie-Forschung nachgewiesen hat. So führt Negativpropaganda über Personengruppen, mit der diesen ihre Zugehörigkeit zur Gattung Mensch abgesprochen werden soll, zu „Empathie-Blockaden" (Assmann 2018, S. 172). Besonders Menschen in Situationen, in denen sie sich aufgrund von Ängsten und Stress um sich selbst kümmern müssen, steht das Empathievermögen für andere nicht zur Verfügung (Lazarus 1966). Empathie ist somit auch dann, wenn man diese Kompetenz im Prinzip besitzt, nicht immer verfügbar: absichtlich oder unabsichtlich.

Empathie hat unterschiedliche Modalitäten. Kinder üben im Spiel Rollen anderer Personen ein, z. B. die der Eltern, und lernen so aus der Perspektive des anderen zu denken, zu fühlen und zu handeln. Diese Rollenübernahme dient laut Mead (1968) dazu, sich in die Perspektive des Gegenübers hineinzudenken. Rollenübernahme ist ein wichtiger Bestandteil von Empathie. Die kognitive Weiterentwicklung davon, der Perspektivenwechsel, ermöglicht, sich in eine andere Person hineinzudenken und einzufühlen. Ein emotionales Einfühlungsvermögen kann in Mitgefühl bis hin zu Mitleid übergehen. Empathie hat eine angeborene physiologische Basis; immer ist der Vorgang mit den Spiegelneuronen verbunden (Rizzolatti und Sinigaglia 2008). Empathie beinhaltet in der Regel sowohl eine kognitive als auch eine affektive Seite und wird in dieser Verbindung auch soziale Empathie genannt. Empathie kann auch zu missbräuchlichen und manipulativen Zwecken genutzt werden: Wer sich besonders gut in sein Opfer oder seine/n Gegner/in einfühlen kann, kann diesem/r gezielt Schaden zufügen.

> **Umperspektivierung**
> Perspektiventausch und Empathie stehen den Interagierenden in Konfliktsituationen aber nicht quasi automatisch zur Verfügung; sind große innere Widerstände gegen den/die Gesprächspartner/in und das Gesagte vorhanden, müssen diese bewusst überwunden werden. Hier ist zu betonen, dass Empathie nicht mit Sympathie identisch ist. Sympathie basiert auf (kulturellen) Ähnlichkeiten; Empathie basiert darauf, Unterschiede zu akzeptieren und trotzdem zu versuchen, die Sinnkonstruktion des anderen nachzuvollziehen.
> Dadurch sind Gespräche in konfliktären und interkulturellen Kontexten anstrengend, weshalb Menschen auch dazu neigen, die Unterschiede weg-

zureden oder durch Weggucken im Gespräch auszublenden. Dadurch sind die Unterschiede nicht weg, wirken aber als psychische kognitive Dissonanzen destruktiv nach, und der Dialog hat seine Bestimmung des Austausches verfehlt. Es geht darum, eine Balance zu finden zwischen faktischen Unterschieden und faktischen Ähnlichkeiten. Letztendlich ist das Menschsein an sich der kleinste gemeinsame Nenner – aber auch der wichtigste. Assmann (2018, S. 167) regt an, die Verschiebung des Blicks von den scheinbar nicht zu vereinbarenden Differenzen auf die dabei immer auch vorhandenen Ähnlichkeiten „Umperspektivierung" zu nennen.

Beispiel zur Reflexion

Empathie kann durch Übungen, beispielsweise Rollenspiele, gestärkt werden. Sehr hilfreich ist auch eine Übung, in der man selbst in die Rolle eines neutralen Beobachters schlüpft. Zu diesen und weiteren Möglichkeiten, Perspektivenwechsel und Empathie zu erlernen, siehe Kumbruck und Derboven (2015, S. 206–211). ◄

Ambiguitätstoleranz

Wie in diesem Buch ausgeführt, versteht man unter Ambiguitätstoleranz die Fähigkeit, Mehrdeutigkeit akzeptieren zu können (Furnham und Ribchester 1995, S. 179). Das Ertragen-Können von mehr als nur einer richtigen Sichtweise wäre beispielsweise ein Hinweis auf Ambiguitätstoleranz. Zur Ambiguitätstoleranz gehört auch die Fähigkeit, Widersprüche und widersprüchliches Verhalten bei anderen auszuhalten und bei sich selbst wahrzunehmen (siehe Abschn. 6.4, Kap. 8 und 9).

„Ambiguitätstoleranz lässt sich in der empirischen Untersuchung zum Flüchtlingsengagement (Kumbruck et al. 2020) kaum finden, was auf eine nicht ausgeprägt vorhandene Kompetenz hinweist. Allerdings wird in einem Interview das „Schwarz-Weiß-Denken" problematisiert (EI III) und somit Ambiguitätstoleranz im Sinne des Blickes auf Grautöne als Wunsch deutlich. Als Problem wird von Flüchtlingshelfer/innen wie auch -skeptiker/innen betont, dass die *„Thematische Auseinandersetzung"* *„differenziert"* sein sollte statt *„pauschalisierend"*. Der *„Blick auf die Flüchtlingsthematik"* bräuchte anstatt *„keiner Differenzierung"* eine *„stärkere Differenzierung"*. Allerdings ist die Forderung nach mehr Differenzierung immer nur an die Gegenseite gerichtet.

▶ Ambiguitätstoleranz bezieht sich auf die menschliche Grundkonstante, dass Menschen immer viele Seiten haben und nie nur gut oder nur böse sind. Vielen Menschen ist aber nicht bewusst oder sie wollen nicht wahrhaben, dass auch sie selbst graue Seiten haben. Um diesen Eindruck vor sich selbst aufrechtzuhalten, nutzen sie – ohne sich dessen gewahr zu werden – psychologische Verdrängungsmechanismen.

Fremdkulturelles Verhalten ist auch unter Aufbringung von Empathie nicht immer verständlich und widerspruchsfrei und damit keiner eindeutigen Interpretation zugänglich. Solche Situationen bewirken meist Unsicherheit in der Interpretation und damit auch Unsicherheit im Handeln. Häufig reagieren Menschen dann mit Ambiguitäts*intoleranz* als einer „Tendenz auf Schwarz-Weiß-Lösungen zurückzugreifen, […] unter Vernachlässigung der Wirklichkeit und mit einer inadäquaten entweder generellen Akzeptanz oder generellen Ablehnung anderer Personen" (Frenkel-Brunswik 1949, S. 115).

Demgegenüber ist Ambiguitätstoleranz die Fähigkeit, solche mit Unsicherheit und Widersprüchlichkeit behafteten Situationen und Personen aushalten zu können. Das Ziel ist dann entweder das Ertragen der eigenen zwiespältigen Emotionen oder das Erlangen von Handlungsfähigkeit trotz Uneindeutigkeit der Situation und der Person, mit der man interagiert.

> **Beispiel zur Reflexion**
>
> Zur Übung ist es sinnvoll, sich erlebte Gesprächssituationen zu vergegenwärtigen, die von Unsicherheit und Widersprüchlichkeit geprägt waren, und die eigenen tatsächlichen Reaktionen und möglichen zukünftigen Reaktionsvarianten gedanklich durchzugehen. Wichtig ist dabei auch, das eigene Empfinden zu reflektieren (Übungen zu Ambiguitätstoleranz siehe Kumbruck und Derboven 2015, S. 203–206). ◄

Kritisches Selbstreflexionsvermögen

Kritische Selbstreflexion hat eine entschleunigende Funktion, wenn im Gespräch die Frage nach der Entscheidung „das Gespräch fortführen" oder „Gesprächsabbruch" aufkommt und die spontane Reaktion des „Abbruchs" sich aufdrängt. Solche Reflexion in Kommunikationssituationen wurde in den Interviews nicht thematisiert. Stattdessen stand bei der Begründung der (sinngemäßen) Aussagen *„Mit denen kann man nicht reden"* bzw. *„die wollen nicht reden, weil ihre Meinung schon vor dem Gespräch feststeht"* meist das Gefühl des Rechthabens im Vordergrund. Dieses wurde aufseiten der Flüchtlingsskeptiker/innen mit Verweis auf ihre überlegene Denkweise (statt Emotionalität der Flüchtlingshelfer/innen) begründet. Auf der Seite der Flüchtlingshelfer/innen wurde es tendenziell mit moralischen Argumenten erklärt. Der Eindruck, dass die anderen *„Vorurteile"* haben, verhinderte zudem, dass man sich überhaupt auf einen Dialog einließ. Demzufolge entstand auch nicht während des Gesprächs die Frage: „Kann ich diese geäußerte Position meines Gegenübers mit meinen ethischen und moralischen Vorstellungen und meiner eigenen Würde als Mensch vereinbaren?"

Hintergrundinformation

Im ursprünglich von uns entwickelten „Prozessmodell interkultureller Handlungskompetenz" (Kumbruck und Derboven 2015, S. 198) wurde der Begriff „Tabugrenze betroffen" verwendet, der uns im vorliegenden Kontext nicht mehr als passend erscheint. Stattdessen stellt sich die Frage nach der Vereinbarkeit der geäußerten Position des Gegenübers mit den eigenen ethischen und moralischen Vorstellungen und der eigenen Würde als Mensch, kurz: „Ethikgrenze betroffen".

Kritische Selbstreflexion entschleunigt nicht nur und führt demnach in den Modus des langsamen und damit weniger fehleranfälligen Denkens (Kahnemann 2012). Sie hat zudem die Funktion, die Grenzen, an denen ein Gesprächs- oder auch Interaktionsabbruch erfolgt, hinauszuschieben. Die Entscheidung für einen Gesprächsabbruch ist nicht einfach, denn in interkulturellen Konstellationen und auch in der Konstellation zwischen Flüchtlingshelfer/innen und -skeptiker/innen tauchen viele Themen und Einstellungen auf, die sehr betroffen machen können und im eigenen Kulturkreis als ächtenswert gelten.

Kritische Selbstreflexion besteht angesichts solch einer zwiespältigen Situation in einer sorgfältigen Überprüfung und einem selbstkritischen Hinterfragen der eigenen ethisch-moralischen Grenzen. Zum Beispiel berührt das Phänomen der Zwangsehen die moralische Grenze der meisten Westeuropäer und US-Amerikaner. Beschäftigt man sich ausgiebig mit diesem Phänomen, kann man feststellen, dass der Begriff der Zwangsehe für unterschiedliche Formen der Ehe gilt, die durch dritte Parteien gestiftet werden. So gibt es sowohl arrangierte Ehen, in die sich die zukünftigen Ehepartner fügen, als auch mit Gewalt gegen den Willen der zukünftigen Ehepartner durchgesetzte Ehen. Mit dieser Differenzierung lassen sich bestimmte Formen der Zwangsehe, nämlich die arrangierten, mit westlichen moralischen Vorstellungen in Einklang bringen, zumal auch in Westeuropa die Praxis der arrangierten Ehen früher üblich war und diese noch heute in bestimmten Kreisen vorkommt.

Beispiel zur Reflexion

Kritische Selbstreflexion setzt voraus, dass man sich selbst in Konfliktsituationen zurücknehmen kann, ohne seine eigenen Grenzen zu überschreiten. Sie sollte im Alltag geübt werden. Außerdem sollte man sich immer wieder vergegenwärtigen, wo die eigenen moralisch-ethischen Grenzen liegen und sich damit auch über den eigenen Wertehorizont Klarheit verschaffen (hierzu siehe Kumbruck und Derboven 2015, S. 212 f.). ◄

Selbstwirksamkeit
Es gibt noch eine weitere Kompetenz, die im Prozess der Dialogbefähigung eine Rolle spielt. Es handelt sich um die Kompetenz der Selbstwirksamkeit. Hierin drückt sich das Selbstvertrauen in die eigene Handlungsfähigkeit im Hinblick auf spezifische Aufgaben aus. Selbstwirksamkeit beruht auf Erfahrungen mit ähnlichen Situationen und erhöht oder verringert sich je nach als Erfolg oder als Misserfolg gedeuteten Interaktionen und beschleunigt oder bremst so den weiteren Lernprozess.

In der Engagementstudie wird diese in der Unterscheidungsdimension „Selbstwirksamkeitserfahrungen" reflektiert und zeigt in den beiden Polen, dass manche Erfahrungen, hier in der Flüchtlingshilfe, als *„positiv"*, als *„Erfolgsgeschichte"* und manche als *„niederschmetternd"* bezeichnet wurden, was deutlich macht, dass das zukünftige Verhalten nicht unbeeindruckt von der Selbstwirksamkeitserfahrung bleibt (Kumbruck et al. 2020, S. 146).

> **Beispiel für Reflexion**
>
> Es macht Freude und stärkt das Vertrauen in die eigene Selbstwirksamkeit, sich hin und wieder, z. B. auf einer Checkliste, seiner eigenen vorhandenen dialogischen Kompetenzen zu vergewissern (Kumbruck und Derboven 2015, S. 213 f.). ◄

Es besteht also ein weites Lernfeld. So wird im Folgenden anhand des Prozessmodells interkultureller Kommunikationskompetenz mit seinen einzelnen Schritten aufgezeigt, wie die Einzelkompetenzen, aufgrund ihrer Tiefenwirkung auch Deep-Level-Kompetenzen genannt, eingesetzt werden.

10.4.2 Interkulturelle Kommunikationskompetenz als Prozess

▶ Wir gehen, wie in Abschn. 9.5 beschrieben, davon aus, dass die Gespräche zwischen Flüchtlingshelfer/innen und Flüchtlingsskeptiker/innen als interkulturelle Überschneidungssituationen anzusehen sind, weil sie aufgrund der unterschiedlichen individualisierten kulturellen Werte Offenheit und Erhaltung als Gruppen kulturelle Gebilde darstellen. In der Gesamtgesellschaft wurde in Kap. 5 die Polarisierung von zwei Gesellschaftsgruppen identifiziert, wobei die eine entsprechend zu den Flüchtlingsskeptiker/innen sich der Tradition verpflichtet fühlt und die andere, ähnlich wie die Flüchtlingshelfer/innen, einem weltoffenen kosmopolitischen Lebensstil anhängt. Außerdem soll dieses Modell ja auch für den Dialog zwischen Deutschen und Migranten, die in Deutschland eine neue Heimat finden wollen, ein Lern- und Bildungsfeld sein.

Die einzelnen *Deep-Level-Kompetenzen* interkultureller Kommunikationskompetenz wirken nicht alleine für sich wie in einem additiven Modell, sondern in besonderer Weise in einem Prozess zusammen. In diesem Prozessmodell stellt das Zusammenspiel der von uns identifizierten Teilkompetenzen zusätzliche Herausforderungen an die Akteure, sodass die Prozesssteuerung als Metafunktion und weitere Handlungsanforderung anzusehen ist. Das Zusammenspiel wird entlang der Stationen S1–S3 dargestellt (siehe Abb. 10.1). Die den Prozess strukturierenden Dimensionen Verstehen/Verstanden-Werden und Respektieren/Respektiert-Werden sind Basisbedürfnisse, die Menschen befriedigt sehen wollen und die ihrem relationalen Charakter entspricht: Menschen sind existenziell auf Beziehungen und Gemeinschaft angewiesen.

Die folgenden Ausführungen lehnen sich eng an Kumbruck und Derboven (2015, S. 198 f.) an mit notwendigen Anpassungen an die neue Fokussierung des Modells auf konfliktbehaftete interkulturelle Kommunikationssituationen. Die Dimensionen werden gegenüber der Darstellung in Kumbruck und Derboven (2015) hier dezidierter ausgeführt, um ihre besondere Bedeutung im Konfliktgespräch, auch zwischen zwei Subkulturen innerhalb einer Gesellschaft, hervorzuheben.

> **Übung zur Reflexion**
>
> Man kann sich den Prozess und die dabei entstehenden eigenen Reaktionen bildlich anhand einer schwierigen interkulturellen Begegnung bzw. eines Konfliktgesprächs vorstellen. So wird der Prozess besser nachvollziehbar. ◄

Station 1 (S 1) – Emotionsregulation: Zunächst erfahren Sie ohne eigenes Zutun affektiv gesteuerte Reaktionen, die entweder neutral sind oder sich in eher heftigen emotionalen Herausforderungen und emotionalen Reaktionen wie Verachtung, Wut, Verunsicherung äußern. Letztere klingen nicht von alleine ab und gefährden somit die weitere Interaktion, wenn man sie nicht in den Griff bekommt. Sie beeinträchtigen das Denken und bedeuten somit einen hohen Kontrollverlust in der Situation. Die heftigen Gefühle verweisen auf eine vermeintlich hohe Passungenauigkeit zwischen den eigenen Werten und denen des Gesprächspartners (z. B. Rollenbild Frauen) und müssen deshalb zunächst reguliert (also „runtergefahren") werden, damit man sie sich überhaupt erst im Hinblick auf ihre Bedeutung anschauen und danach über die Fortsetzung des Gesprächs nachdenken kann.

Station 2 (S 2) – Verstehen (vertikale Dimension) und Respektieren (horizontale Dimension): Hier werden die Irritationen näher unter die Lupe genommen und auf dem eigenen Wertehintergrund hinterfragt. Eine erste Frage bezieht sich auf die Gegenseitigkeit des Bemühens, sich zu verstehen. Verstehen im Konfliktgespräch setzt Gegenseitigkeit voraus, wenn die Kommunikation gelingen soll. Einseitiges Verstehen ist ehrenwert, macht auch evtl. Gräben flacher, aber führt nicht zum gemeinsamen Handeln. Als zweite Frage muss geklärt werden, ob das Gesagte prinzipiell sowohl verstanden als auch respektiert werden kann. (Eine zentrale vorgeschaltete Aufgabe ist der Spracherwerb für Menschen aus anderen Ländern. Verstehen bezieht sich an dieser Stelle auf eine Kommunikation ohne Sprachhürden.) Respektieren und Verstehen werden in den vier Quadranten des Prozessmodells (siehe Abb. 10.1) jeweils unterschiedlich kombiniert, weil zur konstruktiven Kommunikationsfähigkeit je eigene unterschiedliche Kompetenzen gefordert sind.

Es gibt interkulturelle und konfliktäre Erfahrungen, die wir prinzipiell verstehen bzw. nachvollziehen können (Quadranten I und III). Wenn keine ethisch-moralischen Grenzen betroffen sind, hilft uns dabei das Mittel der Empathie, die Perspektive des Gegenübers nachzuvollziehen (Quadrant I). Wenn ethisch-moralische Grenzen, die meist auch als moralisch-ethische Empörung wahrgenommen werden, betroffen sind (Quadrant III), sollte nicht spontan der Abbruch der Kooperation erfolgen, sondern vorab eine kritische Selbstreflexion über die eigenen Grenzen vorgenommen werden, sodass auch ein eventueller Abbruch Ausdruck kontrollierten Handelns ist.

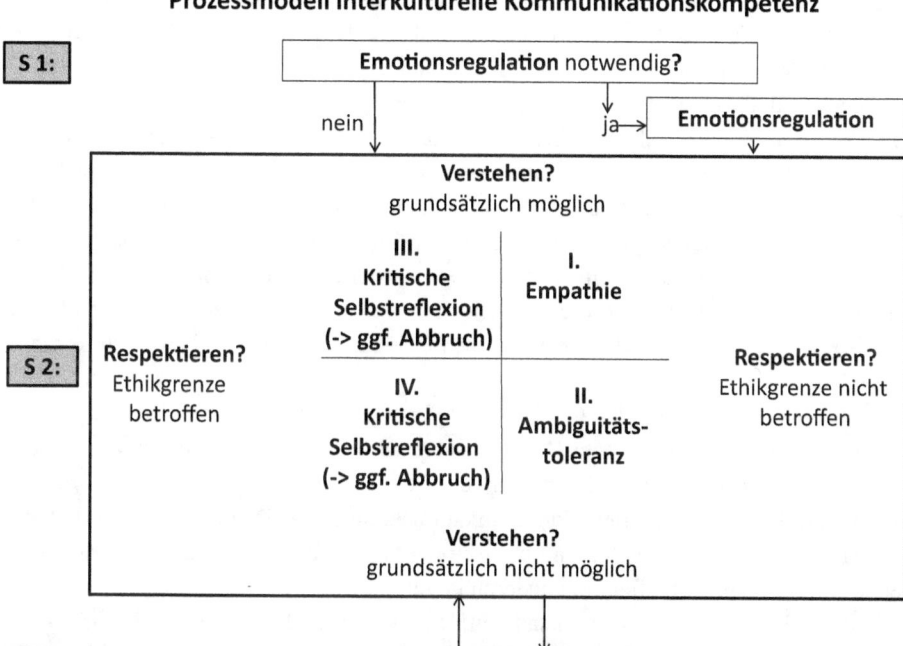

Abb. 10.1 Das Prozessmodell der interkulturellen Kommunikationskompetenz nach Kumbruck und Derboven (2015, S. 198)

Es gibt interkulturelle und konfliktäre Erfahrungen, die wir nicht verstehen können (Quadranten II und IV). Dabei sind grundsätzlich zwei Erfahrungsbereiche zu unterscheiden. Auf der einen Seite (Quadrant IV) gibt es Verhaltensweisen, die zusätzlich zur Unverständlichkeit auch nicht respektiert werden können, wie beispielsweise die Befürwortung bestimmter Macht- und Gewaltstrukturen. In diesen Fällen, in denen also die eigene ethisch-moralische Grenze betroffen ist, ist der erste Impuls, den Kontakt nicht mehr als sinnvoll anzusehen und ihn deshalb auch nicht aufrechterhalten zu wollen. Die Konsequenz eines Abbruchs sollte nur nach ausführlicher kritischer Selbstreflexion über die eigenen Grenzen, die Unterschiede zu respektieren, in Erwägung gezogen werden. Auf der anderen Seite (Quadrant II) gibt es Situationen, die wir zwar trotz des Bemühens zu verstehen nicht nachvollziehen können, die aber auch nicht unsere ethisch-moralische Grenze überschreiten. Dadurch geraten wir in ein Dilemma zwischen unserem Anspruch zu verstehen und unserer Unfähigkeit, uns in die Perspektive des anderen hineinzuversetzen, die wiederum Ausdruck dessen ist, dass sich scheinbar unvereinbare Werte und Normen (unsere und die der anderen) gegenüberstehen. Diese müssen wir aber auch beide nebeneinanderstehen lassen können. Um solche Situationen zu bewältigen, ist es wichtig, diesen Widerspruch aushalten zu können. Hierfür benötigen wir Ambiguitätstoleranz.

Somit bewegen sich die interkulturellen und konfliktauflösenden Kommunikationsmöglichkeiten als Reaktion auf Situationen, die sich durch die beiden Dimensionen „Verstehen/Verstanden-Werden" (mit den Polen „Verstehen grundsätzlich möglich – Verstehen grundsätzlich nicht möglich") und „Respektieren/Respektiert-Werden" (mit den Polen „ethisch-moralische Grenze betroffen – ethisch-moralische Grenze nicht betroffen") klassifizieren lassen. Damit sind neben der Empathie die kritische Selbstreflexion über die eigenen Grenzen, Unterschiede zu respektieren, sowie Ambiguitätstoleranz wichtige Werkzeuge zum Erlangen interkultureller Kommunikationskompetenz.

Voraussetzung für das gemeinsame Herausarbeiten eines Kompromisses ist die Bereitschaft beider Seiten, an der eigenen Sichtweise Abstriche zu machen und so zu einer dritten Sichtweise – der gemeinsamen intersubjektiven Wahrheit – zu kommen. (siehe Kap. 8).

Nicht immer ist jedoch das Gelingen des Dialogs als ein positives Ergebnis zu verbuchen. Auch der wohlüberlegte Gesprächsabbruch oder auch das Setzen von Grenzen innerhalb des Gesprächs mit klarem Verweis darauf, was nicht geht, sind ein wichtiger Bestandteil der interkulturellen Kommunikationskompetenz. Denn niemand soll sich an der Nase herumführen und für unmoralisch-unethische Zwecke anderer Menschen um der sog. Harmonie willen funktionalisieren lassen.

Station 3 (S 3) – Selbstwirksamkeit: Selbstwirksamkeit oder auch Selbstwirksamkeitserfahrung ist einzelfallübergreifend wirksam. Sie speist sich aus der bisher erworbenen interkulturellen Kommunikationskompetenz und den eigenen Erfahrungen, schwierige und konfliktäre Situationen bewältigen zu können. Somit erhöht sie unser selbst erworbenes Selbstvertrauen in die eigenen Fähigkeiten, zukünftige schwierige interkulturelle Situationen mittels friedlicher Auseinandersetzung zu meistern.

10.5 Zusammenführung der Lösungsideen und Ausblick

Lösungsvorschläge zur Depolarisation

Die in diesem Buch aufgeführten Lösungsvorschläge zur Depolarisation der beiden Engagementgruppen Flüchtlingshelfer/innen und -skeptiker/innen und ebenso der gesellschaftlichen Polarisierung sind auf mehreren Ebenen angesiedelt gemäß der unterschiedlichen Ursachenebenen und ihren Akteuren.

> **Lösungen**
> 1. Gesellschaft/Politik – Regulierung der Wirtschaft durch Politik: Einbettung des ansonsten ungezähmten Marktgeschehens zugunsten von sozialen Schutzmaßnahmen für die Bürger. Hierbei ist eine Einschränkung der Ökonomisierung des Sozial- und Gesundheitssektors von besonderer Bedeutung für das soziale und moralische Fundament einer Gesellschaft – die Daseinsvorsorge. Zudem bedarf es einer Ergänzung durch zivilgesellschaftliches

Engagement der Bürger zugunsten schwächerer Mitbürger. Zivilgesellschaftliches Engagement dient darüber hinaus dem Zusammenhalt einer Gesellschaft, ja macht sie „funktionsfähig" und „lebenswert" (Fischer und Levening 2021, S. 42). Den Mitgliedern der Gesellschaft mit unterschiedlichen sozialen und kulturellen Hintergründen dient es zum Zusammenwachsen und Austausch von gemeinsamen Regeln und Normen. Somit ist es auch staatlicherseits und durch Kirchen und andere kulturelle und soziale Institutionen zu fördern. Diese einigende und integrierende Funktion kann nur erreicht werden, wenn sich die Ziele und Aktivitäten der Gruppen nicht auf destruktive Weise gegen andere Gruppen und die demokratische Gesellschaft als Ganzem richten.

2. Neben der materiellen Existenzsicherung hat die Gesellschaft auch für die Anerkennung aller Bürger jenseits des individuellen wirtschaftlichen Erfolgs zu sorgen, weil sich sonst Bürger abgehängt fühlen und aus der gesellschaftlichen Gemeinschaft zurückziehen. Die Politik hat Sorge dafür zu tragen, dass die Maßstäbe für Wertschätzung von Tätigkeiten zurechtgerückt werden: Der Beitrag, den Menschen im produzierenden Gewerbe und in sozialen Dienstleistungen für eine Gesellschaft leisten, ist überlebenswichtig und benötigt entsprechende Anerkennung. Dies geht nur über eine Minderung des ausgeprägten Leistungsdenkens und der damit verbundenen „Ethik des Erfolgs" zugunsten eines „Ethos des Miteinanders" (siehe Kap. 9). Hierbei spielt auch eine kluge Politik im fairen Umgang mit den neuen Ansprüchen nach sozialer und kultureller Anerkennung von Individuen und sozialen Gruppen eine große Rolle. Dabei birgt die identitätspolitische Fixierung auf die eigene soziale Gruppe oder Kultur die Gefahr, dass wenn Bürger sich über immer exklusivere, für immer weniger Menschen passende Kategorien als Gruppe identifizieren, sie ihren Blick auf die Mitmenschen als vor allem anders werfen und dadurch annehmen, dass sie von diesen nicht derselben Kategorie Zugehörigen auch nicht verstanden werden können. Letztendlich ist jedes Individuum eine besondere Kategorie Mensch, aber das muss keinen Menschen daran hindern, andere zu verstehen und dadurch in einer Gesellschaft solidarisch miteinander umzugehen, statt sich abzugrenzen. Und es muss auch keinen davon abhalten, durch den Austausch mit anderen das eigene Sosein weiterzuentwickeln.

3. Emotions- und Gesprächskultur: Die hohe Bedeutung von Gefühlen in der postindustriellen Gesellschaft macht die Individuen über alle Maßen vom psychischen Wohlbefinden abhängig, das zudem weniger von ihnen beeinflussbar ist, als sie selbst denken. Die Maßstäbe für das Sich-wohl-Fühlen wie auch für moralische Urteile sind sowohl subjektiv als auch beliebig, da es dafür in der Gesellschaft immer weniger verbindliche und geteilte Vorstellungen gibt. Dadurch steigt auch der Anteil der lautstarken Äußerungen von Gefühlen und Moralisierungen gegenüber Andersdenkenden und -fühlenden und von entsprechendem Aufputschen von Stimmungen. Hierbei spielen die sozialen

Medien eine exponentiell verstärkende Wirkung. Es bedarf dringend einer Einschränkung der Bedeutsamkeit von spontanen und exorbitanten Emotionen. Diese Einschränkungen wirken sich positiv sowohl auf die Emotionskultur als auch im Gefolge dessen auf die Gesprächskultur aus. In der Blickwendung vom Ich zum Du bzw. Wir liegt eine wesentliche Lösung, die durch Sozialisations- und Bildungsprozesse und dadurch Selbsteinsicht beeinflusst werden kann (siehe Kap. 9 und 10).

4. Individuen im Dialog: In diesem auf die Entwicklung der Persönlichkeit bezogenen Bildungsprogramm sind einerseits Kommunikationstechniken und -haltungen wichtig, andererseits auch eine Umperspektivierung, die daraus besteht, sich mehr auf Ähnlichkeiten und das Aushalten von Ambivalenzen zu besinnen, anstatt selbst kleine Unterschiede ins Unermessliche zu vergrößern (siehe Kap. 7). Wie eine inhaltliche Annäherung auch bei großen Divergenzen durch Fokussierung auf die kleinen gemeinsamen Nenner, ggf. mit Hilfe von Brückenbauern als Moderator/innen, stattfinden kann, zeigt Kap. 8. Das in der Kulturpsychologie entwickelte Prozessmodell der „*Interkulturellen Kommunikationskompetenz*" weist Wege auf, welche Kompetenzen notwendig sind, um Konfliktgespräche zu Lösungen zu führen: Emotionsregulation, Verstehen, Respektieren, Empathie, Ambiguitätstoleranz, kritische Selbstreflexion, Selbstwirksamkeit (siehe Kap. 10). Auch diese Kompetenzen zu vermitteln, sollte Aufgabe der gesellschaftlichen Bildungsinstitutionen sein. Zudem könnten diese Themen und Kompetenzen auch in der kirchlichen und gewerkschaftlichen Arbeit und Gemeinwesenarbeit, aber auch in Medien und seitens der Politik vermittelt sowie ihre Bedeutung für das Funktionieren der Gesellschaft deutlich gemacht werden. Ansatzpunkte der zivilen Konfliktbearbeitung auch mit einem anderen als dem von uns gewählten Ansatz, jedoch ebenfalls gewaltfrei und dialogisch, sind inzwischen zu finden, beispielsweise auf der Plattform zivile Konfliktbearbeitung (http://konfliktbearbeitung.net/).

5. Gemeinsame Werte in einer von Vielfalt gekennzeichneten Gesellschaft: Der Mangel an geteilten Werten wirkt destruktiv auf eine Gesellschaft und die Individuen. Insbesondere eine Einwanderungsgesellschaft mit dem Anspruch, sowohl den unterschiedlichen Mitgliedern der Aufnahmegesellschaft als auch den Zugezogenen (Flüchtlinge und Arbeitsmigranten) ein Zusammenleben auf Basis der Grundwerte der Demokratie zu ermöglichen, muss von gemeinsamen Werten getragen werden. Das Ziel sollte statt der multikulturellen Gesellschaft eine plurikulturelle Gesellschaft sein. Eine solche praktiziert eine Integrationsstrategie, die von den Menschen der verschiedenen Kulturen den höchsten Aushandlungsbedarf und damit auch die höchste Verantwortung für die gemeinsame Gesellschaft fordert. Dies bedeutet, dass sie immer wieder um die gemeinsamen Werte ringt und verbindliche Regeln des zivilen Umgangs

mit interkulturellen Konflikten entwickelt und sich im Handeln an einem gemeinsamen, verbindlichen Ethos orientiert. Dieses ist operationalisiert in verbindlichen Menschenpflichten zusammen mit der Geltendmachung von Menschenrechten. Die Grundlage liegt in den universellen Prinzipien des guten Umgehens mit den Mitmenschen in allen Kulturen, die somit als kulturelles Bildungsprogramm von den Menschen angeeignet und als verbindlich angesehen werden. Nur so kann Integration und ein friedvolles Zusammenleben gelingen.

6. Demokratische Beteiligung auf dem Weg zur plurikulturellen Gesellschaft: Der von der Bundesregierung durchgeführte 12. Integrationsgipfel mit dem dort beschlossenen Integrationsplan sieht viele sinnvolle Maßnahmen vor, um folgendes, von Ex-Bundeskanzlerin Angela Merkel formulierte Ziel zu erreichen: „Es geht nicht darum, dass wir alle gleich werden, sondern es geht darum, dass jeder seinen Platz in der Gesellschaft hat." (Bundesregierung 2020, Integrationsgipfel: Zusammenhalt stärken – digital und analog [bundesregierung.de]) Zivilgesellschaftliche Organisationen, auch Migrantenorganisationen, sollen diesen Plan umsetzen. Dabei sind auch Maßnahmen, wie sie sich in anderen Regionen im Hinblick auf gelingende Einwanderung bewährt haben, beispielsweise Patenschaften für Migranten (siehe Anhang, Teil 5), vorgesehen.

7. Wie in Abschn. 9.5 ausgeführt, sind die politischen Anstrengungen für die strukturelle Integration von Migranten – also die Integration in den Arbeitsmarkt und das Bildungssystem –, besonders erfolgversprechend, ebenso ganz grundsätzlich müssen der Spracherwerb und interkulturelle Kompetenzen verpflichtend sein für Menschen, die in Deutschland leben wollen. So könnte ein bestimmtes Sprachniveau beispielsweise nach drei Jahren Aufenthalt die verpflichtende Voraussetzung für den weiteren Aufenthalt sein.

Eine Integrationsstrategie bei der Einwanderung setzt die größte Verantwortung der politischen und zivilgesellschaftlichen Vertreter/innen der Aufnahmegesellschaft voraus, die Aushandlungen und praktische Erprobungen rund um ihre Kernidentität und ihre zentralen Werte zu lenken. Um die Bürger in einem solchen Prozess mitzunehmen, ist die Etablierung von Bürgerräten eine demokratische Lösung: die Gesellschaft repräsentierende, per Losverfahren ausgewählte Bürger/innen, die gemeinsam Vorschläge zur Lösung von gesellschaftlich heiklen Themen für die Politik entwickeln (Sotscheck 2021; https://taz.de/Buergerraete-in-Irland/!5749939/). Letztendlich zeigen die historischen Erfahrungen, dass es reaktive und proaktive Flüchtlinge gibt und ebensolche Aufnahmegesellschaften, wobei Proaktivität die Integration ungemein erleichtert (Hoerder 2016, 30-32). Gesellschaften und ihre Regierungen sollten sich rechtzeitig auf Migranten vorbereiten, damit sie ihnen mindestens den völkerrechtlich verbindlichen Schutz bieten, idealerweise sogar von ihnen profitieren können.

Wenn der Gesellschaft dieses Zusammenraufen um die gemeinsame Gesellschaft gelingt, wird auch für sie gelingen, was der Historiker Ther (2017) für die Aufnahme von Flüchtlingen anhand der Geschichte nachweist:

> „Entgegen allen Integrationsängsten waren Flüchtlinge (und andere Migranten) historisch betrachtet fast immer eine Bereicherung für die Länder, die sie aufnahmen, und ein Motor wirtschaftlicher, gesellschaftlicher und kultureller Veränderung." (Ther 2017, S. U4)

Ausblick

Die Ergebnisse unserer Studie, die in den beiden Flüchtlingsengagement-Gruppen den Wertegegensatz Offenheit versus Erhaltung identifiziert hat, sind offensichtlich nicht nur auf die Haltung gegenüber Flüchtlingen/Migranten bezogen. So hat der Soziologe Reckwitz (2019) zwei sich gegenüberstehende gesellschaftliche Gruppen in der nachindustriellen Gesellschaft ausgemacht und sie als „Kosmopoliten" versus „Traditionalisten" charakterisiert. Und eben auch die eingangs beschriebene quantitative Studie (Back et al. 2021) in verschiedenen europäischen Ländern hat in all diesen Ländern je zwei große, sich in Bezug auf viele Aspekte des Zusammenlebens gegenüberstehende Bevölkerungsgruppen gefunden: „Verteidiger" und „Entdecker". Sie stehen jeweils auf ein- und derselben Seite, wenn es um die Konfliktthemen Gender, Zuwanderung und Klimawandel, nationale Zugehörigkeit, Demokratie und Vertrauen in die Politik geht. Auch wenn die Positionen weit auseinanderliegen, nehmen die Forscher sie doch jeweils als legitim wahr, nämlich die Präferenz der „Offenheit für Neues" der „Entdecker" und die Bedeutung des Wertes „Sicherheit" für „Verteidiger". Back et al. (2021, S. 3) schlussfolgern: „So lässt sich herausfiltern, welche Positionen für jede Gruppe nicht aufgebbar sind, und welche verhandelbar. Nur so lässt sich eine Grundlage für Kompromisse finden, die derzeit noch unmöglich erscheinen, sowie für einen Raum für einen Dialog ohne Abwertung."

Es zeigt sich, dass unsere empirischen Befunde eine viel größere Reichweite haben, als wir – ausgehend vom Engagement im Rahmen der Flüchtlingsthematik – zunächst dachten. Und auch die von uns abgeleiteten Lösungen, vor allem die Entwicklung von Dialogen zwischen den beiden Parteien, den „Dialog ohne Abwertung", wie es Back (2021) sagt, werden für die Gesellschaften immer wichtiger.

Wir selbst haben im Rahmen der Online-Tagung zur Präsentation unserer Befunde „Flüchtlingsaufnahme kontrovers" am 17.5.2021 einen solchen Dialog erprobt, indem wir aus dem Kreis unserer Interviewteilnehmenden sowohl Flüchtlingshelfer/innen als auch -skeptiker/innen auf dem Podium hatten. Wir können sagen, das Experiment ist geglückt. Der Austausch erfolgte inhaltlich kontrovers, und es gab auch für jede Seite schwer verdauliche Kost von der anderen Seite; aber das Gespräch war immerhin ansatzweise möglich, was sowohl Tagungsteilnehmende als auch Veranstalter und nicht zuletzt die sich polarisiert gegenüberstehenden Flüchtlingsengagierten rückmeldeten.

Für ihr diszipliniertes und respektvolles Verhalten ist ihnen zu danken, zumal der destruktive Gegenwind gegen eine Dialogkultur nicht zu unterschätzen ist. Und seine demokratie- und gemeinwohlschädigende Energie wird sich nicht von alleine legen. Auch beim Versuch eines Dialoges dieser beiden Seiten bewegten sich die Dialogpartner/innen auf dünnem Eis, da sich zwischen flüchtlingsskeptischen und flüchtlingsfeindlichen Positionen oftmals nur ein schmaler Grat befindet, der demokratische und demokratiefeindliche Positionen scheidet. Die Tagungsteilnehmenden und auch die Leser/innen dieses Buches konnten diesen schmalen Grat sicherlich an einigen der dargestellten Positionen von Flüchtlingsskeptiker/innen bemerken.

Wie an vielen Stellen dieses Buches deutlich wurde, sind die Polarisierung und die Angriffe von Flüchtlings- und Demokratiefeinden mit Dialogversuchen alleine nicht aus der Welt zu pusten. Es gehört vielmehr eine neue Wachsamkeit diesen gegenüber dazu. Insbesondere die sog. sozialen Medien machen es diesen leicht, gegen die demokratische Gesellschaft zu hetzen. Und hier wird die Vorstellung, dass unsere demokratische Gesellschaft selbstverständlich und nicht zerstörbar sei und man deshalb nichts dafür tun müsse, naiv und letztendlich gefährlich. Was es dazu braucht, um sie zu verteidigen, wurde ansatzweise in den Ausführungen zur Bedeutung von Grundpflichten deutlich, also den Regeln, die das zivilisierte Zusammenleben einer Gesellschaft unter den Bedingungen des Zuzugs von Menschen aus anderen Ländern mit anderen Regeln und Gesetzen ermöglichen und die einem Auseinanderdriften, das aus dem Inneren der Gesellschaft kommt, entgegenwirken (ausführlich hierzu siehe Assmann 2020).

Literatur

Assmann, A. (1991). *Weisheit. Archäologie der literarischen Kommunikation III*. München: Fink.
Assmann, A. (2018). *Menschenrechte und Menschenpflichten. Schlüsselbegriffe für eine humane Gesellschaft*. Wien: Picus.
Assmann, A. (2020). *Die Wiedererfindung der Nation. Warum wir sie fürchten und warum wir sie brauchen*. München. Verlag C. H. Beck.
Back, M. (2021). Forscher sehen zunehmende Polarisierung in EU-Staaten. In ZEIT-ONLINE: https://www.zeit.de/gesellschaft/2021-06/umfrage-spaltung-gesellschaft-demokratie-politik-migration-polarisierung.
Back, M., Echterhoff, G., Müller, O., Pollack, D. & Schlipphak, V. (2021). Workingreport: Von Verteidigern und Entdeckern: Ein Identitätskonflikt um Zugehörigkeit und Bedrohung. Münster: Universität Münster. https://www.uni-muenster.de/imperia/md/content/religion_und_politik/aktuelles/2021/workingreport_verteidigerentdecker.pdf. https://doi.org/10.17879/97049506223.
Böckenförde, E.-W. (1967). Die Entstehung des Staates als Vorgang der Säkularisation. In S. Buve (Hrsg.), *Säkularisation und Utopie: Ebracher Studien. Ernst Forsthoff zum 65. Geburtstag* (S. 75–94). Stuttgart: Kohlhammer.
Bundesregierung (2020, 19. Oktober). *Fragen und Antworten zum 12. Integrationsgipfel: Zusammenhalt stärken – digital und analog*. https://www.bundesregierung.de/breg-de/suche/integrationsgipfel-1800392.
Camus, A. (1960). *Fragen der Zeit*. Hamburg: Rowohlt.

Carstensen, T., Derboven, W. & Winker, G. (2012). *Soziale Praxen Erwerbsloser. Gesellschaftliche Teilhabe – Internetnutzung – Zeithandeln*. Münster: LIT.

DIE ZEIT. (1997, 3. Oktober). *Allgemeine Erklärung der Menschenpflichten*. www.zeit.de/1997/41/Allgemeine_Erklaerung_der_Menschenpflichten. Abgerufen am 5.10.2020.

Dorn, T. (2019). *deutsch, nicht dumpf. Ein Leitfaden für aufgeklärte Patrioten*. München: Pantheon.

Fischer, U. & Levening, S.-M. (2021). Bürgerschaftliches Engagement zwischen individueller Sinnstiftung und Dienst an der Gesellschaft. *Aus Politik und Zeitgeschichte. Zeitschrift der Bundeszentrale für politische Bildung, 71*(13–15), 42–47. https://www.bpb.de/apuz/im-dienst-der-gesellschaft-2021/329327/buergerschaftliches-engagement-zwischen-individueller-sinn-stiftung-und-dienst-an-der-gesellschaft.

Frenkel-Brunswik, E. (1949). Intolerance of ambiguity as an emotional and perceptual personality variable. *Journal of Personality, 18*(1), 108–143. https://doi.org/10.1111/j.1467-6494.1949.tb01236.x.

Furnham, A. & Ribchester, T. (1995). Tolerance of ambiguity: A review of the concept, its measurement and applications. *Current psychology, 14*(3), 179–199. https://doi.org/10.1007/BF02686907.

Hoerder, D. (2016). Arbeitsmigration und Flucht vom 19. bis ins 21. Jahrhundert. *Mittelweg 36*(1), 3–32.

Honneth, A. (1992). *Kampf um Anerkennung. Zur moralischen Grammatik sozialer Konflikte*. Frankfurt am Main.: Suhrkamp.

Hoerder, D. (2016). Arbeitsmigration und Flucht vom 19. bis ins 21. Jahrhundert. *Mittelweg, 36*(1), 3–32.

Jaeggi, R. (1987). *Kritik von Lebensformen*. Frankfurt am Main: Suhrkamp.

Kahnemann, D. (2012). *Schnelles Denken, langsames Denken* (18. Aufl.). München: Siedler.

Kluckhohn, F. & Strodtbeck, F. L. (1961). *Variations in value orientations*. Evanston, IL: Peterson.

Kumbruck, C. & Derboven, W. (2015). *Interkulturelles Training. Trainingsmanual zur Förderung interkultureller Kompetenzen in der Arbeit* (3. Aufl.). Berlin/Heidelberg: Springer.

Kumbruck, C., Rumpf, M. & Senghaas-Knobloch, E. (2010). *Unsichtbare Pflegearbeit. Fürsorgliche Praxis auf der Suche nach Anerkennung. Studien zur Pflege 3*. Berlin: LIT.

Kumbruck, C., Dulle, M. & Vogt, M. (2020). *Flüchtlingsaufnahme kontrovers. Einblicke in die Denkwelten und Tätigkeiten von Engagierten. Band 1*. Baden-Baden: Nomos.

Lazarus, R. S. (1966). *Psychological stress and the coping process*. New York: McGraw-Hill.

Luxemburg, R. (1922). *Die russische Revolution. Eine kritische Würdigung*. Berlin: Verlag Gesellschaft und Erziehung.

Mead, G. H. (1968). *Geist, Identität und Gesellschaft*. Frankfurt am Main: Suhrkamp.

Papst Franziskus. (2020). *Enzyklika Fratelli tutti von Papst Franziskus – Über die Geschwisterlichkeit und die soziale Freundschaft*. Hg. vom Sekretariat der Deutschen Bischofskonferenz (Verlautbarungen des Heiligen Stuhls, Nr. 227), Bonn 2020.

Polanyi, K. (1944/1973). *The Great Transformation. The Great Transformation, Politische und ökonomische Ursprünge von Gesellschaften und Wirtschaftssystemen*. New York: John Wiley/Frankfurt am Main: Suhrkamp.

Pörksen, B. & Schulz von Thun, F. (2020). *Die Kunst des Miteinander-Redens. Über den Dialog in Gesellschaft und Politik*. München: Hanser.

Reckwitz, A. (2019). *Das Ende der Illusionen. Politik, Ökonomie und Kultur in der Spätmoderne* (7. Aufl.). Berlin: Suhrkamp.

Rizzolatti, G. & Sinigaglia, C. (2008). *Empathie und Spiegelneurone. Die biologische Basis des Mitgefühls*. Frankfurt am Main: Suhrkamp.

Sandel, M. J. (2020). *Vom Ende des Gemeinwohls. Wie die Leistungsgesellschaft unsere Demokratien zerreißt*. Frankfurt am Main: S. Fischer.

Sautter, C. (2016). *Systemische Beratungskompetenz. Ein Lehrbuch* (2. Aufl.). Ravensburg: Verlag für Systemische Konzepte.

Schmidbauer, W. (2017). *Helikoptermoral*. Hamburg: Murmann.

Sennett, R. (2003). *Respect in a World of Inequality*. New York: W. W. Norton.

Sotscheck, R. (2021, 21. Februar). Bürgerräte in Irland. Ein Gremium für heikle Themen. *TAZ*.

Ther, P. (2017). *Die Außenseiter. Flucht, Flüchtlinge und Integration im modernen Europa*. Berlin: Suhrkamp.

Vereinte Nationen. (1948, 10. Dezember). *Resolution der Generalversammlung 217 A (III). Allgemeine Erklärung der Menschenrechte*. https://www.un.org/Depts/german/menschenrechte/aemr.pdf. Abgerufen am 16.03.2021.

Voswinkel, S. (2005). *Welche Kundenorientierung? Anerkennung in der Dienstleistungsarbeit*. Berlin: Sigma.

Voswinkel, S. (2012, 1.–2. Februar). *Anerkennungsverhältnisse im Betrieb und die Regulierung der Arbeitsbeziehungen*. Vortrag auf der Tagung des SOFI Göttingen „Spaltung der Arbeitswelt – Prekarität für alle?" am 1.–2. Februar 2012. http://www.sofi-goettingen.de/fileadmin/Namara_Freitag/Material/SOFI-Konferenz/Stephan_Voswinkel.pdf. Abgerufen am 03.06.2021.

Prof. em. Dr. Christel Kumbruck ist promovierte und habilitierte Arbeits- und Organisationspsychologin und Arbeitswissenschaftlerin. Von 1998 bis 2009 hatte sie Vertretungs- und Gastprofessuren an der TU Hamburg-Harburg, der Universität Hamburg, der Universität Klagenfurt und der HS Osnabrück. Weiter war sie als DFG-Projektleitung an der Universität Kassel und als Unternehmensberaterin, Coach und Trainerin tätig. 2009 übernahm sie die Professur für Wirtschaftspsychologie an der HS Osnabrück, nachdem sie den Studiengang Wirtschaftspsychologie mit aufgebaut hatte. Ab 2018 war sie als Projektleiterin für den qualitativen Teil des Projekts „Zivilgesellschaftliches Engagement: Was bewegt Menschen in Deutschland dazu, sich im Rahmen der Flüchtlingsthematik zu engagieren?" an der HS Osnabrück verantwortlich. Neben ihren Forschungsschwerpunkten in den Bereichen Arbeits- und Organisationspsychologie, interkulturelle Wirtschaftspsychologie und Pflegearbeitsforschung beschäftigt sie sich als Wissenschaftlerin mit gesellschaftspolitischen Themen.

Anhang Zahlen, Daten, Fakten

Elias Bork

In Zeiten des Internet verbreiten sich Nachrichten rasant über die ganze Welt. Informationen, die sich noch vor 20 Jahren mühsam durch die Provinzen kämpften, erreichen im Jahre 2021 innerhalb von Sekunden theoretisch Hörerschaften, die die Auflage großer Zeitungen bei weitem übersteigen. Um Sachverhalte der heutigen Zeit zu verstehen, bedarf es jedoch mehr Zeit als lediglich ein paar Sekunden. Die Welt ist komplex und Herausforderungen unserer Zeit oft nicht eindeutig zu beantworten. Einfache, schnelle Lösungen wirken jedoch stets besonders attraktiv. Leider werden sie der Komplexität der Sachverhalte am Ende zumeist nicht gerecht.

Dieser Anhang liefert wichtige Definitionen von Grundbegriffen und beleuchtet Kontroversen, die in diesem Buch thematisiert werden oder aufkommen. Begonnen wird in Teil 1 mit der Einordnung der Begrifflichkeiten rund um Geflüchtete und das Asylsystem der Europäischen Union. Dieser Teil soll als Glossar oder Nachschlagewerk für interessierende Themenbereiche verstanden werden. Anschließend wird die oft beschriebene Ungleichheit zwischen Geflüchteten und deutschen Staatsbürgern beleuchtet. Konkret handelt es sich um die Themen Sozialleistungsbezüge (Teil 2) und die Polizeiliche Kriminalstatistik (Ausländerkriminalität) (Teil 2). Diskussionen dieser Themen münden häufig in die Frage, wie Integration gelingen kann. Teil 4 betrachtet sowohl wissenschaftliche Befunde der integrierenden Faktoren als auch einen praktischen Versuch gelungener Integration am Beispiel der belgischen Stadt Mechelen (Teil 5). Abschließend in Teil 6 wird ein häufig zitierter Bericht einer Arbeitsgruppe der Vereinten Nationen über die sogenannte „Replacement Migration" zusammengefasst und in Einklang mit gängigen Anschuldigungen gebracht.

E. Bork (✉)
Technische Universität Dresden, Dresden, Deutschland
E-Mail: elias_julian.bork@mailbox.tu-dresden.de

11.1 Teil 1 Begrifflichkeiten zur rechtlichen Einordnung von Geflüchteten

In den Hochzeiten der Flüchtlingskrise 2016 sowie in den Folgejahren wurde in der Politik wie auch in der Bevölkerung viel über Begrifflichkeiten und Gesetze im Zusammenhang mit Migration gesprochen. Um eine mögliche Distinktion der Begrifflichkeiten deutlich zu machen und ein einheitliches Verständnis zu sichern, werden im Folgenden zunächst wichtige Rechtsgrundlagen vorgestellt. Anschließend werden Erläuterungen zu gängigen Begrifflichkeiten auf Basis international akkreditierter Vereinbarungen (z. B. Genfer Flüchtlingskonventionen) und Termini des Deutschen Rechts (z. B. Asylrecht, Zuwanderungsgesetz etc.) gegeben.

11.1.1 Rechtliche Grundlagen

Als Rechtsgrundlage für Asyl in Europa ist im Jahre 2003 ein eigenes System festgelegt worden:

Gemeinsames Europäisches Asylsystem (GEAS) Gemeinsames Rechtssystem der Mitgliedstaaten der Europäischen Union aus dem Jahre 2003, das zum Ziel hat, Asylsuchende unabhängig von dem antragsbearbeitenden Mitgliedstaat gleichwertig zu behandeln. Das Aufnahmeverfahren soll hohe Schutzstandards für Asylsuchende aufweisen und ein gerechtes sowie effizientes Verfahren gewährleisten. Aufgegliedert in EU-Verordnungen (europäische Gesetze) und EU-Richtlinien (verbindliche Ziele, welche von den Mitgliedstaaten im nationalen Recht umgesetzt werden) (Bundesregierung 2021, S. 1; EASO 2020, S. 7 ff.). Die grundlegenden Verordnungen und Richtlinien werden im Folgenden aufgeführt und erläutert:

Dublin III-Verordnung: Die seit dem 01.01.2014 anzuwendende Verordnung regelt die Zuständigkeit des EU-Mitgliedstaates für ein Asylverfahren. Um Mehrfachanträge zu verhindern, ist ein Asylbewerbender in dem Land zu registrieren, in dem er/sie die EU betreten hat. Nur dieser EU-Staat ist für den Asylantrag und seine inhaltliche Prüfung zuständig (Europäisches Parlament und Rat 2013a, Kap. 3).

EURODAC-Verordnung: Dient der Durchsetzung der Dublin-III-Verordnung. Zielsetzung der am 26.06.2013 geschlossenen EURODAC-Verordnung ist die Klärung der Zuständigkeit der Asylverfahren unter den EU-Mitgliedstaaten. Die Umsetzung erfolgt durch das am 15.01.2003 gestartete Fingerabdruck-Identifizierungssystem *European Dactyloscopy* (kurz EURODAC). Asylbewerber, die älter als 14 Jahre sind, werden zur Abgabe von Fingerabdrücken verpflichtet. Ein Datenabgleich soll Asylanträge in mehreren EU-Mitgliedstaaten verhindern und zugleich zur Aufklärung schwerer Straftaten beitragen (Europäisches Parlament und Rat 2013b, Kap. 1).

Qualifikationsrichtlinie: Die am 13.12.2011 beschlossene Qualifikationsrichtlinie, auch Anerkennungsrichtlinie genannt, formuliert Normen für die einheitliche Anerkennung als Flüchtling und den Flüchtlingsstatus innerhalb der EU-Mitgliedstaaten. Ziel ist die EU-weite Standardisierung der Anerkennungsvoraussetzungen und Rechte von Antragsstellenden (Europäisches Parlament und Rat 2011, Artikel 1).

Aufnahmerichtlinie: Die Aufnahmerichtlinie des Europäischen Parlaments und des Rates vom 26. Juni 2013 schafft Normen für die Behandlung der Asylsuchenden in EU-Mitgliedstaaten. Übergeordnetes Ziel ist die Sicherstellung eines menschenwürdigen Lebens für alle Antragstellenden. Die Richtlinie gewährleistet medizinische Versorgung und Zugang zu einer Rechtsberatung und Hilfsorganisationen. Nach spätestens neun Monaten entsteht zusätzlich Anspruch auf Zugang zum Arbeitsmarkt oder materielle Unterstützungsleistungen. Letztgenannte materielle Unterstützungsleistungen können die Unterstützung eigener Staatsangehöriger unterschreiten (Europäisches Parlament und Rat 2013c, Artikel 18).

Asylverfahrensrichtlinie: In der Asylverfahrensrichtlinie vom 26.06.2013 verständigen sich die EU-Mitgliedstaaten auf eine einheitliche Definition über den sogenannten internationalen Schutz. Die Richtlinie regelt sowohl die Zu- als auch die Aberkennung des internationalen Schutzes, aber auch den Rahmen für die Durchführung des Asylverfahrens (Europäisches Parlament und Rat 2013d, Artikel 1 ff.).

Von weiterer Relevanz auf europäischer Ebene ist das sogenannte EU-Türkei-Abkommen. Zwar stellte der Europäische Rat fest, dass die Vereinbarung keine Rechtswirkung aufweist (EuGH 2017), die getroffenen Vereinbarungen finden dennoch Anwendung.

EU-Türkei-Abkommen Das offiziell *Erklärung EU-Türkei* genannte Abkommen zwischen der Republik Türkei und der Europäischen Union vom 18.03.2016 umschließt eine Reihe von Maßnahmen zur Reduktion der Fluchtbewegungen in die EU. Insbesondere der Strom von Syrern, die von der Türkei über das Mittelmeer reisend Asyl in Europa suchen, soll abgeschwächt werden. Das Abkommen sieht vor, dass Geflüchtete, die kein Asyl erhalten, von der Türkei wiederaufgenommen werden müssen. Eine solche Wiederaufnahme geschieht jedoch im Austausch mit einem weiteren Geflüchteten: Für jede abgewiesene Person erhält ein sich derzeit in der Türkei befindender Geflüchteter sicheren Zugang in die EU. Diese Maßnahme sollte die vorherrschenden Schleuser-Strukturen aufbrechen und die Mittelmeerüberfahrt sichern. Zusätzlich zahlt die EU Fördergelder in Höhe von rund sechs Milliarden Euro, die in großen Teilen an Hilfsorganisationen in der Region fließen. Die mit diesen Mitteln geleistete humanitäre Hilfe soll ein menschenwürdiges Leben der Geflüchteten gewährleisten. Zusätzlich sollen EU-Staaten auch auf freiwilliger Basis Geflüchtete aufnehmen.

Aber auch Themen ohne direkte Verbindung zur Fluchtbewegung werden thematisiert. Die Erklärung schlägt Visa-Erleichterungen für türkische Staatsbürger, sowie die Wiederaufnahme von Gesprächen über eine Zollunion und zum Beitrittsprozess der Republik Türkei in die EU vor und benennt mögliche Bedingungen. (Rat der Europäischen Union 2016, S. 1).

Auf nationaler Ebene sind insbesondere das **Asylrecht** inklusive der neusten Ergänzung in Form des **Migrationspaketes** zu nennen. Das Deutsche Asylrecht der Nachkriegszeit geht auf die „Allgemeine Erklärung der Menschenrechte" aus dem Jahr 1948 zurück. In dieser Resolution legten die damaligen Mitglieder der Vereinten Nationen 30 Artikel fest, die die Rechte eines jeden Menschen definieren und schützen. Maßgebenden Einfluss auf das Asylrecht hatte der Artikel 14, Absatz 1: „Jeder Mensch hat das Recht, in anderen Ländern vor Verfolgungen Asyl zu suchen und zu genießen." (Vereinte Nationen 1948, Artikel 1) Die Bundesrepublik Deutschland übernahm diesen Grundsatz unter dem Artikel 16 („Politisch Verfolgte genießen Asylrecht"), Absatz 2, Satz 2, in das Grundgesetz und bescheinigte damit jedem politisch Verfolgten verfassungsseitigen, uneingeschränkten Anspruch auf Asyl.

Wenngleich dieser Grundsatz noch immer besteht und alle 193 Mitgliedstaaten der Vereinten Nationen ihn ratifizierten, findet er auf nationaler Ebene anderer Mitgliedstaaten nur teilweise Anwendung. Auch in der Bundesrepublik Deutschland wurde das Grundrecht auf Asyl in den letzten 70 Jahren angepasst und zuweilen eingeschränkt. Maßgeblich zu nennen ist für die Bundesrepublik Deutschland der Asylkompromiss der Regierungskoalition von CDU/CSU und FDP aus dem Jahre 1992. Seit Inkrafttreten am 01.07.1993 sind Personen aus verfolgungsfreien Staaten oder Personen, die über „sichere Drittstaaten" einreisen, aus dem Artikel 16 GG ausgeschlossen (Münch 2014, S. 80). Asylanträge bei Einreisen über den Landweg sind seit diesem Zeitpunkt de facto ausgeschlossen.

Das **Migrationspaket** wurde im Koalitionsvertrag vom 12.03.2018 zwischen den Regierungsparteien CDU, CSU und SPD verankert (CDU, CSU, SPD 2018). Infolgedessen sind in den Monaten Juli und August acht Gesetze in Kraft getreten, die als übergeordnetes Ziel die Besetzung freier Arbeitsplätze mit ausländischen Fachkräften beinhalten. Gleichzeitig sollen die Gesetze „die bereits bestehenden Regelungen [zur Migration, Anm. d. V.] zusammenfassen, transparenter machen und, wo nötig, effizienter gestalten" (CDU, CSU, SPD 2018, S. 105).

Innerhalb des Migrationspaketes stellt das *Fachkräfteeinwanderungsgesetz* vom 15.08.2019 eine besondere Neuerung dar. Es ermöglicht Nicht-EU-Bürgern erstmals die Migration nach Deutschland ohne die Stellung eines Asylantrages. Voraussetzung ist, dass die potenziellen Einwanderer Fachkräfte in Bereichen sind, die in der deutschen Volkswirtschaft freie Arbeitsstellen aufweisen. Als Fachkraft sind Personen definiert, die

1. eine inländische qualifizierte Berufsausbildung oder eine mit einer inländischen qualifizierten Berufsausbildung gleichwertige ausländische Berufsqualifikation (Fachkraft mit Berufsausbildung) oder

2. einen deutschen, einen anerkannten ausländischen oder einen einem deutschen Hochschulabschluss vergleichbaren ausländischen Hochschulabschluss (Fachkraft mit akademischer Ausbildung)

aufweisen (§ 18 Abs. 3 AufenthG, BMJV 2021a).

11.1.2 Begrifflichkeiten

Neben der Definition der Fachkraft sind im Zusammenhang dieses Buches weitere Begrifflichkeiten von Bedeutung. Diese werden im Folgenden definiert:

Ausländer Personen, die in Deutschland leben, aber eine andere Staatsangehörigkeit besitzen (Grundgesetz der Bundesrepublik Deutschland, BMJV 2021b).

Drittstaatenangehörige Personen, die zwar eine Staatsangehörigkeit, aber nicht die eines Mitgliedstaats der europäischen Union besitzen (Europäische Kommission 2018, S. 7).

Migrant und Migrationshintergrund Abgeleitet von dem lateinischem Verb *migrare*, welches mit „auswandern", „wandern" oder „reisen" übersetzt wird, beschreibt dies Personen, die ihren Lebensmittelpunkt geografisch verlegen. Wichtigstes Charakteristikum ist, dass Migranten diese Entscheidung freiwillig und ohne zwingende äußere Faktoren treffen. (Ausnahme ist die sog. Gewaltmigration.) So ist rein faktisch jemand, der von Berlin nach München zieht, ein Migrant – genau genommen ein sogenannter Binnenmigrant (Razum und Spallek 2009, S. 1).

Das statistische Bundesamt schaffte mit dem Terminus *Migrationshintergrund* eine differenziertere Betrachtung. Demnach haben Person einen Migrationshintergrund *„wenn sie selbst oder mindestens ein Elternteil nicht mit deutscher Staatsangehörigkeit geboren ist"* (Statistisches Bundesamt 2020, S. 19). Anders als bei der reinen Begriffserklärung des „Migranten" ist hier die Staatsangehörigkeit beziehungsweise die der Eltern entscheidend für diesen Status.

Es ist davon auszugehen, dass die Nutzung des Begriffes „Migrant" in politischem Kontext ebenfalls von einer fehlenden deutschen Staatsangehörigkeit ausgeht. Im deutschen Aufenthaltsrecht ist der Begriff des Migranten jedoch kein offizieller Terminus (Aufenthaltsgesetz [AufenthG]).

Flüchtling/Geflüchteter Laut der Genfer Flüchtlingskonvention ist ein Geflüchteter eine Person, die *„sich außerhalb des Landes befindet, dessen Staatsangehörigkeit sie besitzt oder in dem sie ihren ständigen Wohnsitz hat, und die* wegen ihrer Rasse, Religion, Nationalität, Zugehörigkeit zu einer bestimmten sozialen Gruppe oder wegen ihrer politischen Überzeugung eine wohlbegründete Furcht vor Verfolgung hat und den

Schutz dieses Landes nicht in Anspruch nehmen kann [...] oder wegen dieser Furcht vor Verfolgung nicht dorthin zurückkehren kann" (UNHCR 1951, S. 7). Kurz gesagt, beschreibt der Begriff „Flüchtling" also Migranten, bei denen der Wechsel des Lebensmittelpunktes durch äußere Faktoren erzwungen ist.

Das deutsche Grundgesetz – Artikel 16a GG – schränkt den Schutzbedarf und damit die Möglichkeit der Gewährung von Asyl auf jene Personen ein, die politisch verfolgt werden. Einschränkend muss zudem erwähnt werden, dass im Asylrecht lediglich jene Migranten als Flüchtlinge bezeichnet werden, die ein erfolgreiches Asylverfahren ausweisen.

Wirtschaftsflüchtling Diese Bezeichnung beschreibt umgangssprachlich Personen, die ihr Heimatland nicht aus politischen, sondern aus wirtschaftlichen Gründen verlassen. Der Begriff ist kein Terminus des deutschen oder europäischen Rechtssystems. Somit haben Wirtschaftsflüchtlinge kein Recht auf Asyl. Der Begriff wird auch abwertend verwendet und bereits seit den 1980er Jahren zur Stigmatisierung von Schutzsuchenden genutzt (Stötzel und Wengeler 1994, S. 733; Münch 1993, S. 105 ff.).

Kontingentflüchtling Bei den sogenannten Kontingentsflüchtigen handelt es sich um Personen aus „Krisenregionen, die im Rahmen humanitärer Hilfsaktionen in der Bundesrepublik aufgenommen werden" (Wissenschaftliche Dienste des deutschen Bundestags 2018, S. 3). Die Aufnahme von Kontingentsflüchtigen richtet sich nach §§ 23 und 24 AufenthG (BMJV 2021a). Besonderheit ist, dass die entsprechenden Personen kein Anerkennungsverfahren (bspw. Asylverfahren) durchlaufen, sondern zum Zeitpunkt der Aufnahme aus humanitären Gründen Aufenthaltserlaubnis erhalten und dass ihnen Arbeitserlaubnis erteilt wird. Sie haben nach § 44 Abs. 1 des AufenthG Anspruch auf einen Integrationskurs, dürfen ihren Wohnort jedoch in der Regel nicht frei wählen, sondern werden nach § 75 Nr. 8 AufenthG von dem Bundesamt für Migration und Flüchtlinge auf Basis des Königsteiner Schlüssel verteilt (BMJV 2021a; Wissenschaftliche Dienste des deutschen Bundestags 2018, S. 6).

Asylbewerbende/Asylsuchende Beide Begrifflichkeiten werden synonym genutzt und bezeichnen Personen, die einen Asylantrag gestellt haben und sich noch im laufenden Verfahren befinden (Asylgesetz, BMJV 2021c).

Anerkannte Schutzberechtigte Personen, die unter eine der drei Schutzformen – Asylberechtigung, Flüchtlingsschutz oder subsidiäre Schutz – fallen.

1. **Asylberechtigter:** Personen, bei denen im Asylverfahren eine politische Verfolgung nachgewiesen wurde und denen somit nach Artikel 16a GG Asyl gewährt wird.
2. **Flüchtlingsschutz:** Diesen erhalten Personen, die nach der Genfer Flüchtlingskonvention Flüchtlingsstatus (siehe Definition Flüchtling oben) haben und somit begründete Furcht vor Verfolgung von staatlichen oder nichtstaatlichen Akteuren

nachweisen können (Bundesamt für Migration und Flüchtlinge 2019a, S. 1). Bei Anerkennung werden Aufenthaltsgenehmigungen von 1 bis 3 Jahren gewährt.
3. **Subsidiär Schutzberechtigte:** Personen, denen weder Flüchtlingsschutz noch eine Asylberechtigung eingeräumt werden kann, aber dennoch ein *„ernsthafter Schaden"* im Herkunftsland droht. Bei Anerkennung werden Aufenthaltsgenehmigungen von 1 bis 3 Jahren gewährt. Als ernsthafte Schäden gelten
   - „die Verhängung oder Vollstreckung der Todesstrafe,
   - Folter oder unmenschliche oder erniedrigende Behandlung oder Bestrafung oder
   - eine ernsthafte individuelle Bedrohung des Lebens oder der Unversehrtheit einer Zivilperson infolge willkürlicher Gewalt im Rahmen eines internationalen oder innerstaatlichen bewaffneten Konflikts" (Bundesamt für Migration und Flüchtlinge 2019b, S. 1).

Asylant/in Eine von der Gesellschaft geschaffene, teilweise als abwertend empfundene (Stiftung gegen Rassismus und Antisemitismus 2010, S. 1) Bezeichnung für Personen, die aktuell ein Asylverfahren durchlaufen oder durchlaufen haben. Der Begriff ist kein offizieller Terminus im deutschen Aufenthaltsrecht (AufenthG).

Ausreisepflichtige/r Personen, die über keinen gültigen Aufenthaltstitel verfügen und Deutschland verlassen müssen (§ 50, Abs. 1 AufenthG, BMJV 2021a).

Geduldete/r Personen, die das Asylverfahren durchlaufen und keinen Aufenthaltstitel erhalten haben. Somit haben sie kein Recht auf Asyl und müssen das Land eigentlich verlassen (siehe Ausreisepflichtige). Zu der Duldung dieser Personen kommt es aus völkerrechtlichen oder humanitären Gründen oder zur Wahrung der Interessen der Bundesrepublik Deutschland (§ 60 a Abs. 1 AufenthG, BMJV 2021). Hauptgrund für den Status ist jedoch, dass eine Ausreise in das Heimatland nicht möglich ist. Dies ist der Fall, wenn das Herkunftsland sich weigert, die Personen aufzunehmen, nötige Unterlagen nicht zur Verfügung stellt, nicht eindeutig nachgewiesen werden kann, aus welchem Land die Person stammt, keine Verkehrsverbindung dorthin existiert, kein Reisepass vorhanden ist oder wenn die Person nicht reisefähig ist.

Aufenthaltstitel (Aufenthalts- und Niederlassungserlaubnis) Aufenthaltstitel werden von Ausländern zur Einreise in die BRD benötigt. Laut Zuwanderungsgesetz existieren die Aufenthaltserlaubnis und die Niederlassungserlaubnis. Zusätzlich zählt das Visum als Aufenthaltstitel mit der Besonderheit, dass es vor Einreise von einer deutschen Behörde ausgestellt wurde (Bundesministerium des Inneren, für Bau und Heimat, Stichwort: Aufenthaltstitel).

Für den Kontext dieses Buches sind besonders die beiden erstgenannten Aufenthaltserlaubnisvarianten interessant:

1. **Aufenthaltserlaubnis:** eine befristete Erlaubnis, die von Ausländern zum Aufenthalt in der BRD zwingend benötigt wird. Diese kann von der zuständigen Ausländerbehörde verlängert oder in eine Niederlassungserlaubnis umgeschrieben werden (Bundesministerium des Innern, für Bau und Heimat, Stichwort: Aufenthaltserlaubnis).
2. **Niederlassungserlaubnis:** beinhaltet sowohl eine unbefristete Aufenthaltserlaubnis als auch eine Berechtigung zur Erwerbstätigkeit. Die Voraussetzungen sind vielfältig und umfassen in der Regel eine vorausgegangene fünfjährige Aufenthaltserlaubnis, einen eigenständig gesicherten Lebensunterhalt für die Person selbst und für Familienangehörige, ausreichende Deutschkenntnisse sowie ein unauffälliges Vorstrafenregister (Bundesministerium des Innern, für Bau und Heimat, Stichwort: Niederlassungserlaubnis).

Quellen

Bundesamt für Migration und Flüchtlinge (BAMF). (2019a, 14. November). *Flüchtlingsschutz.* https://www.bamf.de/DE/Themen/AsylFluechtlingsschutz/AblaufAsylverfahrens/Schutzformen/Fluechtlingsschutz/fluechtlingsschutz-node.html. Abgerufen am 31.01.2021.

Bundesamt für Migration und Flüchtlinge (BAMF). (2019b, 14. November): *Subsidiärer Schutz.* https://www.bamf.de/DE/Themen/AsylFluechtlingsschutz/AblaufAsylverfahrens/Schutzformen/SubisidiaerSchutz/subisidiaerschutz-node.html. Abgerufen am 31.01.2021.

Bundesministerium der Justiz und Verbraucherschutz (BMJV). (2021a). *Gesetz über den Aufenthalt, die Erwerbstätigkeit und die Integration von Ausländern im Bundesgebiet (Aufenthaltsgesetz – AufenthG).* Gesetze im Internet. https://www.gesetze-im-internet.de/aufenthg_2004/. Abgerufen am 15.07.2021.

Bundesministerium der Justiz und für Verbraucherschutz (BMJV). (2021b). *Grundgesetz für die Bundesrepublik Deutschland. Artikel 116 Absatz 1.* Gesetze im Internet. https://www.gesetze-im-internet.de/gg/art_116.html. Abgerufen am 15.07.2021.

Bundesministerium der Justiz und für Verbraucherschutz (BMJV). (2021c). *Asylgesetz (AsylG).* Gesetze im Internet. https://www.gesetze-im-internet.de/asylvfg_1992/BJNR111260992.html. Abgerufen am 15.07.2021.

Bundesregierung. (2021) *Was sind die Rechtsgrundlagen für Asyl in Europa?* Presse- ubd Informationsamt der Bundesregierung. https://www.bundesregierung.de/breg-de/service/was-sind-die-rechtsgrundlagen-fuer-asyl-in-europa--512028. Abgerufen am 31.01.2021.

CDU, CSU, SPD. (2018). *Ein neuer Aufbruch für Europa – Eine neue Dynamik für Deutschland – Ein neuer Zusammenhalt für unser Land. Koaliationsvertrag zwischen CDU, CSU und SPD. 19. Legislaturperiode.* https://www.bundesregierung.de/resource/blob/975226/847984/5b8bc23590d4cb2892b31c987ad672b7/2018-03-14-koalitionsvertrag-data.pdf?download=1. Abgerufen am 01.02.2021.

EASO. (2020). *EASO-Asylbericht 2020 – Jahresbericht über die Asylsituation in der Europäischen Union.* https://www.easo.europa.eu/sites/default/files/EASO-Asylum-Report-2020-Executive%20Summary-DE.pdf. Abgerufen am 01.02.2021.

Europäische Kommission. (2018, Januar). *Glossar zu Asyl und Migration Version 5.0: Ein Instrument zur besseren Vergleichbarkeit.* https://ec.europa.eu/home-affairs/sites/homeaffairs/files/what-we-do/networks/european_migration_network/docs/01-homeaffairs-glossary-de-ld.pdf. Abgerufen am 01.02.2021.

Europäisches Parlament und Rat. (2011, 13. Dezember). *Richtlinie 2011/95/EU.* EUR-Lex. https://eur-lex.europa.eu/eli/dir/2011/95/oj?locale=de. Abgerufen am 03.02.2021.

Europäisches Parlament und Rat. (2013a, 26. Juni). *Verordnung (EU) Nr. 604/2013.* EUR-Lex. https://eur-lex.europa.eu/eli/reg/2013/604/oj?locale=de. Abgerufen am 03.02.2021.

Europäisches Parlament und Rat. (2013b, 26. Juni). *Verordnung (EU) Nr. 603/2013.* EUR-Lex. https://eur-lex.europa.eu/legal-content/DE/TXT/?uri=CELEX:32013R0603. Abgerufen am 03.02.2021.

Europäisches Parlament und Rat. (2013c, 26. Juni). *Richtlinie 2013/33/EU.* EUR-Lex. https://eur-lex.europa.eu/eli/dir/2013/33/oj?locale=de. Abgerufen am 03.02.2021.

Europäisches Parlament und Rat. (2013d, 26. Juni). *Richtlinie 2013/32/EU.* EUR-Lex. https://eur-lex.europa.eu/legal-content/DE/TXT/?uri=celex%3A32013L0032. Abgerufen am 03.02.2021.

Münch, U. (1993). *Asylpolitik in der Bundesrepublik Deutschland: Entwicklung und Alternativen* (2. Aufl.). Opladen: Leske und Budrich.

Münch, U. (2014). Asylpolitik in Deutschland – Akteure, Interessen, Strategien. In S. Luft & P. Schimany (Hrsg.), *20 Jahre Asylkompromiss. Bilanz und Perspektiven* (S. 69–86). Bielefeld: transcript. https://doi.org/10.14361/transcript.9783839424872.69.

Rat der Europäischen Union. (2016, 18. März). *Erklärung EU-Türkei, 18. März 2016.* https://www.consilium.europa.eu/de/press/press-releases/2016/03/18/eu-turkey-statement/. Abgerufen am 03.02.2021.

Razum, O. & Spallek, J. (2009, 1. April). *Definition von Migration und von der Zielgruppe „Migranten".* Bundeszentrale für politische Bildung (bpb). http://www.bpb.de/gesellschaft/migration/kurzdossiers/57302/definition-von-migration. Abgerufen am 03.02.2021.

Statistisches Bundesamt (Destatis). (2020, 28. Juli). *Fachserie 1, Reihe 2.2. Bevölkerung und Erwerbstätigkeit. Bevölkerung mit Migrationshintergrund – Ergebnisse des Mikrozensus 2019.* https://www.destatis.de/DE/Themen/Gesellschaft-Umwelt/Bevoelkerung/Migration-Integration/Publikationen/Downloads-Migration/migrationshintergrund-2010220197004.pdf?__blob=publicationFile. Abgerufen am 03.02.2021.

Stiftung gegen Rassismus und Antisemitismus (2010). GRA. *GRA-Glossar: Asylant.* https://web.archive.org/web/20140420111949/http://www.gra.ch/lang-de/gra-glossar/121. Abgerufen am 07.02.2020.

Stötzel, G. & Wengeler, M. (1994). *Kontroverse Begriffe: Geschichte des öffentlichen Sprachgebrauchs in der Bundesrepublik Deutschland. Sprache, Politik, Öffentlichkeit.* Berlin: de Gruyter.

United Nations High Commissioner for Refugees (UNHCR). (1951, 28. Juli). *Abkommen über die Rechtsstellung der Flüchtlinge vom 28. Juli 1951.* https://www.unhcr.org/dach/wp-content/uploads/sites/27/2017/03/GFK_Pocket_2015_RZ_final_ansicht.pdf. Abgerufen am 31.01.2020.

United Nations High Commissioner for Refugees (UNHCR). (2020). *Asyl in Europa – Dublin-Verfahren*. https://www.unhcr.org/dach/de/was-wir-tun/asyl-in-europa. Abgerufen am 31.01.2020.

Vereinte Nationen. (1948, 10. Dezember). *217 A (III). Allgemeine Erklärung der Menschenrechte*. https://www.un.org/depts/german/menschenrechte/aemr.pdf. Abgerufen am 31.01.2020.

Wissenschaftliche Dienste des deutschen Bundestags. (2018, 7. November). *Sachstand zur Aufnahme sog. Kontingentflüchtlinge. Aktenzeichen WD 3 – 3000 – 388/18*. https://www.bundestag.de/resource/blob/590012/844e6e8894d726cf9d8932f66631abd3/wd-3-388-18-pdf-data.pdf. Abgerufen am 01.02.2021.

11.2 Teil 2 Sozialleistungen im Vergleich: Flüchtlinge und Deutsche

Wie viel Sozialleistungen zahlt die Bundesrepublik Deutschland Flüchtlingen? Und erhalten Flüchtlinge letztlich mehr Leistungen als deutsche Staatsbürger (Stand 01.11.2019)?

Die Sozialleistungen für Geflüchtete sind in Deutschland gesetzlich geregelt. Finden anerkannte Schutzberechtigte (siehe Teil 1: Begrifflichkeiten zur rechtlichen Einordnung von Flüchtlingen) keine Arbeitsstelle, steht ihnen nach Rechtsprechung des Europäischen Gerichtshofes Sozialhilfe in gleicher Höhe zu, wie sie inländische Staatsbürger beziehen (EuGH 2018, Rechtssache C-713/17).

In Deutschland beträgt diese Sozialhilfe (Hartz4 oder Arbeitslosengeld II [ALG II] genannt) seit dem 01. Januar 2019 im Regelsatz für Alleinstehende 424 Euro/Monat und für volljährige Partner in einer Bedarfsgemeinschaft je 382 €. Für Kinder gibt es 245 € (0–6 Jahre), 302 € (6–14 Jahre) oder 322 € (14–18 Jahre) (Landeszentrale für politische Bildung BW 2020). Hat ein Geflüchteter das Asylverfahren abgeschlossen und wurde anerkannt, erhält er ebenfalls Leistungen in dieser Höhe.

Befinden sich Geflüchtete noch im Asylverfahren oder wurde das Asylverfahren abgelehnt, erhalten sie Leistungen nach dem Asylbewerberleistungsgesetz. Ausgenommen hiervon sind Asylbewerber, deren Asylverfahren schon 15 Monate oder länger dauert. Dann, so urteilte das Bundesverfassungsgericht, stehen Asylbewerbern automatisch Leistungen auf Hartz-4-Niveau zu (BVerfG 2010, *1 BvL 1/09*). Im November 2019 beträgt die durchschnittliche Dauer eines Asylverfahrens 3,1 Monate (Bundesamt für Migration und Flüchtlinge 2019). In dieser Zeit stehen Asylsuchenden in Erstaufnahmelagern „Leistungen zur Deckung des Bedarfs an Ernährung, Unterkunft, Heizung, Kleidung, Gesundheitspflege und Gebrauchs- und Verbrauchsgütern des Haushalts (notwendiger Bedarf)" zu (AsylbLG, § 3, Abs. 1, BMJV 2021d).

Zusätzlich erhalten sie das sogenannte Taschengeld. Dieses ist laut dem Asylbewerberleistungsgesetz dazu da, die „persönlichen Bedürfnisse des täglichen Lebens" zu decken. Es beträgt für Alleinstehende 135 Euro/Monat und für erwachsene Partner in Haushaltsgemeinschaften je 122 €. Kinder erhalten 79 € (0–5 Jahre) bzw. 83 € (6–13 Jahre) bzw. 76 € (14–17 Jahre).

Sobald Asylsuchenden ein fester Wohnort zugewiesen wird, steigen die Bezüge. Ab diesem Zeitpunkt sind allerdings auch die Grundleistungen des Haushaltes für Ernährung, Kleidung, Gesundheitspflege und Gebrauchs- und Verbrauchsgüter eigenständig zu decken.

So erhalten alleinstehende Erwachsene inklusive des „Taschengeldes" nun 354 Euro/Monat und erwachsene Partner in Wohngemeinschaften je 318 €. Bei Kindern sind es 214 € (0–5 Jahre) bzw. 242 € (6–13 Jahre) bzw. 276 € (14–18 Jahre). Damit haben Asylbewerber exakt die gleichen Grundleistungen wie Hartz-4-Empfänger.

Ein direkter Vergleich von Einzelfällen zwischen Hartz-4-Empfängern und Asylbewerbern ist nur bedingt möglich, da z. B. Kosten für Unterbringung oder Leistungen in Erstaufnahmelagern (Ernährung, Unterkunft, Heizung, Kleidung etc.) starken regionalen Schwankungen unterliegen.

Unabhängig von diesen regionalen Schwankungen besteht laut dem Bundesverfassungsgericht für jeden Hilfebedürftigen ein „Grundrecht auf Gewährleistung eines menschenwürdigen Existenzminimums" (BVerfG 2010, *1 BvL 1/09*). Dieses richtet sich nach dem regelmäßig erhobenen Existenzminimum (die Einkommensschwächsten 20 % der Verbraucher- und Einkommensstichprobe; Erhebung alle 5 Jahre, zuletzt 2018), an das auch der Hartz-4-Satz gekoppelt ist.

Kritisch ist an dieser Stelle anzumerken, dass z. B. alleinstehende Personen mit eigenem Haushalt, die sich noch im laufenden Asylverfahren befinden, circa 17 % weniger Gelder erhalten als Hartz-4-Empfänger (424 € vs. 354 €). Es ist also keinesfalls so, dass Asylbewerber mehr Geld als Hartz-4-Empfänger erhalten.

Quellen

Bundesamt für Migration und Flüchtlinge (BAMF). (2019, 5. November). *BAMF-Chef: Ein Asyl-Chaos wie 2015 wird sich nicht wiederholen!* https://www.bamf.de/SharedDocs/Interviews/DE/InterviewsFachartikel/191105-interview-dr-sommer-bams.html?nn=282388. Abgerufen am 25.02.2021.
Bundesministerium der Justiz und für Verbraucherschutz (2021d). *Asylbewerberleistungsgesetz (AsylbLG). § 3 Grundleistungen.* Gesetze im Internet. https://www.gesetze-im-internet.de/asylblg/__3.html. Abgerufen am 25.02.2021.
Bundesverfassungsgericht (BVerfG). (2010, 9. Februar). *Urteil des Ersten Senats vom 09. Februar 2010, 1 BvL 1/09.* https://www.bundesverfassungsgericht.de/SharedDocs/Entscheidungen/DE/2010/02/ls20100209_1bvl000109.html. Abgerufen am 25.02.2021.
Europäischer Gerichtshof. (2018, 21. November). *Rechtssache C-713/17.* InfoCuria Rechtssprechung. http://curia.europa.eu/juris/liste.jsf?language=de&num=C-713/17.
Landeszentrale für politische Bildung BW. (2020). *Regelsatz ALG II (ab 1. Januar 2020).* https://www.lpb-bw.de/regelsatz-hartziv. Abgerufen am 25.02.2020.

11.3 Teil 3 Die polizeiliche Kriminalstatistik – der Anteil von Ausländern an kriminellen Aktivitäten in Deutschland?

Die jährlich veröffentlichte polizeiliche Kriminalstatistik (kurz PKS) wird von der Politik regelmäßig als Gradmesser für die Sicherheitslage in Deutschland angeführt. Die mediale Aufmerksamkeit ist groß und die Liste der unterschiedlichen Interpretationen lang.

Im Rahmen dieses Buches interessieren wir uns insbesondere für den Anteil von Ausländern und Zuwanderern an der PKS, der sogenannten Ausländerkriminalität. Unter Ausländerkriminalität werden in der PKS Straftaten verstanden, bei denen nichtdeutsche Personen tatverdächtig sind.

Die Eckpunkte der PKS betrachtend, ergibt sich für das Jahr 2019 folgendes Bild:

Im Jahr 2018 registrierte die Polizei in Deutschland 1.896.221 Tatverdächtige. Davon waren 577.241 nichtdeutsche Tatverdächtige (Bundeskriminalamt 2020a, S. 13). Dies entspricht einem Anteil von 30,5 %, der einem Ausländeranteil an der deutschen Gesamtbevölkerung von 12,2 % gegenübersteht (Statistia Research Department 2020). So betrachtet sind Ausländer unter Tatverdächtigen also deutlich überrepräsentiert.

Betrachtet man die Situation etwas differenzierter und begrenzt die Zahl der „Nichtdeutschen" (Ausländer) auf die sogenannten „Zuwanderer", so ergibt sich ein etwas anderes Bild: In Deutschland leben aktuell circa 1,6 Mio. registrierte Zuwanderer, die damit einen Bevölkerungsanteil von 1,9 % ausmachen (Mediendienst Integration 2020). Aus dieser Gruppe stammten 2018 elf Prozent der Verdächtigen von Körperverletzungen, 15 % der Verdächtigen von Tötungsdelikten sowie 12 % der Verdächtigen von Vergewaltigungen und schweren sexuellen Nötigungen.

Liest man diese Daten, ergibt sich ein klares Bild: Ausländer und die Untergruppe der Zuwanderer sind in Relation zur Bevölkerungsstruktur bei mehr Straftaten tatverdächtig als deutsche Staatsbürger. Diese Aussage ist allerdings mit Vorsicht zu genießen, denn bei der Betrachtung jeder Statistik gilt es die Methodik und derer Limitationen zu beachten. Im Folgenden findet sich eine Erläuterung der Interpretation von statistischen Ergebnissen.

11.3.1 Statistik und ihre Tücken am Beispiel der polizeilichen Kriminalstatistik

Zahlen stellen ein gängiges Werkzeug der heutigen Argumentation dar. Sie stellen Sachverhalte dar und stützen Argumente. Dennoch werden Statistiken kontrovers diskutiert: Den einen erscheinen sie als stets objektiv oder gar absolut und den anderen grundsätzlich als Fälschung. Die Wahrheit liegt wie so oft in der Mitte und ist von vielen Faktoren abhängig. Vorweg sei gesagt: Es gibt wohl keine Statistik in Deutschland, die öfter und regelmäßiger fehlinterpretiert wird als die PKS. Das liegt zum einen an dem sehr emotionalisierten Thema und der damit oftmals verbundenen abnehmenden Rationalität des Betrachters, zum anderen an der mangelhaften Methodik- und Ergebnisdarstellung der PKS, die Platz für Auslegungen aller Art lässt. Im Folgenden sind einige der typischen Fehler im Umgang mit Statistiken aufgeführt und in den Kontext der PKS gestellt.

Schlussfolgern aus deskriptiver Statistik
Statistiken werden unterschieden in deskriptiv (beschreibend) und schließend (Inferenzstatistik).

Die PKS ist eine deskriptive Statistik, sie zählt die **gemeldeten** Fälle aus, beschreibt also in Zahlen, was sich abgespielt hat. Schlüsse (Ableitungen) auf die Grundgesamtheit (Population) der Straftaten sind allerdings nur der schließenden Statistik vorbehalten, bei der mithilfe mathematischer Verfahren die sogenannte Irrtumswahrscheinlichkeit errechnet wird, mit der sich eine Fragestellung (in Form von Hypothesen) bestätigen oder als irrtümlich angenommen herausstellen lässt. Bei der deskriptiven Statistik (u. a. PKS) hingegen lassen sich nur Aussagen über die vorliegende Stichprobe bzw. die darin aufgeführten Fälle treffen. In der PKS besteht die Stichprobe aus den gemeldeten und damit polizeilich aufgenommenen Fällen.

Fehlender Einblick in die Erhebungsmethodik
Der Output einer Statistik ist nur so gut wie der Input. Besonderes Augenmerk liegt dabei auf den gewählten Daten und deren Verarbeitung. Es empfiehlt sich deshalb, sich die Frage zu stellen, ob Aussagen, die mithilfe der Statistik getroffen werden, mit den gesammelten Daten überhaupt möglich sind. So sind regelmäßig Schlagzeilen wie „Zahl der Straftäter laut PKS gesunken" zu lesen, aber genau genommen sind solche Schlüsse gar nicht möglich.

Denn ob die Zahl der Straftaten gesunken ist, lässt sich mit der PKS nicht feststellen. Die Statistik kann lediglich ein Indiz für einen aktuellen Trend sein, korrekt müsste der soeben genannte Satz heißen: „Zahl der erfassten Tatverdächtigen gesunken".

Denn die PKS bildet nur die „der Polizei bekannt gewordenen und durch sie endbearbeiteten Straftaten" ab. Und weiter erfolgt „eine statistische Erfassung […] erst bei Abgabe an die Staatsanwaltschaft" (Bundesministerium des Inneren, für Bau und Heimat 2020, S. 2).

Sie betrachtet also nur einen Teil der tatsächlichen Straftaten in Deutschland – das sogenannte Hellfeld. Das Dunkelfeld umfasst alle weiteren Straftaten, die entweder nicht zur Anzeige gebracht, nicht durch Ermittlungen aufgedeckt oder nicht von der Staatsanwaltschaft bearbeitet werden. Gründe, eine Straftat nicht anzuzeigen, können dabei sehr banaler Art sein: Um eine Straftat anzuzeigen, muss sie als eine ebensolche erkannt werden. So realisiert beispielsweise nicht jeder, ob er für ein Produkt lediglich etwas mehr gezahlt hat oder doch schon Opfer eines Betruges wurde. Auch kann davon ausgegangen werden, dass mehr „Schwarzfahrten" begangen werden als in der PKS gelistet sind. Da durch eine Schwarzfahrt kein direkt Geschädigter zurückbleibt, erfolgt in der

Regel nur eine Anzeige, wenn der Täter durch eine Fahrkartenkontrolle noch während der Fahrt identifiziert wird.

Das Dunkelfeld ist Teil der Realität und verringert die Güte der PKS-Interpretationen. Die Ursache für mögliche Fehlinterpretationen beruht u. a. darauf, dass die Zusammensetzung aus Hell- und Dunkelfeld über die verschiedenen Tatbestände sehr heterogen verteilt ist: Laut einer niedersächsischen Befragung zu Sicherheit und Kriminalität werden 95 % der Autodiebstähle und 81 % der Wohnungseinbrüche angezeigt. Dagegen sind es bei Körperverletzungen nur 36 % und bei Sexualstraftaten sogar nur 6 %. Dies liegt vor allem daran, dass Einbrüche und Diebstähle versichert sind und eine Anzeige Voraussetzung für die Erstattung des Verlustwertes ist. Die häufigsten Gründe, Straftaten nicht zur Anzeige zu bringen, sind Schamgefühl und Angst. Ein Beispiel hierfür ist Gewalt in der Ehe oder Partnerschaft. Hier tragen emotionale und häufig auch finanzielle Abhängigkeiten dazu bei, dass diese seltener als andere Straftaten angezeigt werden.

Hinzu kommt, dass die Verteilung zwischen Hell- und Dunkelfeld dynamisch ist. Beispielsweise war eine Vergewaltigung bis ins Jahr 1997 nur außerehelich ein Tatbestand, dagegen Vergewaltigung in der Ehe strafrechtlich nicht existent (33. Strafrechtsänderungsgesetz). Mit der Berücksichtigung von Vergewaltigungen in der Ehe steigen die Opferzahlen in den Jahren nach der Gesetzesänderung folglich an.

Wie groß das Dunkelfeld einzelner Strafbestände tatsächlich ist, lässt sich nicht zuverlässig abschätzen. Dieser Umstand schränkt die Aussagekraft der PKS weiter ein und limitiert ihre Interpretationsmöglichkeiten.

11.3.2 Fehlinterpretationen durch den Nutzer der Statistik

Häufig kommt es bei Statistiken zu Fehlinterpretationen, denn nicht jeder bringt das für die Interpretation von komplexen Statistiken nötige Grundverständnis mit oder ist bereit, die nötige Zeit für die Interpretation eines so vielschichtigen Sachverhaltes aufzuwenden. Dennoch schlussfolgern wir andauernd – und das ist normal. Denn Schlussfolgerungen helfen uns dabei, die Welt zu erklären (Kahneman 2011, S. 69 ff.). In der Konsequenz sind unsere Schlussfolgerungen oft selbstwertdienlich, was bedeutet, dass die gewählte Interpretation die eigene (vorherige) Meinung unterstützt.

Ein häufiger Fehler bei der Interpretation ist der Vergleich von „Äpfeln mit Birnen", mit dem versucht wird, Erkenntnisse, die wir aus einem Bereich gewonnen haben, auf einen anderen (eigentlich aber nicht vergleichbaren) Bereich zu übertragen.

In der PKS zeigt sich dieser Umstand häufig, indem der Ausländeranteil der erfassten Tatverdächtigen mit dem Ausländeranteil in der Bevölkerung der BRD verglichen wird. Ausländer schneiden bei diesem Vergleich schlecht ab – sie sind deutlich überrepräsentiert. Dieser Vergleich unterliegt jedoch einem Denkfehler: Nicht alle tatverdächtigen Ausländer der PKS leben in Deutschland. Touristen, Diebes- und Einbruchsbanden oder Teile der organisierten Kriminalität reisen gezielt nach Deutschland, um Straftaten zu begehen, und werden ebenfalls in die Statistik mitaufgenommen. Die Gruppe der tatverdächtigen Nichtdeutschen mit einem Wohnsitz im Ausland oder gar keinem registrierten Wohnsitz bezog sich im Jahr 2019 auf circa 24 % der ausländischen Tatverdächtigen.

Auf der anderen Seite werden all jene Straftaten nicht aufgenommen, die aus dem Ausland verübt werden. Darunter zählen Internetkriminalität, aber auch Telefonkriminalität, die aus dem Ausland gesteuert wird. Für einen adäquaten Vergleich müssten die Zahlen vorerst um diesen Umstand bereinigt werden.

Nichtberücksichtigung von Ausreißern
In nahezu jeder Erhebung gibt es statistische Ausreißer. Dabei wird geprüft, ob es sich bei einem Wert um ein verlässliches, echtes Ergebnis handelt oder ob ein Messfehler vorliegt. Diese Entscheidung erfolgt nicht willkürlich durch den Datenerheber, sondern auf Basis sogenannter Ausreißertests.

Im Rahmen der PKS bietet die Stadt Frankfurt ein passendes Beispiel. Diese findet sich regelmäßig auf Platz 1 der gefährlichsten Städte Deutschlands (Bundekriminalamt 2020b). So könnte man meinen, das Leben in Frankfurt sei besonders unsicher. Dies stimmt nur bedingt, denn die Erhebungen beziehen den Frankfurter Flughafen mit ein. Ein großer Teil der Straftaten wird dort durchgeführt, da er als internationaler Warenumschlagsplatz prädestiniert für Schmuggel sämtlicher Art ist und ebendeshalb viel kontrolliert wird. Auf die reale Sicherheit in den Straßen Frankfurts hat dies keinen Einfluss.

Ändern der Parameter einer Studie im Längsschnitt
Die Empirie unterscheidet zwischen Studien im Längsschnitt und im Querschnitt. Betrachtet man einen Sachverhalt im Längsschnitt, wird ein Konstrukt zu mehreren Zeitpunkten erhoben. Eine Querschnitterhebung hingegen beschränkt sich auf einen einzigen Messzeitpunkt. Längsschnittuntersuchungen bieten den entscheidenden Vorteil, dass sie die zeitliche Entwicklung beschreiben. Voraussetzung ist jedoch, dass die erhobenen Parameter gleichbleiben.

Die PKS wird häufig als eine Erhebung im Längsschnitt interpretiert, denn sie misst das Hellfeld der Kriminalität basierend auf mehreren Messzeitpunkten. Der Begriff des Längsschnitts ist jedoch unangebracht, da nicht die gleichen Personen über mehrere Messzeitpunkte begleitet werden, sondern punktuell Tatverdächtige aufgenommen werden, die in dem jeweiligen Jahr registriert wurden. Des Weiteren ändern sich regelmäßig Rechtsvorschriften oder Erfassungsmodalitäten (Bundeskriminalamt 2019, S. 8 ff.). Daraus ergeben sich Einschränkungen hinsichtlich der Vergleichbarkeit der Daten im Jahresvergleich.

Beispielhaft dafür ist die Verschärfung des Sexualstrafrechtes, in dessen Zuge mehr Handlungen als Tatbestände in die Definition aufgenommen wurden (Bundesregierung 2016, § 177 StGB). Bei der Erweiterung von Definitionen besteht jedoch die

Möglichkeit, dass Fallzahlen der entsprechenden Rubrik nicht auf zunehmende Straftaten zurückzuführen sind, sondern auf die erweiterte Definition.

In der Forschung sind Jahresvergleiche bei solchen methodischen Ungenauigkeiten nicht umsetzbar. Sie führen zu einer nicht gegebenen Reliabilität der Daten und somit auch zu einer eingeschränkten Validität der jeweiligen Schlussfolgerung.

Somit ist die PKS aufgrund der fehlenden Standardisierung genau genommen auch keine Studie im Längsschnitt.

11.3.3 Methodische Fehler

Fehler dieser Art finden sich in vielen Statistiken, sie reichen von falsch definierten Skalenniveaus über fehlende Datenvoraussetzungen bis hin zu falsch gewählten inferenzstatistischen Werkzeugen. Auch die PKS weist mehrere solcher Fehler auf.

Methodische Fehler: Falschdefinition der Stichprobe
Statistiken sind nur dann hilfreich, wenn der Rahmen der Aussage klar ist. Dieser wird mitbestimmt durch die Stichprobe, unter der man alle festgehaltenen Fälle zusammenfasst. Getätigte Aussagen einer deskriptiven Statistik sind nur für ebendiese Stichprobe gültig, da die Datenbasis auf dieser beruht. Die Kriminalstatistik trifft Aussagen für bestimmte Jahre, die genutzten Daten können allerdings aus völlig anderen Jahren stammen. Wird beispielsweise aufgrund einer Anzeige im August 2019 bis in den Dezember 2019 ermittelt, die Anzeige allerdings erst im Januar 2020 an die Staatsanwaltschaft weitergeleitet, erscheint sie in der PKS 2020 – obwohl die eigentliche Tat 2019 erfolgte. Laut Lagebild des BKA zu „Kriminalität im Kontext von Zuwanderung" (Bundeskriminalamt 2019a, S. 2) wurden circa 25 % der in der PKS 2018 ausgewiesenen Straftaten im Jahr 2017 oder sogar früher verübt. Dieser Umstand erschwert einen direkten Vergleich zwischen einzelnen Jahren.

Ein bekanntes Beispiel ist der islamistische Anschlag auf den Berliner Breitscheidplatz im Dezember 2016. Da die Ermittlungen bis ins Jahr 2018 andauerten, tauchten die Opfer erst in der PKS 2018 auf. Somit ist diese Straftat, die 2016 geschah, nicht in der Stichprobe „2016", sondern in der Stichprobe für das Jahr 2018 aufgenommen worden.

Methodische Fehler: undifferenzierte Verarbeitung und Deklaration der Stammdaten
Unter einem vollendeten Tötungsdelikt ist normalerweise zu verstehen, dass eine Person durch Fremdeinwirkung ihr Leben verloren hat. Die PKS definiert den Begriff ebenso, außer es gibt mehrere Opfer innerhalb eines Tatvorganges. Am Beispiel des Anschlags auf dem Berliner Breitscheidplatz kann man diesen methodischen Fehler konkret nachvollziehen. Laut PKS wurden hierbei 81 Menschen als vollendete Tötungsdelikte erfasst. Gestorben sind jedoch sechs Personen, und 75 wurden verletzt – ein gewaltiger

Unterschied. Liest man in der PKS die „Besonderheit Opfer-Fall-Zuordnung", wird der Umstand so erklärt: „Wurden beispielsweise zu einem Fall ‚Mord' drei Opfer erfasst, so ist mindestens ein Opfer durch diese Tat zu Tode gekommen, bei den anderen zwei Opfern muss die Tat nicht zwingend vollendet sein" (Bundeskriminalamt 2019b, S. 10). Es werden somit drei Personen als Mordopfer ausgegeben, tatsächlich gestorben ist jedoch eine Person. In Bezug auf diesen methodischen Fehler hat das BKA nach Medienberichten bereits nachgebessert und wird ab der PKS 2020 differenzierter erfassen.

Nichtbeachtung der Limitationen einer Statistik
Jede wissenschaftliche Arbeit fasst (häufig im Diskussionsteil) zusammen, welche Aussagen sich mit den vorliegenden Daten treffen lassen und welche nicht, es wird also eine Art Aussagerahmen gesteckt. Dieser Teil ist elementar wichtig, denn jede Forschung und jede Statistik ist nur für einen gewissen Bereich aussagekräftig. Dieser Umstand wird bei einer losgelösten Betrachtung einzelner Statistiken oft außer Acht gelassen.

So waren die Zahlen der PKS unter anderem auch rückläufig, weil die deutsche Gesellschaft zunehmend altert. Der Kriminologe Prof. Dr. Henning Ernst Müller der Universität Regensburg berichtet, dass die Risikogruppe der unter 30-Jährigen heute einen deutlich geringeren Teil der Gesamtbevölkerung repräsentiert als noch vor 10 Jahren. In der Folge hat sich die kriminell aktivste Altersgruppe verkleinert, und gleichzeitig kontrolliert die große Anzahl Älterer die Jugend stärker (Müller 2015, S. 1).

Auch das Bundeskriminalamt als Verfasser der PKS ist sich dieser Umstände bewusst und weiß um diese methodischen Schwächen. So wird beispielsweise die oben erwähnte Zählweise der Opfer thematisiert (Bundeskriminalamt 2019b S. 10).

Die Frage nach dem Warum
Dieser Punkt ist nicht unbedingt ein klassisches Problem von Statistiken, sondern von ihrer Interpretation und Nutzung der Ergebnisse für eigene Interessen. Denn dies ist immer der nächste Schritt. Wurde mit statistischen Mitteln ein Effekt nachgewiesen, so ist nachfolgend interessant, wie es zu diesem Effekt gekommen ist. In der Medizin beispielsweise ist es nicht nur wichtig, dass etwas wirkt, sondern auch, warum es das tut. Gründe dafür, Antworten auf diese Frage zu suchen, gibt es viele. Der Banalste ist es, Ansatzpunkte zu finden, um die Wirkungsweise zu verbessern oder Risiken zu minimieren.

In Bezug auf die PKS und deren Ergebnisse zur Ausländerkriminalität ist dies ähnlich. Zwar kann die PKS keinen Effekt nachweisen, da dies der schließenden Statistik (Inferenzstatistik, siehe oben) vorbehalten ist, dennoch ist von Interesse, welche Faktoren delinquentes Verhalten begünstigen, um dieses zukünftig verhindern zu können.

Ausländer und insbesondere Zuwanderer leben unter kriminalitätsbegünstigenden Umständen. So berichtete Prof. Dr. Thomas Feltes mit seiner Arbeitsgruppe „Flucht als Sicherheitsproblem" der Ruhr-Universität Bochum, dass bestimmte soziale

Konstellationen Gewalt begünstigen (Feltes et al. 2020, S. 21 ff.). Besonders Zuwanderer leben – angesichts einer hohen Arbeitslosenquote, geringem Bildungsstand, Gewalterfahrungen im Heimatland, Trennung oder Verlust von Familie und Freunden – in einer solchen Konstellation (Feltes et al. 2020, S. 24 ff.).

Hinzu kommen laut dem Kriminologen Christian Pfeiffer in vielen Fällen die Spannungen in Sammelunterkünften, welche mutmaßlich durch beengte Wohnverhältnisse, aber auch kulturelle und vor allem religiöse Unterschiede entstehen (Pfeiffer et al. 2018, S. 84 f.).

Des Weiteren muss innerhalb der Zuwanderer zwischen Antragstellern mit Aussicht auf Bewilligung und Antragsstellern mit geringer Erfolgschance unterschieden werden. Während diejenigen mit realistischer Chance eher unterdurchschnittlich häufig Straftaten begehen, kommt es bei den Menschen ohne Aussicht auf Asyl oder Duldung überdurchschnittlich häufig zu solchen Delikten (Walburg 2020).

Berücksichtigt werden sollten auch die höheren Anzeigeraten gegenüber Straftaten von Ausländern. Im Jahr 2007 ermittelte das Kriminologische Forschungsinstitut Niedersachsens (KFN) in einer repräsentativen Umfrage von Schülern, dass Opfer deutscher Staatsangehörigkeit ein Gewaltdelikt eines anderen deutschen Staatsbürgers in 19,5 % der Fälle anzeigen. Ist der Täter anderer Nationalität, wird er in 29,3 % der Fälle angezeigt (Baier et al. 2009, S. 11 f.).

Das in der Statistik häufigere Vorkommen von Straftaten von Ausländern wird in der kriminologischen Literatur besonders mit dem Alter und dem Geschlecht der Geflüchteten begründet. Zudem wird argumentiert, dass Zuwanderer im Schnitt geringer gebildet seien und häufiger in Städten leben als die übrige Bevölkerung. Alle diese genannten Faktoren erhöhen statistisch gesehen die Neigung zur Kriminalität.

11.3.4 Fazit

Es zeigt sich, dass die Zahlen des BKA, sowohl aus der PKS als auch aus dem Bericht zur „Kriminalität im Kontext von Zuwanderung", hinsichtlich des Zusammenhangs von Migration und Kriminalität nur schwer zu interpretieren sind. Inwiefern der erhöhte Anteil Nichtdeutscher unter den Tatverdächtigen zu erklären ist, bleibt weitestgehend offen. Betrachtet man oben genannte, nicht in der PKS aufgenommene Einflussfaktoren wie Aufenthaltsstatus (insbesondere Arbeitsmarktzugang), soziale Teilhabe, sozioökonomische Schicht, Fluchterfahrungen etc., ergeben sich für Migranten potenziell delinquenzfördernde Lebensumstände.

Das BKA selbst deklariert seine Daten lediglich als Tendenz, die sich in einigen Punkten mehr, in anderen weniger der Realität annähert. Dieser Umstand bedeutet gleichwohl nicht, dass die PKS unbrauchbar ist. Denn die Tendenz, dass Ausländer und Asylbewerber eher Tatverdächtige sind als Deutsche, bleibt. Dieser Umstand ist jedoch vielmehr als Korrelation und weniger als Kausalität zu verstehen. Letztlich betont das BKA selbst ausdrücklich, dass die Datenbasis (PKS) kein „Spiegelbild der Kriminalitätswirklichkeit" sei und plakative, als Fakten deklarierte Gegenüberstellungen unangebracht sind (Bundeskriminalamt 2012, S. 7).

Zuletzt sei angemerkt, dass das Sicherheitsgefühl laut Prof. Dr. Henning Ernst Müller „wenig bis gar nichts mit der realen Kriminalität zu tun" hat (Müller 2015). Bestes Beispiel hierfür bieten Gewaltdelikte. Ältere Menschen und Frauen fürchten sich vor diesen laut kriminologischer Forschung am meisten. Opfer sind hingegen vor allem jüngere Männer. Letztere haben jedoch am wenigsten Angst, Opfer einer Gewalttat zu werden. Der Mensch ist also keineswegs rational, und Gefühle lassen sich nicht immer von Zahlen steuern.

Quellen

Bundeskriminalamt. (2012, 8. November). Polizeiliche Kriminalstatistik (PKS) 2011. Jahrbuch 2011. https://www.bka.de/SharedDocs/Downloads/DE/Publikationen/PolizeilicheKriminalstatistik/pksJahrbuecherBis2011/pks2011.html;jsessionid=2BAD8D953DC401C6A259E53CC0210D18.live0601?nn=52408. Abgerufen am 27.02.2021.

Bundeskriminalamt. (2019a, 2. April). Bundeslagebild Kriminalität im Kontext von Zuwanderung 2018. https://www.bka.de/SharedDocs/Downloads/DE/Publikationen/JahresberichteUndLagebilder/KriminalitaetImKontextVonZuwanderung/KriminalitaetImKontextVonZuwanderung_2018.html;jsessionid=19A01855BACF5BF364833FF54F3C7BF8.live0601?nn=62336. Abgerufen am 27.02.2021.

Bundeskriminalamt. (2019b, 02. April). PKS 2018 – Jahrbuch 2018 Band 2 Opfer. https://www.bka.de/DE/AktuelleInformationen/StatistikenLagebilder/PolizeilicheKriminalstatistik/PKS2018/pks2018_node.html. Abgerufen am 25.02.2021.

Bundeskriminalamt. (2019c, 02. April). PKS 2018 – Ausgewählte Zahlen im Überblick. https://www.bmi.bund.de/SharedDocs/downloads/DE/publikationen/themen/sicherheit/pks-2018.pdf?__blob=publicationFile&v=3. Abgerufen am 01.03.2022.

Bundeskriminalamt (2020a). PKS 2019 – Jahrbuch Band 1 Fälle -Aufklärung – Schaden- 2019, Band 1. Bundeskriminalamt. https://www.bka.de/DE/AktuelleInformationen/StatistikenLagebilder/PolizeilicheKriminalstatistik/PKS2019/pks2019_node.html. Abgerufen am 25.02.2020.

Bundeskriminalamt (2020b). PKS 2019 Städte – Falltabellen. https://www.bka.de/DE/AktuelleInformationen/StatistikenLagebilder/PolizeilicheKriminalstatistik/PKS2019/PKSTabellen/StadtFalltabellen/stadtfalltabellen_node.html. Abgerufen am 25.02.2020.

Bundesministerium des Inneren, für Bau und Heimat (BMI). (2020). Polizeiliche Kriminalstatistik und politisch motivierte Kriminalität. https://www.bmi.bund.de/SharedDocs/faqs/DE/themen/sicherheit/pks/pks-und-pmk.html. Abgerufen am 26.02.2020.

Bundesregierung. (2016, 10. November). Mehr Schutz vor sexueller Gewalt. https://www.bundesregierung.de/breg-de/aktuelles/mehr-schutz-vor-sexueller-gewalt-393682. Abgerufen am 27.02.2021.

Baier, D., Pfeiffer, C., Simonson, J. & Rabold, S. (2009). Jugendliche in Deutschland als Opfer und Täter von Gewalt; Erster Forschungsbericht zum gemeinsamen Forschungsprojekt des Bundesministeriums des Innern und des KFN. KFN-Forschungsbericht

Nr.: 107, 1–132. https://kfn.de/wp-content/uploads/Forschungsberichte/FB_107.pdf. Abgerufen am 27.02.2021.

Dreiunddreißigstes Strafrechtsänderungsgesetz – §§ 177 bis 179 StGB (33. StrAndG) vom 1. Juli 1997, Bundesgesetzblatt Teil I 1997 Nummer 45 vom 4. Juli 1997; Seite 1607–1608

Feltes, T., Goeckenjan, I., Singelnstein, T., Schartau-Engelking, L., Roy-Pogodzik, C., Voußen, B. & Kronsbein, F. (2020). Abschlussbericht des Forschungsprojektes „Flucht als Sicherheitsproblem". Bochum: Ruhr Universität Bochum. https://nbn-resolving.org/urn:nbn:de:0168-ssoar-70312-9.

Kahneman, D. (2011). Thinking, fast and slow. New York: Farrar, Straus and Giroux.

Mediendienst Integration. (2020). Zahl der Flüchtlinge. https://mediendienst-integration.de/migration/flucht-asyl/zahl-der-fluechtlinge.html. Abgerufen am 26.02.2020.

Müller, E. (2015, 3. Januar). Wie können sinkende Kriminalitätsraten erklärt werden?. Community Beck. https://community.beck.de/2015/01/03/wie-k-nnen-sinkende-kriminalit-tsraten-erkl-rt-werden. Abgerufen am 26.02.2020.

Pfeiffer, C., Baier, D. & Kliem, S. (2018, 3. Januar). Zur Entwicklung der Gewalt in Deutschland Schwerpunkte: Jugendliche und Flüchtlinge als Täter und Opfer. https://www.bmfsfj.de/bmfsfj/service/publikationen/zur-entwicklung-der-gewalt-in-deutschland--121148. Abgerufen am 27.02.2021.

Statistia Research Department. (2020). Ausländer in Deutschland. Statista. https://de.statista.com/themen/44/auslaender/. Abgerufen am 25.02.2020.

Walburg, C. (2020, 25. November). Migration und Kriminalität – Erfahrungen und neuere Entwicklungen. Bundeszentrale für politische Bildung (bpb). https://www.bpb.de/politik/innenpolitik/innere-sicherheit/301624/migration-und-kriminalitaet. Abgerufen am 27.02.2021.

11.4 Teil 4 Erfolgsfaktoren einer gelungenen Integration von Geflüchteten

Betrachtet man die gesellschaftlichen Forderungen im Zusammenhang mit Migration, stößt man schnell auf die Integration Geflüchteter. Im öffentlichen Diskurs gilt zwischen allen politischen Lagern der Konsens: Wer hier ist, soll auch integriert werden.

Unter gelungener Integration versteht man, stark verallgemeinert, eine Teilhabe am gesellschaftlichen Leben (Sen 1992, S. 185). Diese bezieht sich auf alle gesellschaftlich relevanten Bereiche wie z. B. den Arbeitsmarkt, politisches bzw. zivilgesellschaftliches Engagement, Bildung und Ausbildung, Kultur, aber auch die allgemeine soziale Interaktion (Söhn und Marquardsen 2017, S. 3 f.).

Bereits an dieser Stelle wird deutlich, dass auch deutsche Staatsbürger/innen teilweise nicht an sämtlichen Lebensbereichen partizipieren. Vollständigkeit im Sinne der Beteiligung Geflüchteter in allen Teilbereichen kann somit nicht Anspruch einer als gelungen zu bezeichnenden Integration sein. Nichtsdestotrotz ist die Erwartungshaltung, Geflüchtete mögen sich in die Gesellschaft ihrer neuen Heimat weitestgehend integrieren, nachvollziehbar.

Jede der oben genannten Facetten gesellschaftlicher Integration stellt andere Herausforderungen. Im Folgenden erfolgt eine Beschränkung auf einen viel diskutierten und oftmals emotionalisierten Bereich der Teilhabe: die Integration Geflüchteter in den Arbeitsmarkt.

Hinsichtlich der wissenschaftlich gesicherten Erfolgsfaktoren von Integration werden generell zwei Bereiche unterschieden. Zum einen sind *strukturelle und staatliche Einflüsse* relevant, die als die Umweltfaktoren des Geflüchteten angesehen werden können. Zum anderen haben sich bestimmte *individuelle Merkmale* Geflüchteter als hilfreich herausgestellt, die unabhängig von der Umwelt integrationsfördernd sind.

Strukturelle und staatliche Einflüsse können in diesem Zusammenhang als „die Infrastruktur" verstanden werden, die vorherrschen muss, um einem Individuum Integration zu ermöglichen. Buch et al. (2016, S. 8 ff.) definiert in Zusammenhang mit dem Arbeitsmarkt fünf strukturelle bzw. staatliche Einflussfaktoren erfolgreicher Integration:

1. die Beschleunigung der Asylverfahren,
2. die Förderung des Spracherwerbs,
3. Investitionen in Bildung und Ausbildung der Flüchtlinge,
4. eine frühzeitige Arbeitsplatzvermittlung zur Herstellung von Arbeitsmarkttransparenz auf beiden Marktseiten sowie
5. die Aufnahmefähigkeit und -bereitschaft der Wirtschaft.

Aufseiten individueller integrationsfördernder Merkmale identifizierten Hahn et al. (2019, S. 6 ff.):

1. eine hohe Selbstwirksamkeit,
2. die Bereitschaft, moderate Risiken einzugehen,
3. die Fähigkeit, einen Gefallen zu erwidern (u. a. Freundlichkeit),
4. deutsche Sprachkenntnisse,
5. die im Heimatland erworbene Vorbildung.

Bei den genannten Erfolgsfaktoren der Integration von Zugezogenen bleibt zu bedenken: Integration bedarf nicht nur der Assimilierung Geflüchteter an eine sich als homogen verstehende Gesellschaft. Integration als wechselseitiger Aushandlungsprozess von Werten, Normen und Regeln bedarf ebenso der Bereitschaft der Gesellschaft selbst, sich zu öffnen (Mau 2016). Hierzu kann jeder Mitbürger integrationsfördernde Maßnahmen ergreifen, um beispielsweise die Vielzahl an Stereotypen im Zusammenhang mit Geflüchteten abzubauen. Ein etabliertes Werkzeug zum Stereotypenabbau ergibt sich aus der *Kontakthypothese,* nach der sich Vorurteile durch häufigen Kontakt reduzieren lassen (Allport 1954, S. 46). Im unternehmerischen Kontext stellen beispielsweise Berufspraktika hierfür eine gute Anwendungsmöglichkeit dar. Sie geben Geflüchteten die Chance, Einblicke in die deutsche Wirtschaft und Arbeitskultur zu erhalten, und bieten gleichzeitig die Möglichkeit, sich zu beweisen – ohne das unternehmerische Risiko einer langfristigen Beschäftigung (Söhn und Marquardsen 2017, S. 15 f.). Im privaten Kontext kann ein Beitrag zur Arbeitsmarktintegration geleistet werden, indem beispielsweise Sprachkenntnisse durch interkulturelle Treffen gefördert werden oder engagierte Mitbürger bei Behördenfragen beratend zur Seite stehen.

Resümierend kristallisiert sich der Erwerb von Sprache als vielversprechender Integrationsfaktor heraus. Dennoch ist die Arbeitsmarktintegration Geflüchteter aus Gründen der kulturellen Diversität und psychischer Vorbelastungen schwer am Reißbrett zu planen.

Quellen

Allport, G. W. (1954). *The nature of prejudice*. Cambridge: Addison-Wesley.

Buch, T., Niebuhr, A., Peters, C. & Stöckmann, A. (2016). *Zur Integration von Flüchtlingen in den Arbeitsmarkt in Schleswig-Holstein*. Nürnberg: Institut für Arbeitsmarkt- und Berufsforschung (IAB) der Bundesagentur für Arbeit.

Hahn, E., Richter, D., Schupp, J. & Back, M. D. (2019). *Predictors of Refugee Adjustment: The Importance of Cognitive Skills and Personality*. Collabra: Psychology, 5(1), 23. https://doi.org/10.1525/collabra.212.

Mau, S. (2016, 25. Juli): *Migrationsforscher streiten über Integration: Assimilation oder Multikulti?*. Tagesspiegel. https://www.tagesspiegel.de/wissen/migrationsforscher-streiten-ueber-integration-assimilation-oder-multikulti/13919640.html. Abgerufen am 30.03.2021.

Sen, A. (1992). *Inequality reexamined*. Cambridge Massachusetts: Harvard University Press.

Söhn, J. & Marquardsen, K. (2017). *Forschungsbericht 484: Erfolgsfaktoren für die Integration von Flüchtlingen*. Berlin: Bundesministerium für Arbeit und Soziales. http://www.sofi-goettingen.de/fileadmin/Publikationen/fb-484-erfolgsfaktoren-integration-fluechtlinge.pdf. Abgerufen am 30.03.2021.

11.5 Teil 5 Praxisbeispiel gelungener Integration – *das Erfolgsrezept der belgischen Kleinstadt Mechelen*

Nicht selten sind Empfehlungen aus der Forschung theoretisch und damit wenig greifbar. Eine praktische Umsetzung erprobte die Regierung von Mechelen.

Die belgische Stadt Mechelen mit ihren circa 86.000 Einwohnern, auf halber Strecke zwischen Antwerpen und Brüssel gelegen, dient vielen Politikern und Journalisten als Paradebeispiel für angewandte Kriminalitätsbekämpfung und eine funktionierende Gesellschaft mit 128 Nationalitäten.

Anfang der 2000er Jahre war die Stadt bekannt für ein unaufgeräumtes Stadtbild und die höchste Kriminalitätsrate Belgiens. Infolge eines radikalen Politikwechsels ist sie zum Vorbild erfolgreicher Integration gereift. Zwischen den Jahren 2000 und 2015 reduzierte sich die Zahl der Wohnungseinbrüche um 55 %, die Straßenkriminalität verzeichnete einen Rückgang um 75 % (Konrad-Adenauer-Stiftung 2018, S. 52). Diese Werte sind Bestwerte in ganz Belgien – wohlgemerkt in einer Stadt mit 128 Nationalitäten und einem muslimischen Anteil von über 20 %. Bart Somers, seit nunmehr 18 Jahren Bürgermeister der Stadt und international mehrfach für seine Politik ausgezeichnet, beschreibt in seinem Buch „Zusammen leben" (Somers und Busse 2018) *Sicherheit und Integration* als Grundpfeiler für diesen Wandel.

Diese Begriffe prägen auch in Deutschland den Diskurs. Doch welche konkreten Maßnahmen verbergen sich hinter Somers Politik?

Somers erstes politisches Ziel war die Wiederherstellung des Sicherheitsgefühls der Bürger. Ohne Sicherheit gibt es laut Somers keine Freiheit. Deshalb bildet diese in seiner Politik auch den Grundpfeiler der Integration. Straftaten wurden besonders zu Anfang seiner ersten Amtszeit konsequent und mit der größtmöglichen Härte des Gesetzes verfolgt. Dafür baute Somers die Videoüberwachung erheblich aus. Mittlerweile befinden sich über 250 Kameras in der Stadt, die die Stadtteile und alle Zufahrten in die Stadt überwachen. Kein Auto fährt hinein, ohne dass das Autokennzeichen erfasst wird. Zusätzlich wurde die Anzahl der Polizisten von 160 auf 260 deutlich erhöht.

Ein erweitertes Verständnis dieser Sicherheit bezieht das Erscheinungsbild, insbesondere die Sauberkeit der Stadt, mit ein. Als wissenschaftliche Grundlage dient Somers das „Broken-Windows-Konzept", nach dem ein Zusammenhang zwischen dem Verfall von Stadtgebieten und delinquentem Handeln besteht (Willson und Kelling 1982). Die Stadt wurde nicht nur sauberer, sondern durch massive Investitionen in sozialen Bereichen lebenswerter: Spielplätze wurden renoviert, Jugendzentren gegründet und Vereine untereinander vernetzt. Besonderes Augenmerk lag dabei auf sozial rückständigen, sogenannten Problemvierteln. Diese sollten auch für die belgische Mittelschicht wieder attraktiv werden und so die Bildung von sozial homogenen Stadtteilen vermeiden.

Gleiches gilt für die Schulwahl der Kinder in Mechelen. Schulen und Einrichtungen, die aufgrund ihres hohen Ausländeranteiles und einer vermeintlich schlechteren Qualität gemieden wurden, wurden von nun an besonders gefördert. Dies führte zu einer verstärkten Rückkehr von Schulkindern aus der Mittel- und Oberschicht. Maßnahmen wie diese sollen deutlich machen, dass Migranten gleichberechtigte Bürger sind. Daraus resultierend sorgte Somers auch für mehr ethnische Diversität unter den Beamten der Stadt, und Polizisten erhielten zusätzlich Schulungen in einem respektvollen interkulturellen Umgang.

Der Erfolg dieser Maßnahmen wirkt in Teilen überraschend. So zählen die aufgeführten Maßnahmen zu den als selbstverständlich anzusehenden Aufgaben einer Stadtverwaltung – und sind keinesfalls revolutionär. Als zusätzliche Leistung kann bestenfalls das Patenprogramm der Stadt betrachtet werden: Die Stadt nahm im Jahr 2016 250

Geflüchtete mehr auf, als sie eigentlich musste, und stellte jedem Migranten einen Freiwilligen als Paten zur Seite. Die Neuankömmlinge sollten direkt inkludiert werden, um Sprache, Stadt und gesellschaftliche Werte kennenlernen.

Das generelle Credo Somers kann als ein inklusives Leben ohne Diskriminierung zusammengefasst werden. Rechte und Pflichten sollen für alle Bürger gleichermaßen gelten. Dies schafft Somers, indem er als Basis die Sicherheit der Bürger garantiert und stark in soziale Bereiche investiert. Alle Maßnahmen richten sich dabei explizit nicht an Migranten, sondern an sozial Schwache.

Ungeachtet der positiven Entwicklung Mechelens und all des medialen Lobes stellt Somers selbst klar, dass Mechelen kein Paradies sei und es immer noch Segregation und Kriminalität gebe.

Zudem können Maßnahmen, wie beispielsweise die Videoüberwachung, aus anderen Perspektiven, insbesondere im Hinblick auf Datenschutz und Privacy, auch kritisch in einer demokratischen Gesellschaft gesehen werden. Hinzu kommt, dass ganz generell eine direkte Übertragbarkeit der Maßnahmen fragwürdig ist. So führen Interventionen, die in einer belgischen Kleinstadt wirken, in deutschen Städten und Großstädten nicht zwangsläufig zu demselben Erfolg.

Nichtsdestotrotz kann Mechelen mit seinen Bürgern, die auf Basis von Toleranz eine inklusive Gesellschaft bilden, eine Vorbildfunktion für moderne Regionalpolitik einnehmen. Es zeigt vor allem, dass politische Steuerung auch im Hinblick auf Integration nicht wirkungslos ist.

Quellen

Konrad-Adenauer-Stiftung. (2018, 22. Juni). *Die Politische Meinung. Schwerpunkt Kriminalität – wie sicher ist Deutschland?* Konrad Adenauer Stiftung e. V. https://www.kas.de/documents/252038/253252/7_dverbund_doc_pdf_463_1.pdf/67ef0ad3-73a4-7690-7973-096a212b76b6?t=1539623884037. Abgerufen am 12.02.2021.

Somers, B. & Busse, G. (2018). *Zusammen leben.* München: C.H.Beck.

Wilson, J. Q. & Kelling, G. E. (1982). Broken Windows: The Police and Neighborhood Safety. https://media4.manhattan-institute.org/pdf/_atlantic_monthly-broken_windows.pdf. Abgerufen am 12.02.2020.

11.6 Teil 6 UNO – Bestandserhaltungsmigration

Magazine wie die „Epoch Times" (Samarina 2019), oder „journalistenwatch" (2018), aber auch Autoren wie Matthias Matussek (2018) und Jahre vor ihm schon Udo Ulfkotte (2015), berichten von langfristig geplanten Bemühungen der Vereinten Nationen, die deutsche Bevölkerung sukzessive durch Migranten zu ersetzen. Was ist dran an dieser These?

Die Vermutung stützt sich im Wesentlichen auf ein Papier der UN aus dem Jahre 2000 mit dem Titel „*Replacement Migration: Is It a Solution to Declining and Ageing Populations?*" (United Nations 2000). Die UN soll – so wird dieses Papier gelesen – den Europäischen Regierungen eine „Ersatzmigration" empfehlen, die sich aktuell in der Umsetzung befinde und zur Flüchtlingskrise führte.

Das zitierte Dokument, geschrieben von der UN-Abteilung für Bevölkerungsfragen, befasst sich mit der Fragestellung, ob eine „Bestandserhaltungsmigration" die demografische Problematik zunehmender Überalterung westeuropäischer Gesellschaften stoppen kann.

Bereits der Titel (deutsche Version) „Bestandserhaltungsmigration: Eine Lösung für abnehmende und alternde Bevölkerungen?" legt nahe, dass es sich um die Prüfung einer These handelt. Es soll geklärt werden, ob die sog. „Bestandserhaltungsmigration" den relativen Bevölkerungsanteil von Personen im arbeitsfähigen Alter erhalten kann. In dem Papier gibt es keine Forderung nach gezielter Migration, sondern lediglich eine Simulation verschiedener Szenarien, um die Effekte „unterschiedlich großer Migrationsströme auf den Umfang der Bevölkerung und ihren Alterungsprozess deutlich zu machen" (United Nations 2000, S. 1).

Der Bericht weist dabei ausdrücklich auf mögliche negative Folgen für die Herkunftsländer und Zielländer hin, die zu berücksichtigen sind. Beispielsweise werden mögliche soziale Spannungen im Zielland thematisiert, und die Autoren des Papiers empfehlen, diese Faktoren bei politischen Entscheidungen zu berücksichtigen.

Die Fokussierung von kritischen Stimmen auf den englischen Titel „Replacement Migration" wirkt auf den ersten Blick legitim. Übersetzt man diesen eins zu eins ins Deutsche, so erhält man das Wort „Ersatzmigration", welches durchaus bedrohlich wirken kann. Mathias Mattusek und einige Kommentatoren seines Facebook-Posts verstehen darunter, dass Deutsche durch Migranten ersetzt werden sollen (Mattusek 2018). Im Kontext des beschriebenen Inhaltes und der Zielsetzung des UN-Thesenpapiers wird allerdings deutlich, dass die betitelte „Ersatzmigration" keineswegs große Teile der Europäer ersetzen soll. Ziel ist stattdessen der Ersatz für ausscheidende Arbeitskräfte, die nicht durch nationale Geburtenraten gewährleistet werden können.

Aus dem Papier in dieser Form eine Grundlage für die Flüchtlingspolitik mehrerer EU-Staaten zu konstruieren, bleibt letztlich eine Überinterpretation, ebenso wie die Konstruktion eines kausalen Zusammenhangs zwischen Arbeitsgruppen der Vereinten Nationen und Nationalpolitik der EU-Mitgliedstaaten.

Quellen

Journalistenwatch. (2018, 27. Januar). *Wir wurden alle belogen! EU-Papier beweist: Es ging nie um „Flüchtlinge", sondern um eine geplante „Neuansiedlung"*.https://web.archive.org/web/20180129184253/https://www.journalistenwatch.com/2018/01/27/wir-wurden-alle-belogen-eu-papier-beweist-es-ging-nie-um-fluechtlinge-sondern-um-eine-geplante-neuansiedlung/ . Abgerufen am 26.02.2021.

Matussek, M. (2018, 25. Januar). *Post von Matthias Matussek.* Facebook. https://www.facebook.com/matthias.matussek/posts/10204102849409113?pnref=story. Abgerufen am 26.02.2021.

Samarina, A. (2019, 21. November). *UNO empfahl Migranten als „Bevölkerungsersatz" für Europäer: Bereits seit 2000 offiziell in Planung.* The Epoch Times. https://www.epochtimes.de/politik/deutschland/migranten-als-bevoelkerungsersatz-fuer-europaeer-bereits-seit-2000-offiziell-in-planung-a2276366.html. Abgerufen am 26.02.2021.

Ulfkotte, U. (2015, 24. November). *Vereinte Nationen fordern Bevölkerungsaustausch von Deutschland.* Kopp. https://www.webcitation.org/6dKulJBwe. Abgerufen am 26.02.2021.

United Nations (2000). *Replacement Migration: Is It a Solution to Declining and Ageing Populations?* https://www.un.org/en/development/desa/population/publications/ageing/replacement-migration.asp. Abgerufen am 26.02.2021.

„Zu guter Letzt: Wir sagen Danke"

Zunächst danken wir den Teilnehmer/innen der Einzel- und Gruppeninterviews, die uns bereitwillig über ihr Engagement, den sehr persönlichen Erfahrungen und ihren emotionalen Empfindungen Auskunft gegeben haben. Ein weiterer großer Dank geht an den Nomos-Verlag für die Genehmigung, die im bereits 2020 erschienenen Buch von Kumbruck et al. „Flüchtlingsaufnahme kontrovers, Band 1" im Rahmen der Erstauswertung des Projektes „Zivilgesellschaftliches Engagement: Was bewegt Menschen in Deutschland dazu, sich im Rahmen der Flüchtlingsthematik zu engagieren?" veröffentlichten Interviewpassagen wiedergeben zu dürfen. Wir sind sehr froh, dass das sozialwissenschaftliche Institut der EKD dieses Forschungsprojekt finanziell ermöglicht hat und durch die Kooperation viele kluge Ideen beigesteuert hat. Auch die Hochschule Osnabrück hat aus ihrem Forschungspool „Gesellschaftliches Engagement" einen finanziellen Zuschuss für die Erstellung des vorliegenden Buches und anschließende Verbreitung im Rahmen einer Tagung an der HS Osnabrück an das Forschungsteam gegeben. Schließlich haben auch viele Menschen durch Lesen des vorläufigen Manuskriptes und konstruktiven Hinweisen dieses Buch reifen lassen. Wir wissen es sehr zu schätzen, dass zwei so ausgewiesene Wissenschaftlerinnen wie Aleida Assmann und Eva Senghaas-Knobloch dem Buch ihre Geleitworte mitgegeben haben. Ihnen allen herzlichen Dank.

Die Autor/innen

GPSR Compliance

The European Union's (EU) General Product Safety Regulation (GPSR) is a set of rules that requires consumer products to be safe and our obligations to ensure this.

If you have any concerns about our products, you can contact us on

ProductSafety@springernature.com

In case Publisher is established outside the EU, the EU authorized representative is:

Springer Nature Customer Service Center GmbH
Europaplatz 3
69115 Heidelberg, Germany

www.ingramcontent.com/pod-product-compliance
Lightning Source LLC
LaVergne TN
LVHW080304260326
834688LV00039B/1132